VICTOR KLEMPERER

WARUM SOLL MAN NICHT
AUF BESSERE ZEITEN HOFFEN

 aufbau

Sonnabend morgen 22. 7. 16   Buchprüfungsamt Ob. Ost.

[handschriftlicher Brieftext]

Victor Klemperer meldete sich im Jahr 1915 als Kriegsfreiwilliger, nach einigen Monaten an der Westfront und Lazarettaufenthalt tat er Dienst im Buchprüfungsamt Ober Ost; Brief an Eva Klemperer vom 22. Juli 1916.

VICTOR KLEMPERER

WARUM SOLL MAN NICHT AUF BESSERE ZEITEN HOFFEN

EIN LEBEN IN BRIEFEN

Herausgegeben
von Walter Nowojski und Nele Holdack
unter Mitarbeit von Christian Löser

 aufbau

Mit 12 Abbildungen

Einleitung und Zwischentexte
Nele Holdack

ISBN 978-3-351-03661-4

Aufbau ist eine Marke der Aufbau Verlag GmbH & Co. KG

1. Auflage 2017
© Aufbau Verlag GmbH & Co. KG, Berlin 2017
Einbandgestaltung zero-media.net, München
Satz und Reproduktion LVD GmbH, Berlin
Druck und Binden CPI books GmbH, Leck, Germany
Printed in Germany

www.aufbau-verlag.de

INHALT

ANHANG

EIN VOLLKOMMENER IDEALIST
Einleitung

»Warum soll man nicht auf bessere Zeiten hoffen? Wir haben so vieles erlebt, die festesten und scheinbar unabänderlichsten Dinge sind anders geworden, warum soll sich das Rad nicht noch einmal drehen?«, schreibt Victor Klemperer Ende 1936 seiner Schwester Grete. Noch lebt er mit seiner Frau Eva im eigenen Haus in Dölzschen, noch darf er die Landesbibliothek in Dresden betreten (nicht mehr den Lesesaal), noch muss er keinen Judenstern tragen. Um vieles hat die Nazi-Herrschaft ihn schon gebracht: um sein Katheder (Zwangspensionierung), seine Buchverträge (annulliert als die eines »nichtarischen Urhebers«), viele Freunde und Verwandte leben inzwischen im Exil. Er aber hält fest an dem Glauben an eine bessere Zukunft in Deutschland, findet die Freuden, die noch möglich sind, macht mit 54 Jahren den Führerschein und kauft das erste eigene Auto, das für ihn vor allem ein Stück Freiheit bedeutet. Wichtigster Rückhalt ist seine Frau Eva, ihre Ehe rettet ihm in vielerlei Hinsicht das Leben. Und er hat das Schreiben: sein wissenschaftliches Opus, hauptsächlich sein »Dixhuitième«, die »Geschichte der französischen Literatur im 18. Jahrhundert«, an der er selbst dann unermüdlich weiterarbeitet, als sie nur noch für die Schublade bestimmt ist; die Korrespondenz mit Freunden und Verwandten; schließlich als Fundament das ihn tragende Tagebuch, die Autobiographie »Curriculum vitae« und seine Sprachanalyse des Dritten Reichs, seine »LTI«, wenn er ganz im Verborgenen wirken muss.

Victor Klemperer wird am 9. Oktober 1881 in Landsberg an der Warthe im heutigen Polen in einer jüdischen Familie geboren. Er wächst mit drei Brüdern – zwei von ihnen werden Ärzte, einer

Jurist – und vier Schwestern zunächst in äußerst bescheidenen Verhältnissen auf. Im Deutschland der Kaiserzeit ist die Familie von großem Assimilierungs- und Aufstiegswillen getrieben. Der Vater wird schließlich Zweiter Prediger der liberalen Jüdischen Reformgemeinde in Berlin – ein großes Glück für den Rabbiner, der die Gesetze der orthodoxeren Gemeinde in Bromberg (Posen) nicht einhält und dessen Stellung insofern immer gefährdet ist. Als Jüngster innerhalb der Geschwisterreihe ist Klemperer in gewisser Hinsicht ein »Outsider«, wie er es selber einmal nennt. Erst als Zwanzigjähriger macht er das Abitur und schlägt spät eine akademische Laufbahn ein, noch dazu in einem geisteswissenschaftlichen Fach. Und doch strebt er sein ganzes Leben nach den bildungsbürgerlichen Idealen, die ihm als Kind vermittelt wurden, nach familiärer Akzeptanz und gesellschaftlicher Teilhabe, verstärkt durch die Extremsituationen, die ihm aufgezwungen werden: an der Front im Ersten Weltkrieg und als Zensor beim Buchprüfungsamt im deutschen Besatzungsgebiet des Oberbefehlshabers Ost (Ober Ost), inmitten der gefährlichen Auseinandersetzungen um die Münchner Räterepublik, vor allem aber als Entrechteter und Verfolgter während der Nazizeit. Später reibt er sich auf zwischen den Fronten des geteilten Deutschlands, auch wenn er den Bau der Mauer nicht mehr erlebt.

Es sind, in unterschiedlichem Umfang, Briefe aus den verschiedenen Lebensphasen des erwachsenen Victor Klemperer erhalten. Am Anfang zeigen sie den mühsamen Weg eines Unangepassten hin zu einer bürgerlichen Laufbahn, mal um Verständigung bemüht, zunehmend energisch, nie frei vom Gefühl der Isolierung. Das persönliche, zutiefst menschliche Schreiben, »das Gespräch von Freunden in Abwesenheit« (Cicero), entfaltet seine größte Bedeutung, wenn die Umwelt ihm feindlich gegenübertritt. Die Qualität der Briefe besteht dann genau in dem, was zugleich seine »tiefe Abneigung gegen Briefe« begründet: Sie »zwingen« ihn, »über Persönliches nachzudenken«.

Nach dem Ende des Krieges zeigen sie sein breites gesellschaftliches Engagement, sein Bemühen, persönlich Verpasstes nachzuholen, vor allem aber aus dem Erlittenen Lehren zu ziehen und diese weiterzugeben.

»Du bist durch Anlage u. Erziehung immer ein vollkommener Idealist gewesen«, schreibt ihm Bruder Georg am 21. Juli 1946. Er, der Arzt, der wenige Monate später stirbt, macht sich Sorgen um die Gesundheit seines letzten noch lebenden Bruders, der nach der Befreiung in der Ostzone und später in der DDR eine Fülle von Ämtern und Funktionen übernimmt. Doch der vollkommene Idealist macht weiter, entgegen dem ärztlichen Rat, dem brüderlichen Bitten und den nagenden Zweifeln.

Gegen Ende des Lebens taucht das Wort von der »Vanitas vanitatum«, dem »Alles ist eitel«, immer häufiger auf. »Ich hätte Outsider, Journalist, Politiker, moi-même bleiben sollen. Der verfluchten allerdümmsten Eitelkeit, Univ.-Prof. zu sein, habe ich alles geopfert«, hält Klemperer am 16. Dezember 1947 im Tagebuch fest. Auch in den Briefen finden sich ähnliche Formulierungen. Doch diese Selbstzweifel beziehen sich auf die Positionierungskämpfe und immer wieder nötig werdenden Kompromisse, die ihm Amt und Würden abverlangen. Nicht gemeint sind die gesellschaftlichen Rollen, die er eingenommen hat – die alternativen Lebensentwürfe, die er durchspielte: die des Journalisten (der er teilweise war) und des Politikers (der er nie wirklich wurde) –, auch nicht das Kolleg- und Vortrag-Halten und damit die Berufe oder Berufungen par excellence, die für ein direktes Einmischen in die Angelegenheiten der Gemeinschaft stehen.

Auch wenn Klemperers Vorstellung von der Bedeutung des gesellschaftlichen Engagements heute manchem antiquiert erscheinen mag, an das 19. Jahrhundert gemahnend, erweist gerade heute eine seiner Besonderheiten – die kritische Aufmerksamkeit für den Anteil der Sprache an totalitären Zerstörungswerken – immer wieder ihre Aktualität. Anfang 2017 lesen wir in dem ZEIT-online-Artikel »Lügen sind Trumps System. Unwahrheiten heißen jetzt ›alternative Fakten‹« des Stanford-Professors Adrian Daub: »Und, wie George Orwell und Victor Klemperer schon erkannten, dass es der logische erste Schritt zur Zerstörung liberaler Demokratie ist, Fakten zum Spielball von Macht zu erklären.« Bis heute ist die Welt auf ein Engagement wie das Klemperers dringend angewiesen.

In den Briefen zeigt sich zugleich, dass er immer auch er selbst, »moi-même«, ganz Mensch blieb, nicht zuletzt im Austausch mit der Familie und den Freunden, mit Widersachern und Kollegen, indem er sich einmischt, polemisiert, streitet, mitfühlt, tröstet, anspornt. Dem Leser eröffnen diese Zeugnisse nicht nur ein halbes Jahrhundert deutscher Geschichte, sondern ein ganzes Leben: das Leben eines Mannes, der nicht müde wurde, für seine Überzeugungen einzutreten, und damit als ein Ausnahmebeispiel vor uns steht, das Mut macht.

1

DA ICH NUN ALS FREIER SCHRIFTSTELLER VON MEINER FEDER LEBE

1909–1910

Von 1905 bis 1912 arbeitete Victor Klemperer als freier Publizist und Schriftsteller für die Feuilletons des Zeitungsviertels um den Berliner Spittelmarkt, Foto 1909.

Der zwölfjährige Victor sucht Zuflucht vor dem Leistungsdruck der Familie bei den Büchern seines Vaters. Seine Leseleidenschaft beginnt mit Schillers »Räubern«, mit »Maria Stuart« und »Wilhelm Tell«, gefolgt von zahlreichen anderen Klassikern. Statt den familiären Erwartungen zu entsprechen, braucht er für alles mehr Zeit: Abitur macht er erst nach einer abgebrochenen Kaufmannslehre, die ihn so langweilt, dass er unaufhörlich liest, seine erste Novelle schreibt und ein Tagebuch beginnt, in dem er Theater- und Opernbesuche festhält. Nicht zuletzt entsteht in dieser Zeit der Wunsch nach einem sprachwissenschaftlichen Studium.

Auch hier zeigt sich Klemperers Individualität: Von Anfang an widerstrebt es ihm, sich den Zwängen einer preußischen Lehramtskarriere zu unterwerfen. Es zieht ihn in die Museen, ins Theater, in Cafés; er unternimmt Bildungsreisen nach Zürich, Brüssel, Antwerpen und Amsterdam. Er wechselt an die Universität in Genf und an die Sorbonne in Paris. Überall saugt er Wissen auf, aber auf eine so unorthodoxe Weise, dass er nach drei Semestern weiß: So wird er das Examen nie schaffen. 1905 bricht er sein Germanistik- und Romanistikstudium in Berlin ab und will sich als freier Publizist und Schriftsteller behaupten.

Klemperer erkennt schnell, dass er literarisch seine Vorbilder nie erreichen würde. Beruflich konzentriert er sich deshalb auf das, was er den »halben Beruf« nennt: das journalistische Schreiben. Daneben gibt es für den Abbruch des Studiums einen weiteren Grund: Am 29. Juni 1904 lernt der Zweiundzwanzigjährige die mittellose Pianistin Eva Schlemmer kennen, die auch komponiert und malt. Dem Widerstand beider Familien gegen

13

die Verbindung setzen sie im Sommer 1906 die heimliche Hochzeit entgegen. Umso wichtiger ist es für Klemperer, eigenes Geld zu verdienen. Eva gibt ihre Arbeit auf und wird seine Mitarbeiterin.

Ins Berliner Feuilletonfach einzusteigen heißt, sich in der Tradition Theodor Fontanes und Alfred Kerrs in einem hart umkämpften, von Routiniers dicht besetzten Umfeld behaupten zu müssen. Der erste Auftrag, den er ergattern kann, ist eine Serie von Professorenporträts für das »Berliner Tageblatt«. Er verfasst amüsante Texte über die ihm teilweise aus seinem Studium bekannten (und zumeist verhassten) Katheder-Größen. Seine Beiträge finden großen Beifall; doch die Serie wird mit dem zehnten Porträt abgebrochen, nachdem Klemperer den von ihm geradezu verabscheuten Germanisten Gustav Roethe karikiert und das Rektorat protestiert hatte. Die Redaktion knickt ein, aber immerhin: Der junge Mann hat sich einen Namen gemacht.

Ein kurzer Irrweg führt ihn zu einem Vorgänger der Boulevardmedien, der Wochenschrift »Leben«, die von Brauereien gesponsert wird. Was ihn ködert, ist der Lohn von 150 Mark für den Probemonat. Das Maß für den Berufsanfänger ist voll, als er über den »Nimbus der Jungfräulichkeit bei verschiedenen Völkern der Erde und im Wandel der Zeit« schreiben soll. Schließlich gelingt es ihm, umfangreiche literarische Themen im »Börsen-Courier« zu platzieren und seine Theater-Erfahrungen einzubringen; es folgen Feuilletons u. a. für die »Vossische Zeitung«, die »Frankfurter Zeitung« und die Halbmonatsschrift »Bühne und Welt«. So schreibt er etwa Essays über Karl Emil Franzos und Marie von Ebner-Eschenbach, die er neben anderen literarischen Persönlichkeiten 1910 persönlich kennenlernt. Daneben entstehen Monographien über Paul Heyse und Adolf Wilbrandt. Nur wenige Briefe aus dieser Zeit sind erhalten.

Victor Klemperer an Ottilie Franzos

Wilmersdorf/Berlin
Weimarische Str. 6ᵃ
d. 12. II. 09.

Sehr geehrte gnädige Frau,

Sie haben mir im letzten November so liebenswürdige Zeilen geschrieben, daß ich mich heute wohl mit einer Anfrage oder Bitte an Sie wenden darf.

Seit vielen Monaten bin ich mit den Arbeiten zu einem umfassenden Buch über *Spielhagen* beschäftigt. Ich bin der Meinung, ihm sei durch die Moderne bitteres Unrecht geschehen, habe meine Auffassung vorläufig in einigen Spezialstudien niedergelegt, die in diesen Wochen in Westermanns Monatsheften, Bühne u. Welt, Gegenwart und Allg. Ztg. des Judentums erscheinen, glaube aber, wiegesagt, das Thema nur in einem größeren Buch völlig ausschöpfen zu können, das dann meinen Berechnungen nach auch bis zum kommenden Herbst fertig werden soll.

Nun liegt mir sehr viel daran in diesem Buch auch die persönlichen und literarischen Beziehungen Spielhagens zur Moderne, breiter gefaßt: zur nachfolgenden Generation festzulegen. Womit ich denn zu meiner Bitte an Sie gelangt bin.

Ich hatte bereits bei der Lectüre des »Wahrheitssuchers« das bestimmte Empfinden, hier dichte einer, der von Spielhagen gelernt habe. (Womit natürlich die Originalität des Franzos'schen Romanes nicht im allergeringsten angetastet ist!) Und nun fand ich noch im »Spielhagen-Album« (1899) eine Notiz Ihres Herrn Gemahls über die unauslöschliche Wirkung, die

die »Problematischen Naturen« auf den damals vierzehnjährigen Gymnasiasten ausgeübt hätten.

So möchte ich denn, einzig zum Zweck eines größeren Spielhagenwerkes, keineswegs journalistischer Ausmünzung halber, die folgenden Fragen und Bitten an Sie richten.

1) Haben persönliche Beziehungen zwischen K. E. Franzos u. Spielhagen stattgefunden? Ist hierüber irgend etwas gedruckt oder geschrieben worden?

2) Sind Briefe zwischen beiden Männern gewechselt worden? Wäre mir Einblick, eventuell Abdruck literarisch wertvoller Stellen gestattet?

3) Hat Ihr Herr Gemahl etwas über Sp. veröffentlicht? Hat er sich im Druck, schriftlich oder mündlich darüber geäußert, wie weit er persönlich irgend eine Art von Beeinflussung oder Wegweisung durch Sp. anerkenne?

Sie würden mich, sehr geehrte gnädige Frau, durch ein gelegentliches Eingehen auf diese Fragen zum aufrichtigsten Dank verpflichten.

Ich zeichne mit aller Hochachtung

Ganz ergeben!

Victor Klemperer.

Victor Klemperer an Marie von Ebner-Eschenbach

z. Zt. Wien II Hôtel Mattes am Nordbahnhof.

sonst. Oranienburg b. Berlin Lindenstr 2

28. 4. 10

Sehr geehrte gnädige Frau –

bei der folgenden Bitte darf ich mich wohl auf Herrn Dr. Anton Bettelheim berufen, dessen Mitarbeiter am biographischen Jahrbuch ich bin, vielleicht auch auf meine Wilbrandt- u. Heyse-Monographien.

Mit Studien über die gegenwärtige österreichische Literatur beschäftigt, würde ich während eines ganz kurzen Wiener Aufenthaltes so sehr gern die Ehre haben, Ihnen einmal für wenige Minuten persönlich gegenübersitzen zu dürfen. Ich habe Ihre Werke immer mit dem größten Genuß gelesen und in der letzten Zeit ein Studium daraus gemacht, da ich vorderhand in der »Gegenwart« über Sie zu schreiben habe, später Ihnen ein längeres Capitel in einem geplanten Buch widmen möchte. Da wäre es für mich von hoher Bedeutung, Sie persönlich sehen zu dürfen. Wäre es Ihnen wohl möglich, mir für Sonnabend oder Montag eine Zeit anzugeben, in der ich sie aufsuchen dürfte?

Ich zeichne mit der ehrerbietigsten Hochachtung

ergeben

Victor Klemperer.

Victor Klemperer an Moritz Necker

Oranienburg b. Berlin Lindenstr 2.
18. Nov. 1910

Hochgeehrter Herr Doctor –

gestatten Sie mir Ihnen unbekannterweise herzlich zu danken erstens einmal für die große Liebenswürdigkeit der persönlichen Übersendung des Blattes, sodann aber ganz besonders für den ungemein warmen Ton Ihrer Kritik. Gerade weil ich weiß, wie sehr sie selber Ihre Ebner kennen und verstehen, ist mir Ihr Lob so erfreulich und auch – da ich der sehr viel Jüngere bin – so ermutigend.

Was Ihren aesthetischen Einwand anbelangt, so habe ich gerade diese Seite meiner Studie sehr ernstlich erwogen und weiß wohl, daß der Auffassung, für die ich mich schließlich entscheiden zu müssen glaubte, ganz gewiß auch manches Bedenken entgegensteht. Es wäre mir ungemein interessant und wertvoll, über diese Dinge einmal mit Ihnen persönlich plaudern zu dürfen; brieflich geht das nicht – es ist ein allzu »weites Feld«.

Eine besondere Freude bereitete mir Ihre Kritik dadurch, daß Sie ganz überraschend kam. K. Glossy nämlich, bei dem sich größtes Wohlwollen und unendliche Zerstreutheit die Waage halten, hatte mir noch nicht einmal die Annahme meines ihm im September übersandten Essays bestätigt, geschweige denn Correctur geschickt, sodaß ich also über das Schicksal der Arbeit ganz im Ungewissen war.

Nun möchte ich diesen Brief noch zu etlichen persönlichen Bitten benutzen. Ich stecke seit Monaten in Arbeiten über oesterreichische Literatur. Mein Lieblingsplan ist ein zusammenfassendes Buch, das unter dem Titel »Seit Grillparzer« die oesterreichische Dichtung bis auf die Gegenwart behandeln soll. Da ich nun als freier Schriftsteller von meiner Feder lebe, so ermögliche ich mir diesen Luxus des größeren Werkes derart, daß ich vorderhand Einzelstudien aus diesem Gebiet herausgebe. Eine davon haben Sie eben kritisiert, eine ganze Reihe anderer wird in den »Grenzboten« erscheinen; die »Deutsche Arbeit« bringt einiges über die modernen Deutschböhmen; beim Stiftungsfest des Prager jüdischen Centralvereins spreche ich über Arthur Schnitzler (am 27 Nov.), etc. etc.

Wenn Sie sich für meinen Plan interessieren und mir die Fähigkeit zu seiner Verwirklichung zutrauen, so nehmen Sie vielleicht das Folgende nicht für zu große Unbescheidenheit.

Also 1) ich weiß, daß Sie über Grillparzer u. über Nestroy gearbeitet haben u. kann diese Bücher hier nicht auftreiben. Könnte ich sie wohl von Ihnen auf acht bis zehn Wochen geliehen erhalten?

2) Könnten Sie nicht vielleicht gelegentlich oesterreichische

Zeitungen für mich interessieren, sodaß ich dort vielleicht meinen Stoff feuilletonistisch verwerten könnte?

3) Glauben Sie, daß Konegen oder ein anderer großer Verlag in Oesterreich für mein ganzes Buch sich gewinnen lassen könnte, derart daß er mir auf den Ebner-Essay und etliche andere Proben hin einen festen Vertrag im Vornherein machte?

Noch möchte ich einem etwaigen Einwand begegnen, den ich hier bisweilen höre. Man sagt mir: »Du kennst Oesterreich nicht u. willst darüber schreiben.« Dann erwidere ich: es gibt für den Literarhistoriker zwei Standpunkte, von denen aus er gleich fruchtbar wirken kann – sofern er nur dem einen oder andern durchgängig Treue hält. Er schreibe entweder als »Eingeborener«, als Darinstehender, oder als Fremder, als außenstehender Beobachter. Ich selbst will in diesem Fall niemals mein Außenstehen verleugnen. Ich will als Norddeutscher schreiben u. die oesterreichische Eigenart immer als solche, als *das andere* auf mich wirken lassen. Ich will nicht, weil ich im vorigen Frühling 8 Tage in Wien war, so tun, als hätte ich nun auch schon die Berechtigung als Wiener mitzureden.

Nicht wahr, das ist doch ein ganz annehmbares Programm? Übrigens bringen die »Grenzboten« in zwei, drei Wochen meinen Essay über die specifischen Wiener Schlögl, Chiavacci, Pötzl; den werde ich Ihnen übersenden, und dann sehen Sie, wie ich das Ding praktisch anfasse.

Nun noch einmal: verzeihen Sie das durch Ihre Liebenswürdigkeit heraufbeschworene Unbescheidene dieses Briefes, und seien Sie vielmals bedankt.

Ganz ergeben!
VictorKlemperer

2

ICH BIN EIN ALLZU ALTER STUDENT

1913–1919

Bruder Berthold zu Besuch bei Bruder Georg und dessen Familie (von links): Berthold, Otto (hinten), Hans, Friedrich, Georg, Georg jr. und Maria Klemperer, daneben ein Freund der Familie mit Hund, Juni 1913.

Wollte man aus Klemperers Sicht an diesem Punkt ein Lebens-
resümee ziehen, käme er trotz seiner ersten Erfolge nicht sonderlich gut dabei weg: Er ist Anfang dreißig, verheiratet, aber
wirtschaftlich noch immer abhängig von den Brüdern. Nach dem
Tod des Vaters Wilhelm im Jahr 1912 hört er von Bruder Georg:
»Glaubst du, es macht mir Vergnügen, wenn mein Bruder überall herumschreibt, die Zeile für einen Groschen, und mit Vorträgen in Meseritz und Neutomischel hausiert? Ich denke an unsern Namen und unsere Familienehre.« Bei Bruder Berthold
klingt es so: »Wir möchten viel lieber einen Professor als einen
kleinen Journalisten zum jüngsten Bruder haben.«

Schließlich nimmt Klemperer sein Studium wieder auf. 1913
promoviert er an der Münchner Universität summa cum laude
mit einer Arbeit über die »Zeitromane Friedrich Spielhagens und
ihre Wurzeln«. Der Romanist Karl Vossler – einer der wichtigen
Menschen in Klemperers Leben und seiner Korrespondenz –
empfiehlt ihm zu habilitieren. Klemperer entschließt sich zu
einer Arbeit über Montesquieu und wird Deutschlektor in
Neapel. Der »alte Student« sehnt sich »schon recht sehr nach
einem deutschen Katheder [...]; ich möchte nur endlich auf einen Posten kommen, wo mir Wunsch und Können nicht ganz
auseinanderklafft, und wo ich endlich einmal etwas leisten
könnte«. Wenn auch sein eigenes Urteil über das bisher Erreichte negativ ausfällt, tritt aus heutiger Sicht Erstaunliches zu-
tage: Bereits mit der geplanten Habilitationsschrift strebt er
eine Arbeitsweise an, die später seinen Blick als Chronisten der
Nazizeit bestimmen wird: »Ich will nirgends phantasieren, sondern Punkt für Punkt mit aller Sachlichkeit vorgehen und das

solideste Material benutzen. Ich habe schon viel davon angehäuft, [...] ich glaube, daß dieses Buch, wenn es etwas taugen
soll, ein wenig über das Einzelporträt hinausgehen und Zeitstudie werden muß.«

Erstmals nimmt das Zeitgeschehen deutlichen Einfluss auf seinen Lebensweg: Als der Erste Weltkrieg beginnt, meldet sich der
Vierunddreißigjährige freiwillig. Zunächst kommt Klemperer an
die Front in Flandern, nach Krankheit und Lazarettaufenthalt
greift Bruder Felix ein und versucht ihn auf einen sicheren Posten zu vermitteln. Er wird Zensor in Ober Ost und bald in einem
neuen Buchprüfungsamt in Leipzig, wo er viel Zeit für private
Studien findet. Die Möglichkeit eines während des Krieges in
Aussicht gestellten Lehrstuhls in Gent indes zerschlägt sich.

Victor Klemperer an Karl Vossler

Paris, Rue Molière 23, d. 11. Octob. 13

Hochgeehrter Herr Professor –

nachdem ich eine ganze Reihe von Wochen hier tätig bin und meine Arbeit einigermaßen zu übersehen glaube, möchte ich mir erlauben, Ihnen davon zu erzählen, und Sie höflichst in zwei Punkten um Ihre Meinung und Ihren frdl. Rat zu bitten.

Ich habe hier, wie vorauszusehen war, das wunderschönste Material gefunden: alles was irgend über Montesquieu geschrieben worden ist, sämmtliche Veröffentlichungen aus seinem Nachlaß, die Zeitschriften des 18. Jahrhunderts, die ersten Übertragungen der englischen Philosophen ins Französische, worauf sich Montesquieu gestützt haben dürfte, den Bodinschen »Staat« in der Erstausgabe usw. usw. Es ist eine rechte Freude, aus dieser Fülle heraus arbeiten zu dürfen.

Mit den neuen Montesquieu-Veröffentlichungen verhält es sich nun so: es sind Fragmente, Gedanken, Reisetagebücher u. einzelne Stücke aus den Brouillons zum Esprit d. L. herausgekommen – nach Barckhausens Angaben alles, was von diesen Entwürfen zum Hauptwerk Wert hatte. Es sollen – wahrscheinlich bis zum Frühjahr – noch Briefe folgen, die ich bestimmt in Bordeaux werde einsehen dürfen. Wenn irgend möglich, möchte ich dort auch noch die sämmtlichen Manuscripte zum Esprit mit dem Werk selber vergleichen, das hängt davon ab, ob die Familie Montesquieu ihre Einwilligung dazu gibt. Der Herausgeber der Briefe und Bibliothekar der Stadtbibliothek von Bordeaux, Gébelin, will sich in diesem Punkt für mich verwenden.

Doch glaube ich auf alle Fälle, auch allein auf die mit den Briefen abschließenden Publikationen gestützt, meinen Arbeitsplan gründlich durchführen zu können.

Meine Absicht ist diese.

Den Esprit in den Mittelpunkt stellend, aber bei den ersten Reden beginnend und bis zum Nachlaß vorgehend, möchte ich Punkt für Punkt den Entwicklungsgang Montesquieus zeichnen: was für Einflüsse gewirkt haben, wie sie auf ihn, wie aufeinander gewirkt haben, was für Auf-, was für Ineinanderschichtungen sich ergeben. Ich werde damit zu einem Gesammtbilde Montesquieus kommen, das sich von den bisher gezeichneten unterscheiden wird. Man hat bisher im Wesentlichen drei Montesquieus gemalt. 1) den Sensualisten, der von der Idee ausging und sozusagen in die sensualistische Knechtschaft geriet. 2) den Idealisten, bei dem Plato u. Descartes über Locke Sieger blieben. 3) den Chaotiker, der mit sehr vielem Geist in einem ungeheuerlichen Nebeneinander die widersprechendsten Dinge stehen ließ. Man kommt zu einem wesentlich anderen Resultat, wenn man nicht von dem Philosophen, sondern von dem *Dichter* Montesquieu ausgeht. Ein Philosoph, meine ich, kann Einheit nur im einheitlichen Gedanken finden, ein Dichter kann u. wird sie öfter in einer Sehnsucht finden, die gerade aus unüberbrückbaren Widersprüchen entsteht. Das aber ist genau Montesquieu's Fall (und ist wohl überhaupt vielfach der Fall des 18. Jahrhunderts). Da steht auf der einen Seite die Überzeugung und der heißeste Wunsch, daß Menschen zu verbessern sind und verbessert werden müssen, auf der andern Seite die Überzeugung von der naturnotwendigen Verkettung der Dinge, von einer der Mystik entkleideten aber um so unerbittlicher gewordenen Fatalität. Sehen Sie die Lettres Persanes und die Considérations daraufhin an – so haben Sie in der Troglodytenutopie und dem Satz: auch ohne Caesar wäre die Republik gefallen die äußersten Punkte der Pendelschwingung vom Optimismus zum Pessimismus, vom freien zum gebundenen Willen, oder wie man das ausdrücken will. Der Esprit des Lois ist die ungeheure zum Teil geglückte, zum Teil gescheiterte, aber prachtvoll gescheiterte Bemühung des reifen Mannes, sein Ideal zu retten, ohne seine naturwissenschaftliche Überzeugung zu verraten; der Jurist, der Reisende, der Philosoph, der Politiker, der Journalist, der Kenner der schönen Literatur – alle helfen sie, diese Sehnsucht zu verwirklichen, und weil es um eine Sehnsucht, um ein Dichterisches geht, so wird aus dem vielfältigen Stoff auch ein dichterisch geformtes Ganzes, ein Kunstwerk. Womit denn die Frage nach Montesquieus Originalität aus dem bloßen: Wo hat er dies und jenes her? herausgehoben, womit zugleich die Berechtigung des Literarhistorikers erwiesen ist, dieses Bild zu zeichnen. Sie sehen, Herr Professor, wie sehr ich im Anfangs- u. Endpunkt dieses Ideenganges in Ihrer Schuld stehe; ich habe zahllose Arbeiten über Mont. gelesen; nicht eine betont den Dichter in ihm mit solcher mutigen Entschiedenheit, wie Sie das getan haben.

Ich möchte Sie nun fragen, ob Sie mit der Ausführung dieses Planes einverstanden sind. Ich will nirgends phantasieren, sondern Punkt für Punkt mit aller Sachlichkeit vorgehen und das solideste Material benutzen. Ich habe schon viel davon angehäuft, und alles was ich gefunden habe, hat mich nur in meinem Plan bestärkt und sicher gemacht. Es wird aber noch monatelanger Arbeit bedürfen, ehe ich zum Schreiben komme, denn ich glaube, daß dieses Buch, wenn es etwas taugen soll, ein wenig über das Einzelporträt hinausgehen und Zeitstudie werden muß.

Und hier eine zweite Frage und Bitte an Sie. Ich möchte nicht zu früh von meinem Material fort, ich möchte auch noch nach Bordeaux. Würden Sie es für verkehrt halten, wenn ich erst in der zweiten Semesterhälfte wieder nach München käme? Und dürfte ich wohl Sie als Zeugen angeben, wenn ich das Sekretariat der Universität um Aufrechthaltung meiner Immatriculation bäte, mit der Begründung, daß ich zu wissenschaftlicher Arbeit in Frankreich bin?

Indem ich Sie wegen der verursachten Mühe – verursacht allein schon durch die Länge dieses Schreibens! – vielmals um Entschuldigung bitte, verbleibe ich in ständiger größter Wertschätzung.

Ihr dankbar ergebener Schüler
Victor Klemperer.

Die Karte an Bédier habe ich noch nicht abgeben können, er ist bis Ende Oktober verreist.

Victor Klemperer an Karl Vossler

Paris Rue Molière 23
16. 10. 13

Hochgeehrter Herr Professor –

ich danke Ihnen aufs allerherzlichste für Ihre liebenswürdige und umgehende Antwort und ebenso für den schönen Aufsatz. Mir war Ihre Studie, die so vieles gibt und so sehr zum Weiterdenken anregt, in den Hauptpunkten durchaus gegenwärtig geblieben, aber ich fand doch auch wieder viel Neues darin und bin sehr froh, sie nun als Eigentum zu besitzen. Noch einmal: herzlichst ergebenen Dank dafür!

Daß Ihnen mein Buchplan zuzusagen scheint, macht mir Mut, weiterzuarbeiten, und den kann ich wohl gebrauchen, denn die Sache bietet manchmal recht böse Schwierigkeiten. Ich werde nun also vorläufig hierbleiben und im Dezember nach Bordeaux gehen.

In aufrichtiger Dankbarkeit ständig ergeben
Victor Klemperer

Victor Klemperer an Karl Vossler

Bordeaux 4. 1. 14.

Hochgeehrter Herr Professor –

Ich habe mit der Antwort auf Ihr so freundliches Schreiben gezögert, bis ich Ihnen Endgiltiges zu berichten hätte. Was mir an diesem Brief das Freudigste war, ist die weit über das Pflichtmaß des Lehrers hinausgehende Sorgfalt, die Sie mir angedeihen lassen. Mir widerstreben die superlativischen Worte, besonders im Gefühlsausdruck; bitte, glauben Sie also meiner ganz einfachen Versicherung, daß ich Ihnen mein Leben lang tiefe Dankbarkeit bewahren, daß ich mich immer bemühen werde, Ihnen keine Unehre zu machen, und daß aus jeder Arbeit, die ich künftig unternehme, hervorgehen soll, wieviel ich Ihnen geistig verdanke.

Ich erhielt hier einen ebenso dringenden wie liebenswürdigen Brief Professor Manacordas. Er bürge mir für das Lectorat, die Anstellung würde ich Mitte Januar für den 1. Februar erhalten, das sei aber una pura formalità, und er wünsche dringend, daß ich sogleich nach Neapel käme, damit ich vor Beginn der Curse mich noch ein paar Wochen im Italienischen vervollkommnen könnte. Die Herzlichkeit des Anerbietens und die Sicherheit der Zusage in Betracht ziehend, habe ich gemeint, bedingungslos vertrauen zu sollen und also meine Zusage für den 10. Januar gegeben. Ich reise nun Mittwoch von hier nach Marseille – mit der Einsicht der Montesquieubriefe wurde ich fertig –, Donnerstag von dort zu Schiff nach Neapel, wo ich am 10 Januar ankomme. Ganz ohne Unruhe bin ich natürlich nicht: es ist ja doch eine Reise ins Ungewisse und Fremde, dazu eine große und umständliche Sache; auch fürchte ich, daß Herr Professor Manacorda sich im ersten Augenblick über mein Italienisch entsetzen wird, das ich praktisch immer nur wenig und in den letzten Jahren gar nicht getrieben habe. Ich glaubte aber Ihrem und Prof. M.'s Rat folgen zu sollen.

Ihrem frdl. Vorschlag im Punkte der Habilitation möchte ich, wenn irgend möglich, folgen: ich bin ein allzu alter Student, und das Kind muß endlich einen Namen bekommen. Für Ihr frdl. Anerbieten, mir Empfehlungen zu geben, bin ich Ihnen überaus dankbar, daß Sie mich an Croce empfehlen wollen, macht mich stolz, und seine Bücher will ich studieren, sobald ich nur erst wieder zu Athem gekommen bin.

Ich muß Sie endlich mit noch einer Bitte behelligen. Ich bin ohne alle akademischen Ausweise hier u. mein Münchener Schreibtisch ist natürlich verschlossen. Würden Sie, Herr Professor, da vielleicht die große Güte haben, auf einem an Prof. Manacorda od an mich (poste-restante Neapel) zu sendenden Blatt mit zwei Zeilen officiell zu bestätigen, daß ich am 30. Januar 1913 an der Universität München das Doctorexamen in Deutsch, Französisch und Philosophie summa cum laude abgelegt habe.

Indem ich Sie endlich bitte, die diesmal besonders böse Handschrift mit der großen Eile der Reisevorbereitungen und mit einiger Praeoccupation freundlichst entschuldigen zu wollen,

verbleibe ich in tiefer Dankbarkeit

ergeben

Victor Klemperer

Victor Klemperer an Karl Vossler

Hotel & Pensione Sta Caterina
Amalfi
9/4. [14]

Hochgeehrter Herr Professor –

ich möchte mit einem herzlichen Osterwunsch gern zur Zeit eintreffen; so benutze ich eine Pause in der Fußwanderung, die uns seit einer Woche etwa an allen erdenkbaren Herrlichkeiten vorüberführt und unendlich bereichert. Seien Sie auch bei Gelegenheit dieses Osterwunsches meiner Dankbarkeit versichert, die ich Ihnen vorderhand immer nur in Briefen ausdrücken kann, später hoffentlich einmal so erzeigen werde, wie das ein Schüler seinem Lehrer gegenüber soll: durch anständige Arbeiten.

– Einen besonderen Dank für Ihr letztes Schreiben. Wie schade, daß Sie nun doch nicht nach Neapel kamen. Ein übrigens ganz egoistisches Bedauern meinerseits: ich habe die eitle aber doch wohl verzeihliche Hoffnung gehabt, vor Ihnen einmal auf dem Katheder glänzen zu dürfen. Freilich »glänzen« – von einem fehlerfreien Italienisch bin ich noch weit entfernt; immerhin geht die Sache doch nun schon ganz leidlich. Nimmt auch nicht mehr meine ganze Zeit in Anspruch, längst nicht mehr: ich arbeite wieder viel an Montesquieu, lese auch Croce langsam und stückweise, daneben Leopardi und Manzoni. Für Manzoni erwärme ich mich täglich mehr. Welch ein Kunstwerk sind die Promessi Sposi, viel, viel zu schade für die bei uns übliche Verwendung zur ersten Lectüre für Anfänger im Italienischen. Ob ich wohl in meinem ersten Dozentensemester eine einstündige Vorlesung über Manzoni halten dürfte? –

Vielen Dank endlich auch dafür, daß Sie mir den Laterza-Katalog zuwiesen. Ich habe ihn mit wenig Mühe und vielem Vergnügen übersetzt (obwohl er teilweise etwas bombastischen Reclamestil hat, der sich auch dann nicht umgehen ließ, wenn man einige allzu italienische Superlative mit Positiven übertrug), und sehe nun mit großer Freude einer Reihe Croces und der Literaturgeschichte De Sanctis' entgegen.

Croce habe ich vor etwa 14 Tagen besucht, wurde auch seiner Frau vorgestellt. Er erzählte mir mit vieler Liebenswürdigkeit und mit einer schönen herzlichen Wärme von Ihnen und Ihren ersten Arbeiten. –

Anfang Juni schließt hier das akademische Schuljahr; die Prüfungen aber, an denen ich beteiligt bin, sollen sich doch bis in den Juli hinziehen, u. so werde ich kaum vor dem ersten August in München sein. Ich werde dann im Winter sehr gern auf ein weiteres Jahr hierhin zurückkehren. Aber ich fühle doch, daß dies alles nur Lehrzeit für mich sein kann und sehne mich schon recht sehr nach einem deutschen Katheder. Mir ist jetzt oft, als hätte ich mit dem sogenannten »freien« Schriftstellern – mit all dem zersplitternden Herumschreiben, den Novellen, den Aufsätzen und Büchern über modernste Literatur, denen Durchbildung und Basis fehlt, allzuviele Zeit verloren, und ich fühle mich manchmal ein bißchen vorwärts gepeitscht. Es ist wahrhaftig nicht die Sehnsucht nach einem Titel oder einer pensionsberechtigten Anstellung; ich möchte nur endlich auf einen Posten kommen, wo mir Wunsch und Können nicht ganz auseinanderklafft, und wo ich endlich einmal etwas leisten könnte. Ich habe jetzt manchmal die Hoffnung, daß ich mit meinem Montesquieu wenigstens ein bißchen zufriedener sein werde als mit meinen früheren Arbeiten, die mir nicht genug umfassen und nicht tief genug greifen. Gelingt mir diesmal etwas Besseres, so kann ich mich bei Ihnen bedanken. –

Sie entschuldigen es gewiß, wenn mein Brief etwas persönlich ausgefallen ist; Sie haben mir zu vieles gegeben, als daß ich nun noch den ganz unpersönlich »respektvollen« Ton finde.

Mit nochmaligen Wünschen für die Feiertage, das neue Semester und Ihre neuen Arbeiten

in der herzlichsten Ergebenheit
Victor Klemperer

Victor Klemperer an Karl Vossler

Neapel Partenope 1
19/11 14.

Hochgeehrter Herr Professor –

gestern zeigte mir Manacorda Ihre treffende Antwort auf seinen Marzocco-Brief; ich entnahm daraus, daß Sie noch in München sind und möchte Ihnen einige Zeilen von hier schreiben, obwohl ich über mein eigentliches Amt noch nichts sagen kann – denn man läßt sich ja hier unendlich viel Zeit bis zum Anfang der Collegien. Ganz leicht wird es mir diesmal hier nicht. Die Presse u. die Volksstimmung sind uns so bitter feindlich, u. selbst die sich für Deutschlands Freunde Haltenden tun im Grunde nichts anderes als auf den Moment unserer Schwäche zu warten – nicht aus Haß gegen Deutschland, wie immer wieder versichert wird, nur aus Feindschaft gegen Oesterreich. Man redet u. redet vom Mittelmeer, von der Slavengefahr, von allem, was Sie so schön eindringlich herausgebracht haben – und schließlich, wie Kinder mit einem obstinatem »Ich will aber«, fangen sie alle: Hausknecht, Barbier, Offizier, Professor, die alte Litanei an: Vielleicht habt ihr recht, wir aber wollen ans oesterreichische Leder, das ist unser ererbtes Gefühl, unsere Pflicht, unser Recht … Ich nehme es nicht allzu tragisch, man wird sich hier wohl besinnen, u. inzwischen wird ja wohl in Flandern u. Rußland einiges für uns besser werden; aber es fällt auf die Nerven.

Eigentlich ist es ungebührlich, daß ich Ihnen von Politik schreibe; doch schläft man ja jetzt damit ein u. wacht damit auf. Ich gebe mir Mühe, trotzdem ein bißchen zu arbeiten u. schlage mich ehrlich mit philosophischen u. staatsrechtlichen Fragen des Esprit des Lois herum, komme mir aber bei dieser Beschäftigung einigermaßen lächerlich vor. –

Viel Anregung u. Freude haben mir (genauer uns, denn ich

33

las das Buch meiner Frau vor) Ihre Vorträge über die italien. Literatur gemacht, die ich vor meiner Habilitation nur erst durchgeblättert hatte. Am meisten gefällt mir die Ausführung über Fogazzaro u. D'Annunzio, diese zweite das abwägendste u. gerechteste, was ich mir vorstellen kann. Über Ada Negri habe ich vor einigen Jahren eine längere Studie in der Voßischen Zeitung geschrieben; einige ihrer socialistischen Gedichte, z. B. der »Grubenbrand«, haben einen großen Eindruck auf mich gemacht, wenigstens damals. Auch mit Belli habe ich mich früher beschäftigt. Gegen D'Annunzio habe ich eine so fürchterliche Abneigung, daß es mir immer schwer wird, etwas von ihm zu Ende zu lesen. Ich glaubte auch aus Ihren Worten Abneigung herauszulesen u. bewunderte um so mehr die heitere Ruhe Ihres Abwägens u. doch auch Anerkennens. – Von meiner Probevorlesung fand ich hier bereits Correctur vor; ich bin Ihnen sehr dankbar dafür, daß Sie sie mir untergebracht haben. Darin wie in so vielem anderen haben Sie mir den Weg geebnet.

Seien Sie bitte meiner ständigen dankbaren Gesinnung gewiß.

Ich empfehle mich Ihnen aufs allerergebenste

als Ihr alter Schüler

Victor Klemperer.

Felix Klemperer an Victor Klemperer

Kurfürstendamm 214

17. VII. 16.

Lieber! In Eile folgendes. Ich habe mir erlaubt, in Deine militär. Karrière einzugreifen. Hoffentlich mit Deiner *nachträglichen* Zustimmung.

Am Sonnabend Nachm (15. VII.) ging folgendes Telegramm aus Kowno ab:

34

III Bayr. Reserve Armeekorps. Drahtantwort erbeten, ob Kanonier Victor Klemperer 6 Batt., 6 Bayr Feldart Regt 6 Bayr Res. Divis., z. Zt Lazarett Bad Driburg, zur Verwendung bei *Buchprüfungsamt Ob. Ost.* zur Verfügung gestellt werden kann. Wenn ja, Inmarschsetzung über Eydtkuhnen nach Hauptquartier Ost. Meldung bei Hauptmann Bertkau, Hindenburgstr 28. Presseabteilung Nr …

Unterschrift: Oberbefehlshaber Ost.

Es kommt nun darauf an, ob die Bayern Dich loslassen. Ich denke aber ja, denn der unterschriebene Oberbefehlshaber Ost ist niemand anders als … Hindenburg.

Dann kommt es auf Dich u Deinen Arzt an. *Du* mußt wollen. Das setze ich voraus, denn Du kommst in eine literarische Thätigkeit u nach Kowno, wo ich auch bin. *Der Arzt* muß Dich für *garnisondienstfähig* erklären. Ich zweifle nicht, daß er das thut (zumal, wenn Du ihn informierst, worum es sich handelt!). M. E. bist Du nach einer Nierenentzündung mindestens noch 3 Monate nur garnisondienstfähig, noch nicht felddienst-(d. i. kriegsverwendungs- = k. v.)fähig. – Freilich ob Du *schon* reisefähig bist, das weiß ich nicht; hoffe es aber, denn die Gelegenheit kommt schwer wieder. –

Wie ich zu der Sache kam etc pp. erzähle ich Dir später. Es sammeln sich hier in Kowno mehr u. mehr literarische Persönlichkeiten an: Herbert Eulenberg, Neumann-Hofer [der an der Spitze des neugegründeten Buchprüfungs(i. e. Zensur)amts steht]; da dachte ich an Dich u nutzte m. Beziehungen.

Wenn Du noch *militär.* Ehrgeiz hast, braucht Dich das nicht hindern. Ich kann Dich nach einiger Zeit, wenn Du willst u k. v. bist, leicht an die Front u dann zu einem mir bekannten Regiment bringen, wo Du es besser hast.

Wenn der Befehl kommt u Du reisen kannst, fährst Du nach Berlin (wo Du *einen* [1–1½] Tag bleiben kannst [event. we-

35

gen Ausrüstung sind auch 2–3 Tage *begründet*], _nicht länger!_),
dann nach Kowno. Dort suche im Kais. Gouvernement den
Oblt. (Lehrer aus Berlin-Pankow) *Schültke* auf (Abtg II b, der
m. *Freund* u. *informirt* ist u für Dich u. Deine Unterkunft etc
sorgen wird. Hptm Bertkau kenne ich nicht, wohl aber seinen
Adjutanten Oblt Frentz (aktiv), meinen *dicken Freund*, der die
ganze Sache gemacht hat. Erst wenn Du von Frentz Instruk-
tionen hast (u vorher von Schültke), gehe zu Bertkau. – Ich
komme am 16ten VIII Nachm. Es thut mir leid, daß ich Dich
nicht empfangen u. einführen kann. Vielleicht ist es aber auch
gut so. Jedenfalls _Zurückhaltung_, bis ich komme; dabei aber
Festigkeit, m. Alter, u *militär Haltung*. (Eulenberg ist auch nur
Ldstm, nicht Offizier). *Geduld* – u. Du sollst sehen, wir werden schon was aus der Sache machen. (Wenn Du Dich sauber
equipieren kannst, wäre es gut. Aber natürlich *vorschriftsmä-
ßige* Sachen.)

Hoffentlich klappt alles. Und *ohne falsche Bange*. Wir sind
wir! – Ich fahre heute Abend mit Betty ab. Adresse gebe ich
Dir, sobald ich eine habe.

Herzl Gr. v H. z. H.

Getr Felix

Victor Klemperer an Eva Klemperer

Buchprüfungsamt Ob. Ost.

Sonnabend morgen 22. 7. 16

Liebste – was tut der Bürokrat, wenn der Dienst um 8 beginnt?
Erst plaudert er ein halbes Stündchen u. dann schreibt er einen Brief. Also lege nur ruhig diesen herzlichen Zwischengruß
ad acta, zum Zeichen meiner neuen Tätigkeit. – Zu Haus stehe
ich gerade da, wo wir gestern den Spaziergang antraten. Der
bedarf nun längerer Schilderung. Danach habe ich dann noch
an Dich geschrieben, der Bursche kam u. ich unterhielt mich

mit ihm. Er hat doch mit Felix zusammen vieles mitgemacht. Auch sprachen wir sachverständig von Reiten u. Reitunterricht. Die prachtvolle Wohnung u. das Alleinsein u. Bedientsein wird mir – einmal gekostet – doch fehlen, wenn F. zurückkommt u. ich das Zimmer räumen muß. Könnte ich Dich hier haben, so würde mir gar nichts an der Zufriedenheit fehlen. Aber es geht nun einmal nicht. Von einem Hauptmann habe ich gehört, daß er die Frau hier habe; es soll aber eine vollkommene Ausnahme sein – auch den Offizieren ist das verboten. Mit welchem Verbot man nur der Unsittlichkeit dient. –

Guten Morgen, Meines! Grüße Jule u. Ella.

Dein Victor.

Adressiere bitte endgiltig wie umstehend.

Victor Klemperer an Karl Vossler

Kipsdorf i Erzgebirge, Oberlausitzer Haus

7/4. 17

Hochgeehrter Herr Professor –

vor allem möchte ich Ihnen von Herzen recht gute Wünsche zu Ostern schicken. Vergnügte Feiertage u. ein gedeihliches Semester u. irgendwann einmal Frieden!

Ich habe einen kurzen Urlaub hierher bekommen u. denke mich ein wenig erholen zu können. Das tut doppelt not, denn einmal stimmt es mit meiner Gesundheit gar nicht, u. zweitens hat mich neuerdings die Commission wieder k. v. erklärt. Im Mai werde ich nun wohl wieder zur Front kommen, doch hoffe ich bis dahin Unteroffizier zu werden, u. dann bin ich wenigstens vor der schweren körperlichen Arbeit bewahrt, die mich während meiner ersten Campagne so arg mitnahm.

In den Leipziger Monaten bin ich insofern ein wenig verwöhnt worden, als ich doch neben meiner Censortätigkeit ein bißchen für mich arbeiten konnte. Auf das fertige Voltaire-colleg ließ ich allerhand Studien zur französischen Romantik folgen. Das wird mir doch sehr fehlen, wenn ich nun wieder zur Front gehe.

Große Freude würde es mir machen, gelegentlich wieder von Ihren Arbeiten, Vorlesungen u. Plänen zu hören, auch von Ihrer Stimmung u. Ihren Ansichten, was diesen katastrophalen Krieg anlangt. –

Daß ich die militärischen Ehren der Gefreitenknöpfe u. des bay. Verdienstkreuzes III Kl. mit Schwertern erhalten habe, erzählte ich Ihnen wohl schon einmal?

Ich verbleibe in alter Anhänglichkeit u. Dankbarkeit mit den herzlichsten u. ergebensten Grüßen

Ihr Schüler
Victor Klemperer

Victor Klemperer an Karl Vossler

Leipzig, Dufourstr 1^{II}
4. II. 18

Sehr geehrter Herr Professor –

[…] Immer noch sitze ich tagaus tagein im Bureau u. bin überhäuft mit zu censurierenden Schriften. An Zeit u. Sammlung zu eigenem Studium – von productiver Arbeit ganz zu schweigen! – ist nur wenig zu denken. Ganz ungewiß bleibt nach wie vor, ob ich hier das Ende des Krieges erlebe oder noch einmal ins Feld komme. Hoffnungen auf einen baldigen Frieden habe ich nicht: ich glaube, es wird noch lange Sommer-u. Herbstmonate hindurch hart auf hart gehen. – –

Wie ist es bei Ihnen in München? Halten Sie Vorlesung, haben Sie viele Hörer? Was ist es für eine furchtbare Sache mit der Frau Dr. Lerch? Ich las mehrere Zeitungsnotizen darüber u. kann mir die Geschichte gar nicht erklären. Wie wird denn das auf Lerch selber u. seine Stellung wirken? –

Was mich persönlich immer am meisten bedrückt, mehr als die wenig gute Gesundheit u. die Alltagsnot des Essens, der Kohle etc., ist das Ausgeschlossensein aus meinem Beruf. Nun bin ich schon so lange Dozent u. kann mich gar nicht betätigen. Eine ganze Hecke junger Dozenten wird ausschlüpfen u. unterschiedliche Professuren erlangen, u. ich werde immer Privatdozent ohne Katheder u. Unteroffizier sein. Aber da hilft kein Klagen.

Ich wünsche Ihnen u. den verehrten Ihrigen möglichst gute Tage, ein möglichst geringes Bewußtwerden von den Nöten der Zeit u. verbleibe in alter dankbarer Anhänglichkeit u. getreuer Gesinnung

mit den aufrichtigsten Grüßen v. H. z. H.

Ihr ergebner

Victor Klemperer

Victor Klemperer an Karl Vossler

Leipzig Reichelstr 16^{III}

25. 7. 18

Sehr geehrter Herr Professor –

Sie können sich nicht vorstellen, welchen Eindruck Ihr Telegramm auf mich machte. Ich sollte bis zum 7. August spätestens zur Truppe, bin von einem Regiment, zu dem ich Beziehungen habe, bereits angefordert, rechnete bestimmt damit, in spätestens 14 Tagen im Westen in der Feuerlinie zu stehen u. hatte, wie die Dinge liegen, mit dem Leben im Grunde abgeschlossen. (Zumal ich mehr als die Kugel einen Krankheitsrückfall bei Strapazen mit ziemlicher Sicherheit zu erwarten habe.) Da kam gänzlich unerwartet Ihr Telegramm, aus dem ich erst gar nicht sonderlich klug wurde. Ich war einigermaßen fassungslos u. beschloß einen Tag zu warten u. mich zu beruhigen, ehe ich antwortete. Inzwischen ist nun heute früh das Angebot aus Brüssel hier eingetroffen. Ich habe sofort nach Brüssel telegraphiert, daß ich annehme, daß man mich aber umgehend bei meiner Behörde in Kowno telegraphisch reclamieren müsse, da anderweitige Ablösung im Gange sei. Und jetzt muß ich eben abwarten, ob ich auf das Genter Katheder oder ins Feuer komme. –

Wie das nun aber auch ablaufe, so möchte ich Ihnen jetzt auf alle Fälle meinen allerherzlichsten u. gar nicht in Worte zu fassenden Dank sagen. Es scheint sich in meinem Leben wiederholen, vielleicht zur ständigen Einrichtung erklären zu sollen, daß ich alles Erfreuliche auf beruflichem Gebiete Ihnen zu verdanken habe. Sie sorgen für mich weit mehr, als bloß ein Lehrer für seinen Schüler sorgt, Sie geben mir die schönsten Möglichkeiten der Betätigung. (Diesmal, nebenbei bemerkt, dürften Sie mir geradezu Lebensretter sein.) Ich habe nur einen Weg, Ihnen meinen Dank zu erweisen, indem ich Ihnen auf jedem Posten Ehre zu machen suche, und indem ich überall betone, daß ich mein Bestes auf wissenschaftlichem Gebiete Ihnen verdanke. Bitte erlassen Sie mir alle großen Worte u. seien Sie meiner dankbaren Zuneigung gewiß. –

Viel gäbe ich darum, wenn ich Sie jetzt aufsuchen und Ihnen eine ganze Menge Fragen vorlegen dürfte. Schriftlich läßt sich ja da so wenig machen. Mir sind die Genter Verhältnisse ganz fremd. In französischer Sprache lesen zu sollen schreckt mich wenig; schwieriger erscheint mir schon, gleich in das mir ferner liegende Altfranzösisch tauchen zu sollen. Oder muß es nicht gleich sein? Werde ich Zeit zur Vorbereitung erhalten, u. werde ich diese Zeit in München oder in Gent verbringen? Und bleibe ich Privatdozent in München, und wird man mir in Bayern die Genter Semester anrechnen? Dies ist so eine kleine Auswahl der Fragen die mich beschäftigen.

Herr Prof. Wolff, an den mich das Brüsseler Schreiben verweist, ist mir leider unbekannt. Übrigens, wer ist im Civilleben der als Absender zeichnende Geheimrat von Dyck? – –

Ich wäre Ihnen sehr dankbar, sehr verehrter Herr Professor, wenn Sie mir einmal über alles das ein wenig schreiben wollten.

Inzwischen verbleibe ich in alter Anhänglichkeit
Ihr ergebenster
Victor Klemperer.

Bei Becker sah ich dieser Tage einen neuen Provenzalen von Ihnen liegen!

Victor Klemperer an Karl Vossler

Leipzig, Reichelstr 16^{III}
21/XI 18

Sehr geehrter Herr Professor –

wenige Tage nachdem ich Ihre Hilfe in Anspruch genommen, um aus dem trostlosen Wilna fortzukommen, wurde ich auf die seltsamste Weise (durch einen verspätet eingetroffenen u. gegenstandslos gewordenen Befehl des bay. Kriegsministeriums, meine »Frontverwendung« betreffend) sehr unverhoffter Weise befreit. Ich habe nun von hier aus an das Kriegsministerium die Bitte gerichtet, bis zu meiner Entlassung in Leipzig bleiben zu dürfen. Das würde mir unangenehme Wartetage in der Münchner Kaserne ersparen. Auch habe ich hier Wohnung, u. man wird gut tun, mit dem Suchen u. Mieten in München eine wenigstens leise Beruhigung u. Stabilisierung der Lage abzuwarten. Nicht zuletzt auch lockt es mich, hier meiner Astrée-Studie nachzugehen. Und die Vorbereitung zum Sommersemester, wo ich endlich auf ein Katheder zu kommen hoffe, kann ich natürlich hier auch gerade so gut treffen wie in München. Hoffentlich macht mir das Kriegsministerium, bezw. der Soldatenrat, keinen Strich durch die Rechnung. Schon habe ich mit Arbeiten begonnen, u. Sie können sich kaum vorstellen, wie gut das tut nach den vielen Wirren u. Aufregungen der letzten Zeit, wo ich noch als Extrawurst neben der Revolution die polnischen Unruhen zu kosten bekam.

Seien Sie ebenso herzlich wie ergeben gegrüßt.

Mit den besten Empfehlungen v. H. z. H.

Ihr

Victor Klemperer.

3

ENDLICH WILL ICH ALS LEHRER
MIT EINEM PAUKENSCHLAG BEGINNEN

1920–1932

Victor Klemperer (l.) erreichte, dass Karl Vossler zur Jahrhundert-
feier der Technischen Hochschule Dresden zum Ehrendoktor ernannt wurde, die Festlichkeiten fanden am 4. und 5. Juni 1928 statt.

Als der Erste Weltkrieg zu Ende geht, ist Klemperer siebenunddreißig Jahre alt und hat scheinbar noch immer nichts vorzuweisen. Sein dringlichster Wunsch bleibt ein deutsches Katheder. Ein Provisorium bietet München, hier soll er als Privatdozent Kriegsheimkehrer unterrichten. Und dennoch geht er, was das journalistische Schreiben anbelangt, noch einmal einen Schritt weiter. Er tritt 1919 als politischer Krisenreporter in Erscheinung, der über dem »Feuilletonstrich« der Zeitung, als A.B.-Mitarbeiter »Antibavaricus«, aus dem revolutionären München für die »Leipziger Neuesten Nachrichten« berichtet. Der Gefahr, die das für seine Universitätskarriere, ja sein Leben bedeuten könnte, ist er sich durchaus bewusst. Dennoch liefert er eine vom Standpunkt des liberal-konservativen Bildungsbürgers geprägte scharfsinnige Einordnung der aktuellen Ereignisse. Klemperer findet zu einer ihm eigenen Form: In seinen Texten tritt er uns als ganzer Mensch gegenüber, der sich nicht stilisiert, der seine Meinung offen darlegt und es auch über sich bringt, bisherige Auffassungen, wenn nötig, zu ändern. Zum ersten Mal übernimmt er die Rolle des Chronisten. Den Dienst am Wort stellt er über seine persönlichen Ziele.

Seine journalistische »A.B.«-Post indes verhindert seine universitäre Laufbahn keineswegs, auch wenn ihm der Vorwurf des »Schreiberlings« noch öfter in seinem Leben begegnen wird. In München erreicht ihn Ende 1919, überraschend schnell, der Ruf an die Technische Hochschule Dresden. Da ist nicht nur der Vater, auch die Mutter schon gestorben. Während der schweren Zeiten, die in der Weltwirtschaftskrise kulminieren, beginnt Klemperer als ordentlicher Professor Fuß zu fassen, auch wenn die Technische Hochschule nicht das Ziel seiner Träume ist: »[...] die Angst quält mich, hier sitzen zu bleiben.« Eine Zeit intensiver wissenschaftlicher Arbeit beginnt, zugleich Jahre erster Universitätsintrigen und Machtkämpfe, die auch das Verhältnis zu Vossler verändern.

Mit Eva unternimmt er große Reisen nach Südamerika, Spanien und in die Levante. Mitte Juni 1928 stürzt Eva Klemperer in Dresden und zieht sich eine Verletzung am rechten Knöchel zu, die sie lange beeinträchtigt, wie überhaupt ihre Gesundheit labil ist. Rückblickend erscheint dieser Unfall wie ein Vorbote unglücklicher Ereignisse: 1931 stirbt – nach Schwester Hedwig, die 1893 das Kindbett nicht überlebt hatte – Bruder Berthold (Beo), der Justizrat, und im folgenden Jahr Bruder Felix. Derweil etabliert sich der aufkommende Nationalismus und wirft seine Schatten voraus.

Eva Klemperer an Victor Klemperer

Urfeld, 26. II. 1920.

Mein geliebtes Herz –

ich schreibe Dir erst von hier oben, weil ja bisher doch nichts zu berichten war, und vielleicht erreicht Dich der Brief garnicht, weil Du moeglicherweise selber herkommst. Ich laße aber meinen Brief fuer alle Faelle durch Eilboten bestellen, weil ich Dir meine Ankunftszeit angeben moechte, und Dich bitten, mich abzuholen, denn bei dem mitzunehmenden Fahrrad kommt es moeglicherweise auf eine Fußwanderung heraus. Ich komme also, wenn Du nicht inzwischen hier sein solltest, am Sonnabend, und zwar wahrscheinlich auf dem Isartalbahnhof an. Der Zug soll wirklich gehen, und fahrplanmaeßig um 9^{45} ankommen. Der andere, taegliche Zug nach dem Hauptbahnhof bleibt zwei Stunden in Tutzing liegen (d. h., hat erst nach 2 St. Anschluß) und soll immer erst gegen 12 Uhr in Muenchen sein. Da will ich also versuchen, zum Isartalbahnhof durchzudringen – bin ich dort nicht, so hast Du ja wahrhaftig reichlich genug Zeit, zu dem anderen Zug an den Hauptbahnhof zu kommen. Wenn moeglich, laßen wir das Rad in Aufbewahrung und schaffen es am Montag direkt zu Wetsch. – Du siehst, das Rad ist da – ich habe es heute im Angesicht der erhabenen Natur auf dem Balkon vor unserem alten Zimmer geputzt.

Meine gestrige Fahrt verlief gut. Der einzige Wagen III. Kl. war kaum zur Haelfte besetzt; voll waren die IV und die II Kl. Ich kam puenktlich um 9^{30} in Kochel an und uebernachtete

47

dort im Bahnhofshôtel. Heute nach dem Fruehstueck wanderte ich um 11 Uhr ab, machte mehrmals unterwegs Rast und war gegen 2 Uhr in Urfeld. Meinen Karton hatte ich mir mit den Riemen zum Rucksack eingerichtet und konnte ihn so ohne Muehe selber tragen. Nur fuehlte ich mich an das selige Tschecherl erinnert, denn es war sehr heiß und ich hatte viel an. Hier oben aß ich ein schoenes Mittag – zwei Teller Reissuppe und sehr schoenes fettes Ochsenfleisch mit Kartoffelgemuese. Dann sah ich mir ein bißchen die Baustelle des Werks an, trank Kaffee, holte mir mein Rad vor, putzte es und machte mit einer kaputten Luftpumpe vergebliche Versuche die Pneumatiks zu fuellen – ich weiß also noch nicht, ob die Reifen dicht halten. Danach schlich ich ein bißchen umher, fing einen Brief an Scherners an, aß Abendbrot, machte den Schernerbrief fertig, unterhielt mich zwischendurch mit Frau Wiesmayer und einem jungen Ingenieur, von dem die Zeichnung des Keßelberg-Durchstichs auf diesem Blatt stammt, und schreibe nun noch an Dich. – Urfeld ist herrlich wie am ersten Tag, das bißchen Buddelei geht in der Schoenheit des Ganzen unter, und ich bin hier gut aufgehoben und habe unser altes Zimmer mit dem schoenen Ausblick auf den See. Ich bin doch ganz froh, hergegangen zu sein, denn es fuehrt mir so recht den Unterschied vor Augen zwischen der Zeit damals, als ich hier saß waehrend Du im Felde warst, und der Gegenwart mit ihren angenehmen Ausblicken in die Dresdener Zukunft. Es waere nett, wenn Du auch herkaemst, mein Lieb, damit wir hier vergnuegten Abschied feiern koennten. Uebrigens sonne ich mich hier foermlich in der Sauberkeit des Hauses! Gottlob, daß unser tuerkischer Saustall nur noch kurze Zeit dauert.

So, mein liebstes Herz, das waere eigentlich alles, was ich Dir fuer die paar Stunden zu erzaehlen habe, denn wenn Du diesen Brief bekommst, bin ich wohl schon unterwegs zu Dir. Miez, mein liebster Munzel, ich moechte nicht laenger von

Dir getrennt sein, und komme also bestimmt am Sonnabend! Lebe wohl, mein Einziger, und sei vielmals sehr herzlich gegrueßt und gekueßt von Deiner

Eva.

Victor Klemperer an Karl Vossler

Dresden, Bendemannstr 3 Pension Blancke
14. Juni 20

Hochgeehrter Herr Professor –

Ich bin Ihnen den herzlichsten Dank schuldig für einen langen Schreibebrief u. für die interessante Croce-Anzeige.

Inzwischen – Teubner hat es Ihnen ja wohl mitgeteilt – sind nun die »Romanistischen Erztafeln« jämmerlich ersoffen in der Hochflut der Druckpreise und des ganzen finanziellen Elends. Es hat mich bitterlich gekränkt; ich hatte so große Hoffnungen auf diese Zeitschrift gesetzt. Nun muß man wieder betteln gehen bei den diversen Fach-Käseblättchen u. muß zufrieden sein, wenn man Artikel nach zweijährigem Lagern einmal gedruckt sieht. Da hilft aber kein Klagen: ich habe das Menschenmögliche getan, die Zeitschrift zu erzwingen, u. bei den geringsten Anzeichen einer Änderung der Lage nehme ich meine Bemühungen wieder auf.

Auch im Punkte des Töchterschulbetriebs in meiner famosen Schlosserwerkstatt habe ich das genaue Gegenteil der Resignation erwählt. In meinem Anstellungsdekret heißt es, ich hätte universitätsmäßig zu lehren, und das tue ich nun auch, trotzdem ein großes Gänsegeschnatter um mich ist. Die Hospitantinnen und gebüldeten Stadtdamen erklären, ich läse ihnen zu wissenschaftlich u. ich sollte wie Heiß getan mit ihnen Conversation u. Übersetzung ins Französische üben. Stattdessen versetze ich ihnen so abgründig als möglich Molière u. Petrarca.

Und von Ostern ab sollen sie mich ganz anders kennenlernen. Da werde ich 4stündig Einführung in altfranzösische Grammatik u. Literatur, 2st. altfrz. Lit. Gesch lesen – u. nur zwei Stunden eine moderne Lectüre. Wenn ich nur 2–3 Hörer bekomme, genügt mir's, es ist dann ein Privatissimum, bei dem ich selber was ordentliches lerne. Für das übernächste Semester erst habe ich das angesetzt – im Winter mache ich mir's etwas leichter: 4 Stunden Italienisch, wovon zwei Boccaccio, u. 4 Stunden neuere franz. Lit. –, weil ich da eine commentierte Renaissance-Anthologie des Französischen arbeiten muß, eine Fortsetzung zu Lerchs Altfrz. Anthologie. Auch habe ich für einen hiesigen Volkshochschulcurs 6 Vorträge über Musset übernommen, die ich ernstlich ausarbeiten will. Und endlich will ich als Lehrer des Altfranzösischen nicht nur mit einem Paukenschlag sondern auch mit Ehren beginnen.

Durch einen fast glücklichen Zufall hat sich mein Arbeiten vereinheitlichen können. Das Unternehmen nämlich für das ich die romanische Lit. Gesch. incl. italienischer u. spanischer Abschnitt schreiben sollte (das Walzel'sche Unternehmen), ist ins Stocken geraten u. mindestens für ein paar Jahre sistiert. Da habe ich nun die Hand frei für eine zusammenhängend große französische Sache. Teubner hat mir wahrhaftig den großen Vertrag unterzeichnet, wonach ich ihm in den Jahren 1923–26 75 Druckbogen französischer Literaturgeschichte schreibe. Er zahlt nicht schlecht, 250 M auf den Bogen u. das Tausend, u. er druckt in erster Auflage gleich 2500 Exemplare. Ich meine, auf solchem Raum u. bei solcher Zeitausdehnung kann ich Ernstliches machen.

Meine Antrittsrede, die ich am 3 Juni hielt, werde ich nun traurig an Küchler geben; ich hatte gehofft, sie in unserm ersten Romaniaheft herauszubringen. Sie ist in gewissen Sinn ein Programm meiner Literaturgeschichte, u. sie ist ein Dank für Sie. In einem Verein hier, den Walzel leitet, sprach ich neulich über den Begriff der Renaissance, eine Stellungnahme zu Burckhardt u. Burdach, aus meinem Petrarcacolleg erwachsen. Das will ich versuchen in den Germ. Rom. Monatsheften unterzubringen. Un guaio!

Und dies sind nun meine Neuigkeiten. Dresden ist nach wie vor schön, aber an die Abende bei Ihnen u. die Debatten zu dritt denke ich mit Wehmut zurück, trotzdem ich doch immer vermöbelt wurde.

Nun seien Sie aufs herzlichste u. ergebenste gegrüßt. Die besten Empfehlungen v. H. z. H. verstehen sich.

Ihr dankbarer u. getreuer

Victor Klemperer

Victor Klemperer an Karl Vossler

Dresden 30/10. 20

vom 1/XI ab Holbeinstr 131[III]

Hochgeehrter Herr Professor –

ich habe Ihnen wieder viel und herzlich zu danken. 1) für den sprachlich und inhaltlich gleich schönen italienischen Aufsatz. Es geht mir mit Ihren Sachen immer noch genauso, wie es mir in der ersten Vorlesung erging, die ich 1912 bei Ihnen hörte – es war das Colleg, das Ihrer französ. Sprachgeschichte zu Grunde liegt, oder mit ihr zusammen entstanden ist –, und die buchstäblich über meine Laufbahn entschied: ich frage mich immer wieder, indem ich die backfischartige Bewunderung zurückzudrängen suche, ob es Kunst ist oder Wissenschaft, und komme immer wieder zu dem Resultat, daß es beides ist, und das allerschönste was ich auf philologischem und aesthetischem Gebiet kenne. Und immer wieder bin ich stolz darauf, daß ich ein wenig daran teilnehmen und mich Ihren Schüler nennen darf. Und 2) danke ich Ihnen herzlich für ihre eingehende Kritik meiner Studie. Ich bin froh, daß Sie sie ernst nehmen und nicht für eine rasche Zusammenstellung bekannter Tatsachen. Sie sagen ja selber, so etwas muß subjectiv ausfallen. Und so darf ich wohl, was den Staatsgedanken anlangt, an meiner Auffassung festhalten. Es will mir scheinen, als stünden Sie selber einmal etwas unter dem Eindruck der Gegenwart, wo sich der Staatsgedanke in Deutschland u. Frankreich gleich jämmerlich gebärdet, sodann aber u. besonders im Banne rein individuellen Denkens. Was Sie an den Deutschen als Vielfältigkeit der Staatsideen preisen, ist doch wohl die starke deutsche Individualität, u. was Ihnen an Römern u. Franzosen zermürbt u. hammelherdig vorkommt, ist doch wohl ihr generelles Anderssein, ihre Eignung zum Staatlichen. – Dagegen mag ich wohl tatsächlich daneben gegriffen haben, wenn ich das griechische Moment zu gering anschlug. Im Punkt des Staatsgedankens übrigens ist die Studie ganz parallel gerichtet meiner hiesigen Antrittsrede, die bei Küchler herauskommen wird. (»Vom Gang u. Wesen der französ. Literatur«.) Ich kann da nicht aus meiner Haut.

– Von Halle angeregt, habe ich jetzt eine kleine Studie geschrieben: »Die Entwicklung der Neuphilologie«, die wohl bei Cornicelius (Internationale Monatsschrift) herauskommt. Einen Tag bevor ich Ihren Brief in der Hand hatte, der von der Querelle des Anciens et des Modernes schreibt, warf ich dort die Frage auf, ob ein Streit der Neuen u. Alten bestehe, u. erklärte, es sei kein Kampf, nur eine Entwicklung, indem *Sie* eben ein Haus aufführten (mit Fenstern, Licht u. Wärme) über den notwendig etwas düsteren Fundamenten u. Kellern der Gröber, Tobler usw.

Schultz-Gora ist eine harte Nuß. Ich schicke ihm eine Kritik über Spitzers arg verfehlten Barbusse und erkläre darin principiell, daß Arbeiten zur neuesten Literatur vielfach nur vorbereitende Studien sein könnten, daß aber solche Vorbereitung nötig wäre – u. er will diesen Absatz streichen! Ich habe ihm zurückgeschrieben: »Wozu sollen die Leser in zwei verschiedenen Zeitschriften lesen, was sie in einer haben können? Machen Sie mir doch Ihre Gegenbemerkungen!« Ich schicke Ihnen den amüsanten Brief mit; vielleicht kann ich ihn gelegentlich wiederhaben. Übrigens ist Sch.G. eine ehrliche Haut u. ein tüchtiger Mann. Aber eng … Wenn nur aus unserer Zeitschrift endlich einmal etwas würde! Es ist zum Verzweifeln. –

Ich arbeite jetzt in jeder freien Stunde – sie sind nicht so dicht gesät, wie Sie glaubten, ich muß sehr viele Vorlesungen halten u. bin nicht ungestraft *der* romanistische Ordinarius Dresdens in splendid isolation – in jeder freien Stunde also an meiner mittelfranz. Anthologie. Ich gebe möglichst viele u. charakteristische Texte, möglichst anständige literarische Einleitungen u. Erklärungen. Im Übrigen sorge ich nur für wörtliches Verständnis (Vokabeln, Etymologieen) u. lasse Grammatisches fast durchweg beiseite. Die Arbeit ist ungleich schwerer, als ich geglaubt habe. Ich schwitze oft Blut über wenigen Zeilen. Aber ich lerne viel dabei. Bisher habe ich Machault, Deschamps, den Papageienritter (als Beispiel eines Prosaromans) u. Joinville einigermaßen unter Dach. Der Historiker ist weitaus der größte Dichter unter den vieren. Ein Entzücken.

– Nun seien Sie aufs ergebenste u. herzlichste gegrüßt.

In getr. Anhänglichkeit

Ihr

Victor Klemperer.

Beste Empfehlungen auch v. H. z. H. –

An Bühler werde ich Ihre Studie geben u. ev. seinen italienischen Kenntnissen nachhelfen.

Von Lerch höre ich überhaupt nichts mehr.

Die Technische Hochschule – mehr technisch als hoch – habe ich gründlich im Magen.

Victor Klemperer an Karl Vossler

Dresden A 19. Holbeinstr 131

22/I 21

Hochverehrter Herr Professor –

herzl. Dank für Ihre frdl. Karte. Alles was von Ihnen kommt, macht mir Freude – auch wenn Sie mich auslachen (u. eine ernstlichere Absicht des Tadelns brauche ich ja wohl nicht herauszulesen?). Gewiß haben Sie 99 mal recht: es ist töricht von mir, mich nicht der schönen Stadt, der finanziellen Basis u. der Arbeitsmöglichkeit zu freuen. Ich tue das auch wahrhaftig – nur eben läßt der wissenschaftliche Betrieb an der Hochschule zu wünschen übrig, und die Angst quält mich, hier sitzen zu bleiben u. wirkliche Schüler nie zu finden. Sie müssen das mit Nachsicht beurteilen und nicht als Unbescheidenheit nehmen. Übrigens ist mir neulich das Scheitern des Zeitschriftplans u. Teubners große Gemeinheit auf die Nerven gefallen; ich weiß nicht, ob Sie je das Vergnügen eines Prozesses mit Ihrem Verleger erlebt haben; es ist minderwertig – selbst wenn man, wie ich, einen Bruder Justizrat in der Familie hat.

Zu besonderem Dank bin ich Ihnen noch für den Hinweis auf das Kuhn'sche Buch über den Nationalismus in der dritten Republik verpflichtet; ich habe es mit vielem Nutzen durchstudiert und sehr ausführlich (sieben – acht Druckspalten) für Neumanns Literaturblatt besprochen. Für die gleiche Zeitschrift habe ich zu ein paar Maupassantstudien von Neubert u. Gelzer Stellung genommen. Jetzt gehe ich an meinen Überblick romanischer Literatur für die »Internationale …« von Cornicelius, der im Frühjahr herauskommen soll. Ihre Zusammenfassung bei Perthes u. Ihr La Fontaine machen den Anfang. (Übrigens habe ich eine solche jämmerliche Affenschande wie Schultz-Goras Anzeige des La Font. nicht für

möglich gehalten; ein kleinster Dorfschulmeister müßte mehr
Verständnis aufbringen können … Sch.G.'s Zorn gegen mich
drückt sich darin aus, daß er mir eine Petrarcastudie modern
läßt, statt sie zu drucken.) Wenn ich das Referat für Cornic.
fertig habe, gehe ich wieder an mein mittelfranz. Lesebuch und
hoffe es bis zum 1. III fertig zu machen. […]

Neulich war Franz aus Gießen hier, der ein Dresdener ist,
u. hielt einen hübschen Vortrag in unserem braven neuphilo-
logischen Verein – da soll ich jetzt übrigens in den Vorsitz gewählt werden –, war dann auch einen Nachmittag bei uns u.
machte mir in jeder Hinsicht einen sehr guten und sympathi-
schen Eindruck. Er klagte über Behrens' Senilität. –

Mein anglistischer Kollege Brotanek, der liebenswürdigste
und beste Mensch, dazu grundgelehrt auch in romanischer Literatur (er war Bibliothekar in Wien, dann Ordinarius in
Prag), nur bedrückt durch ein schweres Augenleiden, ist nach
Erlangen berufen und wird annehmen, wenn es finanziell keinen Rückschritt für ihn bedeutet. Hoffentlich hat sein Nachfolger gleich gute menschliche Eigenschaften: Anglist u. Romanist sitzen hier nämlich in der gleichen Räumlichkeit,
sozusagen in Tuchfühlung und sind auf enge Kameradschaft
angewiesen. Ich habe jetzt den Titel eines »Directors des romanischen Seminars« erhalten u. werde wahrscheinlich aus einer Stiftung ein paar tausend Mark zu Bücheranschaffungen
bekomme. Auch soll mein Budget von 300 auf 600 M. erhöht werden. Es tut not. –

Seien Sie aufs herzlichste und ergebenste gegrüßt von
Ihrem
Victor Klemperer.

Viele Empfehlungen auch v. H. z. H.

Mit vielem Nutzen lese ich Rickerts »Philosophie des Lebens«

Victor Klemperer und Eugen Lerch an Karl Vossler

Lieber und verehrter Herr Professor!

Wie Sie sehen, haben wir unsere Reise angetreten und sitzen z. Z. in Dresden, wo wir von Klemperers aufs Freundlichste aufgenommen worden sind. Wie schon gestern sind Ihre getreuen Schüler auch heute abend in den heftigsten Debatten über das Geistige und das Physiologische an der Sprache verknäult, Debatten, bei denen Ihr Name sozusagen den ruhenden Pol in der Erscheinungen Flucht darstellt. Klemperer wälzt auch gewaltige Pläne hinsichtlich eines Jahrbuches für idealistische Neuphilologie in sich herum und rechnet dabei stark auf Ihre Mitarbeit; nun, ich werde Ihnen darüber bald näheren Bericht erstatten. Einstweilen nur diesen kurzen aber herzlichen Gruß.

Ihr Lerch

Hochverehrter Herr Professor – es war mir eine große Freude, mich wiedermal nach Herzenslust mit Lerch streiten zu können. Nur *Sie* fehlten dabei. Hoffentlich führt auch Sie bald einmal der Weg nach Dresden. Für Ihren Italien-Vortrag herzl. Dank. In wenigen Wochen erhalten Sie meine »moderne französ. Prosa«. Von neuen Plänen wird Ihnen Lerch berichten.

Herzl. ergeben!

Ihr Klemperer

Hochverehrter Herr Professor, vom Elbestrand grüßt Sie Ihre Anhängerschaft idealistischer Neuphilologen. Auf Wiedersehen in Pasing.

G. Lerch

Viele beste Grueße von Ihrer sehr ergebenen

Eva Klemperer

Victor Klemperer an Karl Vossler

Dresden Holbeinstr 131

d. 10/8 23

Hochverehrter Herr Professor –
    haben Sie herzl. Dank für Ihre frdl. Karte. Daß mich Ihre
Kritik, die ich in den Ferientagen an der See erhielt, sehr gekränkt hat, kann ich nicht leugnen. Nicht wegen der sachlichen Gegnerschaft, sondern wegen des höhnischen Tones,
den Sie mehrfach darin anschlagen. Denn wenn zu wiederholten Malen mein »Journalismus« der »ehrlichen« langjährigen
Arbeit anderer gegenübergestellt, wenn meine Freude am
»Sensationellen«, am »Staubaufwirbeln« betont wird, so enthält das den Vorwurf leichtfertig oberflächlichen Arbeitens.
Der aber trifft positiv nicht zu, u. daß er nicht zutrifft, muß
eigentlich wohl auch der Gegner meiner Arbeit aus eben dieser Arbeit erkennen. Ich hätte diese persönliche Bitterkeit ohne
Ihre neuerlichen Zeilen für mich behalten.
    Auf die Idee, daß Sie Ihre Kritik irgendwie zurückhalten oder
mildern könnten, bin ich nicht gekommen und bitte Sie dringend, davon abzusehen. Es ist mir eine absolute Notwendigkeit, mich Punkt um Punkt mit Ihnen auseinanderzusetzen, da
es um Principien nicht nur meiner bisher gelieferten Arbeiten
sondern auch der umfassenden Literaturgeschichte geht, die ich
unter der Feder habe, und deren bestimmende Linien mir deutlich und unverrückbar vor Augen stehen. Wieso sollte ich auch
»fürchten, daß Sie mir in den Augen der Kollegen schaden
könnten«? 1) ist Furcht ein dummes und gemeines Gefühl, dessen man sich hinterher bloß schämt. 2) habe ich nichts Äußer-
liches zu befürchten; denn meine Dresdener Professur ernährt
mich, die Verlagsverträge, die mir die Entwicklung meiner Gedanken gewährleisten, habe ich im Schreibtisch in überreich-
licher Menge liegen, und mit dem Gedanken des Verzichten-

57

müssens auf ein wirkliches Katheder habe ich mich schon eine ganze Weile abgefunden. 3) und innerlich aber – dieser Brief ist für *Sie allein* bestimmt – gibt es auf meinem Gebiet heute außer Ihnen niemanden, dem ich mich nicht mit Bestimmtheit überlegen weiß. Becker hat seine wenigen Einfälle längst überlebt und schwelgt in Verwandtschaftsbeziehungen der Renaissancedichter, Küchler u. Heiß sind feine Naturen und gebildete Menschen, aber ein eigenes geistiges Durchgreifen fehlt ihnen, Lerch ist ein sehr begabter aber durchaus weiblicher Charakter, anschmiegsam und fruchtbar im Austragen fremder Saat, durchaus und verläßlich Ihnen treu, wie er es in erster Ehe Tobler war, nur manchmal etwas enthusiastisch, übertreibend und dadurch leise compromittierend, Neubert und Winkler sind brave Kärrner, Friedmann hat den Beruf des Feuilletonredacteurs verfehlt, Hatzfeld ruiniert seine wirkliche nur etwas einseitige Begabung durch verzweifelte Lohnschreiberei. Und in Curtius, den Sie mir als leuchtendes Muster vorhalten, sehe ich, gerade weil er Begabung und Wissen hat, den schlimmsten Schädling auf meinem Gebiet und werde ihn bis zum Äußersten bekämpfen. Wenn Sie meine Studie in den GRM über seinen Barrès kennen, wissen Sie, daß auch ich seine Fortschritte u. sein Können würdige. Aber auch im Barrès dominiert noch bei Curtius ein eitles Aestheten- und freches Pfaffentum, das jeden angefaßten Stoff verengt und verzerrt. Nein, ich habe in Deutschland nur drei Lehrer, denen ich innerlich Rede stehe: Hettner, Morf und Sie, und im Ausland kommen noch Lanson und De Sanctis dazu. Ich kann aber auf keinen von allen fünf in allen Punkten schwören, und in Ihnen, hochverehrter Herr Professor, habe ich immer eine Neigung zu allzugroßer Subjectivität und Stimmungshaftigkeit und zu einer allzu exclusiven Anlegung rein aesthetischer Maßstäbe, was den Literarhistoriker allzu leicht ins Aesthetentum führt – das habe ich immer als die Gefahr Ihrer großen Kunst empfunden u.

manchmal angedeutet. Aber damit gerate ich in das Principielle, wovon ich in einer Arbeit handeln will. Die Einzelvorwürfe, die Sie gegen mich erheben, sind alle mit dieser Principienfrage verknüpft. Ich habe selber ausgesprochen, daß Psichari kein großer Dichter ist – aber er *muß* in Deutschland bekannt werden, dem Literarhistoriker bekannt werden, oder das Bild vom geistigen Frankreich ist falsch. Und man *muß* den Politiker France neben dem Stilkünstler und man *muß* die Tiefe seiner Skepsis im entscheidenden Ausdruck, in der Christusnovelle, kennen lernen, u. man muß begreifen, daß Lasserre nicht Staub aufgewirbelt hätte, wenn er nicht an ein Seelischstes in Frankreich rührte. Und wenn ich Bédier gebracht hätte, so hätten neben den von Ihnen gewünschten Stücken solche aus seinen Kriegsveröffentlichungen stehen müssen. Dies alles hängt mir aufs engste mit lang erwogenen Grundsätzen zusammen. – Daß ich selber »spontanes Gefühl« genug habe, um mich an dem einen Produkt mehr, an dem andern weniger zu erfreuen, werden Sie wissen. Aber solche privaten Gefühle haben mit der Wissenschaft nichts zu tun und wirken dort nur als störende Eitelkeit. Wiegesagt – ich will das sachlich ausführen … Das Schicksal meiner nach meinen Principien gearbeiteten Bücher will ich mit Ruhe abwarten. Heute ist alles subjectivistisch außer Rand und Band: in Politik, in Religion, in Sittlichkeit, in litteris; und wer sich zum sachlichen Erkennen zwingt, ist ein rückständiger Spießer u. Relativist. Ich glaube aber, er ist vielmehr der eigentliche Wissenschaftler. Und wenn er aufs Erkennen der geistigen Zusammenhänge ausgeht und überall vom Einzelnen zum Ganzen und vom Körperlichen zum Geistigen strebt, dann darf er sich auch mit Ruhe unter die Idealisten rechnen. Irgendwann wird dem revolutionären Heute auch wieder eine friedlichere Zeit folgen, genauer: eine Zeit, da die heutigen Kämpfe Geschichte geworden sind, und die ihre eigenen Emotionen auf andern Gebieten in anderer Richtung findet. Das mag schon in zehn, zwanzig Jahren der Fall sein. Ich bilde mir ein, daß der und jener dann noch in meinen Arbeiten lesen wird, und ich sehe dem Urteil dieser Zukunft über den Grundbegriff meiner Wissenschaft sehr ruhig entgegen. – Inzwischen habe ich nun über Lerch die Bitte an Sie geleitet, Ihre Kritik in unserem Jahrbuch zu veröffentlichen u. halte das nach wie vor für das Gegebene. Ich wiederhole diese Bitte hiermit also ebenso eindringlich wie herzlich.

Kommen Sie gut und erholt nach Hause u. seien Sie aufs beste gegrüßt

von Ihrem ergebenen u. getreuen

Victor Klemperer.

Victor Klemperer an Karl Vossler

4. III 24 Dresden

Hochverehrter Herr Professor

am Abend bevor ich Ihren Brief erhielt, wurde der beiliegende offene Brief fertig, den ich Sie bitte, gleich nach der Lectüre freundlich an Hueber weiterzugeben. An dem gleichen Tag, an dem ich Ihren Brief bekam, mußte ich Knall u. Fall nach Mannheim reisen, um in persönlichem Verhandeln Ernst Krieck für ein hiesiges Ordinariat der theoretischen Paedagogik zu gewinnen. Es gelang leider nicht. Ich bin erst jetzt zurück, u. so ist diese Antwort verzögert. Um so gewisser können Sie sein, daß sie nicht im ersten Affekt geschrieben, sondern überlegt und durchaus bindend ist.

Zuerst meinen herzlichsten Dank für die liebevolle Art, in der Sie auf meine Bitten im Punkt D. Klein eingegangen sind. Das ist sehr, sehr gut von Ihnen gehandelt.

Sodann aber muß ich Ihnen sagen, daß Sie mir keine schwerere Kränkung hätten antun können, als die in diesem Brief

enthaltene. Nun weiß ich freilich nicht mehr, ob das Sichver-
stehen, worum mein offener Brief so sehr ringt – ich denke,
Sie werden es zwischen den Zeilen lesen, daß mir nicht heiter
und leicht dabei zu Mute war – ob es noch irgendwie möglich
ist, oder ob unsere wissenschaftlichen Wege für immer getrennt
sind. Mir wäre es ein tiefer Schmerz – aber was Sie mir mit ein
paar scherzenden Worten zumuten, liefe auf nichts anderes hinaus als auf einen wirklichen Verrat alles dessen, worauf mein
geistiges Wesen beruht, was ich tausendmal durchgeprüft habe,
und dessen ich unbedingt gewiß bin. Mir ist die Literaturgeschichte eine autonome Wissenschaft, genau abgrenzbar gegenüber der Kulturgeschichte, der Psychologie, oder wenn Ihnen das Vergnügen macht: der Seelenkunde und anderen
Disciplinen auf die sie zur Erreichung ihrer eigenen Ziele in jedem Augenblick zurückgreifen darf, die ihr aber nichts zu be-
fehlen haben. Und auch die Sprachkritik hat ihr nichts zu be-
fehlen. Ich sehe Sie, hochverehrter Herr Professor, immer tiefer
in eine Selbsttäuschung verstrickt. Sprachkritik ist eine Sache
der äußeren Form u. damit führt sie die Literaturgeschichte,
sobald sie über sie herrschen will, in Materialismus hinein, in
reichlich eben so schlimmen Materialismus, wie es der Positivismus getan hat. Rechnet man aber zur Form die innere Form,
so verübt man Selbstbetrug, denn diese innere Form, die ich
einfacher den Inhalt nenne, ist nicht die Sprache allein u. nicht
aus der Sprache allein zu erklären. Ich würde meine hier beiliegende Studie nocheinmal schreiben, wollte ich das weiter
ausführen. Und ich fürchte, ich könnte es zehnmal schreiben,
u. es wäre alle zehnmal ins Leere hinein geschrieben.

Ich muß Ihnen nun also auf Ihre Frage antworten. Ein von
mir herausgegebenes, zur Hälfte der Literaturgeschichte gewid-
metes Jahrbuch wird niemals den Namen »Jahrbuch für Sprachkritik« tragen. Wenn Sie ein solches wollen, so ist für mich kein
Raum mehr bei Ihnen: Sie müssen es mit Lerch herausgeben oder

dieses durch Lerch besorgen lassen. Er ist Ihnen gegenüber ein weiches Wachs, das Ihre Prägung getreu, nur etwas vergrößert u. verschwommen wiedergibt; er kann auch ohne eine Beschädigung seiner Berufsehre und seines Gewissens mitmachen, da er von Literaturgeschichte im eigentlichen Sinn nichts versteht und nur äußerlich mit ihr verknüpft ist. Sie selber haben bisher Ihre eigenen wunderschönen Bücher auf literaturgeschichtlichem Gebiet durchaus nicht rein sprachkritisch geschrieben, u. ich glaube, Sie werden es auch in Zukunft nicht tun.

Wie nun im gegenwärtigen Fall verfahren? Ich hatte es mir so schön gedacht, in meinem eigenen Jahrbuch ehrlich zu klären, was in Ihnen u. mir von einander abweicht u. was zusammengehört. Ich legte Ihnen vor dem Druck meinen »Brief« vor, ich kann kein Wort daran ändern, u. ich hoffte, Sie würden in eben unserem Jahrbuch darauf eingehen. Daß Sie mich verhöhnen oder verdrängen wollten, konnte ich nicht annehmen; noch weniger, daß Sie mir einen Selbstverrat der schlimmsten Art zumuten könnten. Ich würde Ihnen schon für diesen Jahrgang die Bahn freigeben u. meinen Namen u. meine Beiträge zurückziehen, wenn ich allein in dieser Sache stünde. Aber ich habe, gestützt auf einen gültigen Vertrag Mitarbeiter geworben, ich bin sieben Menschen im Wort – es geht für diesmal nicht, daß ich aus der Redaction ausscheide. Wiegesagt: vom nächsten Mal an lasse ich mir ohne Widerstand eine Sache aus der Hand nehmen, die ich entriert habe, die aber nun so ganz anders werden soll, als ich es wollte. Aber für diesmal muß der Vertrag eingehalten werden.

»Idealistische Neuphilologie« ist ein Name, an dem mein Herz hängt, denn er drückt aus, was durch Sie dauernd an Neuem in unsere Wissenschaft gekommen ist. Als Buchtitel stammt das Wort von mir allein u. Winter ist zu keinem Einspruch berechtigt. Ich habe ihm den Titel für eine Festschrift gegeben, ich will ihn nun vor dem Jahrbuch sehen. Das ist mein gutes Recht. Wenn aber Hueber – unberechtigt – Angst hat, u. wenn Sie meinen, es bliebe bei solcher Titulatur kein Raum für Hellenisten, Aegyptologen usw., so bin ich gern bereit das Jahrbuch *Jb. der idealistischen Philologie* nennen zu lassen. Dann wären alle Schwierigkeiten behoben. Oder meinethalben auch *Münchener philolog. Jahrbuch*. Durch den Städtenamen wäre angedeutet, daß Sie der Führende sind. Ich will mich überhaupt gegen keine Titeländerung sträuben, obwohl ich ihre Notwendigkeit nicht einsehe. Das einzige, wogegen ich mich unter allen Umständen wehre, u. was nicht geschieht, solange ich auch nur mit einem Buchstaben an der Sache beteiligt bin, ist eine Titelgebung, aus der sich irgendwie eine Identifizierung von Literaturgeschichte u. Sprachkritik, oder eine Unterordnung der Lit.Gesch unter den Begriff der Sprachkritik herauslesen läßt. Das mache ich niemals mit.

Es tut mir unsäglich leid, Ihnen das schreiben zu müssen. Ich erwog in Mannheim einen Augenblick, ob ich nicht beim Rückweg einen Bogen über München schlagen u. Sie sprechen könnte. Ich war aber zu abgespannt u. in zu großer Zeitbedrängnis. Und es hätte auch wohl nichts geholfen. Ich hätte Ihnen nur sagen können, was ich schreibe. Sie sind meiner herzlichsten Verehrung u. Zuneigung, meiner Dankbarkeit und Bewunderung gewiß, mag kommen was will. Aber von dem für richtig erkannten Weg lasse ich mich nicht abdrängen, und wenn ich Sie in Gefahr sehe, auf wissenschaftliche Irrwege zu geraten, muß ich es Ihnen sagen, statt Ihnen zu folgen oder, wie Lerch, der glückliche Italienfahrer, das in seiner letzten Karte nennt, mich von Ihnen »überzeugen« zu lassen.

In der herzlichsten Ergebenheit

Ihr

VKlemperer

Ich darf Sie wohl noch einmal bitten, mein Ms. nach der Lectüre an Hueber zu geben. Ich habe keine Abschrift.

Victor Klemperer an Karl Vossler

A 19 Dresden, Holbeinstr 131

17. 6. 25.

Hochverehrter Herr Geheimrat –

aufs allerherzlichste danke ich Ihnen für Ihren letzten Brief und für das schöne Buch, auf dessen gründliche Lectüre ich mich sehr freue. Auch Ihre Studie in der Zeitwende war mir überaus erfreulich; ist doch Ihr Grundgedanke genau dem entsprechend, was ich selber immer wieder ausspreche: daß sich nämlich der *gleiche* zeitliche Grundbesitz der Menschheit überhaupt in den einzelnen Völkergruppen *anders*, mit verschiedener Eigenart ausdrückt und fortentwickelt. Vielleicht sagen Sie einmal unserem Freund Lerch, daß eine solche Auffassung, die ich wortwörtlich so in meinem Congreßvortrag vertreten habe, nichts mit biologischer Rassentheorie und »wildgewordener Zoologie« zu tun hat, wie er das in der Frankfurter Ztg. nennt. (Dort hat er mir sozusagen das eiserne Hakenkreuz erster Klasse verliehen.) In wenigen Wochen sollen Sie nun den ersten Band meiner Literaturgeschichte in Händen haben und noch vor Ende des Jahres den zweiten. (Mein 19. u. 20. Jh. hat sich nämlich zu drei Bänden ausgewachsen; zwei sind fertig, der dritte wird im Winter geschrieben werden.) Ich hoffe nach wie vor, daß Sie trotz Ihres Mißtrauens dem Werk freundlicher gegenüberstehen werden, als Sie im Vornherein glauben. Aber einerlei, wie Ihr Urteil lauten wird: meiner ständigen herzlichen Anhänglichkeit und Verehrung sollen Sie gewiß sein. Noch vor dem Band der Literaturgeschichte wird Ihnen ein kleines Buch zugehen: »Die französische Literatur und die deutsche Schule«. Es enthält außer dem Congreßvortrag zwei weitere Vorträge, die ich in Magdeburg u. Berlin hielt. Meine jüngste, eben fertiggestellte Arbeit ist eine Studie über die Gestalt der Jeanne d'Arc, die ich durch Klassik, Romantik, Neuromantik, Positivismus bei Schiller, Michelet, France, Péguy und Shaw verfolgt habe. Es ist mein Beitrag zur Muncker-Festschrift.

In diesen Ferien habe ich eine weite Studienreise vor. Wir haben Gelegenheit auf ein paar Wochen nach Buenos Aires zu kommen. Etwas latein-amerikanische Luft wird mir eine gute, wenn auch seltsame, Vorbereitung sein für die drei spanischen Monate, die ich im nächsten Frühjahr bestimmt absolvieren will. In diesem Jahr ließ ich den Urlaub verfallen, vielmehr aufschieben, um meiner französischen Arbeit willen. Wir waren zusammen 14 Tage in Paris; ich hatte ungemein viel Anregung, und ein Capitel meiner drei Vorträge handelt davon.

Meine Arbeit als Hochschullehrer, Colleg und Seminar, vernachlässige ich über alledem nicht, wie ich fast zwei Semester z. B. mit aller Gründlichkeit französische Klassik lese, aber ich finde, wie die Verhältnisse liegen, keine Befriedigung darin und setze meine ganze Kraft an das Schreiben.

Endlich ist nun ja auch der erste Band des Schmerzenskindes »Jahrbuch« erschienen, mit allerhand Schönheitsfehlern behaftet und sehr verspätet, aber doch erschienen. Hoffentlich wird uns der zweite Band nicht ganz so große Schwierigkeiten machen.

Damit habe ich Ihnen nun wohl in alter Weise von allem Rechenschaft abgelegt, was meinen Beruf anlangt. Für Kroners Logos plane ich eine Begriffsbestimmung der *Neu*romantik in ihrem Verhältnis zu den früheren Arten romantischen Dichtens. Auf die Reise nehme ich mir vor allem eine reichhaltige Bergson-Bibliothek mit. Sehr interessiert haben mich Ihre Ausführungen über Bergson in dem jüngsten Buch.

Seien Sie aufs herzlichste und ergebenste gegrüßt von Ihrem

getreuen

VKlemperer.

Auch meine Frau, die in letzter Zeit viel leidend war – immer noch Nachwirkungen der schweren Gallenoperation des vorigen Jahres –, und für die ich mir von der 2 x 25 tägigen Seefahrt Gutes erhoffe, grüßt Sie aufs beste.

Victor Klemperer an Carl Schmitt

Dresden A 19
Holbeinstr 131
10. 11. 26

Hochverehrter Herr Kollege –

Sie schreiben mir freundliche Worte über meine Literaturgeschichte, und ich darf wohl daraus eine gewisse Schätzung meines Buches und auch meiner Arbeitsart entnehmen.

Erlauben Sie mir, Ihnen daraufhin mit einer Bitte zu kommen, die Sie menschlich verstehen werden und durchaus privat nehmen mögen. Ich bin seit 6 Jahren in Dresden, und mein hiesiges Ordinariat befriedigt mich insofern wenig, als ich den Studenten nur zwei Semester unter meiner Leitung behalte und dann nach Leipzig abgeben muß. So bin ich als persönlich Lehrender mattgesetzt.

Nun sind gerade jetzt wieder zwei romanistische Katheder erledigt, die ein wesentlich umfassenderes Wirken ermöglichen müssen: Hamburg und Köln. Können und wollen Sie hier oder dort ein Wort für mich einlegen?

Sie werden mir diese Frage, denke ich, nicht verübeln. Sie sind auf dem Gebiet der französischen Literatur in weitgehendem Maß Sachverständiger und kennen wesentliche meiner Schriften. So glaube ich nichts Unrechtes zu tun mit meiner Bitte.

Über das mir freundlich zugedachte Taine-Buch würde ich mich herzlich freuen. Aber auch von Ihren Fachschriften habe ich bisher sehr viel profitiert. Zu meinem »Montesquieu« habe ich ja sehr viel Literatur des Staatsrechts durchgearbeitet, und mein Interesse für alles Einschlägige ist nach wie vor ein sehr großes.

Seien Sie aufrichtig gegrüßt von

Ihrem ergebenen
VKlemperer.

Victor Klemperer an Karl Vossler

Dresden A 19
Holbeinstr 131
15. 2. 27

Hochverehrte Magnificenz –

heute bekam ich Ihre Reden »Politik u. Geistesleben«. Eine ungemeine Freude macht mir das Heft, und ich danke Ihnen aufs allerherzlichste. Sehr vieles war mir schon bekannt, denn ich habe Ihr Auftreten genau verfolgt, u. a. auch die Rede vom 18/I in der Voß. Ztg. gelesen. Da ich selber 2½ Jahre in meinem Hochschulamt gesessen habe, so weiß ich, wieviel Courage hinter Ihren Worten steckt, und daß es sich hier nicht um Worte sondern um Taten handelt. Übrigens gefällt mir unter allem Tapferen und Bedeutenden, was das kleine Heft bringt, am besten die Immatriculationsansprache vom November 1926. Wenn ich eine »Moderne deutsche Prosa« zu machen hätte – gerade diese 3 Seiten nähme ich von Ihnen auf (und dann noch, um Sie zu versöhnen!, ein Capitel aus dem Leopardi dazu). Aber fürchten Sie nichts – ich bleibe bei der Romanistik. –

Diesen Winter habe ich mich sehr ernsthaft mit den Spaniern beschäftigt, und im Sommer werden Sie im Logos eine Studie von mir finden mit dem Titel: »Gibt es eine spanische Renaissance?« Daß ich in der Studie (wie in meinem Wintercolleg) viel von Ihren spanischen Arbeiten rede und zehre, insbesondere von der über den Realismus der Blütezeit, können Sie sich denken.

Mehr als je fühle ich mich als Ihren Schüler, und so hat die Infamie Jordans, mich gegen Sie auszuspielen, eine Wut sondergleichen in mir erzeugt. Im ersten Heft unserer »Idealistischen Philologie« bin ich dem schäbigen Subject entgegen getreten wie vordem noch nie einem Gegner. Wenn ich im nächsten Jahr in einem neuen Bande gesammelter Aufsätze an erster Stelle meinen offenen Brief an Sie wieder bringe, so erhält er einen Nachtrag, der alle weiteren Streiche der Jordanschen Art unmöglich machen soll. Keinen Augenblick in meinem wissenschaftlichen Leben habe ich mich als etwas anderes gefühlt denn als Ihren dankbarsten Schüler. In einem einzigen Punkt habe ich eine von der Ihrigen abweichende Meinung verteidigen müssen. Und Sie in Ihrer ständigen Entwicklung sind meines Erachtens in Ihrem zweiten Dante u. Ihrem Racine und Ihrer spanischen neuen Studie auch weit über das hinausgekommen, was mir als eine Gefahr des Aesthetizismus erschien. Ich habe das übrigens schon in der kleinen Skizze gesagt, die ich in der Magd. Ztg. veröffentlichte, u. die jetzt den Anfang unseres Jahrbuches II macht. Ich hoffe, der Band ist inzwischen in Ihren Händen, und darin werden Sie einen Essai von mir über die franz. Neuromantik finden. Eine andere neue Studie über modernes französ. Denken kommt (dieser Tage wohl) von mir in der Zeitschrift f. Deutschkunde heraus u. soll Ihnen dann gleich zugehen.

Die Ferien, die Anfang März beginnen, will ich vor allem an meine »Moderne französ. Lyrik« setzen, ein Gegenstück zur mod. frz. Prosa (von der Sie die 2. Aufl. mit dem neuen Anhang wohl erhalten haben?) u. eine letzte Vorarbeit zum nächsten Band meiner Literaturgeschichte. Ich arbeite sehr intensiv, um mich vor steriler Verbitterung über die Abdrosselung meiner akademischen Laufbahn zu bewahren. Kann ich in unmittelbar persönlichem Contakt nur auf allzuwenige Schüler wirken, so will ich eben durch meine Bücher einen größeren Wirkungskreis gewinnen. –

Sie selber sind gewiß in diesem Amtsjahr in wissenschaftlichem Publicieren sehr gehemmt. Aber wenn Ihre schwere Dienstzeit abgelaufen sein wird – darf ich dann wohl einmal für unsere »Idealistische Philologie« eine Gabe von Ihnen erbitten? Sie würden mir sehr große Freude damit machen.

Nun will ich Ihnen noch von Herzen wünschen, daß die vielen Mühen und Reibungen, denen Sie jetzt ausgesetzt sind, Ihnen kein kleinstes bißchen von Ihrer Frische und Schaffenskraft nehmen mögen, und daß Sie nach dem harten Jahr in vollem Umfang wieder Ihre alten Themen fortführen können, die ja doch die wesentlichen sind und hoch über den Jämmerlichkeiten stehen, mit denen Sie sich jetzt befassen müssen, und deren Erbärmlichkeit gerade im Licht Ihrer schönen Reden so grausam deutlich am Tage liegt.

Seien Sie in alter Herzlichkeit und Treue und in dankbarster Ergebenheit gegrüßt.

Ihr

V. Klemperer.

Victor Klemperer an Karl Vossler

Dresden A 24 den 9. 5 1928

Hohe Str 8

Hochverehrter Herr Geheimrat –

Ich komme mit einer Nachricht, die ich Ihnen gern vor der offiziellen Mitteilung geben möchte. Sie haben wohl gehört, 1) daß unsere Hochschule hier am 4. Juni 100 Jahre alt wird, 2) daß meine Kulturwissenschaftliche Abteilung das Promotionsrecht erhalten hat. Der Doctor der Kulturwissenschaften wird an die Lehrerstudenten gegeben für die Fächer der Philosophie, Paedagogik und Psychologie mit neusprachlichen Nebenfächern. Die ersten drei Doctortitel werden Honoris causa verliehen an den Philosophen Rickert, den Paedagogen Kerschensteiner und an Sie, weil sie »als Erster innerhalb der modernen Sprachwissenschaft (und insbesondere innerhalb der Neuphilologie) die Philologie aus einer Fachdisciplin zu einer Geisteswissenschaft gemacht und sie in den Dienst der Kulturerkenntnis gestellt« haben. So hat für Ihre Person mein Antrag gelautet, und so ist er von Fakultät und Senat einstimmig angenommen worden. – Ich möchte Sie bitten, das so aufzufassen, wie ich es meine. Dieser Titel ist die höchste Ehre, die meine Hochschule zu vergeben hat, und die höchste Ehre, auf deren Vergebung ich einigen Einfluß habe. Ich habe Ihnen mit meinem Antrag, der nun angenommen ist, das Gleiche sagen wollen wie mit der Widmung meiner Literaturgeschichte. An sich halte ich den *Doctor cult.* für keine glückliche Neuerung. Bis zuletzt habe ich hier für den *Dr. phil.* gekämpft und bin an Leipzig gescheitert. Ein Schelm gibt mehr als er hat … Soviel hiervon.

Im Übrigen habe ich sehr lange nichts von Ihnen gehört. Auf meinen Glückwunsch zur Frankfurter Berufung kam keine Antwort. Stattdessen schrieb mir Lerch einmal: Sie fänden meine wiederholten Angriffe auf Wechssler unmenschlich. Dazu möchte ich einiges sagen. Erstens handelt es sich um keinen wiederholten Angriff, sondern um eine Tateinheit. Ich wies in der Hinneberg-Recension darauf hin, daß ich bei Neumann meine Kritik ausführlich begründen würde und tat dies auch buchstäblich im gleichen Federzuge: beide Recensionen wurden hintereinander ohne Unterbrechung geschrieben. Und zweitens: ich weiß sehr wohl, daß W. ein unglücklicher u. leidender, m. E. ein durchaus krankhaft überreizter, anormaler Mensch ist. Aber ich weiß auch, daß er buchstäblich, ich wiederhole: buchstäblich mit seinen sinnlosen Ansichten hunderte von jungen Menschen jahraus, jahrein vergiftet, Menschen die als Lehrer auf Abertausende losgelassen werden. Ist es unmenschlich, wenn man einen Bazillenträger zu isolieren sucht? – Wenn übrigens jemand persönlich unter meiner »Unmenschlichkeit« leidet, so bin ich es allein. Ich weiß aufs genaueste, daß W. in maßloser und erfolgreicher Weise gegen mich hetzte: beim preußischen Ministerium, im öffentlichen Colleg, in Gutachten (z. B. in Cöln). Ich werde deshalb nicht aufhören, eine Schande bei ihrem Namen zu nennen, und sein Buch ist eine Schande.

Noch etwas ist leider zu diesem bösen Thema zu sagen. Meine Verbindung mit Lerch ist darüber zu Ende gegangen. Während er in seiner Polemik gegen meine »kulturkundlichen« Ideen wörtlich schrieb, daß der Begriff »Volk«, daß »der Franzose« Trugbilder, Abstractionen und zu überwindende Dinge seien, schrieb er *gleichzeitig* in der Kölnischen Zeitung, wer den französischen Menschen kennenlernen wolle, müsse »zu jeder Stunde« W.s Buch lesen! Ich war froh, daß um diese Zeit von unserer gemeinsamen Zeitschrift nichts mehr übrig war als dieser Briefbogen. Ich kann mich von nun an mit L. wohl noch über das Wetter unterhalten – über Wissenschaftliches aber nicht mehr. Sein Verhalten ist allzumenschlich, als daß ich es ihm nicht *humainement parlé* verzeihen könnte. Der arme Teufel möchte gar zu gern auf ein Katheder u. kennt W.s Macht. Aber dieses sozusagen privatmenschliche Verzeihen bleibt auch stricte privat. Im wissenschaftlichen Leben werde ich mich fortan davor hüten, meinen Namen und seinen zu verbinden. Küchler schrieb mir: »wenn Lerch glaubt, daß man glaubt, daß er glaubt«, was er da geschrieben hat, dann irrt er sich.

Ich habe von der ganzen Sache Lerch kein Wort gesagt; er bekommt alle paar Monate eine Ansichtskarte von mir, u. irgend welche Angriffe hat er nicht zu befürchten. Ihnen aber wollte ich bei Gelegenheit sagen, wie die Dinge liegen. –

Ich hörte, daß Sie in Hamburg sprechen. Darf ich hoffen, daß Sie im Anschluß daran nach Dresden kommen, um hier persönlich Ihr Ehrendiplom in Empfang zu nehmen? Ungemein würde ich mich freuen, wenn ich Sie auf solche Weise wiedersähe.

Seien Sie herzlich gegrüßt. In alter Anhänglichkeit

Ihr

Klemperer

Auch meine Frau empfiehlt sich Ihnen.

Victor Klemperer an Eugen Lerch

Dresden 25/6 28

Lieber Lerch –

es wird mir sehr schwer, Ihnen diesen Brief zu schreiben. Ich habe gehofft, durch mein monatelanges Schweigen daran vorbeizukommen. Aber da Sie offenbar nichts ahnen u. da weder Vossler, mit dem ich hier lange sprach, Ihnen etwas gesagt hat, noch Spitzer oder Küchler oder Hatzfeld, an die ich schrieb, Ihnen etwas mitteilten, so muß ich leider schon ausdrücklich Ihnen erklären, daß ich zwischen Ihrem u. meinem ferneren wissenschaftlichen Weg eine entschiedene und ausdrückliche Trennung zu machen mich durch Ihr Verhalten im Punkte Wechssler unbedingt und unwiderruflich gezwungen sehe. Verstehen Sie das bitte nach allen Seiten richtig. Wenn Sie anderer Meinung sind als ich: Ihr gutes Recht! Wenn Sie unter Verkennung des Wesentlichen W.'s u. meinen Standpunkt identifizieren: eine Verkehrtheit, aber gewiß kein Grund zu einem Bruch. Aber wenn Sie gleichzeitig, buchstäblich gleichzeitig, in *einem* Aufsatz leugnen, daß es ein Volk oder *den* Franzosen gebe, also die gesammte Kulturkunde leugnen u. radikal die ihr zugrunde liegenden Begriffe abstreiten, worauf ich im eben erschienenen Heft der »Neuen Jahrbücher«, d. h. in meinem Marburger Vortrag fußte, u. in einem andern Aufsatz (Köln. Ztg) von W.'s Buch schreiben, wer den Franzosen kennen lernen wolle, müsse es zu jeder Stunde lesen – dann erfordert es meine wissenschaftliche Selbsterhaltung, daß ich einen Strich durch unsere wissenschaftliche Gemeinsamkeit mache. Ich kann Ihr Verhalten nicht decken, ich kann auf keine Weise mehr meinen Namen neben den Ihrigen stellen. Wäre unsere gemeinsame Zeitschrift nicht vorher eingegangen, so wäre ich am gleichen Tage zurückgetreten, wo ich das erfuhr.

Ich bin kein Sittenrichter und habe Sie weder anzuklagen noch zu verurteilen, noch auch Ihnen irgend etwas zu verzeihen. Aber ich muß durchaus auf mein eigenes wissenschaftliches Ansehen achten u. muß meinen Weg gehen. Und ich kann ein Doppelspiel nicht mitmachen.

Es tut mir wirklich aufrichtig leid, daß es so gekommen ist, und es fällt mir sehr schwer, Ihnen dies ausdrücklich schreiben zu müssen. Ich werde Sie nie zu schädigen suchen oder auch nur schroff angreifen. Sie wissen, daß ich Respect vor Ihrem Können u. Ihren Arbeiten habe; und wenn ich irgendwo Ihren Meinungen entgegentreten muß, werde ich es immer mit Achtung tun, wie ich das ja auch in der erwähnten letzten Studie getan habe. Aber unser wissenschaftliches Bündnis muß zu Ende sein, und ich habe in meinen Briefen an etliche Collegen keinen Zweifel daran gelassen. Ich bin längst meinen Weg ziemlich allein gegangen und gehe ihn nunmehr ganz allein. Ob er zu irgend einem größeren Katheder führt oder nicht, das ist bestimmt nicht das Wesentliche.

Ich wünsche Ihnen für Ihre eigene Laufbahn u. für Ihr privates Leben wirklich u. aufrichtig alles Gute. Ich empfinde es zugleich als sehr peinlich und sehr komisch, Ihnen einen pathetischen »Abschiedsbrief« zu schreiben. Weder liegt mir das Pathos, noch bestehe ich auf dem »Abschied«. Nur im Punkt der Philologie haben wir uns nichts mehr zu sagen, bestimmt und dauernd gar nichts mehr.

Ihr
VKlemperer.

Ihre Handbuch-Studie schicke ich, wie Sie es wünschten, an Sie zurück.

Victor Klemperer an Karl Vossler

Dresden A 24 Hohe Str 8
3. Nov. 28

Hochverehrter Herr Geheimrat –

recht herzl. Dank für Ihr freundliches Gedenken, das mich immer sehr erfreut. Ich vermutete Sie noch im Gebirge, inzwischen waren Sie in Paris. Es ist doch immer wieder schön und anregend, nicht wahr? Ich habe es 1925 zuletzt genossen. Was mögen Sie sich im Innersten Paul Valéry gegenüber gedacht haben? Mir fällt die Diplomatenlehre ein, die Sie mir hier gaben: man müsse nicht all seine Gedanken aussprechen! Sie werden nun in wenigen Wochen meine moderne Lyrik erhalten, wo ich ein großes Stück Arbeit auf Valéry verwandt habe.

Besonderen Glückwunsch zum Madrider Ruf. Er dürfte Ihnen besondere Freude bereiten. In welcher Sprache werden Sie dort vortragen u. über welche Themen? –

Durch Ihren Weimarer Vortrag würden Sie mich sehr erfreuen. Ich besitze u. kenne ihn noch nicht. –

Über Pillets Tod – der Mann war wirklich gut und langweilig, beides, und Ihre Charakteristik ist erschöpfend – weiß ich gar nichts. Sie sind der einzige und letzte Romanist, mit dem ich in privater Verbindung stehe, im übrigen bin ich ganz, aber auch ganz allein und schreibe meine Arbeiten sozusagen d'outre tombe. Der Bruch mit Lerch ist mir nahe gegangen, hat aber wohl sein müssen. Übrigens wünsche ich Lerch nach wie vor alles Gute, zweifle keinen Augenblick an seinen großen syntaktischen Fähigkeiten, habe ihn neulich, als mein Gutachten gefordert wurde, für die Handelshochschule Leipzig vorgeschlagen, hoffe, daß ihm eines der nun freiwerdenden oder -gewordenen Katheder Freiburg, Greifswald, Königsberg zufalle.

Während Sie in der Welt herumkommen, habe ich diese Ferien über ganz still gesessen. Der Unfall, den meine Frau im Juni hatte, ist doch böser gewesen, als man zuerst glaubte. Die Sehnenzerreißung am Fuß hat sie zu wochenlangem Liegen gezwungen, und noch jetzt kann sie außerhalb des Hauses sich nur schwer bewegen u. ist in ständiger Diathermie- u. Massagebehandlung. So unterblieb jede Reise. Um aber doch etwas Ablenkung zu haben, reiste ich in litteris herum und griff einmal über mein engeres Gebiet hinaus. Aus vieler Lectüre ergab sich mir eine Studie über »Weltliteratur u. Europäische Literatur«, woran ich jetzt noch ernstlich bastele. Dazwischen kostete mich meine moderne Lyrik noch einen vollen Monat Correcturarbeit. Ich bin auf Ihr Urteil gespannt. Durch das Thema wurde ich auf Einzelnes im Stilistischen u. Technischen gelenkt, was ich vordem nicht so eingehend beachtet habe. Mich selber hat diese Kleinarbeit auf alle Fälle sehr gefördert, und bestimmt wird sie dem nächsten Band meiner Literaturgeschichte zugute kommen. Auch kann ich es nun wagen, im nächsten Sommer ein Colleg über französische Verslehre zu halten.

Dies sind so meine Neuigkeiten. Ihnen wünsche ich ein recht gutes u. frisches Semester.

Seien Sie aufs herzlichste gegrüßt von Ihrem

getr.

V. Klemperer

Auch meine Frau grüßt Sie bestens.

Am 29. Nov. halte ich in Berlin wieder einmal Vortrag. Die dortigen Gymnasialphilologen mögen mich. Wechssler dagegen veranstaltet geradezu eine organisierte Hetze gegen mich, ich bekomme das andauernd zu spüren.

Georg Klemperer an Victor Klemperer

> Kleiststr. 2
> Berlin 14. V. [1931]

Lieber Victor! Meinen besten Dank für Dein frdl Gedenken zum 10. V! Mir geht es ganz gut und Frau u. Söhnen auch, meine Tage werden leider getrübt durch die Sorge um Beo, der seit einiger Zeit *ernstlich* leidend ist. Er war Wochen lang verreist, ohne Besserung zu finden. Ipse gravitatem morti non cognoscit, weswegen sich nicht empfehlen wird, ihm zu schreiben.

> Herzliche Grüße
> Dir u Deiner Frau von uns allen Georg.

Victor Klemperer an Georg Klemperer

> Dresden A 24 Hohe Str 8
> 15. Mai 31

L. Georg –

Deine Zeilen, für die ich bestens danke, haben mich sehr erschüttert. Als mir Grete vor *längerer* Zeit schrieb, daß B. erkrankt sei und sich sehr quäle, habe ich ihm spontan einen durchaus herzlichen aber kaum beunruhigenden Brief geschrieben, in dem ich ihm nur Gutes für seine damals bevorstehende oder geplante Reise wünschte und ihn um gelegentliche Nachricht bat. Da wir uns jahrelang nicht gesehen hatten und ich damals gerade ganz amüsant im Senatoren-Ornat geknipst worden war, legte ich ihm auch ein Bildchen bei. Ich erhielt keine Antwort, so wie auch meine kurzen Glückwünsche zu seinen Geburtstagen in den letzten Jahren weder Dank noch Erwiderung an meinem eigenen Geburtstag erfahren haben. –

Du bist mein ältester Bruder, und ich möchte Dir um Lebens und Sterbens willen ein paar Worte über mein Verhältnis zu B. sagen.

Ich hänge noch immer mit wirklichem Gefühl an ihm, trotzdem ich mir bewußt bin, daß wir uns geistig vollkommen und ganz unüberbrückbar fremd sind, daß ich mehr Nähe zwischen mir und meiner kleinen Katze herzustellen vermag, als zwischen mir und ihm. Das ist sehr traurig, und ich habe mich in langen Jahren, buchstäblich in mindestens 26 Jahren, denn so lange bin ich verheiratet, aber im Grunde wußte ich schon vor meiner Ehe um diese Fremdheit – ich habe mich oft bemüht, ein inneres Verständnis herzustellen. Es war immer umsonst, und schließlich habe ich solches Anrennen gegen Naturgegebenes beiseitegelassen, da ich anfangen mußte, mit dem (wahrscheinlich nicht sehr reichlichen) Rest meiner eigenen Zeit und Gesundheit sparsam umzugehen.

Ich habe niemals an B's Herzensgüte im Allgemeinen, und ganz besonders niemals an seinem guten Willen mir gegenüber gezweifelt; ich glaube auch, daß er beruflich und auf umgrenztem, logischem Feld geistig hoch begabt ist. Aber ich bin niemals einem Menschen seiner Bildung und seiner Erfahrung begegnet, der so gänzlich aller Menschenkenntnis, aller Einfühlung, aller Objectivität auf seelischem Gebiet entbehrte, wie er. Es ist diese angeborene Enge und absolute Starrheit seines Wesens, die uns rettungslos trennt. Ich habe viele tausendmal darüber nachgedacht, es ist eines der traurigsten Themen in meinem ganzen Leben, beinahe das traurigste, und während andere böse Dinge mit der Zeit aufgehört haben, mich zu beschäftigen, werde ich mit dieser Sache niemals fertig werden. Irgendwelche Sentimentalitäten oder äußere Veranstaltungen könnten gar nichts daran ändern.

B. hat mir in meinen Aufbaujahren sehr viel Gutes erwiesen, gewiß nicht nur die reichlichste materielle Unterstützung, sondern wirklich viel Freundschaft und Hilfe. Ich bin ihm dafür immer dankbar gewesen und bleibe ihm auch immer dankbar.

Aber ich bin von ihm in den schwersten und wehrlosesten Augenblicken meines Lebens im Stich gelassen und bedrückt worden, er hat mich mehr gekränkt, gedemütigt und wahrhaftig zur Verzweiflung gebracht als irgend jemand sonst. Ich wußte schon damals, in all dem Kummer, den er mir verursachte, daß er ohne böse Absicht handelte, ja mit dem Willen, mir Gutes zu tun. Deßhalb habe ich einige Jahre nach dem Kriege das Verhältnis zu ihm einigermaßen wieder eingerenkt, soweit es irgend mit meiner persönlichen Ehre vereinbar war, und vielleicht noch ein bißchen darüber hinaus. Ich habe sogar lange Zeit noch immer geglaubt, daß sich doch noch einmal ein menschliches Verhältnis zwischen uns herstellen würde.

Vor drei, vier Jahren dann sah ich mich aufs Neue von ihm in einer sehr bösen Weise mißverstanden, im Stich gelassen und gedemütigt. Es war keine Angelegenheit von so großer Bedeutung für mich wie damals im Kriege, aber sie war schon schlimm genug, und vor allem: sie bewies mir, daß es zwischen ihm und mir keine Möglichkeit des Sichverstehens gab. Ich war damals schon über die Mitte der Vierzig hinaus und meiner Gesundheit nicht mehr sicher; ich reagiere auf jede Aufregung mit peinlichen, sogenannt nervösen, Herzbeschwerden. Damals schrieb ich an B. ohne alle Schärfe, daß er meiner dankbaren Gesinnung immer gewiß bleiben möge, daß ich ihm zu allen Geburtstagen Glückwünsche senden würde, daß ich aber einen irgendwie inhaltreicheren Briefwechsel mit ihm nicht mehr führen, eine »Aussprache« über irgend ein Thema nicht mehr haben könnte. Dabei ist es dann geblieben.

– Ich muß aus Deinen Zeilen wohl entnehmen, daß nach ärztlichem Ermessen B.'s Tage nun wohl ernstlich bedroht, wenn nicht gar gezählt sind. Es tut mir unendlich leid; ich möchte ihm von Herzen wünschen, daß Du Dich irrst, und daß er noch viele Jahre der Entwicklung seiner Kinder zusieht.

Aber ich kann mein inneres Verhältnis zu ihm nicht revidieren. Er ist bestimmt unschuldig an unserer Fremdheit, aber ich bin ganz bestimmt ebenso unschuldig in diesem Punkt.

Ich habe diesen Brief nicht geschrieben, um B. anzuklagen; ich verkenne keine Sekunde sein tüchtiges und grundgutes Wesen, und ich vergesse nie, was ich ihm schulde. Aber ich schreibe auch nicht aus irgendwelcher Reue oder gar mit der Bitte um irgendwelche Vermittlung. Ich habe nur das Bedürfnis gehabt, einmal ganz klar auszusprechen, wie diese Dinge liegen. Ich denke, es versteht sich von selber, daß mein Brief allein für Dich bestimmt ist u. keiner Beantwortung bedarf.

Herzlichst!

Dein

Victor.

Georg Klemperer an Victor Klemperer

Berlin W 62
Kleiststraße 2
15. V. 31.

Lieber Victor!

Beos Befinden hat sich fortdauernd verschlechtert, heut Morgen ist er sanft entschlafen. Er litt Monate lang am Herzen, hat jedoch die Schwere der Krankheit Gottlob nicht erkannt. Es ist alles für ihn geschehen. Ich schreibe das zugleich im Namen von Aenni, die Dich herzlich grüßen läßt. Es ist natürlich nicht leicht. Ich telegraphierte nicht, um Dich nicht zu erschrecken, Du erfährst es ja früh genug. Beerdigung wohl Dienstag.

Es ist sehr bitter, daß Beo der 6 Jahre jünger ist als ich, als Erster von uns geht.

Viele herzl Grüße
Georg.

Continentaler Presse-Dienst an Victor Klemperer

Berlin-Friedenau
Ringstraße 46
23. November 1932

Sehr geehrter Herr Professor!

Der Continentale Presse-Dienst, der sich die Aufgabe gestellt hat, die große deutsche Provinzpresse sowie das Ausland mit Artikeln, Auesserungen und Interviews führender Persönlichkeiten zu versorgen, möchte zur Veröffentlichung in den von ihm bedienten Blättern am 1. Januar 1933 eine Rundfrage herausbringen, die den Titel trägt:

Was erwartet die deutsche Wissenschaft vom Jahre 1933?

In dieser Rundfrage sollen in einigen prägnanten Sätzen die Hoffnungen, aber auch die Befürchtungen zum Ausdruck gebracht werden, die Deutschlands schwer geprüfte Wissenschaft für das kommende Jahr hegt. In Würdigung des Umstandes, dass die Pflege der reinen Geisteswissenschaften am nachhaltigsten eine Erstarkung der seelischen Widerstandskraft unseres Volkes, insbesondere der Jugend, herbeiführen kann und dass andererseits die wissenschaftliche Forschung mit am besten geeignet ist, die Wege und Möglichkeiten zur Ueberwindung der Wirtschaftskrise zu zeigen, hoffen wir, dass die Erörterung des oben genannten Themas zu Beginn des Jahres von hohem Nutzen sein wird.

Wir möchten Sie daher, sehr geehrter Herr Professor, höflichst einladen, uns einen kleinen Beitrag für diese Rundfrage zur Verfügung zu stellen und danken Ihnen bereits im voraus für jede uns etwa erzeigte Liebenswürdigkeit.

In ausgezeichneter Hochachtung

A. v. Knobelsdorff

Victor Klemperer an den Continentalen Presse-Dienst (Entwurf)

25. 11. 32.

Drei Wünsche:

Als Wissenschaftler schlechthin wünsche ich aus dem Gebiet der Wissenschaft den unter dem Druck der Not an ihre Dinge gelegten Maßstab des Praktischen verschwinden zu sehen. Immer häufiger fragt man bei der Besetzung von Kathedern, bei der Dotierung der Institute usw. nach dem unmittelbaren Nutzen der Fächer für die Volksgesundheit oder -Ernährung oder -Wehrhaftmachung oder dies oder das. Wissenschaft aber, die von vornherein auf den unmittelbaren Nutzen gerichtet und nach ihm bemessen wird, muß in ihrem eigentlichen Wesen verkümmern.

Als Romanist wünsche ich, vor allem mein Sondergebiet des Französischen aus der entstellenden Umschnürung durch das Politische gelöst zu sehen. Die Politiker der Versöhnung verwischen das Frankreichbild ins »Europäische«; die Politiker der Unversöhnlichkeit verengen und versteinern es.

Als Paedagoge wünsche ich, die zaghaft beginnende Rehabilitierung des Französischen im Schulunterricht möge entschiedener fortschreiten. An keiner anderen modernen Sprache ist so sehr Klarheit und Ordnung des Denkens zu lernen wie am Französischen. Und in den ständigen gegenwärtigen Erregungen des Gemüts und der Phantasie tut der Jugend Klarheit und Ordnung des Denkens bitter not. Und auch das kann sie bei tieferem Eindringen in die französische Geisteswelt lernen: daß dann diese zügelnde und ordnende Denkklarheit durchaus keine Feindin der Gemütskräfte zu sein braucht.

Victor Klemperer an Karl Vossler

Dresden A 24. Hohe Str 8
29. 11. 32.

Hochverehrter Herr Geheimrat –

Zuerst herzlichen Dank für Ihren freundlich ausführlichen Brief und ein herzliches Willkommen in der Heimat. Ich freue mich, daß Sie gesund und zufrieden von Ihrer langen Fahrt zurück sind. Daß Sie so weit und für so lange Zeit fort waren, erfuhr ich erst vor ganz wenigen Wochen aus einigen liebenswürdigen Zeilen Ihrer verehrten Gemahlin, der ich hiermit herzlich für die neuliche Karte danke. Von Ihnen selber hatte ich so viele Monate hindurch gar nichts gehört, auch keine eigentliche Antwort auf meinen weit zurückliegenden letzten Brief erhalten, daß ich Sie ganz in neue Interessen und Umgebungen versenkt und mich selber ganz für Sie versunken glaubte. […]

Nun würden Sie mir eine Freude bereiten, wenn Sie mir gelegentlich erzählten, wo überall Sie in Südamerika gewesen sind, was Sie dort getrieben haben, und welche Arbeitspläne Sie zurückbrachten. Soll auch Ihr siebentes Jahrzehnt den Spaniern gehören? Ich glaube es beinahe. Aber ich denke, das achte und neunte wird Sie wieder nach Europa zurückführen.

Seien Sie sehr herzlich gegrüßt, und nehmen Sie zugleich sehr viele Empfehlungen v. H. z. H. freundlich an

von Ihrem treu ergebenen
VKlemperer

4

... DASS ICH ABSOLUT DEUTSCH BIN

1933–1935

Auguste Wieghardt, genannt Gusti, war seit 1926 eine enge Vertraute von Eva und Victor Klemperer; die Schriftstellerin ging 1939 ins Exil nach England und kehrte 1949 nach Dresden zurück.

Obwohl sein Vater liberaler Rabbiner war, ist Klemperer stärker vom Assimilierungs- und Aufstiegswillen geprägt als vom Judentum, zumal er schon früh zum Protestantismus konvertiert ist. Ihm wurden bürgerliche Werte vermittelt: liberal, vor allem deutsch wollte die Familie sein. Der junge Klemperer musste sich im Vergleich zu vielen seiner Berliner Mitschüler immer um sein Selbstverständnis als Deutscher bemühen; dazu beigetragen haben sicher auch die drastischen Erziehungsmaßnahmen der Brüder, ihm den »Arme-Leute-Stallgeruch« auszutreiben: Berthold etwa brachte ihn zu einem Arzt, bei dem er in einen »orthopädischen Galgen« gehängt wurde, um seine »Haltungsschäden« auszugleichen. Umso mehr scheint Klemperer an Deutschland festzuhalten, als die Nazis am 30. Januar 1933 mit der Ernennung Hitlers zum Reichskanzler ihre Herrschaft begründen. Diese Haltung besteht bei ihm fort trotz des sich verfestigenden Antisemitismus, der ihm nicht verborgen bleibt, und trotz wachsender Zukunftsängste. Seine Buchverträge über wissenschaftliche Veröffentlichungen geraten in Gefahr und damit ein nicht geringer Teil seiner Einkünfte.

An der TH Dresden kann er zunächst weiterhin lehren, weil er im Ersten Weltkrieg gekämpft hat und mit einer »Arierin« verheiratet ist, die sich, allen Nazi-Schikanen trotzend, nicht von ihm scheiden lässt. Aber wie lange werden ihn die neuen Herrscher im Amt belassen? Mit seinem Bruder Georg muss Klemperer auf einmal das Für und Wider diskutieren, in Deutschland zu bleiben oder ins Exil zu gehen. Ihr Neffe Walter, der Sohn ihrer Schwester Marta, die mit dem Prediger Julius Jelski verheiratet ist, emigriert bereits 1933 nach Palästina, Georgs Sohn

Otto nach England. Die Brüder kommen jeder für sich zu unterschiedlichen Ergebnissen und nehmen doch auf empfindsamere Weise Anteil am Schicksal des anderen als zuvor, bemüht um Verständnis und Annäherung.

Am 15. September 1935 werden auf dem Reichsparteitag der NSDAP die »Nürnberger Gesetze« verkündet, mit deren Hilfe die nationalsozialistische Rassenideologie eine »juristische« Grundlage erhält.

Georg Klemperer an Victor Klemperer

3. VI. [1933] Badenweiler H Römerbad
L. Victor! Dein Brief erreichte mich hier, wo wir uns 14 Tage
von dem nervenaufbrauchenden Berliner Treiben erholen wollen. Auf die Fragen kann ich nicht viel Auskunft geben. φατερ
geb. 30. III. 39 † 12. II. 12. μονττερ geb 15. I. 43 † ?… 17 γεβ.
βειδε πραγ. γρωςςελτερν (φητερλιχ) αβρααμ, γεβ. 1810 † 1885 ληρερ. Marie (Mirjam) geb 1819 † 1852. Für die Geburtstage
werde wohl Phantasiedenken genügen, wer sollte die wohl kontrollieren können? Die preuß. Staatsbürgerschaft hat unser φατερ 1864 als πρηδιγερ (ραβι) in Landsberg ᵃ/_w erworben. Unsre
φαμιλιε väterl. stammt aus bayr. Leipa, wovon sie um 1700 nach
Böhmen übersiedelt ist. Hierüber *soll* eine Urkunde existieren.
Gesinnung u. Sprache stets δευτδχ. αριερ in der Ascendenz nicht
nachweisbar, doch ist der βεγριφφ αριερ überhaupt νηβελαφτ.
Kein ζφειφελ dass die juδισχε ρασσε αυς δεμσελβεν asiatischen
Völkerursprungsbecken σταμμτ und daß es eine συνδε χηχεν δην
ειλιχεν χειστ δηρ φαρειτ ist, der einen ρασσε Vorzüge vor der andern ανζουδιχτεν. χοττ στραφε δι λυχνερ.
   Bei uns in βερλιν hat sich nichts verändert. Hier ist es sehr
ruhevoll u. schön.

Herzliche Grüße
v. H. z. H.
Georg

[Erläuterung:
φατερ (Vater); μονττερ (Mutter); γεβ. βειδε πραγ (geb. beide
Prag); γρωςςελτερν (φητερλιχ) αβρααμ. γεβ. (Großeltern [väter-

87

lich] Abraham, geb.); ληρερ (Lehrer); φατερ (Vater); πρηδιγερ (ραβι) (Prediger [Rabbi]); φαμιλιε (Familie); δευτδχ (deutsch); αριερ (Arier); βεγριφφ αριερ (Begriff Arier); νηβελαφτ (nebelhaft); ζφειφελ (Zweifel); jυδισχε ρασσε αυς δεμσελβεν (jüdische Rasse aus demselben); σταμμτ (stammt); συνδε χηχεν δην ειλιχεν χειστ δηρ φαρειτ (Sünde gegen den heiligen Geist der Wahrheit); ρασσε (Rasse); ανζουδιχτεν (anzudichten); χοττ στραφε δι λυχνερ (Gott strafe die Lügner); βερλιν (Berlin).]

Georg Klemperer an Victor Klemperer

Z.Z. St. Moritz, Hotel Calonder
5. I. 34.

L. Victor! Aus der Überschrift siehst Du, wo wir sind. Ich wollte mit den noch hier seienden 2 Söhnen (Hans u Friedrich) u. ihren Frauen noch in Ruhe u Frieden zusammen sein, ehe sie uns auch verlassen. Sie werden beide im Febr. in die U.S. gehen. Die Zukunft ist unsicher, aber da sie beide tüchtige Leute sind, werden sie hoffentlich gedeihen. Friedi muß dort sein med. Examen wiederholen, Hans hat als Ingenieur Arbeitsfreiheit. Wir haben es hier sehr gut, wenn auch ein leiser Schatten immer spürbar ist. Das hilft doch aber nichts. Von Otto aus Cambridge haben wir relativ günstige Nachricht, er arbeitet gut, seine Frau ist bei ihm, sie haben eine Wohnung eingerichtet, die Kinder sind bei den Eltern d. Mutter u. sollen bei wärmerer Witterung herüberkommen. Ob Otto in England wird bleiben können, ist noch fraglich. Von dem jüngsten, Gog, kommen aus Chicago sehr gute Nachrichten. Bis auf weiteres studiert er noch. Doch haben die 3 Söhne die Einwanderungsbewilligung erhalten, so daß sie automatisch nach 5jähr. Aufenthalt amerikanische Bürger werden.

Wo ich selbst nach dem 1. April bleibe, ist noch zweifelhaft.

Ich denke daran, mich in Süddeutschl. niederzulassen, doch ist noch nichts sicher. Da meine Einnahmen sich sehr vermindert haben und die Auswanderung der Söhne mit viel Kosten verknüpft ist, müssen wir unser Leben natürlich viel bescheidener einrichten. Dadurch bin ich in keiner Weise beeinträchtigt.

Meine Reise u. viele Unruhe mag entschuldigen, daß ich Deinen Brief vom 21. XII erst heut beantworte. Für die Neujahrswünsche danke ich sehr u. erwidere sie sehr herzlich. Aus Deinem Brief ersehe ich, daß Deine Lage sehr prekär ist. Ich möchte fragen, ob Deine bemerkenswerten literarischen Erfolge Dir nicht die Möglichkeit geben, Dich um eine Situation in Frankreich zu bemühen. Solltest Du nicht dort gute Verbindungen haben, die Dir ev. einen Ruf an eine franz. Universität verschaffen? Du bist doch noch jung genug, um Dich umzustellen u. umzupflanzen.

Solltest Du dazu Mittel gebrauchen, um einige Zeit ohne Gehalt leben zu können, so wäre ich immer noch in der Lage, Dir ein Darlehen für einige Jahre zur Verfügung zu stellen. Um Dir jede unangenehme Empfindung zu entfernen und zugleich aus steuertechnischen Gründen, würden wir einen richtigen Vertrag aufsetzen u. Du würdest das kl. Kapital regelrecht (etwa zu 4%) verzinsen.

Jedenfalls möchte ich Dir raten, Ns. wenn es Aussichten hat, Dich um außerdeutsche Unterkunft zu bemühen, da es ja scheint, als ob Dein Amt bei der T. H. schon gefährdet ist.

Nun wünsche ich Dir nochmals alles Gute, vor allem gute Gesundheit u. Entschlußfähigkeit, und verbleibe mit besten Grüßen von Frau u. Kindern auch an Deine Frau in brüderlicher Treue u. im Angedenken an den verstorbenen Vater

Dein Georg.

Victor Klemperer an Georg Klemperer

Dresden Hohe Str 8
19. 1. 34

L. Georg –

herzl. Dank für Deinen Brief; ich antworte erst jetzt, da ich
Dich nun in Berlin zurückvermute u. nicht wußte, wie lang
die angegebene Adresse Gültigkeit habe.

Hoffentlich hast Du Dich gut erholt. Ich kann mir sehr
wohl denken, daß Dich die bevorstehende sehr weite räumliche Trennung von allen Söhnen hart anfaßt. Aber 1) ist diese
räumliche Trennung wirklich eine so sehr große? Und 2) ist es
nicht allzu pessimistisch mit *dauernder* Trennung zu rechnen?
Du schreibst von Plänen Deiner Söhne, die sich auf eine Zeit
nach fünf Jahren erstrecken. Ich hoffe zuversichtlich, daß sie
vor Ablauf dieser Zeit wieder zu Haus sein werden. –

Sehr gerührt hat es mich, daß Du trotz aller eigenen
Sorgen mir für den Notfall Hilfe anbietest. Glaube mir bitte,
daß ich Dir für diese brüderliche Gesinnung von ganzem
Herzen dankbar bin, und daß ich schlimmstenfalls mich mit
Vertrauen an Dich wenden werde. Aber noch ist es nicht an
dem, und jeder Monat scheint mir gewonnen. Außer Landes
würde ich nur gehen, wenn es durchaus sein müßte, und wenn
ich keine andere Lebensmöglichkeit mehr hätte – und vielleicht selbst dann nicht. Gerade meine jahrzehntelange Beschäftigung mit fremden Literaturen und mein häufiger Aus-
land-Aufenthalt haben mich gelehrt, daß ich – ich meine zu
dauernder Existenz – ganz und gar und ausschließlich nach
Deutschland gehöre, daß ich absolut deutsch bin. Niemand
kann mir das bestreiten, niemand kann das allergeringste daran
ändern. Rein praktisch gesprochen, so hätte ich übrigens gerade in Frankreich keinerlei Existenzmöglichkeit. Denn das
Fach, für das ich mir ein gewisses Ansehen erworben habe, die

französische Literaturgeschichte, werden die Franzosen niemals einem Nichtfranzosen anvertrauen.

Aber wiegesagt, noch ist für mich der äußerste Fall nicht gegeben. Ich bin im wesentlichen Ordinariatsrecht geschmälert worden aber bis heute noch als Ordinarius im Amt. Und es gibt ein wunderschönes Napoleon-Gedicht von Victor Hugo mit der berühmten Zeile: »Das Morgen Sire, gehört dem Herrn.«

Georg Klemperer an Victor Klemperer

Zähringerhof
Freiburg im Breisgau
22. I. 34.

Lieber Victor! Dein Brief vom 19. wurde mir hierher nachgeschickt, wo wir uns zur Vorbereitung unserer Übersiedlung aufgehalten haben. Wir haben eine Wohnung gemietet u. ziehen am 1. IV hierher. Was soll ich noch in Berlin, da ich kein Amt mehr habe und ganz vereinsamt bin. Hier habe ich die schöne Natur u. für meine literarische Arbeit eine gute Bibliothek. Ich hoffe hier in der Stille mit Anstand meine Tage zu beschließen. Übrigens will ich das keinesfalls übereilen, sondern im Gegenteil meinerseits alles tun, um eventuell noch eine Wendung der deutschen Dinge zu erleben. Alles was Du von Deiner deutschen Gesinnung u. Einstellung schreibst, hat mich lebhaft berührt u. findet in meinem Herzen starken Widerhall. Aber was machen wir mit unserm Deutschtum, wenn uns dessen maßgebende Vertreter täglich erklären, daß wir in einem anmaßlichen Irrtum sind, wenn wir uns für deutsch halten? Wie sollen sich meine Söhne verhalten, die nur deutsch fühlten u. die als Fremdstämmige aus der Heimat vertrieben sind? Es ist ein geringer Trost, die großen Deutschen der Ver-

gangenheit und hoffentlich der Zukunft zu zitieren; die heut
lebenden nichtarischen Deutschen, die ihre deutsche Seele
nicht verleugnen wollen, haben ein hartes Schicksal! Wir wollen es mit Würde tragen.

Viele herzliche Grüße Georg.

B. G. TEUBNER · LEIPZIG · BERLIN
Hans Ehlers an Victor Klemperer

Leipzig C 1, 24. 1. 34
Poststrasse 3

Sehr geehrter Herr Professor!

Wenn ich auch nicht weiß, wie weit die Arbeit an Bd. IV
Ihrer Literaturgeschichte z. Zt. gediehen ist, möchte ich Sie
doch jetzt schon folgende Anregung zu überlegen bitten.

Würden die beiden das 18. Jh. behandelnden Teilbände
im Laufe der nächsten Jahre erscheinen, so würde man bestimmt innerhalb der Reichsgrenzen mit einem Mißerfolg
rechnen müssen aus Gründen, die ich Ihnen nicht auseinanderzusetzen brauche. Meine Firma würde sich aber auch
in der Propagierung des Werkes außerhalb von Deutschland
Zurückhaltung auferlegen müssen, da ein Verlag wie Teubner,
der beim Daniederliegen des Absatzes wissenschaftlicher Publikationen auf den Verkauf seiner Schulbücher unbedingt angewiesen ist, auf die staatlichen Stellen Rücksicht nehmen
muß.

Läge es darum nicht im beiderseitigen Interesse, wenn Sie
versuchten, einen leistungsfähigen Verlag in Wien oder Zürich für die Übernahme des IV. Bandes zu gewinnen? Ich wäre
jedenfalls bereit, der betr. Firma auch die Auslieferung der
schon erschienenen Teile zu den vorteilhaftesten Bedingungen
ohne irgendwelches finanzielles Risiko zu ermöglichen.

Ihrer Äußerung gern entgegensehend, zeichne ich
hochachtungsvoll und ergebenst
B. G. TEUBNER
Verlagsredaktion
Dr. Ehlers

Victor Klemperer an Hans Ehlers
B. G. TEUBNER · LEIPZIG · BERLIN

Dr[esden,] 27. 1. 34

S. g. H. Doctor –

Ihr w. Schreiben vom 24. 1. stellte mich vor eine so einschneidend wichtige Entscheidung, daß ich mir Bedenkzeit zum reiflichsten Erwägen ausbitten muß.

Sie könnten mir dieses Erwägen ein wenig erleichtern, wenn Sie auf die nachfolgenden Fragen mit der gleichen Offenheit antworten wollten, mit der sie Ihnen gestellt werden.

Ich bin mir nicht eigentlich im Klaren darüber, warum Sie die weitere Publikation meines Werkes, ja den Vertrieb der bisher veröffentlichten Teile scheuen und für aussichtslos halten. Natürlich weiß ich, daß ich Ihnen als nicht-arischer Autor inopportun oder gar untragbar scheine. Aber es ist doch zu bedenken, daß ich als kriegsfreiwilliger Frontkämpfer mein Ordinariat und damit eines der höchsten Ehrenämter, das es in Deutschland gibt, behalten habe. Es ist weiter zu bedenken, daß ich nach wie vor Mitarbeiter der Deutschen Literaturzeitung bin, die als angesehenstes Fachblatt von der preußischen Akademie der Wissenschaften herausgegeben wird. Es ist endlich, und vielleicht nicht in letzter Linie, zu bedenken, daß niemand, welcher politischen Partei er auch angehöre, den nationalen Gesichtspunkt stärker betonen kann, als ich es in meiner Literaturgeschichte tue, und daß meine zahlreichen Arbeiten zur Kulturkunde seit vielen Jahren immer wieder für den fremdsprachlichen Unterricht genau das gefordert haben, was ihm jetzt als etwas ganz Neues abverlangt wird: Erkennung des eigenen Volkstums gegenüber dem andersgearteten fremden.

Weshalb also muß sich Ihre Firma, wie Sie schreiben, »Zurückhaltung auferlegen in der Propagierung meines Werkes«? Wirklich, diese Frage ist ganz ehrlich gemeint, sie ist weder ironisch noch rhetorisch. Denn ich weiß ja, daß Sie nicht frei, sondern nach allgemeinen Vorschriften oder Richtlinien handeln, und ich würde gern wissen, wie diese Verhaltungsmaßregeln beschaffen sind, und inwiefern sie auf mein Werk Anwendung zu finden haben. Es will mir nicht in den Sinn, wieso das ausgesprochen deutsche und von aller Tagespolitik entfernte Werk eines deutschen von der gegenwärtigen Regierung bestätigten Hochschullehrers an einer anderen Stelle erscheinen solle als in einem deutschen Verlag.

Falls Sie mir das erklären können, so möchte ich Ihnen weiter anheimgeben, ob Sie nicht selber irgendwelche Vorschläge machen oder Schritte einleiten könnten zur Überführung des Buches in einen Schweizer Verlag, der es dann vielleicht gleichzeitig mit einer französischen Übersetzung herausbringen könnte. Gerade die Geschichte des Aufklärungszeitalters, deren ersten Teil ich Ihnen etwa im Anfang des nächsten Jahres zu übergeben gedachte u. eigentlich noch gedenke, ist ja jetzt für alle Welt ein ungeheuer interessantes Thema, und die einzige davon im Deutschen vorhandene Gesammtdarstellung, das schöne Buch Hermann Hettners, ist seit Jahrzehnten im Kern veraltet.

Indem ich Ihrer freundlichen Antwort entgegensehe, zeichne ich als Ihr ganz ergebener

VKl.

B. G. TEUBNER · LEIPZIG · BERLIN
Hans Ehlers an Victor Klemperer

Leipzig C1, 15. 2. 34

Poststrasse 3

Sehr geehrter Herr Professor!

Hierdurch komme ich auf Ihr Schreiben vom 27. 1. zurück: Eine Erörterung der von Ihnen vorgebrachen Fragen hat nach meiner Überzeugung keinen Zweck, da wir damit doch zu keinem Ergebnis kommen. Die von Ihnen angeführten Tatsachen waren mir ja durchaus bekannt, Sie können aber nicht die Imponderabilien aus der Welt schaffen, die in diesem Falle nun einmal von ausschlaggebender Bedeutung sind.

Ich kann Ihnen darum nur erneut in Ihrem eigensten Interesse empfehlen, für Band IV einen schweizerischen Verlag zu interessieren und womöglich Ihre Darstellung überhaupt nur in französischer Sprache herauszubringen, wie ich mich jetzt auch dazu entschlossen habe, das Buch Wartburgs über EVOLUTION ET STRUCTURE DE LA LANGUE FRANÇAISE von vornherein nur auf Französisch zu veröffentlichen. Alle nämlich, die sich für romanistische Literaturgeschichte ernstlich interessieren, sind durchaus in der Lage, ein Werk wie das Ihrige in französischer Sprache zu lesen und die internationalen Absatzmöglichkeiten sind dementsprechend viel größer. Würden Sie sich zu dieser Lösung entschließen, so wäre damit wohl auch die Möglichkeit eröffnet, daß Sie einen großen Pariser Verlag für die Geschichte des Aufklärungszeitalters gewinnen könnten.

Daß die Verhandlungen mit einem ausländischen Verlag von meiner Firma angeknüpft werden, scheint mir im übrigen nicht zweckmäßig, denn dann würde allzuleicht der Eindruck entstehen, als ob Teubner mit dem Absatz Ihrer Literaturgeschichte schlechte Erfahrungen gemacht hätte. Das dürfte dann höchstwahrscheinlich andere Firmen von vornherein bedenklich machen.

Deshalb könnte ich mir überhaupt vorstellen, daß es am ratsamsten wäre, wenn Sie Band IV einem Genfer oder Pariser Verlag zunächst nur ganz isoliert anbieten, ohne von der Möglichkeit der Vertriebsübernahme der 4 Teile von Band V überhaupt etwas zu erwähnen.

Es empfiehlt sich Ihnen
hochachtungsvoll und ergebenst
B. G. TEUBNER
Verlagsredaktion
Dr. Ehlers

Karl Vossler an Victor Klemperer

München, den 19. 2. 34

Lieber Freund,

anbei schicke ich Ihnen den unerfreulichen Briefwechsel mit Teubner zurück. Bevor Sie unter diesen Umständen an einen auswärtigen Verlag herantreten, würde ich es doch an Ihrer Stelle noch bei einem weniger ängstlichen deutschen Verlag versuchen. Warum nicht bei unserem Max Hueber? Er hat ja eben jetzt in der Sammlung unserer »Münchener romanistischen Arbeiten« ein Heft von Erich Auerbach »Das französische Publikum des 17. Jahrhunderts« herausgebracht, und Sie sind ihm kein Unbekannter. Natürlich müßten Sie das Werk dann selbständig etwa unter dem Titel »Französische Aufklärung« erscheinen lassen. Der einzige auswärtige Verleger, mit dem ich als Mitredaktor einer Sammlung von romanischen Texten hin und wieder zu tun habe, ist Heitz in Straßburg. Ein Verlag, der in Deutschland, Österreich und Schweiz zugleich arbeitet, ist oder war der Amalthea-Verlag, mit dem mein Freund Julius Schlosser viel gearbeitet hat. Könnte man es nicht mit dem versuchen? Sie haben doch auch an Walzels Handbuch mitgearbeitet und könnten vielleicht den Atheneion-Verlag gewinnen. Haben Sie sich schon an Moritz Diesterweg in Frankfurt a. M. gewandt? Auf alle Fälle würde ich versuchen zunächst sämtliche deutschen Verleger, soweit sie mit romanistischen Dingen zu tun haben, anzugehen. Ein Band, wenn er nicht gar zu groß ist, über die Aufklärung muß doch gangbar sein. Georg Brandes hat im Jahre 1923 sein großes Voltaire-Werk bei Erich Reiss in Berlin erscheinen lassen. Paul Sakmann hat einen Voltaire bei Frommann in Stuttgart im Jahr 1910 verlegt. Dies ist zunächst alles, was ich raten kann. Auf keinen Fall aber dürfen Sie die Flinte ins Korn werfen. Die Zeiten ändern sich, und die dauernden Werte bleiben bestehen.

Mit herzlichem Gruß und Wunsch

Ihr stets ergebener

K. Vossler

Ich will dieser Tage einmal mit Hueber sprechen.

Victor Klemperer an Hans Ehlers
B. G. TEUBNER · LEIPZIG · BERLIN

Dresden A 24. Hohe Str. 8

21. II 34

Sehr geehrter Herr Doctor –

nach nochmaliger Überlegung vermag ich auf Ihre Anregung *nicht* einzugehen und bitte Sie, an unserem Vertrag festzuhalten. Es liegt fraglos keine Notwendigkeit vor ihn aufzulösen. »Imponderabilien« sind nichts eindeutig Bestimmbares, es sind Stimmungsmomente, die sich ständig ändern. In einem Jahr – und früher beabsichtige ich ja gar nicht, Ihnen den ersten der beiden Bände zu geben – kann schon eine große Beruhigung eingetreten sein. Daß wir ohne das Studium der französischen Literatur in Deutschland nicht auskommen, und daß es darüber Deutsch geschriebene Bücher unter deutschem Gesichtspunkt geben muß, ist eine Selbstverständlichkeit, der keine Augenblicksstimmungen auf die Dauer etwas anhaben kann.

In ausgezeichneter Wertschätzung
Ihr ganz ergebener
VKl.

B. G. TEUBNER · LEIPZIG · BERLIN
Hans Ehlers an Victor Klemperer

Leipzig C1, 26. 2. 34

Sehr geehrter Herr Professor!

Hierdurch bestätige ich Ihr Schreiben vom 21. 2. mit dem Bemerken, daß ich nach wie vor an dem von mir eingenommenen Standpunkt festhalte. Wenn Sie anders urteilen, so ist das Ihr gutes Recht, und wir werden unsere Meinungsverschiedenheiten im jetzigen Zeitpunkt nicht zum Austrag bringen können. So müssen wir denn die weitere Entwicklung abwarten.

Mit vorzüglicher Hochachtung
ganz ergebenst
B. G. TEUBNER
Verlagsredaktion
Dr. Ehlers

Excelsior Roma 23. V. 35

Lieber Victor! Ich bitte Dich sehr um Entschuldigung daß ich auf Deinen frdl Geburtstagsbrief so spät antworte, der Grund liegt in dem vielen Trubel, den ich durchgemacht habe. Meine Frau war im letzten Winter d. h. im März ziemlich krank u. wir sind zu ihrer Erholung nach Locarno gegangen, wo wir bis 7. V blieben. Dein Brief ist uns dorthin nachgegangen, erreichte uns nicht mehr u. wurde nach Freibg zurückgeschickt. Wir waren aber indes nach Cambrigde gereist, wo ich in Ottos Familie meinen Geburtstag überstanden habe. Hier bekam ich endlich aber erst am 12. Deinen Brief, aber mit einer so großen Flut weniger wichtiger Briefe, daß ich seine Wichtigkeit nicht gleich erkannte. Am 15. wurde ich dringend tel. hierher nach Rom gerufen, wo ein alter Patient von mir lebensgefährlich krank ist u. wo ich nun täglich mit der mir verbliebenen ärztlichen Kunst gegen ein übermächtiges Leiden anscheinend vergeblich ankämpfe. Ich werde wohl noch bis Ende des Monats hier bleiben müssen. –

Ich hoffe daß Du mir in Würdigung der Hindernisse Absolution erteilst, daß ich so spät antworte. Nimm also vielen Dank für den Glückwunsch, glaube mir daß die Erreichung des biblischen Alters seine 2 Seiten hat, bisher ist mein körperl. u geistiger Zustand relativ befriedigend, aber das nahende Ende wirft natürlich Schatten voraus u. in unserm besondern Fall ist die Expatriierung der Söhne u. unser Getrenntsein ziemlich bitter. –

Die 6000 M. stehen natürlich zu Deiner Verfügung. Sowie ich nach Haus komme – voraussichtl. Anfang Juni – schicke ich Dir einen Scheck auf die D. B. – Deine Lage bewegt mich, obwohl ich es nicht anders erwartet habe. Deine Anschauungen teile ich nicht ganz wie Du weißt, ich würde ja an Deiner Stelle einen Auslandsplatz erstreben u. wirken, solange es möglich ist.

Ob Du recht tust, Dich an Dein Haus zu binden? Das kannst Du aber nur allein beurteilen. Wenn das Gesetz uns unsrer Staatsbürgerschaft entkleidet, kann ich nicht in Deutschland bleiben. Etwas kann ich als Arzt auch in Amerika verdienen, und übrigens will ich lieber in Ehren darben, als in Diffamierung sorglos leben. Lebe nun wohl u. laß Dirs so gut gehen als die Zeit erlaubt. Viele Grüße Dir u. der Gattin

Georg.

Georg Klemperer an Victor Klemperer

Freiburg Br. 10. VI. 35
Reichsgrafenstr 9.

Lieber Victor!

Von m. Reise zurückgekehrt sende ich Dir anbei im Verrechn. Scheck 6000 M, Du kannst Dir also das Geld ohne Weiteres bei irgend einer Bank gutschreiben lassen.

In Erwiderung auf Dein Schreiben vom 1. V. möchte ich sagen, daß ich eine Hypothek oder Sicherheit nicht brauche, auch keine Zinszahlung, die Dich unnötig belasten würde. Es ist Deine Sache ob Du das Geld als Darlehen betrachten willst. In diesem Falle stelle ich anheim, das Geld an meinen Sohn Otto als Vertreter meiner Erben zur Verteilung unter die Miterben zu überweisen.

Hoffentlich gehts Dir weiter gut. Hast Du etwas bezgl. Stellung erfahren?

Mein Mediziner Sohn Fridi tritt zum Sept. eine bezahlte Assistentstelle am biochem Institut der Harvard Un. Boston an.

So kommen die Söhne allmählich vorwärts.

Beste Grüße Dir u. Deiner Gattin
Georg.

Bitte um gelegentliche Empfangsbestätigung.

MAX HUEBER / VERLAG
Max Hueber an Victor Klemperer

München 2 NW
Amalienstraße 79
den 26. VII. 1935.

Sehr geehrter Herr Universitätsprofessor!

Durch den ausserordentlichen mässigen Absatz Ihrer Bücher sind wir gezwungen, die Preise zum Wiederverkauf wie folgt festzusetzen:

Romanische Sonderart Brosch. RM 1.20, gbd. RM 1.50
Pierre Corneille   Brosch. RM 1.20, gbd. RM 1.50
Corneille inconnu   Brosch. RM –.80.

Wir hoffen, dass wir infolge der billigen Preise wenigstens noch einiges absetzen werden.

Bei dieser Gelegenheit ersuchen wir Sie, uns von der Honorarpflicht zu entbinden, da die für die Abrechnung aufgewendete Zeit und Mühe in keinem Verhältnis zu der dabei erzielten Zahl stehen.

Vielleicht ist es Ihnen auch möglich, angesichts der billigen Preise über kurz oder lang einen grösseren Posten abzurufen. Für alle Ihre Bemühungen danken wir Ihnen bereits heute verbindlichst.

Wir empfehlen uns Ihnen, geehrter Herr Universitätsprofessor,

mit deutschem Gruss
MAX HUEBER / VERLAG
Max Hueber

B. G. TEUBNER · LEIPZIG · BERLIN
Hans Ehlers an Victor Klemperer

Leipzig C 1, 14. 8. 35

Poststrasse 3

Sehr geehrter Herr Professor!

In unserem Schriftwechsel vom Februar vorigen Jahres habe ich Sie ganz offen darauf hingewiesen, daß ich mir unter den jetzigen Verhältnissen keinen Erfolg von der Herausgabe des Bandes IV Ihrer Literaturgeschichte versprechen könne. Sie glaubten meine Bedenken zerstreuen zu können und wünschten an unserem Vertrage festzuhalten. Die Beruhigung, die nach Ihrer Meinung in einem Jahre eintreten würde, ist indessen ja nun keineswegs zur Wirklichkeit geworden, sondern es ist heute noch viel schwieriger denn je zuvor, Bücher von nichtarischen Verfassern herauszubringen.

Wenn Sie mir demnächst das Manuskript zuschickten, könnte ich jedenfalls meiner Firma gegenüber die Verantwortung für dessen Drucklegung nicht tragen, und ich halte es für fair, Ihnen das schon jetzt mitzuteilen, bevor Sie Ihre Arbeit zum Abschluß bringen.

In diesem Zusammenhang möchte ich darauf hinweisen, daß kürzlich ein Münchener Verlag, der sich weigerte, das Buch eines jüdischen Verfassers, über das im Jahre 1929 ein Vertrag abgeschlossen war, zu drucken, in dem sich daraufhin ergebenden Prozeß obgesiegt hat. Das Oberlandesgericht München wies die Klage des jüdischen Autors ab, und in dem Urteil wurde u. a. ausgeführt, es könne »*infolge der völlig veränderten politischen Verhältnisse* einem Verlag aus wirtschaftlichen Gründen nicht zugemutet werden, die einem nichtarischen Urheber im Verlagsvertrag gemachte Zusicherung hinsichtlich der Bearbeitung des Werkes zu erfüllen. Aus diesem Grunde sei der Verlag insoweit nach § 275 BGB von der vertraglich geschuldeten Leistung frei geworden.«

Da die bisherigen Bände Ihrer Literaturgeschichte so gut
wie überhaupt keinen Inlandabsatz mehr aufzuweisen haben,
liegt es auf der Hand, daß ich Teil IV als Makulatur zu drucken hätte, was meiner Firma zweifellos nicht zugemutet werden kann. In Ihrem eigenen Interesse mache ich Ihnen darum
erneut den Vorschlag, daß Sie mit ausländischen Firmen Verbindung wegen Übernahme Ihrer Literaturgeschichte suchen,
wobei ich Sie gern unterstützen würde.

Mit vorzüglicher Hochachtung

ganz ergebenst

B. G. TEUBNER

Verlagsredaktion

Dr. Ehlers

Georg Klemperer an Victor Klemperer

Freiburg Br. 7. X. 35.

Lieber Victor!

Zu Deinem Geburtstag nimm die herzlichsten Glückwünsche. Der Hauptwunsch wird sich auf Gesundheit des Leibes
und der Seele beziehen, Durchhalten ist ja wohl das Wichtigste. Da ich nichts von Dir erfahren habe, nehme ich an, daß
Du bisher nichts Passendes gefunden hast, um in freiere Position zu kommen. – Was mich anbetrifft, so habe ich nach
Nürnberg beschlossen, zu meinen Söhnen nach USA zu ziehen. Ganz leicht ist der Entschluß in meinem Alter ja nicht
gewesen, u. sehr einfach ist er auch nicht, denn es kostet mich
mindestens ¾ meines ersparten Vermögens. Aber vielleicht
kann ich drüben noch etwas als Arzt verdienen, da ich körperlich leidlich frisch bin. Wie es auch werden mag, ich mag nicht
unter diesem moralischen Fallbeil leben. Wann ich fortkomme
ist noch unsicher, da sehr viel Formalitäten zu erledigen sind

u. die Auseinandersetzung mit dem Finanzamt auch Zeit in Anspruch nimmt. Ich denke Ende November oder Anfang Dezember frei zu sein. (Übrigens bitte ich Dich den Geschwistern nichts von meinem Entschluß mitzuteilen; ich wollte sie vor Schluß in Berlin besuchen, aber nicht früher schreiben, bis ich die amerikan. Einwanderungs-Erlaubnis habe. Das zieht sich auch noch hin, ich muß amerikan. Bürgschaften beibringen.)

Ich werde Dich jedenfalls benachrichtigen, wenn der Zeitpunkt unsrer Ausreise feststeht, u. von Berlin aus ein Wiedersehen mit Dir arrangieren. Da ich 70 bin, ist es ziemlich unsicher, ob es danach noch weitere Zusammentreffen zwischen uns geben wird. Aber vielleicht blüht Dir auch noch die Möglichkeit nach Amerika zu kommen. Jedenfalls habe ich mir vorgenommen, auch aus dieser Sache das beste zu machen u. mir die natürliche Heiterkeit meines philosophischen Herzens nicht rauben zu lassen u. das Unvermeidliche mit Würde zu tragen. So komme ich wieder zu Deinem Geburtstag zurück, indem ich Dir von Herzen gleiche Einstellung wünsche – labor omnia vincit, möge die Kraft Deines Geistes Dich erheben u. stärken

Herzliche Grüße in brüderlicher Verbundenheit

Georg.

Maria schließt sich meinen Glückwünschen an. Leider haben ihre Nerven sehr gelitten, ihre Gesundheit ist schwankend geworden.

Beste Grüße von uns beiden an Deine liebe Frau.

Meinen Söhnen gehts soweit ganz gut. *Otto* ist auch in die Industrie gegangen, er hat eine ausreichend bezahlte Stellung in *Iver* (Bucks, Adr. 70 Syke Ings.) *Hans* ist jetzt bei Westinghouse Pittsburgh Pa in ordentlicher Position (Adr. 2025 Wendover

Street) *Fridi* ist bezahlter Assistent an Harvard medical School, Dept. physiol. Chemistry Boston Mass und *Gog* ist in Chicago beim staff von Mc. Kinsey & Co und unterhält sich auch allein. Ohne die Tüchtigkeit und die Chancen dieser braven Knaben könnte ich das Experiment der Auswanderung nicht wagen.

5

VON FREUNDEN IST NICHTS ZU BERICHTEN, DENN ES SIND KEINE MEHR DA

1936–1937

Eva und Victor Klemperer mit seiner Schwester Grete Riesenfeld
(Mitte): Pfingstfahrt nach Berlin, Strausberg und Landsberg a.d.
Warthe, 17. bis 20. Mai 1937.

Am 23. Januar 1936, nach fast drei Jahren Leben »innerhalb der Unkultur«, setzt Klemperer in seinem 55. Lebensjahr einen kühnen Entschluss um: Er hat Auto fahren gelernt, erwirbt den Führerschein und eröffnet sich damit für die nächste Zeit eine nicht mehr für möglich gehaltene Chance individueller Freiheit. Um seinen universitären Wirkungskreis gebracht – »zwischen zwei Vorlesungen entlassen« –, wird ihm und Eva der »Bock«, wie sie ihr altes Auto seiner Tücken wegen nennen, vom Buch mit sieben Siegeln zum echten Begleiter, der immer neue Begegnungen herbeiführt und kleine Reisen ermöglicht. Das ist in dieser Zeit von nicht zu unterschätzender Bedeutung. »Auto, Bücher, Garten und Gartenbau-Ausstellung: das ist alles«, resümiert er in einem Brief am 7. Mai 1936. »Von Freunden ist nichts zu berichten, denn es sind keine mehr da. Die Einsamkeit ist zur hermetischen Isolierung geworden [...].« Die Briefe sind inzwischen wichtigste Verbindung zur Außenwelt.

Immer mehr Verwandte, Freunde und Bekannte leben im Exil – wie Victor Klemperers Neffe Walter Jelski, der Sohn seiner Schwester Marta, emigriert auch das befreundete Ehepaar Julius (Jule) und Elise (Liesel) Sebba 1933 nach Palästina, Neffe Willy Jelski geht wenig später nach Prag. Walter Blumenfeld, wie Victor Klemperer bis 1935 Professor an der TH Dresden, und seine Frau Grete übersiedeln im Jahr seiner Entlassung nach Lima (Peru), Erich Isakowitz, Zahnarzt der Klemperers, geht mit seiner Familie im Frühjahr 1936 nach England. Bruder Georg gelingt zum Jahreswechsel 1935/36 mit seiner Frau Maria die Ausreise zu den drei Söhnen in die USA; ihr Ältester, Otto, lebt da schon seit Jahren in England. Auch die Witwe von

Bruder Felix, Elisabeth (Betty), emigriert im Mai 1936 zu ihrem jüngeren Sohn Wolfgang nach Amerika.

In Deutschland geblieben ist neben Klemperers Schwestern Grete und Marta nur noch Valeska, genannt Wally, seine jüngste Schwester, die in Berlin lebt. Sie stirbt 1936 an Bauchspeicheldrüsenkrebs.

Für Victor und Eva Klemperer bedeutet all das eine zunehmende, immer bedrückendere Isolation. Über die Briefe kennen sie immerhin die Schicksale der anderen, man macht einander Mut, so gut es geht. Über vieles kann man nicht mehr schreiben, immer mehr bleibt im Vagen und wird nur noch angedeutet.

Victor Klemperer an Walter Luthe

Dresden-Dölzschen, Am Kirschberg 19
d. 23. Januar 36

Sehr geehrter Herr Luthe –

nachdem ich heute meine Fahrprüfung bestanden habe, möchte ich Ihnen noch einmal meinen wärmsten Dank aussprechen.

Über die Fünfzig hinaus, wenig geschickt und seit dem Kriegsende nur noch am Schreibtisch und auf dem Katheder tätig, war ich gewiß ein besonders schwieriger Schüler für Sie. Mit einer grenzenlosen Geduld und mit ebensovieler Gewissenhaftigkeit wie wirklicher Lehrbefähigung haben Sie mich erfolgreich auf die Prüfung vorbereitet.

Also nochmals: aufrichtigsten Dank für Ihre große Sorgfalt!

Ihr ganz ergebener
ord. Prof. i. R. Victor Klemperer

Georg Klemperer an Victor Klemperer

386 Warren Street
Needham Mass
2. III. 36.

Lieber Victor! Dein Brief vom 15. II hat mich gestern erreicht u. ich eile Dir von unsern bisherigen Schicksalen zu berichten. Wir waren 4 Wochen in England u. kamen nach sehr stürmischer Überfahrt am 10. I in New York an u. fuhren gleich hierher, wo Fridi mit Frau u. kl. Tochter lebt. N. ist ½ Std von Boston entfernt, wo Fr. an Havard Un. Assistent am phys. chem. Institut ist. Wir dachten einige Wochen bei ihm zu wohnen, bis wir eigene Wohnung fanden, ich wollte die Zeit benutzen, um in Boston mich in bezug auf ärztl. Tätigkeit u. event. Univ. Beziehung umzusehen. Leider hat sich das alles sehr verzögert, weil meine Frau sehr ernst erkrankte, an einem Rezidiv einer älteren Brustfellentzdg; jetzt ist sie außer Gefahr aber noch sehr schonungsbedürftig, so daß wir wohl noch einige Wochen im Haus meines Sohnes bleiben müssen. Um das Pech voll zu machen, ist mein jüngster Sohn in Chicago an einer schweren Grippe erkrankt, die Diagnose war erst unklar, ich bin zu ihm gefahren u. blieb 8 Tage dort, jetzt geht es ihm wieder gut, er verbringt seine Rekonvaleszenz hier in Needham, wo er in einer Pension in unsrer Nähe wohnt. Durch alle Unruhe u. Sorgen sind meine Pläne vertagt u. ich lebe vorläufig von einem Tag zum andern, ohne feste Tätigkeit, nur daß ich mein englisch zu vervollkommnen suche. Dabei geht mirs persönlich gut, ich bin trotz der nahen 71 frisch u. munter u. hoffe immer noch auf eine gute Zukunft. Ich bin trotz allem sehr froh daß ich hier bin, die freie Luft tut mir gut, Menschen u. Dinge sagen mir sehr zu, ich habe die Übersiedlung noch keine Stunde bereut.

Ich möchte wünschen, daß Du doch noch einen Auslandsposten erlangen kannst.

Schreib mir wieder, wie es Dir geht. Ich bin mit Maschinenschrift sehr zufrieden. Meine Söhne schreiben mir alle so.

Beste Grüße von dem hiesigen Familienteil an Dich u. Deine liebe Frau

herzlichst
Georg.

Victor Klemperer an Charlotte und Walter Jelski

Dölzschen, 22. 3. 36.

Liebe Walter und Lilo,

vor ein paar Tagen erst schrieb ich an Eure Mutter bzw. Schwiegermutter nach Berlin, wie sehr mich die Briefschuld Euch gegenüber bedrücke, wie oft wir Eurer gedächten, und welch ein Grauen mich jedesmal packe, wenn ich einen Privatbrief anfertigen solle. Ihr werdet das gewiss ohne längere Erklärung verstehen. Bei einem Privatbrief muss man sich ja auf sich selber und sein gegenwärtiges Leben besinnen. Ich sitze viele Stunden am Tage an meiner Geschichte der französischen Aufklärung, so ganz in das achtzehnte Jahrhundert vertieft, dass ich alles Persönliche und Gegenwärtige vergesse, und das ist eine grosse Wohltat. Meiner Frau wiedrum leistet die Arbeit am Garten und Haus – hierüber sogleich Näheres – ähnliche Dienste. (Es kommt für sie hinzu, dass ihr beim Schreiben leider Gottes das Handgelenk rasch versagt.)

Da aber nun heute ein zweites und nicht sehr erfreutes Schreiben von Euch vorliegt, muss ich doch endlich antworten.

Zuallererst also viele herzliche Wünsche für Lilos endlich, rasch und völlig wiederherzustellende Gesundheit. Wir sähen es gar zu gern, wenn Ihr einmal aus dem offenbar ganz unzuträglichen Klima erlöst werden könntet. Man darf wohl die Hoffnung nicht verlieren. Sodann: alles Gute zum Wohnungswechsel und für den Beruf! Du schreibst von Lilos Aufträgen; da würde uns alles sehr interessieren; wenn Ihr also einmal einen Abzug übrig habt … Sollte ich es doch noch erleben, dass ich mein neues Opus einmal veröffentlichen könnte, dann erhaltet Ihr als Gegengabe ein Exemplar, sofern Euch die alten Knaben Voltaire, Montesquieu, Diderot und Consorten interessieren. (Bis zum ersten Mai wird nun der erste Band, der mich zwei Jahre gekostet hat, völlig und druckfertig beendet;

dann sarge ich ihn, da alle meine Verlagsverträge aufgehört haben zu gelten, im Schreibtisch ein und beginne den zweiten Band: Rousseau und die Revolution.)

Nun eine Neuigkeit, die Euch sicher mehr interessieren wird (mich selber übrigens auch). Weil mich die ständige Schreibtischarbeit auf die Dauer gänzlich mürbe machte – früher hatte ich Vorlesungen zu halten, hatte zu prüfen, hatte in Sitzungen bedeutende Töne zu reden, hatte Bekannte und Kollegen; jetzt ist von alledem buchstäblich nichts mehr da –, weil Eva durch die Behinderung im Gehen so sehr ans Haus gefesselt ist, weil ich einsame Spaziergänge hasse, weil ich die körperlich schwere Gartenarbeit nicht gut vertrage, und weil schon alles ganz egal ist, so ergab ich mich einem in jeder Beziehung ver- und halsbrecherischen Wahnsinn und lernte auf meine alten Tage Autofahren. Gott, habe ich Blut geschwitzt! Mein Doctorexamen ist mir nicht halb so schwer gefallen wie die Fahrprüfung. Postplatz, Altmarkt, Pragerstrasse usw. im starken Verkehr! aber am 23. Januar bekam ich wahrhaftig meinen Führerschein, zusammen mit einem Merk- und Warnblatt über die Gefahren »selbst kleiner Mengen Alkohols« für den Fahrer. Nun begann der finanzielle Teil der moralischen Umnachtung. Wir zogen etwas Geld aus unserer Lebensversicherung, und Eva trat als Baumeisterin in Aktion. Ihr wisst, vor unserm Häuschen ist eine Terrasse im Werden. Nach Evas Plänen und buchstäblich ganz unter ihrer Leitung ist dort eine wunderbare Kellergarage eingebaut worden. 7 zu 3 Metern! Die ist übrigens eine allersicherste Kapitalsanlage. Wenn einer von uns sterben sollte, kann die Witwe die Garage jederzeit vermieten, und der Wert des ganzen Hauses ist beträchtlich gestiegen. Das Dach der Garage dient prunkvoll als Veranda und ist Pergola-umgeben, davor terrassierte Beete. Am Freitag hatten wir »Richtfest«, in vierzehn Tagen wird alles fertig sein, und dann sollt Ihr bald eine Photographie davon haben. Und weiter: nach langem Suchen wurde vor etwa vier Wochen »Es« gekauft. Natürlich alt, weil ich doch ein armes Tier von pensioniertem Professor bin, aber sehr wohl im Stande und wahrhaftig ein Entzücken. Cabriolet, das Segeltuchverdeck ganz zu öffnen, Opel, 32 PS, 6 (sechs!) Cylinder, 1932 erbaut (stattlich, ohne plump zu sein) Viersitzer, braunrot lackiert, braunrotes echtes Leder!!! Halb Box-, halb Windhund. Box wegen der gedrungenen Kraft, Wind wegen der Fixigkeit – es kann bis hundert (zu gesund!), aber ich (französisch: moi, nicht je) kann vorerst höchstens bis fünfzig – und Hund im allgemeinen, weil es vorderhand noch indecente Neigungen für Bäume, Laternenpfähle, Zäune usw. bekundet. Im Ernst: ich muss noch sehr vorsichtig sein, und die Geschichte wird mir noch ziemlich schwer. Ihr müsst bedenken: am 23. Januar hatte ich ausgelernt, auf einer lammfrommen alten Ziege, einem bejahrten Chevrolet; dann nach dem Kauf des Wagens dauerte es noch mehrere Wochen ehe die polizeiliche Ummeldung in Ordnung war – (er hat seine ersten 30 000 km. im Brandenburgischen verlebt und musste hierher umgeschrieben werden). So übe ich auf »meinem« Wagen erst seit vier Tagen. Noch habe ich einen sicheren Mechaniker und Fahrer neben mir (derselbe, der den Kauf gemanaged hat), der mich einfährt und im Notfall eingreifen kann. Eva fährt todesgetreu mit – wo du hinfährst, da will ich auch hinfahren! Wir haben uns schon ein paarmal ganz ernstlich hinausgewagt. Ihr wisst ja wohl beide, dass es hier an Gebirgsreizen und -schwierigkeiten nicht fehlt. Übrigens fallen mir Bergauf- und -ab-Kurven gar nicht sehr schwer; der Stadtverkehr stellt grössere Ansprüche an die Nerven. Ich halte mich ganz gut und denke mich in der nächsten Woche wohl schon auf die eigenen Füsse stellen zu können. (Genauer müsste es hier wohl heissen: mich auf die eigenen Räder zu setzen.) Eine wirklich unangenehme Situation hat es nur erst einmal gegeben: wir kamen von einer zweistündigen schwierigen Fahrt zurück, mit einemmale sagt der Mechaniker zu mir, zwei Minuten vor Schluss: Herr Professor, das hätte bestimmt Tote gegeben! Ich war so müde, das ich gar nichts fragte. Erst zuhause fiel mir die Rede des Mannes wieder ein, und ich fragte Eva, was er gewollt habe. Sie erzählte mir, dass ich weit nach links biegend fast in ein entgegenkommendes Auto hineinfuhr, dass der Mechaniker im letzten Augenblick in das Steuer griff, und dass wir so auf »Tuchfühlung« vorbeikamen. Von alledem weiss ich buchstäblich nichts, weder von dem anderen Wagen, noch von dem Moment der Gefahr, noch von dem Eingreifen des Mechanikers. Ich muss wahrhaftig auf ein paar Sekunden der Überanstrengung eingeschlafen sein. – Seitdem fahren wir vorläufig nicht länger als eine Stunde ohne Pause. Aber es fällt mir jetzt jeden Tag leichter. Heute Vormittag bin ich geradezu tadellos nach Tharandt und darüber hinaus gefahren.

Dies also ist unsere grosse Neuigkeit. Und nun musst Du, l. W., einmal erzählen wie es Dir beim Lernen und Fahren ergangen ist. Du wirst es leichter gehabt haben als ich, denn 1) bist Du überhaupt geschickter (weisst Du noch, wie Du mir das Rasieren beibrachtest?), und 2) warst Du nicht vierundfünfzig Jahre alt, als Du lerntest.

Nun also noch einmal Euch beiden alles Gute!
Herzlichst Euer
Victor Kl., Professor in Ruhe und Chauffeur in Unruhe,
wenigstens vorläufig.

Victor Klemperer an Auguste Wieghardt

Dölzschen, 5. April 36
Liebe Gusti –
gestern bin ich mit dem Abtippen und Durchfeilen meines ersten Bandes Dixhuitième (»Der Voltaire-Aspekt«) fertig ge-

worden; es fehlen ihm nur noch ein paar Seiten Anmerkungen und das Durchlesen: etwa vier Wochen. Dann, nach drei Jahren Arbeits- und zwei Jahren reiner Schreibzeit ist er geschafft und muss im Schreibtisch warten, und dann will ich mich ans Rousseaustudium begeben. Vor diesen letzten vier Wochen aber – expendit mihi apud collem – sind ein paar Tage für aufgehäufte Briefschulden angesetzt; sie müssen mit der Maschine erledigt werden, da meine Hand durch die Autofahrerei zur Zeit kaum imstande ist, die Feder zu führen. Und Dir ist als Gegenleistung Deiner Kinonachrichten eben unsere bisher einigermaßen »durchwachsene« Auto-Epopoe zugedacht.

In meiner Kinderzeit kamen in Berlin die Taxameterdroschken auf, und man sang ein Couplet – ich möchte gerne wissen, wann das deutsche Wort »Schlager« aufkam –: »Manchmal geht er, / Und manchmal steht er.« Daran denke ich jetzt alle Tage, und wahrhaftig, ich träume auch davon. Und Eva auch. Mal ist es der Filter am Vergaser und mal der Anlasser und mal die Batterie, und mal ist er zu kalt und mal zu warm, und mal kostet es fünf Mark und mal bloss zwei, und mal geht er einen halben Tag nicht und mal einen ganzen nicht, aber manchmal läuft er ganz hübsch.

Es ist ein Opel Sechscylinder-Cabriolet, bildhübsch und (wenn er geht, wenn …) viel zu flink und schade für mich Anfänger. Am 2. März haben wir den Bock für 850 Mark gekauft, sehr preiswert, freilich mit 20 M. Steuer im Monat belastet. Es dauerte fast drei Wochen, bis die Papiere in Ordnung waren. Dann kam eine hübsche Flitterwoche. D. h., ich hatte den Mechaniker bei mir, der mich einfuhr und überwachte. Das gab ein gutes Gefühl der Sicherheit. Die erste etwas längere Fahrt ging nach Niederwartha; ich hielt mich ganz brav und nicht allzunervös. Aber es ermüdete mich noch sehr. Ganz am Schluss – unten an der Habsburgerstrasse – höre ich den Mann neben mir sehr ernsthaft sagen: »Das hätte bestimmt Tote gegeben!« Ich döse nach Haus und frage hinterher Eva, was eigentlich los war. Sie erzählt mir, ich hätte ein entgegenkommendes Auto gestreift, der Mechaniker habe in mein Lenkrad gegriffen und es herumgerissen. Von alledem habe ich absolut nichts gemerkt: ich war buchstäblich für einen Moment eingeschlafen. Das nächste Mal fuhren wir nach Edle Krone; es ging schon recht gut. Im Lokal dort liess ich meinen Hut liegen; ein schöner Anlass, Tags darauf, die gleiche Strecke am Abend zu fahren. Meine erste Nachtfahrt, mit vielen fallenden Kurven. Wieder ganz schön. Aber dann, vorige Woche, fuhr ich zuerst ganz allein mit Eva. Das geht mir doch jedes Mal noch schwer über die Nerven. Wir fuhren in die Stadt, parkten in der Waisenhausstrasse, machten unsere Einkäufe und fuhren stolzgebläht zurück. Wo es am Plauenschen Bahnhof bergab in ziemlich scharfer Kurve zur Weisseritzbrücke geht, nahm ich ein ganz kleines Stückchen Bordschwelle mit. Ein alter Herr vor mir erschrak und beschimpfte mich mit Gebrüll; das hatte offenbar eine Dame gegenüber beobachtet, die sich an den Schutzmann jenseits der Brücke wandte, der mich anhielt: »Wieso sind Sie auf den Bürgersteig gefahren? Die Dame sagt, Sie seien betrunken.« Ich lächelte wohl ziemlich blass, zeigte meinen ganz neuen Führerschein und sagte, dass es meine erste alleinige Fahrt sei und mir noch ziemlich schwer falle. Der Schutzmann feixte wohlwollend mitleidig und riet zu Übungen »weiter draussen«. Schlimmer als das waren verschiedene Kämpfe mit der wirklich nicht einfachen Ein- und Ausfahrt bei uns. Gott, ist ein Thor schmal und ein Wagen breit! Und das Schauerlichste ist, rückwärts im Gefälle um eine Ecke zu kommen. Damit aber habe ich es hier andauernd zu tun. Wenn es das zu Dantes Zeit schon gegeben hätte, müssten die Mörder im Inferno ununterbrochen durch den gewundenen Hohlweg in meine Garage rückwärts einfahren, und bei jedem Anrammeln stäche sie eine Giftschlange in den Bauch. So ungefähr empfinde ich bisher bei dieser Aktion. Und wenn es noch immer Aktion wäre. Aber immer wieder springt der Bock nicht an. Wir waren letzte Woche zu den anständigen Köhlers eingeladen. Ich habe die Karre glücklich aus dem Stall in den Garten gebracht. Schluss. Um acht liessen wir eine Autodroschke heraufkommen und am nächsten Tag den Mechaniker. Vorgestern fahre ich Vormittags allein zu Besorgungen in die Stadt, es geht sehr schön. Um halb drei zurück, lasse ich den Wagen draussen stehn; um vier will ich mit Eva zum erstenmal auf längere Fahrt ins Freie. *Ich* will, aber *er* will nicht. Schliesslich stemmten sich ein Dutzend Dölzschener Kinder hinten gegen den Wagen und schoben ihn bis zur Residenzstrasse mit ihrem starken Gefälle; der Bock trudelte herunter, und unterwegs kam der Motor in Gang. Nun fuhren wir langsam aber selig bis Dippoldiswalde, dann gleich zurück, hielten an einem Waldstück und ergingen uns dort ganz selig. Wir wollten vor Abend wieder zurück sein. Ein paar hundert Meter hinter Possendorf – nomen est omen! – schaukelt die Karre so komisch. Wir sehen nach: die Luft vom Hinterrad weg. Ein Rad auszuwechseln hatte ich »noch nicht gehabt«; ich musste mir also jemanden aus Possendorf holen. Darüber wurde es Abend. Die vielen Kurven, der starke Verkehr, die blendenden Lampen, besonders der grossen Autobusse. Mal Dirsch aus, wie Du zu sagen pflegst. Ich bin gut durchgekommen, aber im Schritt, und wir waren beide – denn Eva passt natürlich mit auf – hinterher vollkommen abgekämpft. Den bösesten Choc aber hatte ich vor ein paar Tagen, als mir auf unserer famosen Residenzstrasse die Fussbremse streikte. Ich konnte das Luder mit der Handbremse zum Stehen bringen und musste wieder Hilfe aus der nächsten Werkstatt holen. Drei Mark fünfundsiebzig bitte, den Herzchoc mit einbegriffen. Heute aber am Sonntag ist der Bock vielleicht gar nicht so dumm.

Die Annelies Lehmann wird in der Kirche bei Deiner einstigen Wohnung am Stephanienplatz confirmiert. Wir hatten versprechen müssen, sie von ihrer Wohnung abzuholen, dort hinzufahren, der ganzen Ceremonie beizuwohnen, und sie dann nach Haus zu fahren. Es war uns ziemlich mies davor. Dem Wagen offenbar auch. Nichts, wirklich gar nichts hat geholfen. Er steht mit eiserner Festigkeit in der Garage.

So also steht (Wahrhaftig: »steht«) es bisher um unser Autofahren. Alle Welt tröstet, dies seien übliche Kinderkrankheiten und würden in ein paar Monaten von Wagen und Fahrer überwunden sein. Man muss es wohl hoffen. Freilich ist wohl trotz vorgeschrittener Hygiene die Sterblichkeit im Säuglingsalter immer noch sehr gross.

Sonst ist von uns nichts zu berichten. Ich weiss nicht, ob ich für Dein letztes Schreiben und für die schönen Marken gedankt habe. Wenn nicht, so hiermit aufs beste. Wo nehmt Ihr die schönen höchst willkommenen Richelieumarken der Ac. frc. her?

Dir und allen Deinen in Kopenhagen und Goettingen allerherzlichste Grüsse. Wie schön wäre es, wenn Du erst wieder hier wärest. Du musst fleissig mit uns fahren.

Getreulich, Deine
EVKl

Zu Kowalewskis sechzigstem Geburtstag stand ein schöner Glückwunschartikel in den Dresdener N. N. Als Schüler des nordischen Mathematikers Sophus Lie befreie er die Mathematik von dem zersetzenden jüdischen Geist. Ich bewahre den Artikel für Karl auf, der ja an Kowa hängt und sein Werk einmal würdig fortsetzen wird.

Victor Klemperer an Albert Hirsch

> Dresden A 27 – Dölzschen, Am Kirschberg 19
>
> 5. April 36

Lieber Freund –

es ist mir, als sei ich Ihnen noch Dank für Ihren letzten Brief schuldig, und nun schicken Sie so freundliche Osterwünsche! Seien Sie meiner herzlichen Dankbarkeit gewiss, und nehmen auch Sie unsere besten Wünsche für sich und die Ihrigen freundlich an. (Die schönen mir ganz neuen Daimlermarken sind sicher eine Aufmerksamkeit Rudis. Vielleicht sind ihm seinerseits die inliegenden zwei Dänen neu: das glückliche Ländchen frankiert mit Andersens Märchen – dem hässlichen Entlein und dem Meerfräulein.)

Dass ich so selten schreibe, hat seinen Grund in meiner tiefen Abneigung gegen Briefe, die mich zwingen, über Persönliches nachzudenken. Seit ich pensioniert bin, leben wir wie eingegraben, ganz abgeschnitten von Zeit und Menschen. Unsere Freunde, auch meine Verwandten, sind fast vollzählig im Ausland. Selbst mein ältester Bruder, jetzt schon über siebzig, ist nach Boston übergesiedelt. Für mich, den Romanisten und Literarhistoriker, ist kaum eine Möglichkeit, draussen unterzukommen: einen kleinen Posten gibt man mir nicht – ich bin 54 Jahre alt und in meinem Fach ziemlich angesehen –, und ein grosser Posten ist nicht zu haben, da man Romanisten im allgemeinen aus der Romania bezieht. Übrigens können wir mit unserer Pension einigermassen auskommen; was auf uns drückt, ist mehr seelischer Natur. Ich arbeite geradezu verbissen; an einen Auslandverleger heranzutreten, habe ich mich noch nicht entschliessen können.

Im Dezember wurde im Manuscript der erste Teil meines achtzehnten Jahrhunderts fertig. Er ist ziemlich kühn disponiert, der richtigste Titel für ihn wäre: der Voltaire-Aspekt der

Epoche. Im zweiten Teil werde ich dann die Zeit noch einmal sub specie Rousseaus darstellen und dann in der Revolution die Fäden zusammenknüpfen. Seit Weihnachten habe ich das Ms. in die Maschine getippt und dabei durchgefeilt; jetzt fehlen nur noch ein paar Seiten Anmerkungen, und dann muss das Ganze durchgelesen werden. Bis Anfang Mai hoffe ich endgiltig abzuschliessen und freue mich nun schon auf das Rousseaustudium. Dieser Band hat mich an reiner Schreibzeit fast zwei, mit den Vorarbeiten drei Jahre gekostet. Aber ich glaube, er ist gut geworden, besonders vielleicht das lange Diderotcapitel und die Studie über den Aesthetiker und Historiker Du Bos, den Sie von Lessing her kennen werden. Der Voltaire-Abschnitt ist beinahe ein Bändchen für sich. Gar zu gern würde ich noch den Druck erleben, in meinem Vaterland und in meiner Muttersprache.

Diese völlige Concentration auf Studium und Producieren, ohne alle Praxis des Unterrichtens oder irgend einer Berufstätigkeit ist zermürbend. Meine Frau hat die Ablenkung der intensiven Gartentätigkeit, sogar die meiste Winterzeit über – ich nicht. Dafür ist meine Frau sehr am Gehen ausserhalb des Hauses gehindert, und ich wiederum gehe überaus ungern ohne sie spazieren. Da habe ich jetzt ein für meine Jahre und meine Anlage geradezu heroisches Gegenmittel angewandt: ich habe blutschwitzend Autofahren gelernt, im Januar wahrhaftig meine Fahrprüfung bestanden, und seit 14 Tagen bin ich nun dabei, ohne Lehrer ein wildes Tier von einem Opel durch die gefahrenvolle Welt zu steuern. Noch bin ich recht ängstlich, und die Anstrengung überwiegt noch bei weitem das Vergnügen; aber das Schlimmste liegt hinter mir, in ein paar Monaten werde ich anständig fahren können, und dann haben wir ein Stück Freiheit mehr. Wenn wir uns erst auf weitere Fahrt getrauen, kommen wir auch einmal nach Frankfurt. Im Lauf des Sommers wird meine Frau auch fahren lernen, und ihr wird es gewiss leichter fallen als mir; nur kann sie mit ihrem kaputten Handgelenk, das sie ja auch am Musizieren hindert, auf unglatter Strasse das Steuer nicht lange handhaben. In den letzten Monaten war sie ganz und mehr als genug ausgefüllt durch den Bau der Garage, der ganz unter ihrer Regie vonstatten ging und viel Überlegung kostete: es ist eine eingekellerte Halle, Veranda und Pergola darüber, vor der Front unseres kleinen Hauses. Sie können sich denken, wie lange wir mit diesem ganzen Unternehmen gezaudert haben, das einigermassen den Rest unserer Ersparnisse festlegte. Aber schliesslich sagten wir uns, dass dadurch das Haus bedeutend an Wert gewönne; und müssen wir es einmal hergeben, so repraesentiert es eben einen grösseren Wert. Aber wenn es nicht absolut sein muss, wollen wir uns von unserer kleinen Burg nicht trennen. –

Soviel von uns. Ihre Nachrichten haben mich alle sehr interessiert, um ihre berufliche Tätigkeit habe ich Sie beneidet. Ich unterrichte so gern, und Kolleg oder Vortrag halten war mir immer ein Glücksgefühl.

Sagen Sie: warum schreiben Sie von Stefl: der »ehemalige« Bibliothekar? Vor ein paar Jahren hat er mir das letzte Mal geschrieben und ein Bild von seiner Frau geschickt. Ist er entlassen, und weshalb? Und was ist mit Johanna Krüger? Wie lebt sie und wovon? Sie muss doch dicht an den Sechzig sein. Wissen Sie, was Hatzfeld macht? Er musste als Halb- oder Vierteljude gehen, ich habe lange nicht mehr von ihm gehört. – Wer ist Leopold Weber? Ich verbinde im Augenblick keine Vorstellung mit diesem Namen. Endlich: haben Sie irgendwann etwas von Seebass gehört? Es wäre immerhin nicht unmöglich, dass er jetzt Carriere gemacht hätte. Aus München höre ich alle Jubeljahre etwas von Vossler; er ist mir so befreundet wie je – aber seine Seele ist ganz und gar den Spaniern der Klassik verfallen. Da kann ich nicht mit. Voltaire, Diderot, Montesquieu und noch ein paar von dieser Sorte: das ist meine immer grössere Liebe – Rousseau aber ganz und gar nicht. Doch nun ist es ernstlich Zeit aufzuhören, sonst käme ich auf Themen, die sich nicht zur Correspondenz eignen.

Also viele herzliche Grüsse Ihnen und den Ihrigen von meiner Frau und mir.

Getreulich, Ihr

Victor Klemperer an Karl Wieghardt

Dölzschen, Ostermontag 13. 4. 36.

Lieber Karl,

Herzl. Dank für den ausführlichen Brief zuvor. Aber in zwei Punkten war er eine gewisse Enttäuschung. Einmal, weil er recht deprimiert klingt. Übrigens hatte inzwischen auch Mama Gusti schon geschrieben, dass Du an seelischer Verkaterung littest. Hierzu möchte ich allen Ernstes bemerken, dass dies eigentlich ein sehr unvernünftiger Zustand für Dich ist. Junge, Du bist zwanzig Jahre alt! Du hast knapp gerechnet noch sechzig Jahre vor Dir! Male Dir doch täglich und stündlich aus, was noch alles vor Dir liegt, was Du noch alles anstellen, was Du noch alles erleben und überleben kannst! – Sodann: statt des Briefes hatten wir eigentlich Dich selber erwartet (eine Bemerkung Deines Grusses aus Kopenhagen hatte so geklungen), mit Deinem photographischen Apparat und Deinen technischen und automobilistischen Kenntnissen, mit Deinen Auslandeindrücken und dem Elan Deiner goldlockigen Jugend. Nun, vielleicht Pfingsten??

Hier freilich hätte Dich im Punkte des Autos eine Enttäuschung erwartet. Wir haben bisher mit dem Wagen schweres Pech und noch kein bisschen reines Vergnügen gehabt. Es liegt nicht an meiner Fahrkunst. Natürlich ist es mit der noch nicht weit her, ich muss noch sehr langsam fahren, Thorweg und

Rückwärts bedeuten noch qualvolle Probleme, und manchmal bin ich recht ängstlich, aber im ganzen stelle ich mich gar nicht so ungeschickt an, wie ich befürchtet hatte und manövriere auf Stadtwegen schon ganz nett, selbst bei schwierigen Passagen und ernstlichem Verkehr. Aber der Wagen selber macht uns verzweifelt viel zu schaffen. Er ist bildhübsch und hat nach dem Consensus omnium eine ausgezeichnete Maschine. Aber es hat sich nach einer ersten tadellosen Flitterwoche herausgestellt, dass irgendetwas, sei es an der Benzinzufuhr oder an der Benzinpumpe oder am Vergaser oder am Verteiler oder an alledem nicht stimmt, und zwar auf die allertückischste Weise nicht stimmt. Immer wieder springt er nicht an. Nach fürchterlichen Qualen mit Handkurbel und Benzinspritze in die Zündkerzen oder mit Herausschieben und Bergablaufenlassen geht er dann eine Stunde durchaus gut, um danach an den ungeeignetsten Orten festzuliegen. Dann wird ein Mechaniker geholt, der die Karre nach stundenlangen Bemühungen in die nächste Werkstätte bringt; dort wird alles untersucht, überholt, gereinigt – und es war nichts, wahrscheinlich eine verstopfte Düse, jetzt ist bestimmt alles in Ordnung, Sie können sich darauf verlassen! – und am nächsten Tag beginnt dieselbe Not von neuem. Das beste ist schon, wenn der Streik gleich hier beginnt, und nicht erst unterwegs. Die fürchterlichste Situation hatten wir vorige Woche hoch oben in Nausslitz, aber doch nicht ganz auf der Höhe. Ich glaubte, der Tank sei leer und suchte durch das ganze Dorf vergeblich nach Benzin. Dann schoben uns ein alter Mann und sein Sohn auf die Höhe, dann liess ich den Wagen wohl einen Kilometer lang durch die belebte Saalhauser Strasse nur mit der Fussbremse arbeitend nach Löbtau herunterrollen, dann tankten wir 12 Liter, dann ging der Wagen auch nicht, dann arbeitete auf offener Strasse ein Mechaniker von 5–7 daran, dann ging der Wagen auch nicht, dann wurde er in eine nahe

Werkstatt geschleppt, dann wurde er um 10 Uhr Abends mit eigener Kraft und »ganz in Ordnung« nach Hause gebracht, dann ging er am nächsten Morgen aus der Garage, und dann blieb er wieder stehen, usw. usw. bis zur völligen Verzweiflung. Immer neue Versuche, neue Ausgaben, immer eine Stunde in Ordnung, ausgezeichnet laufend – wenn er läuft, und immer wieder versagend. Als meine erstaunlichste Leistung betrachte ich es, dass es mir auf dem Bismarckplatz gelang, zwei Zündkerzen abzuschrauben, Benzinspritze zu verabreichen und wieder – das letzte Mal! – in Gang zu kommen. Am Ostersonntag wollten wir Isakowitz' zu einer Fahrt abholen, der Wagen war Tags zuvor noch einmal ganz durchgesehen, die Benzinleitung mit 5 Atmosphären durchgepustet worden – ich arbeitete mit der Kurbel bis zum Verrecken – alles umsonst. Am Nachmittag kam dann die Familie I., alles alt erfahrene Automobilisten, zum Kaffee zu uns. Viribus unitis wurde der Wagen herausgeschoben, wieder liessen wir ihn bergab rollen, und nun brachten wir die Maschine einmal ums Carré. Abends nahm sie I. auf gleiche Weise mit herunter, und heute kommt sie als Opelwagen in die eigentliche Opelwerkstatt. Wenn auch dort nichts zu ergründen ist, sind wir wirklich sehr übel daran; denn zu noch einem Wagen vermag ich jetzt wirklich kein Geld mehr zusammenzukratzen. Zumal uns auch die (übrigens wunderschön gewordene) Garage, genauer: die damit und mit der Weganlage verknüpfte Erdbewegung, als Ausschachten mit der Spitzhacke und »Dreck-Abfahren«, wie der Fachausdruck lautet, weit über die Vorberechnung hinaus belastet hat. Wir wollen aber noch nicht verzweifeln; denn die eigentliche Maschine unseres Wagens – wir nennen ihn den »Bock«, es dürfte Deiner Klassischen Bildung auch bekannt sein, dass »Tragoedie« wörtlich »Bocksgesang« bedeutet, den kultischen Gesang nämlich, den man bei Opferung des Bockes (Tragos) zu Ehren des Bacchus anstimmte –, die Maschine also ist gut, und Fahren, selbst unter hanebüchenen Umständen (bei versagender Fussbremse!! bei rauchender Handbremse!!! bei übermässigem toten Gang!!!!), das habe ich alles mit blutigem Schweiss gelernt.

Soviel vom Wagen, der zusammen mit der Arbeit an der erst im Rohbau fertigen Garage natürlich einen ungeheuren Teil unseres Tages, unserer Lebenskraft (buchstäblich) auffrisst. Ideenassociation Fressen – Trinken: es ist ein bisher unergründetes Rätsel, wieso der Bock so unsagbare Quanten Benzin säuft; selbst wenn man gar nicht fährt, sind 15 Liter spurlos verschwunden wie drei Tropfen Wasser in trockenem Sand. Wer diesem Nieren- und Blasenleiden auf die Spur käme!

Im übrigen also arbeite ich noch immer am ersten Band meines achtzehnten Jahrhunderts. Er ist jetzt fertig, auch schon ganz in die Maschine geschrieben, aber beim Durchlesen feile ich immer wieder daran herum, es ist schon beinahe eine ebensogrosse Qual wie das Kurbeln am »Bock«. Doch hoffe ich, diese Arbeit anfang Mai wirklich ganz und bis zum allerletzten Strich fertig zu haben. Dann geht es an die Vorbereitung des zweiten Bandes, ans Rousseaustudium.

Unsere gemeinsamen Bekannten Isakowitz, die sich immer liebevoll nach Mama Gusti und Dir erkundigen, gehen nun endgiltig im Mai nach London. Es ist ein wirklicher Verlust für uns; wir vereinsamen immer mehr. Es wäre schön, wenn Mama Gusti einmal wieder nach Dresden käme; doch scheint nicht daran zu denken zu sein. Nächsten Freitag müssen wir noch einmal bei I.s »das Hütchen aufsetzen«. Höchst ungern, aber da es das letzte Mal ist, wollten wir nicht nein sagen. Ich werde bei der Ceremonie an Dich denken.

Wenn ich nun noch den neulich avisierten Artikel über Kowalewski beilege (Rector magnipfifficus: Er ist ein Schüler Sophus Lie's / Und stammt aus hohem Norden; / Ihm ist in mathematicis / Und sonst auch vor den Juden mies, / Seitdem er Rector worden.) – so ist alles getreulich berichtet.

Lass wieder von Dir hören, noch besser: lass Dich sehen!

Herzlich
Deine
EVKl.

Victor Klemperer an Auguste Wieghardt

Dölzschen, 7. 5. 36

L. Gusti –

Du bist in letzter Zeit etwas schweigsam, und so wiederhole ich ordnungshalber: ich sandte in Deinem Auftrag (Postscheck) 20 M. nach Thüringen; ich sandte Dir ein paar Prospekte von der Elbstrecke, eine Postkarte und 10 M. für Lüttis Puppe im encyklopaedischen Stil. Wir nahmen Deine Schwester auf der Durchreise auf dem Bahnhof in Empfang, und es wurde verabredet, dass sie auf der Rückfahrt bei uns übernachten wird. Wir hatten heute den Besuch Agnes Dembers, die sehr gut aussieht und einen Hauch der Weite und Freiheit mit sich führte. (Als wenn man Muschelchen an Oelsardinen riechen liesse, ohne dass er auch nur einmal daran lecken dürfte.)

Agnes D. bringt mich darauf, Dir einen zweiten Gesang meiner Autodyssee zu versetzen. Ich fuhr um elf zur Landesbibliothek, geriet an der eh schon schwierigen Schlosskirche in den Trubel einer Feuerwehrübung zu Ehren des Athener Bürgermeisters, nomen est omen: Kotzias, hielt mich glänzend, wie ich denn Cityfahrten überhaupt tadellos bringe, war um elf bei Kussys und holte Agnes D. zu uns, fuhr sie nachher zu einigen Besorgungen und wollte sie nach Haus, d.h. wieder nach der Hähnelstr. bringen; da machte ein Schlauch vom Hinterrad schlapp, Frau D. musste in die Trambahn umsteigen, und ich musste einen Lastchauffeur anhalten, der mir das Rad auswechselte. (Theoretisch kann ich das auch schon, aber zur ersten praktischen Übung war die Münchener Strasse ungeeignet und die Zeit knapp.) Dies ist nun symbolisch für den Stand unserer Fahrangelegenheit: wenn alles am Wagen in Ordnung ist, macht die Sache einen täglich grösseren Spass; aber es ist nur selten alles in Ordnung, und die irdische Ungewissheit aller Dinge wird einem ständig ad oculos demonstriert. Den bösesten Streich spielte uns dieser Tage die Benzinpumpe; sie hatte ein paarmal schrecklich gestreikt; der Wagen stand hilflos in der Hermann Göringstrasse, Abends brachte ihn dort ein Mechaniker »wirklich« in Ordnung, wir fuhren gleich bis Freital, waren entzückt, wollten uns die neue Beleuchtung der Prager Strasse ansehen und blieben am Plauenschen Bahnhof unmittelbar vor der Elekrischen wie verreckt liegen. Wir rollten seitwärts an den Rand der dort sehr schmalen Strasse, Eva gab allen Vorbeifahrenden Zeichen und Direktiven wie ein Verkehrsschutzmann, und ich telephonierte den Opelabschleppdienst heran; was auch nur mit fremder Hilfe gelang, weil ich keine Brille bei mir hatte. Seit nun die Pumpe in Ordnung ist (bis auf weiteres), haben wir ein paar sehr hübsche Tage gehabt. Gestern Nachmittag fuhren wir nach Nossen, ein kleines Nest, sehr malerisch im Mittelgebirge gelegen, ein burgartiges Schloss über dem Markt, natürlich mit Amtsgericht und Gefängnis darin, Baumblüte und Laubwald – wer sieht sich Nossen an, wenn er nicht im Auto hinfährt? Fünfmal sind wir schon in der Gartenausstellung gewesen – wir haben Dauerkarten, fahren auf eine halbe Stunde hinüber, so kann Eva da ihre Studien machen. Und in die Landesbibliothek ist es ein Katzensprung. Kurzum: wenn der Wagen nicht bockt ist er ein sehr grosser Genuss. Wenn … Und wenn ich es finanziell durchhalte; vorderhand frisst der Bock ein Drittel meines Einkommens. Wenn Du erst wieder hier

bist, musst Du viele Fahrten mit uns machen. Aber von War-
nemünde werden wir Dich dieses Jahr noch nicht abholen; für
so lange Fahrten fahre ich noch zu langsam, und grössere
Schnelligkeit ist nur durch längeres Training allmählich zu erreichen.

Bloss aus Auto besteht übrigens unser Leben doch nicht.
Eva hat sehr viel Arbeit durch Garten-, Weg-, Veranda- und
Garagenbau: es sieht in und ausser dem Hause chaotisch bei
uns aus, aber das Chaos beginnt sich zu gestalten. Ich selber
habe am 2. Mai endlich den wirklich allerletzten Strich und
Tipp am ersten Band meines achtzehnten Jahrhunderts (»Das
Jahrhundert Voltaires«) getan und das Ms. verschnürt und
weggelegt. Vielleicht gebe ich Deiner Schwester das Durch-
schlagexemplar mit. Nun also zum zweiten Band, dem »Jahrhundert Rousseaus«, was wohl auch zwei Jahre in Anspruch
nehmen wird. Eben brüte ich über dem Contrat social; er
scheint mir gar kein gutes Buch: doppeldeutig, sophistisch,
rhetorisch, wirr.

Unter den Büchern, die ich abends vorlese, ist uns als überaus fesselnd, durchweg gut, stellenweise bedeutend (dies alles
gilt vom Inhalt, denn deutsch kann der Mann nicht, es ist als
übersetze er sich alles erst aus dem Ungarischen oder dem Jar-
gon) der Roman: »Bondy junior« von Hatvany aufgefallen.
Wer ist der Mann, was hat er noch geschrieben, was ist über
ihn in Erfahrung zu bringen??? Natscheff bleibt auf all diese
Fragen die Antwort schuldig.

Auto, Bücher, Garten und Gartenbau-Ausstellung: das ist
alles. Von Freunden ist nichts zu berichten, denn es sind keine
mehr da. Die Einsamkeit ist zur hermetischen Isolierung geworden, seit ein Verkehrsverbot für die Beamtenschaft besteht.

Aber die Nachbarn sind freundlich, und das Auto wirkt ge-
meinschaftsfördernd. Während ich sonst schon allen Fahr-
schwierigkeiten der Strasse gewachsen bin (in der engsten City

sogar sicherer fahre als auf den Landstrassen mit ihren seitlichen Neigungen und den in jagendem Tempo entgegenkommenden und überholenden Wagen), kämpfe ich noch täglich einen Verzweiflungskampf mit meiner wirklich recht schweren Ein- und Ausfahrt: zwei Thore, zwei scharfe Biegungen, ein tief eingeschnittener steiniger und – vorläufig – unebener cañón. Immer wieder wird ein Thor geschrammt, ein Zaunpfahl geknickt, ein Kotflügel verbeult, eine Stossstange verbogen. Immer wieder setze ich an, die Curve vor dem Garagenthor zu passieren; fahre buchstäblich die seitliche Felswand hoch, hänge fest, muss zurück etc., etc. Gestern wie ich zur Demberin will, scheitert ein Versuch nach dem andern. Zu Jungs geht gerade der Milchmann, bei dem wir nichts kaufen, und grüsst herüber. Ich hole Eva verzweifelt aus dem Bett, sie müsse mit Dirigieren helfen; wie wir herauskommen, steht der kleine Kolonialhändler aus der H. Göringstr. draussen: der Milchmann habe ihm gesagt, der Herr Professor bekomme den Wagen nicht heraus, er selber, Lactantius, könne nicht fahren, aber Berger sei doch während des Krieges Kraftfahrer in Macedonien gewesen. Also hatte Berger die Ordensschnalle angesteckt und war zu uns gegangen und brachte natürlich den Wagen im Nu heraus.

Sehr komisch ist das Autoverhältnis zum Lehrer Forbrig gegenüber. Der Mann, annähernd in meinem Alter, halbwüchsige Kinder, sehr kleine Pension, hilft sich als Papierreisender durch, hat zu diesem Zweck etwa ein Jahr vor mir Fahren gelernt, hält sich für eine Capacität hierin, hat aber de facto fraglos geringere Fahrbegabung als ich. Seinen ersten Wagen hat er an einem Baum in Bautzen zertrümmert, sein zweiter ist ein Zwilling unseres Opelbocks. Jeden Morgen hören wir ihn »würgen«; dann heisst es bei uns halb schadenfroh, halb ahnungsschwer: »Forbrig bringt es auch wieder nicht.« Aber Forbrig hat einen sechzehnjährigen Sohn Frank, und Frank bringt

es. Frank hat uns schon manchmal geholfen (immer in H.J.-
Uniform, und immer rührend hilfsbereit); aber manchmal erscheint auch der Papa, und gibt »Ratschläge«. Und dann ist
noch der Kaufmann Majores da, dessen Gartenthor auch
schon Narben trägt, und Jung, der gehobene Monteur der
Drewag, ein Kunstfahrer, der seinen Wagen sozusagen rückwärts aus der tiefen Kellergarage auf die Strasse spuckt –
spuckte er vorbei, so müsste er vis-a-vis in einer Stube des ersten Stocks aufklatschen, aber spuckt immer zielsicher. Auch
der hat schon geholfen. Usw. usw.

Eine letzte Bemerkung: es wäre über die Gesellschaftsschicht
der Autoleute zu schreiben. Es ist das Fahrzeug der Kleinbür-
ger geworden. Der Arbeiter fährt Motorrad, der Arbeitslose
Rad ohne Motor, der Kapitalist hat großfressigen Zwölfcylin-
der und Chauffeur dazu. –

Sei vielmals herzlichst gegrüßt. Getr. Deine EVKl.

Georg Klemperer an Victor Klemperer

14 Greylock Road
Newtonville Mass.
May 15. '36.

Lieber Victor!

Ich danke Dir herzlich für Deinen Glückwunsch zu meinem Geburtstag. Da es der 71. ist, muß er schon als Zugabe
betrachtet werden u. es ist sehr zweifelhaft, wie oft er sich
ev. noch wiederholen wird. Indessen mache ich keine Ansprüche, ich bin mit dem bisherigen Verlauf zufrieden u. sehe
dem Abschluß mit jener aequanimitas entgegen, von der ich
jüngst las, daß »the best of men and wisest of rulers, Antonius
Pius« sie sterbend als die Philosophie seines Lebens erklärt
hat. Im übrigen habe ich keinen Anlaß zur Klage. Wir leben

hier in einem bescheidenen kleinen Häuschen mit Fridi zusammen, da meine Frau doch ziemlich leidend ist u. nicht selbst Haushalt führen kann. Fridi ist in Boston am physiol. chem. Inst. von Harvard med. School angestellt. Newtonville ist ein ländlicher Ort, ½ St. von B. entfernt. Ich komme selten nach B. nachdem sich die Arbeitspläne zerschlagen haben.

Die Pläne ärztlicher oder akademischer Tätigkeit habe ich aufgegeben, da Harvard Un. sich streng an die Altersgrenze hält (hier 65), womit sie sicher Recht haben, u. ich für den sehr lebhaften ärztlichen Wettbewerb hier doch nicht mehr frisch genug bin. So lebe ich denn vorwiegend am Schreibtisch, treibe englische Literatur, insonderheit politische, lese mit Vorliebe Berichte aus Deutschland, u. versuche mich in schriftstellerischer Arbeit, indem ich u. a. mein Leben beschreiben will, in dem ja manches Interessante vorgefallen ist. Aber ich fühle sehr, daß ich zu künstlerischer Darstellung wenig Talent habe u. ich bin sehr zweifelhaft, ob ich etwas derartiges fertig bringe.

Von meinen Söhnen habe ich gute Nachrichten, Gog ist wieder in Chicago in guter Gesundheit in seinem alten Büro tätig, Hans ist in Pittsburgh bei Westinghouse, er hat mich jüngst hier besucht.

Du schreibst, daß Du nicht publizieren kannst. Könntest Du nicht in der Schweiz oder in Wien oder Prag Dein Werk erscheinen lassen?

Oder könntest Du nicht einen Verlag in England oder Frankreich finden, der Dein Werk in fremder Sprache herausbringt? Oder vielleicht in Amerika? Es wird viel Literatur aus dem deutschen übersetzt.

Ich wünsche Dir so sehr, daß Du doch noch einen Posten im Ausland findest. Hast Du nicht ev. nach Italien Beziehungen?

Laß Dirs recht gut gehen, nimm nochmals herzlichen Dank

u. die besten Grüße, auch für Deine liebe Frau, von mir, Maria u. den Kindern.

Dein treuer Bruder
Georg.

Ns. Für französische Literatur scheint mir in USA viel Interesse. Zur Zeit sind die literarischen Beziehungen zu Frankreich anscheinend sehr lebhaft.

Victor Klemperer an Grete und Walter Blumenfeld

Dölzschen, 10. Juni 36.

Liebe Freunde –

es sind etliche Monate her, dass wir nichts mehr von Euch gehört haben; unsere letzten Briefe mögen sich gekreuzt haben.

Heute ist es nun wohl an der Zeit, den Geburtstagsbrief auf den weiten Weg zu bringen. Also, liebster Blumenfeld, sei sehr herzlich beglückwünscht, und vorsichtshalber dehne ich die Gratulation gleich auf Deinen Augusttag mit aus, liebes Greteblümchen. Schliesst bitte aus diesem Zusammenziehen keineswegs auf mangelnde Herzlichkeit, sondern nur auf den nicht erst erklärungsbedürftigen horror rebus sic stantibus correspondendi. Was wir Euch beiden nächst guter Gesundheit am meisten wünschen, ist ein dauernd lebendiges Gefühl für das unschätzbare Glück (dies ist eine wohlerwogene Bezeichnung) Eurer Lage. Gerade heute wurde uns erzählt, dass es Euch an diesem Gefühl einigermaßen mangle. Spiegelberg, den ich Jahre lang nicht gesehen habe, suchte uns auf; er wird abgebaut und orientiert sich überall über Auslandsmöglichkeiten. Sp. also wusste via Gerstle-Schaps zu vermelden, dass Ihr Euch höchst unbehaglich »am Rande der Kultur« fühltet.

Du lieber Gott!! Mir scheint das ein doppelter Undank. Denn relativ betrachtet ist man am Rande der Kultur doch immer noch kulturbeleckter als innerhalb der Unkultur; denkt mal, wenn Ihr z. B. in Centralafrika sässet, als Missionarsehepaar auf vorgeschobenem Posten, 300 Kilometer vom nächsten Weissen entfernt! Und absolut betrachtet ist der Rand der Kultur doch ein unglaublich interessanter Beobachtungspunkt. Nein, wirklich, Ihr wisst nicht, wie gut Ihr es habt. Aber dies soll ein Geburtstagsbrief und keine Moralpredigt sein. Also wechsle ich das Thema.

Freilich ist das leichter gesagt als getan; denn was heisst Themawechsel in einem Brief? Ein richtiger Brief (keine versteckte Abhandlung über irgend ein Thema der Wissenschaft oder Kunst oder sonst etwas) muss aus zwei Teilen bestehen. Im ersten kümmert man sich um die Angelegenheiten des Adressaten, im zweiten berichtet man von sich selber. Es ist aber von uns nichts zu berichten, denn den Satz, in dem siebenmal mies vorkommt, werdet Ihr ja schon kennen.

Ernsthaft – was sollen wir schreiben? Ihr seid Gesellschaftsmenschen; wir haben immer zurückgezogen gelebt, und jetzt ist aus der Euch bekannten Zurückgezogenheit die denkbar tiefste Einsamkeit geworden. Heute Abend wird Isakowitz zum Abschied bei uns sein (Frau und Tochter sind bereits in London), und zur Begrüssung nach ihrer Italienreise die ewig frische Frau Schaps. Das ist aber auch eine völlige Ausnahme, und auch diese Ausnahmen hören allmählich auf.

Eva arbeitet viele Tagesstunden im Garten, hauptsächlich Weg- und Cementierarbeiten, da mit dem Garagenkeller grosse Erdumwälzungen nötig wurden und der ungemeine Geldmangel alles erschwert und verlangsamt. Ich, nachdem ich den Band »Das Jahrhundert Voltaires« säuberlich verpackt und in den Schreibtisch gebettet habe, sitze seit zwei Monaten über Rousseaustudien und werde gewiss noch Monate lang darüber brüten, ehe ich im Schreiben fortfahre. Man glaubt immer eine Materie zu beherrschen, und wenn man sie dann ernsthaft anfassen will, weiss man gar nichts von ihr. Übrigens wäre es besser für die Welt gewesen, wenn Rousseau noch vor dem ersten Federstrich als gemeingefährlicher Geisteskranker interniert worden wäre.

A propos verrückt: so ist noch von unserm Auto zu reden. Unter bürgerlichem oder wirtschaftlichem Gesichtspunkt ist unser Opelchen fraglos eine verwerflich irrsinnige Angelegenheit: Anschaffung und Installierung (im weitesten Sinn) hat den letzten Rest unserer Reserven gekostet, Versicherung, Steuer, Benzin, Oel, Reparaturen beanspruchen mehr als ein Drittel meines ganzen Einkommens, das ja selber nur noch ein Drittel früherer Zeiten beträgt, und sobald irgend etwas Unvorhergesehenes an uns herantritt, wird der Bock – so nennen wir ihn einiger Charaktereigenschaften halber – fraglos geschlachtet werden müssen. Kein bürgerliches Haar, das dieser Sachlage gegenüber ungesträubt bliebe.

Aber dem allen setzt sich das Folgende siegreich entgegen, bisher wenigstens. Einmal: Ihr könnt Euch schwerlich vorstellen, welche Erlösung die Fahrerei für uns bedeutet. Eva war Jahre lang fast gänzlich ans Haus gefesselt. Jeder Weg, zum Zahnarzt, zu einem Einkauf, ins Kino, etc., etc., war eine deprimierende Anstrengung für sie, die nach Möglichkeit vermieden wurde; die schöne Natur rings um Dresden existierte nicht mehr für sie. Ich selber war ganz an den Schreibtisch gebunden, seit ich aus dem Lehramt bin, sass ich wie in einer Zelle. Die vielen düsteren Gedanken kamen für uns beide hinzu. Alldem gegenüber ist der Bock eine geradezu beglückende Entspannung und Erlösung. Sieht man von meiner Idiosynkrasie gegen das enge Gartenthor ab, so bin ich jetzt schon ein ganz passabler, sicherer und unermüdlicher Fahrer. Ich bewege mich mit vollkommener Ruhe in der engsten City, ich sitze mit geringer Unterbrechung sieben, acht Stunden am Steuer. Und welche Herrlichkeit, so ganz frei, unabhängig, allein und von allem abgelöst sich weithin bewegen zu können! Wir haben schon stattliche Fahrten gemacht. Letzten Sonntag überraschten wir Scherners. Die Fahrt ging über Chemnitz und Zwickau, um 11 hier weg, um Mitternacht wieder zuhause, 300 km an einem Tage; das ist doch schon eine hübsche Leistung. Wir waren auch schon in Leipzig, auch in Cottbus. Und dann die Nachmittagsfahrten in die schöne Umgebung, Kipsdorf, Königsbrück usw. Und dann die Gartenausstellung, an deren genauem Studium E. soviel gelegen ist, und die wir nun ohne vorherige Ermüdung für sie in wenigen Minuten erreichen. Wir haben Dauerkarten dafür und sind schon zehnmal dortgewesen.

Und weiter müsst Ihr bedenken: jene bürgerliche Mentalität der gesträubten Haare und der Vorsorglichkeit ist uns gründlich abhanden gekommen. Wir leben wie die Lilien auf dem Felde, wie der Soldat im flandrischen Unterstand, wir leben in dieser Stunde so lebendig als möglich und halten uns die nutzlosen Gedanken an die nächste Stunde so weit als möglich vom Leibe.

Endlich macht mir selber das Fahren im rein technischen Sinn die grösste Freude und lenkt mich absolut von allem andern ab. Wenn ich heute wie der Mann im Grimmschen Märchen drei Wünsche frei hätte, wäre mein erster Wunsch – nein der zweite, der aber bestimmt – 100 000 Liter Benzin und 1000 l. Oel. Aber leider wird mir weder der erste noch der zweite Wunsch erfüllt.

Nochmals viele herzliche Wünsche u. ebensolche Grüße!

Getreulich Eure

EVKl

Victor Klemperer an Grete und Walter Blumenfeld

Dölzschen, 20. Juli 36.

Liebe Freunde,

diesmal, liebes Greteblümchen, bist Du die Hauptperson, und der allerinnigste Glückwunsch für Dich macht den Anfang. Möchten die obligaten hundert so voll sein von guten Sachen wie eine Riesenbonbonnière von Pralinés, und noch voller, denn an Bonbonnièren ärgern mich immer die betrügerischen Watteschichten und Papierschnipsel. Vor allem natürlich: bleibt gesund! Schliesslich kommt es immer und überall darauf an, wer den längsten Athem hat. Habt Ihr schon einmal die Sprichwortprobe gemacht, mit der ich mich manchmal vergnüge? Alle Sprichwörter sind nämlich zur Hälfte oder unter einem Gesichtspunkt richtig, und zur anderen Hälfte oder unter dem anderen Gesichtspunkt trifft ihr genaues Gegenteil zu. Z. B.: Aller Anfang ist leicht. Oder: Wo ein Wille, da ist ein verriegeltes Thor ... Wer wagt, verliert ... Jung geübt, alt verhasst ... Si vis bellum, para pacem ... Heute rot, morgen braun ... Usw., usw. Absolut oder zu 100% richtig ist nur das naturkundliche Sprichwort: Auf Regen folgt Sonnenschein. Aber weil es mit dem freigibigen Zeitmass der Natur misst, so bedarf es für den menschlichen Gebrauch einer Ergänzung: Auf Regen folgt Sonnenschein, man muss ihn nur abwarten können. – Deshalb also noch einmal: Bis hundert zu gesund!

Sodann: habt herzlichen Dank für Euren lieben Geburtstagsbrief, der pünktlich eintraf und sehr erfreute. Dass die Freude mit allerlei traurigen Gefühlen untermischt war, brauche ich nicht zu betonen oder gar zu detaillieren.

Was nun in meinem vorigen Brief das »Aus den Augen, aus dem Sinn« anlangt, so bezog es sich natürlich einzig und allein auf die verlorene Wette. Wenn Ihr mir aber in dieser Hinsicht nur »*etwas* recht geben« wollt, so seid Ihr auf dem glücklichsten aller Holzwege. Übrigens und ausserdem hat sich seit dem vorigen Jahr so vieles geändert, dass selbst wenn Ihr Euch wirklich erinnern könntet, Ihr dennoch nichts wüsstet.

Von Eurem Umzug hörten und lasen wir mit grossem Interesse. Doch sehen wir Mutter Schaps, die Mittlerin, nur sehr selten; sie ist meistens verreist, selten jedenfalls in ihrer Stadtwohnung. Immer wieder finden wir ihre Vitalität erstaunlich.

An Ortega y Gasset würde ich mich an Deiner Stelle ruhig mit sachlichem Angebot wenden, l. Bl.; und ebenso ruhiger- und selbstverständlicherweise würde ich die amerikanischen Universitäten mit Exemplaren beliefern. Du machst doch auf wissenschaftliche Neuerscheinungen aufmerksam und stellst den Studienanstalten Bücher zur Verfügung, ohne einen Gegendienst zu verlangen; ich sehe nicht ein, wieso das taktlos sein soll.

Für mich besteht neuerdings die Möglichkeit, mein »Jahrhundert Voltaire's« herauszubringen. In Breslau sitzt seit den neunziger Jahren ein angesehener Verlag, der in Verbindung mit der Universität B. auch heute noch juristische, germanistische, philosophische und historisch-philologische Werke publiziert, und gleichzeitig Judaica und Arbeiten des Breslauer Rabbinerseminars. Isakowitz lernte den Chef des Hauses kennen, sprach ihm von mir, und die Leute sind nun an der Publikation meines Bandes recht interessiert; sie wollen ihn entweder selber veröffentlichen oder einem befreundeten (nicht emigrierten) ausländischen Verlag übergeben. Es ist aber noch sehr fraglich, ob wir zum Abschluss kommen. Bei meiner mehr als üblen Geldnot kann ich das Opus nur gegen eine halbwegs anständige und sofortige Bezahlung hergeben und mich nicht mit einem später zu verrechnenden Gewinnanteil abfinden lassen.

Inzwischen bemühe ich mich, den Rousseau so unbekümmert weiterzustudieren, »als wenn kein Strumpfwirker in Apolda hungerte«, aber es wird mir bei vielen Sorgen und Kränkungen immer schwerer, die nötige Concentration und den

Glauben an den Wert und den Sinn meines Arbeitens aufzubringen. Ist Dir, l. B., übrigens bekannt, dass im vierten Buch des *Emile* die Pubertät sehr ausführlich und teilweise schon unter Gesichtspunkten behandelt wird, die sociologischer Natur sind? Ich habe beim Studium dieser Abschnitte oft an Deine Arbeit gedacht, und werde sie, wenn ich noch einmal zum Schreiben des Bandes kommen sollte, sicherlich citieren. (Im Augenblick übrigens liegt mein Exemplar in London, von I.s, denen ich es geliehen hatte, versehentlich verschleppt, und ich muss nun auf die Rückgabe warten, bis sie dort eine Wohnung gefunden und ihre Bücher ausgepackt haben.)

Von Eva ist zu berichten, dass sie viel im Garten arbeitet, an der Herstellung der neuen Wege und Steinmauern, die durch die Kellergarage nötig wurden. Die Arbeit ist um so heroischer, als die vorerwähnte Geldnot ungemein retardierend wirkt, und als es ja ganz ungewiss ist, wie lange wir überhaupt noch im Besitz des Häuschens sein werden. Es gibt sehr wenige Dinge auf der Welt, die mir so imponieren wie E.s Dickschädligkeit. Übrigens ist E. unter dem dreifachen Einfluss der schweren körperlichen Arbeit, der anhaltenden schwülen Hitze und der sonstigen Situation hundemager geworden, während ich selber bei sitzender Lebensweise Speck ansetze. Erwähne ich noch E.'s übliche Nerven- und meine üblichen Herzbeschwerden, so ist unser Gesundheitsbulletin vollständig.

Das Auto spielt nach wie vor eine wesentliche Rolle in unserm Leben; ich fahre jetzt durchaus sicher mit nicht mehr Zwischenfällen, als offenbar allgemein üblich, und mindestens einmal wöchentlich machen wir eine längere Fahrt. Wir waren in der sächsischen Schweiz, in Oybin, in Leipzig, in Torgau. Wir würden sehr gern auch noch weitere Fahrten unternehmen, wenn wir das Geld dazu hätten; aber je 100 km kosten uns an Betriebsstoff rund 5 M 50, und Auswärts-Übernachten ist, wie die Berliner sagen, »Knif« (= kommt nicht in Frage).

In Torgau waren wir vorige Woche mit Gusti und Karl Wieghardt zusammen, die für kurze Zeit im Lande sind. Sie geht im August nach Kopenhagen zurück, und er arbeitet in Göttingen an seiner Dissertation über irgendwelche »Anströmungen« irgendwelcher Flugzeug-Tragflächen. Einmal haben wir auch im Auto mit W.'s zusammen die alte Frau Riese in Hirschsprung besucht, die trotz ihrer 81 Jahre und 4 (vier!) Schlaganfälle körperlich und geistig erstaunlich rüstig ist. Sie erzählte, dass Alexis Dember, der eine Zeitlang Assistent seines Vaters in Istanbul war, jetzt einen Posten in USA gefunden hat. Ihr glücklichen Leute der Naturwissenschaft, Technik und anderen nützlichen Berufe! »Wer mit euch wanderte, mit euch schiffte!« Einen literarhistorischen Hund dagegen lockt niemand hinter dem Ofen hervor.

So muss er Euch denn von hieraus freundlich und herzlich beschwanzwedeln. Also nochmals die innigsten Glückwünsche.

Getreulich Euer

VictorKl

PS. Wollt Ihr mir etwas zum Geburtstag schenken? Dann schickt mir einmal eine Handvoll der bei Euch ortsüblichen Briefmarken und Postkarten, so wie Ihr sie gerade auftreibt; es können zehnmal dieselben sein (natürlich gestempelte); es gibt etliche Leute, denen ich damit eine Freude machen könnte.

Victor Klemperer an Charlotte und Walter Jelski

Dresden A 27 – Dölzschen, Am Kirchberg 19
26. 9. 36.

Lieben –

Seid uns bitte nicht allzu böse, dass wir so lange nichts von uns hören liessen. Das ist um so weniger recht, als Eure Nachrichten gar nicht erbaulich klangen. Besonders hat uns betrübt, dass Du, l. Lilo, gesundheitlich so gar nicht auf der Höhe bist. Hoffentlich bist Du inzwischen wenigstens einigermaßen wiederhergestellt. Besteht keine Aussicht, dass Du Dich allmählich an das Klima gewöhnst? Ich kann mir gar keinen Begriff davon machen – ist es eigentlich wesentlich anders als das von Neapel? – Was nun Eure Klage über die Unruhen anlangt, so scheint es doch jetzt, als wenn die Engländer mit ernstlichem Kräfte-Einsatz die Ruhe erzwingen wollen; es würde mich ungemein interessieren, einmal von Euch Ausführlicheres zu hören, soweit nicht etwa Eure Regierung die Lage amtlich als Kriegszustand betrachtet (was allgemein mit Nachrichtenverbot und Briefcensur verbunden zu sein pflegt).

Dass wir so selten schreiben, hat immer den gleichen Grund: es geht uns nicht übermässig gut, und Ihr habt an Euren eigenen Sorgen genug. Im übrigen führen wir ein sehr stilles und gleichförmiges Leben, das wenig Schreibstoff bietet: Eva arbeitet im Garten, und ich sitze am Schreibtisch; mein grosses Opus schreitet fort; es ist nur leider gar keine Aussicht auf Publikation vorhanden. Die Erholung und Freude des Autofahrens – eine sehr grosse Freude, zumal ich mir nun allmählich einige Geschicklichkeit und Sicherheit darin angeeignet habe – können wir uns nicht oft gönnen, und es ist sehr fraglich, wie lange wir den Wagen und das Häuschen werden behaupten können. Wiegesagt: es fehlt in Dölzschen so wenig an Sorgen wie in Jerusalem.

In dieser und der vorigen Woche hatten wir auf ihrer Durchreise zu und von Willy je 24 Stunden Lilli bei uns. Sie bedeutete uns die erfreulichste Überraschung. Wir hatten sie bisher nur ein paarmal auf ganz kurze Zeit als schüchternes Kind gesehen, in erwachsenem Zustand aber nie – die letzte kurze Begegnung mit ihr lag wohl ein Dutzend Jahre zurück. In Wahrheit also bekamen wir erst jetzt diese Nichte. Wir haben sehr grosses Gefallen an ihr gefunden und über viele Dinge ernsthaft mit ihr geredet.

Es schien uns, als wenn sie sich bei uns wohl fühlte, und wir möchten gern gute Freundschaft mit ihr halten. Hoffentlich bleibt es nicht immer eine Überseefreundschaft. Erstaunlich ist es, wie sehr Deine Schwester Dir, l. Walter, ähnlich sieht; es ist oft haargenau das gleiche Gesicht ins Weibliche transponiert; noch erstaunlicher und geradezu komisch ist diese Ähnlichkeit zwischen Euch in etlichen unwillkürlichen Kopfbewegungen und -haltungen. An diesen beiden Tagen trat auch der Bock in Aktion – so nennen wir den Wagen wegen seiner gelegentlichen Tücken – und benahm sich unschuldig wie ein Lämmchen. Wir machten vom Wetter begünstigt zwei schöne Fahrten, die erste ins Erzgebirge nach Frauenstein und Kipsdorf, die zweite in die sächsische Schweiz (Bastei – Polenztal – Schandau). Kaum war Lilli weg, so war auch das schöne Wetter vorbei.

Sonst vermag ich über Hiesiges nichts zu berichten, und was in Berlin vorgeht, erfahrt Ihr wie ich.

Lasst es Euch so gut als irgend möglich ergehen und seid von uns beiden aufs allerherzlichste gegrüsst.

Getreulich,
Eure

Victor Klemperer an Lissy Meyerhof

Dresden A 27 – Dölzschen, Am Kirschberg 19
26. September 36.

Liebe Lissy –

nachdem Erichs von Dir angekündigte Jüngste auf ihrer Ferienfahrt bis heute leider nicht bei uns erschienen ist, müssen wir sie wohl wieder in Berlin vermuten. –

Nimm Du jedenfalls herzlichen Dank für Deinen l. Brief; es ist der zweite, auf den wir Antwort schuldig sind; Deine anhängliche Nachsicht mit uns rührt uns wirklich. Und keineswegs darfst Du annehmen, dass wir Dich und die Deinen im Gedenken vernachlässigen. Im Gegenteil: es ist irgendwie täglich mindestens einmal von mindestens einem Meyerhof bei uns die Rede; aber das ist ein Mindestsatz, zu dem die Anteilnahme nur selten herabsinkt. Ihr seid zu eng mit unserm Leben verbunden, als dass es anders sein könnte. Auch legen wir uns sehr oft Fragen vor, zu denen die Antwort fehlt. Wie verbringst Du Deine Tage, und wie steht es um Deine Gesundheit? Was treibt Berthold? Was Erich, und wie ist es mit seinen Kindern? Und wovon erhält sich Alberts Familie in Deutschland, und wie war es ihm (finanziell) möglich, nach Südafrika zu gehen, und hat er dort einen Posten oder wenigstens sichere Aussicht auf Anstellung? Schreibe ihm doch bitte unsere allerherzlichsten Grüsse und Glückwünsche – er ist ja doch wohl ein Oktoberkind? Er sandte uns vor längerer Zeit aus der Schweiz einen Abschiedsgruss, aber ich konnte die Afrika-Adresse nicht entziffern. Und endlich: weißt Du, ob Hans noch am Leben ist, und was er treibt, und ist Dir etwas über die Schicksale seines Sohnes bekannt? … Bist Du mir böse, altes Mädchen, wenn ich an Deinen Briefen der letzten Jahre eine kleine sehr herzlich gemeinte Kritik übe? In Deinem gewiss anerkennenswerten Bestreben um tapfere Haltung pflegst Du neun Zehntel des Schreibens mit allgemeinen und etwas krampfhaften Vergnüglichkeiten zu füllen, die Deiner wirklichen Stimmung und Lage gewiss nicht entsprechen, und von Deiner und der sonstigen Meyerhöfischen tatsächlichen inneren und äusseren Position erfahren wir auf solche Weise allzuwenig. –

Natürlich ist diese Kritik einigermaßen ungerecht. Niemand hat Lust, dem andern etwas vorzuklagen – denn da ist immer der alte warnende Witz »Mir brauchense erzählen!« (wenn Du ihn wirklich nicht kennen solltest, wird ihn Dir Berthold geläufig aufsagen) – und jeder hilft sich auf seine Weise; Du schreibst die Seiten mit scherzhaften Floskeln voll (so lassen sich wohl *Schmonzes* in ein gebildetes Arisch übertragen), und wir schreiben überhaupt nicht. Beides ist vom richtigen Correspondieren ziemlich weit entfernt.

Ich will mit gutem, bzw. bösem Beispiel vorangehen und wirklich ein bisschen klagen. Über unserm Leben steht als Motto der auch nicht mehr neue Satz, in dem siebenmal »mühsam« vorkommt: »Mir ist mies am Montag, mies am Dienstag, mies am Mittwoch, mies am Donnerstag, mies am Freitag, mies am Sonnabend, mies am Sonntag.« Es geht uns wirtschaftlich ziemlich übel, und das ist natürlich um so fühlbarer, als es uns auch in anderer Hinsicht wenig erfreulich geht. Seit ich nicht mehr publizieren kann, und seitdem man mich in Pension geschickt hat, verfüge ich noch rund über ein Drittel meines früheren Einkommens, von dem ich annehmen musste, dass es mir lebenslänglich sicher war, und auf das unser äusseres Leben aufgebaut war. Es war aber nicht gut möglich, unsere Verpflichtungen in gleichem Maße zu verringern, wie unsere Einnahmen abnahmen. Einen Auslandsposten zu finden ist mir, wenigstens bis heute, nicht geglückt. Man gibt einem alten und angesehenen Hochschullehrer keine kleine Stellung, selbst wenn er sie haben möchte, und die paar in Frage kommenden grossen Posten sind in festen Händen. Sie wurden schon 1933 beim grossen Nichtarier-Abbau vergeben, und ich verlor mein Amt erst 35. So bin ich nun Besitzer eines Hauses und eines Gartens, die beide nicht ganz fertiggestellt und selbst in ihrem unfertigen Zustand nur schwer zu behaupten sind. Auch ein Auto besitzen wir und haben uns viele Eide geschworen, Haus und Auto zu behaupten, auch wenn wir von Pellkartoffeln leben und sämtliche sogenannten »groben Hausarbeiten« selbst machen müssten. Dahin ist es denn auch so ungefähr gekommen, und wenn wir doch noch einmal bessere Zeiten erleben sollten, und wenn ich dann einmal die Geschichte meines Lebens schreibe, dann wird unsere gegenwärtige Zeit einen ziemlich komischen Abschnitt darin bilden. Aber im Augenblick können wir die Komik der Sache leider nur wenig geniessen. Es fehlt nicht an sehr ernstlichen Sorgen und Momenten grosser Bitterkeit. Wir leben vollkommen allein. Eva arbeitet bei möglichem und unmöglichem Wetter im Garten, legt Wege und Mäuerchen an, ist Gärtner, Maurer, Zimmermann und noch mancherlei anderes in Personalunion. Ich selber sitze mit zusammengebissenen Zähnen an meiner grossen Literaturgeschichte des 18. Jahrhunderts in Frankreich. Der erste umfangreiche Band ist vollkommen druckfertig, der zweite wird mich noch ein reichliches Jahr kosten. Es wird eine gute Arbeit; ich gebe sie unter keinen Umständen auf. Kommt sie nicht zu meinen Lebzeiten heraus, dann eben später.

Die eigentliche Erholung und Ablenkung ist für uns das Autofahren. Wir müssen leider sehr damit sparen, aber jeder irgend ermöglichte Pfennig wird in Benzin umgesetzt. Einmal wöchentlich haben wir uns bisher noch unsere 80 bis 100 km. gegönnt, und damit schon sehr hübsche Ausflüge gemacht. Man ist so wundervoll unabhängig im eigenen Wagen.

So, liebe Lissy, nun habe ich Dir endlich einmal stundenlang geschrieben und mein Gewissen beruhigt.

Sei von uns beiden sehr herzlich gegrüsst und grüsse auch Deine Geschwister.

Getreulich!
Deine

Idy-Bussi Landsberg an Eva und Victor Klemperer

Berlin-Charlottenburg 2
Fasanenstrasse 6
14. X. 36

Meine lieben *Klemperers,*

Come mai un guaio? Che cosa dobbiamo dir noi? Doch sprechen wir lieber deutsch. Es war so ulkig, wie Dr. *Cione* mit seinem verheerenden napolitanischen Idiom, hoffentlich sprechen Sie *Viktor* nicht auch so, mir von 1 Herrn erzählte, den er in *Neapel* kannte, der sehr traurig war, dass er wieder zurückmusste, u. s. w. Ich wusste nicht, wieso es kam, dass ich frug, wer das wäre, dann aber war die Freude gross. Von Euch weiss ich soviel wie gar nichts. *Caroli* sehe ich selten mal, wir telephonieren hin und wieder zusammen, und heute habe ich Ferdi geschrieben, der noch immer in *Baden* ist und Schweizer ist. Der hat nämlich übermorgen 1 Feiertag, silberne Hochzeit, wenn Ihr ihm schreiben wollt, würde er sich sicherlich sehr freuen, seine Adresse ist – Kappelerweg 3, *Baden*-Zürich. Habt Ihr Eure Silberne schon gefeiert? Wir kommen auch dran nächsten April. *Wie* alt wir werden, sehen wir an den Kindern, *Susi* wird im Dezember 23. Sie ist jetzt 2 Jahre in Florenz, studiert Philosophie, Literatur und die Sprache. Ihre Examen besteht sie meistens cum laude, sie ist schlank, ganz schlank, & ein entzückendes Kind, mit viel Charme, viel Geist, & viel Bescheidenheit. Cione ist natürlich verliebt in sie, sie aber hat bis jetzt kein Interesse an Männern, die dumme Gans, ihre Bücher sind ihr lieber. Der Sohn *Egon*, welcher im Februar 20 wird, ist in der Gubener Automobilgesellschaft in *Guben* als Lehrling, vorher absolvierte er die Hotelschule in *Meran*, war auch lang in *Italien* in verschiedenen Hotels zur weiteren Ausbildung, und musste den Beruf fahren lassen, weil er keine Arbeitserlaubnis mehr bekam. Hier hat er vielleicht als Mischling die Aussicht etwas weiter zu kommen, on verra. Mein Mann schon bald 4 Jahre pensioniert, lebt so sein Leben, versucht sich etwas zu betätigen in seinen Kreisen, und ist über seine Arbeitslosigkeit so ziemlich deprimiert. Ich selbst lebe sehr einsam, wir haben schon seit 5 Jahren keine Wohnung mehr, lebten erst 3 Jahre bei meiner Schwiegermutter, die jetzt 1 kleinere Wohnung hat, sehr rüstig ist, und 80 Jahre alt ist. Hier leben wir bei 1 Tante meiner Schwiegermutter, die 1 sehr grosse Wohnung hat, & uns aufgenommen hat, weil wir einfach sonst nicht im Stande wären, die Kinder durchzuhalten, die beide wohl erst in 2 Jahren verdienen werden. Mich keuzt dieses wohnen bei Andern sehr an, aber, was kann ich tun? Ich habe dadurch all meine Pflichten verloren, kein Heim, keine Kinder, na, Commentar überflüssig. Von all den Andern, die mal mit uns waren, habe ich nie mehr was gehört, *Sebi* schrieb mal vor 2 oder 3 Jahen, ich weiss nicht, ob er noch in *Langfuhr* ist. So rollt nun das Leben weiter ab, man kann dazu nur mit wachsender Begeisterung shit sagen, und wartet ab. Was machen denn Sie, *Eva*? Ich weiss gar nicht mehr, ob wir nicht per Du waren, dies tut ja der Liebe keinen Abbruch.

Lebt wohl, und seid herzlichst gegrüsst von Eurer
Idy.

Vor 3 Jahren verlor ich meine Mutter, dies war entsetzlich schwer für mich, und gab meinem Leben 1 ganz andere Wendung. Ich hatte aber noch das Glück sie 5 Wochen lang pflegen zu können, es war 1 sehr traurige Pflege, da sie zum Schluss geistig gestört war, & sehr sehr krank war. Sie ist 70 Jahre alt geworden, sah noch so jung aus, & hatte noch mehr Lebensbejahung in sich, wie ich heute habe. Meine Schwester lebt hier allein, vor 14 Jahren zum 2. Mal geschieden, sie hat vermietet & versucht Stunden zu geben, was für sie auch sehr schwer ist, denn immer wieder scheitert mal 1 Schülerin an dem, dass sie 2 Mal mit 1 Juden verheiratet war. So türmen sich immer wieder die Schwierigkeiten.

Auch von mir die besten Grüsse u. Wünsche
Ihr Fritz Landsberg

Victor Klemperer an Idy-Bussi und Fritz Landsberg

Dresden A 27 – Dölzschen, Am Kirschberg 19
18. X. 36

Liebe alte Freunde –

(mit dem Du, l. Bussi, liegt es unserer Erinnerung nach so, dass Sie und wir es eben mit dem Sie zu mischen begannen, als uns die Vita nach München verschlug. Und mit Ihrem verehrten Mann sind wir nicht sehr häufig zusammen gewesen, Eva sagt, er habe einmal bei uns eine Stuhllehne zerbrochen, indem er sich temperamentvoll heraufsetzte – aber sie trägt es ihm nicht nach, da sie ihn im übrigen wie ich auch in sehr gutem Angedenken hat, und dann, nicht wahr? ist ja inzwischen so vielerlei anderes und Bedeutenderes zerbrochen worden, dass man sich nicht mehr mit Trauer über eine Stuhllehne abgibt, die in all den Jahren sowieso an Altersschwäche eingegangen wäre.)

Im Ernst – Du oder Sie, auf alle Fälle hat es uns sehr herzlich gefreut, mit Ihnen auf so komische Art wieder in Verbindung gekommen zu sein, und hoffentlich reisst die Verbindung nun nicht wieder ab, und wir sehen uns auch einmal.

Der Inhalt Ihres Schreibens ist natürlich sehr wenig erfreulich, und wir möchten Ihnen und uns auch von Herzen wünschen, noch eine Besserung zu erleben, ich brauche Ihnen nicht im Einzelnen zu sagen, wie wir uns diese Besserung denken. Ist Ihr Mann noch genügend in der Sprache seiner Väter bewandert, um Ihnen die Zusammensetzung eines Serums zu erklären, das wir jedem und uns selber auch am liebsten dreimal täglich intravenös einspritzen möchten? Wir wollen es Dawkenacitin nennen.

Sie sehen, wir bemühen uns, die Dinge von der komischen Seite zu nehmen. Aber es fällt uns natürlich schwer, und in Wahrheit: es will gar nicht mehr gehen. Um Ihnen einen gedrängten Sachbericht zu geben, so wurde meine Frau in den letzten zehn Jahren um ihre Musik und einen grossen Teil ihrer Bewegungsfähigkeit gebracht. Das erste Unheil stammt von den septischen Folgen einer schweren in Spanien aufgegabelten Infektion her, Nervenentzündungen an den Hand- und Fussgelenken. Danach kam noch durch Unfall eine schlecht geheilte Sehnenzerreissung am Fuss dazu. Seitdem spielt sie fast gar nicht mehr und ist auch zu längeren Spaziergängen untauglich. Dagegen kann sie stundenlang schwere Gärtner- und Erd- und Maurerarbeit tun, und das ist ihr sehr lieb und sehr notwendig. Nun hatte ich selber es mit den Jahren zu einer ganz hübschen und passabel bezahlten Position gebracht: ich war ordentlicher Professor, sass im Senat, war Commissar bei den Abiturientenprüfungen, war an der Neuregelung des Lehrerstudiums beteiligt, hatte Verlagsverträge, die bis an mein Lebensende reichten, war Mitarbeiter unserer besten Fachschriften, eine ganze Reihe meiner eigenen Bücher stand in allen Bibliotheken – kurzum ich war schon beinahe ein kleines grosses Tier, von dem die neuesten Auflagen der Meyer und Brockhaus Notiz nahmen. Wir bauten uns hier hoch über der Stadt ein kleines Haus. Alles daran nicht bloss so obenhin nach dem Wunsch meiner Frau sondern buchstäblich bis in die letzten Einzelheiten von ihr gezeichnet und angeordnet. Und um das Haus herum ein Garten, den sie ganz allein aus einem Stück Feld hergestellt hat. Und dann habe ich auf meine alten Tage Auto fahren gelernt, und wir haben manchen hübschen Ausflug gemacht. Als 1933 der Umschwung kam, sollte ich als kriegsfreiwilliger Frontkämpfer im Amt bleiben. Im Frühling 35 bin ich dann zwischen zwei Vorlesungen entlassen worden. Man hat mir etwa die Hälfte meines Gehalts als Pension gegeben. Durch principielle Entscheidung eines Oberlandesgerichts wurden alle Verlagsverträge mit nichtarischen Autoren für ungültig erklärt. Na und so weiter. Meine Bücher sind überall entfernt, was ich jetzt schreibe, eine grosse Geschichte der französischen Aufklärung, von der der erste Band ganz fertig, der zweite im Entstehen ist, kann nicht publiziert werden. Finanziell sind wir alles in allem, durch den Fortfall der Autoreinnahmen, auf ein Drittel der früheren Herrlichkeit beschränkt, unsere Verpflichtungen haben sich nicht entsprechend verringern lassen können, Vermögen haben wir nicht: so besitzen wir ein Haus, einen Garten, eine Garage, einen Opel-Sechscylinder und manchmal nicht das Geld für zehn Liter Benzin oder ein Paar Schuhsohlen. Schlimmer als die wirtschaftliche Enge ist mancherlei anderes. Ein Auslandsposten ist schwer für mich zu finden, beinahe unmöglich zu finden. Ja wenn ich Techniker oder Naturwissenschaftler wäre! (Wieso übrigens sind Sie, Herr Landsberg nicht draussen angekommen?) Aber ein Specialist für Literaturgeschichte ist ein Luxuspferd. Kommt hinzu, dass ich Ordinarius und 55 Jahre bin. Also nimmt mich niemand auf kleinen Posten, und die paar vorhandenen grossen wurden 33 besetzt. 35 war nichts mehr zu wollen. Im Augenblick flackert ganz, ganz von ferne eine winzige japanische Hoffnung; aber mit 99% Wahrscheinlichkeit werden wir uns wohl mit den Chrysanthemen in unserm Garten begnügen müssen. Wir täten es gern, wenn wir nur die Gewissheit hätten, dass uns der Garten et le reste verbleibt.

Alles in allem: es fehlt auch bei uns nicht an schweren Sorgen. Aber wieder und wieder schwören wir uns gegenseitig grosse Eide, uns unter gar keinen Umständen mürbe machen zu lassen. Vielleicht fliesst doch nochmal ein Tropfen Oel [auf] Gottes Kaffeemühle.

Was nun Ihre bevorstehende Silberhochzeit anlangt, so kann sie uns gar nicht imponieren. Wir haben viel früher angefangen als Sie, waren schon 1929 soweit und nähern uns also der goldenen.

Von unserm damaligen Kreis ist uns manches geblieben, aber in weiter Ferne. Von Sebi Sebba aus Langfuhr hören wir alle paar Jahre mal; er wird jetzt auch nichts zu lachen haben. Ebenso besteht eine lose Verbindung mit Sterns. Eine enge und herzliche dagegen mit Meyerhofs. Unser alter Freund Jule Sebba, der uns sehr nahe steht, hat ein Geschäft mit Schiffsausrüstungen in Haifa angefangen, in Deutschland war er anerkannter Sachverständiger für Seerecht; mit seinem verstorbenen Schwiegervater, dem Reichsgerichtsrat Schaps zusammen, hat er den (*den*) bisher allgemeingültigen Commentar zum deutschen Seerecht geschrieben. So: nun haben Sie einen ganz langen Bericht von uns erhalten.

Schreiben Sie einmal wieder und denken Sie an uns, wenn Sie der Weg nach oder über Dresden führt. Wir selber vermeiden Berlin nach Möglichkeit. Ich selber bin seit 1930 nur dreimal auf ein paar Stunden dagewesen, jedesmal zur Beerdigung eines meiner Geschwister, das letzte Mal in dieser Angelegenheit erst gestern.

Ihnen und Ihren Kindern alles Gute.

Herzlich ergeben

Ihre

Georg Klemperer an Victor Klemperer

14 Greylock Road

Newtonville, Mass.

22. X 36.

Lieber Victor! Ich habe mich sehr gefreut aus Deinem Brief zu erfahren, daß Du unter die Autofahrer gegangen bist. Du tust sehr recht daran, es ist gut für Deine Nerven; freilich solltest Du ab u zu an schönen Punkten halten u. etwas im Freien *spazieren*. Das ist auch gut für Leib u. Seele.

Mir ist sehr leid, daß ich nicht bei Zeiten fahren gelernt habe. Hier fährt every body, ich kann in meinem Alter nicht mehr anfangen, it's a pity.

Ich möchte Dich im guten Werk gern unterstützen u. bitte Dich ein nachträgliches Geburtstagsgeschenk anzunehmen. Ich habe in Bln noch einiges Geld, das ich nur im Inland u. nur mit Genehmigung der Devisenstelle verwenden darf. Die Überweisungen an Verwandte ist erlaubt. Ich habe beantragt an Dich 500 M zu überweisen. Leider dauert die Genehmigung 5–8 Wochen, aber ich denke es wird ohne Weiteres genehmigt werden. Solltest Du angefragt werden, so sprich nicht von Auto, sondern berichte, daß Du von ½ Pension leben mußt.

Laß Dirs recht gut gehen.

Herzliche Grüße

Georg.

Arme Wally tut mir leid. Nun überlebe ich schon das 4. Geschwister!

Wally hat viel glückliche Jahre gehabt, die letzten Jahre waren schlecht. But what is to be done! Such is life.

Victor Klemperer an Georg Klemperer

Dresden A 27 – Dölzschen

Am Kirschberg 19

3. Nov. 36

L. Georg –

Dein Brief und das angekündigte Geschenk haben mich ungemein gerührt und einigermassen beschämt. Ich hatte wahrhaftig keine Ahnung, dass Du eine Möglichkeit hättest, über Geld in Deutschland zu verfügen; sonst hätte ich Dir gewiss nichts vorgebarmt. Du hast mir nun schon so oft und viel geholfen, und schliesslich gehört das Autofahren doch nicht zu den allerunentbehrlichsten Lebensnotwendigkeiten. Aber eine sehr grosse und gänzlich unverhoffte Freude hast Du mir freilich damit bereitet, und ich danke Dir aufs allerherzlichste.

Es ist wohl möglich, dass mein Brief neulich besonders deprimiert klang. Ich war an meinem Geburtstag auf die Landesbibliothek gekommen, deren Lesesaal (mit vielen nicht transportablen Nachschlagewerken) ich seit 16 Jahren benutze – und durfte ihn nach neuester Bestimmung nicht mehr betreten. Bücher für Benutzung in eigener Wohnung erhalte ich übrigens noch, sodass mir das Arbeiten also vorläufig noch möglich ist. Als Philologe hat man so viel mit alten Scharteken zu tun, von denen Du gewiss seit Deiner Schulzeit nicht mehr reden gehört hast, wie: Consolatio philosophiae, De remediis utriusque fortunae, De contemptu mundi, etc. etc. Was da so von den grossen Wechselfällen des menschlichen Lebens drinsteht, Verlust sichersten Besitzes, Verlust äusserer Ehre und Freiheit, Entthronungen, Aussatzklappern – ist mir immer wie fernste Vergangenheit vorgekommen, wie übertreibender Predigttext, der mit meiner persönlichen Existenz und Gegenwart gar keinen Zusammenhang habe. Jetzt habe ich umgelernt und lerne noch immer dazu. Aber so lange ich noch arbeiten kann (und Autofahren!), so lange bleiben die Ohren noch einigermaßen steif. Schade, dass Du von meinen Arbeiten so wenig hältst – um so rührender übrigens, dass Du mir immer wieder hilfst.

Zu der Bibliotheksgeschichte kam eine neue Absage aus Italien. (Ich will es jetzt mit Japan versuchen; aber es ist immer das gleiche Lied: man braucht Techniker, Chemiker, Physiker, Ärzte. Povera e nuda vai o Philosophia!)

An Deinem Brief hat es mich interessiert und mit einigem Neid erfüllt, wie Du Dich des Englischen bemächtigst. Auch darin habe ich es unpraktisch angefangen: ich habe die Luxussprachen Französisch und Italienisch studiert, und die Weltsprache Englisch fehlt mir. D.h., ich kann sie einigermaßen lesen, aber fast gar nicht sprechen, und erst recht sie nicht verstehen, wenn sie gesprochen wird. Das stärkste Zeichen Deiner beginnenden Anglisierung ist übrigens nicht das Einschalten englischer Sätze, sondern das Übergreifen englischer Syntax auf Dein Deutsch. »Arme Wally hat ...«

Poor Wallys Tod hat auch mich sehr erschüttert. In den letzten 25 Jahren – so lange gerade bin ich von Berlin fort – waren wir wenig zusammen; aber sie stand mir im Alter am nächsten, und ich habe eine sehr deutliche Kindererinnerung, wie wir ein richtiges Kinderspiel zusammen spielten, während alle übrigen Geschwister für mich immer die Erwachsenen waren. Ich durfte Berthold zur Post begleiten, als er Dir sein bestandenes Abitur depeschierte; er führte mich an der Hand, er trug Vaters Cylinder, und er kam mir unendlich gross und alt vor.

Ich war zu Wallys Einäscherung in Berlin. Seit 1930 bin ich nur dreimal in Berlin gewesen, jedesmal nur auf ein paar Stunden, jedesmal zur Beerdigung eines Geschwisters. Diesmal, ich brauche Dir nicht zu sagen, weshalb, war es besonders scheusslich.

Aber es ist wirklich nicht meine Absicht, Dir wieder einen Klagebrief zu schreiben, denn Du hast mir wirklich eine ungemeine Freude gemacht. Der Wagen wird gleich sein Winteröl bekommen, und einen kleinen Ofen, den man unter die Haube hängt, und dann habe ich keinen Strike des Anlassers mehr zu fürchten und kann mich wieder hinauswagen wie im Sommer. – Besteht übrigens in USA eine Altersgrenze für die Zulassung zum Fahren? Wenn nicht, so sehe ich nicht ein, warum Du es nicht noch lernen solltest. Wo es doch mir bei meiner grenzenlosen Ungeschicklichkeit noch geglückt ist. Und es verlohnt sich der Mühe: es gibt wahrhaftig wenige Dinge, die so genussreich sind.

Nun sei noch einmal aufs herzlichste bedankt und ebenso gegrüsst.

Allerbeste Grüße zugleich v. H. z. H.

Ich mußte eine eidesstattliche Versicherung abgeben, daß ich das Geld für mich selber und im Inland gebrauche.

Victor Klemperer an Margarethe Riesenfeld

Dresden A 27 – Dölzschen, Am Kirschberg 19
17. XI. 36
und 24. XI

L. Grete –

vielen herzlichen Dank für Deine Zeilen. Dass ich in Maschinenschrift antworte, nimmst Du wohl nicht übel; meine Handschrift ist allmählich ganz unleserlich geworden, und seit Jahr und Tag habe ich mich für alles längere Schreiben ganz motorisiert. Auch meine Arbeit skizziere ich nur noch mit der Hand und arbeite sie dann auf der Maschine aus.

Was Du von Deinem Gesundheitszustand schreibst, ist wenig erfreulich; aber ich erhoffe von Deiner so oft bewährten Vitalität zuversichtlich, dass Du Dich wieder aufrappeln, bessere Zeiten erleben und in ihnen frischer sein wirst.

Von uns ist natürlich nicht viel Gutes zu melden. Wir leben absolut isoliert, von allen gemieden und alle meidend. Eva arbeitet nach Möglichkeit viel im Garten; das Gehen fällt ihr schwer, und so war sie lange ganz an das Haus gebunden. Im vorigen Winter fasste ich dann einen grossen Entschluss, lernte auf meine alten Tage – es fiel mir greulich schwer, und in der Prüfung fühlte ich mich unbehaglicher als im Doctorexamen –, lernte aber doch Auto-fahren, kaufte ein altes, ziemlich gebrechliches und tückisches Sechs-Cylinder-Ding, das wir seiner Eigenschaften halber den Bock nennen, und erwarb uns so eine gewisse Bewegungsfreiheit und Ablenkung. Wir haben im Sommer manche schöne, auch längere Fahrt gemacht, ich fahre jetzt schon recht passabel, leidenschaftlich gern und unermüdlich – ich kann acht, neun Stunden am Steuer sitzen, oder könnte es noch, wenn das Geld dazu langte. Wir haben uns, pensioniert, wie wir sind, und vertragsgebrochen, wie man uns hat (kein Verleger darf mehr etwas von mir veröffentlichen), in allem sehr enschränken müssen. Frau Lehmann, die Wirtschafterin, is faded and gone, dito das Telephon und manche andere Commodität. Um die Erhaltung des Bockes kämpfen wir einen schweren Kampf, dessen Ausgang von Monat zu Monat in Frage gestellt ist. Aber jeder Monat ist gewonnen, und warum soll man nicht auf bessere Zeiten hoffen? Wir haben so vieles erlebt, die festesten und scheinbar unabänderlichsten Dinge sind anders geworden, warum soll sich das Rad nicht noch einmal drehen? Auf mittelalterlichen Handschriften findet man mehrfach das Bild des Fortunarades mit vier darauf geflochtenen Königen und der Umschrift: regno, regnavi, regnabo, sum sine regno (Ich herrsche, habe geherrscht, werde herrschen, bin ohne Herrschaft). Es ist überhaupt merkwürdig, wie sehr mich jetzt Mittelalterliches verfolgt. Alles was mir früher bloss märchenhafte Lektüre war, ohne jede Möglichkeit eines Bezuges auf mein eigenes Leben, ist mir jetzt ungeheuer lebendig und nahe, die Betrachtung über Freunde, que vent emporte, et il ventait devant ma porte (und es war windig vor meiner Thür!), Geschichten von Aussatzklappern, usw., usw. Nur schade, dass man zugleich mit den Erfahrungen des Mittelalters nicht auch dessen kindlichen Glauben zurückgewinnen kann. So ein recht fester Glaube an eine wohlgeheizte Hölle – Mindesttemperatur 2000 Grad, das wäre doch eine herrliche Sache.

Bei alledem beissen wir so gut es gehen will, den Rest unserer Zähne fest aufeinander und arbeiten, Eva bei jedem Wetter an ihrem Garten, ich an meinem Buch. Diese Geschichte der französischen Literatur im 18. Jahrhundert (Aufklärung und Revolution) wird wahrhaftig und ohne Phrase das Buch meines Lebens. Ich war noch nicht achtzehn Jahre, als mir unser Vater als erstes wissenschaftliches Buch die Aufklärung von Hettner zu lesen gab; ich habe als erstes eigenes grösseres Opus mit 33 Jahren meinen Montesquieu geschrieben, und die beiden Bände trugen mir die Privatdozentur und die Professur ein; ich habe seitdem immer geplant, einmal das ganze Jahrhundert zu beschreiben, aber erst dann, wenn ich mich der Sache ganz gewachsen fühlte. 1933 habe ich endlich damit angefangen. Es wird ein Wälzer von etwa 1000 Druckseiten im Format meiner Literaturgeschichte des 19. Jh.'s, in zwei ungefähr gleiche Bände zerlegt. Der erste ist bis auf den letzten i-Punkt druckfertig im Maschinenmanuscript, über dem zweiten sitze ich jetzt, und wenn ich nicht vorher verrecke, wird er bis Ostern 38 fertig. Nie habe ich eine Sache so sehr mit dem Herzen und so sehr unter Aufbietung meiner ganzen Kraft geschrieben wie diese. Wenn ich morgens aufwache und noch gar nicht recht dabin und nicht weiss, welcher Wochentag es ist, dann denke ich schon an mein Buch, und in diesem Augenblick ist mir gewöhnlich klar, was mir gestern unklar war, und ich habe meine besten Einfälle. Du denkst ein Neunzehnjähriger erzählt Dir von seinen Versen; aber ich bin 55 und berichte von einer Literaturgeschichte, die schon x Leute vor mir geschrieben haben. Und doch verhält es sich wirklich und ganz unübertrieben so. Den Brief hier für Dich (Du siehst es am Datum) steckte ich vor acht Tagen in die Maschine und schrieb eine halbe Seite davon. Dann wollte ich bloss ein paar Stunden mein drittes Rousseaucapitel vorbereiten und vergass alles andere, bis ich es gestern Abend im Manuscript beisammen hatte, nun die Maschine aufdeckte und den angefangenen Brief vom 17. darin fand.

Aber es ist auch mehr als ein blosser Literaturbericht, was

ich in diesem Buch geradezu zwangsläufig gebe. Alle Probleme des französischen 18. Jh.'s sind so unheimlich aktuell. Auf Voltaire, Montesquieu, Diderot, Helvétius, Holbach geht zurück, was es an Freiheit in der Welt gegeben hat und wieder geben wird. Und auf der andern Seite Rousseau – das ist die Lessingsche Ringfabel mit einer kleinen aber wichtigen Abänderung: die Erben streiten heute, ob der in Rom oder der in Moskau oder der in Berlin den echten geerbt hat, und doch war eben der erste und eigentliche so greulich unecht. Na aber das lässt sich nicht in einem Brief auseinandersetzen, zumal Du gewiss ein ganz anderes Rousseaubild im Kopf hast.

Vielleicht haben wir irgendwann einmal doch etwas Geld übrig, dann setzen wir uns auf unsern Bock und besuchen Dich [in] Strausberg, und dann können wir uns über vielerlei unterhalten. Neulich bin ich nur vom Bahnhof zum Crematorium und unmittelbar wieder zum Bahnhof zurückgefahren, ich war keine drei Stunden in Berlin, und übrigens ohne Eva und ohne Wagen.

Nun sei von uns beiden sehr herzlich gegrüsst, behalte den Kopf oben – ich glaube nach wie vor an die Haltbarkeit und immer wieder aufspringende Elasticität Deiner Lebenskraft, und ich glaube auch nach wie vor, dass es sich lohnt zu warten –, und lass uns wieder einmal von Dir hören.

Getreulich!

Deine

Victor Klemperer an Grete und Walter Blumenfeld

Dresden A 27 – Dölzschen, Am Kirschberg 19
2. XII. 36.

Liebe Freunde –

ich will gleich mit dem offenen Geständnis beginnen, dass mir vor diesem Brief graut. Es vergeht kein Tag, wo wir nicht irgendwie und irgendwann (die Logik erfordert natürlich Umstellung des wann und wie) an Euch denken, von Euch sprechen. Aber das Correspondieren fällt mir immer schwerer. Es ist so wenig und noch weniger Gutes zu berichten, und im Schreiben fällt einem alles ein, was man bei der Arbeit möglichst zu vergessen sucht, und wenn ich mich dann darüber geärgert habe, dann liest es Eva und kränkt sich ihrerseits, und wenn Ihr die Geschichte erhaltet, werdet Ihr auch nicht froher davon.

Aber es ist der 2. December geworden, und noch habe ich Euren Brief zu meinem Geburtstag nicht beantwortet, und nun ist schon Zeit für Weihnachts- und Neujahrsgrüsse. So denn alles auf einmal: allerherzlichsten Dank für Eure Glückwünsche (auch für die hübschen Marken!), und allerherzlichste Wünsche unsrerseits für 1937! Bleibt gesund, freut Euch Eures Lebens (Ihr habt Ursache dazu!) und möge Euch noch viel Gutes beschieden sein.

Mein Geburtstag war einer der unschönsten, die ich erlebt habe. Mit der Morgenpost erfuhr ich, dass meine jüngste Schwester, Wally Sussmann, 59 Jahre, seit dem Sommer krank, rettungslos verloren sei; acht Tage später bin ich zu ihrer Einäscherung auf ein paar Stunden in Berlin gewesen. Am Vormittag hatte ich auf der Landesbibliothek zu tun und musste unverrichteter Sache weggehen, da ich den Lesesaal nicht mehr betreten durfte. (Übrigens erhalte ich nach Hause Bücher geliehen, sodass also meine Arbeit weitergeht.) Am Nachmittag fuhren wir dann zu Breits Begräbnis, den wir beide sehr geschätzt haben. Dies also der Geburtstagsbericht; es spucken uns nicht alle Tage gleich kräftig in die Suppe, aber immerhin pflegen sie sich auch allerlei zu leisten. Allmählich wird das Fell dick, aber leider lassen auch allmählich die Nerven nach.

Soviel im Allgemeinen. Im besondern: wir leben noch einsamer als früher, buchstäblich vollkommen isoliert. Zum 1. Dezember zogen wir die Consequenz daraus und schafften das Telephon ab. In den letzten Monaten hatte es mit ständiger Tücke nur geläutet, wenn ich in unserm Keller- und Fressbudchen war; lief ich dann herauf, so wollte man entweder den Herrn Bankdirektor oder Frau von Klemperer sprechen. Wirklich, der Apparat diente nur noch Falschverbindungen. Und die paar Mark, die er im Monat kostet, ergeben immerhin ein paar Liter Benzin. Ihr seht, den Kampf um das Auto haben wir bisher siegreich durchgefochten: freilich unsere Frau Lehmann und mancher andere kleine Luxus sind darüber entschwunden. Und zur Zeit ist es bei sehr greulichem Wetter und früher Dunkelheit nicht weit her mit dem Fahren. Aber immerhin: ich bin jetzt nach vieler Übung (6000 km alles in allem) ein ganz ordentlicher Fahrer geworden, und das Lehrgeld eines Unfalls ist mir erspart geblieben. Ich fühle mich jetzt bei Übergängen belebter Strassen sicherer am Steuer als zu Fuss, wo mich die verdammten Automobilisten irritieren. Und wenn wir zur Zeit den Wagen auch wenig benutzen, so ist er doch da, und Eva ist also nicht ganz an das Haus gebunden. Sie gärtnert und baut noch immer mit vorbildlicher Verbissenheit: die Garage hat eine Cementterrasse erhalten (44 qm!), der Garten eine Obstpflanzung. Und ich sitze nach wie vor an meinem grossen Opus. Drei von den fünf Rousseaucapiteln, die das erste Buch meines zweiten Bandes Dixhuitième bilden, sind fertig. Seit 1933 arbeite ich nun an dieser Sache, und etwa anderthalb Jahre habe ich wohl noch daran zu tun. Im Format meiner Literaturgesch. des 19. Jahrhunderts dürften es wohl (auf zwei Bände verteilt) 1000 Druckseiten werden. Ich habe es mir abgewöhnt, nach der Druckmöglichkeit eines solchen Wälzers zu fragen; ich glaube, ich habe wirklich allerhand Neues und Wesentliches darin zu sagen und will es auf alle Fälle tun. Dann habe ich jedenfalls das meinige getan, und für das Wunder der Publikation mag Gott sorgen. Bisher macht er keinerlei Anstalt dazu (die Verhandlung um den ersten Band schlug fehl); aber es heisst ja allgemein, dass seine Mühle etwas langsam mahle – vielleicht tut er mal einen Tropfen Oel darauf, was ihr ganz im allgemeinen und sowieso nichts schaden könnte. Und wenn nicht – so habe ich wenigstens das Vergnügen der Arbeit gehabt, und das ist doch auch etwas. Unglaublich gern läse ich Euch mal ein Stückchen aus meinem Rousseau vor! Früher sagte ich immer, ich nähme das Manuscript einmal als Kopfkissen mit in den Sarg. Jetzt fürchte ich, auf solche Weise zu hoch zu liegen. Aber 1918 in Wilna schlief ich prachtvoll statt in einem Bett auf Stössen von Zeitungen, die auf den Boden gelegt waren: derart kann man auch allerhand Manuscript für besagten Sarg verwenden.

Was könnte ich noch erzählen? Ja, vor ein paar Wochen waren wir einmal richtig eingeladen, bei Frau Schaps, Indelebili. Ich trat ohne alle Absicht Toni Gerstle auf ein Hühnerauge und entsetzte mich mehr darüber als wahrscheinlich sie selber. Sie sprach von Astrologie, ich sagte meine herzensdürre und platt aufklärerische Meinung darüber, und nachher merkte ich, dass ich ein wahrhaft gläubiges Gemüt verletzt hatte. Mein Entsetzen war wirklich ein ernsthaftes und nachhaltiges; ich ging ein bisschen hoffnungsloser nach Hause, als ich gekommen war. Denn wenn es so in den Köpfen derer aussieht, von denen Freund und Feind zu behaupten pflegen, dass gerade sie die »Köpfchen« sind – dann freilich ist jede Art intellektualistischer Regierungsform unangebracht, und dann war meine Cigarrenwette vollkommen verkehrt. – An diesem Abend waren wir auch mit dem Ehepaar Spiegelberg zusammen, das uns sehr gut gefiel. Aber, wiegesagt, der Abend war eine völlige Ausnahme in unserm Leben. Mit unserm Kater zusammen, der bestimmt eine richtige und sehr nette Seele hat und im Punkte der Vernunft gar nicht so sonderlich schlecht ausgestattet ist, leben wir tagaus, tagein auf unserm Leuchtturm. (Kennt Ihr mein Lieblingscitat aus dem Montaigne? »Wenn ich mit meiner Katze spiele – weiss ich, ob nicht sie mit mir spielt?«)

Und nun also, seid nicht böse, dass wir diesmal eine so lange Briefpause gemacht haben und lasst es uns nicht entgelten. Wir freuen uns immer, wenn wir von Euch hören. Noch einmal: alles erdenkbare Gute für 1937!

Herzlich und getreulich!

Victor Klemperer an Elisabeth Klemperer

13. Dec. 36.

Dresden-A27/Dölzschen

Am Kirschberg 19

Liebe Betty

Dein ausführliches Schreiben hat mir viele Freude gemacht, zumal es doch recht zufrieden klingt. Vielen Dank dafür, desgleichen für Wolfs Grüsse. Wie verschieden die Wünsche der Menschen sind! Du, l. Junge, möchtest mit mir in Dresden spazieren gehen; was meinst Du wohl, wie gern ich mit Dir in Cleveland, Ohio spazieren ginge. Das kannst Du Dir gar nicht vorstellen, wie gerne, nein wirklich das kannst Du nicht. An Deinen Besuch 1930 erinnern wir uns gut; ich muss ein Tapergreis geworden sein, wenn Du inzwischen aus dem zarten Knaben von damals ein richtiger Doctor geworden bist.

Weißt Du l. Betty, was mich an Deinem Brief am meisten interessiert hat, und wovon Du mehr schreiben musst? Das Auto.

Du wirst inzwischen die Erfahrung gemacht haben, dass nicht die erste Unterrichtsstunde die wahrhaft schwerste des Autofahrers ist. Es gibt in der »Göttlichen Komoedie« eine besonders berühmte Stelle. Dante, von Virgil geführt, ist durch Hölle und Fegefeuer geschritten. Nun steht er am Paradieseingang, der Triumphwagen der Kirche und eine grosse Prozession kommt ihm entgegen, er sieht sich hilflos nach Virgil um, und der, dolcissimo padre!, ist nicht mehr bei ihm. Genau dies ist der schwerste Moment des Autofahrers, Du siehst Dich in einer Situation, die Du, wie es in der Schule heisst, »nicht gehabt hast«. Bei mir war es ein Sarrasani-Elephant. Du siehst zum Fahrlehrer hinüber, der dolcissimo padre ist nicht mehr da, Du bist allein am Steuer. Halten? Hupen? Gas? Auskuppeln? Fussbremse? Handbremse? Zweiten Gang? ... Bis du diesen Brief bekommst, hast Du besagten Augenblick sicher hinter Dir. Und wahrscheinlich hast Du nun ebensoviel Freude am Fahren wie ich.

Du siehst also, ich bin auf meine alten Tage (ich bin älter als Du und darf also ohne Unhöflichkeit von alten Tagen sprechen) auch unter die Fahrer gegangen. Es ist jetzt genau ein Jahr her, dass ich mit dem Lernen anfing. Zuerst ging es mir grässlich schlecht. Ich war furchtbar ungeschickt, furchtbar nervös, ich kam jedesmal fadennass und vollkommen verzweifelt nach Hause. In meinem Tagebuch vom vorigen December steht: »Es ist gegen meine Natur, ich kann es nicht erlernen.« Der Fahrlehrer, ein biederer und geduldiger Mann, sagte mir ganz mitleidig: Ich weiss nicht, Herr Professor, was das ist; Sie geben immer Gas, wenn Sie es wegnehmen müssten, und Sie fahren immer auf jedes Hindernis zu. Und ähnliche Aussprüche. Am 20. December war mein Curs zuende. Der Fahrlehrer sagte: Unmöglich, in die Prüfung zu gehen! Ein paar Tage gab ich alle Hoffnung auf. Dann bekam ich es mit der Wut. Im Januar nahm ich einen zweiten Curs, und am 23. I. bestand ich dann die Fahrprüfung, in der ich wesentlich mehr Blut geschwitzt habe als in irgend einem meiner wissenschaftlichen Examen. Seitdem bin ich reichliche 6000 km. gefahren ohne jeden Unfall, auch ohne alle Polizeistrafen. (Doch! einmal ganz im Anfang eine Mark wegen angeblich missachteten Vorfahrtrechtes einer Hauptstrasse. Aber das ist auch alles, und aktenmässig bin ich »nicht vorbestraft«.) Ich fühle mich jetzt in engen und verstopften Citystrassen sicherer am Steuer als zu Fuss, fahre unermüdlich – wenn ich nur die Gelegenheit dazu habe – acht, neun Stunden, fahre bei guten Strassen auf Ausflügen ganz ruhig 60–80 km. Stundengeschwindigkeit und finde ein unbeschreibliches Vergnügen daran. Es wird Dir sicher ebenso gehen, oder geht Dir schon so.

Für uns ist das Fahren wahrhaftig ein Trost in sehr schweren Zeiten. Wir leben vollkommen allein und einsam in unserem Häuschen, buchstäblich von aller Welt gemieden und alle Welt meidend, unsere Verhältnisse sind eng und prekär geworden – kein Mädchen, keine Aufwartung, kein Telephon mehr, Rechnen um jede Stiefelsohle, von neuen Stiefeln ganz zu schweigen, etc., etc., aber an unserm tröstlichen Wagen halten wir fest. Meine Frau, die das Fahren auch noch lernen wird, macht den Mechaniker, sie ist im Reinigen, Auseinandernehmen, Notreparieren perfekt. Es hat nur zu einem alten Wagen gereicht, er ist inzwischen nicht jünger geworden und leidet manchmal an entschiedenem Altersirrsinn; er hat Tage, in denen er an unglaublichen Tücken unerschöpflich ist, wir nennen ihn deshalb immer den »Bock«. Aber dann benimmt er sich auch wieder wochenlang wie ein folgsames Lämmchen und läuft wie ein Wiesel, und allmählich haben wir ihn gründlich kennen gelernt und helfen ihm immer wieder auf die Beine. Es ist ein Opel Sechscylinder, Cabriolet, ganz zu öffnen, sodass auch die Seitengestelle ganz eingezogen sind, und wir fahren auch bei kaltem Wetter so ganz offen und schliessen nur bei starkem Regen. Wir haben hier in Dresden die schönste Gebirgslandschaft rings um uns, haben sie im Sommer weithin ausgenutzt, und sind auch jetzt manchmal unterwegs. Wenn ich am Steuer sitze, vergesse ich alles, »was mein Herze kränkt« und lüfte mir auch gründlich den Kopf von dem sehr dicken Wälzer über die französische Literatur des achtzehnten

Jahrhunderts, an dem ich seit langem arbeite und wohl noch anderthalb Jahre zu schaffen habe (und den ich nur leider nicht publizieren kann). Und auch für meine Frau ist das Fahren eine Erlösung. Sie ist am Gehen behindert und in den letzten Jahren vor der Geburt des Bocks kaum über den Gartenzaun hinausgekommen. Das ist nun gründlich anders geworden. Wir sind auch beide entschlossen, lieber von Pellkartoffeln zu leben, als den Bock zu schlachten.

Aber nun musst Du mir einmal genau von Deinem Fahren erzählen. Uns interessiert natürlich jede, aber auch jede Einzelheit. Was für einen Wagen habt Ihr? Fährt Wolf auch? Ist Dir das Erlernen leicht gefallen? Wie ist die Fahrprüfung in USA? Wie sind die Benzinpreise? Wie sind die Strassen? Macht Ihr weite Fahrten? usw., usw.

Wirklich, es wäre sehr nett, wenn Du oder Wolf oder Ihr beide viribus unitis Euch einmal zu einem ganz langen Bericht aufschwingen wolltet.

Und nun wünschen wir beide Euch Beiden zu Weihnacht und zum neuen Jahr alles Gute, zu Wagen und zu Fuss und in überhaupt jeder Situation. Und haltet uns manchmal den Daumen, auf dass wir hier, wie die Berliner sagen, die Nase ins Jesicht behalten. Es ist das nicht ganz einfach und nicht ganz sicher.

Herzliche Grüsse, zugleich im Namen meiner Frau

Getreulich Dein

Victor Klemperer an Erich Isakowitz

Dölzschen, 27. XII. 36

Liebe, sehr verehrte und ebensosehr vermisste Freunde –

Die Antwort auf Miss Lores braven Brief hatten wir uns aufgespart, um gleichzeitig unsere Neujahrswünsche zu senden. Nun kommt inzwischen noch ihr grossmütiges zweites Schreiben. Haben Sie also für beide Dokumente zusammen den allerbesten Dank, und nehmen Sie unsere innigsten Wünsche für 1937 freundlich an. Worin diese Wünsche bestehen, brauche ich Ihnen im einzelnen nicht auseinanderzusetzen.

Übrigens geht aus Ihrem und Miss Lores Brief mit ziemlicher Evidenz hervor, dass es Ihnen im Ganzen doch recht sehr erträglich ergangen ist; ich bin auch nach wie vor davon überzeugt, dass es nicht lange bis zum neuen Automobil dauern wird. Und übrigens kann ich Ihnen nur sagen, und das ist wahrhaftig mein allertiefster Ernst: Sie wissen nicht, wie gut Sie es haben. Nur dass Sie, verehrte Frau Doctor, ein bisschen leidend sind und sich dabei durch vielen Besuch plagen lassen müssen, will uns gar nicht gefallen. Kann man dagegen in ein oder anderer, noch besser natürlich: in beiderlei Hinsicht gar nichts unternehmen? Es muss nicht gerade ignis sein; aber wie wäre es mit den medicamentis oder dem ferro?

Dass wir so wenig schreiben, hat wirklich nicht in mangelndem Gedenken seinen Grund. Wir sprechen täglich des öftern von Ihnen; und die leider häufigen Zahnarztbesuche haben seit Ihrem Fortgang leider gar keine erfreuliche Seite mehr. (So häufig sind sie wahrscheinlich deshalb, weil das ständige Zusammenbeissen den Zähnen offenbar schlecht tut.)

Die Gründe für unser Schweigen sind 1.) postalischer Natur, cf. Carlos, A5, Sc.3, und 2.) innerer Natur. Klagelieder zu schreiben ist kein angenehmes Geschäft, sie beschweren den Leser, ohne den Autor zu erleichtern, dem immer noch am erträglichsten zu Mut ist, wenn er sich durch eine möglichst intensive Arbeit vom Nachdenken über sich selber, seine Situation und seine Zukunft ablenkt. Und es geht uns beiden in der Tat ziemlich dreckig oder, genauer gesagt, be- – nein, bleiben wir beim Approximativen, also: bedeutend weniger gut, als es wohl wünschenswert wäre.

Alle meine Bemühungen um einen Auslandsposten sind

gescheitert. Sie kennen die zahlreichen Gründe, an denen das liegt, der hauptsächliche besteht immer in meinem Fach: das Ausland verschreibt sich einen Romanisten aus romanischen Ländern und nicht aus Deutschland. Meinen fertigen Voltaireband zu publizieren, erwies sich auch als unmöglich, und der Rousseauband, mit dem ich mich jetzt herumschlage, hat noch viel weniger, nein buchstäblich gar keine Aussicht auf Druckerschwärze. Mit diesem grossen Opus über das 18. Jahrhundert in Frankreich, an dem ich seit 33 arbeite, und das ich 38 in zwei dicken Bänden fertig haben will, geht es mir merkwürdig. Ich weiss ganz genau, dass es die beste, reifste und gewichtigste Arbeit meines ganzen Lebens wird, und insofern macht mir das schwere jahrelange Brüten und Schuften immer wieder Freude, und niemand könnte mir das Buch aus den Zähnen reissen, nicht einmal Sie, Herr Doctor, höchstens der Tod; aber ich fürchte auch alle Tage mehr, dass ich mir den Wälzer (an 600 Seiten hat er heute schon und schwillt gewiss noch auf 1000) als jungfräuliches Manuscript in den Sarg legen lassen kann, wo ihn dann die Würmer studieren können.

Da es nun mit dem Auslandsposten nichts ist und mit dem Publizieren auch nichts, so raucht der Schornstein in Dölzschen natürlich kümmerlich und um vieles kümmerlicher, als es Professersch an ihren längst vermorschten Wiegen gesungen wurde. Das Telephon ist abgeschafft (übrigens gab es längst niemanden mehr, mit den wir hätten telephonieren sollen, wir sind ganz isoliert), die Aufwartefrau ist abgeschafft, meine Frau wäscht ab, ich trockene das Geschirr ab und putze die Messer, ich heize morgens und bringe die Asche heraus, meine Frau heizt Nachmittags und bringt die Asche heraus, wir beraten die Notwendigkeit einer Schuhbesohlung – nicht etwa, das wäre Hybris, eines Stiefelkaufs, Zahnärzte und ähnliche lästige Leute müssen oft ziemlich viel Geduld haben, bis das Geld für sie zusammengekratzt ist, usw. usw. Das liest sich alles ganz amüsant, und wir könnten uns ja als heitere Philosophen malerisch vor den andern und uns selber drapieren, aber in Wahrheit und als Zugabe zu einer tief verdüsterten Existenz ist es natürlich eine ziemlich eklige Sache.

An zwei Dingen halten wir bei alledem leidenschaftlich fest, und das ist vielleicht sehr klug und vielleicht sehr dumm, nur der Ausgang kann es lehren: am Ausbau von Haus und Garten und am Wagen. Meine Frau arbeitet ständig, soweit es das Wetter erlaubt, und soweit ein paar Pfennige sich zusammenscharren lassen, am Pflanzen, Cementieren usw.; sie will sich in ihrem Unterstand eher verschütten lassen, als dass sie die Stellung räumte. Und ebenso halten wir, wahrhaftig nicht ohne wirkliche Entbehrungen, am Wagen fest, der uns das letzte bisschen Bewegungsfreiheit und Verkehr mit der Aussenwelt bedeutet. Ich bin in diesem Sommer und Herbst reichliche 6000 km. ohne Unfall und Polizeistrafen gefahren und bin nun kein mit Lebensgefahr verbundener Anfänger mehr, sondern habe eine gute Ruhe und passable Geschicklichkeit erlangt; der Verkehr im Stadtinnern macht mich nicht mehr nervös, und auf der Landstrasse fahre ich mit aller Sicherheit im 60 bis 80 km.-Tempo. Der Wagen, den wir den »Bock« nennen, hat, bei ursprünglich guter Constitution, natürlich allerhand Altersleiden: manchmal ist er etwas lungenschwach, manchmal ein bisschen nierenleidend, und gelegentlich hat er auch Anfälle von Altersirrsinn. Aber das alles ist wiegesagt nur manchmal der Fall, wir sind an seine Tücken gewöhnt, kommen immer wieder mit ihnen zu Rande und freuen uns dann doppelt seiner guten Tage. Jedenfalls habe ich auf solche Weise gelernt, mich durch nichts verblüffen zu lassen, und wenn mir das Schicksal doch noch einmal bessere Tage und einen besseren Wagen schenken sollte, so wird meine Fahrkunst dessen würdig sein.

Und dies ist nun alles.

Möge Ihnen das neue Jahr viel Gutes bringen, in jeder Hinsicht und lauter Gutes. Bitte übermitteln Sie unsere herzlichen Wünsche auch Ihrer Frau Mutter, bzw. Schwieger-, bzw. Grossmutter, deren Aufenthalt wir nicht kennen.

Herzlich ergeben und getreulich!

Ihre EVKl

PS. Noch eine kleine, weder sonderlich wichtige noch sonderlich eilige Bitte oder anderthalbe. Hat sich unter Ihren ausgepackten Büchern die Broschüre Blumenfelds gefunden und könnte ich sie gelegentlich zurückhaben? Und wenn ja, so frankieren Sie doch bitte mit den Marken Eduards VIII. Aber wiegesagt: es ist weder wichtig noch eilig.

Victor Klemperer an Margarethe Riesenfeld

Dölzschen, 22./26. II. 37.

Liebe Grete,

dieser Tage hättest Du bestimmt von uns Nachricht erhalten; sie war Dir zugedacht, obschon eigentlich gar nichts zu berichten ist.

Nun also zuerst herzlichsten Dank für Deine Zeilen und die wiederholte so sehr freundliche Einladung. Es freut uns, dass Du relativ menschlich über den Winter gekommen bist, jetzt scheint es ja wirklich mit Sturm und üblichem Schmutz auf den Frühling zuzugehen. An die Berlin-Strausbergfahrt denken wir oft, und diesmal wird sie hoffentlich zustande kommen. Übrigens lasen wir neulich etwas von der Landkarte ab, was Dich vielleicht lockt und Deinen Kräften nicht zuviel zumutet. Wie wäre es, wenn wir an einem hübschen Tage Dich bequem ins Auto packten und ohne Hast in etwa dreieinhalb Stunden Fahrt nach Landsberg brächten? Wenn es Dir schwerfiele auszusteigen, könnten wir Dich in L. von Punkt zu Punkt durch die Stadt und nahe Umgebung fahren. Tagesprogramm also ungefähr: Abfahrt Strausberg: 9 Uhr, Ankunft L.: 12 ½, Abfahrt L.: ½ 5, Ankunft Str. 8 Uhr. Was meinst Du dazu, es müsste doch ganz hübsch sein, und Küstrin nähmen wir en passant mit. Zu dritt ist bequem Platz im Wagen; Du teilst mit Eva die sehr geräumigen beiden Rücksitze, und ich bin vorn frei am Steuer. (Eine vierte Person wirkt bei längeren Fahrten immer ein wenig raumverknappend.)

Was nun Deine Familienfragen anlangt, so kann ich sie nur ungefähr und nicht ganz bestimmt beantworten, obwohl ich von Sussmann vor kurzem einen langen Brief hatte. Lotte, sehr wenig zufrieden, aus ihrem Beruf gerissen zu sein, wird doch wohl beim Vater bleiben; Käthe, deren Gesundheit sich gebessert habe – ich glaube, es war einmal früher von angegriffener Lunge die Rede, diesmal aber habe ich keine bestimmte Auskunft erhalten und mag nicht fragen – Käthe soll an Rückkehr nach USA denken. Was endlich der Verlobte Hildes dem Beruf nach ist, möchte ich auch gern wissen und habe danach gefragt; aus dem nordischen Balladennamen schliesse ich entweder auf Islandfischer oder Eis-Kunstläufer. – Einen sehr netten Brief hatte ich vor einiger Zeit von Betty und ihrem Jüngsten, Wolfgang aus Cleveland. Betty hat eben Autofahren gelernt, und wir tauschten Erlebnise aus. B.s Brief lagen ein paar hübsche Photos bei, Wolfgang, übrigens ein sehr angenehmer Junge, der uns als Schüler einmal besucht hat, sieht auf dem Bild aus wie ein jüngerer Bruder von Max Schmeling, dem berühmten Boxer. Auch von Georg hatte ich Nachricht, im ganzen gute. – Während des Winters wurden wir zweimal heimbesucht von der uns vorher ganz unbekannten Frau Erna (Georg) Klemperer aus Breslau. Allzu unglücklich waren wir über ihre Rückkehr nach Breslau nicht; ihr im übrigen durchaus freundliches Wesen war gar zu fremd, und unsere Lebensauffassung und unsere Interessen unterschieden sich allzusehr von einander.

Unser Leben hier geht im Ganzen seinen alten Weg weiter, täglich oder doch von Monat zu Monat ein bisschen enger, düsterer und hoffnungsloser, aber schliesslich doch noch auf die alte Weise. Wir sind ganz isoliert; auch von Gusti Wieghardt, nach der Du fragst, ist es seit ¾ Jahren still geworden, ich weiss nicht, wo sie sich aufhält und was sie treibt. Unser einziger und getreuester Umgang ist Mucius, genannt Mujel, sprich wie jamais, der nun schon würdige graue Kater. Sein schwarzer Bruder Nickelchen-Domenico starb leider im vorigen Jahr trotz aller Pflege und ärztlichen Behandlung; wir betrauern ihn wahrhaftig heute noch geradesosehr wie vor zwölf Monaten; wie wir denn überhaupt im allgemeinen mehr an Tieren als an Menschen hängen; es sind anständigere Geschöpfe.

Mein Rousseau, an dem ich seit dem vorigen Mai gearbeitet habe, liegt in den letzten Zügen und wird im März fertig; er ist als erstes Buch des zweiten Bandes meiner Geschichte der französ. Literatur im 18. Jahrhundert gedacht, könnte aber auch als selbständige Monographie erscheinen. Wenn er nämlich erscheinen könnte. Aber das ist unmöglich. Einen Kater zu kastrieren, ist keine Grausamkeit, denn das Tier leidet nicht und erwirbt durch den Verlust grosse und reichlich compensierende Vorteile; ein Buch zu kastrieren ist durchaus verwerflich und ehrlos. Also wird mein Jean-Jacques zum Übrigen in den Schreibtisch gelegt werden. Irgendwann kommt sein Tag schon einmal, wenn ich selbst ihn auch nicht mehr erlebe. Weitere Arbeitspläne habe ich für längere Zeit, als mir wahrscheinlich zur Verfügung steht; das 18. Jahrhundert nimmt mich noch ein bis zwei Jahre in Anspruch, und manches andere wartet.

Eva handwerkert und gärtnert immerfort; das mangelnde

Geld, und damit die Unmöglichkeit, Hilfsarbeiter heranzuziehen und gewisse Anschaffungen zu machen, verlangsamt natürlich alles, aber vieles im Haus und im Garten nimmt doch nach und nach Gestalt an.

Nun sei recht herzlich gegrüsst, lass es Dir möglichst gut ergehen und lass wieder einmal von Dir hören.

Getreulichst Deine

EuVKl

Victor Klemperer an Robert Wilbrandt

Dresden A 27, Dölzschen

Am Kirschberg 19

26. II. 37.

Sehr verehrter Herr Kollege –

Ihr freundliches Schreiben und die schönen zwei Beilagen haben mir so grosse Freude gemacht, dass ich Ihnen sofort antworte und erst einmal ohne Umschweif in medias res gehe.

An der Persönlichkeit und den Werken Ihres Vaters hänge ich mit alter unverrosteter Liebe, und ich bin durchaus überzeugt, dass ihre Zeit einmal wiederkommen wird wie die Spielhagens und Heyses. Ich weiss nicht, ob ich Ihnen einmal meine Theorie von der Zone des Schweigens entwickelt habe: Ruhm in der eigenen Gegenwart, im Aktuellen – Versinken, wenn die Aktualität versinkt, – historisch wieder auferstehen, wenn ein Plus über das Aktuelle hinaus vorhanden ist. Bei Ihrem Vater ist es reichlich vorhanden. Nun sind ganze dreissig Jahre vergangen seit ich als Anfänger meine Monographie schrieb. Seitdem ist so vieles anders geworden und in andere Beleuchtung (oder Verdunklung) geraten, seitdem auch habe ich selber so vieles hinzugelernt, von dem ich 1907 noch keine Sterbensahnung hatte. Beim blossen Lesen Ihres Briefes packte es

173

mich förmlich, was ich heute alles zum Thema Wilbrandt sagen könnte und möchte, wenn ich mich nur einmal ein paar Wochen wieder in die Lectüre versenkte. Auch träfe es sich günstig, dass ich in meinem gegenwärtigen grossen Opus eben jetzt an einen Einschnitt, eine Zwischengrenze gelange, wo ich es bequem für eine Weile unterbrechen könnte. Davon nachher. Zur Sache also: ich bin (wie man sagt: »principiell«) mit dem allergrössten Vergnügen bereit, über das Thema zu schreiben, einen Zeitungsartikel, einen Zeitschriften-Aufsatz, am liebsten, wenn es jemand drucken und honorieren wollte, eine ausgewachsene Studie, etwa eine Broschüre von vier, fünf Druckbogen. Aber das ist nun die Schwierigkeit: ich bin von aller Welt abgeschnitten und vollkommen isoliert, all meine Arbeiten häufen sich im Schreibtisch, im Inland darf niemand etwas von mir drucken, mit dem Ausland habe ich keine Verbindung; ich bin auch einigermassen deprimiert oder verbittert und wende mich von mir aus an keine Redaction und keinen Verlag mehr. Kurzum, lieber Herr Kollege: wenn *Sie* den Manager machen wollen und dafür Sorge tragen, dass mir ein Blatt oder ein Verlag in Österreich oder der Schweiz oder in USA in bindender Form – vertraglich – Auftrag erteilt, so will ich sehr gern über das Thema schreiben und bin gewiss, etwas Ordentliches zustande zu bringen, besonders wenn ich einigen Raum zur Verfügung habe; aber (und das dürfen Sie mir nicht verübeln) von mir aus biete ich nichts an, und auf ein »bitte zur wohlwollenden Prüfung vorlegen!« gehe ich auch nicht ein. Ich habe das so genau formuliert, damit Sie ohne weiteres im Bilde sind; denn natürlich würde ich zu der Arbeit einige Zeit gebrauchen, und da sie doch wohl spätestens Mitte Juni in Druck müsste, so wäre eben keine Zeit zu verlieren. Noch einmal an mir soll es nicht fehlen, und ich würde mich sehr freuen, wenn etwas aus der Sache würde.

Allzugut ist es uns in der Zwischenzeit nicht ergangen: der

Glaube an zu viele Menschen und Dinge ist unrettbar hin, es fehlt an Luft zum Athmen, und es fehlt an allerlei anderem. Ich hätte so gern noch unterrichtet und vermag als Romanist und noch dazu als Literarhistoriker, also als ganz unbrauchbares Möbel, keinen Auslandposten zu finden.

Immerhin leben wir und halten uns über Wasser. Meine Frau gärtnert und handwerkert viel, ich selber sitze an meinem Achtzehnten Jahrhundert der französischen Literatur. Ein erster Band von etwa 500 Druckseiten: »Das Jahrhundert Voltaires« liegt seit ¾ Jahren druckbereit in Maschinenschrift fertig; der zweite: »Das Jahrhundert Rousseaus« wird mich noch ein bis anderthalb Jahre in Anspruch nehmen. Er beginnt mit einer Rousseaustudie, die sich zu einer selbständigen Monographie (mit sehr merkwürdigen Ergebnissen) ausgewachsen hat, und die ich eben gerade jetzt zum Abschluss bringe. An eine Publikation ist nicht zu denken, auch im Ausland nicht.

Nun lassen Sie von sich hören und seien Sie mitsamt Ihrer verehrten Gattin aufs beste von uns beiden gegrüsst.

Herzlich ergeben

Ihr

Victor Klemperer an Martin Sußmann

24. April 37, Dölzschen

L. Martin –

Deine beiden Schreiben und Briefmarken-Sendungen machen mir sehr viel Freude, aber ich bin doch auch ein wenig bedrückt davon. Denn Du machst mir da sehr wertvolle Geschenke und verwendest ausser dem Geld noch viele Mühe darauf – und ich sehe (wenigstens im Augenblick) gar keine Möglichkeit der Gegengabe. Du bist wahrscheinlich über den chaotischen Zustand unserer eigenen Sammlung nicht völlig aufgeklärt, das ersehe ich aus Deinem Hinweis auf Falze. Falze – bei uns ist alles wirres Rohmaterial und liegt in x Schachteln und Couverts. Möchtest Du nicht einmal auf ein Wochenende nach Dresden kommen? Du fändest gewiss manches an Marken, was Du gebrauchen könntest und sollst es herzlich gern haben. Oder wenn uns der Weg einmal nach Berlin führt, bringe ich einiges mit, und Du kannst dann Auswahl halten. Aber wann wird das wohl sein? Wir nehmen uns eine Berlinfahrt von Monat zu Monat vor, und nie ist es möglich, das elende Geld dazu aufzubringen. Wir sind in einer komischen Lage, seit ich mein Amt und alle Publikationsmöglichkeit verloren habe: wir haben eine »Villa« und ein Auto, und haben längst keine Aufwartefrau mehr, oder was sonst so zu »besseren Leuten« und nun gar (wie man hier sagt) Professersch gehört.

Vielleicht wunderst Du Dich, dass es uns an Zeit zum Ordnen der Marken fehlt: aber meine Frau arbeitet neben der Wirtschaft ständig am Haus und Garten – das stand ja alles sozusagen nur im Rohbau, als die Katastrophe kam, und seitdem macht sie so *peu à peu* alles allein, den Gärtner, Maler, Tischler, Cementierer etc., etc. Und ich selber arbeite mit einer vielleicht blödsinnigen Verbissenheit an meinem Opus, das ich gar zu gern schaffen würde, und das mich immer tiefer ins Studium hineinführt. Vanitas vanitatum, aber ich möchte gar zu gern noch einige Bücher schreiben, ehe ich abfahre, und ich glaube nicht, dass mir sehr viel Zeit zur Verfügung steht.

Wenn Du also nicht wenigstens ungefähr angeben kannst, in welcher Richtung sich Deine Markenwünsche bewegen, wäre es wirklich das Richtigste und Erfreulichste, Du machtest einmal einen Sonntagsausflug nach Dölzschen.

Dann könnten wir uns auch ausführlich über manches unterhalten, was sich brieflich schlecht bereinigen lässt.

Denn wie soll ich auf Deine Frage mit Ja, Ja oder Nein, Nein antworten? Das könnte ich selbst dann nicht, wenn ich wüsste, welchen von den zahllosen Gottesbegriffen Du meinst, die zwischen dem Deus sive natura (den man auch wieder in x Nuancen vom geometrischen Lehrsatz bis zur pantheistischen Schwärmerei fassen kann) und dem himmlischen Vater des Evangeliums liegen. Dass ich mich mit der Sache längst und sehr ernstlich beschäftigt habe, ist allein schon durch mein Arbeitsgebiet begründet: die französische Literatur des 19. Jahrhunderts ist ganz erfüllt von dem Aufschwung des Katholizismus, die des 18. von dem Vordringen der Aufklärung. Immerfort und in allen möglichen Varianten und Auswirkungen geht es um dies eine Problem. Was mich persönlich anlangt, so bin ich der Überzeugung, dass ein striktes »Ungläubig« genau so einen Glauben, d. h. eine unbeweisbare Gewissheit einschliesst, ein Glaube mit negativem Vorzeichen ist, der wieder und analog in genau so vielen Abwandlungen auftritt wie der positive Glaube. Für meinen Teil nehme ich es sehr ernst mit dem spöttischsten Wort Renans: Tout est possible, même Dieu. Es scheint mir absolut unmöglich, das Für oder Wider allgemeingiltig zu beweisen, einerlei, ob man von der Offenbarung einer Bibel, der Vernunft oder des Gefühls ausgeht. Für meinen Privatgebrauch habe ich die Formel, mit der ich manchmal ein bisschen Coué-Gymnastik treibe: Wir werdens ersterben. Das stimmt unter allen Umständen, sofern man den Zustand des Nichtwissens oder Nichtseins als Erfahrung mit negativem Vorzeichen zulässt. Die psychologische Centralaussage Deiner Studie (auf die ich ungemein neugierig bin): »Der Mensch ist nicht fähig nicht zu glauben«, halte ich für zutreffend, sofern Du »glauben« in dem allervagsten Sinn nimmst, der jede wie immer beschaffene, noch so flüchtige, so grobe oder so halbbewusste Schauerempfindung dem Transcendenten gegenüber miteinschliesst. Nimmst Du aber »gläubig« im Sinn einer Gewissheit, sei es rationaler oder überrationaler, sei es positiver oder negativer Art, so ist der Satz nicht allgemeingültig. Jeder wirkliche Glaube (und Nicht- oder Unglaube) ist das, was der Katholizismus »Die Gnade« nennt. – Dies alles habe ich im Augenblick natürlich nur flüchtig skizziert, vielleicht nicht sehr klar und jedenfalls nicht »druckreif«. Ich müsste Deine Studie lesen, und ich müsste mich mit Dir unterhalten können. Wirklich, Du solltest einen Ausflug nach Dresden machen.

Und das wäre zum Dritten auch notwendig, wenn Du genaueres über die Sprachstudie hören wolltest, die ich nach meinem »Achtzehnten Jahrhundert« plane, von der übrigens einige Elemente schon in meinem eben abgeschlossenen Rousseau zu finden sind. Denn es ist ja so eine Sache mit dem Briefgeheimnis. Die Arbeit bekommt eine psychologische und eine damit zusammenhängende historische Seite. Motto: In lingua veritas. Es ist nämlich nur zum kleinern und oberflächlichen Teile wahr, dass die Sprache dem Menschen zum Verbergen seiner Gedanken gegeben ist, vielmehr: sie verrät ihn.

Endlich danke ich Dir noch vielmals für die Nachrichten über Deine Kinder. Allen dreien, Hilde und Käthe in ihrer Ehe und Lotte in ihrem Beruf, wünschen wir aufs allerherzlichste Glück. Lass uns bitte wissen, wie die Dinge weiterlaufen, und wo sich Lotte nun hinzuwenden gedenkt.

Und nun noch einmal den peinlichen »vorläufigen« allerbesten Dank und viele sehr herzliche Grüsse von meiner Frau und mir.

Getreulich!

Dein

Victor Klemperer an Margarethe Riesenfeld

Dölzschen, 9. VI. 37.

Liebe Grete –

Dein freundlicher Brief erfüllt uns beide mit lebhaftem Entzücken und zwar aus mehreren Gründen. 1) nämlich freut es uns, dass wir ein gutes Angedenken bei Dir hinterlassen haben, 2) dass Dir ganz offenbar die Landsbergfahrt Vergnügen gemacht hat und gut bekommen ist, 3) dass Du Vertrauen zu meiner Fahrkunst hast, 4) dass sich die Aussicht eröffnet, wieder mit Dir zusammen zu sein, und 5) macht uns die Möglichkeit einer weiteren Autoreise den allergrössten Spass. Aus all diesen Gründen also sei für den Vorschlag herzlich bedankt und unseres »principiellen« Einverständnisses und unserer fast sofortigen und vergnügtesten Bereitschaft gewiss. Selbige ersiehst Du schon daraus, dass Klemperer sich sogleich nach Empfang Deines elektrisierenden Briefes in der neuartigsten Parallele zwischen dem Herzog von Saint-Simon und Fénelon, dem Autor des Télémaque unterbrochen hat, um Dir postwendend zu antworten.

Dies alles vorausgeschickt, musst Du mir nun gestatten, wie man zu sagen pflegt, Tacheles zu reden. Es dreht sich um den Geldpunkt. Wir selber sind ziemlich abgebrannt; und da wir das Häuschen hier schon um des zu bewässernden Gartens und zu fütternden Katers willen nicht ganz ohne Aufsicht lassen können, so vermögen wir von uns aus beim allerbesten Willen nicht mehr als eben unsere Fahrt Dresden – Strausberg und Strausberg – Dresden selber zu zahlen. Alles andere müsstest eben Du finanzieren. Nun sind wir drei Leute und ein Bock, und alles das will im Hotel untergebracht sein und gefüttert werden. Da wir die gegenwärtigen Hotelpreise nicht kennen, so lässt sich eine genaue Vorausberechnung nicht durchführen. Aber jedenfalls glauben wir, dass der Bodensee oder die Bergstrasse bei ihrer sehr weiten Entfernung für eine allzukurze Tour nicht in Betracht kommen (mindestens nicht ohne grosse und strapaziöse Hetze). Dagegen liesse sich mit der etwas näheren Nordsee mancherlei Hübsches anfangen. Wir unterbreiten also folgenden elastischen und unterwegs endgiltig festzulegenden Vorschlag. Wir kommen einen Sonntag oder Montag (so etwa in anderthalb Wochen) gegen Abend zu Dir. Am nächsten Morgen zeitiger Aufbruch zu langer Fahrt, spätestens gegen neun Uhr. Kleine Mittagsrast im Wagen aus mitgenommenem Vorrat, ausgibige Kaffeepause in *Hamburg* in einem Kaffeehaus über der Elbe, Abendbrod am Ziel: *Cuxhaven*. Das ist ein uns bekannter vorzüglich geeigneter Ort, Seebad und grosser Schiffsverkehr, passable Unterkunft. Den zweiten Tag streifen wir erholsamer im Wagen die eigentliche Küste ab, etwa bis Wesermünde und sind zur zweiten Nacht wieder im gleichen Cuxhavener Hotel. Die weitere Entwicklung hängt nun von dem in diesem Augenblick genauer zu übersehenden Geldstand und natürlich von Deiner Frische und Unternehmungslust ab. Hast Du genug und ist das Geld knapp, so können wir auf direkter Rückfahrt am Abend des dritten Tages wieder in Strausberg sein. Bist Du solvent und zum Ausreissen weiterer Bäume aufgelegt, d. h., kann noch eine dritte Hotelnacht eingeschoben werden, so machen wir nach Deinem Belieben einen Schnörkel entweder nach Westen mit Übernachtung in Bremen oder (vielleicht noch lohnender – wir werden Dir beide Möglichkeiten mündlich erörtern und auf der Karte zeigen –) nach Osten mit Übernachtung in Lübeck oder Wismar. In beiden Fällen wären wir am Abend des vierten Reisetages in Strausberg. Dort dürfen wir dann gewiss noch einmal übernachten, ehe wir nach Dresden zurückfahren. Die Kilometerzahl der Strecke in ihrer weitesten Fassung dürfte rund 1200 betragen (gemeint ist nur die gemeinsame Fahrt Strausberg–Strausberg). Das ergäbe an Fahrkosten (Benzin und Öl) rund 70 Mark. Es handelt sich also darum, wie weit das Restkapital reicht. Ohne den Schnörkel des eventuellen vierten Tages vielleicht zweihundert km. weniger.

So, l. Grete, nun hast Du alle Unterlagen, soweit wir sie geben können.

Indem ich mich als Chauffeur bestens empfehle, grüsse ich Dich, zugleich in Evas Namen, aufs herzlichste.

Getreulich!

Beste Grüsse an Kemleins und einen Pellengruss an den Kater.

Victor Klemperer an Grete und Walter Blumenfeld

Dölzschen, 22. 7. 37.

Liebste Blumenfelds –

heute kam Euer Brief zum 12., nachdem ihm der schöne Kaffeesack vorausgegangen, und für heute war auch der Glückwunsch für Dich, l. Blümchen, geplant. (Der für Deinen Mann nebst dem herzl. Dank für den Kaffee hat Euch hoffentlich inzwischen erreicht.) Also von Herzen alles Gute und Schöne, und dass wir uns noch einmal in besseren Zeiten und in guter Verfassung wiedersehen! Du hast recht, l. Bl. – wozu noch in Sentimentalität verfallen, wo einem eh schon diesseits und jenseits des Meeres mulmig genug zu Mute ist.

Also erst einmal Antwort auf Eure Fragen.

Frau Dember sehen wir zweimal jährlich, denn so oft ist sie bei ihrer Mutter. Es ist wenige Tage her, dass wir die beiden Damen in Hirschsprung besucht haben. Die alte Dame, jetzt 83, hat vor kurzem ihren xten, geradezu ihren Jubiläumsschlaganfall gehabt und ist dabei von einer erstaunlichen geistigen Regsamkeit und Frische, auch körperlich keineswegs das, was man sich unter einer Gelähmten vorstellt, ein wahrhaftes Phaenomen der Unverwüstlichkeit. Frau D. selber hat sich orientalisch üppig entfaltet (steht ihr aber gut). Sie fragte mit etwas schlechtem Gewissen nach Euch – man schreibe doch nun einmal so wenig im Hause D. Von ihrem Mann

181

erzählt sie, dass auch in Istanbul der Moment des Vertragerneuerns oder Nichterneuerns bevorstehe. Curiosum: Emita wird mit ihrem noch viel mehr als sehr vermögenden Mann Paris verlassen; er will sein Physikstudium wieder aufnehmen und zwar bei Alexis Dember, der an einem Univ.-Institut in Pasadena (U. S. A.) angestellt ist. (Ihre Sorgen möcht ich haben!) Weniger erfreulich: wir hörten durch Frau D. – da wir direkte Beziehungen zu Gusti W. seit Jahr und Tag nicht mehr haben –, dass Karl W. (kurz vor dem Doctorexamen in Göttingen stehend) ernstlich erkrankt sei und eine schwere Nierenoperation vor sich habe. –

Dass Mutter Schaps diesen August schon 70 wird, hätten wir nicht gedacht; sie war doch eben erst sechzig und sieht auch noch nach sechzig aus. Von ihr, Liesel und Elfriedchen hatten wir einen Kartengruss aus den Dolomiten.

Soviel vom gemeinsamen Bekanntenkreis.

Von uns nun: es geht uns ziemlich dreckig, in verwöhnteren Zeiten würden wir wohl sagen: recht sehr dreckig. Mein letzter Brief klang wohl ein bisschen optimistischer; inzwischen regnete es uns wieder ziemlich ausgibig in die Bude, aus der Seereise wurde nichts, andere Hoffnungen hielten auch nicht vor. Aber wir sind zur Hälfte hart im Nehmen und zur andern Hälfte fatalistisch, zur Hälfte wurstig und zur Hälfte fest entschlossen, was wir nur irgend an echten und künstlichen Zähnen besitzen, fest zusammenzubeissen. Um wieder Eure Fragen zu beantworten: Mit unserm Kater sind wir nach wie vor ein Herz und eine Seele, er beschämt, was Herz und gute Eigenschaften anlangt – wer unter den Menschen ist auch nur annähernd so stubenrein wie er? – die gesamte Humanitas, wozu freilich verzweifelt wenig gehört. Der Bock ist nach wie vor unser Trost, er ist es jetzt, da ich allmählich besser fahren gelernt habe, sogar noch weit mehr als früher. Wir können gemeinsam in die Stadt zu Besorgungen fahren, an heissen

Abenden ein bisschen nach Dippoldiswalde zu, gelegentlich ins Kino und manchmal für ein paar Stunden in die Umgebung. Zu mehr langt das immer knapper werdende Geld nicht, und auch das ist recht mühselig erkauft, mit allerhand ziemlich jämmerlichen Entbehrungen, von denen Ihr Leute mit dem Rückhalt eines kleinen oder grösseren Vermögens nichts wisst – aber wir sagen uns doch immer wieder, dass besagter Bock mit all der Alltagsmisère nicht zu hoch bezahlt ist, denn schliesslich müssen auch Gefangene ihren Ausgang haben, wenn sie nicht verrecken sollen, und wir wollen durchaus nicht verrecken. Der Garten hat allerhand Zuwachs erhalten, insbesondere an Rosen, sieht aber im Augenblick etwas unreputierlich aus, da er auf Rasen hergerichtet wird. Meine Arbeit endlich ist mir immer tröstlich, wenn ich mich in sie vergrabe und immer ein Anlass grosser Betrübnis, wenn ich über ihr Schicksal nachdenke. Bis zum nächsten Sommer denke ich auch mit ihrem zweiten Band (»Das Jahrhundert Rousseaus«, der fertige Bd. 1 heisst »Das Jh. Voltaires«) durchzusein. Es ist das bei weitem Ernsteste und Beste, was ich in meinem Leben geschrieben habe, es übertrifft die Bücher, mit denen ich mir mein Nebbichbisschen Namen gemacht habe, sehr entschieden, und es wird niemals erscheinen, denn wer will im Ausland einen Deutschen über französische Literatur lesen, und wer in Deutschland, wo das Französische kaum noch Schulfach ist, wird sich je für ein so ausgedehntes und ziemlich eigenwilliges Opus interessieren, das durchaus französische Sprachkenntnisse voraussetzt? Ich arbeite weiter, weil ich sonst nichts mit meiner Zeit anzufangen weiss. Das fertige Druckmanuscript gedenke ich einer Schweizer Universitätsbiliothek zu hinterlassen. Vanitatum vanitas.

Und nun noch einmal viele herzliche Wünsche und ebensolche Grüsse

Getreulich Euer

Victor Klemperer an Fritz [Thiele]

Dresden A 27/Dölzschen,
Am Kirschberg 19.
8. Oktober 37.

Lieber Fritz –

ich danke Dir, zugleich im Namen meiner Frau, herzlich für das freundliche Gedenken, die Glückwünsche und die guten Gaben.

Aber ich muss Dir doch leider sagen, dass ich mich nur schwer entschliessen konnte, die Dinge, weil sie aus guter Absicht kommen, ein letztes Mal anzunehmen.

Seit mehr als drei Jahren vermeidest Du sorglich und pflichtgemäss jeden persönlichen Umgang mit uns; da ist es völlig zwecklos und peinlich, die Zeichen einer tatsächlich zerstörten Freundschaft aufrecht halten zu wollen. Ich habe Dich schon längst bitten wollen und tue es hiermit ausdrücklich, auch den schriftlichen und Packetverkehr mit mir einzustellen, der für Dich nur Gefährdung und für uns nicht das Vergnügen bedeutet, das Du uns damit bereiten möchtest.

Wir wünschen Dir und den Deinen alles Gute und grüssen Euch ein letztes Mal in alter Gesinnung.

Dein

Victor Klemperer an Felix Bachrach

Dresden A 27/Dölzschen
Am Kirschberg 19
17. 12. 37

Sehr geehrter Herr Bachrach –

Herr Hans Gerstle sagte mir, Sie hätten auf seine Erwähnung hin liebenswürdigerweise Anteil an mir genommen und gewünscht, einen Überblick meiner Situation zu erhalten. Da es nun wirklich mein sehnlicher Wunsch ist, noch einmal zur Lehrtätigkeit zu gelangen und vielleicht auch publizieren zu können, was sich an wissenschaftlicher Arbeit in meinem Schreibtisch anhäuft, und da mir jeder Aufenthaltsort in jedem Erdteil recht wäre, wenn ich dort nur mit meiner Frau existieren könnte, so erlaube ich mir also, Ihnen ein paar Daten über mich zu schreiben.

Ich bin 56 Jahre alt, verheiratet, kinderlos. 1933 behielt ich meine Professur, da ich als Kriegsfreiwilliger an der Front gestanden habe und erst nach langem Aufenthalt im flandrischen Lazarett als Censor in der Etappe tätig war. 1935 wurde ich dann als überzählig entlassen. Um diese Zeit gelang es mir nicht mehr, Auslandstätigkeit zu finden. Übrigens lagen von vornherein die Dinge für einen Philologen wesentlich ungünstiger als für einen Naturwissenschaftler oder Techniker oder Nationalökonomen.

Ich begann meine wissenschaftliche Laufbahn als Germanist und promovierte 1913 in München mit einem Buch über den jungdeutschen Roman. 1914/15 bin ich bis zum Eintritt Italiens in den Weltkrieg Lektor und Prüfungskommissar für Deutsch an der Universität Neapel gewesen. Gleichzeitig trug ich dort an einer Frauenhochschule französische Literatur vor. Ich hatte mich damals bereits der romanischen Philologie zugewandt und für den ersten Band einer Montesquieu-Monographie – (der zweite erschien, während ich im Felde war, 1915) – die Privatdozentur an der Universität München erhalten. Dort wurde ich gleich nach Friedensschluss zum ausserordentlichen Professor ernannt, von dort 1920 als Ordinarius an die technische Hochschule Dresden berufen, an der eine grosse Kulturwissenschaftliche Abteilung im wesentlichen der Lehrerausbildung diente. Diese Abteilung habe ich fünf Jahre lang als Dekan im Senat vertreten, ich bin auch wiederholt als

Staatskommissar bei Abiturientenprüfungen tätig gewesen und so mit manchen Fragen der Paedagogik vertraut.

Mein eigentliches Gebiet aber ist die Literaturgeschichte, in erster Linie Frankreichs, in zweiter Italiens und Spaniens. Hierüber habe ich viele Vorlesungen, auch viele öffentliche Vorträge an manchen Orten gehalten, hierüber eine kleine Bibliothek zusammengeschrieben. Seit ein paar Jahren werden meine wichtigsten Veröffentlichungen in den Conversationslexiken, im Brockhaus, Meyer, Herder, aufgeführt. Es sind die vier Bände der französischen Literatur im 19. und 20. Jahrhundert, die Studienbücher zur französischen modernen Lyrik und Prosa, die Geschichte der italienischen Renaissance-Literatur in Walzels grossem Handbuch der Literaturwissenschaft, zwei Bände gesammelter Aufsätze, zuletzt, 1933, ein Buch über Corneille. Seitdem schreibe ich an einer grossen zweibändigen Geschichte der französischen Aufklärungsliteratur, die gewiss ein grösseres Publikum interessieren würde, wie ja auch meine früheren Bücher ein allgemeineres Interesse erweckten. Der erste in sich abgeschlossene Band »Das Jahrhundert Voltaires« liegt druckfertig, der zweite, »Das Jahrhundert Rousseaus«, ist zum grossen Teil geschrieben, eine Rousseau-Monographie, die ihn einleitet, gäbe ein Buch für sich. Aber all meine Verlagsverträge mit deutschen Verlegern, insbesondere mit Teubner, der mein achtzehntes Jahrhundert bringen sollte, sind rechtsungültig geworden, da ich Nichtarier bin, und im Ausland ist ein so umfangreiches literaturwissenschaftliches Werk in deutscher Sprache schwer zu veröffentlichen, wenn der deutsche Markt als Absatzgebiet fehlt. Wäre ich selbst im Ausland tätig, so fände sich vielleicht die Möglichkeit eine Übersetzung zu publizieren.

Wie wäre ich nun im Ausland verwendbar? Doch wohl nur auf einem Katheder. Aber es müsste ja nicht gerade ein ausgewachsenes Hochschulordinariat sein, wie ich es hier innehatte. Ich könnte mit sehr gutem Gewissen ebensowohl deutsche, wie über französische, italienische und spanische Literatur vortragen. Es würde mir keine Schwierigkeit machen, mich dabei der französischen Sprache zu bedienen, nach kurzer Vorbereitung auch der italienischen, in der ich ja in früheren Jahren schon einmal doziert habe, nach etwas längerer auch der spanischen. Mein wundester Punkt ist leider das Englische; ich lese es, wie ich es zu meinen wissenschaftlichen Arbeiten gebrauche, aber mir fehlt alle Übung in der modernen Umgangssprache, im Sprechen und beinahe noch mehr im Verstehen. In Frankreich und Italien bin ich oft und lange gewesen, habe auch Studienreisen nach Spanien und Lateinamerika gemacht, aber englischen Boden habe ich nur einmal auf einen halben Tag betreten, als Student auf einem Ausflug von Paris nach der Insel Jersey. C'est bien peu pour un sergent, heisst es im französischen Soldatenlied. Aber ich glaube bestimmt, dass ich mich in ein paar Monaten auch ins Englische, das mir ja wiegesagt nicht fremd ist, einigermaßen einleben könnte.

Des öfteren habe ich auch daran gedacht, ob ich nicht einmal zu irgendwelchen Gastvorlesungen (ein oder zwei Semester an einer Hochschule oder ein Vortragscyklus in verschiedenen Städten sei es Englands oder Amerikas oder wo immer) gebraucht werden könnte. Ich habe oft über allgemeinere Fragen der Geistesgeschichte, insbesondere über geistige Beziehungen zwischen Deutschland und Frankreich, Vorträge gehalten. Es müssten freilich auch in diesem Fall die Bedingungen derart sein, dass meine Frau mich begleiten könnte, denn ich kann und will sie nicht allein zurücklassen.

Nun habe ich Ihnen also das angeforderte »Exposé« in aller Ausführlichkeit gegeben und Sie damit hoffentlich nicht über Gebühr aufgehalten. Wenn Sie mir antworten, dass einem Menschen in so unpraktischem Beruf nicht zu helfen sei, dann bestätigen Sie nur, was ich mir selber seit zweieinhalb Jahren

täglich sage. Aber auch bei solch negativer Antwort werde ich
Ihnen für das mir erwiesene Interesse durchaus dankbar sein.

Ich zeichne als Ihr ganz ergebener

An Bankier Felix Bachrach
London C. 2, Finsburysquare 11/12

Victor Klemperer an Otto Klemperer

19. 12. 37

es ist sehr hübsch von Dir, und ich bin dafür dankbar, dass Du
durch jährlichen Bericht die Verbindung zwischen uns aufrecht hältst. In unserer Familie bist Du der Älteste Deiner Generation, und ich bin der Jüngste in der meinigen, beinahe in
ebensogrossem Altersabstand von Deinem Vater, wie Du von
mir. Auch verbindet uns über die Verschiedenheit der Disciplinen hinweg sozusagen das verhinderte Gelehrtentum, das
fehlende Katheder. Du wirst es kaum weniger schwer vermissen als ich, aber hast die Zukunft noch vor Dir. Es war immer
mein Stolz, im Brockhaus hinter den Arbeiten Deines Vaters
die meinigen angezeigt zu finden; in der nächsten Auflage wirst
Du die Reihe fortsetzen. –

An dem schweren dreifachen Verlust, der Euch betroffen
hat, nehme ich herzlichen Anteil; sehr betrauert habe ich
Deine arme Mutter, die ich im freundlichsten Andenken bewahre.

Aber schön ist es, dass Du doch auch Gutes zu berichten
hast, vom Gedeihen Deiner Kinder und Deiner wissenschaftlichen Arbeit. Wie eigentümlich, dass Eure Jungen gerade im
Englischen glänzen! Mir selber macht Englisch Sprechen und
Verstehen leider die grössten Schwierigkeiten; ich kann ein
englisches Buch meiner Fachwissenschaft lesen, aber das ist
auch alles – englische Zeitungslektüre z. B. fällt mir grausam

schwer. Ich bin eben nie im Lande gewesen und war immer an meine romanischen Sprachen gebunden.

Bei uns hat sich in diesem Jahr kaum etwas verändert, weder zum wesentlich Schlechteren, noch freilich auch zum Besseren. Haus und Auto, nach denen Du Dich erkundigst, halten wir noch – aber ein bisschen so, wie es vor zwanzig Jahren in den österreichischen Kriegsberichten zu lauten pflegte: »Noch ist Lemberg in unserm Besitz.« Immer wieder bemühe ich mich um einen Auslandsposten. Aber mein Fach ist wesentlich unpraktischer als das Deine. Auch bin ich 56 Jahre alt, war Ordinarius und komme also für eine kleine Stelle nicht recht in Frage, und grosse liegen eben nicht auf der Strasse.

Wir leben hier vollkommen isoliert, so völlig einsam, wie Du es Dir kaum vorstellen kannst. Ich arbeite nach wie vor an meinem grossen zweibändigen Opus über das achtzehnte Jahrhundert in Frankreich; der erste Band liegt druckfertig, vom zweiten ist die reichliche Hälfte und noch ein bisschen mehr geschafft; aber die Aussicht, das Ganze einmal publizieren zu können, ist kaum vorhanden, der ursprüngliche Vertrag mit Teubner hat seine Gültigkeit verloren.

Meine Frau gärtnert und handwerkert viel, und so oft es sich irgend machen lässt, fahren wir ein Stück in die schöne Dresdener Umgebung hinaus. Im Winter ist das natürlich nicht immer angebracht. Aber diesen Sommer sind wir sogar einmal auf grosser Fahrt gewesen: in Berlin, und dann mit meiner Schwester Grete zusammen ein paar Tage in Hamburg, Cuxhaven, Bremen, Lübeck und Travemünde. Es war sehr hübsch, ich habe mich auf meine alten Tage zu einem ganz passablen und sehr passionierten Fahrer entwickelt.

Nun wünsche ich Dir und den Deinen, zugleich im Namen meiner Frau, alles mögliche Gute für 1938 und grüsse Dich sehr herzlich.

Dein

Victor Klemperer an Albert Hirsch

Dresden A 27 – Dölzschen
Am Kirschberg 19
29. 12. 37.

Lieber Freund,

ein Neujahrsgruss war Ihnen für diese Tage bestimmt zugedacht. Gesundheit für Sie und die Ihrigen, und lauter Schönes und Gutes zu Hause und in Ihrem grossen und wahrhaftig wertvollen Wirkungskreis! Meine Frau schliesst sich diesem Glückwunsch aufs herzlichste an.

Nun kann ich mit der Gratulation gleich den allerbesten Dank für Ihren Brief verbinden, an dem uns alles ungemein interessiert hat. Im ganzen klingt er doch sehr befriedigt, und sicher bereitet Ihnen die Überfülle der Arbeit auch ein stolzes und sehr berechtigtes Vergnügen. Ich könnte über die unendliche Wichtigkeit Ihrer Arbeit etliche pathetische Worte sagen, ohne daß irgendetwas daran übertrieben oder phrasenhaft wäre – aber ich will sie mir lieber aufsparen zu passenderer Gelegenheit. Von ganzem Herzen gönne ich Ihnen den schönen Platz.

Nur leider ist das arme Menschenherz ein jämmerliches Ding, und wenn man sich ernsthaft prüft, ist selbst das reinste Gönnen nie ganz frei von leisem Neidgefühl. Ich kann hier gleich noch eine Trivialität hinzufügen: dem einen sin Uhl, dem andern sin Nachtigall. *Sie* sehnen sich nach ein paar Stunden ruhigen Studiums, und ich wäre glücklich, wenn ich nur wiedereinmal ein bisschen unterrichten könnte, und wenn ich idiotische Analphabeten vor mir hätte. Nur nicht dies ständige Insichhineinwühlen, dies d'outre-tombe-Arbeiten; es geht auf die Dauer furchtbar auf die Nerven.

Wir leben in einer Abgeschlossenheit, die immer, wirklich von Monat zu Monat immer völliger wird. Gerade in diesen

Tagen verlassen unsere letzten Bekannten Dresden, unsere letzten Freunde Berlin. Wir selber haben die Hoffnung auf einen Auslandsposten aufgegeben. Vielleicht hat uns auch nie so übermässig viel an dieser Hoffnung gelegen. Meine Frau, die unser Häuschen beinahe allein gebaut hat – jede Zeichnung, jede Leitung, Grundmauer, Heizanlage etc. etc. ist buchstäblich von ihr vorgezeichnet, während des Baus kam sie nie vor Arbeitsschluss vom Bauplatz, und auch jetzt handwerkert (malt, cementiert, tischlert, gärtnert) sie den ganzen Tag, unsere Weihnachtsbäumchen werden, seit wir hier wohnen, lebendig mit Wurzelballen gekauft und nach dem Fest eingepflanzt ... Meine Frau also hängt an diesem Fleckchen, und etwas von ihrer gesegneten Zähigkeit ist auf mich übergegangen: hier sind wir zu Hause, hier haben wir uns eingegraben, und hier wollen wir »Des Ends erwarten«.

An meiner Arbeit sitze ich noch immer mit »Acharnement«, und vielleicht werde ich sie bis Ostern 39, vielleicht sogar bis Ende 38 schaffen. Aber der Elan, die rechte Zuversicht fehlen. Und es fehlt die schöne Unverschämtheit jüngerer Jahre. Früher las ich an einer Sache vierzehn Tage, dann wusste ich: so ist das, und schrieb darauf los, ohne nach rechts und links zu sehen. Jetzt nehmen die Zweifel und das immer erneute Studieren und Überlegen kein Ende, ein Abschnitt von einem Dutzend Druckseiten kostet oft einen Monat Lektüre und Brüten, in diesem ganzen Jahr sind etwa 125 Druckseiten fertiggeworden. Gerade in den letzten Wochen war es solch ein »Gewerje« (das ist sächsisch und heisst Gewürge, Quälerei), übrigens auf einem Gebiet, das Ihnen Primaner- und Muncker-Erinnerungen wachrufen wird: der Graf Caylus – Sie wissen: Homers Bilder, Lessing, Winckelmann usw. Ein winziges Capitel »Rousseauismus und Antike«, aber man kann rein verrückt dabei werden, besonders wenn man nachweisen will, wie schief einige darüber verbreitete Meinungen sind. (Man über-

nimmt nämlich immer Kunstgeschichtliches in die Literatur-
betrachtung, und da stimmt es wie die Faust aufs Auge.) –
Wahrscheinlich ist es nicht nur das höhere Alter, das mich jetzt
langsamer arbeiten lässt als in frechdachsigeren Zeiten; es wirkt
natürlich auch furchtbar lähmend, nur für sich allein und ohne
jede Hoffnung auf Publikation zu schreiben. Auch bin ich
äusserst behindert durch das Verbot, den Lesesaal der Bibliothek zu betreten; dort stehen vielbändige Nachschlagewerke,
und so liebenswürdig mir auch die Beamten alles heranschlep-
pen, worum ich bitte, so wissen Sie doch gewiß selber, dass
nur eigenes Suchen finden lässt. Trotzdem komme ich im
Schneckentempo vorwärts, und ich glaube sogar etwas Gutes
zustandezubringen; aber die zuversichtlichen Momente sind
mit vieler Bitterkeit underleinet.

Der Band, an dem Sie Anteil nehmen, ist jetzt in drei Bücher unterstteilt: B. I: die Rousseau-Monographie (fertig),
B. II: Rousseauismus vor Rousseau (fertig), B. III: Die Wirkung Rousseaus. Davon haben die beiden ersten jetzt beende-
ten kleinen Abschnitte Verbindung mit England – Deutschland (Gessner, Werther, Thomson, Young, Ossian) und
»Antike« das letzte Vierteljahr gekostet, und auf die übrigen
Kapitel rechne ich eben noch 12–18 Monate.

Dies Dixhuitième soll mein letztes rein literarhistorisches
Opus werden. Bleibt mir danach noch Zeit, so gehe ich an
eine mehr sprachgeschichtliche und nicht rein romanistische
Arbeit: die Sprache dreier Revolutionen (Frankreich 1789, fas-
cistisches Italien und gegenwärtiges Deutschland). Ich habe
einiges Material und einige Ideen dazu liegen. Ich wünschte,
ich könnte Ihnen einmal mündlich davon erzählen.

Und ich wünschte, ich könnte Sie einmal erzählen hören,
und Sie könnten mir etwas von Ihrem »Betrieb« zeigen; denn
er interessiert mich ganz ungemein. Wenn es sich irgend machen, d.h. wenn sich das Geld zusammenkratzen lässt, erschei-

nen wir nächsten Sommer doch einmal in Frankfurt und überfallen Sie. Natürlich im Wagen. Ich bin ein leidenschaftlicher Fahrer geworden, das Auto ist geradezu unser Trost in dieser bösen Zeit (sofern es nicht gerade bockt, wie z. B. heute). Im vergangenen August war ich als »Reisechauffeur« von meiner ältesten Schwester engagiert: ich steuerte, meine Frau hatte die Landkarte, und meine Schwester zahlte. Wir waren eine Woche unterwegs: Berlin, Hamburg, Bremerhaven, Bremen, Lübeck, Travemünde, Schwerin, Berlin, Dresden, Riesengebirge. Ich saß bis zu zehn Stunden täglich am Steuer. Herrlich! ich vergesse dabei einfach »alles, was mein Herze kränkt«. Aber wiegesagt: meist fehlt es zum Fahren an Geld.

– Was nun Frl. Krüger anlangt, nach der Sie noch fragen, so war sie vorige Weihnacht drei Abende unser Gast, danach haben wir noch eine Postkarte gewechselt und dann nichts mehr von ihr gehört. Sie war immer kometenhaft und wird wohl wieder einmal auftauchen. Die Wahrheit zu sagen, so wurde an den drei Abenden der Weihnachtsfriede einmal ein ganz klein wenig gestört. Die Krügerin fand sich nämlich mit einem für meinen Geschmack allzu philosophischen Gleichmut in manche Erscheinungen der Neuzeit, und ich beantwortete das mit einem mehr klassischen als höflichen Citat. Nicht etwa vom jungen Goethe – ich bin immer für decentes Betragen gewesen –, aber immerhin das Lessingsche: Wer über gewissen Dingen nicht den Verstand verliere, usw. Aber im Ganzen kamen wir leidlich miteinander aus, und ich halte sie nach wie vor für eine brave Seele.

Und nun wünsche ich noch einmal Ihnen, der verehrten Gattin und den Kindern, zugleich im Namen meiner Frau, die allerschönsten Dinge für 1938.

Herzlich, Ihr alter

6

AND WAITING FOR WHAT?

1938–1939

Nicht vom Ansucher auszufüllen!

AMERIKANISCHES GENERALKONSULAT BERLIN W 9
Bellevuestraße 8.

Herrn - Frau - Fräulein *Victor Klemperer*

Eva "

Unter Bezugnahme auf den hier eingereichten, von Ihnen ausgefüllten Fragebogen, enthaltend Ihr Ansuchen um Vormerkung zwecks Einwanderung in die Vereinigten Staaten von Amerika, wird Ihnen mitgeteilt, daß Sie unter dem Datum des

13. Jan 1938/9 auf der *deutschen*

Warteliste unter Vormerknummer *56429, 56430*

eingetragen sind.

Sie werden rechtzeitig verständigt werden, wann Ihre Nummer auf der Warteliste an die Reihe gekommen ist. Dieses Schriftstück ist sorgfältig aufzubewahren. Die Vormerknummer ist nicht die Quotennummer.

falls Sie mehrere Vormerkummer bescheinigt erhalten haben, gilt selbst- verständlich nur die niedrigste Nummer.

Mitteilung des amerikanischen Generalkonsulats Berlin mit den Nummern auf der Warteliste, datiert vom 13. Januar 1939.

Am 9. November 1938 finden organisierte Pogrome gegen die jüdische Bevölkerung statt. Polizeiminister Himmler verfügt im Dezember für alle Juden ein Autofahrverbot, auch das Betreten der öffentlichen Bibliotheken ist ihnen nun vollständig untersagt. Den Klemperers wird Stück für Stück die Grundlage ihrer ohnehin schon beschnittenen Existenz entzogen, über allem schwebt der drohende Verlust von Haus und Garten, ihrer »kleinen Burg«, ihrem »Leuchtturm«. Als letzter Ausweg erscheint eine Anstellung im Ausland, wozu ihn vor allem sein Bruder Georg drängt, der inzwischen in Amerika lebt. »Wahrscheinlich haben wir zu lange gezögert, und jetzt würgt uns das schreckliche Zu spät! an der Kehle«, schreibt Victor Klemperer in einem Brief vom 26. Dezember 1938. »Der nächsten Minute ist niemand gewiss«, heißt es am 28. Juni 1939. Zwei Monate später fällt Hitlers Armee in Polen ein, am 3. September erklären Großbritannien und Frankreich Deutschland den Krieg.

In Deutschland beginnt, was sich lange keiner hatte vorstellen können. Albert Hirsch, Klemperers Kommilitone aus Münchner Studententagen, wird festgenommen. Anders als die meisten Leidensgenossen wird er aus der KZ-Haft wieder entlassen und kann sich in die USA retten. Klemperers Schwager, der Arzt Martin Sußmann und Witwer seiner Schwester Wally, verlässt Deutschland 1939 und übersiedelt zu seiner Tochter Hilde, die mit ihrem Mann in Schweden lebt, nachdem seine Tochter Käthe (Katy), mit einem Amerikaner verheiratet, aus Deutschland ausgewiesen wurde, obwohl sie schwer krank war. Seine älteste Tochter Lotte lebt als Ärztin in der Schweiz – drei Schwestern, in alle Himmelsrichtungen auseinandergerissen.

Das Gleiche gilt für die Geschwister Klemperer: Im April 1939 geht Marta mit ihrem Mann Julius Jelski nach Uruguay, wo Tochter Lilli bereits mit ihrem Mann lebt. Klemperer beschreibt den Blumenfelds und Willi Jelski im peruanischen Exil die Situation in Deutschland mit einem Satz: »Wir sind hier seit langem über jede Hoffnung und jede Furcht hinaus.«

Nachrichten werden angesichts von Angst und Terror immer spärlicher und umkreisen die immer gleichen Themen: »Ein Hauptstück darin [...]: jeder hat Angehörige in allen Erdteilen und rechnet für sich selber mit allen Erdteilen. Ein zweiter Abschnitt pflegt von Affidavits, Quotennummern, Organisationen der Auswandererhilfe und ähnlichen gescheiterten Hoffnungen zu handeln; den Schluss macht immer die Erklärung, die man sich selbst und den andern schuldig zu sein glaubt, dass es sehr vielen Schicksalsgefährten noch sehr viel schlechtergehe, gewissermaßen eine Steigerung des alten Solamen miserum, man könnte sagen: ein solamen miserrimum.« Ein erbärmlicher, wahrlich erbärmlicher Trost.

Martin Sußmann an Victor Klemperer

L. V.! Dein letzter Brief datiert vom 20. XII. 37; mithin ist es wohl mehr als fraglich, ob Du die gute, ja vorzügliche Zensur, die Du mir in diesem Briefe für »Korrespondenz mit Verwandten« zubilligst, heute noch aufrecht erhalten würdest. Ich will auf jeden Fall zugeben, daß ich Dir öfter schreiben könnte; da aber, nach Buddha, allgemein gesprochen im menschlichen Leben die Summe der Leiden stets größer sein muß als die uns beschiedenen Freuden, und im besonderen, was mich bzw. uns angeht, im Wesentlichen fast nur von Leiden, wenig von Freuden die Rede sein konnte, so konnte ich es nicht auf mich nehmen, Dir jedes Mal zu berichten, wenn etwas Widerwärtiges passierte – ich hätte fürchten müssen, daß es mir dann so gegangen wäre, wie dem Schnorrer bei Rothschild: »Schmeißt 'n raus, er brecht mir's Herz!« Heute ist es nun wieder so, daß ich nicht einmal weiß, ob Du nicht alles schon weißt, was sich zugetragen hat; aber selbst auf die Gefahr hin, Dir damit schon Bekanntes zu melden, will ich es Dir doch schreiben. Das Erste war also, daß Käthe Mitte vorigen Monats von der Gestapo aus Dtschld. ausgewiesen wurde: es wurde ihr nach einem 1¾ stündigen Verhör, bei dem sonst nichts herauskam, als daß sie »Volljüdin« ist, gesagt: bis morgen Mittag haben Sie sich zu entscheiden, wo Sie die Grenze überschreiten wollen, sonst werden Sie sofort verhaftet. Dies, obwohl sie darauf hinwies, daß sie krank und arbeitsunfähig sei; obwohl sie das Attest von 2 Univ.-Professoren vorzeigte: daß sie noch eine Behandlung von 3 Monaten nötig hätte; obwohl sie hinzufügte, daß sie keine Subsistenzmittel im Auslande hätte, und ihr Vater ebensowenig im Besitz von Devisen sei – tut nichts u. s. w. Wir überlegten nun hin und her, was zu tun sei; schließlich entschieden wir uns für Prag, wofür uns auch der eine der Herren Professoren eine Empfehlung an einen Prof. d. dortigen dtschen Univ. gegeben hatte, der ihr weiter raten sollte, wo sie billig untergebracht werden könnte. So ist sie nun seit dem 22. XII. in einem Sanat. in der Nähe von Außig; sie ist dort in der II. Klasse leidlich untergekommen; leider ist bisher von einer Besserung noch nichts zu berichten. Letzteres hat auch zum Teil einen psychischen Grund: ihr Pass war zum 8. I. abgelaufen, und das dtsche Consulat in Prag zögert, ihr den Pass zu verlängern; wenn dies bis 8. II. nicht geschieht, ist wieder ihr Aufenthalt in der Tschechoslowakei fraglich, da die dortige Aufenthaltserlaubnis nur bei Vorlegen eines gültigen dtschen Passes weiter genehmigt wird. Glücklicherweise bekomme ich heute eine kurze Mitteilung von ihr, daß meine Eingabe an einen mir von früher her bekannten Leg.-Rat der dtschen Gesandtschaft in Prag die Wirkung gehabt hat, daß sie aufgefordert wurde, ihren Pass einzusenden, sodaß wir nun an eine günstige Erledigung dieser leidigen Affäre glauben. – Das andere Unangenehme ist, was Du vielleicht in der Ztg. gelesen hast, daß den nicht-arischen Ärzten plötzlich, am 30. XII., verboten wurde, weiter für die Ersatzkassen u. die Wohlfahrt tätig zu sein. Wenn dies auch nicht von sehr großer Bedeutung an sich für mein Einkommen ist, hat es doch neben der immerhin entstehenden Einbuße symptomatische Bedeutung: es schrumpft eben alles zusammen, die Ausgaben bleiben, ja wachsen womöglich (cf. oben), und die Einnahmen gehen zurück. – Ich denke, Du hast vorderhand genug von mir – ich denke doch allzusehr an den Rothschild'schen Schnorrer!

Mit besten Grüßen für Dich und Deine l. Frau

Dein

M. S.

Albert Hirsch an Victor Klemperer

Frankfurt A. M., den 2. Februar 1938

Hebelstrasse 15

Lieber Freund!

Wenn ein Klemperer-Brief kommt, ist das bei uns wie das Erscheinen eines neuen Buchs in früheren Zeiten, und zwar wird er auch häufig wieder-gelesen, was man von dem neuen Buch nicht immer sagen konnte.

Für heute möchte ich Ihnen nur herzlich danken und eine Frage an Sie stellen, die in meinem Schulbetrieb an mich herangetragen wurde. Eine jüdische Studentin, die bisher in Zürich bei Spoerri mit grossem Eifer gehört hat, wird vielleicht in Zukunft in Deutschland studieren. Ich bin nicht mehr unterrichtet, wie die Verteilung der Romanisten ist und wäre dankbar, wenn Sie mir sagen wollten, welche Universitäten Sie für das junge Mädchen, das sehr aufgeschlossen ist, für französische Literaturgeschichte empfehlen könnten.

Ich hoffe bestimmt, dass ich Ihnen in einigen Tagen einmal einen langen Brief schreiben kann. Heute danke ich Ihnen für Ihre freundliche Beantwortung meiner Fragen und grüsse Sie und Ihre Frau herzlichst von uns allen

Ihr

Albert Hirsch

Victor Klemperer an Albert Hirsch

Dresden-Dölzschen, 5. II. 38.

Lieber Freund –

Was ich Ihnen an Auskünften erteilen kann, wird Sie wenig befriedigen, denn 1. weiss ich wenig bei meiner völligen Abgeschlossenheit, und 2. ist dies wenige nicht sehr ermutigend.

Die Fachkollegen, von denen ich viel gehalten habe, sind alle faded and gone: Lerch, Küchler, Olschki, Spitzer, Hatzfeld, Gutkind. Ihre Posten sind z. T. kassiert, z. T. mit einem Nachwuchs besetzt, von dem ich nicht einmal die Namen kenne, aber eines mit absoluter Bestimmtheit weiss: objektive Literaturwissenschaft darf und will er nicht vortragen, denn objektive Geschichtswissenschaft ist ein abgeschaffter liberalistischer Irrwahn, ersetzt durch die wahre, die nationalsozialistisch »ausgerichtete« Historie, zu der in meinem Fach eine entsprechend ausgerichtete Aesthetik kommt. Ich sage Ihnen nichts Neues, aber es wäre vielleicht gut, wenn Sie dem armen Mädel etwas davon andeuten könnten. Ihr gegenwärtiger Lehrer, Spoerri, ist ein ausgezeichneter Mann, sie könnte merkwürdige Enttäuschungen erleben.

Will oder muss sie durchaus die Universität wechseln, so schlage ich ihr in erster Linie und in allerweitestem Abstand von den nachher zu nennenden Orten *München* vor. Dort ist der emeritierte Vossler für das Sommersemester noch »mit Wahrnehmung seines Amtes« beauftragt; dort ist auch Rheinfelder auf stilistischem Gebiet ein Könner und nur Rauhut ein Schwächling.

Bei allen jetzt folgenden Angaben ist ein Universitätshandbuch zu Rat zu ziehen; ich kann nicht beschwören, dass die einzelnen Leute noch dort sitzen, wo ich sie mit einiger Wahrscheinlichkeit vermute, ich habe zu lange nichts von ihnen gehört und seit anderthalb Jahren auch keine Fachzeitschrift mehr zu Gesicht bekommen, in der Berufungen usw. angezeigt werden. Unter diesem »Irrtum vorbehaltlich« also:

In Jena Gelzer. Eine unproduktive Natur, aber ein sehr feingebildeter Mensch, sowohl philologisch wie literarhistorisch und aesthetisch; ich glaube, dass man als Student allerlei bei ihm profitieren kann, er hat mir in früheren Jahren auch persönlich einen sehr guten Eindruck gemacht – wie ihm die grosse Belastungsprobe bekommen ist, weiss ich natürlich nicht. (Ich muss immer wiederholen: ich schreibe d'outretombe.)

In Breslau Neubert. Ein fleissiger und gewissenhafter Arbeiter, aber einen eigenen Gedanken hat er in all seinen etwa fünfzig Jahren so wenig von sich gegeben, wie einen Satz, der nicht in jedem Ausdruck clichiert wäre. Menschlich – sagen wir zur Vorsicht neigend und pflanzengleich der jeweiligen Lichtquelle zugekehrt.

In Leipzig Eduard von Jan. Über das Romanistische hinaus der vergleichenden Literaturgeschichte und der Ideengeschichte zugewandt, nicht ganz grosse Leuchte, aber sehr respektabel. Persönlich mir unbekannt. Das entscheidende Wort führt aber in Leipzig sein Kollege von Wartburg, ein Schweizer, als Lexikograph angesehen, als Lehrer Fanatiker einer echtfranzösischen Aussprache, als Literarhistoriker Null.

In Marburg oder Freiburg Schürr, aesthetisch interessiert, speziell im Italienischen zu Hause, genügend, z. T. besser, was die Wissenschaft anlangt, im übrigen (soviel mir bekannt) nach, ich wiederhole: nach 1933 aus Graz in das neue Reich berufen.

In Königsberg Franz. Ein in jeder Beziehung ehrlicher Mann, etwas schrullenhaft und als Wissenschaftler minutiös ausgefallenen Spezialthemen nachgehend. (Ich habe so etwas in Erinnerung wie »Körperhaltungen bei Dante« oder so ähnlich.)

Und das ist nun beim allerbesten Willen alles, was mir ein-
fällt. Die Dinge liegen alle so unendlich weit hinter mir zurück.

Seien Sie herzlich gegrüsst, v. H. z. H. natürlich.

Ihr

Georg Klemperer an Victor Klemperer

3017 E. 78 St
Chicago Ill.
1/3/38.

L. V. Ich erhielt noch diese Adresse, die Du aber wohl schon
kennst u. ev. benutzt hast

Comité pour le Placement des Réfugiés Intellectuels
Palais Wilson
Genève.

Wenn nicht, fragst Du vielleicht mal an. Ich bin sehr begie-
rig zu hören, ob Du das Besucher Visum schnell bekommen
hast u. wann Du ev. nach NYork kommst.

Ns. ich will im April nach England fahren, dort Otto zu besuchen u. meinen am 15. XII gebornen jüngsten Enkel zu sehen.

Herzl. Grüße
Dir u Deiner Frau
Georg.

Victor Klemperer an Margarethe Riesenfeld

Dölzschen, 1. März 38.

L. Grete –

Herzlichsten Dank für Dein Schreiben, das wir mit den ge-
mischtesten Gefühlen lasen. Es tut uns so sehr leid, dass Du

einen höchst unerfreulichen Winter hattest: Krankheit und Einsamkeit – et le reste, das ist wahrhaftig ein bisschen zu viel. Hoffentlich bringen Dich die nächsten Monate wieder in besseren Zustand. – Wie oft haben wir erwogen, ob wir nicht einmal nach Dir sehen könnten, und wie gern wären wir gekommen; aber unsere Geldknappheit ist in diesem Winter aus allerhand Gründen zu einer wahren Misère geworden, und es sind wahrhaftig keine Anzeichen der Besserung vorhanden. Der Bock steht, von notwendigsten Besorgungs- oder Zahnarztfahrten in die Stadt abgesehen, völlig unbenutzt im Stall, jede kleinste Anschaffung wird immer »vielleicht« im nächsten Monat gemacht, es ist schon recht deprimierend.

Damit (und das allein ist der Grund, weshalb ich von diesem Elend schreibe), ist denn auch Dein so sehr verlockender Kudowa-Plan für uns ein Ding der Unmöglichkeit. Die Fahrt Strausberg – Kudowa und zurück wäre an sich ebenso vergnüglich wie preiswert. Es sind im Ganzen rund 800 km. Während Du für Dich allein auf der Bahn von Berlin aus 52 M. zahlst, würde der Bock uns drei Leute von Haustür zu Haustür für maximal 48 M. bringen, und Du hättest noch Droschke oder Stadtbahn und manche Unbequemlichkeit erspart. Aber was hilft dieses verlockende Rechnen? *Wir* müssten die zusätzlichen Strecken: Dresden – Strausberg, Kudowa – Dresden, und noch einmal Dresden – Kudowa, Strausberg – Dresden durchfahren. Gott, wie gern! Aber das sind im Ganzen weitere 1000 km (in runden Ziffern), d. h., reine weitere Fahrkosten von etwa 60 M. Wozu dann Übernachten und Verpflegung käme. Du kannst uns wie einen Teppich ausklopfen, und es fällt kein entbehrlicher Groschen aus unseren Taschen. Seit dem Herbst haben wir einer alten Freundin versprochen, sie einen Sonntag in Leipzig zu besuchen; eine Tagesfahrt von kaum 250 km., ohne Übernachten, ohne andere Kosten als die Fahrt selber: und es liess und lässt sich einfach nicht erkratzen. Kurzum, wenn wir nicht noch in der fünften Klasse unserer famosen Lotterie gewinnen, so musst Du schon mit der Bahn nach K. fahren, und wir müssen hier auf bessere Zeiten hoffen (an die ich freilich nicht mehr so recht glaube).

Sonst ist von uns nichts zu sagen. Du hast recht: zuzweit, wenn man sich gut versteht, lässt es sich immer noch leben. Aber zu erzählen ist von diesem Leben gar nichts. Eva handwerkert, ich schreibe, und abends lese ich viel vor, meist Engländer und Amerikaner in deutschen Übersetzungen.

Was Du an Familiennachrichten schreibst, ist mir immer *sehr* interessant, denn sonst erfahre ich nur klein wenig oder gar nichts von diesen Dingen. Doch kann ich Deine Anfrage beantworten: Willy J. ist schon seit mehreren Monaten drüben bei seiner Schwester; wir hatten von beiden eine gemeinschaftliche Karte.

Nun lass es Dir so gut als irgendmöglich ergehen, lass uns wieder einmal von Dir hören und sei von uns beiden allerherzlichst gegrüsst.

Getreulich, Deine

Viele Grüsse an Kemleins!

Victor Klemperer an Margarethe Riesenfeld

2. April 38. Dölzschen.
L. Grete!

sei aufs beste für Deinen Brief bedankt und aufs allerherzlichste für Deine Einladung, die wir sehr gern annehmen. Du weisst ja, wie gern wir mit Dir zusammen sind, wie wohl wir uns in Strausberg gefühlt haben, über wievieles wir uns unterhalten werden, was nicht zum Schreiben geeignet ist und doch so sehr auf der Seele liegt.

Trotzdem hat es einer ganzen langen Woche bedurft, in der wir wirklich jeden Tag über Ja und Nein zu Deinem Vorschlag geradezu verzweifelt discutiert haben. Es ist mir, um es ganz offen zu sagen, so scheusslich dabei zumute, Dir, die Du leider keine Krösa (nicht zu verwechseln mit Krëusa) bist, zwei Tage und drei Nächte, denn darauf kommt es hinaus!, auf der Tasche zu liegen und Dir ausserdem noch das Benzingeld abzunehmen – »ich, alte Mutter«, denn viel etwas anderes stelle ich nun nicht mehr vor, und war einmal ein angesehener Professor und beinahe ein »besserer Herr« und bin noch Besitzer einer Villa und eines Wagens und dabei in so abgerissenem Zustand und so auf dem Hund, dass es komisch wäre, wenn es eben nicht so über die Maßen greulich wäre. Dazu kommt, dass ich mich frage, ob ich eine gute Gesellschaft für Dich bedeuten werde. Die Trostlosigkeit der Situation geht mir so sehr auf die Nerven. Wäre Eva nicht mit ihrem Irokesentum, ich glaube, dann existierte ich schon seit einer ganzen Weile nicht mehr. Aber sie behält ja immer die Nase oben und gibt die Zuversicht nie auf. Also so steht es, und wenn Du nach alledem von Dir aus rätst, unser Kommen wenigstens jetzt gerade zu unterlassen, so verstehen wir das vollkommen.

Bleibst Du aber bei Deiner Einladung, so würden wir am Sonnabend vor Ostern gegen Abend einrollen und am Dienstag morgen das kahlgefressene Feld räumen. Überleg es Dir bitte noch einmal gründlich, und überleg Dir auch, ob wir nicht zusammen ein bisschen fahren könnten.

Eine kleine Freude glaube ich Dir machen zu können. Ich könnte Dir einen ganzen Koffer Bücher mitbringen, an denen Du Monatelang zu lesen hättest, und die ich mir irgendwann im Herbst – Du siehst: ich sorge vor – zurückholte. Geht es Dir nicht auch so wie uns, dass Du ältere Sachen, die Du vor dreissig Jahren gelesen hast, jetzt mit vollkommen neuem Interesse wieder zur Hand nimmst? Auf der Basis dieser eigenen

Erfahrung stelle ich Dir hier eine Liste auf, und Du sollst mir angeben, was Du davon magst:

Mehrere Bände Rudolf Lindau (ein wirklicher Dichter)

Mehrere interessante Bände Paul Lindau.

Fast die ganze Clara Viebig.

Fast die ganze Ebner-Eschenbach.

Eine Menge von dem für mich immer wieder bedeutenden Spielhagen.

Gesamtausgabe Komperts.

Etliche Bände Handel-Mazzetti.

In deutscher Übersetzung viele Bände der Novellen Mérimées und Gautiers.

Dazu an moderneren Sachen: ein paar gute Amerikaner, Buck »Die Frau des Missionars«, Hergesheimer »Tampico«, »Der bunte Shawl«, Borden »Flamingo«, Waln: China, Sinclair Lewis »Babbitt«, »Dodsworth«.

Wiegesagt, bezeichne mir bitte, was Du magst; es macht dem Bock keine Schwierigkeit, eine volle Kiste zu transportieren.

– Marta werde ich in Berlin nicht besuchen können, und ich möchte beinahe wünschen, dazu überhaupt keine Gelegenheit mehr zu haben. Sie ist seit dem Januar in Meran, sehr leidend, wiederholt, so auch in der letzten Zeit, zum Liegen gezwungen. Der Vertrauensarzt des deutschen Consulats attestiert ihr die Unmöglichkeit des Reisens. Ihr Mann versucht eben in Berlin die dauernde »Transferierung« der Pension zu erwirken. Wenn das gelingt, soll eben Meran endgiltiger Aufenthaltsort werden; bis Juni jedenfalls soll sie unter allen Umständen dortbleiben. Ich habe den Eindruck – mag sein, dass ich in letzter Zeit zum Pessimismus neige –, dass es um ihre Gesundheit recht wenig gut steht.

Im übrigen laufen bei mir Familiennachrichten noch spärlicher ein als bei Dir; in den letzten Monaten überhaupt keine.

Auch in dieser Hinsicht denke ich es mir ganz interessant, wieder einmal mit Dir zu plaudern.

An der Realisierbarkeit des Kudowaplanes habe ich von Anfang an gezweifelt. Hier bei uns ist im Kurort Weisser Hirsch strenge Ghettoisierung durchgeführt worden mit starken Einschränkungen in der Benutzung der Bäder und des Kurplatzes, mein eigenes Haus hat an jedem Gartenpfeiler einen schönen großen gelben Zettel getragen, mit Davidsstern und warnender Angabe »*Jude!*« – ich weiß nicht, warum man sie nach einiger Zeit entfernt hat, und auf wie lange.

Weisst Du, was uns an Deinem Brief den schönsten Eindruck gemacht hat und sofort dauernd in unsern Sprachschatz aufgenommen wurde? »Mir ist mies vor tout l'univers« Rahel-Citat. In diesem Sinne will ich schliessen.

Noch einmal: überleg Dir Deine Antwort, und sei herzlichst bedankt und ebenso gegrüsst von Deinen

[Handschriftlicher Vermerk Klemperers auf dem Briefdurchschlag, welche Bücher er am 23. 4. mitgenommen hat]

11	Bde	R. Lindau
7	"	P. Lindau
4	"	Handel-Mazzetti
5	"	Kompert
2	"	Mérimée
5	"	Gautier
1	"	Meredith Egoist
1	"	Borden Flamingo
1	"	Hergesheimer Tampico

Victor Klemperer an Martin Sußmann

Dölzschen, 22. April 38

L. Martin –

zuerst herzlichsten Dank für Deine nur halb, aber wenigstens halb erfreulichen Nachrichten. Sodann ebensolchen Dank für die unter sammlerischem Gesichtspunkt sehr schöne Marke. Aber ich möchte es immer wiederholen: bitte überhäufe mich nicht mit wertvollen Sachen, für die ich keine Gegenwerte zu bieten vermag!

Doch hoffe ich, dass Du in den beiliegenden zwei Päckchen einige Stücke findest, die Du noch nicht besitzest, und die jedenfalls nicht mehr ganz so einfach zu haben sind. Die deutschen Sachen: Oberost, Belgien, China, Saar, Memel usw. habe ich auf dem kleinen Couvert bezeichnet; unter den paar Franzosen und Italienern des anderen Umschlags mache ich Dich auf die Jubiläumsstücke aus den zwanziger Jahren aufmerksam. Es sind alles Doubletten meiner chaotischen Sammlung, Du kannst sie also ruhigen Herzens nehmen.

Grete hatte uns zu Ostern ein- und dann wieder ausgeladen, weil ein Baby ankam – nicht bei ihr, aber in der Familie ihrer Wirtsleute. Nun sollen wir morgen zu ihr. Ich weiss nicht, ob wir länger als bis Montag bleiben, auch nicht, ob sie eine längere Fahrt wünscht usw. Als gänzlich injeladener Gast muss ich mich nach ihr richten und den Bock zu ihrer Verfügung halten. Aber sehr gern möchten wir Dich und Lotte sehen, es gibt doch mancherlei zu erzählen. Auf alle Fälle werde ich Dich telephonisch anrufen.

Recht beunruhigt bin ich über die ständigen Krankheitsnachrichten aus Meran. Vielleicht kannst Du mir auch darüber etwas sagen.

In der Hoffnung also, dass es uns gelingt, eine Stunde mit Euch in den nächsten Tagen zusammen zu sein, lasse ich es für jetzt bei diesen Zeilen bewenden.

Dir und Lotte die herzlichsten Grüsse, denen meine Frau
sich anschliesst.

Getr.

Dölzschen, 30. April 38.

L. Martin –
zuerst noch einmal herzlichen Dank für die freundliche Aufnahme am Montag. Wir waren sehr gern bei Euch und hätten
gern noch über vieles mit Euch geredet. Schade, dass die Zeit
so kurz war, und dass so viel von ihr an ein so peinliches Thema
vergeudet werden musste.

Und dies ist der zweite Punkt: ich versichere noch einmal,
wie ganz wider meinen Willen ich in diese Sache verwickelt
wurde, die mir ja doch in allen Einzelheiten absolut fremd ist.
Übrigens hat Grete hinterher noch einmal und wiederholt aufs
allerleidenschaftlichste und bestimmteste versichert, dass sie
bis zum letzten Augenblick keine Ahnung von W.s traurigem
Zustand gehabt, dass ihr weder Marta noch Änny Kl. auch nur
annähernde Auskunft darüber gegeben, dass sie am Tage des
Begräbnisses wirklich ausserstande gewesen sei, das Haus zu
verlassen.

Der dritte und heutige Hauptpunkt aber ist Dein Religionsgespräch, das ich gleich sorgfältig gelesen habe und nun mit
herzlichem Dank zurückgebe. Ich betrachte es als ein Zeichen
der Freundschaft und des Vertrauens, dass Du es mir zur Lektüre überlassen hast, und will Dir deshalb ganz offen meine
Meinung darüber sagen.

Wir sind uns einig darüber, dass irgend eine schöpferische
Macht – man mag sie nun Gott oder Etre suprême oder Natur oder X nennen – vorhanden ist.

Wir sind uns weiter einig im Punkt der ethischen Principien, die man freilich (wie es die Philosophie der Aufklärung getan hat) auch ohne Inanspruchnahme eines Jenseitsglaubens aus vernünftigem Egoismus herleiten kann.

Wir sind uns endlich auch einig in dem Wissen um die absolute Unerforschlichkeit der schöpferischen Macht.

Aber eben hier trennen sich nun unsere Auffassungen. Die Deine ist mir in diesem Punkt nicht absolut genug. Die Unerforschlichkeit ist eine derart gänzliche, dass jeder Zugriff der menschlichen Vernunft versagt, und dass infolgedessen alles menschliche Werten unmöglich ist. Von der Gottheit zu erklären, sie sei sinnvoll, gut, gerecht, väterlich, scheint mir genau so unmöglich, wie von ihr auszusagen, sie sei sinnlos, böse, ungerecht und grausam. Dem menschlichen Denken erscheint sie bald in dem einen, bald in dem andern Licht, all diese Wertungen sind Vermenschlichungen, das Denken ist ausserstande, die Gottheit zu erfassen.

In Deiner Studie bist Du wie ein Mann, der reist und unterwegs das Verkehrsmittel wechselt. Solange Du »Gott« sagst, befindest Du Dich im Wagen, sobald Du »Vater« sagst, hast Du das Flugzeug bestiegen. Unbildlich: Du bist von der Vernunft zum Gefühl, vom Denken zum Glauben übergegangen. »Glauben« mag etymologisch zu »geloben« gehören, aber in dem, was wir unter »Glauben« verstehen (und was auch das Wort credere bedeutet), ist doch nicht »geloben« der Sinn, sondern eben »glauben«, d. h.: mit Sicherheit annehmen, dass etwas ist, mit Bestimmtheit auf etwas vertrauen. Das eigentliche Glauben fängt genau dort an, wo das vernunftmässige und beweisbare Wissen aufhört, es ist eine Gewissheit, die nicht aus der Vernunft kommt, ihr vielleicht widerspricht, ihr jedenfalls Schwierigkeiten bereitet, die nicht allgemeingültig zu lösen sind.

Dieses gefühlsmässige Glauben ist eine Gabe, die mit dem Intellekt nicht das Geringste zu tun hat. Es gibt nicht nur Millionen sehr einfacher Menschen, sondern auch eine Unmenge geistig bedeutender, ja genialer und hochgelehrter und streng logischer Menschen, die die gefühlsmässige Gewissheit einer sinnvollen u. gütigen Gottheit besitzen, und es gibt ebenso Millionen ganz einfacher und unbedeutender und viele durchaus begabte und gebildete Menschen, denen dieser eigentliche Glaube versagt ist. Die Katholiken haben den Fachausdruck: Die Gnade. Das ist es: glauben können (einerlei, was, und ob mit positivem oder negativem Vorzeichen), sich zu irgendeiner unbeweisbaren Gewissheit rein aus dem Gefühl heraus bekennen, ist eine Gnade, oder schlichter gesprochen: eine Gabe, die einem von Natur mitgegeben oder versagt ist wie etwa die musikalische Begabung.

Ich für meinen Teil bin sehr unmusikalisch, und ich kann mir auf keine Weise vorstellen, wie man das kleinste Lied componiert, aber ich höre sehr gern Musik und habe grossen Respekt vor guten Musikern. Im übrigen spielt in meinen Tagebüchern seit einiger Zeit eine Rubrik eine sehr grosse Rolle. Sie heisst: Notizbuch für den lieben Gott und enthält alle die Fragen, die ich ihm vorlegen werde, wenn ich die Gelegenheit dazu bekommen sollte. Und wenn ich nun Deine Frage nach meiner Gottgläubigkeit – den Begriff im Sinne des Vaterunsers genommen, so knapp und ehrlich als möglich beantworten soll, so geschieht es am besten mit meinem Lieblingscitat aus Renan: Tout est possible, même Dieu.

Das ist von mir aus nicht spöttisch gemeint, sondern ganz ernst, mit einem, wie ich nicht leugnen kann, ziemlich bitteren Ernst.

Soviel zu Deinem Religionsgespräch.

Dir und Lotte senden wir beide die herzlichsten Grüsse.

Getreulich!

Dein

P.S.

Wenn ich doch nur das *andere* glauben könnte, was Ihr mir neulich sagtet! Es verfolgt mich buchstäblich bei Tag und bei Nacht, ich wache mit diesem Gedanken auf, ich schlafe mit ihm ein – aber leider fehlt mir auch hier die Gnade.

Victor Klemperer an Karl Vossler

Dölzschen 2 V 38

Sehr verehrter Herr Geheimrat –

haben Sie herzlichsten Dank für Ihr schönes, sehr schönes Buch. Es war mir inhaltlich eine große Freude, und es war mir auch eine rechte Freude als Zeichen Ihres Gedenkens. Ich bin Ihnen auch noch Dank schuldig für Ihren freundl. Antwortbrief vom Anfang des Jahres mit all den Nachrichten aus der alten Universitätswelt. Wenn dieser Dank erst heute kommt, so einfach aus dem Grunde, daß ich gar nichts zu schreiben habe. Wir leben in tiefster Einsamkeit und absoluter Isolierung.

Auch von meiner Arbeit vermag ich nichts Neues zu berichten. Seit vier Jahren zum mindesten sitze ich völlig concentriert über meinem 18. Jahrhundert u. brauche noch ein reichliches Jahr zum Fertigwerden. Sie sehen aus der Länge der aufgewandten Zeit, daß ich dieses Opus anders behandle als meine früheren Arbeiten. Ich habe diese Epoche immer geliebt, Sie wissen ja, daß ich mit dem Montesquieu begann, und jetzt ist sie mir besonders ans Herz gewachsen. Sie selber urteilen anders über diese Zeit, aber schließlich muß jeder vom eigenen Kopf u. Herzen Parole nehmen. Ich lese nicht sehr viel, was über die Leute geschrieben worden ist, aber ihre eigenen Sachen in Massen. Ich habe auch alle die früheren Rücksichten auf Umfang der Arbeit, Veröffentlichungsmöglichkeit usw. aufgegeben und bin sozusagen ganz allein mit meinem

Thema. Wenn der zweite Band fertiggestellt ist, werde ich das ganze Druckmanuscript einer Schweizer Universitätsbibliothek hinterlassen. Vielleicht feiert es irgendwann einmal Auferstehung; wenn nicht, so hat mir die Arbeit immerhin über die traurigste Zeit hinweggeholfen. Daß ich mich danach an das 17. Jh. begeben werde, glaube ich nicht. Ein anderes, nur halb romanistisches Thema, zu dem ich seit langem Notizen mache, beschäftigt mich sehr. Darüber würde ich mich gern einmal mit Ihnen unterhalten, aber zur schriftlichen Mitteilung ist es nicht geeignet.

Nehmen Sie meine besten Wünsche für Ihr Sommersemester, für Ihre weitere Arbeit, vor allem für Ihre Gesundheit, und seien Sie herzlich gegrüßt

von Ihrem
Victor Klemperer

Auch meine Frau grüßt Sie bestens.

Victor Klemperer an Grete und Walter Blumenfeld

Dölzschen, 11. Juli 38.

Liebste Blumenfelds –

vorgestern kam Euer Geburtstagsbrief – seid herzlich bedankt dafür – und nun ist es an uns, den Glückwunsch zum 13. August rechtzeitig auf den Weg zu bringen. Also wie immer: vor allem Gesundheit und psychische Zähigkeit, und immer, immer wieder, allen Enttäuschungen zum Trotz, Hoffnung! Dazu spezialisiert: dass Euer Vertrag anständig erneuert werde, oder dass Ihr andernfalls irgendwo anders eine zusagende Arbeitsstätte finden mögt. Und weiter, dass wir uns noch einmal im Leben zu besserer Zeit wiedersehen.

Inzwischen habt Ihr hoffentlich unser Schreiben zu »Eurem«

12. Juli erhalten. Da steht nun eigentlich alles darin, was sich von uns schriftlich berichten lässt, und auch Deine Fragen, liebes Blümchen, sind wohl schon alle beantwortet. Von Frau Schaps hörten wir zuletzt aus London, mit Frau Dember habe ich bei ihrer Durchreise im Frühjahr nur zwei Minuten telephoniert, mit Wieghardts sind unsere Beziehungen seit fast zwei Jahren gänzlich zuende, mit Johannes Köhler seit einem Jahr; nur die einzige Annemarie Köhler kommt alle paar Monate zu uns (während wir sie seit langem unserem Besuch nicht mehr aussetzen). Dass unsere Aufwartefrau, die wirklich getreue Lehmann, nicht mehr kommen *darf*, haben wir wohl auch schon mitgeteilt. Ihr Fortbleiben belastet uns nicht nur mit einem starken Plus an Hausarbeit – was Deine schwarze Perle mit den vier Kindern zustandebringt, l. Blümchen, würden fraglos sowohl Eva wie ich glänzend leisten –, sondern es fesselt uns auch in höchstem Maße an unsere Einsamkeit: Frau L. pflegte hier zu übernachten, wenn wir auf längere Fahrt gingen; und da das Haus und der Kater nicht über Nacht allein sein können, so haben nun eben die weiteren Reisen für uns ein Ende. Womit denn auch die Frage beantwortet ist, ob wir inzwischen einmal in Berlin gewesen seien.

Wirklich, unser gleichförmiges Leben bietet gar keinen Correspondenzstoff. Sehr erfreulich geht es uns nicht: die finanzielle Enge ist sehr drückend – Ihr hättet unsere nichtarische Vermögensangabe sehen sollen! Unter Luxusgegenständen, Goldschmuck, Kunstwerken etc.: »eine Goldkette, abgeschätzt (vom Zahnarzt im Hinblick auf Zahnkronen): 48 Mark«. Gab es hier wenigstens etwas auszufüllen, so gab es unter in- und ausländischen Papieren, Bankguthaben etc. nichts als schöne lange Striche, und unter »Vermögen aus Verträgen«: »Meine Verlagsverträge durch principielle Gerichtsentscheidung ungiltig geworden, meine Bücher nicht mehr im Handel.« Und unter Lebensversicherung: »bis zum Höchstmaß beliehen«.

Dass mit alledem schwere Zukunftssorgen verbunden sind, und dass die Eindrücke der Gegenwart einen enormen Grad von impossibilité, weniger elegant ausgedrückt: von Dickfälligkeit erfordern, versteht sich wohl.

Dabei ist das Merkwürdigste an diesem sich von Monat zu Monat verstärkenden und zeitweilig zur Unerschwinglichkeit einer neuen Hose anschwellenden Zustand, dass wir uns, abgesehen von wenigen Momenten der Depression (z. B. morgens vor dem Frühstück, oder wenn man in der Nacht aufwacht) eigentlich gar nicht elend, vielmehr teils wie die Lilie auf dem Felde, teils wie die Schildwach im Grabe fühlen, ich meine: halb wurstig und halb erwartungsvoll. Auf keinen Fall langweilen wir uns. Auf Eva passt der Lilienvergleich insofern schlecht, als sie ständig und buchstäblich im Garten säet und erntet (z. Zt. Stachelbeeren). Und ich selber vertreibe mir die Zeit mit meinem Dix-huitième. Wirklich wohl ist mir, wenn ich ernsthaft daran arbeite, ohne über den Sinn und Wert dieser Arbeit nachzudenken. Es geht mir so seltsam mit ihr. Von 1904 bis 1933 habe ich ununterbrochen publiziert, Feuilletons, Aufsätze, Bücher die schwere Menge. Das kam zustande und fand Absatz wie Semmeln. Sicherlich war das meiste davon ohne ernstlichen Wert; wenn ich jetzt zurückdenke, sind es nur die aller-, allerwenigsten meiner Sachen, die ich wirklich schätze. Aber wenn man sich viel gedruckt, manchmal lobend erwähnt und citiert und sogar ein bisschen bezahlt sieht, dann hat man ein so hübsches und warmes Lebens- und Selbstgefühl. Und wenn man dann noch »Herr Professor« ist und »Herr Senator« und »Herr Staatscommissar« und gefürchteter Kritiker in den besten Fachblättern – man kann sich tausendmal sagen: Vanitas vanitatum!, so ist es doch ein himmlisches Gefühl und regt mächtig dazu an, Weisheiten vom Katheder und im Druck eilig von sich zu geben und sie wirklich für Weisheiten und etwaige Gegner für Idioten zu halten. Und nun brüte ich ganz einsam seit Jahren über diesem einen Werk und veröffentliche keine Zeile und höre keines Menschen Meinung darüber und bohre mich immer tiefer hinein und arbeite zugleich immer intensiver und immer langsamer. Manchmal sage ich mir: es wird mein bestes Opus und geht nur deshalb so viel langsamer, weil es eben ernstlicher gearbeitet ist; aber manchmal glaube ich auch, der Elan, und das bisschen, was ich an Talent besessen habe, seien zum Teufel. Und manchmal glaube ich, ganz aus mir heraus zu schreiben, und manchmal kommt mir alles wie vorgekauter Milchreis vor. Aber wie gesagt: die längste Zeit lasse ich all diese Gedanken beiseite und suche eben den riesigen Stoff auf meine Weise, so gut oder schlecht es geht, darzustellen.

Abends lese ich viel vor, aber nicht aus meiner Arbeit und auch keine französische Literatur. Seit Wochen ackern wir das merkwürdigste Buch durch, ich weiss nicht, ob Ihr die vier Bände einmal ernstlich gelesen habt: »Krieg und Frieden« von Tolstoi. Über die seltsame Geschichtsphilosophie darin (die in langen Capiteln oft ganz von der Romanhandlung wegführt) würde ich mich herzlich gern einmal mit Dir, l. B., unterhalten. Aber damit müssen wir eben warten – siehe oben unter Geburtstagswunsch.

Endlich möchte ich noch ein paar Worte von unserer grossen Emotion, vom Bock, sagen. Nach wie vor macht er uns Sorgen, Ärger und Freude in hohem Maße. Armut kommt von der Povertät, und weil er alt und narbenreich ist, so kostet er mehr Geld an Reparaturen, als die Anschaffung eines neuen kosten würde, den wir uns nicht leisten können. Er frisst einen unheimlichen Prozentsatz unseres »Ruhegeldes«, im Augenblick stottern wir eine horrible Generalreparatur durch Monate ab, oft fehlt es an Geld für Benzin und Öl – aber wenn man dann doch wiedermal zum Fahren kommt, wie etwa gestern nach Meissen oder vor ein paar Wochen nach Augustusburg, dann ist alles Elend vergessen und eine wirkliche und nicht zu hoch bezahlte Seligkeit gewonnen.

So – nun habe ich Euch wohl wiedermal alles vorgetragen, was mein Herz erfüllt.

Seid sehr herzlich gegrüsst von Eurem getr.
VKl.

Victor Klemperer an Marta Jelski

Dölzschen 29. 9 38

L. Marta –

ich wollte Deine neuliche Karte, die wahrscheinlich nicht so offensiv gemeint war, wie sie klang, ursprünglich unbeantwortet lassen. Eine ernsthaft gemeinte Erwiderung scheint mir aber doch angebrachter.

Wir sind in Deutschland nur noch 3 Geschwister, alle beträchtlich bei Jahren und alle in keiner guten Situation. In meinen 57 Jahren habe ich, von den üblichen Reibungen zwischen Geschwistern abgesehen, weder mit Dir noch mit Grete jemals ernsten Zwist gehabt. Warum soll ich jetzt in einen Streit zwischen Dir u. ihr hineingezogen werden, den ich als Aussenstehender auf keine Weise beurteilen kann, selbst wenn es mir zukäme ihn zu beurteilen? Warum soll ich sozusagen zwischen Dir und ihr wählen? Das ist doch eine unmögliche Zumutung. Ich habe im vorigen Jahr Dich besucht, nicht bloß Nachtquartier bei Dir genommen, auch nicht »von Gretes Gnaden« Dich aufgesucht, nachdem ich bei Grete in Str. war. Ich hatte für diesesmal die gleiche Absicht. Ich kann es mir auf keine Weise leisten, zwei getrennte Male nach Berlin zu fahren; Du weißt so gut wie ich, daß mir nur ein Viertel meiner früheren Einkünfte geblieben ist. Ich kann nichts Schlimmes darin finden, weder Schlimmes an sich noch eine gegen Dich gerichtete Unfreundlichkeit, daß ich eine Einladung Gretes annehme. Und ich begreife es einfach nicht, wie Du mir schreiben kannst, wir dürften zu Dir kommen, wenn wir *nur* zu Dir kämen. Es ging mir mit meinem Angebot nicht um ein Nachtquartier, sondern um eine Dir zu erweisende Freundlichkeit oder ganz einfach um ein geschwisterliches Zusammensein; Bedingungen, unter denen ich kommen *darf,* kann ich mir dabei wirklich nicht vorschreiben lassen. Wir sind wahrscheinlich nächste Woche in Strausberg; wenn Du magst, und wenn – nun muß ich »Bedingungen« stellen – die Discussion oder Anklage im besagten Punkt außer Spiel bleibt, suchen wir Dich gern auf der Durchfahrt auf; wenn Dir das unrichtig scheint, so lassen wir es bleiben.

Ich möchte noch einmal betonen, daß ich die herzlichste Gesinnung für Dich hege, daß ich mich aber wirklich in diesen Streit nicht hineinziehen lassen kann und Postkarten wie Deine letzte sehr ungern lese u. noch viel weniger gern beantworte.

Nichts für ungut und in alter Zuneigung
Dein
Victor.

Victor Klemperer an Jenny Schaps

Dölzschen, 9. X. 38.

Liebe und sehr verehrte Frau Doctor –

wir sind sehr gerührt, dass Sie einen so schönen, interessanten und pünktlichen Geburtstagsbrief schicken. Und da auch noch eine vorangehende Karte zu quittieren ist, so sollen Sie sofortige Antwort haben. Also vor allem den herzlichsten Dank und die Versicherung, dass wir mit sehr herzlichen Gefühlen an Ihnen hängen und Ihnen und allen Ihrigen (Gerstles, Sebbas, Salzburgs) das Allerbeste wünschen. Möge der

Pudding so nahrhaft ausfallen wie das Karlsbader Gewürz! Ich prüfe mich, wie man das an Geburtstagen tut, und muss doch dem heiligen Augustinus recht geben: der Mensch ist sündig geboren und schlecht, und nur die Gnade kann ihm helfen. Wahrhaftig, der Pudding freut mich ungemein, und doch kann ich den hässlichen Gedanken nicht unterdrücken: Ach wenn doch mir einmal im Leben irgendein Pudding einfiele! Es brauchte gar kein Pudding zu sein, irgend ein trockenes Brod täte es auch; es giebt Klöpferbrod und Bienertbrod – es gibt nordische Mazze oder Knaeggebrod – warum finde ich keine Klemperermazze? Aber meine Puddings und Brote und Mazzes heissen immer Rousseau und Bernardin de Saint-Pierre und Beaumarchais und haben durchweg das Gemeinsame, dass sie nicht satt machen. Es fehlt mir eben die Gnade. (Aber nein – Mazzes, ungesäuertes Zeug sind sie doch nicht, und wenn sie auch in meinem Schreibtisch verschimmeln.)

Wir sollen Ihnen also ausführlich von uns erzählen. Ja, was?

Im allgemeinen führen wir das gleichförmigste Leben, und so unendlich einsam, wie Sie es sich gar nicht vorstellen können. Wenn wir uns nicht seit 34 Jahren so gut miteinander vertrügen, wäre es gar nicht auszuhalten. Aber so ist es immer noch ganz passabel, und wenn man nicht gerade besonders drückende Geldsorgen hat, und wenn es gelingt, die Dinge der Aussenwelt oder Gegenwart für ein paar Stunden ganz ausser Acht zu lassen, dann finden sich immer noch etliche Erfreulichkeiten.

Meine Frau arbeitet, wenn es das Wetter irgend erlaubt, im Garten, im Hause selber gibt es auch viel zu tun, überviel seit unsere Frau Lehmann nicht mehr kommen darf und wir in buchstäblich allem ganz allein auf uns zwei beede angewiesen sind. Meine Frau wäscht, scheuert, kocht; ich selber bin auch eine ganz brauchbare Arbeitskraft. Abtrocknen, Kaffee und Thee kochen war immer schon meine Force; ich habe aber auch manches dazu gelernt, und eine gewisse allgemein-menschliche Örtlichkeit bekomme ich so blank wie eine Suppenterrine.

Im übrigen arbeite ich nach wie vor an meinem endlosen Dix-huitième. Jetzt werden es bald sechs Jahre, dass ich an diesem dicken Zweibänder schaffe, und im Lauf des nächsten Jahres werde ich wohl endlich den Schlusspunkt setzen können. Manchmal glaube ich, es sei das beste Opus meines Lebens und dauere nur deshalb so lange, weil wirklich so viel eigen Erarbeitetes drinstecke; manchmal aber zweifle ich auch sehr ernstlich an meinen Fähigkeiten und dem Wert des Wälzers. Wenn man so gar nichts mehr publizieren kann, wenn jeder Contact mit dem Aussen fehlt und jeder Widerhall, dann ist es sehr schwer, eine ruhige Zuversicht zu bewahren. Festen Glauben an sich selber haben nur die Genies und die Idioten. Ich selber habe in so ziemlich jeder Hinsicht mein Leben lang mehr zum Zweifeln als zum Glauben geneigt, und in den letzten Jahren ist auch das »so ziemlich« beinahe ganz drauf gegangen.

Die Hoffnung, noch einmal an irgend einem Platz der Welt tätig sein zu können, habe ich begraben, soweit ein Lebender Hoffnungen begraben kann. Immer wenn es uns ganz schlecht geht, beschliesse ich Englisch zu treiben, um damit die vielleicht doch irgendwo vorhandene Auslandschance zu steigern. Dann sitze ich ein paar Vormittage über englischen Schulbüchern. Nach ein paar Tagen ist entweder die Depression vorüber, oder ich kränke mich über die nicht weichende Geringfügigkeit meiner englischen Kenntnisse. Auf jeden Fall sage ich mir dann, Englisch könne jeder lernen, mein Dix-huitième aber nur ich schreiben, und so verbohre ich mich dann wieder in mein Opus. Ob ich recht daran tue oder nicht, weiss Gott allein, sofern er sich dafür interessiert. Mein Gewissen jedenfalls ist immer gleich schlecht, einerlei ob ich Englisch treibe oder mein Buch fortsetze. Am wohlsten ist mir natürlich, wenn ich so ernstlich in einem Capitel stecke, dass ich an überhaupt nichts anderes denke.

Soviel also an Confessionen. –

Wenn das Wetter danach ist, wenn wir gerade vier Mark für zehn Liter Benzin übrig haben, und wenn der ziemlich senile Bock nicht streikt – drei sehr grosse Wenns –, fahren wir ein bisschen nach Kipsdorf oder Meissen oder Bautzen, und das ist immer sehr hübsch. Letzte Woche waren wir sogar auf grosser Fahrt. Wir fuhren am Donnerstag zu meiner Schwester nach Strausberg, waren den Abend und nächsten Vormittag bei ihr, und Freitag Abend wieder zurück. Länger als eine Nacht können wir Haus und Katzentier nicht allein und unversorgt lassen. Der Donnerstag war der 70. Geburtstag meiner Schwester, die sehr allein und sehr leidend ist.

Hier in Dresden haben wir keine Seele mehr, mit der wir zusammenkommen; buchstäblich alle früheren Beziehungen sind abgebrochen worden. Nur Annemarie Köhler, die Ärztin, ist uns treu geblieben, aber ihre Klinik in Pirna nimmt sie sehr in Anspruch; sie kommt alle vier bis fünf Monate einmal zu uns heraus, und unsern Besuch in P. muten wir ihr schon seit langem nicht mehr zu. Von den jungen Köhlers, die wirklich an uns hingen, haben wir seit anderthalb Jahren nichts mehr gehört.

Ebensolange und noch etwas länger schon sind auch unsere Beziehungen zu Gusti Wieghardt erloschen. Daran freilich bin *ich* schuld, ich kann mit jedem Menschen auskommen, nur mit keinem Fanatiker.

Der Geburtstagsbrief aus Lima klang sehr sorgenvoll. Bl.[umenfeld]s Vertrag ist nicht erneuert worden, es wurde nur ein unbefristetes Provisorium geschaffen.

Was Sie von Is. schreiben, tut uns sehr leid, sowohl der Unfall als auch der Abbruch der Correspondenz. Wir hatten und haben eine wirkliche Zuneigung zu allen Dreien, Vater, Mutter und Tochter, müssen nun aber warten, bis oder ob sie sich wiedereinmal melden.

Und wie ist es nun mit Ihren Plänen bestellt? Werden Sie bei Ihren Kindern bleiben, was wir Ihnen herzlich wünschen, oder werden Sie nach Dresden zurückkehren, was wir uns herzlich wünschen?

Lassen Sie bald wieder von sich hören, grüssen Sie all Ihre Lieben und seien Sie selber herzlichst bedankt und gegrüsst von Ihren getreuen

Georg Klemperer an Victor Klemperer

Newtonville 25. XI 38.

Lieber Victor! Dein Brief vom 11. ist erst heut hier angekommen, im Winter ist der Schiffsverkehr gering. Deine Entschließung habe ich seit lange als unvermeidlich vorausgesehen. Mein Telegramm hat Dir gesagt, was ja selbstverständlich ist unter Brüdern. Nun folgendes zur tatsächlichen Information: Zur *Einreise* brauchst Du keine Bürgschaft, (*Affidavit*), nur ein einfaches Visum des amerik. Consuls, aber Du darfst dann nur ½–1 Jahr hier bleiben u. darfst hier nichts verdienen. Damit ist Dir also in keiner Weise gedient, Du brauchst eine Einwanderungserlaubnis (*immigrationvisa*) u. davon gibt es jedes Jahr für Deutschland etwa 30 000, die sog. Quota.

Um auf die Quota zu kommen, mußt Du ein Affidavit haben d. h. Bürgschaftserklärung eines Amerikaners, der genügend Vermögen nachweisen kann, daß er für den Immigranten sorgen kann. Von unserer Familie kann nur mein jüngster Sohn Gog in Chicago das Affidavit geben, ich selbst habe nicht genug u. die älteren Söhne auch nicht. Es ist kein Zweifel, daß er auf meine Bitte das Affidavit für Dich geben wird. Die Bescheinigungen der Bank u. des Notars brauchen einige Tage.

Ich hoffe aber daß Du das Affidavit noch in diesem Jahr (spätestens *Anfang* nächsten Jahres) haben wirst.

Du mußt Dich nun gleich mit dem amerik Consul dort in Verbindung setzen. Ich glaube die Quota führt das General-Consulat in Berlin, Du müßtest ev. gleich nach Berlin fahren u. Dich für die Quota anmelden. Du kannst als sicher angeben, daß das Affidavit unterwegs ist.

(Der in Berlin im Gen Cons. für die immigration entscheidende Mann ist Mr. *Geist*, der sich bei unserer Einwanderung sehr nett gegen uns benommen hat: Du tust gut, Dich bei ihm zu melden u. ihn um seine Verwendung zu bitten, mit Berufung auf die Freundlichkeit, die er 1933 Deinem Neffen u. mir bewiesen hat. Ich wurde damals von dem mir bekannten Generalkonsul an ihn gewiesen, leider ist jetzt ein anderer Gen. C. da, den ich nicht kenne. Ich selber habe mein Imm. Vis. in Stuttgart bekommen, das für Süddeutschl. zuständig ist.)

Sollte die Quote schon für 39 überfüllt sein, so gib mir Bescheid. Es ist möglich (aber nicht sicher) daß ich Dir durch einen hiesigen höhern Beamten helfen kann.

Wenn Du Dich auf dem Consulat orientiert hast, wann Du Aussicht hast, das Imm. Visum zu bekommen, mußt Du gleich für die betr. Zeit Schiffsplätze besorgen. Erkundige Dich vorher vorsichtig, ob Du auf einer englischen oder holländ. oder französ. Linie mit Mark die Reise bezahlen kannst. Die Hauptsache ist, daß Du erst mal in New York bist. Das andere findet sich dann. Natürlich will ich Dir in jeder Weise beistehen. Du wirst schon was Gutes finden. Gott verläßt die Seinen nicht. Also Mut und Vertrauen!

Schreib mir bald, was Du im Consulat ausgerichtet hast. Viele Grüße Dir u. Deiner Frau.

Georg.

Ich habe Dir von dem Rest des Sperrkontos vorläufig 1000 M. überwiesen, hoffentlich darf es die Bank zahlen.

Victor Klemperer an Elsbeth Günzburger

Dresden A 27 – Dölzschen
Am Kirschberg 19
28. Nov.38.

Sehr verehrtes Fräulein Doctor –

haben Sie den allerherzlichsten Dank für Ihre freundliche Hilfe; ich bin schon von früher her, als ich noch in ruhiger Arbeit sass, in Ihrer Schuld.

Indem ich Ihnen nun acht Blätter Schriftenverzeichnis schicke, möchte ich zu Ihrer Information und Ihrem beliebigen Gebrauch das Folgende dazu bemerken.

1) An Demuth brauchen Sie das Blatt nicht zu senden. Er ist seit langem im Besitz aller Unterlagen. Er ist wohl immer davon ausgegangen, daß für mich nur ein Universitätsposten in Frage komme, und dass ich es nicht so eilig hätte. Das mag für frühere Zeiten zugetroffen haben.

2) Ich nehme *jeden* Posten in *jedem* Erdteil und *jedem* Lande ein, der meine Frau und mich ernährt. Wenn es keine Hochschule ist, dann etwa ein College, wenn kein College, dann eine Mittelschule oder Elementarschule. Ich könnte wohl auch im Verlagsbuchhandel und in einer Redaction von Nutzen sein. Meine Frau hat Kenntnisse und Erfahrungen im technischen Zeichnen und in jeder Garten- und Landarbeit. Beide sind wir erprobtermaßen jedem Klima gewachsen und gehen gern in irgendwelche koloniale Verhältnisse. (Palaestina freilich kommt wohl nicht in Frage, da ich früh zum Protestantismus übergetreten bin, und da meine Frau arisch ist.)

3) Ich lege starken Wert darauf, und mein Schriftenverzeichnis weist es aus, daß ich nicht nur Romanist, sondern auch Germanist bin, mich auch mit vergleichender Literatur beschäftigt habe. Hinter der angeführten Studie für das Real-

lexikon der deutschen Literaturgeschichte stecken sehr viele von mir gehaltene Vorlesungen und Seminarübungen.

4) Ich weise auch auf meine Erfahrungen im Schulbetrieb hin. Ich habe nicht nur Abiturientenprüfungen an vielen und verschiedenen Schulen geleitet, sondern bin am Aufbau des Dresdener paedagog. Instituts für die Volksschullehrerbildung in x Sitzungen und Commissionen jahrelang sehr tätig gewesen, häufig als Vertreter der Technischen Hochschule in den Beratungen des Unterrichtsministeriums.

5) An der Universität Neapel habe ich in italienischer, an der dortigen Frauenhochschule in französischer Sprache doziert; in beiden Sprachen würde ich die praktische Übung in wenigen Wochen wiedergewinnen, da sie mir ja durchaus vertraut sind. Im Spanischen würde es nicht ganz so schnell gehen, aber auch nicht lange dauern. (Ich war 1925 und 26 monatelang in Spanien und Südamerika und habe auch eine Zeitlang in Dresden selber den spanischen Lektor gemacht.) Meine englischen Kenntnisse beschränken sich vorderhand auf das Lesenkönnen, aber ich bin dabei, mich im Sprechen und Hören zu üben und werde rasch über die erste Hilflosigkeit hinwegkommen.

Indem ich nochmals betone, dass ich jeden irgendmöglichen Posten annehme – ich darf wohl ohne Erläuterung citieren: Post equitem sedet atra cura –, und indem ich Sie nochmals meiner herzlichen Dankbarkeit versichere, verbleibe ich mit den besten Empfehlungen

Ihr ganz ergebener

Victor Klemperer an Heinrich Wengler

Dölzschen – Dresden A 27
Am Kirschberg 19
28. 11. 38

Sehr verehrter Herr Wengler –

ich versuchte vergeblich Sie telephonisch zu erreichen u. lege Ihnen nun schriftlich eine Bitte od. Anfrage vor, deren Seltsamkeit Sie aus meiner Lage heraus begreifen werden.

Könnten oder möchten Sie mir – natürlich gegen Entgelt, zu Ihnen passenden Zeiten u. in Ihrer Wohnung – ein paar Wochen lang täglich eine Stunde englischen Unterricht erteilen, der mich ein bißchen ins Sprechen u. Verstehen brächte? Ich werde das aller Wahrscheinlichkeit nach in nächster Zeit dringend brauchen. Ich habe zur üblichen Conversationsstunde kein Vertrauen, u. ich glaube, *Sie* würden am ehesten herausfinden, wie mir zu helfen wäre. Grundlagen des Englischen besitze ich natürlich u. lese ein Buch mit dem Lexikon, ein wissenschaftliches leicht, einen Roman schwer – aber in allem andern bin ich hilflos. Und es ist jetzt für mich wirklich eine Notlage gegeben.

Wenn es Ihnen aus irgendeinem Grunde nicht möglich ist, meine Bitte zu erfüllen, können Sie mir dann vielleicht jemanden nennen, an den ich mich wenden könnte, oder könnten Sie diesen Jemand sich an mich richten lassen? Aber natürlich: bei Ihnen selber wäre ich gewiß in den besten Händen.

Verzeihen Sie meine Bitte, nachdem wir so lange nichts von einander gehört, bedenken Sie, daß ich mich in sehr schwieriger Situation befinde u. antworten Sie mir freundlichst recht bald.

Ihr
VKlemperer

(Telephon habe ich nicht mehr)

Dresden A 27 – Dölzschen, Am Kirschberg 19.

9. Dez. 38.

L. Georg

heute morgen kam Dein durch Kabel vom 26. XI. angekündigter Brief. Für alles allerherzlichsten Dank zuvor.

Meine Situation ist im Augenblick nach einigen sehr bösen Momenten erträglich, ich weiss aber nicht, was der nächste Tag bringt.

Ich ging sofort nach Lektüre Deines Briefes zum hiesigen amerikanischen Consulat und erhielt im Wesentlichen diese Auskunft:

1) Fahrt nach Berlin sei zwecklos, man sei dort maßlos überhäuft. Einreichung der Bürgschaft würde mich wohl auf die Immigrationsliste bringen, aber für *reichliche drei Jahre* sei die Quote gefüllt, irgendwelch Versuch ausser der Reihe früher heranzukommen sei völlig aussichtslos.

2) Man gab mir Empfehlung an eine inoffizielle Stelle, die mit den eventuellen Möglichkeiten des Herauskommens vertraut sei. Dort wurde mir als absolut einzige Möglichkeit, etwa im Frühjahr fortzukönnen, der Weg nach Havanna genannt. In H. ist eine grosse Universität und ein Hilfscomité, von H. erreicht Post die USA in sehr kurzer Zeit, und von da aus sollen sich auch eher Möglichkeiten ergeben, entweder nach USA hereinzukommen oder in einem andern Land einen Posten zu finden. Die Überfahrt nach Cuba könnte ich hier in deutschem Geld zahlen, Touristenklasse für zwei Personen (Ehepaarskabine) 775 M. Für dort würde gefordert 1) ein bei der Abfahrt von Havanna rückzahlbares Deposito von je 500 Dollar, 2) ein Kreditbrief von je 400 D., im ganzen also 1800 Dollar. Bei bescheidenen Ansprüchen könnten zwei Leute dort mit 25 Dollar die Woche ganz gut auskommen, ich hätte also

mit einem solchen Creditbrief ziemlich viel Zeit, mir etwas an Ort und Stelle oder anderwärts zu suchen.

Ich unterbreite Dir das, wie es mir gesagt worden ist. Es bedeutet natürlich einerseits einen so hohen Anspruch an Dich, dass ich nicht weiss, ob Du ihm nachkommen kannst, und es bedeutet andrerseits nichts Gewisses für mich. Aber während es von hieraus vollkommen unmöglich ist, eine auswärtige Beschäftigung zu suchen, hätte ich von dortaus immerhin Chancen.

Ich will Dir meine Lage nicht schwärzer malen, als sie im Augenblick ist, und das psychische Moment der inneren Bedrängnis und der quälenden Ungewissheit darf natürlich nicht ausschlaggebend sein. Ich war nur einen Augenblick verhaftet, wurde dann freigegeben, erhalte zur Zeit noch meine Pension und unterstehe nur den allgemeinen Bestimmungen, die Dir ja bekannt sind. Sie haben für mich nur die besondere Schwere, dass mir jetzt jede Benutzung der Bibliotheken untersagt und damit buchstäblich jede Möglichkeit des Arbeitens genommen ist. Auch weiss ich nicht, wie sich in nächster Zeit die Wohnfrage für uns gestalten wird. Wenn es also in Deiner Möglichkeit und Absicht läge, mir den Weg Cuba aufzumachen, so würde ich es auf diesem Weg versuchen.

Man drang hier in mich, möglichst rasch eine Entscheidung herbeizuführen. So schicke ich jedenfalls diesen Brief gleich heute ab; ein Brief musste es schon sein, denn auch bei kürzester Fassung wäre das ja durch Kabel nicht auszudrücken gewesen.

Es tut mir bitter leid, dass ich Dich derart mit meinen Sorgen belaste; aber ich muss doch jetzt alles versuchen, was sich überhaupt noch versuchen lässt.

Sei meiner Dankbarkeit gewiss, und sei aufs herzlichste gegrüsst, zugleich von meiner Frau. Getreulich Dein

Martin Sußmann an Victor Klemperer

Bln, 9. XII. 38.

Lieber Victor! Dein Geburtstagsglückwunschbrief ist noch immer nicht beantwortet – aber klage mich deswegen nicht an, eher die inzwischen eingetretenen Ereignisse, die alles über den Haufen geworfen haben, was ich noch vor 4 Wochen gedacht hatte und geglaubt hatte, tun zu können. – Also zunächst herzlichen Dank für Deine treuen Wünsche – nur schade, daß wir Subjekte nichts zu ihrer Erfüllung beitragen können, da wir mit jedem Tage mehr erfahren, wie wir Objekte der – Gesetzgebung sind. Von Marta erfuhr ich inzwischen, daß – et tu; Brute – den deutschen Staub von den Pantoffeln schütteln willst, wozu ich mich auch sofort nach dem +++ 10. November entschlossen hatte; schmerzlich genug ist es, daß wir das schöne Wort »greift fröhlich dann zum Wanderstabe« nicht auf uns anwenden können. Wenn ich von mir erzählen darf, so hatte ich das Glück, von Hilde aus Stockholm schon nach wenigen Tagen die Aufenthaltsgenehmigung für Schweden – wenn auch zunächst bis Ende Mai 39 befristet – zu bekommen; sie schrieb – ahnungsloser Engel – dazu: besorge Dir schnell die nötigen Papiere und komme sofort zu uns! Kann sich denn ein Mensch im Auslande vorstellen, welche Schwierigkeiten sich auftürmen, wenn man seine Auswanderung betreiben will? Nun bin ich endlich soweit, daß ich den Paß und die Unbedenklichkeitserklärungen – beantragt habe; wie lange es noch dauern wird, bis ich sie bekomme, wissen nicht einmal die Götter, die Polizeiorgane. Die Angelegenheit der Reichsfluchtsteuer muß noch erledigt werden – auch die Festsetzung dieser herrlichen Abgabe ist beantragt –, dann muß ich noch erfahren, welche Quote der »Judenabgabe« auf mein schuldiges Haupt fällt, – endlich fehlt noch die Aufstellung des Umzugsgutes, das ja nach neuesten Bestimmungen ganz detailliert angegeben werden muß: wieviel Handtücher, wieviel Servietten, wieviel Hemden u. s. w. Das ganze System ist so raffiniert ausgedacht, daß man nur staunen und bewundern kann; wieviel Kabinetts-Sitzungen mag es gekostet haben? – In meinem polizeilichen Führungszeugnis ist zu lesen, daß ich nicht bestraft bin und nicht gebettelt habe; ersteres ist falsch, denn diese Austreibung ist wohl eine der schlimmsten Strafen, die es geben kann, letzteres stimmt zwar für die Vergangenheit, ist aber ungültig für die Zukunft: da ich ohne jeden Besitz, also als Bettler, auswandere, werde ich mich wohl nolens volens diesem neuen Beruf hingeben müssen: ich werde betteln – aber ist es nicht selbstverständlich, daß ein Bettler – bettelt? Ich werde bei Hilde wohnen und essen können – c'est tout; ich werde mich in ihrem Haushalt nützlich zu machen suchen, da ich ja als Student gelernt habe, Stuben zu reinigen, Geschirr abzuwaschen, Löcher zu stopfen u. zu flicken u. dergl. mehr; ein abwaschbarer Gummikragen wird die äußere Sauberkeit nicht blos vortäuschen, sondern wirklich »glanzvoll« dokumentieren; übrigens hoffe ich auch, meinem Schwiegersohn in seiner Korrespondenz – der deutschen – behilflich sein zu können, zumal ich noch flott stenografiere, ziemlich gut Schreibmaschine schreibe und eben dabei bin, Buchführung zu lernen; wenn ich viel Glück habe, werde ich meine jetzige Beschäftigung fortsetzen: spanische Stunden geben, was, da ich noch kein Schwedisch kann, mit Hilfe des Französischen ganz gut gehen wird – dann werde ich auch in der Lage sein, die zu meiner Privatkorrespondenz nötigen Briefmarken selbst verdienen zu können. Man wird bescheiden! Aber das kostbarste Gut hoffe ich mir trotz aller äußeren und inneren Bedrängnisse zu erhalten: die Gesundheit – das ist mein einziger Wunsch – oder, ich will nicht lügen, nicht der einzige, denn ich sage mit Fontane:

Doch wieweit herabgestimmt
Auch das Wünschen Abschied nimmt –

Immer klingt es doch daneben:
Dieses möcht' ich noch erleben!

Es ist wohl nicht nötig, die letzte Zeile zu detaillieren – es wird auch Dir so gehen, daß Du »es« noch erleben möchtest, und das wünsche ich Dir u. mir! – Daß ich Dir von meiner inneren Bedrängnis, dem zweitgrößten Unglück meines Lebens nichts schreibe, darfst Du mir nicht verargen; ich kann es und darf es nicht – aus purem Egoismus: ich will mich aufrecht halten. – Wirst Du mir einmal schreiben, wie weit Du mit den Auswanderungsplänen bist?

Übermorgen werde ich einen Lichtblick haben: Hilde kommt für ein paar Tage, um zu sehen, was von meinen Sachen für ihren Haushalt zu brauchen wäre. Du kannst Dir denken, wie ich mich darauf freue.

Herzliche Grüße für Dich und Deine l. Frau.
Dein M. S.

Victor Klemperer an Laura Livingstone

Dresden A 27 – Dölzschen, am Kirschberg 19
11. Dez. 38.

Sehr geehrtes Fräulein –

mir wurde gestern von befreundeter Seite Ihre Adresse aufgegeben und geraten, mich an Sie zu wenden, und so trage ich Ihnen meine Sache und meine Bitte um freundliche Vermittlung vor.

Aus der beiliegenden Liste ersehen Sie, dass ich lange Jahre als ordentlicher Professor der romanischen Literaturen tätig war, dass ich auch als Germanist und Paedagoge sowohl praktisch wie durch zahlreiche Schriften ausgewiesen bin.

Es ist mir jetzt sehr dringend darum zu tun, ein Lehramt im Ausland zu finden. Es braucht gewiss nicht der hohe Posten zu sein, den ich hier bekleidete; ist es keine Professur, dann ist es ein Lektorat oder etwas Derartiges; ist es keine Universität, dann ist es ein College oder irgendeine Schule. Dabei ist es mir absolut gleichgültig, in welchem Lande, Erdteil und Klima ich unterkomme. Der Posten muss nur, wenn auch auf bescheidenste Art, meine Frau und mich ernähren; Kinder haben wir keine, aber ohne meine Frau kann ich nicht fortgehen.

Die besondere Schwierigkeit liegt für mich darin, dass ich, von jüdischen Eltern stammend, unter die deutsche Judengesetzgebung falle, andrerseits aber, als evangelisch-lutherisch und mit einer evangelischen und arischen Frau verheiratet, die Hilfe oder Vermittlung spezifisch jüdischer Einrichtungen nicht in Anspruch nehmen kann.

Sprachlich liegt es für mich so, dass ich ausser in deutscher, sofort auch in französischer oder italienischer Sprache, in sehr kurzer Zeit auch in spanischer Sprache vortragen könnte. (An der Universität Neapel dozierte ich in italienischer, gleichzeitig an der dortigen Frauenhochschule Suor Orsola in französischer Sprache.) Vom Englischen besitze ich die Grundlagen und kann es lesen; da ich mich jetzt eifrig damit beschäftige, so wird es gewiss nicht sonderlich lange dauern, bis ich es einigermaßen spreche und verstehe.Ich möchte noch hinzufügen, dass meine Frau (geboren 1882) als Organistin tätig war, ferner in jeder Garten- und Landarbeit und im technischen Zeichnen Erfahrungen besitzt und verwendbar ist. Beide sind wir erprobtermaßen heissem und kaltem Klima gewachsen und würden, sogar sehr gern, in koloniale Verhältnisse gehen. Ich selber komme freilich für ländliche und technische Tätigkeit nicht in Betracht, aber einen Schulmeister kann man doch wohl überall gebrauchen.

Indem ich Sie bitte, es mit der gegebenen Situation verzeihen zu wollen, dass ich mich so unbekannterweise an Sie wende, zeichne ich in der ergebensten Wertschätzung

(Prof. Dr. Victor Klemperer)

[Handschriftliche Notiz auf Durchschlag]
An Miss Livingstone Berlin Charlottenburg
Brandenburgische Str 41
(Auf E. Aulhorns Veranlassung, besondere
Quäkerhilfe für protestant. Nichtarier)

Victor Klemperer an Grete und Walter Blumenfeld

Dresden-Dölzschen, Am Kirschberg 19.
18. XII. 38.

Liebe Freunde –

SOS-Rufe sendet man überallhin, und so wenden wir uns heute auch an Euch um ev. Hilfe oder Rat. Eine neulich abgeschickte Grusspostkarte wird von diesem Brief wohl überholt werden.

In Kürze und ohne Détails, die wohl unnötig sind. Unsere Situation ist eine mehr als schwierige, und der Augenblick, wo wir überhaupt nicht weiterkönnen, steht vor der Thür. Irgendwelche Praetentionen haben wir nicht mehr und suchen nur eben nach einer Existenzmöglichkeit, einerlei in welchem Erdteil oder Lande oder auf welchem Posten. Ich habe überallhin angegeben, dass ich *jeden* Lehrerposten, auch an einem College oder einer Elementarschule, auch in kolonialsten und primitiven Verhältnissen annehme, wenn er nur soviel bringt, dass wir zwei bescheiden davon existieren können. Wir haben weiter betont, dass Eva sowohl für Garten- und Landarbeit als auch für technisches Zeichnen (insbesondere Bauzeichnen) und endlich auch als Organistin zu gebrauchen ist. Für USA erhalten wir dieser Tage ein Affidavit – Englisch pauke ich auf Devil come out!, was soll ich sonst tun, da ich keine Bücher mehr entleihen darf? –, aber die Immigrationsquote ist auf mehr als drei Jahre gefüllt, und *niemand* kommt ausser der Reihe heran.

Unsere Fragen an Euch sind nun:

Wisst Ihr einen Weg, dass wir nach Lima (oder ganz allgemein nach Peru) hereinkönnten? Die Überfahrt würde ich in deutschem Geld mit dem bezahlen können, was mir vom Verkauf des Hauses bliebe. Ein Weilchen würde ich sicherlich drüben mit Unterstützung meines Bruders in USA leben können, der mir provisorische Hilfe zugesagt hat, aber nicht weiss, wie schwer der Zugang zu den verein. Staaten ist. Du, l. B., schriebst einmal, Du würdest Dir vielleicht ein Ingenieursbureau aufmachen: könntest Du vielleicht Eva für ein ganz geringes Geld als Zeichnerin anstellen? Könntest Du ihr bei irgend einem Kollegen einen solchen Posten besorgen? Könntest Du für mich irgendeine Arbeitsmöglichkeit finden? Versteh uns recht: Es handelt sich für uns darum, überhaupt herauszukommen und irgendwo Eingang zu finden, wo oder von wo aus wir uns eine Arbeit suchen könnten. Auf ein paar Monate wären wir wohl überall gedeckt, wenn nur die Möglichkeit gegeben wäre, für das Hinterher irgendeine – ich betone nochmals: *irgendeine Existenzmöglichkeit* – zu finden.

Für meine eigene Person lege ich Orientierungszettel bei. In französischer und italienischer Sprache könnte ich sofort vortragen, in spanischer in kürzester Zeit, und Englisch wiegesagt treibe ich eben mit grösster Anspannung. Ich wäre wohl auch in einem Bureau oder Verlag oder Derartigem zu gebrauchen – am ehesten aber natürlich als Lehrer. Es ist nur so sehr schwer, von hier aus Bewerbungen kräftig zu betreiben. Um es noch einmal zu sagen: das Wichtigste ist wohl, einen ersten Aufnahme- und Stützpunkt draussen zu finden.

Ich weiss nicht, ob dieser Brief irgendwelchen Zweck hat, aber wenn man in unserer Situation nicht völlig capitulieren will – und dazu haben wir bisher wenig Neigung, obwohl die Stunden der absoluten Depression immer häufiger werden, so muss man eben alles versuchen.

Nehmt uns also die Belastung durch diesen Brief nicht übel und lasst uns bald Antwort zukommen, auch dann wenn es eine ganz negative Antwort ist.

Seid herzlichst gegrüsst

Victor Klemperer an Charlotte und Walter Jelski

Dresden A 27 – Dölzschen, Am Kirschberg 19
26. 12. 38.

Lieben –

wir sind sehr gerührt über Euren Brief, denn an der langen Correspondenzpause trifft uns nicht weniger Schuld als Euch, aber die meiste Schuld tragen doch die traurigen Verhältnisse. Seid herzlich bedankt und nehmt unsere allerbesten Wünsche für 1939 freundlich an.

Da Du, l. W., mir nun Deine ev. Hilfe anbietest, so will ich ohne Umschweife gleich von unserer Lage berichten. Sie ist denkbar scheusslich, wir sind persönlich sehr hart betroffen. Ohne Détails: weder das Haus noch die Existenz wird sich hier behaupten lassen, die Gegenwart ist sehr trübe und nervenzerrüttend, die Zukunft absolut dunkel. Fest steht nur, dass wir fort *müssen*, wenn wir leben wollen. Aber wie und wohin, ist eben noch ganz ungewiss. Wahrscheinlich haben wir zu lange gezögert, und jetzt würgt uns das schreckliche Zu spät! an der Kehle. Aber wir haben uns fest vorgenommen, nicht zu verzweifeln und immer wieder alles zu versuchen.

Ich habe ein Affidavit für USA (durch Georgs jüngsten Sohn) – aber es hilft mir nichts, da die Immigrationsquote für mehr als drei Jahre gefüllt ist und niemand mehr ausser der Reihe herankommt. (Könnte ich hinüber, so fände ich bestimmt Arbeit, aber ich kann eben nicht.) Wo ich irgend von Vermittlungsstellen und derartigem erfahre, da bewerbe ich mich, bisher mit negativem Erfolg. 57 Jahre und weder ein technisches noch naturwissenschaftliches, noch kaufmännisches Fach: das ist natürlich desaströs. Auch dass ich in meinem Beruf ziemlich angesehen bin und weit oben stand, ist mir eher schädlich als nützlich: die grossen Posten liegen nicht auf der Strasse, und für kleinere bevorzugt man kleinere und somit bequemere Leute.

Aber ich *muss* etwas finden, wenn wir nicht vor die Hunde gehen sollen. Ich lege Dir in zwei Exemplaren das Blatt bei, das über mich orientiert. Wenn es der Zufall will, kommt es vielleicht gerade durch Dich an die richtige Stelle. Da ich mich im Bösen längst über nichts mehr wundere, warum sollte ich schließlich nicht auch einmal im Guten etwas besonders Verwunderliches erleben? Wer weiß, wen Du im Café Europe triffst!

Zu Deiner Orientierung möchte ich noch einiges bemerken.

1) Ich nehme jeden Posten an, auch den eines Dorfschulmeisters, wenn er nur zwei Leute bescheiden ernährt. Natürlich kommt ein Lehramt für mich zunächst in Betracht, aber ich könnte auch sehr wohl in einer Redaction oder einem Verlag arbeiten.

2) Wir gingen sehr gern in koloniale und primitive Verhältnisse; wir verfolgen die Verhandlungen über Rhodesia mit leidenschaftlichem Interesse und würden uns sofort dorthin melden. Einen Schulmeister braucht man überall, und für Eva wäre ungemein viel Verwendungsmöglichkeit. Denn sie ist 1. in jeder landwirtschaftlichen und gärtnerischen Arbeit geschult und erfahren, 2. im technischen Zeichnen und ganz besonders im Bauzeichnen zu gebrauchen, 3. bei jeder beliebigen Sekte als Organistin zu verwenden. Es ist ihr dringlichster Wunsch, irgendwo arbeiten zu können; das einzige, was sie nicht vertrüge, wäre: unbeschäftigt in einem möblierten Zimmer zu sitzen, und was ihr am besten täte, wäre Land- und

Bauarbeit. Wir geben das überallhin mit Nachdruck an, und so sagen wir es auch Dir. Du kennst Eva, und weißt, dass das nicht bloss so hingeredet ist.

Wahrscheinlich wäre eine dieser palestinensischen Siedlungen ein ausgezeichneter Platz für sie (zumal wir beide auf heisse Klimata erprobt sind). Da aber ich selber seit Jahrzehnten der protestantischen Kirche angehöre, und da Eva »arisch« ist, da wir auch beide immer principielle Gegner des Zionismus gewesen sind und bleiben werden, so ist nicht anzunehmen, dass man in Palestina grosses Verlangen nach uns tragen wird. Sollte sich aber – bei Gott und in diesen Zeiten ist ja nichts unmöglich – gerade dort ein Platz für uns finden, so nähmen wir ihn ebensogern wie einen Posten in irgendeinem andern Land oder Erdteil.

Mehr, lieber Junge, kann ich Dir nicht sagen. Jerusalem ist ein internationaler Ort; wenn Du also irgendwas siehst oder hörst, wenn Du irgendeine Fährte aufspürst, dann zücke das beiliegende Blatt. – Nochmals herzlichste Grüße!

Eure E. u. V. Kl.

Georg Klemperer an Victor Klemperer

3017 East 78. Str.
Chicago Ill.
27/12 38

Lieber Victor!

Deinen Brief vom 9. XII habe ich leider erst heut hier erhalten (ich bin hier bei Gog zu Besuch u. werde wohl über Januar hier bleiben).

Das Cuba-Projekt bietet den Vorteil, daß Du in der relativen Nähe bist, aber es ist für Dich keine größere Sicherheit gegeben, etwas zu erreichen, als ev. von Dresden aus.

Ich würde nun zuerst raten, von dort aus an

Committee for Displaced German
Scholars, 165 West 46. Street, New York

zu schreiben. Es besteht das Gesetz, daß ausländische Universitätslehrer, welche mindestens 2 Jahre unterrichtet haben,
wenn sie eine Anstellung für mindestens 3 Jahre an einem amerikan. College haben, außer der Quota sofort einwandern können. Dies Comité beschäftigt sich mit der Unterbringung
deutscher Un. Lehrer.

Ich glaube es ist vorteilhafter *gleich* auf Visitor-Visa nach
U. S. zu kommen als den Umweg über Cuba zu machen.

Bitte betreibe ev. gleich auf dem am. Consulat das *Besucher
Visum.* Nur wenn dieses abgewiesen wird, würde ich raten
nach Cuba zu gehen. Als Besuch darfst Du 6–12 Monat im
Land bleiben. Im schlimmsten Fall kannst Du danach immer
noch nach Cuba.

Was Du in N. Y brauchst, stelle ich Dir zur Verfügung, ich
glaube Ihr werdet mit 150 $ im Monat auskommen. 1800 $
auf einmal wäre auch zu machen, aber *es wäre sehr viel
schwerer*. Ich habe ein kleines Kapital fest angelegt, das ich
selbst allmälich aufzehre, die Zinsen davon sind gering, aber
sie spielen immerhin eine Rolle. Wenn Dir aber nichts
anderes übrig bliebe, als Cuba, so stehen Dir die 1800 zur
Verfügung. Ich würde Dich bitten, sie als Darlehen zu betrachten, wenn ich über Erwarten lange lebe, könnte ich
in die Lage kommen es zu brauchen, dann würdest Du
mir das Geld zurückgeben. (Ns. ich habe für unsre Nichte
Käthe zu sorgen, welche jetzt im Sanatorium ist, aber nach der
Entlassung voraussichtlich lange Zeit erwerbsunfähig sein
wird)

Wenn Du an das Com. schreibst, lege beglaubigte Ab-
schriften von Zeugnissen bei, aus denen Deine Lehrtätigkeit
in Dr. u. München hervorgeht u. eine Liste Deiner Schriften

und bitte um eine Anstellung an einer Univ., die Dir ermöglicht außerhalb der Quota nach US zu kommen.

Lernst Du fleißig Englisch? Es ist die Hauptsache, daß Du einigermaßen sprechen kannst, wenn Du herkommst!

Ich wünsche Dir zum neuen Jahr alles Gute, daß Du bald Erfolg haben möchtest. Zum Glück ist die Stimmung für die Refugees günstig und besonders die Juden sind sehr tätig. Hoffentlich bekommst Du das Besucher-Visum bald. Jedenfalls schreib mir bald wie der Bescheid auf dem Consulat war.

Herzliche Grüße auch an Deine l. Frau
Georg.

Von Gog u Ellen beste Grüße.

Hat Dir die Deutsche Bank 1000 M. gezahlt? Sie könnten die Überfahrt decken.

Georg Klemperer an Victor Klemperer

3017 East 78 Str.
Chicago Ill.
31. XII 38.

Lieber Victor!

In *New York* besteht eine

University in Exile
66 West 12th Street.

Ich weiß nicht, wie weit sie Mittel u. Möglichkeiten hat, aber sie darf Professoren berufen u. es wäre immerhin möglich, daß Du einen Ruf von ihr erhältst, der die Möglichkeit gibt, außerhalb der Quote einzuwandern.

Bitte schreibe an:

Dr. Alexis Johnson
New School for Social Research
University in Exile
66 W. 12. St.
New York City

Setze Deine Lage auseinander, Deine Stellungen u Deine Schriften, u. daß Du ihn bittest, Dir einen Ruf an die U i E. zu verschaffen, Du würdest ihn annehmen, auch wenn das Gehalt nur gering wäre.

Ich kann nicht übersehen, ob ein solches Schreiben Erfolg verspricht, aber die Möglichkeit ist keineswegs ausgeschlossen u. schaden kann es in keiner Weise.

Ich benutze den Jahresschluß um Dir u Deiner Frau ein neues Jahr zu wünschen, daß Euch recht viel Gutes bringen möge.

How about speaking English? That is the most important matter. I have been now three years in this country, but unfortunately I don't master the language and am not able to hold a public speech without manuscript or to follow a public discussion. But I may be excused by my old age – you will not have such excuse and your near future is depending upon your ability to speak English!! Let us hope that you are a clever student.

Best love
George

Victor Klemperer an Otto Klemperer

Dresden A 27/Dölzschen
Am Kirschberg 19.
8. I. 39.

L. Otto –

zuvor herzlichen Dank für die Weihnachtsgrüsse mit den hübschen Photographieen – so erwachsene Söhne schon! –, für den freundlichen Brief und, ganz besonders auch, für Dein Anerbieten, Dich meiner Sache anzunehmen.

Ich schicke Dir also beiliegend ein paar der angeforderten sheets of particulars. Sollte das Englisch des letzten Satzes entgleist sein, so kannst Du es vielleicht von Dir aus verbessern.

Zu Deiner persönlichen Information und zu beliebigem Gebrauch möchte ich noch ein paar Bemerkungen hinzufügen.

1) mit der »Notgemeinschaft« (Demuth) bin ich in Verbindung.

2) Ich selbst bin Protestant, meine Frau ist arisch, so dass ich also bei den spezifisch jüdischen Organisationen kaum Hilfe finde.

3) Während des Krieges war ich als freiwilliger Frontsoldat in Flandern, dann im Feldlazarett, schliesslich in der Etappe. Ich bekam eine Berufung an die damalige flämische Universität Gent, aber das war 1918 kurz vor dem Zusammenbruch.

4) In Dresden habe ich wiederholt, im ganzen fast 5 Jahre im Senat gesessen, ich bin wiederholt Staatskommissar bei den Abiturientenexamen in den höheren Schulen gewesen, ich habe am Neuaufbau des Volksschullehrerstudiums in endlosen Sitzungen des Ministeriums als Vertreter der Hochschule mitgewirkt. D. h. also: ich habe allerhand Erfahrungen in schulpaedagogischen Fragen.

5) Ich bin, wie aus meinem Schriftenverzeichnis und meiner Stellung in Neapel hervorgeht, nicht nur Romanist, sondern auch Germanist, meine Doctorarbeit war eine germanistische (Fr. Spielhagen).

6) Ich nehme jeden Lehrposten an, der uns zwei Leute ernährt; es braucht weder in England noch an einer Universität zu sein, es kann irgendein College oder etwas Derartiges in einer beliebigen Kolonie sein. Wir sind beide erprobt klimafest, wir haben Sicilien, Südspanien, die Reise über den Äquator, den Aufenthalt in Rio ohne jede Beschwerde vertragen.

7) Fächer, in denen ich literarhistorischen und sprachlichen Unterricht erteilen kann, sind Französisch, Italienisch, Spanisch und Deutsch. Vortragen kann ich außer in deutscher: in französischer und italienischer Sprache sofort, in spanischer nach kurzer Übungszeit.

Englisch, das ich immer nur gelesen, nie gesprochen und sprechen gehört habe, treibe ich jetzt eifrig, und ich denke, ich werde die schlimmsten Schwierigkeiten bald hinter mir haben, zumal wenn ich erst in englisch sprechender Umgebung bin.

Nun danke ich Dir noch einmal bestens für Deine freundlichen Absichten. Ich darf keinen Weg unversucht lassen; meine Situation ist recht sorgenvoll, u. die Zukunft liegt sehr dunkel vor mir.

Dir und den Deinen, zugleich auch von meiner Frau, die allerbesten Grüsse.

Getreulich Dein

Victor Klemperer an Georg Klemperer

Dresden A 27 – Dölzschen, Am Kirschberg 19.
13. Januar 39.

L. Georg –

zuerst und vor allem der immer zu wiederholende Ausdruck meiner herzlichsten Dankbarkeit für all Deine Hilfe. Ich erhielt eintausend Mark überwiesen und legte sie in Reserve; ich erhielt an zwei aufeinanderfolgenden Tagen Deine beiden Briefe aus Chicago, wohin ich diese Antwort richte.

Gleichzeitig gehen meine Schreiben an die beiden von Dir bezeichneten Stellen ab. Ich lege Dir eines der Datenblätter bei, das ich den verschiedenen Comités etc. einreiche.

Mit dem amerik. Consulat hatte ich bisher wenig Glück. Ich fragte Ende Dezember telephonisch an, ob Herr Geist noch dort wäre, und ob ich ihn sprechen könnte. Eine Sekretärin sagte, er käme nach Neujahr vom Urlaub. Darauf adressierte ich das Affidavit zu seinen Händen, berief mich auf »meinen Bruder und meine Neffen« und bat um eine persönliche Unterredung. Als einzige Antwort erhielt ich ein Druckformular der Empfangsbestätigung; darin heisst es wörtlich: »Die Wartezeit wird sich auf mehrere Jahre belaufen.«

Ein Besuchsvisum zu beantragen hat sehr schwere Bedenken, sofern es nicht überhaupt zweckwidrig ist. Denn einmal müsste ich dazu ein neues Affidavit von dem geplagten »George E. Klemperer« vorlegen, worin er feierlich versichert (promises, agrees and guarantees), dass ich während der Dauer meines Aufenthaltes in USA nicht selber mein livelihood verdiene; und zum andern erhielte ich deutscherseits – wenn überhaupt! – einen Besuchspass nur dann, wenn ich mich verpflichtete, nur für ganz wenige Wochen zurückzukehren.

Hier ist nun der Punkt, der mir innerlich die schwerste Sorge macht. Ich schwanke immerfort zwischen der Furcht vor dem Zu spät und Zu früh. Nach den harten Erfahrungen der letzten Monate geht jedes unvermutete Klingeln, jede Post, jede Zeitung mehrmals täglich arg auf die Nerven. Widerum: noch erhalte ich doch die Pension, und es wird wohl auch noch Monate dauern, ehe ich das Haus verlassen muss, denn es scheint, als würde zuerst grösserer und industriellen Zwecken dienender Grundbesitz »arisiert«. Ich frage mich also immer wieder, ob es nicht ebenso unrecht wie sinnlos wäre, Dir draussen zur Last zu fallen, solange ich hier noch irgend zu leben habe.

So stand ich auch schon rein von mir aus und vor dem Empfang Deines Briefes dem Havanna-Plan sehr skeptisch gegenüber. Zumal als ich erfuhr, dass Schiffsplätze dorthin kaum vor dem Herbst zu haben seien; woraus doch ersichtlich, wie sehr es dort von Leuten mit ähnlichen Absichten wie den meinigen wimmeln wird.

Es scheint mir also – genauer: es scheint mir im Augenblick, denn die Stimmung wechselt je nach den Ereignissen und Symptomen der letzten 24 Stunden –, als dürfte ich nichts anderes tun, als von hieraus alles zu versuchen, was irgend zu einem Posten irgendwo in der Welt führen könnte. Ich schreibe überallhin Bewerbungen; wir hoffen auch von Tag zu Tag, es möchte eine Kolonie für Massenauswanderung aufgemacht werden – in primitive Verhältnisse zu gehen, würde uns nicht schrecken.

Endlich sage ich mir, dass, wenn ein äusserster Notfall einträte, und wenn wir dann noch in der Lage wären Hilfe zu gebrauchen, Du uns gewiss in jedem Land zu Hilfe kommen könntest. Ich meine, ich müßte allerschlimmstenfalls von hier zu einem provisorischen Aufenthalt irgendwohin, von wo aus ich meine Bemühungen um USA fortsetzen könnte (etwa nach England, das im Augenblick solchen Zwischenaufenthalt zu gestatten scheint), und Du würdest mir dorthin Geld überweisen.

As for English learning, my days begin with English Grammar and end with English Newspapers, they are quite overfilled with various English matters. Nevertheless the success of all these efforts, for the present at least, is somewhat small. More than forty years I have studied exclusively Romance languages and neglected English speaking; that comes now home to me. Even in this dozen of poor words I am sure you will find odd mistakes.

Helf er sich – man muss im Hinblick auf das Sprachliche, die applications and the rest Philosoph sein. Schliesslich sind es gerade heute am 13. I. genau 26 Jahr her, das ich zum Dr. phil. summa cum laude promoviert wurde, und das s. c. l. verdankte ich drolligerweise gerade dem Philosophen, dem ich mit dem tags zuvor ganz zufällig aufgeschnappten Namen Herbert von Cherbury imponierte.

Noch einmal allerherzlichsten Dank. Und ebensolche Grüsse. Dazu alles Gute für George E. und Gattin und sehr viele Grüsse auch von meiner Frau

Victor Klemperer an Alexis Johnson

>Dresden A 27 – Dölzschen, Am Kirschberg 19.
>13. I. 39.

Sehr geehrter Herr Doctor –

Ich erlaube mir mich an Sie zu wenden mit der höflichen Anfrage und Bitte, ob ich unter beliebigen Bedingungen einen Ruf an die University in Exile erhalten könnte. Meine Laufbahn und meine Schriften ersehen Sie aus dem beiliegenden Blatt. Gestatten Sie mir einige zusätzliche und meine Anfrage motivierende Bemerkungen.

Ich bin als Hochschullehrer und Autor weniger Sprachwissenschaftler als Literarhistoriker, und ich habe in meinen Büchern und Vorlesungen über die deutsche und romanische (französische, italienische und spanische) Literatur immer sehr stark das philosophische und sozialpolitische Element betont. Meine erste umfassende Arbeit war das zweibändige Werk über Montesquieu. Die noch unveröffentlichte bis auf die letzten Capitel druckfertige Geschichte der französischen Literatur im 18. Jahrhundert enthält (besonders in der ganz abgeschlossenen Rousseaumonographie) viele ganz neue Gesichtspunkte, und manchen Ausblick auf die spätere Entwicklung der damaligen Theorieen und Meinungen. Ich fände hier reiches Material für Vorlesungen und Seminarübungen, wie sie gerade für eine School for social Research geeignet wären.

Ausser in deutscher Sprache könnte ich auch sehr wohl in französischer und italienischer, nach kurzer Vorbereitung ebenso in spanischer Sprache vortragen. Das Englische ist mir weniger geläufig; ich wäre aber imstande eine Vorlesung nach vorbereitetem Manuscript englisch zu lesen (während ich deutsch und französisch frei vortrage). Auch bin ich jetzt sehr eifrig bemüht, meine englischen Sprachkenntnisse zu vervollkommnen.

Ich besitze ein Affidavit für die Vereinigten Staaten, muss aber, wenn ich an die Reihenfolge der Quote gebunden bleibe, noch mehrere Jahre auf die Einreise-Erlaubnis warten. Wohingegen ein Lehrauftrag auf drei Jahre mir die sofortige Einreise ermöglichen würde. Da ich nun hier unter sehr grossen Schwierigkeiten lebe und auch von jeder Möglichkeit wissenschaftlicher Arbeit abgeschlossen bin – denn ich erhalte keine Bücher mehr aus öffentlichen Bibliotheken, da ich jüdischer Abstammung bin –, so würde ich eine Berufung auch dann gern annehmen, wenn die Honorierung nur eine bescheidene wäre.

Endlich gebe ich Ihnen noch eine leicht erreichbare Referenz an: Professor *Spiegelberg*, jetzt an der Columbia University, ist mehrere Jahre in der kulturwissenschaftlichen Abteilung der Technischen Hochschule Dresden mein Kollege gewesen und wird Ihnen auf Anfrage gewiss Auskunft über mich erteilen.

Mit der höflichen Bitte um freundliche Antwort
verbleibe ich
Ihr sehr ergebener
[handschriftliche Notiz auf Durchschlag]
An Dr. Alexis Johnson, New York City. 66. W 132. St. von Georg benannt.

Victor Klemperer an Heinrich Spiero

Dresden A 27 – Dölzschen, Am Kirschberg 19.
15. Januar 39.
Sehr geehrter Herr Doctor Spiero –
auf den Rat und die Empfehlung Herrn Geheimrats von Loeben gestatte ich mir die folgende Bitte an Sie persönlich zu richten; er meinte, Sie stünden meinem Fach näher, und

vielleicht sei Ihnen die eine oder andere meiner Arbeiten bekannt.

In schwieriger Situation und von jeder Möglichkeit wissenschaftlichen Arbeitens abgeschlossen, suche ich in beliebigem Land und Erdteil einen Lehrposten, der nur meine Frau und mich bescheiden ernähren soll. Wenn nicht als Universitätslehrer, so kann ich bestimmt auch als Lehrer an jeder andern Schule tätig sein. Während meiner Amtszeit an der Dresdener Technischen Hochschule – beiligendes Blatt, englisch, weil ja neun Zehntel aller Möglichkeiten in englisches Sprachgebiet fallen, gibt Ihnen einen Überblick meiner Laufbahn und meiner Publikationen – in Dresden also bin ich wiederholt Staatscommissar bei den Reifeprüfungen gewesen und habe den Unterricht in verschiedenen Schulklassen und Schulformen kennen gelernt; auch war ich als Dekan der kulturwissenschaftlichen Abteilung und als Vertreter der Hochschule in vielen Ministerialsitzungen sehr stark am Aufbau des paedagogischen Instituts für Volksschullehrerbildung beteiligt, das in den zwanziger Jahren sehr neuartig eingerichtet und der Technischen Hochschule angegliedert wurde. Ich bin meiner Ausbildung nach ebensowohl Germanist wie Romanist, ich habe mich in Vorlesungen, Seminarübungen und Schriften auf beiden Gebieten (mehr literatur- und geistesgeschichtlich als eigentlich sprachwissenschaftlich) betätigt. Ich könnte Vorlesung oder Unterricht über die verschiedenen Themen meines Gebietes ebensowohl in französischer und italienischer wie in deutscher Sprache halten, nach kurzer Vorbereitung auch spanisch. Um Englisch, das nicht mein Studienfach ist, ist es bei mir schwächer bestellt; aber nach vorbereitetem Manuscript könnte ich auch englisch vortragen (während ich sonst im allgemeinen frei spreche), auch bin ich jetzt intensiv um Vervollkommnung meiner englischen Kenntnisse bemüht. Als Kriegsfreiwilliger und Frontsoldat – ich war 1915/16 in Flandern, dann lange im Lazarett, ehe ich als Censor in Oberost Dienst tat –, blieb ich bis 1935 im Amt; danach lebte ich von meiner Pension und arbeitete an meiner Geschichte der französischen Literatur im 18. Jahrhundert. Nun sind seit etlichen Monaten die Grundlagen meiner Existenz durchaus in Frage gestellt, auch habe ich keinerlei Möglichkeit mehr, meine Arbeit weiterzuführen, da mir alle Bibliotheken verschlossen sind.

Ich bin jüdischer Abstammung und seit Jahrzehnten lutherischer Confession, meine Frau (Organistin) ist lutherisch und arisch: so kam ich mit Herrn von Loeben in Verbindung; er besuchte mich dieser Tage und empfahl mir dringend, mich an Sie zu wenden. Ich könnte auch, wenn eine persönliche Besprechung in Frage käme, im Laufe des Januar einmal nach Berlin herüberkommen.

Indem ich Sie um freundliche Antwort bitte, verbleibe ich

Ihr sehr ergebener

[Handschriftliche Notiz auf Durchschlag]
Dr Spiero
Berlin, Charlottenburg
Brandenburgische Str. 41.

Victor Klemperer an Jenny Schaps

Dresden A 27 – Dölzschen
Am Kirschberg 19
15. I. 39.

Liebe und sehr verehrte Frau Doctor –

haben Sie herzlichsten Dank für Ihren so freundschaftlichen Brief.

Von Ihrem verstorbenen Freund und den gemeinsamen Reisen mit ihm in besseren märchenhaft gewordenen Zeiten haben Sie uns manchmal erzählt; so können wir uns einigermassen vorstellen, wievieles durch diesen Todesfall in Ihnen aufgerührt worden ist. Es ist uns ein beruhigender Gedanke (trotzdem Sie uns sehr fehlen), dass Sie nicht hier und allein, sondern in L. und bei Ihren Kindern sind.

Bei uns hat sich inzwischen nichts verändert, es ist keine Verschlechterung unserer Situation eingetreten, aber freilich auch keinerlei Anzeichen einer Verbesserung, und das ist schlimm genug. Ich schreibe immerfort Bewerbungen in alle Länder und Erdteile und gehe jeder fernsten Möglichkeit nach, von der ich höre; bisher wiegesagt erfolglos. Das Affidavit für USA habe ich erhalten; das Generalconsulat in Berlin bestätigte es mir mit einem Druckformular, worin es heisst, Einreiseerlaubnis werde »in mehreren Jahren« erfolgen. Immerhin besteht für mich noch die Möglichkeit einer Berufung an eine amerik. Lehranstalt. Erfolgt sie für drei Jahre, so soll man als Univ.-Professor von der Reihenfolge der Quota unabhängig sein.

Heute habe ich zwei Bitten an Sie auf dem Herzen.

Die erste: könnten Sie wohl beiliegende zwei Blätter an die bezeichnete Stelle senden? Aus dem ebenfalls beiliegenden Zettel, den mir mein Neffe Walter Jelski excalculated! in eben diesem fragmentarischen Zustand aus Jerusalem übersandte – ausserdem schrieb der Brave noch: »Eine Bekannte von uns spricht morgen Euretwegen mit der Sekretärin des anglikanischen Bischofs«, und der Briefkopf dieses ermutigenden Schreibens lautet: Café Europe Jerusalem in lateinischer, arabischer und hebräischer Schrift – aus dem Zettel also kann ich durchaus nicht ersehen, ob Newington Green N 1 eine Strasse in London oder eine Stadt bezeichnet.

Die zweite Bitte: vermöchten Sie wohl über das Folgende Erkundigung einzuziehen? Es könnte sehr wohl der Fall eintreten, dass wir aus Deutschland herausmüssen, ehe wir nach USA hereinkönnen, und ehe wir irgendwo einen Posten gefunden haben. Wir müssten dann eine Zwischenlandung vornehmen. Mein Bruder hat mir für diesen peinlichsten Fall eine gewisse Unterstützung zugesagt, die er ja ausser nach Deutschland überallhin überweisen könnte. Meine Frage lautet nun: Ist es für einen Emigranten erlaubt, auf eine gewisse Zeit nach England zu kommen, wenn er nachweist, dass sein Unterhalt von USA her bestritten wird? Und – das ist der springende Punkt – darf er sich während dieses Aufenthaltes um einen Posten bewerben, sei dieser Posten in England, sei er in den Dominions? Ich würde nämlich, wenn ich zu besagter Zwischenlandung gezwungen wäre, ungleich lieber in England als in der Schweiz sitzen; denn so hätte ich bessere Gelegenheit zur Vervollkommnung meiner englischen Sprachkenntnisse.

Und nun seien Sie mir nicht böse, dass ich Sie wieder bemühe und seien Sie mitsamt den

Ihrigen aufs herzlichste gegrüsst von Ihren

(Beiliegendes Blatt 2)

Dresden A 27 – Dölzschen
Am Kirschberg 19.
[15. Januar 39.]

An das National Coordinating Commitee for Aid to Refugees
an Emigrants coming from Germany
zu Händen von Miss Cecilia Razovsky.

Sehr geehrtes Fräulein –

Frl. Dr. Günzburger, die vor Jahren meine Hörerin in Dresden war und jetzt von Sèvres aus in meiner Angelegenheit an Sie geschrieben hat, übersandte mir heute die Copie Ihrer freundlichen Antwort. Erlauben Sie mir bitte, mich in dieser Sache mit einigen ergänzenden und berichtigenden Angaben unmittelbar an Sie zu wenden.

Durch meinen Bruder, den früheren Berliner Kliniker Georg Klemperer, der jetzt in Newtonville (Mess.) lebt, genauer: durch seinen bereits naturalisierten Sohn in Chicago, habe ich das Affidavit für die Vereinigten Staaten erhalten, jedoch muss ich in der Reihenfolge der Quota, wie das Berliner Generalconsulat angibt, auf die Einreiseerlaubnis »mehrere Jahre« warten. Nun können aber, wie ich höre, Universitätsprofessoren ausserhalb der Reihenfolge sofortige Einreise-Bewilligung bekommen, falls sie von einer amerik. Lehranstalt einen Ruf auf drei Jahre erhalten.

Meine Bitte an Sie geht also dahin, ob Sie mir einen solchen Ruf verschaffen könnten. Aus dem beiliegenden Blatt ersehen Sie meine Laufbahn und meine Schriften. Ich gestatte mir, noch einige Bemerkungen hinzuzufügen. Einmal: ich bin meinem Studium und meiner Betätigung nach nicht nur Germanist, sondern auch Romanist. Dazu habe ich in Schul- und paedagogischen Fragen vielerlei Erfahrungen gesammelt, da ich während meiner Amtszeit wiederholt als Staatscommissar bei den Reifeprüfungen der höheren Schulen tätig war und wiederholt als Senator der Technischen Hochschule mit dem Aufbau des paedagogischen Instituts für die Heranbildung der Volksschullehrer zu tun hatte. Sodann: ebensogut wie in deutscher, könnte ich meine Vorlesungen auch in französischer oder italienischer Sprache halten, nach kurzer Vorbereitung auch spanisch. Im englischen bin ich weniger firm; aber nach vorbereitetem Manuscript würde ich auch in englischer Sprache lesen können (während ich sonst frei spreche), zudem bin ich jetzt eifrig bemüht, mich im Englischen zu vervollkommnen. Endlich: da ich hier in schwieriger Situation und von jeder Möglichkeit wissenschaftlichen Arbeitens abgeschnitten bin, so würde ich jeden mir gebotenen Posten gern annehmen, auch wenn die Honorierung eine bescheidene wäre.

So bitte ich Sie höflich noch einmal erwägen zu wollen, ob Sie mir irgendwie zu Hilfe kommen können.

Mit der Bitte um eine freundliche Antwort und dem besten Dank zuvor zeichne ich in der ergebensten Wertschätzung

V. Kl

Als leicht erreichbare Referenz nenne ich Prof. Spiegelberg an der Columbia University, der früher mein Kollege in Dresden war.

Victor Klemperer an Elsbeth Günzburger

Dresden A 27/Dölzschen
Am Kirschberg 19
16. Januar 39.

Sehr verehrtes Fräulein Doctor –

haben Sie den allerwärmsten Dank für Ihre grossen Bemühungen um mich. Es ist mir bisher nicht gelungen, etwas zu erreichen, die Dinge liegen ja in jeder Hinsicht ungünstig a più non posse, aber ich darf die Hoffnung nicht aufgeben. Es ist auch nicht völlig unmöglich, dass gerade Ihre Schritte mir schliesslich doch noch Hilfe brächten. Inzwischen habe ich nämlich ein Affidavit für die Vereinigten Staaten erhalten und beim Generalconsulat in Berlin eingereicht. Nun liegt es so, dass die Einreise-Erlaubnis in der Reihenfolge der überfüllten Quota erst in drei bis vier Jahren erfolgt, dass aber Universitätsprofessoren, falls sie von drüben einen Ruf für drei Jahre erhalten, nicht an die Reihenfolge der Quota gebunden bleiben. So habe ich denn unter Berufung auf Sie und die mir übersandte Briefcopie ausführlich an die unterzeichnete Miss Razovsky geschrieben – hoffentlich stimmt das Miss, und hoffentlich stimmt meine Vermutung, dass sie deutsch versteht.

(Um mein Englisch steht es noch schwach, ich bemühe mich aber sehr um seine Vervollkommnung, und eine Vorlesung – buchstäblich *Lesung* – nach vorbereitetem Manuscript brächte ich wohl bald zustande.) Wollen Sie ein Übriges tun und meinen Schritt bei der Dame vielleicht noch durch eine Zeile unterstützen? Wollen Sie meine Sache im Auge behalten, wenn Sie irgendetwas Einschlägiges hören?

Seien Sie nicht böse, dass ich so gar nicht locker lasse, die peinlichste Lage zwingt mich dazu.

Und seien Sie auf alle Fälle meiner Dankbarkeit gewiss und aufs beste gegrüsst von Ihrem sehr ergebenen

[Handschriftliche Notiz auf Durchschlag]
Ecole Normale supérieur des jeunes filles
Sèvres.

Victor Klemperer an Walter Jelski

Dresden A 27 – Dölzschen
Am Kirschberg 19
17. Januar 39

L. Walther – Zweck dieser Zeilen ist nur, Euch herzlichst für Euren hilfsbereiten Brief und Eure Bemühungen zu danken. Ich schrieb sogleich an die International Hebrew Christian Alliance – an die andere Gesellschaft war ich schon vorher gewiesen worden; ich nahm auch Deinen Rat ad Acta, vom amerikan. Affidavit nichts zu sagen. Im übrigen möchte ich hoffen, dass Eure engen Beziehungen zur Church of England uns zum Segen gereichen. Wir wären wahrhaftig für jeden Strahl der göttlichen Gnade dankbar, einerlei, ob er durch ein Synagogenfenster oder Kirchenfenster fiele, einerlei auch, ob das Christian window den Roman Catholics oder Anglican Catholics oder den Baptists oder Methodists oder irgend einem Flügel der Church of Ireland oder wem immer gehörte.

Er tut nämlich sehr not, der ray of grace. Es ist ein scheusslicher Zustand, wie ein stellenloser Kaufmann andauernd Bewerbungsbriefe zu schreiben und dabei ziemlich überzeugt von der Vergeblichkeit des Bemühens zu sein. Ihr werdet sagen, Ihr kenntet das selber, ich erzählte Euch nichts Neues. Aber wenn man 57 Jahre alt ist und die letzten zwanzig Jahre als fetter Bourgeois und beinahe als kleines grosses Tier verbracht hat, mit Titeln und Würden behängt, Besitzer einer »Villa« und eines Autos – dann ist die Geschichte wahrscheinlich besonders eklig. Wiederum geht es nicht blos uns so, und Abertausenden noch ungleich schlechter als uns. Im Augenblick erhalte ich noch meine Pension, und in den nächsten Monaten werden wir wohl noch in unserm Häuschen sitzen können.

Ausser mit Brieftippen verbringe ich meine Zeit kaum weniger angenehm mit krampfhaftem Bemühen, meinen englischen Sprachkenntnissen aufzuhelfen. Seltsam, wie schwer mir das fällt.

Geht also bitte weiter mit Eurem alten Onkel hausieren,* seid meiner Dankbarkeit gewiss und herzlichst gegrüsst. Getr. Euer

[Handschriftliche Notiz auf Durchschlag]
* E. fügte mit Bleistift hinzu: »und verschafft Eurer Tante eine Kolonie, in der sie 1) eine Selterswasserfabrik, 2) ein Atelier für Tropenunterkleidung, 3) eine Fabrik von Betonziegeln für Doppelwände einrichten und ausserdem am Sonntag Orgeldienst machen kann«.

March 7th. 39, Dölzschen.

My dearest aunty –

many thanks for your nice and pedagogical letter, and following your advice I will answer in the beloved language of Exile. (You know of course the new alternative question: »Are you Aryan or do you learn English?«)

Merry John Brown's knapsack has the number 41, but our number in the famous American list is 56429/30, and so we are not marching on, not at all, we are on the contrary waiting, waiting, waiting …

And waiting for what? That is the unpleasant question, becaus we have no more the children's faith, that the United States will be the wonderland and terrestrial paradise or only the life-boat for us. Heaven knows how many letters I have send, how many Committees have received my applications with all the long list of big scientifical books I have written, how often I have pointed out my willingness to become gladly the most modest schoolmaster – and nowhere an opening, nowhere the smallest hope! A man of 57 years, a professor of French and Italian litteratures: a more useless creature is not to be imagined. So it seems me rather indifferent, whether I have the number 41 or 56429.

Nevertheless (here you are right) one must keep smiling, smiling and working, and I think my letter, inspite of all mistakes beeing in, will show you that I am fighting heroically against English difficulties. For it is not an easy, it is an awfully difficult language. Regard only this complete want of all rule for pronunciation and accentuation. Why for instance do you pronounce *lead* designing the unconfiscated metal with a short German E, and the same word as verb in the signification of the conduct with a long German I? Why do you pronounce the word *requiem* like rĕquiĕm and not like requiem? And the syntax. Why for example am I independent of some superstitions, but dependent *upon* some armed criminals? There are more marks of interrogation about English pronunciation and grammar then about eternal Providence. And solution of questions regarding the wisdom and justice of the Lord may be waited for after death, but solutions of English language-riddles have to be found promtly here on earth, have to be fished from the immense ocean of the dictionary. No, you are not right: it is really a very difficult thing to learn English.

In all probability we will talk about that and a dozen of other themes in a few weeks. My sister Martha ist sailing for Montevideo the third of April and we would like to see her before the departure.

So for to-day I put a full stop behind my stuttered confessions; and you, old aunty, dip now your pen in the reddest ink and note and blame and correct all my sins against holy English.

Best love!

your

Georg Klemperer an Victor Klemperer

70 Syke Ings
Iver (Bucks)
11. IV. 39.

Lieber Victor.

Besten Dank für Deine Zeilen, die ich bei meiner Ankunft hier bekam.

Ich wollte Dir mitteilen, daß ich eine Verbindung angeknüpft habe, die aussichtsreich ist.

Ich hoffe, daß Du im Lauf des Jahres einen Ruf bekommen

wirst, der Dich auf die US Quota bringt. Einzelheiten kann ich erst nach meiner Rückkehr Ende Juni schreiben, aber ich hoffe, daß bis dahin die Situation klar sein wird.

Jedenfalls rate ich vorläufig zu Geduld, Gott verläßt die Seinen nicht.

Mir gehts gut, ich habe die etwas stürmische Seefahrt leidlich überstanden u. bin hier bei Otto sehr gut aufgehoben.

Laß Dirs so gut gehen als möglich; wie es in der Bibel heißt: Seid geduldig in Trübsal, haltet an im Gebet. Hoffentlich sehen wir uns noch dies Jahr in US wieder.

Beste Grüße Dir u. Deiner Frau

Dein tr. Br.
Georg

Beste Grüße von Otto.

Victor Klemperer an Marta Jelski

Dresden A 27 – Dölzschen
Am Kirschberg 19
5. Mai 39.

L. Marta –

gestern kam Dein Brief, datiert vom 15. April, auf der Cap Arcona vor Rio, frankiert übrigens mit brasilianischen Marken und nach dem etwas verwischten Stempel wahrscheinlich in Rio am 18. oder 20. IV. aufgegeben. Recht herzlichen Dank! Wir haben das Schreiben mit umso grösserem Genuss und Verständnis gelesen, als wir ja vor einem Dutzend Jahren die gleiche Reise auf der Monte Olivia gemacht und die Cap Arcona einmal im Hafen besichtigt und mehrfach auf See angetroffen haben. Wir wissen, welch ungeheure Eindrücke diese Fahrt gibt. Nur schade, dass Du die Seereise so schlecht vertragen hast. Eva ist in dieser Hinsicht ganz genau so gut daran wie Julius, und ich bin es zu 99 %, und unter dem fehlenden einen Prozent habe ich nur auf Ost- und Nordsee, aber niemals im Atlantic zu leiden gehabt; speziell die gefürchtete Biscaya hat es immer gut mit uns gemeint: wir haben sie nicht weniger als achtmal durchfahren, und immer war sie wie ein gut geplättetes Tischtuch – Wellen und Sturm kamen erst an der spanischen Küste. – Aber nun hast Du ja die Peinlichkeiten der Überfahrt längst hinter Dir und hast Dich wohl schon ein wenig eingewöhnt und wirst Dir hoffentlich durch die gewiss vorhandenen Schwierigkeiten die (rebus sic stantibus) unermesslichen Vorzüge Eurer neuen Situation nicht allzusehr verdunkeln lassen.

Es ist der eigentliche Zweck dieser Zeilen, Euch beiden für den Beginn dieser Vita nova die allerherzlichsten Wünsche zu sagen. Blüht und gedeiht noch fünfundzwanzig Jahre und freut Euch am Gedeihen Eurer Kinder (und Enkelkinder).

Es ist gewiss nicht recht, dass Ihr diesen Euch längst zugedachten und jeden Tag geplanten Glückwunsch erst jetzt erhaltet; aber ich habe einen täglich steigenden Widerwillen gegen jede Tätigkeit, von den mechanischen und notwendigen des Alltags abgesehen, die mich im geringsten zum Nachdenken über unsere eigene Lage bringt. Auch kann ich beim besten Willen nichts berichten. Es geht uns im Ganzen ziemlich unverändert, im Einzelnen jede Woche ein bisschen fragwürdiger. Irgendwelche Aussicht auf einen ausländischen Posten ist bei meinem unpraktischen Beruf und hohem Alter nicht vorhanden. Zwar schrieb mir neulich Georg – er ist zur Zeit in England zur Besichtigung seines im Winter geborenen jüngsten Enkels –, es bestünde Aussicht, dass ich zum nächsten Jahr eine Berufung nach USA erhalten würde, aber aus sehr genauer Kenntnis der Sachlage teile ich seinen Optimismus nicht im geringsten.

Wir leben vollkommen einsam und isoliert in unserm Häuschen, solange es uns bleibt. Also wahrscheinlich bis zum Herbst – darüber hinaus uns Gedanken zu machen, haben wir strikt aufgegeben. Eva kommt aus dem Bezirk des Hauses und Gartens überhaupt nicht heraus, leider meist nur des Hauses, denn es regnet Tag für Tag und ist so schauderhaft kalt (morgens oft 4 oder 5 Grad Celsius), dass wir noch fortwährend heizen müssen. Ich selber fahre alle zwei bis drei Tage mit der Trambahn zum Altmarkt, mache in der Pragerstrasse und Umgegend die nötigen Stadtbesorgungen und fahre eiligst zurück. Ich bin jetzt ganz in eine Arbeit vertieft, zu der ich keine unbeschaffbar gewordenen Bücher gebrauche. Sollte sie einmal nach meinem Tode veröffentlicht werden, so wird sie vielleicht – vanitatum vanitas! – mehr zur Dauer unseres Namens beitragen als meine wissenschaftlichen Bücher, denn sie hat fraglos kulturgeschichtlichen Wert und gelingt mir, bisher wenigstens, immerhin schon über eine ganze Strecke, recht lebendig. Das Buch heißt Curriculum vitae. Sollte, was wahrscheinlicher ist, diese Autobiographie nie ans Licht kommen, so hat sie mir doch über triste Zeiten hinweggeholfen. – Weißt Du, l. Schwager, was ich im Zusammenhang mit dieser Arbeit mit höchstem Interesse neu (sozusagen mit neuen Augen) gelesen habe? Deine zwei Predigtbände (insbesondere die Grabrede für Levin).

Was ist sonst noch zu sagen? – Walter, der ja immer an uns gehangen hat, schickte uns neulich zwei Päckchen Kaffee, und das war wirklich rührend. Den Dank mussten wir dem vielbeschäftigten Himmel überlassen, der sich leider zur Erledigung seiner Rechnungen mehr Zeit zu lassen pflegt, als einem ici-bas zur Verfügung steht. – Von Martin S. habe ich, seit wir uns das letzte Mal bei Euch sahen, kein Wort mehr gehört, und ich kenne nicht einmal seine Auslandadresse. Vielleicht übermittelst (kürzester Weg!) Du ihm unsere herzlichen Grüsse, sagst ihm, dass wir jedenfalls am 5. Mai 39 noch lebten und noch an der alten Stelle saßen und dass wir an ihm und am Schicksal seiner Kinder allen Anteil nähmen und also gern einmal ein paar Worte darüber erführen. – Grete, die wir das letztemal vergangenen Oktober sahen, schrieb, vor vierzehn Tagen etwa, sehr deprimiert aus Strausberg; was aus ihr wird, ist völlig unbestimmt, die Altersheime, an die sie gedacht hatte, sind überfüllt.

Und nun noch einmal: von Herzen alles Gute für Euch und Eure Kinder; einen besonderen Gruss an Lilli und, leider unbekannterweise, ihren Mann.

Herzlich und getreulich

Eure

Schreib uns bald einmal ausführlich, es macht uns Freude!

Victor Klemperer an Marta Jelski

Dresden A 27 – Dölzschen, Am Kirschberg 19.

1. Juni 39.

Liebste Marta –

Dein Luftpostbrief vom 24. Mai kam am Dienstag nach Pfingsten (30. V.) an; ich gab den für Heinz bestimmten Teil sofort weiter, erhielt eben jetzt obige Antwort und werde nun dieses Blatt gleich zur Post geben.

Meine ausführliche Antwort auf Deinen ersten Brief von Bord schickte ich auf gewöhnlichem Schiffsweg; Du hast sie wohl inzwischen erhalten. Diesmal also Deinem Wunsch entsprechend Luftpost.

Zu dem mich betreffenden Stück Deines Briefes ist dies zu sagen:

Vor allem danke ich Dir aufs aller-allerherzlichste für Deine geschwisterliche Gesinnung, deren Eifer mich sehr rührt. Sollten alle meine Stränge reissen, so werde ich mich sofort an Dich wenden, schlimmstenfalls mit zwei Kabelworten (»Hilfe erbeten« etwa). Aber im Augenblick möchte ich Dich nach wiederholter genauer Überprüfung meiner Situation und der noch verbleibenden Möglichkeiten doch bitten, *nichts* zu unternehmen und von der bestimmt sehr mühseligen und wenig aussichtsreichen Aktion abzusehen. Ich kann Dir die Gründe für mein Verhalten nicht im Einzelnen schriftlich auseinander setzen; bei Gott ist nichts unmöglich, vielleicht unterhalten wir uns noch einmal mündlich darüber. Nimm bitte meine Ablehnung nicht als Undank, nimm sie auch nur als eine eventuell vorläufige. Aber wiegesagt: bis auf weiteres tu in meiner Sache wirklich *gar nichts*.

Sonst weiss ich von uns nichts zu berichten, alles ist in der Schwebe und geht über die Nerven her, die man nicht verlieren darf.

Es würde uns grosse Freude machen, wenn Du einmal einen ganz langen Schiffsbrief schicktest, mit genauer Beschreibung Eurer Vita Nova, wo Ihr wohnt und wie, was Ihr tagüber anfangt, was Eure Fortschritte im Spanischen machen – ich selber lese das Spanische glatt, spreche es schlecht, würde es aber in acht Wochen passabel sprechen, wenn ich mich wieder einmal dahinter setzte (von Eva gilt das Gleiche) –, wie sich das Land (»seine Sitten und Gebräuche«) Euch praesentiert usw. Du weisst, wir sind eine ganze Weile in Spanien gewesen, eine kurze Zeit in Rio und Buenos Aires, ich habe auch Manches über spanische Geistesgeschichte geschrieben, da ist es mir denn sehr interessant, Deine Eindrücke zu hören.

Nun sei nochmals für Deine guten Absichten herzlichst bedankt. Dir, Julius, Lilli und unbekannterweise ihrem Mann die allerbesten Grüsse von uns beiden.

Getreulich!

Dein

263

[Handschriftliche Notiz auf Durchschlag]
Das Ehepaar Machol hat ein Diener-Ehepaar-Examen abge-
legt, der Mann ist 10 Jahre jünger als ich, ist Autotechniker
(»Civ.-Ing.« u. Sachverständiger), hat mehrere Kinder, ist Jude:
trotz alledem kommen die Leute nicht fort: »es besteht wenig
Aussicht«. –

Heinz vertippt sich: »*Diener* Nachricht zufolge«, statt Deiner …: er hat wahrscheinlich in 100 Offerten »Diener« geschrieben.

2. 6. 39

Victor Klemperer an Margarethe Riesenfeld

Dresden-Dölzschen A 27, Am Kirschberg 19
14. Juni 39 (im geheizten Zimmer)
Liebste Grete –

ohne dass irgend etwas Besonderes zu melden wäre, möchten wir Dir doch herzlich für Deinen neulichen Brief danken
und ein Lebenszeichen geben. Wir erwogen sogar eine Weile
ernstlich, ob wir nicht einmal auf Sonntagskarte für ein paar
Stunden zu Dir hinüberkämen, derart dass wir Abends wieder
zurückwären. Aber es ergab sich, dass die Sache mit dem An-
schlussstück Berlin – Strausberg allzu schwierig war.

Was das USA-Affidavit anlangt, so könntest Du, damit versehen, einen *Zwischen*-Aufenthalt in England bekommen,
wenn dort von *zwei* englischen Bürgern Bürgschaft geleistet
wird, dass man gänzlich für Deinen Unterhalt sorgt. Nach
USA selber würdest Du in etwa drei Jahren können. Du siehst,
da ist wenig zu hoffen. Für uns selber liegen die Dinge kaum
anders. Georg schrieb mir zwar im April – seitdem habe ich
nichts mehr von ihm gehört –, er habe eine Verbindung für
mich in Aussicht und glaube, ich würde Ende des Jahres einen

Ruf erhalten: aber ich für meinen Teil halte das für unzulässigen Optimismus und rechne nicht mehr damit, hier herauszukommen. Trotzdem bin ich von einem allgemeinen und absoluten Pessimismus durchaus entfernt und rate auch Dir dringend, die Dir vom Krieg her bekannten nerfs du dernier quart d'heure zu behalten.

Sodann zwei Fragen, deren Sonderbarkeit ich Dir gleich erklären werde.

1.) Die Richtstrasse in Landsberg läuft zwischen zwei Plätzen; der eine ist der Kirchplatz und Markt, der andere, grössere (flussabwärts gelegen in der Nähe des Gymnasiums) – wie heisst dieser andere Platz? Und wo lag das Gefängnis, dessen Bewohner die Strassen reinigten und um Tabak bettelten? Und wo ungefähr (vom Kirchplatz her gerechnet) lagen die Schanzen? Und sah man nicht von ihnen aus die Warthe? Und hiessen nicht einige Orte der Wartheniederung Amerika und Kamerun? (Hoffentlich fahren wir doch noch einmal zusammen hin, um alles das gemeinsam zu verifizieren. Ich gebe die Hoffnung keine Stunde am Tage auf.)

2.) Im November 1899 sah ich im Berliner Theater Wilbrandts Arria und Messalina mit der Adele Sandrock als Messalina. War sie damals nicht am Burgtheater und gastierte nur in Berlin? Ich setze das schon deshalb voraus, weil ja der Reisser mit seiner Bombenrolle 99 schon recht unmodern war und nur für Gastspiele hervorgeholt wurde.

Die Fragen haben ihren Gund darin, dass ich seit dem Anfang des Jahres (seit ich in der Beendigung meines Dix-huitième mattgesetzt bin, denn ich erhalte die notwendigen Werke aus den Bibliotheken nicht mehr), seitdem also an einem Buch schreibe, das selbst günstigstenfalls erst nach meinem Tode veröffentlich werden soll, das mir aber viel Freude macht, und, wie ich glaube, mein allerbestes wird, auch wohl einen mehr als privaten Wert hat. Es heisst Curriculum Vitae. Vorderhand sind drei Capitel, reichliche nicht allzusplendid gedruckte 100 Seiten, fertig, ich habe die 31 Monate Lehrzeit bei Loewenstein und Hecht, Galanteriewaren-Export, hinter mir und fahre zur Aufnahmeprüfung in die Prima nach Landsberg. Es würde Dir sicher Spass machen, einiges daraus zu hören, und bestimmt lese ich Dir auch nocheinmal daraus vor. (Aber nicht die mancherlei Absätze, die von Dir handeln – teils weil ich Dich nicht eitel machen, u. teils weil ich Deinen Zorn vermeiden will.) – Sonst ist für heute nichts zu sagen.   Herzlichst.

Victor Klemperer an Max Sebba

> Dresden A 27 – Dölzschen
> Am Kirschberg 19
> 28. Juni 39

Lieber Sebi –

Ihr freundschaftlicher Brief hat uns sehr gerührt, und Sie sollen gleich Antwort haben. Auch wir gedenken Ihrer (und das ist wirklich keine Phrase) oft und gern, des Zusammenseins in Oranienburg, in Dresden, in Zoppot, Ihres Geigenspiels und mancher Ihrer Aussprüche und Wendungen: »Wenn Ihr mir Giftschlangen gebt …«, »unlängst« usw. Sie und alles, was zu Ihnen gehört, fällt für uns in das grosse vielcitierte und liebenswerte Capitel der Sebbatica oder Sebbalia.

Dass wir die ungemeine Schwierigkeit Ihrer Lage ermessen und Ihnen so viel Mitgefühl und gute Wünsche entgegenbringen wie Sie uns, versteht sich. Es ist jetzt aus mancherlei Gründen unmöglich, ausführliche Briefe zu schreiben; es ist aber auch wohl gar nicht so nötig. Denn ich habe die Erfahrung gemacht, dass genau so, wie sich zwischen 1914 und 18 ein genereller Tenor des Feldpostbriefes herausbildete, in diesen Jahren ein allgemeiner Tenor der Emigranten- und Nochnicht-

266

emigrantenbriefe entsteht. Ein Hauptstück darin pflegt die unerschrockenste Geographie zu bilden: jeder hat Angehörige in allen Erdteilen und rechnet für sich selber mit allen Erdteilen. Ein zweiter Abschnitt pflegt von Affidavits, Quotennummern, Organisationen der Auswandererhilfe und ähnlichen gescheiterten Hoffnungen zu handeln; den Schluss macht immer die Erklärung, die man sich selbst und den andern schuldig zu sein glaubt, dass es sehr vielen Schicksalsgefährten noch sehr viel schlechtergehe, gewissermaßen eine Steigerung des alten Solamen miserum, man könnte sagen: ein solamen miserrimum. Das Individuelle in diesen Briefen tut immer nur die Klösschen in die allgemeine Suppe, und auch sie haben viele gemeinsame Züge, da ja heute das Meiste genormt und gleichgeschaltet ist.

Was nun unsere besonderen »Klösschen« anlangt, so könnte ich manche davon nur mündlich von mir geben – das Bild ist nicht gar so schief, denn es ist mir manchmal sehr danach zumute. Im übrigen geht es uns wirklich besser als Abertausenden, denn noch sitzen wir in unserm Haus und Garten, noch erhalte ich, was man mir als Pension belassen hat. Wäre nur nicht die furchtbare Nervenbelastung der absoluten Ungewissheit. Erinnern Sie sich noch der österreichischen Kriegsberichte: »Noch ist Przemysl in unsern Händen«? Wir wissen von Tag zu Tag nicht, wie lange wir hier werden bleiben können; wir wissen nicht, wohin wir uns wenden sollen, wenn wir hier nicht mehr bleiben können; wir wissen nicht, ob wir dann überhaupt noch die Möglichkeit haben werden, uns irgendwo hinzuwenden.

Trotzdem leben wir die meisten Stunden des Tages ganz gemütlich. Wie man das ja im Unterstand an der flandrischen Front auch getan hat. Wir leben absolut einsam und isoliert. Seit ich den Wagen nicht mehr benutzen darf – das Fahren habe ich erst 1936 gelernt, sehr mühselig, aber dann wurde es meine grosse Leidenschaft, wir kamen ziemlich weit herum, an Ost- und Nordsee, nach Thüringen, ins Riesengebirge, und wir vermissen das nun aufs schmerzlichste – seitdem also kommt meine Frau wochenlang nicht aus Haus und Garten. Das Holzhaus ist vor 5 Jahren ganz nach ihren Zeichnungen und Angaben gebaut worden, den Garten hat sie buchstäblich allein und buchstäblich aus einem sehr steinigen Feldstück angelegt, er steht jetzt in grosser Pracht. Ich selber beschränke mich auf die allernotwendigsten und seltensten Stadtfahrten: (Dölzschen ist Dorf und Villencolonie, hoch über der Stadt wie der mondänere weisse Hirsch am andern Elbufer). Ich arbeite viel. Bis zum Anfang des Winters schrieb ich an einem grossen Opus, seit fast sechs Jahren. 1933 kam mein letztes Buch, eine Corneille-Monographie heraus; seitdem arbeitete ich an dem sehr grossen Unternehmen einer Geschichte der französischen Literatur im 18. Jahrhundert. Der erste Band »Das Jahrhundert Voltaires«, wohl 500 reichliche Druckseiten, liegt längst fertig; am zweiten (abschliessenden) Band, dem »Jahrhundert Rousseaus« fehlten noch wenige Capitel, in etwa ¾ Jahren hoffte ich ganz fertig zu werden. Da machte mir das Bibliotheksverbot alles weitere Arbeiten unmöglich. So musste ich – vorderhand? für immer? – damit aufhören. Eine Weile trieb ich nun sehr intensiv aber wenig erfolgreich englische Sprachstudien. Dann nahm ich eine neue Schreiberei vor, zu der ich keine Bibliotheksbücher brauche: Curriculum vitae, meine eigene Lebensgeschichte. Ich sagte mir: warum sollen immer nur die ganz grossen Tiere ihr Leben erzählen? Da die Mehrzahl der Menschen Durchschnittsnaturen sind, so muss auch die Vita eines Mittelmässigen Interesse haben. Und ich habe wirklich allerlei allgemein Interessantes zu erzählen. Jedenfalls füllt mich nun dieses Buch sehr schön aus, und ich habe bisher auch den Eindruck, dass es mir gelingt. Ob es einmal (selbst im günstigsten Fall: nach meinem

Tode) an die Öffentlichkeit gelangt, ist ja gar nicht so wichtig. Hauptsache ist, das ich mich daran festhalte. Ich könnte es auch »Die Balancierstange« nennen. Sie kennen doch die Geschichte von dem Seiltänzer? »Vater, was macht denn der Mann mit der Stange? – Dummer Junge, da hält er sich dran fest. – Wenn sie nun aber fällt, Vater? – Du Dusel, er hält sie doch fest.« –

Endlich vertreiben wir uns die Zeit, indem ich ungeheuer viel, oft halbe Nächte, vorlese. Aus einer guten Leihbibliothek bekomme ich moderne Franzosen im Original, und Engländer und Amerikaner in Übersetzung.

So haben Sie ein Bild unseres gegenwärtigen Lebens. Um genau zu sein, muss ich nur noch hinzusetzen: bis 28. Juni Vormittags 10 Uhr 16. Aber das ist schliesslich eine Banalität. Der nächsten Minute ist niemand gewiss, und ein bisschen mehr oder weniger Ungewissheit macht nicht gar so viel aus.

Nun seien Sie noch einmal herzlich bedankt und unserer allerherzlichsten Wünsche und unserer alten Anhänglichkeit versichert.

Wünsche und Grüsse sind für die Ihrigen mitbestimmt und gehen gleichherzlich von meiner Frau aus wie von mir selber.

Getreulich!

Ihre

E. u. V. Kl

[Handschriftlicher Nachsatz]
P. S. Zur Schreibmaschine bin ich übergegangen, da mir meine allmählich unmöglich gewordene Hdschrift beim ›Corneille‹ einen Prozeß eintrug. Ich gewann ihn zu 80%, aber die 20% Prozeßkostenanteil verschlangen den größten Teil des Honorars. Und dann der Ärger – was man so damals für ärgernswert u. Ärger hielt.

Walter Blumenfeld an Eva und Victor Klemperer

Miraflores, 16. VII. 39.

Liebe Freunde,

zunächst herzlichen Dank fuer Eure guten Wuensche zu meinem Geburtstage. Der Hauptgrund dieses Briefes ist der folgende: Euer Neffe Jelski hat hier die Tochter von Prof. Bond, Romanist an der Univ. Chicago, kennen gelernt und steht in freundschaftlicher Beziehung zu der Dame. Er meint, dass deren Vater vielleicht etwas fuer Euch in USA tun koennte und wuerde jedenfalls einen Versuch in dieser Richtung machen, wenn er natuerlich auch nicht weiss, ob das Erfolg haben kann. Er muss daher wissen, wie weit Du, lieber K., bereits Schritte in USA unternommen hast resp. Dein Bruder Georg, mit welchen Leuten Du in Verbindung stehst, welche Wuensche Du etwa hättest, und alles was Du ev. mitzuteilen fuer richtig halten wuerdest. Ich schreibe deshalb per Luftpost und bitte um schnelle Antwort.

Von uns nichts Neues, als dass wir soeben Peruaner geworden sind. Viele herzliche Gruesse fuer Euch beide von uns beiden.

Euer
W. B.

Victor Klemperer an Grete und Walter Blumenfeld
sowie an Willy Jelski

Dresden, 1. August 39

Liebe Blumenfelds, lieber Willy –

herzlichsten Dank, dass Ihr etwas für uns versuchen wollt. Ich kann nichts anders tun, als wiedermal beiliegendes Blatt zur Verfügung stellen. Aus USA habe ich nach den üblichen höflichen Versicherungen der Comités, Privaten etc seit Monaten nichts gehört, ich kann also nicht sagen, dass irgendetwas »im Gang« sei. Wir sind hier seit langem über jede Hoffnung und jede Furcht hinaus. Walze: Da kannst nix mache – Auch Patroklus – usw. usw.

Nochmals allen Dreien herzlichsten Dank und ebensolche Grüsse, auch Glückwunsch zur Peruanisierung, auch Grüsse an die Hunde. Getr. Eure   EVK.

Israelitische Religionsgemeinde an Victor Klemperer

Dresden A 1, den 29. August 1939
Zeughausstraße 3

Herrn
Prof. i. R. Viktor Isr. Klemperer
Dresden A 27
Am Kirschberg 19

Auf Grund des 10. Nachtrags zum Reichsbürgergesetz vom 7. Juli 1939 ist die Israelitische Religionsgemeinde die örtliche Instanz der Reichsvereinigung der Juden in Deutschland auch für die christlichen Nichtarier. Wir ersuchen Sie, uns mitzuteilen, ob Sie bereit sind der Israelitischen Religionsgemeinde beizutreten als der örtlichen Stelle der Reichsvereinigung.

Wir bitten diese Erklärung bis zum 15. September 1939 zustellen zu wollen.

Hochachtungsvoll
Der Vorstand
der Israelitischen Religionsgemeinde zu Dresden
Kurt Israel Hirschel

Büro Pfarrer Grüber, Zweigstelle Dresden (Martin Richter)
an Victor Klemperer

Dresden – A 1, am 1. September 1939.
Johann-Georgen-Allee 31, I R./H.

Sie erhielten in diesen Tagen ein Rundschreiben der israelitischen Religionsgemeinde zu Dresden. In diesem wurde aufgefordert, der israelitischen Religionsgemeinde als der örtlichen
Stelle der Reichsvereinigung beizutreten. Wir hoffen, daß diese
Formulierung nur ein Versehen ist und haben uns zu Ihrem
Schutz bei der Reichsvereinigung zu einer Besprechung ange-
meldet.

Wir erinnern an unsere Besprechung Mitte August. Eine
Änderung in der einschlägigen Gesetzgebung ist seitdem nicht
bekannt geworden. Demnach hat die Reichsvereinigung, deren Geschäfte von der israelitischen Religionsgemeinde wahr-
zunehmen sind, allen unter die Nürnberger Gesetze fallenden
deutschen Staatsangehörigen, ganz gleich welchen Glaubens-
bekenntnisses sie sind, nach den Gesetzesbestimmungen zu
dienen, also auch Ihnen.

Sie wissen, daß wir Sie bereits der Reichsvereinigung als Mitglied gemeldet haben. Die Zugehörigkeit zur *israelitischen Religionsgemeinde* ist nach dem Gesetz für die Mitgliedschaft in
der Reichsvereinigung nicht gefordert. Insofern dies aber
ernstlich von der Dresdner israelitischen Religionsgemeinde
von Ihnen gefordert werden sollte, würde es einen schweren
Mißbrauch darstellen.

Wir bitten deshalb, dies ungesetzliche Ansinnen klar abzulehnen und uns mitzuteilen, daß Sie nach wie vor Glied der
evangelischen Kirche bleiben wollen. Sollten Sie aber auf
Grund des Rundschreibens doch zur israelitischen Religionsgemeinde zurückkehren, dann müßten wir Sie aus unseren

Listen streichen, denn eine Weiterbetreuung durch uns würde dann ungesetzlich sein.

Martin Richter

Eigendruck: Bekennende Kirche – Verantwortlich: Martin Richter.

Victor Klemperer an Büro Grüber, Zweigstelle Dresden

Dölzschen 2. Sept. 39

Sehr geehrter Herr Richter –

meiner Auffassung nach erfordert das Schreiben der isr. Gemeinde nur dann eine Antwort, wenn ein Beitritt, ein Confessionswechsel also, beabsichtigt ist. Ich werde es also *nicht* beantworten, da ich *nicht* überzutreten gedenke. Ich habe auch, als ich der Steuerkasse Dölzschen den Kirchensteuerzettel zurückgab, dem Beamten ausdrücklich erklärt, daß dies keineswegs einen Austritt aus der evangelischen Kirche bedeuten dürfe.

Ich betrachte mich nach wie vor als Protestanten.

In aller Ergebenheit!
V. Klemperer

Emma Wenzel an Victor Klemperer

Dresden Loschwitz d 6. 10. 39.

Sehr geehrter Herr Professor

Hierdurch teile ich Ihnen mit daß Herr Amtsgerichtsrat Moral von Sonntag dem 1. in der Nacht zum 2. 10 verstorben ist Er ist freiwillig aus dem Leben geschieden ohne daß mir nur das geringste aufgefallen ist Montag früh fand ich Ihn gegen 8 Uhr tot in seinem Bette heut Vormittag 11 Uhr fand die Beisetzung statt dem Wunsche des Verstorbenen fand die Beisetzung in aller Stille statt auf den Waldfriedhof in der Neustadt und danke dem lieben Gott das Er mir beigestanden hat das ich Herrn Amtsgerichtsrat auf ein Christlichen Friedhof beisetzen konnte denn keine evangelische Kirchen Gemeinde wolte Ihm aufnehmen die Wohnungsfrage gab Ihm den letzten Rest wenn ich wärd zur Ruhe gekomm sein werd ich Sie Herr Profesor besuchen

Mit besten Grüßen
Emma Wenzel

7

ICH BIN HIER GANZ ISOLIERT

1940–1941

Kennkarten von Eva und Victor Klemperer; seine Karte wurde ab 1939 mit einem J und dem Zusatznamen Israel versehen.

Im Mai 1940 beginnt der deutsche Westfeldzug, bevor der Luftkrieg gegen Großbritannien startet. Im gleichen Monat passiert, was die Klemperers schon lange gefürchtet haben: die Vertreibung aus Haus und Garten. Sie werden in das erste von insgesamt drei sogenannten »Judenhäusern« zwangsumgesiedelt. Kein halbes Jahr später notiert Victor Klemperer im Tagebuch: »Neue Zwangsmaßregel in judaeos: Benutzung auch der Leihbibliotheken verboten.« Seines Hauses beraubt, seines Postens enthoben, durch Verbote in seiner wissenschaftlichen Arbeit gehindert, konzentriert sich Klemperer auf die Arbeit an seiner Autobiographie »Curriculum vitae«. Einem weiteren Projekt widmet er immer mehr Aufmerksamkeit, das er auch ohne den Zugang zu Büchern und Zeitschriften ausarbeiten kann und das später das Kürzel LTI erhalten wird: Lingua Tertii Imperii – seine Analyse der Rhetorik im Dritten Reich: »Ich brüte über dem Verhältnis der gegenwärtigen Sprache zum Collektivum.«

Neben dem Schreiben und den gemeinsamen Spaziergängen, die an die Stelle der geliebten Autofahrten treten müssen – im Februar 1941 zwingt ihn ein Gesetz zum Verkauf des »Bocks«, den er schon seit 1938 nicht mehr fahren darf –, finden sie bei aller Lebensabschnürung in den »Judenhäusern« Solidarität und Gemeinschaft mit den anderen Betroffenen. Briefe sind seltene Möglichkeit, an Informationen von außen heranzukommen, selbst über den Gesundheitszustand seiner Geschwister ist Klemperer oft im Unklaren: »Ich bin hier ganz isoliert, und jede Nachricht interessiert mich.«

Neben den alltäglichen Schikanen und Entbehrungen muss Klemperer Ende Juni 1941 eine 8-tägige Haftstrafe wegen

Nichtverdunkelung eines Fensters antreten. In der Polizeiverordnung über die »Kennzeichnung der Juden« vom 1. September 1941 wird das Tragen des Judensterns angeordnet. In einem der letzten erhaltenen Briefe aus diesen Kriegsjahren schreibt Klemperer am 3. September 1941: »[...] so sehr man sich bemüht, nicht an das Morgen zu denken, immer lassen sich solche Gedanken nicht unterdrücken.« Schreiben ist mehr denn je Überlebenshilfe und Rettungsanker, aber Briefe gibt es kaum noch. Am 14. August kam noch mit der »Nachmittagspost aus Berlin« die Nachricht, dass Schwester Grete drei Tage zuvor gestorben sei, der »Abtransport« bleibe ihr nun erspart.

Nicht erspart bleibt er Lissy Meyerhof, der Schwester von Hans Meyerhof, Klemperers Jugendfreund, der seit 1940 in einem italienischen Konzentrationslager gefangen gehalten wird. Lissy wird am 25. Januar 1942 in das Rigaer Ghetto deportiert und ermordet. Dasselbe Schicksal erleidet 1943 Klemperers Cousine Trude Scherk.

Die selbstgewählte Chronistenfunktion, das Zeugnisablegen »bis zum letzten«, kann Klemperer nur noch – unter akuter Lebensgefahr – im Tagebuch aufrechterhalten. Dort notiert er bereits am 16. April 1941: »Früher hätte ich gesagt: Ich urteile nicht als Jude, auch andere ... Jetzt: Doch, ich urteile als Jude, weil ich als solcher von der jüdischen Sache im Hitlertum besonders berührt bin, und weil sie in der gesamten Struktur, im ganzen Wesen des Nationalsozialismus zentral steht und für alles andere mitcharakteristisch ist.« Vor Jahresende treten die USA in den Krieg gegen Hitler-Deutschland ein.

Victor Klemperer an Martin Sußmann

Dresden A 20, Caspar-David-Friedrichstr 15b
12. 9. 40.

L. Martin –

ist nicht heute Lottes Geburtstag? Das ist wohl das einzige Familiendatum der Kindergeneration, das ich behalten habe. Ich war als Primaner in Wriezen, als sie drei Wochen alt, sag ihr doch bitte unsere besten Wünsche. Und Dir will ich sagen, wie sehr mich Deine guten Nachrichten über Deine Kinder und Dich selber gefreut haben.

Sodann recht herzlichen Dank für Dein Schreiben vom 15. 8. Durch seine Ausführlichkeit, der ich nichts entgegenzusetzen habe, lastet es einigermassen auf meinem Gewissen. Es hat uns beide ungemein interessiert. Ich selber habe Dich bewundert um so gut conservierter Kräfte halber; nach zwei Minuten Arbeit mit dem Spaten (bei uns in Dölzschen) bin ich erledigt. Ich habe immer wieder versucht, mich dort an der Gartenarbeit zu beteiligen, es wollte aber nicht gehen. Meine Frau hat Deine Schilderungen mit grösserem Sachverständnis als ich gelesen, einem halbwegs collegialen. Der besagte Garten war ursprünglich ein Feld auf felsigem Boden. Sie hat ihn ganz angelegt, und wenn es nichts zu roden gab, so hat sie dafür sehr viele Cementarbeiten ausgeführt. Alle Aufmauerungen dort stammen von ihr. Es war einmal.

Da es nun für sie mit der Gartenarbeit und für mich mit dem heissgeliebten Fahren nichts mehr ist, so sind wir in letzter Zeit wieder auf das Spazierengehen und mit allmählichem

Training sogar beinahe auf das Wandern gekommen. Die Dresdener Umgebung ist ja wunderschön, und wir brauchen nur zehn Schritte aus dem Haus zu tun, so sind wir vollkommen im Freien. Das ist immer wieder tröstlich.

Abgesehen vom Landwirtschaftlichen interessierte mich eine Bemerkung Deines Briefes auf besondere Art, und ich bitte Dich um einige Auskunft darüber. Du citierst Constantin Brunner. Du meinst doch den Mann, der 1906 sein Opus »Von den Geistigen« (oder war der Titel »Vom Geistigen«?) veröffentlichte? Frage 1: Hältst Du von diesem Werk etwas, a) von seinem Inhalt schlechthin, b) von seinem Stil, c) von seiner Originalität? Frage 2: Glaubst Du, dass es Wirkung getan hat, geschätzt wurde, Verbreitung fand? Ich habe den Mann noch *nie* citieren hören, noch *nie* in einer Philosophiegeschichte erwähnt gefunden, ich hielt ihn für verschollen. Ich habe aber ein ganz besonderes, einigermassen komisches Verhältnis zu ihm, ja er spielt in meinem Curriculum eine zwar indirekte aber wesentliche Rolle, obwohl ich ihn nie gesprochen habe. Er hatte nämlich eine Stieftochter, mit der ich in der Tanzstunde zusammentraf, und der ich stürmische Gefühle entgegenbrachte. Sie ihrerseits schwärmte maßlos für ihren damals noch unbekannten Vater, und konnte nicht den Mund auftun, ohne ihn zu citieren. Jeder ihrer Sätze begann: »Vater sagt«. Das war im Jahre 99, ich war knapp achtzehn, sie zwei Jahre jünger. Wir tanzten wenig und schlecht und philosophierten viel und schlecht. Sie ist im Wesentlichen daran schuld, dass ich aus der Lehre lief, nachträglich das Abitur machte und zum Studium kam … Jetzt fällt mir der Titel ein: »Von den Geistigen und vom Volke«.

Du fragst höflich nach meinem Curriculum; es wächst langsam. Eben habe ich als Lektor des Deutschen meine erste Lettura an der Universität Neapel gehalten, im März 1914. Auf dem Katheder lagen das Manuscript, eine Grammatik, zwei andere

Bücher, ein Bleistift, ein Stück Kreide und meine Taschenuhr. Am Schluss stürmten die Studenten das Katheder und nahmen alles weg, sogar die Taschenuhr. Nach einer Weile kam alles wieder, auch die Uhr. Sie hatten nur alles besehen und betasten wollen, wie die Kinder. Siamo Meridionali, Professore, sagte mir nachher einer erklärend. Ob ich wohl noch einmal im Leben Gelegenheit finde, Dir etwas daraus vorzulesen? Vieles würde Dich sicherlich interessieren. Aber wahrscheinlich schreibe ichs für mich ganz allein. Immerhin: es hilft über die Zeit.

Vom gegenwärtigen Leben ist nichts zu sagen. Wir führen vollkommen isolierte Existenz. Georgs Schweigen ist mir vollkommen rätselhaft. Unmöglich, dass er meine wiederholten Grüsse nicht erhalten hat; einer von vielen muss ihn doch erreicht haben. Vielleicht hat er sich an Europa schlechthin desinteressiert.

Hast Du Nachricht von Marta? Ich wäre dankbar, wenn Du ihr gelegentlich meine sehr herzlichen Wünsche zu ihrem Geburtstag am 15. 9. nachträglich übermitteltest. Wenn ich den Frieden erleben sollte, schreibe ich natürlich sofort wieder direkt an sie. Sie soll nicht denken, dass ich sie vergessen habe.

Noch soll ich Dich von meiner Frau fragen, warum Ihr die welken Blätter vom gerodeten Boden entfernt – es sei doch der beste Dünger.

Und nun viele herzliche Grüsse für Dich und alle Deinen intra et extra Scandinaviem, auch von meiner Frau.

Victor Klemperer an Anna Klemperer

Dresden A 20, Caspar-David-Friedrichstrasse 15b
27. Sept. 40
Liebe Schwägerin Änny –
ich muss mich heute mit einer Bitte an Dich wenden und wäre Dir für ihre Erfüllung ungemein dankbar.

Kannst Du mir eine sachliche, nichts beschönigende Auskunft über Grete geben und vielleicht auch irgendeinen Rat oder Anhaltspunkt, wie ich mich ihr gegenüber verhalten soll, und wie ich ihr etwa von Nutzen sein oder irgendeine Freundlichkeit erweisen könnte?

Seit ihrem Zusammenbruch im Mai bin ich ohne direkte Nachricht von ihr, ich schrieb ihr zweimal und erhielt keine Antwort. Ich erhalte nur alle paar Wochen ein paar trostlose Zeilen von meiner Cousine Trude Scherk, und von ihr weiss ich auch, dass Du Dich Gretes annimmst. Nun habe ich leider – ich bitte Dich, das discret zu behandeln, denn Trude Sch. ist ein menschlich sehr gutes Geschöpf und ich mag sie aufrichtig gern – aber ich habe leider den Eindruck, dass ihren Berichten Objektivität und Klarheit durchaus fehlt. Und deshalb eben bitte ich Dich, mich zu orientieren.

Vielleicht denkst Du, es wäre das Vernünftigste und auch das Selbstverständliche, ich käme nach Berlin oder wäre längst dorthin gekommen, um selber zu sehen, wie die Dinge liegen. Aber einmal bin ich in der allerschwierigsten Situation und in buchstäblich jeder Hinsicht derart in meiner Bewegungsfreiheit gehemmt, wie Du es Dir wahrscheinlich nicht vorstellen kannst, und wie ich es aus mancherlei Gründen nicht zu schildern vermag. Nur dies eine: selbst für eine nur zwölfstündige Abwesenheit von Dresden müsste ich die Erlaubnis der *Gestapo* haben; es ist kein Spass, diese Erlaubnis einzuholen, und es ist kaum wahrscheinlich, dass sie ohne Vorlegung besonderer Atteste gegeben wird. Und zum andern: ich weiss ja gar nicht, wie mein Besuch auf Grete wirken würde. Und drittens – das klingt und ist ja auch egoistisch, scheint mir aber doch verzeihlich: ich fürchte mich einigermaßen vor einem Wiedersehen: mein Herz ist nicht sehr in Ordnung, die Zeit nimmt mich hart mit, und ich bezahle jede Aufregung ziemlich hoch.

Nun war gerade die letzte Karte Trude Sch.'s besonders trost-

los, u. es schien, als erwarte sie Rat oder Hilfe von mir und halte
es für selbstverständlich, dass ich nach Berlin herüberkäme.

So habe ich mich, da ich keinen andern Weg sehe, dazu entschlossen, Dich um freundliche Auskunft zu bitten. U. a. würde
ich auch sehr gern wissen, ob ich ihr zum Geburtstag gratulieren soll (6. Oktober), und wohin, und in welcher Tonart.

Noch einmal: ich wäre Dir sehr dankbar, wenn Du mir möglichst eingehend antworten wolltest. Gewiss bedeutet mein Brief
eine etwas ungewöhnliche Zumutung, da wir ja sonst in keiner
brieflichen Beziehung stehen; aber Du wirst ihn mit der ausser-
gewöhnlichen Jämmerlichkeit der gesamten Situation entschuldigen. Ich will noch hinzufügen, dass meine Zurückhaltung Dir
gegenüber niemals auf irgendeiner Rancüne gegen Deine Person beruht hat; es sind andere Gründe im Spiel, auf die ich nicht
eingehen kann, und die ich nicht zu ändern vermag.

Indem ich Dir im Voraus bestens danke und alles Gute für
Dich und die Deinen wünsche, verbleibe ich mit aufrichtigsten Grüssen, denen meine Frau sich anschliesst,

Dein Schwager
VKl

Nimm bitte die Maschinenschrift nicht als gewollte Unper-
sönlichkeit: meine Handschrift ist schwer zu entziffern, und
ich bediene mich seit mehreren Jahren in allem der Maschine.

Victor Klemperer an Martin Sußmann

Dresden A 20 Caspar-David-Friedrichstr 15b
1. Nov. 40 Freitag Abend
Lieber Martin –

um chronologisch zu verfahren, beginne ich mit dem allerherzlichsten und dreiteiligen Dank für Deinen Brief vom

29. Sept. 1. also war es mir überhaupt sehr erfreulich, so ausführlich von Dir zu hören u noch dazu im Wesentlichen gute Nachrichten. Dass sich Lotte und Käthe so schön herausgemacht haben nach all dem Kranksein, ist doch ein grosses Glück, und von Deiner Jüngsten und dem Herrn Enkel weisst Du ja immer Gutes zu erzählen. (Ich klopfe gleich dreimal unter den Maschinentisch.) 2. war ich sehr gerührt über Dein pünktliches Gedenken an meinen Geburtstag. Dass er ein bisschen wehmütig verfloss, versteht sich. 59 Jahre zu werden, und nicht sonderlich zufrieden zu sein mit dem Geleisteten, und nicht sonderlich überzeugt zu sein, dass noch viel Zeit zum Nachholen bleibt, ist an sich peinlich, und nun gar rebus sic stantibus! Der knappen Formulierung Deines Glückwunsches stimme ich durchaus zu – da Du schon über ein Jahr fort bist, kannst Du Dir unmöglich vorstellen, *wie sehr* ich ihr zustimme. Und 3. danke ich Dir herzlich für das schöne Markengeschenk. Dir war eine kleine Gegengabe zugedacht, und ich denke, sie ist nur aufgeschoben, nicht aufgehoben. Du sollst nämlich die Eupen-Malmédy-Marken bekommen. Auf dem Postamt hiess es aber dreimal, der Beamte, der sie noch habe, mache zu anderer Stunde Dienst. Ich hoffe bestimmt, ihn noch zu erwischen, aber ich möchte den Abgang dieses Briefes nicht über den Sonntag hinaus aufschieben – er muss am Postschalter eingeliefert werden –, denn ich weiss nicht, wie lange er unterwegs sein wird.

Und damit bin ich also beim zweiten Hauptstück. Ich wünsche Dir (und meine Frau schliesst sich an) die beste Gesundheit für die nächsten neunundzwanzig Jahre, ferner sehr viel Freude an Kindern und Enkelkindern (Plural!), dazu noch mancherlei anderes, das ich nicht erst detaillieren möchte.

Von uns ist wenig zu berichten. Alles geht so ähnlich weiter, wie ich es Dir schon beschrieben habe. Die Gesundheit lässt ein bisschen zu wünschen übrig, der Winter ist eine weniger erfreuliche Jahreszeit als der Sommer – das versteht sich alles von selber.

Auf die Frage nach unserm Dölzschener Häuschen kann ich nur mit einem Gleichnis antworten: als ich 1920 auf dem Bahnhof in Leipzig meinen Fachkollegen Friedmann kennen lernte, fragte ich ihn, ob er verheiratet sei. Er antwortete, das wisse er nicht, und erklärte mir dann, er warte täglich auf den Ausgang seines in Wien anhängigen Scheidungsprozesses. Ich kann auch noch den berühmten österreichischen Heeresbericht vom Oktober 14 citieren: »Noch ist Przemysl in unseren Händen.«

Sehr interessant war mir Deine Auskunft über Brunner. Ich wusste nicht, dass er nach dem Hauptwerk noch anderes veröffentlicht habe. Leider habe ich seit langem keine Möglichkeit mehr, wissenschaftliche Werke irgendwelcher Art aufzutreiben. Ich bin geistig ganz auf das angewiesen, was ich aus mir herausspinne. Mag es nun objektiv Wert haben oder nicht, so hat es mir doch schon über verschiedene Runden weggeholfen. Um es boxerisch auszudrücken: ich bin einigermassen angeschlagen, aber noch längst nicht groggy, und irgendwann einmal kommt ja die zwölfte und letzte Runde.

Vielleicht macht es Dir Spass zu sehen, wie ich mich als leicht gerupfter Vogel und angehender vieillard ausnehme – meine Frau sagt: »wie ein verhungerter Laufjunge«, aber das ist eine unhöfliche Übertreibung. Ich brauchte das Bild für eine amtliche Sache. Wenn Du es gelegentlich an Marta miteinlegst, mag es wohl auch etwas für ihr Gemüt sein. Bitte versichere sie doch meines ständigen Gedenkens; sobald es sich machen lässt, schreibe ich ihr wieder persönlich.

Aus Berlin höre ich über Gretes Zustand Trostloses: es wäre mir wahrhaftig leichter ums Herz, wenn ich sie unter der Erde wüsste. Aus mehreren Gründen ist es mir buchstäblich unmöglich, sie zu besuchen: ich weiss auch gar nicht, wie ein solcher Besuch auf sie wirken würde. Und ich möchte ihn auch – ganz egoistisch – mir selber nicht zumuten, selbst wenn er zu bewerkstelligen wäre, denn ich bin mit den Nerven ziemlich herunter.

Von Georg nach wie vor kein Lebenszeichen. Unbegreiflich.

Nun sei nochmals herzlichst beglückwünscht und gegrüsst; ich will die Hoffnung nicht aufgeben, dass wir uns noch einmal irgendwann und irgendwo 1000 interessante aber zum Schreiben ungeeignete Kleinigkeiten in friedlicheren Zeiten mündlich erzählen.

Getreulich (zugleich im Namen meiner Frau)

Dein

Victor Klemperer an Martin Sußmann

Dresden A 20, d. 9. Dezember 40

L. Martin –

nun ist es wohl Zeit, den Geburtstagswünschen, die Du hoffentlich erhalten hast, die Weihnachts- u Neujahrswünsche folgen zu lassen; sie haben genau den gleichen Inhalt u die gleiche Herzlichkeit wie die vorigen, beziehen sich auf Dich und alle Deinen und gehen gleicherweise von meiner Frau und mir aus. Von den neulich grossartig angekündigten Eupen-Malmédy-Marken habe ich leider trotz vieler Nachfragen nur noch die eine (von, glaube ich, dreien) erhalten können; dafür lege ich die neuen Wohlfahrtsmarken bei.

Und jetzt möchte ich, da es sonst weiter nichts zu sagen gibt, mit einer Bitte an Dich herantreten. Würdest Du bitte Georg in meinem Namen die folgenden Anfragen übermitteln – wenn es Dir lieber ist, kannst Du ihm ja einfach dieses Blatt weiterreichen, das stelle ich in Dein Ermessen.

Also Georg schrieb mir zuletzt im April 1939 aus Europa.

Wir hatten damals viel wegen meiner event. Übersiedlung nach USA correspondiert, ich hatte bereits von G.s Sohn in Chicago ein Affidavit u vom Berliner amerikan Consulat eine Listennummer in den 56Tausend erhalten. Georg schrieb mir zuletzt, er gedenke mir im Juni, wenn er wieder in Newtonville sei, weitere und, wie er annehmen dürfe, günstige Nachrichten über einen Posten für mich zukommen zu lassen. Er hatte mir vorher wiederholt geschrieben, einmal (und das habe ich auch von anderer Seite oft gehört), dass sich eine Beschäftigung für mich finden würde, wenn ich nur erst in New-York wäre, und zweitens, dass er während der Wartezeit mir einige Mittel zur Verfügung stellen könnte. Auf seinen letzten Brief antwortete ich ihm, schrieb dann noch mehrere Male, blieb aber ohne alle Erwiderung. Sind alle meine Briefe an G., alle seine Antworten an mich verloren gegangen? Ich kann es nicht annehmen, ich weiss nicht, was vorliegt. – Meine Bemühungen, von hieraus einen Posten zu finden, scheiterten, meine Listennummer kam nicht zum Aufruf, so sass ich weiter hier, tant bien que mal. – Inzwischen haben sich nun zwei Dinge geändert. Das eine: meine Lage ist allmählich recht prekär geworden, was ich im Einzelnen nicht ausführen möchte. Das andere und Wesentliche, das mich dazu treibt, diese längst erwogene Frage zu stellen: ich höre, dass unsere Listennummer jetzt dicht vor dem Aufruf stehen soll. Es ist also in sehr absehbarer Zeit möglich, dass wir die Einreiseerlaubnis nach USA erhalten. Die Frage ist dann, ob ich ihr folgen kann und soll. Vielleicht – aber nicht einmal das ist gewiss – würde der Rest meines Besitzes ausreichen, die Überfahrt zu bezahlen, aber darüber hinaus reicht er ganz gewiss nicht. Was ich nun Georg frage, ist also dies: kann u will er mir noch immer auf vielleicht kurze, vielleicht lange Zeit drüben helfen? Kann er mir zu irgend einem Posten verhelfen? Es muss kein Lehrposten (und nun gar ein Universitätsamt) sein, ich bringe auch allerhand mechanische Arbeit zuwege, wenn sie nicht gerade aus schwerem Schaufeln oder Lastentragen besteht. Soll ich mich ohne weiteres irgendeinem Hilfscomité überlassen? Es geht hier alles durch die Reichsvereinigung der Juden in Deutschland, der auch die christlichen Nichtarier angegliedert sind. (Ich bin Protestant, zahle nach wie vor meine Kirchensteuer, meine Frau ist arisch und protestantisch.) Man wollte von der hiesigen jüdischen Gemeinde aus eine Anfrage an Georg richten; ich habe gebeten, davon abzusehen, und erklärt, ich würde selber noch einmal versuchen, mit ihm Verbindung zu erhalten. Es liegt nun nicht so, dass ich hier von heut auf morgen nicht mehr existieren kann, aber es ist weder gut noch sicher um mich bestellt, und es wird mir allseits dringend geraten, keinen Schritt zu versäumen, der mir zur Emigration verhelfen könnte. Weder Du also noch Georg brauchen diese Zeilen als ein richtiges SOS aufzufassen; aber immerhin, etwas annähernd Ähnliches sind sie schon.

Ich weiss nicht, ob ich mich sehr deutlich ausgedrückt habe. Ein Brief ist selbst unter normalen Umständen nur ein Notbehelf und gibt leicht zu Missverständnissen Anlass; und nun gar jetzt.

Verzeih, dass ich Dich mit dieser Sache behellige; aber ich weiss mir keinen andern Rat. Und nun nochmals: alles Gute für Weihnacht und Neujahr!

Herzlich, zugleich im Namen meiner Frau –

Dein

PS. Eine sehr viel einfachere Frage. Ich kann hier an kein Nachschlagewerk heran. Kannst Du mir feststellen, wann im Weltkrieg, im Winter 1914 zu 15, die Dardanellenaktion begonnen hat?

Dresden, 9. 12. 40.

L. Lissy –

nun möchten wir Dir noch einmal herzlichst für alle erwiesene Freundlichkeit danken. Zugleich erhältst Du das schöne Buch zurück (wunschgemäss eingeschrieben) und das angekündigte bisschen Zucker. Die Geldschulden zahlte ich vorige Woche durch Postanweisung. Die Anfrage wegen des Sicherungscontos war weniger komisch, als Du annahmst: hier muss jeder Nichtarier, auch wenn er, wie z. B. ich, gar kein Vermögen besitzt, und nur eine geringfügige Pension bezieht, solch ein Conto haben, u alle eventuellen Geldanweisungen an ihn sind an dies Conto zu richten. Es kommen da sehr curiose Dinge vor: ich habe vom Devisenamt die Erlaubnis, monatlich eine weitaus höhere Summe abzuheben, als ich je zur Verfügung habe, aber meine Pension muss auf das Sicherungsconto Prof Victor Israel Kl bei der deutschen Bank in Dresden überwiesen werden, und wenn Du etwa die Absicht haben solltest, mir 50 Pfennige zu Weihnachten zu schenken, so müsstest Du sie an eben dieses Conto adressieren. –

Einen besonderen Dank sind wir Dir noch für Deine Auskunft über unsere ev. Übersiedlung nach Berlin schuldig. Du kannst natürlich nichts dafür, dass diese Auskunft fast ganz negativer Natur ist und uns wieder auf Dresden fixiert hat. Ich schrieb Dir schon: wir haben wiederholt mit diesem Umzugsgedanken gespielt, es spricht bei uns beinahe ebensoviel dagegen wie dafür. Und nur weil wir in letzter Zeit in mannigfacher Hinsicht besonders übel daran waren und sind, vor allem auch weil wir in unserer Bruchbude gar so schändlich frieren, haben wir eine Weile die Pro-Berlin-Gründe in den Vordergrund geschoben. Wahrscheinlich ist alles egal, u es würde uns in B. nicht wohler sein als hier.

289

Neuerdings taucht wieder einmal die USA-Möglichkeit für uns auf. Nur wissen wir nicht, ob es eine richtige Möglichkeit ist. Es heisst nämlich, die Berliner Listennummer (56 000 und etliche hundert) sei nicht mehr weit vom Aufruf entfernt, sobald die gegenwärtige Visumsperre falle, und mein Affidavit, da von einem nahen Verwandten (Neffen), einem jüngeren und festbesoldeten USA-Staatsbürger ausgestellt, sei ein »gutes Affidavit«. Die Frage ist nur, ob mir [mit] der blossen Einreiseerlaubnis gedient ist, da ich doch im Fall des Fortgehens ganz (*ganz*) mittellos bin. Wir sind allmählich recht fatalistisch geworden.

Sonst weiss ich nichts mitzuteilen. Stimmung, Zustand der Nerven, Widerstandsfähigkeit usw. sind bei uns ziemlich gesunken, und es ist uns, um es kurz zu sagen, mies, ausnehmend mies.

Und nun wollen wir die Gelegenheit benutzen, Dir praenumerando ein möglichst hübsches Weihnachtsfest zu wünschen. Mit dem Neujahrswunsch halte ich noch zurück, denn ich hoffe, Du lässt inzwischen noch einmal von Dir hören, u dann sind die guten Wünsche für 1941 gleich ein schöner Stoff für unser nächstes Schreiben.

Sei recht herzlich gegrüsst, grüsse auch Caroli von uns.

Getreulich
Deine
EVKl

Hans Meyerhof an seinen Vetter Ferdinand Stern

H. M. Internato Civile di Guerra. Campagna (Salerno),
Caserna Concezione.
3. 1. 41

Lieber Vetter! Lange Zeit bin ich schon ohne Nachricht, sei es von Erich, Albert, Berthold oder Lissy. Ich bin abgeschlossen seit 6. 6. 40 und seit 27. 6. 40 civiler Kriegsinternierter in diesem Konzentrationslager, zusammen mit vielen anderen meist j. Rasse. Wir bekommen Lire 6,50 pro Tag für Essen etc. Aber ich habe hier schon ca. 10 kg an Gewicht verloren. Im Sommer und Herbst war es gut erträglich, aber der Winter hier ist sehr kalt und feucht, und es fehlt jede Heizung. Das Schlimmste ist mir aber der Verlust jeder Arbeit in Freiheit. Ich denke mir, dass auch bei Euch die Verhältnisse einen stark herabgesetzten Lebensstandard mit sich bringen, aber wenigstens kannst Du Deine Friedensarbeit bei Brown Boveri fortsetzen. Ich wäre Dir sehr dankbar, wenn Du mir die Last der schrecklichen Nichtbeschäftigung erleichtern wolltest durch Briefe von Dir und auch solche, die Nachrichten von meinen Geschwistern und möglichst auch von Klemperers enthalten. – Vielleicht wird es durch Deine Vermittlung möglich sein, meinen Brief den Lieben in der Ferne zu schicken. – Ich schreibe nicht selbst, weil meine Hände voller Frostbeulen sind. Hier sind wir in einer bergigen Gegend, und unser Haus ist ein altes Kloster, das auf dem Sattel eines ziemlich steilen Hügels liegt. Um den Zensor nicht zu sehr zu ermüden, will ich schließen, indem ich Dir zusammen mit den Deinen ein glückliches erfolgreiches Neues Jahr wünsche. Dein

Victor Klemperer an Martin Sußmann

Dresden A 20,
Caspar-David-Friedrichstr. 15b.
20. Januar 41.

L. Martin –

Dein Brief vom 3. XII. und der meine vom 9. XII. kreuzten sich; ich wartete Antwort ab, u gestern kam Deine Karte vom 7. I. So sage ich Dir nun für beides und für die frdl. Weitergabe an Georg herzlichsten Dank. Die von der Zollstelle an mich zurückgegebenen 10 Marken bewahre ich Dir auf; inzwischen sind noch zwei Behringmarken hinzugekommen, die Dich ja collegial interessieren müssen; sie liegen ungestempelt für Dich hier; ich darf den Brief nicht selber frankieren, sonst würde ich eine auf das Couvert kleben, aber vielleicht ist auf der Post noch ein Exemplar vorrätig. –

Was den »bestimmten« Artikel anlangt, den Du beanstandest und durch den »bestimmenden« ersetzen willst, so legst Du dem allerdings doppeldeutigen Wort einen irrigen Sinn unter. Der bestimmte Artikel ist der mit Stimmaufwand, mit erhobener Stimme gesprochene, der etwas Be-stimmtes demonstrativ aussagt: *der* Mann ist der bestimmte Mann Schulze oder Müller im Gegegnsatz zu irgendeinem unbestimmten Mann; *der* Mann ist das bestimmte Collektivum Mann im Gegensatz zu dem bestimmten Collektivum *die* Frau oder *das* Kind. In gesprochener Rede kann der mit Betonung gebrauchte »bestimmte« Artikel zum völligen Synonym des demonstrativen Pronoms werden. (Philologische Grundregel: von concreter Bedeutung und von gesprochenem Wort ausgehen!) – Ich brüte über der Rolle des bestimmten Artikels in Heeresberichten. »Der Brite hat Bomben auf ein Krankenhaus geworfen.« *Der* Brite ist sozusagen ein noch compakteres Collektivum als der Plural *die* Briten, er oder es hat nur einen Hals, den man usw. Übrigens sind *der* Feind, *der* Franzose etc. alte Sprachformen und haben eben so durch ihr Alter wie durch ihr starkes Conkretisieren einen gewissen poetischen Glanz. Ich brüte über dem Verhältnis der gegenwärtigen Sprache zum Collektivum. Einerseits Neigung dazu: *der* Jude. Andrerseits Abkehr und Einschränkung: der deutsche Mensch – gewissermassen eine Atomzertrümmerung, denn früher gab es nur die untrennbare Einheit: *der* Mensch. Zuckungen eines ungeborenen Werkes, das wahrscheinlich nie zur Welt kommen wird. Es hat nichts mit Deiner Frage zu tun, und ich schreibe nur deshalb davon, weil ich sonst nichts Neues zu berichten habe.

Unsere Situation hier ist nach wie vor die gleiche und erfordert einige Nervenkraft. Noch besser wäre Glaube, aber den kann man sich nicht anerziehen. Was ich Dir von unserer Berliner Quotennummer schrieb, soll stimmen, auch ist die dortige Visensperre aufgehoben, und die Dinge sollen sich rasch entwickeln. Aber ich kann nicht sagen, dass uns der Gedanke der Emigration lockt. Verwandtschaftlicher Wohltätigkeit ausgeliefert zu sein, wäre ein nicht sehr lebenswertes Los, und nur im alleräussersten Notfall möchte ich es meiner gegenwärtigen Lage vorziehen. Wenn man nur wüsste, ob und wann dieser alleräusserste Notfall eintritt. Man hat ihn immerfort vor Augen, ist immer eine Handbreit davon entfernt, neuerdings hat die Hand nur noch vier Finger, morgen werden es nur noch drei sein, usw., usw. Man möchte nicht zu früh schlapp werden und fürchtet immer die Verantwortung des Zu spät. Einziger Trost das alte Wort: »Wie mans macht, macht mans verkehrt.« Es ist mir nicht leicht geworden, mich noch einmal an G zu wenden; aber ich dachte mir: besser so, als wenn er einen Brief von der jüd. Gemeinde erhält. Du jedenfalls sei noch einmal herzlich für die rasche Weiterleitung bedankt.

Wie geht es Dir und allen Deinen? Was hörst Du von den disiectis membris unserer Familie? Ich bin hier ganz isoliert, und jede Nachricht interessiert mich.

Sei von uns beiden herzlichst gegrüsst, grüsse die Deinen und gib auch gelegentlich einen Gruss an Jelskis weiter.

Getreulich Dein

Schönsten Dank noch für die Weltkrieg-Daten!

14 Greylock Road
Newtonsville Mass
6/II 41

Lieber Victor! Heut bekam ich Brief von Martin mit Nachricht über Dich, woraus ich ersehe, daß Du von mir seit April 39 nichts gehört hast. Ich habe Dir regelmäßig zu Deinem Geburtstag gratuliert, vielleicht ist Dir der letzte Brief noch zugegangen. Aber die Post ist jetzt wenig verläßlich. Hoffentlich bekommst Du diese Zeilen. Aus Martins Brief sehe ich daß Du im Drang bist – was mir sehr leid ist – daß Du aber Chance für das amerikan Visum hast, was mich sehr freut. Ich habe nun noch einiges Geld auf der Deutschen Bank Dep. Kasse E. und schreibe gleichzeitig an die Bank, daß sie Dir 3000 M. überweisen sollen. Hoffentlich gibt die Behörde dazu die Erlaubnis. Du tätest immerhin gut, an die Bank zu schreiben (Spittelmarkt 10/12) daß Du in Not bist u. das Geld für die Überfahrt brauchst. Gib mir jedenfalls Nachricht – per Luftpost: Atlanticairservice – sowie Du Dein Visum hast. Solltest Du das Visum haben u. keine Überweisung von der Bank u. nicht genug Geld zur Überfahrt, so telegraphiere mir wieviel Geld Du brauchst, ich würde Dir im Notfall telegraphisch Dollar überweisen. Du müsstest freilich vorher Schiffsplätze gesichert haben.

Was Deinen Aufenthalt in N.York betrifft, wegen dessen Martin in Unruhe zu sein scheint, so kannst Du ohne Sorge sein. Das Affidavit sollte Dir ja genügend Vertrauen einflößen. Sollte ich vor Deiner Ankunft sterben – was natürlich bei meinem hohen Alter möglich ist – so habe ich testamentarisch jede Vorsorge getroffen, Gog wird bestimmt für mich eintreten. – Im übrigen möchte ich Dich auf etwas aufmerksam machen, was Du gewiß nicht übelnehmen wirst. Hier im Lande sind getaufte Juden wenigstens bei den Juden sehr wenig beliebt. Wir haben, glaube ich, sehr Recht gehabt uns taufen zu lassen, weil wir uns ganz mit dem Deutschtum assimilieren wollten, ich glaube daß ich es *unter gleichen Umständen* heut wieder tun würde, ich halte es nach wie vor für ehrenhaft und gut. Die hiesigen Juden haben dafür kein Verständnis, sie sind patriotische Amerikaner u. rassebewußte Juden zugleich. Ich rate jedenfalls hier nicht den Glaubensstandpunkt zu betonen, man fragt hier sowieso niemand danach! Näheres über die jüdische Psychologie lieber mündlich!

Mir geht es trotz meiner 75¾ Jahre noch ziemlich gut. Natürlich hat das Leben seit dem Tode meiner guten Frau wenig Reiz mehr für mich. Meine Söhne sind alle in zufriedenstellenden Positionen u. mit ihren Familien gesund. Auch von Otto habe ich befriedigende Nachricht. Leb wohl u. hoffentlich bald auf Wiedersehen. Viele Grüße Georg.

Beste Grüße an Deine liebe Frau!

Ich möchte noch raten, keine Möbel mitzubringen, sie sind nur eine Last. Nur Wäsche und Kleidung, allenfalls Betten u. Schreibtisch u. die nötigsten Bücher. Man hat hier keine Schränke, sie gehören zur Wohnung.

Victor Klemperer an Lissy Meyerhof

[7. II. 41]

Liebe Lissy –

Ich bin Dir wieder zu allerherzlichstem Dank verpflichtet. Du weisst gar nicht, welch übergrossen Dienst Du mir geleistet hast, ich komme mir jetzt wie ein Krösus vor. Wo hast Du die Herrlichkeit aufgetrieben, und was bin ich Dir dafür an Geld schuldig? Sei auch für die schönen Beilagen tausendmal bedankt, sie sind schon mit Wonne vertilgt, insbesondere das herrliche Brod. Nimm das bisschen Zucker als ganz kleine Gegengabe – ein Schelm gibt mehr, als er hat. Dein Brief ist hochinteressant, am interessantesten natürlich die Beilage von H. Weisst Du, dass wir den Ort genau kennen? Ein Kloster – es war damals Correktionshaus – auf dem Deserto, einem kahlen hohen gesattelten Berg bei Salerno. Unsäglich schöner Ausblick auf den Golf von Neapel. Wir waren auf einer Osterwanderung 1914 dort oben, es war eine Seligkeit. Relativität der menschlichen Dinge: eben den Ort, der uns beglückte, muss H. jetzt verfluchen. – Schneide bitte den für ihn bestimmten Briefteil ab und gib ihn weiter.

Von uns ist nichts zu sagen. Dein Packet und Brief war ein Lichtblick. Sonst ziemlich flaue Stimmung. Aber doch bei gehobener Nase. Alles Gute für Dich und insbesondere für Deine Zähne. Lass wieder von Dir hören, komm recht bald her.

Herzlichst Deine
EVKl

Vergiss nicht die Kostenangabe.
Grüße insbesondere bitte Berthold, natürlich auch die andern alle.

Victor Klemperer an Hans Meyerhof

Dr. 7. II. 41.

L. Hans –

So bedrücklich auch der Inhalt Deines Lebenszeichens ist, hat es mich doch als solches nach einem Dutzend Jahre aufs herzlichste gefreut, und ich beeile mich es zu erwidern. Vielleicht trifft meine Antwort gerade zu Deinem Sechzigsten ein (12. III., nichtwahr?). Als alter Professor möchte ich Dir zum

Geburtstag einen Satz schreiben, den ich meinen Studenten hundertmal und mir selber in den letzten Jahren tausendmal citiert habe. Die Censur wird ihn unbeanstandet lassen, denn es ist ein altfranzösischer Satz aus dem Jahre 1250 und steht in dem berühmten Memoirenwerk des Grafen Joinville. Er erzählt, wie er in der Kreuzzugsschlacht bei Mansura mit einem Kameraden zusammen beinahe verloren ist; die beiden sind abgeschnitten und umzingelt, ihre Schilde sind so bespickt mit Pfeilen, dass sie den Arm herunterzerren. Da sagt der Kamerad: »Lass es nur toben – (Soweit ist meine Übersetzung frei und abmildernd) – nous en parlerons ès chambres des dames«, zu deutsch: »davon plaudern wir noch einmal im Damensalon!« – Hans, alter Knabe, wir auch, wir plaudern noch einmal darüber, so wie wir in vergangenen Zeiten über tausend Dinge geredet haben! Behalte nur die Nase im Gesicht! Und glaube mir (solamen miserum!), auch wir zweebeeden hier, wie ich denn zugleich in Evas Namen schreibe und gratuliere, auch wir haben allen und allen Anlass, den guten Joinville immer wieder zu citieren, und wir sind wirklich nicht in der Lage des quietschfidelen Philosophen, der selber keine Zahnschmerzen hat und den Mann mit der Wurzelhautentzündung durch philosophischen Zuspruch tröstet.

Was soll ich Dir nun in Kürze von uns erzählen? Bis 1935 war ich in meinem Amt. Wir hatten in den letzten Jahren ein kleines Haus, ganz nach Evas Angaben erbaut, darum einen ganz von ihr aus einem Acker geschaffenen Garten. Wir hatten auch einen stattlichen Sechscylinder, ich steuerte ihn mit Leidenschaft und Entzücken durch halb Deutschland. Aber Mechaniker war Eva. Ich publizierte sehr viel. Ich stand auch schon (*Ha!!*) im Brockhaus und im Meyer. Ach Du lieber Augustin! – Bis 1938 konnte ich dann noch wissenschaftlich arbeiten. Vier Fünftel meines grossen Opus über das 18. Jahrhundert in Frankreich liegen druckfertig, etwa 800 Druckseiten. Die letzten 200 Seiten fehlen, da ich nicht mehr an das notwendige Material herankam. Seitdem schreibe ich, auch schon tief im zweiten Band, an meiner eigenen Vita. Ich glaube, es wird das beste Buch meiner ganzen Produktion. Dass ein gewisser Hans M. darin eine stattliche Rolle spielt, kannst Du Dir denken. Als Lissy uns vor ein paar Monaten besuchte, las ich ihr einige Seiten daraus vor. Jetzt führen wir ein Budenleben, mutatis mutandis etwa so (und in ähnlicher Finanzlage) wie 1904. Aber wir sind um beinahe 40 Jahre älter als damals, und auch sonst hinkt der Vergleich zu unserm Nachteil. Besonders für Eva ist die Situation, wie man hier in Sachsen sagt, »ne hibsch«. Helf er sich. Im übrigen: … Es chambres des dames!

Lieber, lass uns von Dir hören. Herzlich! Dein alter V. K.

Victor Klemperer an Anna Klemperer

Dresden, Caspar-David-Friedrichstr. 15b
3. III. 41.

Liebe Schwägerin –

ich danke Dir herzlich für Dein freundlich ausführliches Schreiben.

Um mit seinem einzig erfreulichen Punkt zu beginnen, so gratuliere ich vielmals zum bestandenen Diplomexamen. Ich selber habe zwar ein ganz anderes Studienfach: aber da ich ganze fünf Jahre im Senat einer technischen Hochschule gesessen habe, weiss ich aus den Verhandlungen und Berichten der technischen und naturwissenschaftlichen Kollegen sehr genau, um welch eine schwierige Prüfung es sich bei diesem Examen handelt. Also nochmals meinen Respekt und Glückwunsch! Der deutsche Doctor wird sicherlich folgen. Dein

Sohn erlebt das dazu Erforderliche mit absoluter Bestimmt-heit, es scheint mir aber trotz allem und allem fast ebenso ge-wiss, dass auch Du es erlebst. Göttliche Gerechtigkeit ist kein wissenschaftlicher Begriff, und ich kann nichts damit anfan-gen; aber es gibt für das irdische Kräftespiel, auch ausserhalb der Physik im engeren Sinne, einige ganz unumstössliche Sätze, und indem ich mich an sie halte, komme ich allen mo-mentanen Situationen zum Trotz immer wieder zur gleichen Überzeugung.

Die Nachricht über Georgs Befinden bewegt mich sehr, und auch ich halte sie für sehr ernst. Aber sollte bei seiner gewalti-gen Vitalität und bei der geringen Praecision der Auskunft nicht doch noch einige Hoffnung bestehen? Ich habe nie daran gezweifelt, dass G. es auf neunzig bringen werde, und ich ver-mag ihn in Gedanken auch jetzt noch nicht aufzugeben. Laß es mich bitte wissen, wenn Du weiteres erfährst.

Im Punkte meines Affidavits befindest Du Dich in einem Irrtum. G's in Chikago ansässiger Sohn, der damals bereits amerikanischer Bürger war, hat mir schon Ende 38 ein Affi-davit gegeben, und wir haben seit Anfang 39 auf der Liste des am. Consulats in Berlin die Nummern 56439/40. Es heisst mit ziemlicher Bestimmtheit, dass diese Nummern wahr-scheinlich schon im Sommer dieses Jahres und allerspätestens im Januar 42 aufgerufen werden. Nur dass mir eben damit nicht im geringsten geholfen ist, denn welchen Posten sollte ich drüben mit 60 Jahren finden, und ich habe nicht den ge-ringsten Besitz, der mich über Wasser halten könnte.

Auch Deine Nachrichten über Grete stimmen mich in mehrfacher Hinsicht recht traurig. Es rührt mich, wie sehr Du Dich um sie bemühst, und es liegt mir schwer auf der Seele, dass ich als ihr Bruder so gar nichts für sie tun kann. Aber so sehr ich mein Gewissen durchforsche: ich kann wahrhaftig gar nichts für sie tun. Abgesehen von all der sonstigen Bedrängnis und Fesselung, in der wir hier vegetieren, bin ich wirtschaftlich vollkommen ruiniert. In den bald sechs Jahren seit dem Verlust meines Amtes, habe ich alles, was ich besass, eingebüsst, meine Pension wurde von Jahr zu Jahr geringer, und seit den letzten, im Januar in Kraft getretenen Bestimmungen, sind wir in einer ziemlich abscheulichen Situation. Dabei halte ich es für sicher, dass auch diese letzten Kürzungen nicht die allerletzten sein werden.

Mein Mitgefühl für Grete wird auch durch ihr etwaiges Simulieren nicht gemildert. Ich weiss aus Erfahrung sehr genau um ihre schwere Hysterie, aber diese Malades imaginaires leiden doch in ihrer Einbildung wirklich, und wer kann mit Genauigkeit sagen, wo die Grenze zwischen Schauspielerei und Wahrheit bei ihnen liegt? Ärztliche Gutachten pflegen in solchen Fällen sich immer zu widersprechen. Auch Gretes naiver Egoismus und ihre seit langem bestehende Weltunkundigkeit sind mir durchaus bekannt. Aber mir persönlich hat sie lebenslang nur Freundliches erwiesen und manche Freude gemacht, und so tut sie mir in ihrer jetzigen Lage ungemein leid. Es ist ein altes Märchenmotiv, dass jemand die ihm verbleibenden Jahre auf einen andern überträgt: wäre ein solcher Austausch zwischen Grete und Georg möglich, so wäre beiden geholfen.

Sei nochmals herzlich bedankt und von uns beiden bestens gegrüsst

VKl

Ich weiss nicht, was ich Grete schreiben soll; aber wenn Du sie wieder sprichst, sag ihr bitte einen sehr herzlichen Gruss von uns.

Victor Klemperer an Martin Sußmann

Prof. Dr. Victor Israel Klemperer, Dresden A 20, Caspar-David-Friedrichstr. 15
an: Dr. Martin Sussmann, Stockholm, Fleminggatan 17 c/o Jonson.

10. März 41.

Lieber Martin –

vor allem möchten wir Dir sagen, wie sehr wir beide an Deinem Missgeschick Anteil nehmen. Und wie empört wir über den principientreuen Arzt waren. Als meine Frau 1919 in München an der gleichen Sache lag, erhielt sie wiederholt Morphium, der Behandelnde, übrigens ein frommer Katholik, war damals junger Assistent Sauerbruchs; jetzt leitet er längst ein Krankenhaus in Regensburg. Konntest Du Dich nicht an einen andern Kollegen wenden? Hoffentlich hast Du, bis diese Zeilen Dich erreichen, die scheussliche Quälerei hinter Dir.

Nun will ich Dir die merkwürdige Reihenfolge der Ereignisse schildern. Am 28. II. erhielt ich einen Brief von Änny Kl., sie erfahre durch Friedi K's Schwiegermutter, die es von ihrer Tochter wisse, dass Georg Ende Januar »Gehirnschwäche oder -krampf gehabt habe, Friedi (der Arzt, nicht wahr?) sei 2 Tage und 2 Nächte bei ihm gewesen«. Ännys Brief klang nicht ganz hoffnungslos aber doch beinahe schon wie ein Nachruf. Dann, am 6. März, kam Georgs Luftpostbrief; sein Inhalt stimmt genau mit den Angaben in Deinem Brief 2 überein. Dieser Brief 2 (Luftpost) war am 7. III hier. Um keine Verwirrung zu stiften, wartete ich mit der Antwort, bis der angekündigte »annullierte« vom 27 II. eintraf. Das war gestern der Fall.

Was hat es nun mit Gs Befinden auf sich. Ganz abgesehen vom Inhalt seines Schreibens: die klare feste Handschrift ist

301

doch wohl nicht die eines Menschen, der wenige Tage zuvor einen Schlaganfall gehabt hat. Und auch in dem an mich gerichteten Brief schreibt G ausdrücklich: »Mir geht es trotz meiner 75 Jahre noch ziemlich gut.« Hast Du inzwischen etwas über ihn oder von ihm selber gehört?

Sein mir eben zugedachtes Geschenk ist beinahe, vielleicht ganz und gar, ein Danaergeschenk: es dürfte von den damit verbundenen Steuern bestimmt aufgezehrt, wahrscheinlich sogar übertroffen werden. Hätte ich eine Möglichkeit gehabt, ihn zu informieren, so hätte ich ihn um Unterlassung gebeten. Könnte ich es ablehnen, ohne Verwirrung und Kränkung zu stiften, so täte ich das. Aber nach vielen Überlegungen halte ich es für das Vernünftigste, falls es mir ausgeliefert wird, es zu nehmen und ergeben abzuwarten, was mir davon realiter bleibt, oder was es mich kostet. Ich habe G. nur herzlich dafür gedankt und nichts von den erwachsenden Schwierigkeiten erwähnt. Behalte auch Du bitte meine Bedenken für Dich. Im Verhältnis zu den Dollarkosten einer Passage bedeutet die Summe leider nur den berühmten Tropfen am Rande des Eimers.

Ob und wann diese Frage der Überfahrt für uns aktuell wird, ist noch nicht abzusehen; es heisst jetzt, mit dem Aufruf der 56000er Nummern sei im Sommer oder gegen Ende des Jahres zu rechnen. Gott allein weiss, wie dann die Welt aussieht. Man muss sich immer wieder sagen: in Schicksals Hand! und sich zu Ruhe zwingen. Mir gelingt das nach wie vor am besten am Schreibtisch. Auf alle Fälle aber habe ich G. sofort und dringend um Erneuerung des Affidavit gebeten, dessen Gültigkeit auf ein Jahr begrenzt ist – und unseres ist vom Dezember 38 datiert. Die Passagefrage ist unter so vielen andern Sorgen cura posterior. Und auf alle Fälle bedeutet mir Gs brüderliches Verhalten einen Lichtblick und, um meine Frau zu citieren, eine Auffangstellung. In bösen Momenten sage ich

302

mir: sie wird mir nicht mehr helfen, in guten: ich werde sie nicht gebrauchen.

Sehr peinlich ist mir Martas törichtes Verhalten. Einmal: welch eine Kateridee – nein, unser guter Kater Mucius, der uns schon zehn Jahre Gesellschaft leistet, wäre als intelligentes Geschöpf solcher Einfälle nicht fähig! – welche Abwegigkeit also, Dir die Schuld an meinem Stillschweigen zuzuschieben! Und zum andern: sie muss sich doch sagen, dass ich für mein Verhalten zwingende Gründe, wiederholt überdachte und immer wieder als zwingend empfundene Gründe habe.

Meine »interessanten Grübeleien« hoffe ich irgendwann einmal ausbauen zu könnnen. Aber dazu brauche ich die Möglichkeit gründlicher Buchlektüre; vorderhand stütze ich mich nur auf Zeitungsnotizen und komme nicht an das eigentliche und grundlegende Material heran. Mein Plan ist, die Sache einmal lexikalisch aufzufassen – ideales Vorbild: das Dictionnaire philosophique. Ich werde mich damit gar nicht übermässig weit von meinem sonstigen Arbeitsgebiet entfernen; das Wort fanatique z. B. spielt schon in meiner Geschichte der französischen Literatur des 18. Jahrhunderts eine grosse Rolle; es ist erstaunlich, wie verschieden dieser Begriff bei Voltaire und Rousseau bewertet wird, und erstaunlich, wie sich die Folgezeit zu diesen Bewertungen verhält.

Vorderhand sitze ich immer noch, und noch für längere Zeit, an meinem Curriculum. Es ist nun schon ein dicker Wälzer. Ich bin jetzt gerade beim Weihnachtsabend 1915; da war ich als »Bivl.« (Beobachter in vorderer Linie) im Schützengraben bei Fromelles »dem« Engländer gegenüber. –

Noch eine Frage. Im letzten Brief vor der grossen Schreibpause, vor reichlichen anderthalb Jahren also, schrieb mir Georg einmal, er habe unsern Vetter Otto Kl., den Musiker, an einer schweren Gehirnerkrankung, ich glaube: Tumor, behandelt. Nun stand in einer hiesigen Zeitung neulich die Notiz, der frühere Berliner Operndirigent sei in einer Irrenanstalt in Los Angeles interniert, er sei von dort entflohen und sei dann wieder »eingefangen« worden. Hast Du etwas darüber gelesen oder gehört? –

Auf den Rassen-Artikel bin ich neugierig. Mit Gobineau habe ich mich viel von Berufs wegen beschäftigt, er ist in der modernen französ. Literatur sehr wichtig, und so habe ich ihn im Kolleg und in meinen Büchern mehrfach behandelt.

Sonst weiss ich momentan nichts zu berichten. Unser Befinden: Gesundheit, Nerven, Stimmung, Situation y todo, schwankt zwischen mässig und saumässig.

Indem ich Dir für alle erwiesene Freundlichkeit aufs herzlichste danke und eine recht baldige und völlige Wiederherstellung wünsche, grüsse ich Dich aufs allerbeste.

Dein

Dank, Wunsch und Gruss zugleich in Evas Namen, Grüsse zugleich auch für die Deinen.

Was hörst Du von Lotte und Käthe? –

Besorgt bin ich um mein Englisch. Eine gewisse Ahnung davon habe ich. Aber mit dem Sprechen und Verstehen hapert's; und Conversationsstunden, die ich oft und zuletzt vor etwa anderthalb Jahren genommen habe, fördern mich erfahrungsgemäss gar nicht. Immer wieder: take a seat und nice day, is'not?

[Handschriftliche Notiz auf Durchschlag]
Aennys Brief über G.'s Erkrankung kam am 3. März.

Sußmann schreibt, er leide seit 5 Wochen an sehr schmerzhafter Nervenentzündung im Schenkel, ein Kollege habe ihm »aus Prinzip« Morphium verweigert.

Prof. Victor Israel Klemperer, Dresden A 20, Caspar-David-Friedrichstr. 15 b
an: Dr. Martin Sussmann, Stockholm, Fleminggatan 17, b/Jonson.

9. April 41.

L. Martin –

sei herzlich für Deinen letzten Brief bedankt. Es hat uns ungemein gefreut, von der entschiedenen Besserung Deines Zustands zu erfahren; hoffentlich hat sie inzwischen derartige Fortschritte gemacht, dass Du Ostern schon als ein rechtes Fest der resurrectio begehst und Pfingsten mit einer richtigen Pfingstwanderung feiern kannst. Ich nehme an, dass trotz der Luftpost diese Zeilen erst nach Ostern in Deinen Händen sind: so gelten also unsere Festwünsche Ostern und Pfingsten zugleich.

Am selben Tage, an dem ich Dir das letztemal schrieb, erhielt ich gleich bei der Rückkehr vom Briefkasten auf direkt-indirektem Weg einen Gruss von Deiner Tochter Käthe. Die Witwe eines hiesigen Kollegen, des Juristen Breit, ist zu ihren Kindern nach Denver übersiedelt: in einem Brief an eine mir fremde Dame, die Bekannte in dem von uns bewohnten Hause hat, schrieb sie von ihrem Zusammentreffen mit Käthe. Ich war gerade im Kohlenkeller, da hörte ich über mir: »ein sehr nettes Frl. Sussmann, sie soll hier einen Onkel, Prof Kl, haben, den sie grüssen lässt«. Ich ging hinauf und liess mir erzählen: Frau Breit hatte mit vieler Sympathie von Käthe berichtet, hatte sie auch wohl und vergnügt angetroffen.

Das sind im Grunde alle Neuigkeiten, die ich zu erzählen habe. Unsere Situation ist im wesentlichen unverändert. Ob mir das Geld überwiesen wird, ist noch unbestimmt, ebenso wie die steuerliche Folge der eventuellen Überweisung. Die Emigrationssache schwebt, weiss Gott, wann unsere Nummer aufgerufen wird, weiss Gott, ob man dann überhaupt noch nach USA kann – mehr als jemals in diesen letzten Jahren muss man bei all und jedem »weiss Gott« sagen. Vielleicht weiss er wirklich. Ich halte es nach wie vor mit meinem Lieblingscitat aus Renan: Tout es possible, même Dieu.

Womit ich beim Allgemeinen und Literarischen angelangt bin. Dein Bericht über die Rassenforschung interessiert mich ungemein. Im Punkte Gobineau kann ich nur bestätigen und ergänzen, was Du schon gelesen hast: der Mann ist ganz und gar von literarischen, kulturellen und (vor allem auch) politischen Gesichtspunkten geleitet; alles Naturwissenschaftliche dürfte er nicht viel mehr beherrschen als etwa Zola die Physiologie und Medizin, es ist ihm nur Mittel zum Zweck, und ein Mittel, das er aus zweiter Hand und ohne ernstliche Fachkenntnis übernimmt und ohne *wissenschaftliches* Verantwortungsbewusstsein anwendet. Was ihn bewegt, hat eine lange Geschichte, in nuce (sehr in nuce) diese: Die absolute französische Königsgewalt stützt sich auf das Bürgertum und bekämpft den Feudaladel. Die Entwicklung geht von Ludwig XI. zu Louis XIV. These der Kronjuristen ist: der König von Frankreich ist der Rechtsnachfolger der lateinischen Cäsaren, er herrscht absolut über die gleichförmige Masse seiner galloromanischen Untertanen. Dem gegenüber theoretisiert der Feudaladel: Der König von Frankreich ist ursprünglich König der Franken. Die Franken haben das Land erobert, also muss fränkisch-germanisches Recht herrschen, nicht römisches. Bei den Germanen aber steht der Adel über dem übrigen Volk, und der König ist nicht absoluter Herr über die Adligen, sondern nur primus inter pares. In der oppositionellen Adelsliteratur des 17. Jahrhunderts steckt eine Hauptwurzel der späteren antiroyalistisch revolutionären Bewegung des 18. Jh.'s; Montesquieu steht sehr stark unter dem Einfluss der fränkischen These, sein Satz, die Freiheit und die Verfassung seien »in den Wäldern Germaniens« geboren, stammt daher. Gobineau zieht an diesem Strang weiter, in Opposition gegen Caesarismus und Demokratie. Er schmückt u erweitert die Doktrin von der Überlegenheit und dem Sonderrecht der Germanen in Frankreich, zu denen er sich rechnet, durch die Gedankengänge der Romantik, durch die neue von Deutschland ausgehende Lehre von der indogermanischen Sprachwissenschaft und schliesslich auch durch das, was er sich an anthropologischem Wissen aneignet, und was ihm davon in den romantisch-feudalistischen Kram passt. Entschuldige, dass ich so kurz skizziere – es ist ein Riesenstoff und hat mit exakter Naturwissenschaft wenig zu tun.

Noch soll ich Dir zum Punkte der Völkerverwandtschaft ein Phaenomen mitteilen, über das meine Frau häufig mit meinem Kollegen Dember (Physiker und Besitzer eines ungarischen Hirtenhundes) sprach: die ungarischen Hirtenhunde haben bestimmte Eigenschaften mit den Hunden der Lappen u. Eskimos gemeinsam, besonders ein merkwürdiges Zähneklappern. Es wurde von der Hundeverwandtschaft auf die ihrer Besitzer geschlossen. – Alles Gute u. recht herzliche Grüße von uns beiden an Dich u. die Deinen. Getr. Dein

VKl

Victor Klemperer an Georg Klemperer

Prof. Victor Israel Klemperer, Dresden A 20 Caspar-David-Friedrichstr 15b
an Geheimrat Georg Klemperer, 14 Greylock Road, Newtonville, Mass. U. S. A.

22. 4. 41.

Lieber Georg –

zu Deinem Geburtstag am 10. 5. sende ich Dir, zugleich im Namen meiner Frau die herzlichsten Wünsche. Bleibe gesund

und erlebe noch recht viel Gutes an Dir und den Deinen. Sei auch meiner ständigen Dankbarkeit und Anhänglichkeit gewiss. Ich schicke die Zeilen durch Luftpost – hoffentlich erreichen sie Dich nicht allzuspät. Gern hätte ich mit dem Absenden gewartet, bis ich Dir mitteilen konnte, ob Dein Geschenk an mich ausgezahlt wird oder nicht. Aber bis heute liegt noch keine Entscheidung der Devisenstelle vor. Ebenso kann ich noch nichts über unsere Auswanderung sagen: wir haben die Wartenummern 56429/30, man steht jetzt bei 52000; es heißt, wir würden im Herbst aufgerufen werden. Hoffentlich ist bis dahin das erneuerte Affidavit, um das ich Dich in meinem letzten Luftpostbrief (vom März) bat, eingetroffen. Passage scheint von drüben und in Dollar sichergestellt werden zu *müssen*. Aber das liegt ja alles in weiter und ungewisser Ferne.

Von uns vermag ich nichts zu berichten. Die Gesundheit meiner Frau hat gelitten, ganz auf der Höhe bin ich auch nicht, aber im Ganzen sind wir halbwegs erfolgreich bemüht, den Kopf oben zu behalten. Ich arbeite für mich, so gut es bei Büchermangel geht – sieht es der Fisch nicht, sieht es der Herr. Wir leben sehr still und isoliert. Briefwechsel habe ich mit Martin, gelegentlich höre ich auch etwas von Änny. Mit Grete, über deren Zustand Du gewiß unterrichtet bist, und die uns ungemein leid tut, habe ich leider keine direkte Verbindung mehr, da sie auf Schreiben nicht mehr antwortet. Mit Marta zu correspondieren ist aus anderen Gründen nicht möglich.

Nochmals: alles Gute und sehr herzliche Grüße von uns beiden.

In aller Herzlichkeit und Dankbarkeit
Dein
Victor

[Notiz auf Durchschlag]
(Kreuzte sich mit Brief von G., worin neues Affidavit angekündigt)

Victor Klemperer an Martin Sußmann

Prof. Victor Israel Klemperer, Dresden A 20, Caspar-David-Friedrichstr. 15 b
an: Dr. Martin Sussmann, Stockholm, Fleminggatan 17 c/o Jonson.

3. September 41

L. Martin –

diesmal also ganz correkt: Maschinenschrift und Briefkopf. Vor allem: herzlichsten Dank. Unsere Briefe überkreuzten sich. Ich erhielt, während mein Schreiben unterwegs war, von Dir eine Karte. Danach kam ein Brief mit sehr schöner inliegender Marke und frankiert mit zwei merkwürdigen neuen Schweden. (Was hat es mit dieser »schwedischen Bibel« auf sich – schwedisches Reformationsfest?) Der Brief trug einen Aufdruck »Zollbehörde«, dadurch war er wohl verzögert worden.

Aus seinem Inhalt ersehe ich, dass es Dir leidlich geht, aber doch nur eben leidlich; denn wem es gut geht, der philosophiert nicht. Ich weiss das ganz genau, da ich auch sehr viel philosophiere. Was Deine »praktische Lebensphilosophie« anlangt, die wir hoffentlich einmal zu lesen bekommen, so können wir einen Spruch beisteuern, den meine Frau auf einem Bauern-Wandteller fand, und den wir uns jetzt täglich vorhalten – er muss von einem wirklichen Dichter herstammen: *Setz dich über alles weg, / freu dich über jeden Dreck.* Wir leben dem nach besten Kräften nach, aber natürlich sind die Kraftreserven begrenzt, und andere Reserven sind es auch (wozwischen Wechselwirkung besteht), und so sehr man sich bemüht, nicht an das Morgen zu denken, immer lassen sich solche Gedanken nicht unterdrücken. Das Détail, das diesem allgemeinen Satz erst Lebendigkeit geben würde, erzähle ich Dir einmal in mündlicher Ausführlichkeit. Mein Vater pflegte solchem Vorsatz freilich hinzuzufügen: »wenn ich lebe und gesund bin«.

Bei wieviel geringsten Anlässen habe ich das formelhaft von ihm gehört – und dabei führte er doch ein so ruhiges und gesichertes Leben.

Du schreibst, ich möge im Punkt der Emigration »die Flinte nicht ins Korn werfen«. Aber um im Bilde zu bleiben: es ist gar keine Flinte mehr da. Unbildlich: es lässt sich absolut nichts mehr machen, da die amerikanischen Bestimmungen immerfort wechseln, und die Möglichkeiten ihnen nachzukommen sich ständig verringern. So sollte z. B. der neue Weg über Cuba gehen, und inzwischen sind die kubanischen Consulate geschlossen worden. Wir überlassen jetzt alles dem Schicksal und unternehmen in dieser Sache nichts mehr. Während des Krieges lässt sich nichts machen, und wenn wir sein Ende erleben, müssen wir hinterher die jetzt gescheiterte Sache neu aufnehmen.

Im Übrigen kann ich nichts anderes mitteilen, als was ich schon oft geschrieben habe: wir leben still und gänzlich isoliert und bemühen uns über allerhand wachsende Bedrängnis hinwegzukommen. Ich arbeite langsam aber zäh an meinem Curriculum; manchmal denke ich, es ist bloss ein Zeitvertreib, manchmal glaube ich in meinem ganzen Leben nichts Besseres geschrieben zu haben. Als ich im Februar 39 damit anfing, glaubte ich alles in allem für etwa 200 Druckseiten Stoff zu haben und in sechs bis acht Monaten damit zurande zu kommen. Jetzt hoffe ich, bis zum Ende dieses Jahres den zweiten Band (1912–1920) fertigzustellen, und dann bleibt noch ungemein viel für einen dritten Band übrig, wobei jeder Band etwa 500 Druckseiten im großen Format meiner französischen Literaturgeschichte ergeben dürfte. Ich glaube, es steht allerhand Kultur- und Zeitgeschichtliches darin. Zur Zeit bin ich aus dem Lazarett entlassen, und habe eben mein Amt als Censor beim Buchprüfungsamt Oberost in Kowno angetreten.

Du musst aber nicht denken, dass ich den ganzen Tag an diese

Schreiberei zu setzen vermöchte. Es gibt so unendlich viel mit den kleinen Notwendigkeiten des Tages zu tun, dass ich manchen Tag überhaupt nicht zum Schreiben komme. Vielleicht fragst Du, was es denn so viel für mich zu tun gebe. Aber wieder muss ich das Détail aufs mündliche Erzählen verschieben.

Neuigkeiten von den Angehörigen erfahre ich gar nicht mehr. Eine Zeitlang schrieb mir die Schwägerin Änny manchmal. Das hat jetzt auch aufgehört. Grete scheint langsam abzusterben. Die Cousine Trude Scherk berichtete zuletzt, dass Gretes Gedächtnis immer mehr nachlasse. Vielleicht – ich möchte es hoffen – ist ihr jammervoller Zustand subjektiv nicht ganz so jammervoll wie er dem Betrachter erscheint. – Mit Marta zu correspondieren, ist mir, wie ich schon oft betont habe, *unmöglich*; überhaupt bist Du der einzige, mit dem ich Auslandcorrespondenz führe. Ich bitte Dich, ihr gelegentlich meine sehr herzlichen Geburtstagswünsche zum 15. Sept. nachträglich zu übermitteln. Und auch zu Lottes Geburtstag möchte ich hiermit herzlich via Stockholm gratulieren. Ich hoffe, dass Du inzwischen von ihr und Käthe gute neue Nachrichten hast, und dass es auch den Deinen in Stockholm weiterhin gut geht. Hörst Du von Georg, hast Du sonst Nachrichten von unsern Leuten? Ich bin immer erfreut, etwas zu erfahren, und jeder Brief von Dir ist uns in jeder Hinsicht interessant.

Sei von uns beiden herzlich gegrüsst und grüsse auch die Deinen.

Getreulich,

Dein

[Handschriftlicher Nachsatz]

P. S. Eine höchst amüsante »praktische Lebensphilosophie« sind Petrarcas Gespräche De remediis utriusque fortunae. Darin heißt es, Zahnschmerzen hätten ihr Gutes, sie erinnern an die menschliche Hinfälligkeit und Gottes Güte.

Friedrich Delekat an Victor Klemperer

Radebeul, den 13. September 1941

Sehr verehrter Herr Kollege!

Auf Grund von Nachrichten, die mir zugegangen sind, nehme ich an, daß Sie sich zur Zeit in großer Sorge befinden. Deshalb wollte ich Ihnen und Ihrer Frau gern mitteilen, daß meine Frau und ich mit unsern Gedanken bei Ihnen sind. Möge Gott Ihnen beiden die Kraft geben, all das Schwere zu ertragen, das Ihnen zu tragen auferlegt wird. Man muß aushalten bis zum letzten. Es ist sicher *sehr* schwer. Aber solange es noch eine Möglichkeit zum Leben gibt, sei sie auch noch so beschränkt, darf man die Hoffnung nicht ganz aufgeben.

Ich würde mich gern mit Ihnen aussprechen. Sie können ruhig in die Geschäftsräume der B. K. in der Johann Georgen Allee kommen, müssen mir nur sagen, wann Ihnen das am besten paßt.

Gott behüte Sie und Ihre tapfere Frau
Ihr Friedrich Delekat

[Weitere Briefe Victor Klemperers aus der Zeit des Zweiten Weltkriegs sind nicht überliefert. Auskunft über diese Jahre, auch über erhaltene und geschriebene Post, geben seine Tagebücher.]

DA RISS ICH DEN JUDENSTERN HERUNTER

1945–1947

Der Ortsbauernführer und Zweite Bürgermeister Jacob Flamensbeck erwies sich im April 1945 als ausgesprochen hilfsbereit, als er
Eva und Victor Klemperer auf ihrer Flucht verköstigte und zwei
Nächte beherbergte; hier mit seiner Familie auf dem Hof im Pfarr-
dorf Unterbernbach, Bayern.

Nach dem Gipfeltreffen zwischen Churchill, Roosevelt und Stalin in Jalta kommt es am 13. Februar 1945 zum Luftangriff auf Dresden. Das dritte »Judenhaus«, Zeughausstraße 1, in dem die Klemperers inzwischen untergebracht sind, geht in Flammen auf, und die beiden wagen die Flucht, da sie als tot gelten müssen. Dann endlich, am 8. Mai, die Kapitulation. Einen Monat später steigen Eva und Victor Klemperer zum ersten Mal wieder zu ihrem Haus in Dölzschen hinauf.

Korrespondenzen werden neu aufgenommen: Wer hat überlebt, wie geht es weiter? Georg erfährt noch, dass sein Bruder den Nazi-Terror überlebt hat, bevor er 1946 stirbt. In Dresden stellt der plötzlich wieder gefragte Klemperer entlastende Zeugnisse aus, einige »Persilschein«-Bittsteller weist er kompromisslos zurück. Nach den Jahren des Terrors, unter ständiger Todesgefahr und den peinigendsten Erniedrigungen ausgesetzt, hofft er auf einen radikalen Neubeginn, beruflich wie gesellschaftlich. »Es ist ein Wiederaufleben, dessen Beglückung wir jeden Tag neu empfinden«, heißt es in einem Brief aus dieser Zeit. Zugleich bemerkt er über seinen beruflichen Ehrgeiz: »Es ist wenig philosophisch und ein bisschen komisch, wie das nun alles wieder in mir hochkommt und mir wichtig erscheint, obwohl ich doch von der Eitelkeit dieses ganzen Treibens völlig überzeugt bin.« Er und seine Frau treten, mit einiger Skepsis, in die KPD ein – er fühlt sich gebraucht, begreift sich als Mittler zwischen »KPD u. Intelligenz u. Bourgeoisie«. Einmal nennt er diesen Schritt »das kleinste Übel«.

Vor allem stürzt er sich in die Arbeit: Sein »LTI. Notizbuch eines Philologen« erscheint im Aufbau-Verlag, jenem belletristischen Verlag, der am 18. August 1945, vierzehn Wochen nach der Kapitulation, als erster in Deutschland von der Sowjetischen Militäradministration eine Lizenz erhält und zwischen Trümmern das Büchermachen aufnehmen kann.

Klemperer übernimmt mehrere Ämter und Funktionen, die ihm das so lange entbehrte Gefühl von Mitwirken und Beteiligtsein geben, ihn aber auch erschöpfen, in Konflikte treiben und schließlich sein Herzleiden verschlimmern: Neben der Wiedereinsetzung als Professor an der TH Dresden ist er Leiter der Volkshochschule (nach knapp einem Jahr tritt er zurück), einer von drei Vorsitzenden der Landesleitung des Kulturbundes Sachsen und 1947 Mitglied des Präsidialrates. Johannes R. Becher hat die Gründung des »Kulturbunds zur demokratischen Erneuerung Deutschlands« angeregt, und im August 1945 findet der Gründungskongress statt. Hier, zwischen Künstlern und Intellektuellen, fühlt sich Klemperer aufgehoben. Die erste Kränkung erlebt er, als er bei den Landtagswahlen keinen Platz auf der Landesliste erhält. Aller Fremdheit zum Trotz, die nie weichen wird, unternimmt er für den Kulturbund unzählige Vortragsreisen.

Victor Klemperer an Karl Vossler

Dresden/Dölzschen
Am Kirschberg 19
29. Oktober 45

Hochverehrter Herr Geheimrat –

Endlich ist der Postweg nach Bayern offen, und wir können Ihnen und Ihrer verehrten Frau Gemahlin aufs allerherzlichste für die freundschaftliche Aufnahme danken, die Sie uns auf unserer Flucht in München bereiteten. Es war eine sehr, sehr grosse Freude für uns und eine buchstäbliche (und recht notwendige) Seelenstärkung. Wir haben Ihnen unsern Dank schon einmal aus dem oberbayrischen Dorf übermittelt, in dem wir damals Unterschlupf fanden, aber Gott weiss, ob diese Zeilen in Ihre Hände gekommen sind.

Hoffentlich sind Sie gesund und auch mit unverletzter Wohnung durch den Kriegsrest gelangt und können nun die bisher leider etwas bescheidenen Segnungen des Friedens geniessen.

Wir beide haben noch recht schwierige und abenteuerliche Zeiten durchgemacht. Die Heimkehr nach Dresden war zum allergrössten Teil eine Wanderung. Täglich 20–30 km. Gepäckmarsch, ganz selten ein Stück im offenen Güterwaggon, auf einem Lastauto oder im Ochsenwagen, Nachts auf Stroh oder blossem Boden, je näher an Sachsen, je tiefer in Sachsen selber, um so hungriger: so kamen wir nach drei Vagabundenwochen schwer erschöpft hier an.

Wir fanden unser kleines Eigenheim, das hoch über Dresden

liegt – Dr. selber ist völlig vernichtet, dagegen gehalten gleicht München einer kaum beschädigten Stadt – beinahe intakt vor, und es wurde uns sofort als unser Eigentum zurückgegeben. Aber das nackte Haus ist freilich auch alles, was wir von unserm Besitz gerettet haben. Alles, buchstäblich alles andere, die Orgel und der Flügel meiner Frau, meine Bibliothek (etwa 4000 Bände), das gesamte Mobiliar, die gesamte Kleidung und Wäsche, restlos alles war von der Gestapo beschlagnahmt und in einen Stadtspeicher geschafft worden, der in der Bombenkatastrophe unterging. In unser Haus war ein parteitüchtiger Krämer gesetzt worden, der aus dem Musikzimmer seinen Gemüseladen gemacht und es in einen unbeschreiblichen – man kann es nur bayrisch sagen – Saustall verwandelt hat. Der Mann, ein kleiner den Nachbarn verhasster Schieber, war vor unserer Ankunft geflohen, seine für uns sehr wenig geeigneten Möbel wurden uns von der Gemeinde vorläufig zur Verfügung gestellt, und darin hausen wir nun tant bien que mal, aber mehr mal als bien. Immerhin: wir sind in unserm Haus und Garten, niemand verfolgt uns mehr, meine Frau schafft den ganzen Tag in dem verwilderten Grundstück Ordnung, handwerkert und gärtnert, und ich arbeite mich wieder ein – meine Mss, die in einer Pirnaer Klinik lagen, sind G. s. D. den Bomben, der Gestapo und zuletzt den Plünderern entgangen.

Ich werde in mein Dresdener Ordinariat wieder eingesetzt, und im November soll versucht werden, den Unterricht wieder aufzunehmen. Vanitas vanitatum: auf das Colleghalten freue ich mich trotz aller Zweifel, die mir in diesen unsäglich bitteren Jahren am Wert meines Berufes und meiner Schüler gekommen sind. Ja, es regt sich sogar in mir schon wieder das alte Bedauern, es nie zu einem »richtigen« Universitätskatheder gebracht zu haben.

Unter meinen geretteten Manuskripten befindet sich die zu zwei Dritteln fertiggestellte Literaturgeschichte des 18. Jh.s in

Frankreich. Darauf will ich meine Vorlesungen basieren. Denn an Büchern fehlt es hier und mir in unvorstellbarem Masse. Wie ich eine Seminarübung abhalten soll, ist mir noch nebelhaft – woher Texte für die Studierenden nehmen?

Natürlich sind auch meine eigenen Opera, die Handexemplare mit Notizen, die vielen Sonderdrucke vernichtet. Hier hätte ich eine grosse Bitte an Sie. Haben Sie in Ihrer Bibliothek ein paar Doubletten übrig, Bücher, Sonderdrucke von Recensionen, Aufsätzen etc.? Alles was romanische, insbesondere französ. Literatur- und Stilgeschichte ist, primo loco Vossler, secundo loco Spitzer, aber auch alles andere, Text und Studie, für jedes Blatt wäre ich dankbar. Es ist eine Bettelei, aber die grosse Notlage mag sie verzeihlich machen. Und haben Sie noch irgendwelche Stücke meiner eigenen Publikationen?

Ausser in der Hochschule soll ich in diesem Winter auch ein paar Vorträge an einer neu zu eröffnenden und gross geplanten Volkshochschule halten, ich soll auch vor der Gesamt-»Gewerkschaft der Lehrer« (d. h. Elementar- incl. Hochschullehrer) über »Nationalsozialismus und Wissenschaft« reden, ouvrir un large bec sozusagen.

Sie sehen, an Arbeitsplänen fehlt es nicht. Aber noch ist alles sehr gehemmt, Gott weiss, wann ich mein 18ième zuende führen kann, wann ich meine frz. Lit. des 19. u. 20. Jh.s in einer Neuauflage bis zur Gegenwart durchführen kann. Ich wünschte, ich hätte ein Arbeitsstipendium für ein paar Monate Genf oder ich sässe an einer Universität mit erhaltener Bibliothek. Aber ich muss zufrieden sein, dass ich überhaupt noch einmal ans Spiel gekommen bin. Wieviele haben die Erlösung nicht mehr erlebt!

Wie sieht es nun bei Ihnen in München aus? Ich höre täglich Abends das Münchener Radio, aber von einer Eröffnung der Universität war noch nicht die Rede. Lässt man Rohlfs im Amt? Er ist doch stark compromittiert. Werden Sie selber noch einmal aufs Katheder gehen? Ich würde das für ein grosses Glück halten, wenn Sie noch ein paar Semester mitmachen wollten. Das wäre wirklich geistiger Wiederaufbau, von dem man so viel spricht, und von dem ich so wenig merke. (Freilich ist Dresden ein ganz besonders sächsisches Dorf unter den sächsischen Dörfern.)

Haben Sie irgendwelche Nachricht von Lerch? Oder von den anderen Romanisten und romanistischen Kathedern? Lebt Küchler noch? Hat sich irgendein romanistischer Verlag, irgendeine romanistische Zeitschrift am Leben erhalten? Hat es in den Kriegsjahren überhaupt noch eine Romanistik und irgendwelch wesentliche romanistische Publikation in Deutschland gegeben? Existiert Neubert noch, dessen Berufung nach Berlin ich vor einigen Jahren zufällig erfuhr? Damals war ich Fabrikarbeiter unter der Knute der Gestapo und glaubte nicht, dass ich jemals wieder Interesse am Personal- und Fachklatsch der Romanistik hegen könnte. Es ist wenig philosophisch und ein bisschen komisch, wie das nun alles wieder in mir hochkommt und mir wichtig erscheint, obwohl ich doch von der Eitelkeit dieses ganzen Treibens völlig überzeugt bin.

Mein Brief ist sehr lang geworden; es fehlt mir hier nicht nur an philologisch interessierten Kollegen, sondern an Kollegen überhaupt; die sich früher so nannten und sich jetzt gern so nennen möchten, comme si de rien n'était, stehen mir bitterlich fern. Ich habe in den vergangenen Jahren des Elends allzuoft für mich den Vers citiert von den faux amis que vent emporte, et il ventait devant ma porte.

Noch einmal herzlichsten Dank für alles Gute Ihnen beiden von uns beiden und allerbeste Wünsche für Ihre Gesundheit und Arbeitskraft.

Getreulichst ergeben
Ihr alter
Victor Klemperer

Victor Klemperer an Frau Hirche

Dresden A 27 – Dölzschen
Am Kirschberg 19
11. 11. 45

Sehr verehrte gnädige Frau –

Haben Sie vielen Dank für Ihren frdl Brief; es freut uns, daß Sie alle Drei das Leben gerettet haben. Wir selbst sind nach sehr schweren Schicksalen in den Besitz unseres nackten und verwüsteten Hauses und meines Amtes zurückgekehrt; alles andere, auch die Gesundheit, ist verloren. – Ein Zufall liess mich die Geburtsanzeige Ihres Enkelchens lesen, Ihr Herr Sohn zeichnete als Major im Generalstab; was das bedeuten würde, wußte ich schon damals.

Nehmen Sie mir es nun nicht übel, wenn ich, vielleicht irrtümlicherweise aber auf Grund allzuvieler Erfahrungen, ohne weiteres annehme, daß Sie von mir irgendein Ihrem Hans hilfreiches Zeugnis erwarten. Ich vermöchte es nicht zu geben, und jede Berufung Ihrerseits auf meinen Namen wäre zwecklos, ja schädlich. Das hat mit meinem Willen nichts zu tun, es ergibt sich einfach aus der Sachlage. Ich erteilte vor etwa fünfzehn Jahren auf die Anfrage seines Kommandeurs gern eine sehr günstige Auskunft über Ihren Hans. Damals war er ein mir gut bekannter junger Mensch, und die Reichswehr, in die er eintrat, eine unbemakelte Institution. In den vielen inzwischen verflossenen Jahren ist aus der Reichswehr die Armée Adolf Hitlers geworden und aus Ihrem Herrn Sohn ein hoher Offizier auf verantwortlichstem Posten. In all dieser Zeit habe ich gar keine Verbindung mit ihm gehabt; ich könnte also nichts über ihn und seine Entwicklung aussagen, ich könnte auch nicht etwa heute bekräftigen, was ich damals schrieb. Ähnlich ablehnend müßte ich mich notwendigerweise verhalten, wenn etwa Ihr Herr Gemahl Pg geworden sein sollte und

321

für seine Person ein Zeugnis brauchte. Ich sage das alles gleich jetzt, um Sie vor eventuellen Bemühungen und Enttäuschungen zu bewahren.

Indem ich Ihnen allen zugleich im Namen meiner Frau ein gutes Überstehen dieser Notzeit wünsche, verbleibe ich

Ihr ergebener

VKlemperer

Karl Vossler an Victor Klemperer

München 8 Maximilianeum, 17. 11. 45

Lieber verehrter Kollege Klemperer, vielen Dank für Ihren soeben eingetroffenen Brief vom 29. Okt., über den ich mich gar sehr freue als über das erste Lebenszeichen seit Ihrem letzten Besuch. Unsere Wohnung ist noch ganz, aber ziemlich belegt bei nur einem heizbaren Zimmer. Im Juni hatte ich einen schweren Anfall von Herzschwäche und mußte drei Monate lang liegen und kann heute noch nicht viel leisten, doch werde ich von meiner Frau, die vielmals grüßen läßt, vorzüglich gepflegt. Meine Bibliothek ist erhalten, jedoch durch das viele Hin und Her u. durch Ausleihen an Kollegen und Schüler stark in Unordnung geraten. Duplikate sind kaum noch vorhanden, doch will ich nachsehn, was ich etwa für Sie noch zusammenkratzen kann. Aber wie soll ich das schicken? Die Post geht noch sehr langsam und unsicher. Zunächst habe ich Ihnen vor 14 Tagen den Verlag Knorr u Hirth, der eine Reihe »Beiträge zur Psychologie des Nationalsozialismus« vorbereitet, auf den Hals gehetzt, indem ich ihm mitteilte, daß Sie im Begriff sind, die sprachliche Verlumpung des l000 jährigen Reiches zu studieren u schon Material dazu gesammelt haben, u daß er kaum einen besseren Sprachpsycho- u Soziologen finden könnte als Sie. Nur konnte ich ihm leider Ihre genaue Adresse nicht mitteilen. Hoffentlich hat er Sie durch die Anschrift Techn Hochschule Dresden erreicht, und hoffentlich lassen Sie sich diesen Auftrag nicht entgehn. – Man sagt, die Vorlesungen sollen im Dezember an unsrer Universität wieder beginnen. Ich hege noch Zweifel, u schon wird jetzt vom Januar gesprochen. Ob ich da noch einmal auftrete, ist mir fraglich. Es bestehn Pläne, die TH u die Uni in München zu fusionieren. Das wäre eine gute Sparmaßnahme. Koll. Lerch sitzt in Passau. Von Neubert weiß ich gar nichts. Hugo Friedrich soll in Frankreich als Nazispion geschnappt worden sein, wird mir von einem amerikan. Offizier aus Paris erzählt. Küchler lebt beschaulich in Benediktbeuern (Glashütte). Sein Sohn ist schon zu Anfang des Kriegs gefallen. Rohlfs ist noch sehr im Amt u erfreut sich des Umstandes, daß er von der Gestapo im Jahr 44 wegen defaitistischer Äußerungen verfolgt u vorübergehend suspendiert wurde. Darüber hat man vergessen, wie tapfer er in das antisemitische Horn zu blasen pflegte. Pg war er, soviel ich weiß, nie. – In den Kriegsjahren sind noch einige gute romanistische Arbeiten erschienen, darunter eine von dem Leipziger Romanisten Harri Meier, von dem ich nicht weiß, wo er steckt. – Lieber Kollege, Sie sollten, wenn irgend möglich, wieder einmal hierher kommen, damit ich Ihnen alles was Sie von Ihren Werken brauchen u wünschen u was Sie mir so treu u anhänglich gewidmet haben u was Sie sonst etwa brauchen können, in ihre Hände lege. Der Post möchte ich Dinge, die uns beiden so lieb u wertvoll sind, jetzt noch nicht anvertrauen. Ich hoffe u glaube, daß Ihr Wunsch was Ihre Studien u Ihre Lehrtätigkeit betrifft bald in Erfüllung geht.

Mit herzlichen Grüßen von Haus zu Haus in alter
Verbundenheit Ihr
Karl Vossler

Dr. George Klemperer
Hotel Continental
Cambrigde 38, Mass.
April 9. 46

Dear Victor

This is the first news I got from you since the death of Martin who wrote me in regular intervalls from Stockholm. In the month of June 45 I heard from our niece Hilda that she had received a postcard from an unknown address in Prague that you and your wife had survived the war, but under very bad conditions, and that you had good chance to regain your job as professor at the Dresden Technical college. Eventually yesterday I received your typewritten letter of 20. XI 45 with the poststamp Praha 24. II. 46! which brought me the very welcome message which I waited for so long that you are out of danger now and that the government Russe reinstated you in your former position as a full professor. By the way, a nephew of ours William Jelski, heard from Prof Blumenfeld (both in Lima, Peru) who can listen an international radio, that you are elected (or appointed) to the directorate of the Dresden polytechnic college.

I would like to congratulate you that you are saved with your wife per tot discrimina rerum. I tell you my deepest sympathy and I would be very happy if I would be allowed to send you parcels with food and clothes, but the post office does not accept parcels for civilians in occupied Germany.

My sons whom I showed your letter and my daughters in-law too send you best regards and much love. – I read with deep regret that you have to complain about your heart and that a physician made the diagnosis of angina. But don't worry, there are 2 different formes of angina pectoris of a very different nature with the analogous symptoms, a *nervous* form caused by excitements and strain and worry but curable by rest and good mood and an other pernicious form only to discriminate from the benign form by the quick end. I have the good confidence knowing you as a nervous boy already in younger years that you will survive the angina as well as the horrible trouble in the last years. The best remedy is peace of the soul and avoidance of emotions. Let me hope that you will recover soon. Please write me again soon how you feel, how you sleep, how your appetite and if you feel some pains.

As far as you are concerned about myself and the families of my sons, I can give only good news. I become 81 years in 4 weeks and I am rather well and the sons are in good positions. The oldest son of Otto began humedical study in Oxford this year, he is 18 now. I have 11 grandchildren now and the 12th is expected in September by Gog.

Our sister Marta lives in *Montevideo* (Uruguay) with her husband in difficult circumstances, I can not help her as well as I would like. Her address: Sra M. Klemperer de Jelski Montevideo. Ave Brasil 3105. Ap 33.

The principal remedy for your nerves especially the heart nerves ist not to work much, not to sit too long over your books and not to be ambitious. The heart needs rest for recovery. May I remind you of the Italian rule: Qui va piano, va sano.

Karl Vossler an Victor Klemperer

M. 29. 4. 46

Lieber Freund Klemperer,

es hat mich sehr gefreut, einmal einen ausführlichen Brief zu bekommen u zu sehn, daß Sie tüchtig in der vita activa atque contemplativa zu wirken im Begriffe sind. Ich glaube, Sie haben gut getan, Jena abzulehnen u zunächst in Dresden zu bleiben, wo es gewiß mehr u Wichtigeres zu tun gibt. Es ist gut, daß Sie die Volkshochschule betreuen neben Ihrem Amt an der technischen Hochschule. Ich weiß mich mit Ihnen durchaus einig, daß es jetzt gilt, mit Energie die reaktionäre Haltung der Altakademiker u den geistigen Hochmut der Intellektuellen zu bekämpfen. Darum bin ich in die Gewerkschaft der Kulturschaffenden eingetreten. Eintritt in eine politische Partei habe ich aber immer vermieden, weil mir scheint, daß unsereiner als Lehrer nicht als abgestempelter Vertreter einer weltanschaulichen Interessengruppe dastehen darf, wenn er mit Schülern verschiedenster Herkunft zu tun hat und objektiv wirken will. Übrigens habe ich mit Verwaltung, Studentenfürsorge u Professorenfragen so viel zu tun, daß ich nicht daran denken kann, Vorlesungen zu halten. An Romanisten haben wir in München u überhaupt in Süddeutschland keinen Mangel, eher Zudrang u Überangebot, u ich möchte meinen jüngeren Kollegen gewiß keine Konkurrenz machen. Zu wissenschaftlicher Arbeit reicht mir weder die Zeit noch die Kraft. Vorerst tröste ich mich darüber mit dem Gedanken, daß gute Forschungsarbeit in den nächsten Monaten u Jahren nicht leicht verständige Aufnahme findet. – Wo Lerch steckt seit er Passau verlassen hat, weiß ich nicht. Vielleicht bemüht er sich um seine Professur in Münster oder um eine neue in Köln. Küchler sitzt immer noch behäbig in Benediktbeuern u übersetzt Rimbaud u Verlaine. Ich glaube, er hat keine rechte Lust mehr auf einen Lehrstuhl. Sein Sohn, ein netter junger Bursche, ist schon zu Anfang des Krieges gefallen. Ich selbst warte noch immer mit banger Sorge auf Nachricht von meinem ältesten Sohn Walter, dem Landwirt, der vor einem Jahr mir noch regelmäßig launige Briefe aus der Venezia Giulia schrieb, wo er als Dolmetscher einem deutsch-italienischen

Verbindungsoffizier beigegeben war. – Unsere öffentlichen Bibliotheken, bis auf die städtische, alle zerstört. Meine Reise nach der Schweiz mußte ich wegen Herzschwäche im vergangenen Sommer absagen. Koll. Rohlfs ist noch sehr im Amt, da er das Glück hatte, bei der Gestapo wegen defaitistischen Geredes angezeigt zu werden. So gilt er heute, trotz seines einstigen Antisemitismus, als Antifascista. Nun hab ich wohl die Hauptfragen Ihres Briefes beantwortet. Verzeihen Sie die Unordnung u Hast meines Schreibens. Mit herzl.Grüßen u Wünschen von uns zu Euch Ihr alter

Karl Vossler

Victor Klemperer an Auguste Wieghardt

Dresden A 34
Am Kirschberg 19
8. 5. 46

Liebste Gusti –

Deine Zeilen vom 24. April machen uns die größte Freude; Du mußt nun gleich ausführlich schreiben!

Wir selbst haben sehr Schweres ausgestanden, ohne eine ganze Reihe besonderer Schutzengel hätten wir, ohne E's unerschütterliche Tapferkeit und Zuversicht, zuletzt ohne ihre Indianernerven und -fähigkeiten hätte ich niemals dies alles überlebt. Wir sind jahrelang von der Gestapo verfolgt u. immer wieder – alle beide – schwer mißhandelt worden, wir lebten in Judenhäuser gepfercht, wir hatten immer wieder Hausdurchsuchungen mit Schlägen, Fußtritten etc.; ich tat Zwangsarbeit in Fabriken, wurde von der Straße weg verhaftet, lernte Einzelhaft kennen, usw. usw. Am 16. II 45 sollten die Mischehen getrennt werden. Wir letzten etwa 70 überlebende Sternträger in Dresden – rings um uns war alles teils in der Deportation, teils in Dresden selber »liquidiert« worden, man kam sich immer vor wie Odysseus bei Polyphem: »Dich freß' ich zuletzt!«, die Gestapo drängte bei jeder Haussuchung: »Kauf dir doch endlich für 10 Pf. Gas, wir quälen dich ja doch zu Tode, nimm uns die Arbeit ab!« – Wir letzten also sollten am 16. II abtransportiert werden, in den sicheren Gastod. Am 13. II aber brach Dresden in 40 Nachtminuten zusammen, unser Judenhaus in der Zeughausstr war in 2 Minuten eine Fackel und in 5 Minuten ein Trümmerhaufen. E. u. ich wurden im letzten Augenblick getrennt. Ich wurde vom Splitter einer Stabbrandbombe im Gesicht u. am Auge verwundet, konnte mich aber in einen riesigen vor dem Haus aufgerissenen Trichter stürzen, konnte dann zwischen Flammen auf die Brühl'sche Terrasse klettern. Dort sprang ich die Nacht über zwischen dem Funkenregen von rechts u. links hin u. her; es gab stundenlang keine Möglichkeit, aus der Feuerzange herauszukommen. Diese ganze Zeit über dachte ich immerfort: wenn E. nur nicht lange gelitten hat! denn daß sie sich gerettet habe, hielt ich für kaum möglich. Als ich dann am Morgen einen Durchgang zur Elbe herunter fand, war ungefähr der erste Mensch, dem ich begegnete, Eva. Ihr war ein Fensterflügel auf den Kopf gefallen, aber der ostpreußische Schädel hatte sich bewährt. Die ganze Nacht über hatte sie mich unter den Leichen u. Leichenteilen gesucht, die da unten herumlagen. Es herrschte nun ein vollkommenes Chaos u. ein unsäglicher Höllenzustand. Wir mußten für tot gelten; da riß ich den Judenstern herunter, u. wir flohen. Was wir in den nächsten Wochen an Gefahren und Strapazen erlitten, immer neue Gefahr der Entdeckung durch die Gestapo, immer neue Bomber- u. Tieffliegerangriffe, ergäbe einen Roman. Immer wieder war es E's Energie u. Kaltblütigkeit, die uns weiterführte. Ein Versuch zur russischen Front durchzukommen mißlang, da die Russen bei Bautzen einen Moment stoppten. (Politisch hatte ich längst und gründlich umgelernt – das hast

Du ja wohl schon bei unserm letzten Beisammensein gespürt.) Wir kamen dann unter vielen Gefahren u. Nöten bis tief nach Oberbayern. Ein letztes Gefecht zwischen Amerikanern und SS-Mannschaft umheulte uns noch Ende April, dann waren wir durch die Amerikaner erlöst. Aber es schien auf lange hinaus keine Möglichkeit der Heimkehr gegeben. Da sind wir dann die ganzen reichlichen 500 u. mehr Kilometer Ende Mai 45 fast durchweg zu Fuß heimgewandert. Unendlich interessant, unendlich strapaziös. Am 10 Juni kamen wir völlig erschöpft u. abgerissen in Dresden an. Unser Haus wurde uns sofort zurückgegeben – aber all unseren Besitz, die Orgel, den Flügel, meine 4000 Bände, alles bis zum letzten Strumpf, zur letzten Tasse hatte die Gestapo geraubt u. in die Stadt geschafft, wo es vernichtet worden war. Ein kleiner Nazikrämer hatte in unserm Haus gewohnt u. aus dem schönen Musikzimmer seinen Grünladen gemacht. Der Lump war geflohen, u. in seinen für uns wenig passenden Möbeln wohnen wir jetzt. Wir baten beide sofort um Aufnahme in die KPD und fanden dort auch sogleich gute Aufnahme, gute Menschen u. reichliche Möglichkeit des Mitarbeitens. Es ist ein Wiederaufleben, dessen Beglückung wir jeden Tag neu empfinden. Gesundheitlich haben wir natürlich beide sehr gelitten. E. ist übermäßig abgemagert u. hat sich dadurch eine böse Magensenkung zugezogen; ich selber habe ein sehr wenig taktfestes u. ziemlich skandalöses Herz. Aber bei alledem u. trotz einiger Stümperei und mannigfacher kleiner Nöte und all der entsetzlichen Verwüstung ringsum ist es doch eine Freude zu leben. Eva arbeitet den ganzen Tag im Garten, handwerkert, musiziert gelegentlich bei Parteiveranstaltungen etc. Ich selber bin Ordinarius der T. H., Leiter der neuen Volkshochschule, Vorsitzender des Kulturbundes in Dresden, halte Vorträge in Dresden u. anderwärts, schreibe mit allen zehn Fingern, u.a. an einem kleinen Buch »LTI (Lingua Tertii Imperii) Notizbuch des Philologen«. Und nun, was Dich am nächsten angeht, u. worauf Du hoffentlich auch sofort eingehst: Zum Wintersemester soll ich das Leipziger Ordinariat für Romanistik übernehmen. (Einen Ruf nach Jena habe ich deßhalb abgelehnt.) Ich kann u. werde diese Professur mit der an der hiesigen T. H. verbinden. Aber ich kann unmöglich daneben auch noch die Volkshochschule leiten, der ich neulich die Einweihungsrede hielt, u. die ein großes u. bedeutungsvolles städtisches Unternehmen ist. Und nun ist meine Meinung, u. Herbert Gute, der entscheidende Regierungsmann in allen sächsischen Kulturfragen, heute noch Ministerialdirector, morgen mehr, Gute, dem ich Deine Zeilen sogleich zeigte, u. der Dir hier selber einen Gruß beifügen will, hat die selbe Meinung als erster geäußert: daß _Du_ die geeignetste Nachfolgerin für mich auf diesem Posten wärest. Nimm das an, Liebste, es wäre ein wirkliches Aufbauwerk, es wäre ein höchst geeigneter Posten gerade für Dich. Wirtschaftlich: Du hättest das Einkommen eines Oberstudiendirectors. Nach außen hin wärest Du hoch angesehen – Du könntest, denke ich, auch von der Regierung den Professortitel bekommen. Wäre es nicht fein, wenn wir auf Deine älteren u. unsere alten Tage hier zusammen wirkten? Wir hätten uns soooo viel zu erzählen (u. wohl auch vorzulesen)! – Wir haben die Absicht, unser Haus hier auf alle Fälle zu behalten u. während des Semesters je eine halbe Woche hier u. eine halbe in Leipzig zuzubringen.

Soweit für heute. Und nun laß von Dir hören. Und vor allem: sag ja!

Allerherzlichst!
Dein VictorKlemperer

Liebste Gusti – war das eine Freude, als Deine Karte kam! Nun mußt Du aber auch selber kommen, es lohnt sich schon allein wegen der Oelweide (augustifolia!) die ein gewaltiger Baum geworden ist. Aber im Ernst: große Aufgaben und unsere sehnsuechtig und liebevollst geoeffneten Arme erwarten Dich.

Allerherzlichste Grueße und Kueße von Deiner

Eva.

Otto Vossler an Victor Klemperer

Wolfsgarten, Post Engelsbach, 6. Juni 1946

Sehr verehrter Herr Professor,

Vergangenen Herbst habe ich im Haus meines Vaters mit freudiger Überraschung gehört, dass Sie die vergangene Epoche lebend überstanden haben. Heute stosse ich auf ein zweites Lebenszeichen von Ihnen, auf Ihre Ausführungen zur Hochschulreinigung im 4. Heft des »Aufbau«. Was Sie da schreiben bewegt mich, eine Frage und Bitte an Sie zu richten.

Dass Sie für schroffe und intransigente Strenge stimmen – während ich umgekehrt nach meinen Eindrücken lieber Milde zu dem nämlichen Endzweck empfehlen möchte – verstehe ich ohne weiteres. Sie haben die »Tausend Jahre« aus einer ganz anderen Perspektive erleben und erleiden müssen als ich, der ich in einer ungleich glücklicheren Lage war. *Einen* Satz dagegen verstehe ich nicht. Sie schreiben: »Denn man konnte unter Hitler auf keinem geisteswissenschaftlichen Katheder bleiben ohne die Wahrheit zu verraten.«

Ist das wirklich wahr? Wenn es nicht wahr ist, warum steht es da und erzeugt weiter Unheil und Unruhe, Unrecht und Hass, Übel, die uns doch ohnehin schon genug plagen. Darf man die noch weitertragen und vermehren? – Ist Ihr Satz aber *doch* wahr, so denke ich an einen Fall, der Ihnen und mir nahe steht, an Ihren Lehrer, meinen Vater. Wollen Sie ihn, der auf

331

seinem geisteswissenschaftlichen Katheder geblieben ist, öffentlich als Verräter an der Wahrheit erklären? Und mit ihm alle geisteswissenschaftlichen Forscher, die nach der jüngsten Reinigung noch auf ihren Kathedern verblieben sind und weiter die Jugend lehren? Ich kenne viele von ihnen persönlich, habe ihre Haltung, ihr Leiden, ihren Mut und ihre Wahrheitstreue unter den Verhältnissen des »Dritten Reiches« aus der Nähe beobachtet und ich wahre ihnen deshalb meine Achtung. – Ich möchte meine Achtung auch Ihnen gerne wahren und will nicht gleich den Vorwurf des Verrats an der Wahrheit gegen Sie zurückwerfen; denn es ist ein sehr schwerer Vorwurf, ja, für einen Diener des Geistes der allerschwerste.

Sie sehen, ich finde aus dem Circel nicht heraus. So richte ich denn an Sie die herzliche Bitte, Sie möchten mir aus dem peinlichen Dilemma, in das Sie mich geführt haben, wieder heraushelfen. Ich wäre Ihnen sehr dankbar dafür, auch glaube ich, es ist besser, Irrtümer und Missverständnisse zu nennen und zu beseitigen, statt sie unausgesprochen liegen und Unheil wirken zu lassen.

Mit den besten Wünschen und Grüssen

Ihr

Otto Vossler

Victor Klemperer an Otto Vossler

Dresden A 34, Am Kirschberg 19

20. Juni 46

Sehr verehrter Herr Kollege –

haben Sie aufrichtigen Dank für Ihre sehr freundlichen Zeilen, deren Offenherzigkeit und freundschaftliche Absicht ich sehr schätze und keinen Augenblick verkenne. Aber ich verkenne ebensowenig den sehr schweren Vorwurf, den Ihr Brief enthält, Vorwurf der Rachsucht, Vorwurf der unwahren Behauptung, und gegen ihn muss ich mit der gleichen Offenheit Stellung nehmen, die Ihr Schreiben auszeichnet.

Um es sogleich zu sagen: ich kann keinen Buchstaben des inkriminierten Satzes zurücknehmen, ich kann es nicht – es liegt ein durch nichts zu verschleiernder oder gar abzuwaschender corporativer Verrat der Wahrheit vor.

Aber zuerst wollen wir doch bitte Ihren Herrn Vater aus dem Spiel lassen, den ich nun seit vollen 34 Jahren kenne und verehre und liebe als meinen Lehrer, als den genialsten Philologen, dem ich im Leben begegnet bin – ich stelle ihn für mich neben Wilhelm von Humboldt – und als den allersaubersten und tapfersten Mann und Menschen. Er hat aus seiner Gesinnung nie ein Hehl gemacht, und er ist *vor dem Krieg*, und ehe das wahnsinnige Verbrechertum der Hitlerei in seiner ganzen Grausigkeit offen am Tage lag, aus seinem Amt gegangen, hat sich auch später auf keine Weise ködern lassen, seinen guten Namen dem dritten Reich zur Verfügung zu stellen.

Und nun muss ich es wiederholen: wer als Geisteswissenschaftler in irgendeinem Fach, das Beziehungen hat zur Geschichte, zur Philosophie, zur Religion, zur Paedagogik etc. etc. diese zwölf Jahre über im Amt geblieben ist, auf einem Hochschulkatheder geblieben, nachdem er wissen musste, dass es sich um keine vorübergehende Ministerpraesidentschaft handelte, nachdem er wissen musste, was für unmenschliche Verbrechen im Namen einer einheitlichen Weltanschauung Tag für Tag geschahen, nachdem er wissen musste, wie man die Wissenschaft, die er vertrat, fundierte, auslegte, anwandte, wie man z. E. Geschichte jeder Art durch die Dogmen der Rasse und der Lebensraumlehre, Jura durch das Dogma vom gesunden Rechtsempfinden pervertierte, wie man alle Wissenschaft zusammen durch den Kampf gegen die Objektivität abwürgte – den würde ich allein schon um seines geduckten Stillschweigens und Mitmachens willen einen Verräter nennen. Aber es hat keiner *nur* so im grossen und ganzen stillgeschwiegen. Sondern jeder hat seinen Stoff zurechtgeknetet und gesäubert, hat unliebsame Themen beiseitegelassen, hat Halbbrauchbares ganz brauchbar gemacht usw., usw. Was für Collegs etwa, um in meinem Fach zu bleiben, sind über Herder oder Kleist oder Nietzsche gelesen worden! Und das von Leuten, die geschickt genug waren, nicht in die Partei einzutreten! Gewiss, heimlich und nebenbei wurde auch einmal Kritik geübt, wo man es ohne Gefahr wagen konnte. Aber auf dem Katheder – das ist einfach nicht aus der Welt zu schaffen – auf dem Katheder hat das dritte Reich nicht einen gelassen, der auch nur im entferntesten zu sagen gewagt hätte, was zu sagen seine Pflicht gewesen wäre. Gewiss, es war sicherlich mancher im Innern ein guter Mann und vielleicht sogar in Verzweiflung – aber was ändert das an dem Faktum des tatsächlich begangenen Verrats. Sie werden mir sicherlich einzelne kritische Worte entgegenhalten, die bald der, bald jener in seine Vorlesungen einfliessen liess. Was ändert das? Im ganzen hat der Mann sich geduckt, hat geschwiegen, hat mitgemacht – denn andernfalls wäre er kassiert worden. Es kursierte in den Hitlerjahren unter den Verfolgten ein bitterböser Witz, der entsetzlich viel Ernst enthielt. Er hiess: Fragebogen des vierten Reichs. Wann wurden Sie verhaftet? Wenn nicht – warum? … Nein: niemand auf der Welt kann das Faktum dieses corporativen Verrats widerlegen. Es hat nichts mit meiner, wie Sie anzunehmen scheinen, rachsüchtigen Stimmung zu tun. Es mag einzelne besonders tragisch gelagerte halbe oder ganze Ausnahmefälle geben; ich denke etwa an meinen mir sehr lieben Kollegen Spamer, der die Hitlerjahre hindurch das Berliner Katheder für Volkskunde innehatte und ständig durch seinen Gegensatz zu den Rosenbergleuten in unmittelbarer Gefahr schwebte – aber das sind wiegesagt Ausnahmefälle (und sind streng genommen auch nur halbe Ausnahmen), die die Regel bestätigen.

Es ist noch ein anderer Punkt in Ihrem Brief, dem ich durchaus nicht zustimmen kann. Sie sagen, man müsste Milde walten lassen, nicht Unerbittlichkeit, um wieder zu den würdigen Verhältnissen zu kommen, die Ihnen genau so wie mir am Herzen liegen. Sie begründen psychologisch Ihre milde Stimmung damit, dass Sie in glücklicheren Verhältnissen als ich durch diese grässliche Zeit gekommen sind. Ist das auch eine sachliche Rechtfertigung der Milde? Bleibt ein Mord weniger Mord, wenn mir das Blut nicht gerade ins Gesicht spritzt? Sie werden beanstanden, dass ich mich ein bisschen exaltiert ausdrücke. Was meine und meiner Frau unmittelbare Erlebnisse anlangt, drücke ich mich damit sogar sehr gemässigt aus; es würde Ihnen übel werden, wenn ich deutlicher spräche. Was aber die im Amt verbliebenen Kollegen angeht, so nehme ichs in voller Schärfe nur metaphorisch und will also sagen, dass sie den Mord an der Wissenschaft mindestens mitangesehen und geduldet haben, mindestens, denn viele sind an dieser Abschlachtung sehr activ beteiligt gewesen. Ob diese Kollegen darüber hinaus auch eine Mitschuld an all den tatsächlichen Verbrechen trifft, deren sich das von ihnen sanktionierte Régime schuldig gemacht hat, das mag ihr eigenes Gewissen entscheiden.

Ich selber erlebe jetzt beinahe Tag für Tag das gleiche: immer wieder kommen Leute, die rehabilitiert sein wollen. Und alle versichern, dass sie selber gar nichts, rein gar nichts von all den Greueln gewusst haben, und alle sind von Anfang an im Geheimen die schroffsten Gegner der Hitlerei gewesen, und alle, buchstäblich alle haben sie jüdische Freunde gehabt, wenn nicht gar eine jüdische Grossmutter, für die sie das äusserste gewagt haben. Es ist ein so erbärmliches Schauspiel, es ist eine solche Jämmerlichkeit, dass Sie, verehrter Herr Kollege, auch jetzt wieder in glücklicherer Lage sind als ich.

Was nun die Wahl zwischen Schroffheit und Milde im Hinblick auf das Endziel der besseren Zustände betrifft, so bin ich dieser Meinung: ob die schroffe Reinigung etwas nutzen wird, weiss ich nicht genau. Aber ganz genau weiss ich, dass im Fall der Milde in wenigen Jahren der alte Zustand von 1933 wieder erreicht sein wird. Denn die Jugend ist fraglos nazistisch, das spüre und sehe ich überall, und das kann nach ihrer Erziehung auch gar nicht anders sein. Überlässt man ihre weitere Ausbildung nun eben den Leuten, die sich so gut mit dem dritten Reich vertragen haben, was soll dann anderes herauskommen als der studentische Geist von 1919? Ich habe jetzt schon in Jena umlaufende Geheimbriefe gesehen: »Kampfbund deutscher Studenten« etc. etc., ganz so wie anno dazumal.

Nein, mit dem milden Zuscharren ist nichts getan. Ich weiss natürlich, dass meine Stellungnahme unter meinen einstigen Kollegen und unter den jetzigen wenig Anklang findet und mir Gegner schafft. Aber das darf nichts ändern und ist mir auch nach den Erlebnissen, die hinter mir liegen, unwesentlich. Ich schreibe dies alles Ihnen nur deshalb, weil Sie sich so offen an mich gewandt haben, und weil Sie Ihren Herrn Vater erwähnten.

Seien Sie aufrichtig gegrüsst von Ihrem ergebenen
Kl

Eugen Lerch an Victor Klemperer

21a Münster/Westf.
Bismarck-Allee 15
17. 7. 46

Lieber Klemperer,

herzlichen Dank für Ihren ausführlichen Bericht! Es tut mir so leid, daß Sie und Ihre tapfere Frau so scheußliches erdulden mußten. Aber das ist ja nun gottseidank Vergangenheit, und hoffentlich auch recht bald die Nachwirkungen an Ihrer Gesundheit! Sie scheinen auch schon wieder beneidenswert viel arbeiten zu können. Und Sie haben wenigstens doch Ihr Haus gerettet! Und Ihre Mss.! Sodaß wir auf das Erscheinen des 18. Jh. rechnen können.

Ich selbst habe einfach nichts, und ich werde hier so behandelt, wie eben die Leidtragenden des 3. Reiches im 4. behandelt werden. (Die Ausgebürgerten müssen einen *Antrag* auf Wiedereinbürgerung stellen, und die Abgesägten müssen, lt. Beschluß der Göttinger Rektorenkonferenz, ein »*Rehabilitationsverfahren*« durchmachen. Dieses hat bei mir so lange gedauert, daß ich im Winter in Köln gelesen habe und daß mein Gehalt bis *heute* noch nicht geregelt ist!) Die Wohnung, die mir der Direktor des Wohnungsamts am 4. April gezeigt hat, habe ich bis heute noch nicht. Die neuphilol. Abteilung der Univ.-Bibl. ist vernichtet. Die Bücher des Rom. Sem. sind teilweise gerettet, aber dieses Sem. hat nur 1 größeren Raum und 2 ehemalige Toilettenräume, jedoch keinerlei Regal, Stuhl oder Tisch; ergo können die Bücher nicht aufgestellt oder geordnet werden. Usw. usw. Wegen dieser Behandlung habe ich einen Ruf nach Mainz (frz. Zone) angenommen und werde im August dorthin übersiedeln. In Mainz spielt der Romanist natürlich eine andere Rolle als hier, und die Franzosen *tun* was für ihre Univ. Ich habe dort 14 Seminarräume, usw.

Von meinen Büchern im Riesengebirge habe ich nun die bestimmte Nachricht (von einer Augenzeugin), daß die Polen sie nicht etwa verschleppt, sondern *verbrannt* haben! Ich habe nichts, auch keine Vorlesungsmss. oder sonstige Notizen. Den Jahren 1933–45 (oder wenigstens 44) bibliographisch auf die Spur zu kommen, ist wohl am ehesten durch das Literaturblatt (Verlag O R Reisland, Leipzig, Karlstr. 20) möglich, z. T. auch durch die von Schalk herausgeg. Rom. Forschungen.

Sonst ist Dr Mannhart (Hamburg-Fuhlsbüttel, Rendenweg 24) bibliographisch vorzüglich orientiert. Er hat auch in einer Hamb. Lehrerzeitung ständig eine Bücherschau veröffentlicht.

Ihre Meinung zur Hochschulreform und Ihre Studie Barbusse–Plievier im »Aufbau« würde ich sehr gern lesen, aber ich habe den »Aufbau« nie gesehen, habe auch bei der Zonenabschnürung wenig Hoffnung (Reisland in Leipzig kann mir meine eigene Syntax nicht schicken). Ich sah nur zufällig Ihren Aufsatz über die Sprache des 3. Reichs in der »Tägl. Rundschau«. – Statt LTI kann man auch sagen: »Littiti-Sprache«. Der kleine Aufsatz war sehr nett; ich bin gespannt auf das Ganze.

Von den Kollegen weiß ich folgendes: Mönch (Heidelberg), Gottschalk (Rostock), Hämel und Kellermann (Gött.) sind als Pg's geflogen; H. und K. versuchen wieder hineinzukommen. Neubert ist komischerweise in Berlin bestätigt, Gamillscheg geflogen. A. Franz (Königsberg) lebt, wie ich höre, in Sachsen. Wo Olschki und Hatzfeld stecken, möcht ich auch gern wissen. Auch von Schürr (zuletzt Straßburg) weiß ich nichts. Rheinfelder ist persönl. Ordinarius geworden. Petriconi hat das eine Hamb. Ordinariat erhalten (das andere hat Großmann; Krüger ist als Pg. geflogen; Küchler will offenbar nicht mehr mitmachen). Heinermann war geflogen, ist vor kurzem tödlich verunglückt. Rauhut vertritt in Würzburg, Gerh. Hess in Heidelberg. Bestätigt sind Jul. Wilhelm (Tüb.), Hugo Friedrich (Freibg), E. Glässer (Extraord. Mainz).

Alle guten Wünsche, lieber Klemperer, für Ihre Gesundheit und für Ihre Arbeit und herzliche Grüße Ihnen und Ihrer verehrten Gattin

Ihr

Eugen Lerch

Dr. George Klemperer
Hotel Continental
Cambrigde 38, Mass.
July 21/46

Lieber Victor

Deinen Brief vom Juni 9. habe ich gestern erhalten – er ist 6 Wochen unterwegs gewesen, hoffentlich bekommst Du die Antwort schneller. Ich bin Dir sehr dankbar für alle Mitteilungen, ich habe Deine Lage u. ihre psychologischen wie körperlichen Bedingungen ernstlich bedacht u. ich bitte Dich meine Worte als den Ausdruck herzlich-brüderlicher Anteilnahme aufzufassen. Zu meiner Rechtfertigung möchte ich noch darauf hinweisen, daß ich in m. langen ärztlichen Tätigkeit eine Art von Spezialist für angina pect. geworden bin u. daß ich unsere Brüder Felix u. Berthold an diesem Leiden verloren habe (F. mit 66, B 59 J.). Also laß Dir bitte sagen, daß Du Dich durch Deine vielseitige Tätigkeit direkt zu Grunde richtest; jedes öffentliche Auftreten, jede aufregende Verhandlung beschleunigt Dein Ende. Wenn Du aber (trotz Deiner wohlverständlichen idealen Intentionen) [Dich] vom öffentlichen Leben zurückziehst u. Dich auf Deine Dresdener Professur beschränkst, anderseits viel ruhst, wenig gehst u. keine Treppen steigst, kannst Du noch viele glückliche Jahre leben.

Vielleicht gestattest Du mir auch, Dir von meinen Erfahrungen aus der Nachkriegszeit 1919–1925 einiges mitzuteilen; zum Teil sind sie Dir bekannt, z T habe ich sie im ärztl. Verkehr mit prominenten Politikern erworben. Ich habe also erlebt, daß kaum einer von den Männern, die damals für die demokratischen Ideale, für Erfüllung der Friedensverträge und für Aufgaben nationalistischer u. aggressiver Tendenzen

339

gewirkt haben, einen wesentlichen Erfolg u. ein glückliches Ende gehabt haben. Die meisten sind umgebracht worden, keiner konnte die immer wachsende Revanchestimmung aufhalten. Du wirst mich nicht missverstehen; in der unbedingten Verurteilung und Verachtung des Nazismus und dem heißen Wunsche Deutschland von dieser Pest zu befreien, bin ich mit Dir einig – aber ich glaube nicht, daß Männer semitischer Descendenz dazu geeignet sind. Ich verstehe daß Dein persönliches ressentiment, nach den ungeheuerlichen Erlebnissen, die Du erdulden musstest, natürlich unerhört stark ist. Aber Rachsucht u. Hass sind schlechte Berater in der Politik. Ich glaube, daß der offenbare Irrsinn des Nazismus nur verschwinden wird, wenn die Deutschen selbst – nicht blos die kleine Minorität der geistig Hochstehenden sondern die Masse der kleinen Naziherde – erkennen werden, daß Aggression ein sehr unprofitables Geschäft ist u. daß ein 3. Weltkrieg zum vollkommenen Untergang der Nation führen würde, geradeso wie der 3. Punische Krieg schließlich Carthago vom Erdboden vertilgt hat. – Lieber Victor, Du bist durch Anlage u. Erziehung immer ein vollkommener Idealist gewesen; richte Dich nicht zu Grunde im Kampf für ein Ideal, das durch Kulturbünde u. öffentliche Vorträge nicht gefördert wird. Was Deutschland fehlt, ist ein großer *Staatsmann* von liberalen Gesinnungen, wie Lincoln u. Roosevelt, ich würde auch Disraeli nennen, wenn er nicht von jüd. Abstammung gewesen wäre. Dass D. auch Imperialist war, tut nichts zur Sache, die Zusammenfassung grosser Volkscomplexe in friedlichen Unionen durch friedliche Vereinigung kann sehr verdienstlich sein. Die Idee eines geeinigten Europas (U.S. of Europe) ist darum nicht schlechter geworden, daß sie auch von einem zweifellosen Paranoiker mit ungeeigneten Mitteln verfolgt worden ist. – Ich habe den Mut Dir dies alles zu schreiben, weil ich den sehnlichen Wunsch habe (als Dein äl-

340

testes Gebrüder) Dich noch recht lange zu erhalten. Discite
moniti.

Mit herzlichen Grüssen

Georg

Zur Beantwortung Deiner Fragen: Marta leidet an chron. Basedow-Krankheit von relativ gutartigem Verlauf; ich versuche ihr nach schwachen Kräften beizustehen, ihr Mann hat schwere Gicht, hat bisher gut überstanden. Felix' Witwe lebt zufrieden in Cleveland, woselbst ihre Tochter Ilse in 2. Ehe glücklich verheiratet ist. Ihr 16j. Sohn scheint besonders begabt. Der Sohn Kurt ist in Rio geschäftlich erfolgreich tätig, kinderlos in Mischehe. Der jüngste Sohn Wolfgang hat in U S Med. studiert, in neurosurgery ausgebildet, hat den Krieg als Captain (M. C.) mit Auszeichnung mitgemacht u. wird sich in Seattle (Wash) als Chirurg niederlassen. Sehr netter Mensch, mit liebenswürdiger Amerikanerin verlobt, wird Jan. heiraten. Musicus Otto (Dr h. c.) hat eine *schwere* Operation an Hirntumor glücklich überstanden u. wird noch immer als erstklassiger Dirigent verehrt, macht eben eine Tour durch Europa, hat in Frankr. Italien mit grossem Erfolg dirigiert. Martin bewahre ich ein treues Angedenken. Seine Tochter 2 Käthe ist in Denver (Col) anscheinend sehr gut verheiratet. Die älteste Lotte ist kathol. Nonne in der Schweiz. Martins jüngste Tochter Hilde ist in Stockholm gut verheiratet, hat 2 Kinder.

Mir geht es leidlich, 81 Jahre sind ein mässiges Vergnügen. Ein so alter Witwer ist schlecht dran, auch wenn er sehr gute Kinder hat.

Meine herzlichsten Grüsse Deiner lieben Frau.

Victor Klemperer an Aufbau-Verlag (Kurt Wilhelm)

Dresden A 34
Am Kirschberg 19
11. August 46

Sehr geehrter Herr Dr. Wilhelm!

Ihr freundlicher Brief vom 29. Juni ist via Ahrenshoop auf phantastischen Irrfahrten über einen Monat unterwegs gewesen und erst vor ganz wenigen Tagen in meine Hände gekommen. Mit bestem Dank gebe ich Ihnen nun ein Exemplar des Vertrages unterzeichnet zurück.

Im gleichen eingeschriebenen Brief lege ich Ihnen etwa 60 % meines Buches »LTI. Notizbuch eines Philologen« vor, woraus Sie sich ein genaues Bild des Ganzen machen können. Ich habe dazu das folgende zu bemerken:

Die eingesandten Kapitel sind

1. LTI
2. Vorspiel
3. Grundeigenschaft Armut
4. Partenau
5. Aus dem Tagebuch des ersten Jahres
6. Die ersten drei Wörter Nazistisch
7. Aufziehen
8. Zehn Jahre Faschismus
9. Fanatisch
10. Autochthone Dichtung
11. Grenzverwischung
12. Interpunktion
13. Namen
14. Kohlenklau
15. Knif
16. An einem Tage
17. System und Organisation

18. »Ich glaube an IHN«

19 Familienanzeigen als kleines Repetitorium

20. Was bleibt?

21. Die deutsche Wurzel.

Die Reihenfolge dieser Stücke muß nicht die endgültige des Buches sein. Im ganzen dürfte sie nach meiner Schätzung im Druck bei einem Satzspiegel wie dem von Bechers »Deutschem Bekenntnis« rund 125 Druckseiten ergeben. Ich beabsichtige nun noch zehn bis zwölf weitere Abschnitte zu schreiben. Themen: Der Superlativ – Sprache der Wissenschaft – Sprache im Judenhaus – Herzl und Hitler – Parteisprache und Heeressprache (in Wechselwirkung) – Sportsprache, Sprache des Herzens – Gelehrt und »volksnah«: die Wechselbrause. (Eventuell als Abschluß und Résumé eine Wiedergabe des Vortrags über die LTI, den ich bei der Eröffnung der Volkshochschule in Plauen hielt und aus dem die »Tägliche Rundschau« einen Auszug brachte.)

Sämtliche Stücke, die ich Ihnen einreiche und die noch folgen sollen, sind in sich selbständig. Ich würde deshalb gern manches daraus vor der Buchausgabe einzeln publizieren, aber in jedem Fall *nur* unter Hinweis auf das kommende Buch, wie das ja auch schon in der »Täglichen Rundschau« geschehen ist. Ich lege Ihnen deshalb die Fragen vor, ob einiges im »Aufbau« erscheinen könnte (z. B. sind »Ich glaube an IHN« und »Die deutsche Wurzel« ernstlich ausgearbeitete Studien) und ob es Ihnen recht wäre, daß ein paar kleinere Sachen vorher in Zeitungen herauskämen (immer unter Hinweis auf das Buch).

Sehr lange werde ich bis zur völligen Fertigstellung nicht mehr gebrauchen. Immerhin ist meine Zeit jetzt sehr stark in Anspruch genommen, denn ich leite nicht nur die Dresdener Volkshochschule, sondern bin auch Ordinarius der Pädagogischen Fakultät der Dresdener Technischen Hochschule, die in den nächsten Wochen den Lehrbetrieb aufnimmt, und werde aller Wahrscheinlichkeit nach im Wintersemester auch an der Universität Leipzig lesen. Das kostet alles natürlich viel Zeit und Mühe – ist aber gewissermaßen auch Propaganda für meine Autorentätigkeit.

Darf ich noch die Gelegenheit des Briefes benutzen, Ihnen eine Bitte vorzutragen? Ich habe im »Aufbau«, H. 6, eine Studie über Barbusse und Plievier und in H. 7 die verunglückte Ansprache, ich meine die im Hals steckengebliebene von der Jahresfeier des Kulturbundes, veröffentlicht. Von beiden Sachen habe ich keine Belegexemplare oder Sonderdrucke erhalten. Vielleicht sind Sie so liebenswürdig, da einmal für mich zu monieren.

Und endlich bitte ich Sie, Herrn Becher, mit dem ich mich in Ahrenshoop verpaßte, für seine freundlichen Zeilen zu danken. Auch ich hoffe sehr, daß sich bald einmal die Gelegenheit zu einer ausführlichen mündlichen Aussprache über etliche seine Produktion angehende ästhetische Fragen findet.

Mit den besten Empfehlungen verbleibe ich
Ihr Ergebener
Victor Klemperer

Sonderdrucke der Plievierstudie wären mir wesentlich lieber als ganze Hefte.

Aufbau-Verlag (Kurt Wilhelm) an Victor Klemperer

Berlin, den 22. August 1946

Sehr geehrter Herr Professor,

Ihre Manuskript-Sendung vom 11. August ist bei uns eingegangen. Ich habe diese Teilarbeit bereits an das Lektorat zur

Lesung gegeben und werde mich nach Vorlage der Beurteilung bei Ihnen wieder melden.

Sie haben durchaus recht, wenn Sie noch weitere zehn bis zwölf Abschnitte zu schreiben gedenken. Für uns hat diese Arbeit dann einen besonderen Wert, wenn man sozusagen ein vollkommen abgerundetes Bild dem Leser vermitteln kann.

Ich habe nichts dagegen, wenn vorweg das eine oder andere Kapitel in Zeitschriften oder Zeitungen als Vorabdruck erscheint; selbstverständlich unter Hinweis auf das bei uns in Vorbereitung befindliche Gesamtwerk. Gerade in unserem »Aufbau« halte ich es für zweckmäßig. Vielleicht nennen Sie mir jeweils die Zeitungen, die einen Auszug veröffentlichen werden, und veranlassen Sie bitte gleichzeitig, daß dem Verlag in jedem Falle zwei Beleg-Exemplare für Archivzwecke zugesandt werden.

Gern komme ich Ihrem Wunsche um Überlassung von Beleg-Exemplaren von den Nummern des »Aufbau« nach, in denen Veröffentlichungen von Ihnen gebracht wurden. Diese gehen heute separat an Sie ab.

Bitte geben Sie mir doch noch genau Bescheid, wann das restliche Manuskript mit den weiteren Abhandlungen zur Verfügung stehen kann. Sie wissen, wie schwierig es heute ist, die Herstellung zu betreiben, und wir können bei der Sicherstellung des Materials nur vom kompletten Manuskript umfangmäßig ausgehen.

Inzwischen empfehle ich mich Ihnen
mit den besten Grüßen
Ihr
Kurt Wilhelm

Victor Klemperer an Aufbau-Verlag (Kurt Wilhelm)

> Am Kirschberg 19
> Dresden A 34
> 12. 10. 46

Sehr geehrter Herr Dir. Wilhelm –

Ihnen und Herrn Willmann danke ich aufs wärmste für die freundlichen Glückwünsche, die Sie mir telegraphisch und brieflich zukommen ließen. Sie haben mir damit eine sehr große Freude gemacht. Eine besondere Freude, weil ich so gern für den »Aufbau« und den Aufbau-Verlag schreibe – denn ich weiß, daß man da unter denen ist, die wirklich vorwärts wollen und auch wirklich vorwärts kommen. –

Bis zum 20. 5. bin ich fast täglich durch Reden und andere Auswärtstätigkeiten in Anspruch genommen; danach werde ich mich auf meine LTI concentrieren können und sie in kurzer Zeit zu Ende schreiben. Bitte schicken Sie mir doch, wie beabsichtigt, den Vertrag und lassen Sie ein Ankündigungsstück im »Aufbau« veröffentlichen. (Am besten vielleicht die *Einleitung*?)

Mit nochmaligem herzlichen Dank verbleibe ich

> Ihr sehr ergebener
> VKlemperer

Karl Vossler an Victor Klemperer

> München, 25. Okt 46

Lieber Freund Klemperer,

vor allem meinen herzlichsten Dank für die Euvernil-Tabletten, deren ich schon eine stattliche Anzahl verschluckt habe mit Andacht u frommem Schauer, denn ich hatte gerade einen fürchterlichen Anfall von Nierenkolik, den schmerzhaftesten meines Lebens, hinter mir, und der Arzt empfahl mir dringend den Gebrauch von Euvernil in regelmäßigen Abständen. Wenn Sie eine Möglichkeit sehn, mir weitere Tabletten dieser Art zu besorgen, so zahle ich gerne auch höhere Preise, denn hier sind sie auf keine Weise zu erhalten. Verzeihung, daß ich Sie mit dieser widerlichen Angelegenheit belästige – Vorlesungen werde ich in diesem Winter nicht halten. Wir haben ja Rohlfs, Rheinfelder u Walter Küchler für den laufenden Lehrbetrieb, u wenn je ich etwas Wesentliches mitzuteilen habe, so tu ich es heute lieber an der neu entstandenen Volkshochschule als an der noch immer ziemlich muffigen Universität. An der Volkshochschule habe ich schon 2 Vorträge gehalten: Volkssprachen u Weltsprachen, – und Der Begriff des Ruhmes im Wandel der Zeit. Man hat da ein sehr gutes, aufgewecktes u buntes Publikum –. Vorgestern erhielt ich einen Brief von Eugen Lerch, zu meinem Erstaunen aus Mainz. Er hat Münster verlassen, wo man ihn, wie er behauptet, vernachlässigt hat, ihm weder Wohnung noch Seminar, noch Bücher in der ihm nötigen Weise verschaffte. In Mainz hat er nun zwar Räumlichkeiten u auch viele Schüler, aber es fehlt ihm ganz u gar an Büchern. Seine Privatbibliothek samt Manuskripten ist vollständig verbrannt, und ich kann mir den guten Lerch ohne einen Haufen gedruckten u beschriebenen Papieres nicht denken. Außerdem liegt er noch immer mit seiner Frau, der geduldigen guten Gertrud, die mit ihrer Mutter in Pasing wohnt u seinen Sohn hier studieren läßt, in Scheidungsklage –. Haben Sie das höchst merkwürdige Buch des mir so lieben Schülers u Freundes Werner Krauss gelesen? die Passionen der halykonischen Seele. Ich habe mich sehr bemüht, aber ich verstehe es nicht. Er hat es im Zuchthaus unter dem Beil geschrieben. Er war schon in normalen Zeiten seelisch sehr labil und geistig hochbegabt.

Vor einigen Wochen habe ich nun auch den sehr ehrenvollen Brief des Rektors Ihrer Hochschule erhalten und habe auch sofort mich dafür bedankt mit dem stillen u klaren Bewußtsein, daß ich Ihnen, lieber Freund, diese Auszeichnung damals sowohl wie heute zu verdanken habe. Mit den herzlichsten Grüßen u Wünschen von Haus zu Haus Ihr alter

Karl Vossler

Georg Klemperer an Victor Klemperer

Dr. George Klemperer
Hotel Continental
Cambrigde, Mass.
1. Nov. 1946

Lieber Victor:

Dein Brief mit Poststempel Oct 23 ist bereits in meine Hände gelangt. Hoffentlich erreicht Dich diese Antwort mit gleich erfreulicher Schnelligkeit.

Ich habe alsbald bei CARE ein Paket bestellt, unter der angegebenen Adresse. Ich werde die Bestellung in 3 Wochen wiederholen. Bitte zeige mir möglichst schnell den Empfang an, damit ich weiss, ob ich weiterschicken kann. Soweit mein Wille reicht, sollt Ihr nicht hungern.

Ich wünschte ich könnte Dir auch ein immaterielles Paket schicken, enthaltend viele Pfunde antiidealistischer Gesinnung. Was Deutschland braucht, ist nicht ideale Gesinnung, sondern *realistische* Betrachtung der Möglichkeiten, worin trotz allem Bismarck ein unerreichtes Vorbild war. Ich sehe aus Deinem Brief mit schmerzlicher Bewunderung, daß Du Dich in die Politik gestürzt hast, wofür Dich die massgeblichen Behörden am 65. Geburtstag sehr gefeiert haben. Ich gratuliere auch nachträglich zum 9. October, aber mit dem herzlichen Wunsche daß Du gesund sein möchtest, um Dich wieder der franz. Literatur zu widmen, die doch wohl Deinen Gaben am meisten entspricht. Unser Vater, dem Du in Deinen Schrift-

werken am meisten ähnelst, war ein weltfremder Idealist, der
Dir von der Pandoragabe staatsmännische Begabung nichts in
die Wiege legen konnte u. die hohe Begeisterung mit der Du
Dich der culturellen Erziehung der Deutschen widmest,
scheint mir nicht dafür zu sprechen, daß Du an die Lehre
denkst: quidquid agis prudenter agas et *respice finem*! Ich habe
die Jahre nach dem ersten Weltkrieg in Berlin als aufmerksa-
mer Beobachter mit sehr idealistischem Interesse verfolgt u.
ich sage Dir, das letzte, was die Deutschen sich wünschen, ist,
von einem Abkömmling der jüdischen Rasse aufwärts geführt
zu werden. Denke an Rathenau, der auf dem richtigen Wege
u. zweifellos hochbegabt war – aber das immanente Misstrauen
der meisten Abendländer gegen die Juden konnte er nicht
überwinden. Ich glaube es kann nur durch vollkommene As-
similation schwinden, wie sie durch Mischehen angebahnt
wird. Es gibt natürlich glänzende Ausnahmen z. B. Disraeli,
aber der hat sich Jahrzehnte lang an 2. Stelle gehalten, ehe sein
zweifelloses Genie ihn fast zwangsläufig zum Führer machte.
– Lieber Sohn, verdenke einem alten Manne, der Dein leib-
licher Bruder ist u. der Dich herzlich gern noch mal wiedersehen möchte, verdenke ihm nicht, wenn er Dich mit Unken-
rufen auf der anscheinend glücklichen culturpolitischen
Laufbahn zurückhalten möchte!
Mit viel herzlichen Grüssen, auch an Deine liebe Frau
Dein getreuer Bruder
Georg, octogenarius

Ich gratuliere auch zum event. Leipziger Ordinariat. Aber
wenn Du es ohne Zustimmung der dortigen Fakultät annimmst, wirst Du kein leichtes Leben haben. Deutsche Univ.
Professoren sind verstockte Privilegien-Hüter. Nicht *eine* Fakultät hat gegen Nazitum opponiert, die meisten waren froh,
nun ganz unter sich zu sein!

Die »Pandoragabe staatsm. Begabung« stammt von *Momm-sen* und wird von ihm bei Schilderung der Juden gebraucht, die sich gegen die römischen Kaiser empörten, mit gleichem Wahnsinn wie jetzt gegen England. (Röm. Geschichte V. Judaea.) Ich möchte Dir auch empfehlen, die Capitel im III. Band mit dem Nachruf auf Julius Caesar zu lesen. Das Grösste, was er ihm nachrühmt, ist: er wusste *stets* das *Rechte* zur *rechten* Zeit zu tun. Aber das ist nur wenigen Sterblichen gegeben.

Discite moniti!

Victor Klemperer an Aufbau-Verlag (Kurt Wilhelm)

Am Kirschberg 19
Dresden A 34
30. Dezember 46

Sehr geehrter Herr Wilhelm,

anbei (eingeschrieben) erhalten Sie nun das Restmanuskript meiner LTI. Aus dem zuoberst liegenden Blatt ersehen Sie die Anordnung des ganzen Buches. Stück I – incl. 21 sind bereits in Ihren Händen; die heutige Sendung fügt hinzu: Stück 22–36, das Nachwort und die vor Stück I zu setzenden Blätter: Widmung und Zur Einführung.

Ich würde es für sehr erwünscht, genauer: für notwendig halten, daß dem Buch ein Stichwortregister beigegeben wird. Ich berechne es auf etwa 3–4 Seiten und kann es am bequemsten nach der Umbruchkorrektur herstellen, wo ich dann gleich die richtigen Seitenzahlen zur Verfügung habe. Für den Druck des Buches möchte ich Sie bitten, daß bei jedem der Stücke eine neue Seite begonnen werde und daß die Widmung ein eigenes Blatt erhält. Als Titel möchte ich *nur* »LTI. Notizbuch eines Philologen«. Die Erklärung: Lingua Tertii Imperii,

Sprache des Dritten Reichs, wird ja sofort am Eingang des ersten Kapitels gegeben.

Honorarzahlung bitte ich Sie zu senden an mein Conto: Prof. Dr. Klemperer, Sächsische Landesbank Dresden, Zahlstelle 16, Dresden A 27, Chemnitzerstr. 9. Ich nehme an, daß das Buch ein wenig umfangreicher ausfällt, als Sie im Vertrag vorgesehen haben, und daß sich dadurch der Preis ein wenig erhöht. Könnte in diesem Fall die Summe der Vorauszahlung erhöht werden, und für wann darf ich mit ihr rechnen? Ich habe im nächsten Monat eine größere Zahlung zu leisten, deshalb ist mir das wichtig.

Die Correkturen des Buches kann ich sofort erledigen. Noch einmal möchte ich Sie bitten, ein paar Capitel im Vordruck erscheinen zu lassen; ich schlage vor, außer im »Aufbau«: im »Morgen«, in der »Tägl. Rundschau«, im »Kurier«.

Den Empfang des Manuskriptes bitte ich Sie, mir möglichst umgehend zu bestätigen.

Mit der besten Empfehlung verbleibe ich

Ihr ergebener

VKlemperer

PS Das Buch »Romanische Philologie«, an dem ich jetzt arbeite, macht mir insofern Schwierigkeiten, als die Materialbeschaffung noch immer auf Hindernisse stößt. Ich hoffe von Monat zu Monat, daß sich der Bücherverkehr bessere.

Bitte geben Sie mir doch gelegentlich an, mit wieviel Druckbogen Sie für diese Serie rechnen.

Victor Klemperer an Hans-Joachim Hirche

Dresden A 34, Am Kirschberg 19
Sowjetzone
6. Januar 47

Lieber Herr Major Hirche –

Ihr freundliches Schreiben vom 8. Dezember 46 kam gestern in unsere Hände; es hat uns beide einigermaßen erschüttert, und so will ich es Ihnen mit aller Offenheit beantworten.

Zuerst: wenn ich vor längerer Zeit ein Schreiben Ihrer Frau Mutter ablehnend beantwortete, so musste ich das tun, wenn ich ihr nicht unerfüllbare Hoffnungen erwecken wollte. Denn zwischen ihren Zeilen stand (was einer Mutter natürlich nicht zu verdenken) mit vollkommener Deutlichkeit: Du hast unserm Sohn einmal ein sehr warmherziges Zeugnis ausgeschrieben, als er in die Reichswehr eintreten wollte – hilf ihm jetzt mit einem ähnlichen Zeugnis! Aber weil ich einen sehr braven kleinen Hansel Hirche und danach einen sehr tüchtigen Abiturienten Hirche gekannt habe, der als Offiziersaspirant in die unbescholtene Reichswehr der Republik eingetreten war, so langte das doch unmöglich zu, um 20 Jahre später einen hohen Offizier im Generalstab der Hitlerarmée irgendwie zu verteidigen, nachdem ich all diese 20 Jahre von seiner Entwicklung nichts, von der des Heeres aber und den staatlichen Einrichtungen, die es stützte, Jahr für Jahr Böseres erfahren hatte.

Noch einmal: ich will ganz offen sein. Was mich an Ihrem Schreiben so erschüttert, das ist das Problem der Schuld oder Nichtschuld. Ich glaube Ihnen ohne weiteres, was Sie von Ihrem reinen Gewissen schreiben, ich zweifle auch keinen Augenblick daran, dass Sie persönlich keinerlei Unmenschlichkeit begangen haben werden, ich stelle auch durchaus in Rechnung, dass Sie Ihrem Fahneneid zu folgen hatten, und weiter, dass Sie, als Einzelner und trotz Ihres hohen Postens doch nicht selbständig Leitender, nichts am Lauf der Dinge ändern konnten – ich stelle das für Sie und für tausende Ihrer Kameraden und für abertausende von Ärzten, Richtern, Professoren usw. usw. in Rechnung. Trotzdem: Sie und all die andern mussten wissen, welchen wahnsinnigen Verbrechern Sie dienten, welche unausdenkbaren Greuel Sie durch Ihre Diensttreue in Schutz nahmen und ermöglichten. Ich spreche nur zum kleinen Teil aus persönlicher Verbitterung. Meine Frau und ich haben viel gelitten: Schläge, Fusstritte, Bespuckungen, Hunger, ständige Todesgefahr; für mich selber kamen Zwangsarbeit als Strassenkehrer und in Fabriken hinzu, Verhaftungen, Einzelzelle; zuletzt sind wir nur durch ein Wunder und die unerschütterliche Tapferkeit meiner Frau der sicheren Vernichtung entgangen – die Dresdener Katastrophe hat mich gerettet, man musste uns für begraben unter dem zusammengebrochenen Hause halten, und so konnten wir fliehen –, aber dies alles ist ein Nichts all den Entsetzlichkeiten gegenüber, die wir jahrelang tagaus tagein in allernächster Nähe erlebten, all den Bestialitäten gegenüber, die einen falschen Namen tragen, denn keine Bestie ist solcher Grausamkeit fähig, kein Tier verhält sich auch nur annähernd so, wie es die Gestapo- und SS-Leute – in Offiziersrang und Uniform! – dauernd taten. Ich spreche dabei gar nicht von den sozusagen Parademorden, die in Nürnberg etc. abgeurteilt werden, sondern bloss von den ganz üblichen Alltagsscheusslichkeiten. Was haben wir mit unsern eigenen Augen mitten im kultivierten Dresden (noch nicht einmal im KZ oder in Polen, nein, hier) angesehen, was haben wir rings um uns sterben sehen! Wir sind sehr einsam geworden, die meisten derer, mit denen wir früher in Verbindung waren, sind tot, ganz selten taucht einer unvermutet aus dem furchtbaren Leichenhaufen auf. Wir selber haben nichts gerettet als eine zerrüttete Gesundheit und den leidenschaftlichen Willen, den Rest unseres Lebens daran zu setzen, dass es in Deutschland noch einmal menschlich werde.

Sie und so viele mit Ihnen sagen immer wieder: wir sind schuldlos, wir haben es nicht gewusst. Aber hat denn nicht einer von Ihnen den Hitler-Kampf gelesen, wo doch alles nachher Ausgeführte mit schamloser Offenheit vorher geplant ist? Und haben denn all diese Morde, all diese Verbrechen, wohin man auch den Blick wandte, nur uns – ich meine jetzt keineswegs nur die Juden, sondern alle Verfolgten – offengelegen? Sie selber schreiben: »jeder Weg führte nach Moabit«; wie kann man da im gleichen Athem sagen: mein Gewissen ist rein? Das Gewissen hätte, falls man es ernst damit nimmt, bei Ihnen und bei Millionen anderen – ich nehme das Volk, ich nehme den gemeinen Soldaten aus, aber nicht die Intelligenz, nicht die Heeresführung – zur Dienstverweigerung führen müssen. Sie werden mir sagen, das wäre auf den sicheren Tod hinausgelaufen. Vielleicht – aber dann war es eben wirklich ein Tod auf dem Felde der Ehre und ein Tod mit reinem Gewissen.

Sie halten dem entgegen, Sie und Ihre Kameraden hätten gehofft, durch Aushalten auf Ihren Posten den Wahnsinn des Régimes mildern zu können. Aber es musste doch längst vor dem 20. Juli offenbar sein, dass sich da nichts mehr mildern liess – und nach dem 20. Juli hat man den Wahnsinn noch fast ein ganzes Jahr weitergeführt. Nein, wenn ich die Dinge rein sachlich sehe, kann ich nirgends volle Schuldlosigkeit anerkennen. Auf der andern Seite weiss ich natürlich, in welch grausamer Zwangslage der Einzelne war: es ging nicht nur um sein Leben, sondern auch um das der Angehörigen, und jeder sagte sich, er sei hilflos, und er würde sich und die Seinen umsonst opfern.

Ich will mich also in Ihrer Sache nicht zum Richter aufwerfen. Wir haben beide, meine Frau und ich, immer Sympathieen für Sie gehabt und Ihnen nie Böses zugetraut. Wir sind auch überzeugt, dass Sie sehr ehrlich am Neuaufbau Deutschlands mitarbeiten würden, und dass Sie Ihrer Bildung und Ihren Fähigkeiten nach sehr vieles dazu beisteuern könnten. So wünschen wir Ihnen (und den Ihrigen) aufrichtig, dass sich Ihr Schicksal doch noch zum Guten wende. Dass wir Ihnen unsern Anteil bewahren, ersehen Sie ja aus der Länge und der Offenheit dieses Briefes. Sie können mirs glauben: ihn nicht zu schreiben oder ihn mit ein paar nichtssagenden Worten zu füllen, wäre einfacher und angenehmer gewesen.

Noch dies. Sie schreiben, Sie kämen nicht mit einer Bitte um Hilfe zu mir. Dazu möchte ich noch bemerken, dass es beim allerbesten Willen nicht in meiner Macht läge, Ihnen im geringsten zuhilfe zu kommen. Aber wiegesagt: eine günstige Wendung Ihres Schicksals wünschen wir Ihnen beide von Herzen.

Ihr
VKlemperer

Victor Klemperer an Hellmut Prauser

Dresden A 34
Am Kirschberg 19
8. Januar 47

Sehr geehrter Herr Prauser –

auf Ihr freundliches Schreiben vom 26. 12. 46 kann ich beim besten Willen nur dies antworten.

Sie müssen doch endlich einsehen, dass ich keine Aussage über Sie machen kann, weder eine schlechte noch eine gute. Wie liegen denn die Dinge Ihrem eigenen Schreiben nach?

Sie haben 1928 bis 31 bei mir studiert und waren ein sehr guter Schüler und mir durchaus sympathisch. Aber einen engeren persönlichen Verkehr haben wir nicht gehabt, von Ihren politischen Meinungen konnte ich nichts wissen, der Nationalsozialismus lag damals für mich noch im Weiten, er war kein Gesprächsthema zwischen Ihnen und mir. Dann, zur Zeit des

Nazismus haben Sie irgendwann eine Anfrage brieflich an mich gerichtet, und ich habe Ihnen vom Verkehr mit mir abgeraten. Wieso soll dieser Brief, den Sie mir schrieben – ich weiss nicht mehr, von wo aus, auch nicht mehr in welcher Angelegenheit – wieso soll er Ihren Antifaschismus bezeugen? Ich bin bis Ostern 35 ord. Professor gewesen, ein offizielles Verbot, mit mir zu verkehren, lag nicht vor, Sie selber brauchen gar nicht gewusst zu haben, dass ich unter die Nürnberger Gesetze fiel, irgendwelche politische Stellungnahme hat Ihr damaliges Schreiben bestimmt nicht enthalten – sonst würden Sie mich jetzt daran erinnern: was also soll ich für Sie aussagen? Sie wurden bereits 34 PG, und all die Jahre bis heute gab es gar keine Verbindung zwischen Ihnen und mir. Wenn Sie sehr viel später Zwist mit der Partei und Nachteil durch die Partei hatten, so müssen Sie alles das der zuständigen Behörde angeben, und es soll mich durchaus freuen, wenn es Ihnen Nutzen bringt. Aber ich selber kann unmöglich etwas anderes aussagen, als das was in diesem Briefe steht. Ihn können Sie natürlich, wenn Sie wollen, überall vorlegen. Und nun bitte ich Sie, dieses Schreiben als meine letzte Äusserung zu dieser Sache zu betrachten.

Indem ich Ihnen aufrichtig alles Gute wünsche, verbleibe ich

Ihr ergebener

[Handschriftliche Notiz auf Durchschlag]
Unterföhring bei München

Victor Klemperer an Werner Krauss

9. 1. 47

Lieber Freund –

Kannst Du mir wohl in dieser Hinsicht zuhilfe kommen, ev. auch meine Bitte dorthin weitergeben, wo sie einige Aussicht auf Erfolg hätte?

Ich übernahm für den Aufbau-Verlag, Serie »Neue Wege deutscher Wissenschaft« die Sparte »Romanische Philologie«. Ich suche für den Zeitraum 1932–1945 alles, was in Deutschland an Romanistischem (Literarhistorischem u. Sprachlichem, die gesamte Romania angehend, nicht etwa bloß Frankreich) herausgekommen ist: Bücher, Aufsätze (Sonderdrucke), bibliographisches Material. Ich kann es leihweise übernehmen, ich kann es auch für mein neu aufzubauendes Romanisches Seminar kaufen. Problemstellung ist: wo u. wie sind wir 33 abgeirrt?

Die hiesigen Bibliotheksverhältnisse liegen im Argen, vielmehr im Ärgsten – ich bin Ihnen für jede Unterstützung dankbar. Sie selber sollen eine Corneille-Studie geschrieben haben? Kannten Sie mein Corneillebuch, das noch 33 erschien u. schon totgeschwiegen wurde? – Vossler schrieb mir, Sie hätten ein Opus über die 12 Jahre publiciert?

Lassen Sie doch von sich hören, u. seien Sie bestens gegrüßt (pardon! 2. Person Singularis, aber bei frostklammen Fingern kann man um eines Lapsus willen nicht von neuem anfangen) – also sei herzl. gegrüßt!

Dein
VKlemperer

Berthold Meyerhof an Eva und Victor Klemperer

200 Haven Avenue
New York 33. N. Y.
13. Januar 1947.

Liebe Eva und lieber Victor:

Von übermorgen ab ist die Paketpost für 11 lbs. Pakete in die Russische Zone eroeffnet, und Phila und ich haben am gestrigen Sonntag mit Vergnuegen fuer Euch ein Paket fertig gemacht und hoffen, dass es unbestohlen und gesund bei Euch ankommt und seinen Zwecken dient. Wir wissen, dass derartige Sendungen immer nur Tropfen auf heisse Steine sind, aber es werden mehr folgen. Wir moechten nur um Nachricht bitten, an welchem Tag es ankommt, damit wir uns von der Transport Zeit ein ungefaehres Bild machen koennen.

Inzwischen haben wir von Freunden in Boston zu unserem grossen Bedauern die Nachricht bekommen, dass Dein Bruder Georg am Dienstag den 24. Dezember nun auch das Zeitliche gesegnet hat. Unsere Anteilnahme ist umso herzlicher als wir doch aus Deinen letzten Briefen ersehen haben, wie gluecklich Du warst, nach all den Jahren der freudenarmen Abgeschiedenheit doch endlich mit Deinem naechsten Verwandten wieder in Fuehlung zu sein. Ich habe die Nachricht sofort bekommen, sie Dir aber nicht gleich geschickt, da ich Deinen Neffen mit der Mitteilung an Dich nicht vorgreifen wollte. Ihre Adressen sind: Dr. Frederic Kl., 5 Lexington Avenue, Boston-Lexington, Mass. USA. und Hans Kl., Boston-Belmont, Mass. U. S. A., 25 Ross Road.

Ich bin heute etwas in Eile und muss leider mich kurz fassen. Nehmt beide unsere herzlichsten Gruesse und alle guten Wuensche, auch in Phila's Namen, Euer

Berthold M.

Walter Blumenfeld an Eva und Victor Klemperer

Miraflores-Lima, 24. I. 47.
Domingo Elías N° 245

Liebe Freunde,

habt vielen Dank fuer Euren sehr interessanten Brief. Wenn man das Ganze, seine Vorgeschichte und Voraussetzungen eingeschlossen, betrachtet, so klingt es wie eines der merkwuer-

digsten Maerchen; trotzdem erstaunt es heute nicht so ueber-
maessig, wenn man erlebt hat und aus seiner naechsten
Umgebung weiss, wie viele seltsame Schicksale diese aus den
Fugen gegangene Zeit geformt hat, zu schweigen von den unendlich viel zahlreicheren, die sie grausam zerstoert hat.

Euer glaenzender Aufstieg nach den langen Jahren der Be-
drueckung ist mir hoch erfreulich; so hast Du, lieber Kl., nun
endlich doch die grosse Kathedra erhalten, die Du Dir ge-
wuenscht hattest; dass sie spaet kommt, musst Du nun hinnehmen, und wenn ich lese, was Du daneben noch leistest, so
kann man schwer glauben, dass sie zu spaet kommt. Aber ich
will Dir gestehen, dass mir etwas bange ist, wenn die aerztliche
Diagnose stimmen sollte. Und mir ist auch aus einem anderen Grunde nicht ganz heimlich zumute, naemlich wenn die
Besatzungsmaechte sich aus Sachsen zurueckziehen sollten,
dann sehe ich Deine politisch gewordene Stellung als zumindest schwierig an, um nicht mehr zu sagen. In Westdeutschland soll der Nazismus bereits wieder in voller Bluete stehen,
mit Duldung oder Foerderung von den massgebenden Seiten
aus. Briefe von den verschiedensten Seiten, teils von in D. Gebliebenen, teils von frueheren Buergern, die jetzt als Dolmetscher oder sonstwie fuer die Westmaechte dort arbeiten, stimmen darin ueberein, dass der Antisemitismus wieder – oder
noch – sehr stark ist. Vermutlich ist davon bei Euch nichts zu
merken, oder doch???

Ich bin sehr neugierig auf das Erscheinen Deiner Memoiren. Ob darin wohl auch unsere Wette erwaehnt ist? Wieviele
gute Zigarren haettest Du mir wohl liefern muessen? Und
jetzt, wuerde ich sie mit sehr viel gemischteren Gefuehlen rauchen als frueher; denn neuerlich hat mir der Arzt – wegen zu
hohen Blutdrucks – eine erhebliche Einschraenkung des Ta-
baksgenusses empfohlen. Ich bin auch nicht juenger und wi-
derstandsfaehiger geworden. Die letzten Jahre haben mich

mehr mitgenommen, als mir lieb ist: Krankheit und Tod meiner Frau mit dazwischengeschalteten schweren Operationen, dann die ebenfalls ueberaus schwere Krankheit meiner Nichte Anni Jacobsohn, die nun am 27. XII. auch gestorben ist, reichliche Unsicherheit und Aufregungen in der Universitaet und schliesslich auch eine sehr reichliche Arbeit – es genuegt. Nun will ich versuchen, meine andere Nichte, die z. Z. in Paris lebt, herzuholen, damit meine Schwester wenigstens wieder mit der letzten Tochter und ihrem einzigen Enkelkinde vereint ist. Ob mir das gelingt, ist in unserer so herrlich nationalistischen Welt nicht sicher. Wie schoen war es bis 1914, wo man sich einfach am Bahnhof oder bei einer Schiffahrtsgesellschaft ein Billett kaufte, ohne Pass und ohne Visa, und ohne Sorgen darum, ob man wohl wuerde landen koennen, im Lande bleiben oder wieder ueber andere Grenzen weitergehen muesste, wenn die naemlich nicht auch geschlossen sein sollten …

Liebe Zwillingsschwester, ich freue mich, dass Du Deine Musikstudien wieder aufnehmen konntest, obwohl eine Nervenentzuendung dafuer nicht gerade foerderlich ist. Ich kenne das, und glaube leider, dass das einzige Mittel Ruhe ist. Vermutlich ist das Komponieren weniger schaedlich, und wahrscheinlich auch Dir selbst wichtiger. Ich weiss noch, wie eifersuechtig ich einmal vor langen Jahren auf Emita Dember war, als sie von Dir eine Komposition geschenkt bekam. A propos, die lebt in Philadelphia Pa, 6600 Wayne Avenue (Armi ist ihr jetziger Name), wenn Ihr ihr schreiben wollt. Ich selbst klimpere noch – oder richtiger: wieder; denn nach G.s Tode habe ich lange Zeit keine Taste anruehren koennen. Abgesehen von meinen alten Bekannten unter den Komponisten habe ich mich mehr mit Schumann befasst und ausserdem einige Sachen von Skrjabin kennen gelernt, die mich sehr interessieren.

Von Kafkas hatte ich inzwischen Nachricht; es muss ihnen sehr schlecht gehen, und soweit ich weiss, hat er sich politisch immer absolut anstaendig verhalten. Vielleicht kannst Du ihm helfen?

Lasst bald wieder von Euch hoeren und seid sehr herzlich gegruesst von

Eurem

Walter B.

Hans Meyerhof an Victor Klemperer

Palermo (Italian – Sizilien) 26/1/47

Piazza Alberigo Gentile 2

Liebste Freunde Eva und Viktor –

Dein Brief l. Viktor ist gluecklich angekommen, und ich begruesse Euch im Kreise jener wenigen Dinosaurier, welche Eiszeit und Hoellenflammen ueberlebten, um ein wenig des *guten* Alten zum Segen des keimenden Neuen beizusteuern. Freilich sind unter den Ueberlebenden manche, welche nicht, wie Ihr, verstehen, dass die Soehne und Toechter nicht einfach die Fortsetzung der Vaeter und Muetter sind. Wie Du Dich, l. Viktor, aus Helenens und meiner Muenchner Zeit erinnern wirst fuehlte ich schon damals, dass – wahrscheinlich nach noch unbekannten Naturgesetzen, auch diesmal wieder das Licht aus dem Osten geboren wird. So hat es denn fuer mich keiner grundlegenden Umstellungen bedurft, sondern nur der Zuflucht zu jener Anpassungsfaehigkeit, welche moeglicherweise irgendwie ein Erbteil jener langsamen und abenteuerlichen Wanderungen ist, die unsere Stammvaeter seit Jahrtausenden durch Afrika, Asien, Europa gefuehrt haben und die im Ahasver ihr Symbol gefunden haben. Daher habe ich mein bischen Selbstbewusstsein nie in Stolz ausarten lassen, und als geschaeftliche Briefe aus dem frueheren Deutschland erst mit »deutschem Gruss« und spaeter mit »Heil Hitler« ankamen, er-

361

widerte ich »mit mittellaendischem Gruss« und spaeter mit »Heil Jeremias«. Und doch sehe ich noch heute unter meinen Alltagsfreunden, dass das bloede »ich bin stolz ein Italiener, ein Sizilianer, ein Palermitaner, ein Zulukaffer, ein Buschmann zu sein« immer noch weitergeuebt wird und dass die Staats- oder Parteiraison (immer die raison d.h. das Interesse der Herrschenden oder der Nutzniessenden) noch weit davon entfernt sind, auf das allgemein Menschliche bedacht zu sein, an die langsame Abschaffung der Grenzen zu denken, und an die verbruedernde Kraft vernuenftiger Arbeit unter zum Denken erzogenen Arbeitern, Schaffenden, Bauern, Dichtern, Kuenstlern, Musikern, Ingenieuren, Architekten, Industriellen, Handwerkern, Kaufleuten, Kraemern usw. usw. Alles denkt nur oder beinahe nur an die Erhaltung des Bestehenden (ob zu Recht oder zu Unrecht: einerlei) nicht an die Entwicklung des Neugeborenen oder Embrionalen. Wenn Du noch daran denkst, wie wir einst als Stifte die Freundschaft dahin definierten, dass sie von den Taten und Handlungen des Freundes unberuehrt bleiben muesse, so wirst Du mir das Gestaendnis nicht uebel nehmen, wenn meine Freude ueber Dein jetziges Taetigkeitsfeld durch ein bischen »siehst Du wohl« noch erhoeht wird. Das dauerte natuerlich nur einen Augenblick. Eidechsen, Ameisen, Froesche, Versteinerungen, Katzen, Hunde, Marder, Betrueger, Aufschneider, Buecher, Sprachen, Amerikaner, Englaender, Franzosen, Neger aus Amerika und aus Afrika, Grobiane, Schmeichler, Moerder aus Eifersucht und aus Interesse, auch aus Sadismus, Mannweiber und Weibmaenner, die ich im Leben, in den Lagern, in der Zelle und im Gefaengnis kennen lernte, haben mir einen ziemlich vielseitigen Unterricht gegeben. Manches habe ich begriffen, vieles nicht genau verstanden aber auch ich gehe froehlich dem Grabe entgegen, denn ich habe eines kennen gelernt: die Liebe. Und wenn ich mit Menschen- und mit Engel-Zungen redete und haette der Liebe nicht so waere ich ein toenendes Erz oder eine klingende Schelle usw. Meine Lieben, die Idee, für die Ihr arbeitet, ist auf dieser schoenen Insel sehr verfemt; ich darf sie daher nicht mit Namen nennen, aber in dieser oder jener Form habe ich immer fuer die Idee gearbeitet und propagiert, seit die Idee auch gewonnen hat (da hat sie was Rechtes gewonnen).

So Grausames, wie Ihr, habe ich nicht durchgemacht. Erniedrigungen genuegend, Kettentransport, Bewurf mit Steinen und Unrat, Hohn und Spott ja, aber nur einmal hat mich ein Polizeifunktionaer mit »giudeo« angeredet, und als ich ihn fragte, ob das ein Kompliment oder eine Beleidigung sein solle, wusste er nichts zu erwidern, wurde verlegen und bot mir einen Stuhl an. Denn in diesem Lande und besonders auf dieser Insel weiss man ja nie genau wer wessen Freund sein koennte. Aus dem Lager kam ich fluechtig schon am 13/6 hierher zurueck; noch war das Deutsche Konsulat mir auf 30 Schritt entfernt und damit die Gestapo. Man rief Helene um zu wissen, wieso ich wieder da sei, aber dann mussten die Herrschaften selbst auskneifen, und fuer mich war keiner da, mich ins Lager zurueckzubegleiten.

Natuerlich waren Alle auf einmal wieder meine »treuen Freunde«, waren niemals Faschisten gewesen, hatten niemals Duce, Duce, Duce, Duce geschrieen, waren stets vom Unsinn des Rassefanatismus ueberzeugt gewesen usw. Ich liess sie reden, und schaute, dass ich wieder etwas Geld verdiente. Verkaufte Zigaretten, Streichhoelzer usw. bis die Alliierten einrueckten, alswann ich sozusagen ein grosses Tier und Armeelieferant wurde und viel Geld verdiente. Aber da wurden die guten Freunde unter der Hand wieder Neider, und so kam es, dass mich die gutmuetigen Amerikaner unter dem Verdacht der Spionage fuer die Nazifascisten am 4/1/44 ins Gefaengnis warfen, wo auch Helene drei Tage zubringen musste. In diesen drei Tagen wurde unsere Wohnung gruendlich durchsucht, und alles Wertvolle mitgenommen und zwar von der M. P. in Zivil. Alle unsere Ersparnisse waren wieder dahin. Ich sass genau ein Jahr alswann mich die Briten freiliessen, weil der Denunziant selbst wegen Erpressungen eingekastelt worden war. Aber von dem »Beschlagnahmten« habe ich trotz Gesuche nie wieder etwas zurueckbekommen; ich hatte etwa 12 000 Dollar reklamiert. Doch hatte das Leben mich gelehrt, dass man starken Hunden niemals einen Knochen mit Gewalt oder List aus dem Maul zu nehmen versuchen soll. So fing ich denn mit 200 Lire in der Tasche wieder von vorne an und jetzt steht die Sumachfabrik wieder auf den Beinen, sie war dem Erdboden gleichgewesen, nur die Dampfmaschine war unter den Truemmern erhalten geblieben. Auch meine Sprachkenntnisse kamen mir zu gute, und seit etwa einem halben Jahre koennen wir uns wieder satt essen. Mir macht das ja nichts aus, aber Elena ist keine Dinosaurierin sondern aus dem zarteren Geschlechte der Pterosaurier und die langen Jahre der Trennung, die stete Sorge, die Taubheit und Einaeugigkeit, der Boykott von Jud und Christ, hatten sie zu einem Skelett reduziert, das jetzt wieder Federn und Fleisch anzusetzen beginnt. Sie hat unter allen Bombardements Haus und Gaertchen treulich behuetet, eine Brandbombe fiel in den Garten und sie hatte die Geistesgegenwart sie mit Erde loeschen zu lassen und kurz und gut ihr Leben ist kein Leichtes gewesen, und nur die Buecher und eine stark zensierte Korrespondenz mit dem Dinosaurier haben sie ueber all die grauen Jahre weggebracht.

Jetzt hat der Export von Agrumen wieder begonnen und Leute wie ich sind selten und sehr gesucht, und so leben wir usw.

Leider ist es nicht moeglich, euch von unserm Ueberfluss zukommen zu lassen, denn Pakete nach Deutschland werden nicht angenommen. Aber wenn Du wirklich einflussreiche politische Freunde hast (selig wer sich vor der Welt ohne Neid verschließt, einen Freund am Busen haelt und mit dem geniesst) so koenntest Du mir vielleicht einen Weg oder eine Bruecke weisen, die ueber diesen Abgrund fuehrt. Wenn ich vorhin auf meine Propaganda hinwies, so spielt sich diese meistens in jenen geschlossenen Tempeln ab, zu denen nur rituell Eingeweihte Zutritt haben, und die Freiheit, Gleichheit, Bruederlichkeit auf ihr Banner geschrieben haben, die jedoch extreme Rechte und Linke nicht zulassen. Wohlgemerkt solche nicht, die »eingeschrieben« sind. Ein charakterloser Mensch wie ich, laesst sich aber nicht einschreiben, denn nicht Alles in Programmen und Vieles in der Executive ist menschlich unvollkommen, und ich lebe heute 4–500 Jahre im Voraus. Trotzdem waermt mich auch die Wintersonne Siziliens, und das ist noetig, denn ich habe mir von einer kurzen Reise nach Messina und Catania eine kl. Bronchitis mitgebracht und Helene ein paar Struempfe, die sie noetig brauchte.

Berthold, dem ich zu Neujahr schrieb, hat mir nicht geantwortet; er ist wohl noch boese. Dagegen sitzt unsere weisse Sorianerkatz mir gemuetlich auf dem Schoosse und schnurrt waehrend dieses ganzen Briefes; damit will ich aber nicht sagen, dass sie an dem vielen Unsinn den ich dir in der Freude Dir zu schreiben schreibe schuld sei. Lass uns wieder zusammenkommen *wollen*, dann werden wir's. Ich will, Helene auch. Ich bin wie seit so vielen Jahrzehnten unentwegt derselbe naemlich herzlichst Euer

Hans Meyerhof

herzlichst Helene

Karl Vossler an Victor Klemperer

München 8 Maximilianeum 27. 1. 47
Lieber verehrter Freund Klemperer, haben Sie vielen herzlichen Dank für die Euvernil-Tabletten, die jetzt noch lange

reichen, da der alte Bestand noch nicht aufgebraucht u meine Gesundheit in dieser Hinsicht sich gebessert hat. Sodann für Sie u Ihre Gattin von Herzen ein gutes neues Jahr auch im Namen meiner Frau. – Von Ihrem Ehrenartikel für mich im Aufbau habe ich zwar erzählen hören, aber bis jetzt kein Exemplar zu Gesicht bekommen. Wie dem sei, ich kenne Ihre herzliche Gesinnung zu mir seit vielen Jahren u weiß, wie viel ich Ihnen zu danken habe. [...]

Mit herzlichen Grüßen u Wünschen von Haus zu Haus

Ihr

Karl Vossler

Nach Greifswald würde ich an Ihrer Stelle nicht gehn. Viel lieber möchte ich Sie in Leipzig sehn.

Eugen Lerch an Victor Klemperer

Mainz-Mombach, 6. 3. 47

Wöhlerstraße 3

Lieber Klemperer,

schönsten Dank für Ihren lieben Brief und für die zwei Aufbauhefte! Es hat lange gedauert, bis beides hierher gekommen ist; man sieht wieder einmal, wie gross postalisch die Entfernungen geworden sind. Sehr schön Ihre Huldigung für Vossler; wenn Sie sie nicht geschrieben hätten, hätte der »Aufbau« sie gewiss nicht gebracht. Ihre Parallele Barbusse – Plivier kannte ich schon. – Traurig, dass es Ihnen beiden gesundheitlich und sonst nicht gut geht. Ich wünsche Ihnen von Herzen recht baldige und gründliche Besserung. – Zum besten geht es natürlich auch mir nicht. Ich war lange wegen Hungerödem in Behandlung; das hat sich zwar gegeben. Aber nun sitze ich in der Kälte, denn die Uni ist nicht geheizt und das mir von ihr zugesagte

Holz (sie hat eigene Wälder!) haben mir andere, die angeblich noch gar keins erhalten hatten, weggeschnappt (in Wirklichkeit hat der von mir beauftragte Spediteur sein Versprechen nicht gehalten). Usw. Es ist schon ein Jammer. Um so bewundernswerter, dass Sie so viel schaffen. Ich muss mich – bei der Büchernot – damit begnügen, olle Kamellen aufzuwärmen (s. Beilage). Was demnächst in den Rom. Forsch. etc. erscheint, ist geschrieben, als ich noch meine Bücher besass. Herzlichen Glückwunsch zu Greifswald! Wenn Leipzig sich nicht bald klärt, würde ich an Ihrer Stelle doch annehmen. Denn Dresden ist – trotz Kulturabteilung, Volkshochschule usw. – nicht das Rechte für Sie. Und Berlin ist von Greifswald kaum ferner. Schramm hat mir die Bibliotheksverhältnisse als gut geschildert. Die der Univ.-Bibl. gingen zwar nicht über den Durchschnitt hinaus (aber alles erhalten), doch das Rom. Seminar sei reich ausgestattet, auch für modernste Literatur, ausser natürlich für Spezialwünsche. So etwa äusserte er sich. Im übrigen, sagte er, Petriconi (jetzt in Hamburg, Uni) sei besser unterrichtet. Natürlich müssten Sie sich Greifswald erst 'mal ansehen. Schramm ist im wesentlichen Leiter der Dolmetscherschule in Germersheim, hat aber in Mainz ein Ordinariat und liest Spanisches. Ich weiss nur, dass er ein Buch über den reaktionären spn. Politiker Cortés geschrieben hat, den Carl Schmitt (Dorotitz) entdeckt hatte. Mangels eines Kürschner ist es mir nicht möglich, festzustellen, was er sonst geleistet haben könnte. Edgar Glässer ist hier planm. a. o.; er hat sich durch eine »Einführung in die rassenkundliche Sprachkunde« blamiert, in der er mir die Ehre einer Polemik gegen meine Ablehnung des Dauerfranzosen erweist. Aber er hat sich – was nicht ungefährlich war – des zum Tode verurteilten Werner Krauss angenommen. Sie sehen jedenfalls: Nazisten haben wir auch hier! (Glässers »Einführ.« ist, wenn ich nicht irre, bei Winter in Heidelb. erschienen.)

Mein Buch »Franz. Sprache u. Wesensart«, nach dem Sie

fragen, sollte neu gedruckt werden, durch den Kompass-Verlag, Oberursel (im Taunus). Nun schreibt mir jedoch der frühere Verlag (Diesterweg), es hätten sich in der russ. Zone noch einige Exemplare gefunden, und der Kompass-Verlag müsste erst diese vertreiben, bevor er das Papier für die Neuausgabe bewilligt erhalte. Es wäre nun sinnlos, das Buch erst von der russ. Zone (Leipzig) über Oberursel (ich glaube, amerikanisch) hierher kommen zu lassen und dann von hier wieder in die russ. Zone zu schicken. Es müsste zu diesem Behuf zerschnitten werden (wie mein eigenes Exemplar). Ich schreibe dem Verlag, daß er es Ihnen schickt.

Dem Verlag Dieterich habe ich schon von Ihrem »Mittelfrz.« gesprochen, und sobald ich ihn wieder erreiche, tue ich's nochmals. Aber so nahe Wiesbaden auch liegt – sie konnten zusammen nicht kommen, der Schlagbaum war viel zu tief.

Schön, dass von Ihrer LTI 10 000 gedruckt werden – vielleicht gelangt wenigstens 1 nach Mainz!

Die in meinem Feuilleton genannten mod. Franzosen habe ich seit langem bestellt, aber noch nicht erhalten. Ich musste mich mit den reichlichen Auszügen bei Georges Pillement, Anthologie du Théâtre fr. contemporain, Paris, Edit. du Bélier (bisher 2 Bände) begnügen; einiges konnte ich entleihen, anders in deutschen Aufführungen sehen. – Augenblicklich haben wir, infolge Einführung des Franc d'occupation, Schwierigkeiten in der Beschaffung frz. Bücher.

Von Friedmanns freiw. Tod habe ich gehört – von dem H. Schöffler werden Sie gehört haben. – Schürr sitzt stellungslos und mit materiellen Sorgen in Konstanz/Bodensee, Im Weinberg 2. Er war Pg. – aber die viel stärker belasteten Gamillscheg und Kurt Wais sind in Tübingen untergekommen, er nicht. Seine mod. ital. Lit. ist wahrscheinlich nicht erschienen. – In die russ. Zone will er nicht.

Könnten Sie mir die Adresse von Hatzfeld sagen?

Lassen Sie sich's, lieber Klemperer, besser ergehen und seien Sie beide herzlich gegrüsst

von Ihrem

Lerch

Victor Klemperer an Werner Krauss

Dresden, 23. III. 47

Lieber Freund –

Für Deine Sendung vom 22. II., die spät aber gut ankam, danke ich Dir herzlich.

Corneille und Span. Sprichwörter interessierten mich sehr. Kennst Du eigentlich meine Corneille-Monographie vom Jahr 1933? Sie wurde damals totgeschwiegen, für alle Romanisten war ich ja gleich darauf nicht-existent. Wenn Du irgendwo einmal die Rousseau- u. die Prévost-Arbeit antiquarisch auftauchen siehst, denke doch bitte an mich; ich kaufe sie jederzeit für mein roman. Seminar. Vom WS ab sollen wir hier in der Pädagog. Fakultät Romanisten (Grundschullehrer 6, Oberschullehrer 8 Semester lang) voll ausbilden. Ob ich hierbleibe oder nach Greifswald gehe, und wie die Affäre von Jan läuft, ist noch immer dunkel.

Mit dem Aufbau-Verlag schließe ich einen Vertrag, wonach er 1) meine »Lit. Gesch. d. 19. u. 20. Jh's«, 2) mein Dixhuitième übernimmt. Das Ms. dieses 18ième hat meine Frau gerettet, von den etwa 1000 Druckseiten sind ¾ fertig, der erste Band ganz, der zweite bis zum Beginn der Revolution etwa. Ich gedenke, beide Werke, die sehr viele französische Zitate enthalten, ganz deutsch zu fassen, so daß sie sich »an alle« wenden, außerdem möchte ich in der Gesch. d. 19. u. 20. Jh's. möglichst bis 1945 vordringen; (ich schloß früher etwa bei 1925). Ebensoweit möchte ich meine Moderne franz. Prosa fortführen. Es wird von literarischer Seite her versucht, mir dazu einen etwa 8wöchigen

369

Frankreich-Aufenthalt zu verschaffen. Hinzu kommt dies: Du hast wohl von der Gründung der VVN gehört, ich werde Dir jedenfalls meinen Artikel darüber (im »Sonntag«) schicken. Ich sitze im Vorstand des Kreises Dresden, u. es wird Verbindung aufgenommen mit einigen entsprechenden Confédérations de Déportés; die Absicht besteht, mich vor diesen Leuten sprechen zu lassen. Aber noch ist das alles embryonal u. vage.

Auf Dein Gefängnisbuch, von dem mir Vossler schon schrieb, bin ich gespannt. Meine »LTI, Notizbuch eines Philologen«, kommt in etlichen Wochen heraus; Korrektur ist schon gelesen. Es ist in 36 Kapiteln halb Tagebuch, halb Studie über die Lingua Tertii Imperii. Du bekommst gleich nach Erscheinen ein Exemplar. –

Ich spreche viel in den einzelnen Studiengruppen des Kulturbundes und bin auch sonst mit Arbeit sehr überhäuft. Alle Tage frage ich mich, ob nicht das kleine u. stille Greifswald doch vielleicht das beste für mich wäre.

Sei sehr herzlich gegrüßt von Deinem
Victor Klemperer

Wegen Deines Double in der Tägl. Rundschau frage ich bei nächster Gelegenheit an.

Victor Klemperer an Jakob Flamensbeck

Dresden A 34
Am Kirschberg 19
6. Mai 47.

Sehr verehrter Herr Flamensbeck –

Am Ende eines Buches, etwa auf S. 297 oder 98, das im Juni von mir erscheint (LTI, *Notizbuch eines Philologen*, Aufbau-verlag, Berlin 1947) heisst es von Ihnen, und ein paar Zeilen später wird Ihr Name genannt: »Der Ortsbauernführer, der längst von seiner Liebe zur Partei abgekommen war, aber seinen Posten nicht hatte aufgeben dürfen, glich in seiner immerwährenden Hilfsbereitschaft und Wohltätigkeit für jeden Flüchtling in Civil und Uniform haargenau einem Exemplum der Güte, wie es in der Sonntagspredigt des Pfarrers gezeichnet wurde …«

Aber als Entlastungszeugnis für die Spruchkammer hat das kaum Wert. Denn dazu müsste ich etwas aussagen können über Ihr Verhalten zu der Zeit, als die Hitlersache noch nicht so vollkommen verloren war wie im April 45. Oder ich müsste erklären, dass Sie mich beherbergt hätten, *obschon* Ihnen bekannt gewesen sei, dass ich mich auf der Flucht vor der Gestapo befand. Dies beides aber trifft nicht zu. Als ich Sie kennen lernte, standen die Alliierten schon tief in Deutschland, und dass ich aus Dresden geflohen war, musste ich Ihnen natürlich verbergen. So kommt also meine Aussage für die Spruchkammer nicht in Betracht.

Seien Sie und die Ihrigen von meiner Frau und mir aufs beste gegrüsst.

Ihr
Victor Klemperer.

Victor Klemperer an Werner Krauss

Dresden A 34, Am Kirchberg 19
[zwischen 8. und 15. Mai 1947]

Lieber Freund –

(das Blatt entschuldige mit großer Not an Schreibpapier!)

Sehr herzlich danke ich Dir für Deine freundlichen Sendungen u. Zeilen. Die Spanier und den Corneille habe ich mit großem Interesse gelesen – kennst Du *meinen* Corneille vom Jahr 1933? er kam nicht mehr zur Anzeige in unsern Zeitschriften – PLN hoffe ich morgen auf der Fahrt zu einem Kulturbund-Vortrag in Berlin lesen zu können.

Zu Deiner Berufung nach Leipzig wünsche ich Dir (u. Leipzig) aufrichtig u. herzlich Glück. Du kannst nicht wissen u. wirst es später einmal entstellt erfahren, wie übel mir bei dieser Gelegenheit mitgespielt wurde, und wie man mit Deiner Berufung die eines Historikers zu koppeln wußte, der hier in Dresden auf mein Gutachten hin als krasser Nationalist u. Imperialist entlassen wurde. Aber wenn nun nach all den Widerwärtigkeiten, die teils mich persönlich, teils die Hochschulpolitik betreffen, *Du* auf den wichtigen Leipziger Posten kommst, so ist doch wenigstens *ein* wirklich Gutes daraus erwachsen. Auch freut es mich zu hören, daß Auerbach nach Marburg zurückkehrt. Seine »Mimesis«, auf die mich Vossler dringend hinwies, ist eine ganz vorzügliche Leistung. Ich will ausführlich darüber schreiben.

Ob ich selber nun das Greifswalder Ordinariat annehme oder hierbleibe u. mich primo loco dem Schreiben widme (mein 18ième soll fertig werden), das soll sich im Juni entscheiden.

Noch einmal: herzl. Glückwünsche, herzlichen Dank und ebensolche Grüße

Getr. Dein
Victor Klemperer

Am 18. bin ich (als Delegierter der VVN) in München; da hoffe ich Vossler zu sehen.

Georg Klemperer Dipl. Ing.
Hof/Saale
Gartenstr. 37
Hof, den 23. Mai 1947

Lieber Onkel Viktor!

Ich erhielt mit bestem Dank Dein Schreiben vom 3. Febr., ausserdem liegt vor mir ein Brief, den Du im letzten Herbst an meine Mutter geschrieben hast.

Durch Umstände, die meinem eigenen Gesichtskreis und Interesse fernliegen ist es gekommen, daß ich Dich als meinen eigenen Onkel nur ein einziges Mal mit Bewusstsein gesehen habe – nämlich als ich meinen lieben Vater verlor – und auch dann haben wir wohl kaum miteinander gesprochen. So stehe ich meinem eigenen Onkel fast als ein Fremder gegenüber. Ich kann mir von Dir und Deinem Leben kaum einen Begriff machen, geschweige denn darüber, in welcher Weise Du die vergangenen schrecklichen Jahre überstanden hast.

Ich will nun Deinem Wunsche entsprechen und Dir Einiges von mir mitteilen. Wie Du vielleicht schon von meiner Mutter erfahren hast ging ich 1936 nach einem kurzen USA-Intermezzo nach Zürich an die Eidg. Techn. Hochschule. Der Grund zu diesem Entschluss, dem auch die US-Verwandten zustimmten, war erstens die Tatsache, dass ich für die US nur ein Besuchsvisum besass und zweitens meine finanzielle Lage: ich hatte die Möglichkeit für Zürich Devisen von Deutschland aus zu bekommen. Ich hatte dann vor, nach Abschluss des Studiums nach USA auszuwandern, wurde aber durch den Kriegsausbruch daran gehindert. Im Febr. 41 entzog man mir von Deutscher Seite den Pass, sodass ich nach Berlin zurückgehen musste, wenn ich nicht illegal in der Schweiz bleiben wollte. Das erschien mir als zu gefährlich, da ich Repressalien gegen meine Mutter und Peter befürchtete und ausserdem die Schweiz ganz eingeschlossen und zu dieser Zeit auch bedroht war. Durch Protektion erhielt ich in Berlin eine Stelle in der Industrie, wurde im Laufe des Krieges in ein kleines Nest im Vogtland »verlagert« und kam dann mit am. Hilfe hierher im Juli 45 als die Grenzen verschoben wurden. So entging ich während des Krieges der Verfolgung. –

Jetzt möchte ich nun von der Möglichkeit, die sich mir bietet, wieder ins Ausland zu kommen, Gebrauch machen. Zunächst bin ich im Besitze eines Schweizerischen Einreisevisums – meine Braut, die Schweizerin ist und die ich seinerzeit in Zürich zurücklassen musste, war mir dabei sehr behilflich – und warte nun auf die alliierte Ausreisegenehmigung, die mir zunächst abgeschlagen worden ist. Über die weiteren Pläne besteht noch Unklarheit. Leider ist die gegenwärtige alliierte Politik aus Gründen, die ich nicht kenne, darauf eingestellt, möglichst Niemanden aus Deutschland ausreisen zu lassen, und ich werde da noch sehr grosse Schwierigkeiten haben.

Ich habe übrigens auch schon seit längerer Zeit ein US-Affidavit in Händen, das mir aber nichts nützt, da für US-Einwanderung nur Volljuden und lange Zeit Inhaftierte in Frage kommen.

Mein Fach ist die Hochfrequenztechnik, auf die ich mich schon an der Hochschule spezialisierte und in der ich seit 41 bis Kriegsende praktisch (im Labor) gearbeitet habe – ein interessantes Gebiet, das in Deutschland zur Zeit ziemlich ohne Aussichten ist. Die Hochfrequenztechnik hat sich gänzlich von der Kriegstechnik einspannen lassen und kann deshalb hier zur Zeit höchstens unter den Fittichen der Besatzungsmächte gedeihen.

Ich habe mich gefreut, von Deinen vielfältigen Tätigkeiten und den Ehrungen zu Deinem vorjährigen Geburtstag zu hören, ein Bekannter sandte mir auch Dein Bild aus einer Zei-

tung und ich hoffe, daß Du weiter bei guter Gesundheit sein
wirst. Ich sende Dir u. – leider noch unbekannterweise – meiner Tante Eva die besten Grüsse

Dein Neffe
Georg

Karl Vossler an Victor Klemperer

M 7. 6. 47

Lieber verehrter Freund,

mit großem Vergnügen u mit herzhafter Zustimmung habe
ich Ihre schöne Rede über die Aufgaben der Volkshochschule
gelesen. Vielen Dank u Glückwunsch. Seit 1919 gehöre ich
zu den Freunden u gelegentlichen Mitarbeitern der Volkshochschule. – Nur kurz war Ihr letzter Besuch in München. Nun
wird ja wohl bald Ihre Tätigkeit in Berlin beginnen, wo man
einen guten Romanisten sehr notwendig braucht. Mit herzlichen Grüßen u Wünschen von Haus zu Haus Ihr alter

Karl Vossler

F. C. Weiskopf an Victor Klemperer

308 East 15th Street
New York 3. N. Y.
den 11. 6. 47

Sehr geehrter Herr Professor,

der Zufall, den wir Romanschriftsteller in unseren Werken
nur sehr sparsam in Aktion treten lassen dürfen, nimmt sich
im Leben dafür umsomehr Freiheiten. Vor einigen Tagen fand
eine Besprechung der Gründer des Auroraverlags statt. Es
wurde die Arbeit an einer bereits ziemlich fortgeschrittenen

Literaturgeschichte der Emigration besprochen. Diese Literaturgeschichte wird aus mehreren Teilen bestehen u. a. aus einer Bibliographie des Exilsschrifttums (von Kurt Pinthus und mir), einem einführenden Essay »Literatur und Exil« von mir (eine erweiterte Fassung davon wird unter dem Titel *Unter fremden Himmeln – Die deutsche Literatur im Exil* 1933–47 wohl demnächst in Deutschland erscheinen) und aus Darstellungen des Werks verschiedener (etwa 120) deutscher Exilsautoren. Diese Darstellungen sollen informativ-kritisch gehalten sein, wie etwa in der Encyclopedia Britannica. Sie werden von einer halben bis zu 7 Schreibmaschinen[seiten] Umfang haben. Jeder Beitrag wird gezeichnet sein. Ich hatte Ihren Artikel über Plivier und Barbusse im Aufbau (von dem ein Heft sich hierher verirrt hatte) gelesen und meinte, man solle doch mal trachten, mit Ihnen in Verbindung zu kommen. Zwei Tage später traf ein Brief von Herrn Steininger an meine Frau ein; er enthielt einen Zeitungsausschnitt mit Ihrem Artikel aus dem Notizbuch eines Philologen. Da wäre also, hokuspokus, die Verbindung hergestellt. Würden Sie eventuell einen oder den andern kleinen Artikel schreiben? Wir möchten über folgende Autoren Beiträge haben: Plivier, Erpenbeck, Bredel, Kurella, Friedrich Wolf. Immer nur über ihre Entwicklung und ihr Schaffen im Exil bis zur Rückkehr nach Deutschland. Das Material können Sie sich ja leicht beschaffen, da all diese Autoren für Sie erreichbar und ihre Bücher neugedruckt worden sind. Zunächst möchten wir wissen, ob Sie prinzipiell bereit wären. Wir würden Ihnen dann alle näheren Einzelheiten mitteilen. Etwas Honorar schaut auch heraus und könnte eventuell in Paketform überwiesen werden. Der Auroraverlag ist eine Gründung von 11 Schriftstellern, u. a. Heinrich Mann, Lion Feuchtwanger, Alfred Döblin, Ferdinand Bruckner, Bertolt Brecht, Oskar Maria Graf. Ich gehöre auch dazu.

Ihr Artikel über die LTI hat mich sehr interessiert. Ist das Buch erschienen? Ich selbst habe mich mit dem Problem des »Braunwelsch« beschäftigt, und ich bin immer wieder, beim Lesen von Zeitungen und Zeitschriften aus Deutschland bestürzt über die tiefe Verschlampung, Vernebelung, Verquatschung, die sich in der Sprache kundtut. Haben Sie übrigens mal den Einfluss von Karl May auf Adolfs Vokabular untersucht? Das wäre auch ein hübsches Kapitel. In einzelnen Reden wimmelt es von Mustangs u. ä. m. Uebrigens ist auch die Sprache der Autoren im Exil mannigfachen Einflüssen ausgesetzt gewesen. Ich behandle das Problem kurz in *Unter fremden Himmeln* und habe auch in der Münchner Neuen Zeitung einen längeren Aufsatz darüber veröffentlicht.

Ich hoffe, von Ihnen zu hören und bin mit besten Empfehlungen,

Ihr

F. C. Weiskopf

Willi Jelski an Victor Klemperer

Lima, July 20, 1947

Casilla 1458

Lieber Onkel Victor, liebe Tante Eva:

Gestern erhielt ich Euren lieben Brief an die Mama gerichtet, den ich sofort weitergeleitet habe. Ich habe mich sehr gefreut zu hoeren, dass es Euch einigermassen gut geht. Unterdess habe ich Euch vor wenigen Wochen geschrieben, und Ihr werdet wohl diesen Brief mittlerweile erhalten haben. Auch habe ich Euch wieder vor 2 Wochen ein Paket gesandt und hoffe, dass Ihr es gut erhaltet. Auch an Frankes habe ich 2 Pakete nach Berlin geschickt, eins direkt von hier mit hier eingekauften Sachen durch die englische Luftlinie, die einmal in der Woche von Lima nach London fliegt, wozu sie nur 3 Tage benoetigt. Es wuerde mich sehr interessieren, ob dieses Paket gut angekommen ist. Die Englaender haben direkte Luftverbindung von London mit Frkft. a. M., Hamburg und Berlin. Ich danke Euch sehr herzlich dafuer, dass Ihr bereit seid, mir Buecher zu verschaffen, sobald das moeglich ist. Ich habe unterdess auch von meinem Freunde Hermann Schlenk, der an der Wuerzburger Universitaet als Chemiker taetig ist, gehoert, wie schwer es ist, sich Buecher zu verschaffen. Was die Auswahl anlangt, so ueberlasse ich das ganz Eurer Fantasie. Ich will nur sagen, dass ich nicht ein einziges deutsches Buch mehr besitze. Also interessiert mich alles, was man vielleicht unter dem Begriff zusammenfassen koennte: Die Bibliothek eines fortschrittlich eingestellten Deutschlehrers. Aber bis es so weit sein wird, dass Ihr mir diesen Wunsch erfuellen koennt, wird sicherlich sehr viel Zeit vergehen, und unterdess kommen hier auch sehr viel deutsche Buecher aus der Schweiz an, leider sind sie aber sehr teuer. Trotzdem habe ich gerade vor, mir den Zauberberg zu kaufen, welches eines meiner Lieblingsbuecher ist, wie ueberhaupt Thomas Mann mein Lieblingsschriftsteller. Ist eigentlich das letzte grosse Werk von ihm, Josef und seine Brueder, ein Roman in vier Baenden, schon zu Euch nach Deutschland gelangt? Diese Buecher sind das Schoenste, was ich in all diesen letzten Jahren gelesen habe. Ich bewundere Onkel Victors Ruestigkeit und Beweglichkeit, die es ihm erlaubt, sozusagen ueberall und nirgends zu sein, herumzureisen, mit Vortraegen, Besprechungen, usw., und ich bin sehr stolz darauf. Von Walter hoere ich ziemlich regelmaessig in der letzten Zeit, ich schrieb Euch wohl schon, dass ich ihm einen Eurer Briefe eingesandt habe. Ich hoffe, sehr bald wieder von Euch zu hoeren, und bin, mit den allerbesten Wuenschen,

Euer Neffe,
Willi

Lore Petzal (geb. Isakowitz) an Eva und Victor Klemperer

14, Wellgarth Road,
London, N. W. 11.
2–9–47

Sehr verehrte liebe Frau und Herr Professor Klemperer,

Sie werden sich bestimmt sehr wundern, nach diesen langen Jahren einen Brief von mir zu bekommen. Aber Gustel Wieghardt verdanke ich Ihre Adresse & auch einige Informationen über Sie, & Sie können mir glauben, ich bin schrecklich glücklich, dass es wieder möglich ist, mit Ihnen den Kontakt aufzunehmen.

Von verschiedenen Berichten habe ich gehört, was Sie in diesen grausigen Kriegsjahren durchgemacht haben; Ihr Bild, lieber Herr Professor, habe ich vor einigen Monaten in einer deutschen Illustrierten Zeitung gesehen, aber ich weiss genau, dass keine Berichte und Erzählungen das wiedergeben können, was Sie gelitten & durchgestanden haben. Aber Sie sind beide zusammen geblieben & das ist ja etwas, was Ihnen bestimmt wieder neue Kraft & frischen Mut gegeben hat. Und Ihr Haus, dessen Wachsen ich so oft beobachten konnte & an das ich sehr oft denken musste, steht auch noch! Und Sie, lieber Herr Professor, haben wieder einen Wirkungskreis, der Ihrem Leben Bedeutung & wahrscheinlich grosse Ausfüllung gibt. Und über all dies war ich so froh.

Ich hoffe, Sie werden ein wenig Zeit haben, um mir ein paar Zeilen zu schreiben, denn viel lieber als alle indirekten Berichte, wären mir natürlich Ihre eigenen Worte. –

Ich weiss garnicht, wo anzufangen, von mir zu erzählen. Ich bin seit 4½ Jahren verheiratet & habe einen kl. Sohn von 2 Jahren, Thomas Franklin. (»Franklin« nach Mr. Roosevelt!) Meinen Mann, der Berliner ist, kannte ich noch aus Dresden, & es gelang mir, ihn via Besuchsvisum etc. 3 Wochen vor

Kriegsausbruch hierherzubekommen. Seine ganze Familie, Mutter, Bruder, Schwägerin & 3 Kinder wurden in Auschwitz vergast. Er war in der engl. Armee – aber, da er beruflich Metallurgist ist, wurde er dieser Spezialkenntnisse wegen nach 2 Jahren Service in eine kriegswichtige Fabrik versetzt.

Der Krieg in England war auch nicht sehr schön, ganz abgesehen von der irrsinnigen Angst, die wir 1940 vor diesen Bestien hatten. Aber Sie haben ja das Bombardement von Dresden hinter sich – so, warum soll ich Ihnen über meine Bombenangst schreiben?

Wir haben es überlebt – aber die 6 Kriegsjahre haben sich auch bei uns nicht in die Kleider gesetzt, & irgendwie hinterlassen sie unauslöschbare Spuren. –

Meine Eltern haben ein Häuschen ganz in unserer Nähe & mein Vater ist in seiner Freizeit ein grosser Amateurgardener geworden. Die Grossmutter ist mit 85 Jahren noch unglaublich rüstig & vital & hat noch viel Freude mit ihrem Urenkel.

Vielleicht interessiert es Sie zu hören, dass ich viele Jahre für einen guten Freund von uns, den Soziologen Karl Mannheim gearbeitet habe –, leider ist er plötzlich letzten Februar gestorben. Ich half ihm bei der Arbeit der Veröffentlichung einer Buchserie, zu der auch viele aus dem sogenannten »Heidelberger Kreis« beigetragen haben. Vielleicht haben Sie davon gehört. –

Ein Freund von uns aus Australien, Douglas Wilkie (er ist Mitarbeiter des Melbourne Herald) schickte Ihnen getrocknete Früchte, & ich hoffe sie sind mittlerweile angekommen. Zufällig ist ihm auf irgendwelche Umwege einer Ihrer Briefe in die Hände gekommen, der ihn *so* interessierte, dass er – wie er mir schrieb – Ihnen darauf antwortete.

Lieber Herr & liebe Frau Professor Klemperer, ich möchte so sehr gern von Ihnen direkt ein Lebenszeichen haben, & wenn Sie überhaupt die Zeit ermöglichen können, wäre ich für ein paar Zeilen sehr dankbar.

Ein Päckchen an Sie geht nächste Woche ab, & wenn Sie so gut sind, mir den Empfang zu bestätigen, schicke ich mehr. Sehr viele innige Wünsche und Grüsse,

Ihre Lore Petzal.

Victor Klemperer an Herbert Sulzbach

Dresden A 34, Am Kirschberg 19.

8. September 47

Sehr verehrter Herr Sulzbach –

Ihr liebenswürdiges Schreiben und das in all seinen elf Stücken hochinteressante Material, das ich bestimmt im Sinn des Friedens zu verwerten verspreche, kamen vorige Woche gut in meine Hände. Ehe ich Ihnen dafür danken konnte – ich hatte eine Tournée von 5 Auswärtsvorträgen und unmittelbar danach eine zweitägige Conferenz zu absolvieren –, erhielt ich einen Brief von Ihrer lieben Frau, der mich ebensosehr erfreute wie verwunderte. Sie schreibt, Sie wünschten mich als Lecturer für eine Vortragstournée durch englische Lager anfordern zu lassen.

Ich will Ihnen dazu sagen, dass mir eine solche Aufgabe das grösste Vergnügen bereiten würde, dass ich mich also grundsätzlich gern zur Verfügung stelle, und Ihnen auch gleich, so wie Beate es mir abverlangt, einige Daten über meine Person, meine Ämter und meine Publikationen geben will. Nur werden Sie sehen, dass es mir eine völlig aussichtslose Angelegenheit zu sein scheint, mich zu Ihnen herüberkommenzulassen.

Zuerst also die Daten: Geb. 9. 10. 81, Germanist und Romanist, 1913/4 Lektor und Prüfungscommissar an der italienischen Universität Neapel, 14/20 Privatdozent und ao. Professor an der Univ. München, 1920/33 ordentlicher Professor in der kulturwissenschaftlichen Abteilung der Technischen

Hochschule Dresden; hier 5 Jahre Dekan, neben meiner Romanistik als Sachverständiger bei der Reform des Lehrerstudiums und als Staatscommissar bei den Abiturientenprüfungen tätig; während der Hitlerjahre Judenstern, Zwangsarbeit in verschiedenen Fabriken, Misshandlungen, gelegentliche Einzelhaft, durch merkwürdige Fügung am Leben geblieben, gesundheitlich schwer geschädigt. Seit Sommer 45 in meine alte Professur eingesetzt, dazu ein Jahr lang Aufbauer und Leiter der Dresdener Volkshochschule, ferner seit Anfang 46 im Kulturbund erster Vorsitzender der Gruppe Dresden, Mitglied des engeren Vorstandes der Landesleitung Sachsen, Mitglied des Praesidialrates (d. i. die oberste in Berlin tagende aus etwa 40 demokratischen Kulturträgern bestehende Leitung der Gesamtorganisation). Sehr viele Vortragsreisen – für den Oktober liegen Einladungen in die amerikanische Zone vor, Frankfurt, München etc. – häufiges Sprechen im Berliner Radio. Meine gesamte Tätigkeit auf kulturpolitischem (nicht reinpolitischem, nicht wirtschaftlichem) Gebiet, durchaus paedagogisch im Sinn des Friedens und des geistigen Neuaufbaus, leidenschaftlich antifaschistisch orientiert. – Von meinen zahlreichen Publikationen nenne ich nur die wichtigsten: Monographie über den Rechts- und Verfassungsphilosophen *Montesquieu*, 2 Bde 1914/15, Geschichte der französischen Literatur im 19. u. 20. Jahrhundert, 4 Bde 1925/32, Geschichte der italienischen Renaissanceliteratur 25, Monographie *Corneille*. – Eben jetzt, erscheint dieser Tage im Aufbauverlag – ich bin ständiger Mitarbeiter der gleichnamigen Zeitschrift – »LTI (Lingua tertii Imperii) Notizbuch eines Philologen« und »*Kultur*«, eine zusammenfassende Broschüre über Themen, die ich besonders in Discussionen mit der Freien Deutschen Jugend gehabt habe.

Sie sehen aus alledem, dass ich wohl der geeignete Mann für Sie wäre. Aber nun das kaum, leider kaum zu überwindende

Hindernis: Ich bin überzeugtester Anhänger der SED. Dass ich mit grösster Sympathie an allem hänge, was Frankreich, Italien, England an Geistigem uns gegeben haben, geht aus allen meinen Büchern hervor. Die gleiche Sympathie aber bringe ich auch den grandiosen geistigen Leistungen der Russen entgegen. Und, lieber Herr Sulzbach, Sie sind wirklich nicht recht im Bilde, wenn Sie glauben, dass die Russen sich an uns rächen wollen, und dass wir hier im Osten irgendwie versklavt leben. Ich gebe Ihnen aus vielfältiger persönlicher Erfahrung mein Wort darauf, dass das unwahr ist, und dass man sich russischerseits die grösste Mühe gibt, das furchtbare Kriegselend zu mildern. Auch im Punkte der Kriegsgefangenen liegt es anders, als Sie anzunehmen scheinen. Wirklich und wahrhaftig: die Russen meinen es mit uns gut und bemühen sich aufs ehrlichste um uns. Um uns und um den Frieden. Dass die Not eine sehr grosse ist, nicht nur in Deutschland, sondern auch noch immer in manchen Teilen Russlands, das ist das furchtbare Werk Hitlers. –

Es liegt nun meines Erachtens so, dass ich zu einer Englandtournée die Genehmigung der SMA (Sowjet-Militär-Administration) wahrscheinlich oder doch vielleicht erhalten würde, dass mich aber die englische Regierung als »roten Teufel« ablehnen dürfte.

Dass ich in Wahrheit als absoluter Anhänger der Verständigung zwischen Ost und West käme, dass ich übrigens alle Themen der aussenpolitischen und wirtschaftlichen Reibungen durchaus beiseitelasse und mich immer und überall auf rein geistesgeschichtliche und paedagogische Themen concentriere, in denen alle vernünftigen und ehrlich friedliebenden Menschen eine gemeinsame Basis finden, brauche ich Ihnen nicht zu sagen, nachdem Sie den Brief bis hierhin gelesen haben. Aber noch einmal: ich halte Ihr freundliches Bemühen für aussichtslos.

Noch ein Hindernis: ich spreche ausser deutsch einigermaßen französisch und italienisch – aber leider gar nicht englisch; das kann ich nur lesen, und selbst zum Lesen bin ich noch oft genug auf ein Lexikon angewiesen.

So, verehrter Herr Sulzbach, das ist alles. Ich habe so ausführlich geschrieben, um Ihnen für Ihre freundliche und ausgezeichnete Absicht zu danken; aber noch einmal: ich sehe leider, leider keine Möglichkeit, wie Sie diese Absicht verwirklichen wollen. (Und doch wäre eine solche Verwirklichung wahrhaftig etwas, das der Sache der Verständigung dienen könnte.)

Wollen Sie die Freundlichkeit haben, mein Schreiben auch Ihrer lieben Frau zu übermitteln? Sie ist mir gewiss nicht böse, wenn ich sie bitte, diesen Brief auch als Antwort auf ihre Zeilen mitanzusehen; ich sitze tagtäglich bis in die tiefe Nacht in Arbeit.

Noch dies als Nachtrag zu meiner Vita: ich bin eben jetzt als ordentlicher Professor an die Universität Greifswald berufen worden (für Romanistik – ob ich den Ruf annehme, ist noch nicht entschieden).

Und nun seien Sie mitsamt Ihren Damen vielmals und herzlich gegrüsst, meine Frau schliesst sich diesen Gruessen an.

Ihr ganz ergebener
Victor Klemperer

Karl Vossler an Victor Klemperer

München 8/Maximilianeum
16. 9. 47

Mein lieber Freund Klemperer,

seien Sie versichert, daß unsre Liebe gegenseitig ist. Wie habe ich mich gefreut, Sie endlich einmal wiederzusehen bei dem Fliegeralarm und mich zu überzeugen, daß Sie und Ihre liebe Frau gesund und heil waren, denn oft mußte ich Ihrer gedenken und wusste nicht, ob Sie noch unter den Lebenden waren. Ihr letzter Brief vom 23. August gibt mir nun eine Reihe günstiger Aussichten für Ihre Zukunft und für das Gedeihen Ihrer Arbeiten. Ich bin besonders gespannt auf die »Sprache des dritten Reichs«, aber auch auf alles Andere, was Sie vorhaben. – Meinen lieben Freund und Schüler Werner Krauss muß ich Ihnen nun ganz besonders ans Herz legen. Er ist ein hochbegabter, aber seelisch auch schwer gefährdeter Mensch. Zwei bis drei Jahre hat er unter dem Beil gelebt, und schon lange vorher, als er zu mir kam um zu doktorieren, war er mir von seinem Arzt, Dr. von Hattingberg, einem tüchtigen Psychiater, angelegentlichst empfohlen: »ein schwer gefährdeter Mensch, aber wenn es Ihnen gelingt, ihn an eine wissenschaftliche Arbeit zu fesseln, ist er, glaube ich, gerettet«. Und es ist mir gelungen, ihm eine vorzügliche Arbeit zu entlocken, »Das tätige Leben und die Literatur im mittelalterlichen Spanien«, Stuttgart 1929, mit der er promovierte. In Marburg hat sich sodann Kollege Auerbach väterlich seiner angenommen und hat ihn liebgewonnen. Er scheint in Spanien entscheidende Erlebnisse gehabt zu haben und ist dort zu einem echten, überzeugten Antifascisten geworden. Eine gewisse Schrullenhaftigkeit hat er noch immer. Ich weiß nicht, ob Sie sein merkwüridiges Buch »P.L.N.« (Postleitnummern) kennen. Seine wissenschaftliche Arbeit Graciáns Lebenslehre, Klostermann 1947, dürfte noch im Gefängnis entstanden sein. Ob er das nötige Gleichgewicht besitzt um einem Ordinariat vorzustehen, weiß ich freilich nicht. Für die Sache der Romanistik wäre es mir lieber gewesen, wenn man Ihnen dieses Ordinariat anvertraut hätte. Alle Gute für Ihre Greifswalder und Berliner Pläne und herzlichen Dank für Ihre guten Wünsche. Ich muß schließen.

Das Übrige wird Ihnen Frau Freund-Hoppe mündlich berichten.

Stets Ihr alter
Karl Vossler

Katy Howard (Käthe Sußmann) an Eva und Victor Klemperer

1635 Pennsylvania Street
Denver 5, Colorado
Sept 16. 47.

Dear uncle Victor and aunt Eva, I do hope you remember me. I am your niece Katy, living now here. My sisters Lotte and Hilde can furnish you with all the details – but I much rather give them to you if you feel like writing to me. Here is my reason for writing to you. First of all I want to know all about you both and what we – my husband and I can do to help. As you might know I was married and I am very happy. My husband is an accountant got a grod job and I do some dressmaking at home. When I got Lotte's letter telling me she is near you, it was a relief for me. Please, dear uncle Victor, write me all the details about Lotte – everything how is her health and so on. I sent one package of clothing to her, and am sending another one today. I got all the things from my customers. Now I am sending a package with clotting to you and I hope that Tante Eva might be able to use some of it. But I want _you_ to tell me what else you want, concerning food and clothing. Give me sizes. I just don't know maybe you can help someone else with the things. Please let me know. You see being so far away and I didn't have any contact with people over there – I am sorry to say that I just don't know how the best way is to help. That's why I write to you and I do hope you'll let us know.

I'll answer every question you ask me – and I do hope you will find time to write to me.

My husband joins me in sending fondest regards to you and Tante.

Your niece
Katy.

Elisabeth Stühler an Eva und Victor Klemperer

München 20. 10. 47

Meine lieben Freunde,

nun ist es so weit, morgen geht der Transport nach Bremen und in ca. 8 Tagen weiter nach New-York.

Monatelang haben wir nichts mehr von Euch gehört, seid Ihr Beide so sehr beschäftigt? Die Ausreise jetzt kam so überraschend dass wir kaum Zeit hatten unseren kleinen Haushalt aufzulösen nur schleunigst darangingen die Koffer zu packen. Ach ich kann Euch nicht sagen wie froh wir sind von hier wegzukommen. Wenn wir auch durch die Hilfe von Freunden und Verwandten nicht gerade hungern brauchten, die ganzen Verhältnisse sind so zermürbend und die Menschen gegenseitig so böse und die Angst vor dem Winter bringt fast alle noch um das bissl Verstand. Hattet Ihr auch so eine schreckliche Dürre und jetzt schon einschneidende Stromkürzungen und Sperre? Wie stehts denn mit Greifswald, wäre es nicht angenehmer nur der Wissenschaft zu dienen statt so exponiert in der Politik? Hier ist alles schwarz bis in die Seele, kein Wunder dass der Antisemitismus blüht und man schon in der Strassenbahn die Leute »dreckiger Jude« tituliert. Am deutschen Volk ist Hopfen und Malz verloren und keine Partei ob rechts oder links wird fähig sein diese Generation umzumodeln.

In Sachen Rendsburg hat sich nichts ereignet, meine *wie-*

derholten Aufforderungen die Noten beizuschaffen blieben resultatlos und es wird wohl das Beste sein diese verloren zu geben. Nun haben wir doch eine Tasche und Decken von Euch hier und bis heute leider keine Gelegenheit Euch diese Dinge zu übersenden. Die Tasche ist zu schwer und da verschlossen konnte ich den Inhalt nicht herausnehmen, für diese und die Decken fehlt auch das Packmaterial.

Pause, seit gestern 24. 10. sind wir in Bremen, das Schiff geht voraussichtlich am 5. November. Hier herrscht eine grimmige Kälte und auf dem Schiff wird's wohl auch nicht wärmer sein.

Wir bleiben erst mal 4 Wochen im Osten wollen dort eine Reihe Freunde besuchen um dann ganz nach S. F. zu übersiedeln. Ich hoffe wir hören auch dort drüben öfter von Euch und wünschen von Herzen dass all Eure Mühe für Deutschland zu arbeiten auch Erfolg hat. B. ist ganz selig und freut sich sehr auf all das Neue das er zu sehen bekommt. Ich selbst reise mit einem lachenden und einem weinenden Auge, da ich ja meinen Vater und Schwester in diesem Hexenkessel zurücklasse.

Jetzt hätte ich doch bald vergessen zu berichten dass meine Schwester die Tasche und die Decken auf ihrem Boden verstaut hat, da sie selbst ja auch nur 1 Zimmer bewohnt und somit keinen Platz für die Sachen hat. Vielleicht könnt Ihr die Dinge mal abholen oder abholen lassen, denn auf dem Boden wird es ja auch nicht besser. Die Adresse meiner Schwester ist: Frau Anni Fuchs München Türkenstr. 67/III.

Und nun wünsche ich Euch für die Zukunft alles Gute und Gesundheit, lebt wohl und von Herzen viel liebe Grüsse von

Eurer Lisl

Bernhard Stühler an Eva und Victor Klemperer

Bremen, den
26. 10. 1947.

Meine Lieben!

Endlich haben wir es soweit geschafft. Wahrscheinlich fährt unser Schiff sogar schon am 3. November. Jeder Tag, den es eher fährt, ist gewonnen. Warum hört man von Euch so lange nichts? Bitte schreibt uns doch recht bald nach drüben, unsere Adresse ist: Elisabeth Stuehler c/o Mr. Paul Leeser, 215–7th Avenue, San Francisco, Calif. U. S. A. Gestern waren wir hier in Bremen in der Stadt (unser Lager liegt ziemlich weit draußen), alles Trümmer, nichts als Trümmer. Den Roland haben wir auch besichtigt und haben dann im Ratskeller gegessen. Von den meisten Häusern stehen nur noch die Fassaden. Es mutet einem alles recht mittelalterlich an. Entschuldigt bitte die Klekse, aber mein Füller hat die dumme Angewohnheit, zu laufen anstatt zu schreiben.

Für heute viele, viele herzliche liebe Grüße
Euer Bernhard

P. S. In Amerika werde ich das Bernhard ohne h schreiben, das ist dort so üblich.

Inge von Wangenheim an Victor Klemperer

Inge v. Wangenheim
Berlin-Biesdorf
Hafersteig 63

Berlin, den 19. XI. 47

Verehrter Herr Professor Klemperer!

Wenn Sie die Güte haben sollten, diesen Brief mit der gleichen Impulsivität auf sich wirken zu lassen wie sie für die Schreiberin bestimmend war, so würde mich das sehr glücklich machen. Es ist nun garnichts daran zu ändern – ich muß Ihnen meine tiefste Verehrung zu Füßen legen für das prächtige Buch, das Sie geschrieben haben und das sowohl meinen Mann wie mich in die hellste Begeisterung versetzt hat. An einem derart ekelerregenden, trostlosen Stoff wie der LTI soviel echten Humor, soviel Herzenswärme und menschliche Weisheit zu entfalten – dazu gehört schon etwas, und so tritt das Sonderbare ein: Ihr Buch ermutigt, trotz aller peinvollen Tatsachen – es ermutigt und man hat das befreiende Gefühl: Es gibt doch noch Menschen in Deutschland! Wir haben das echte und dringende Bedürfnis, Sie kennenzulernen, umsomehr als Ihr Vetter uns in Moskau durch seine Konzerte und zahllose kameradschaftliche Gespräche lieb und wert geworden ist. Auch er strömte jene geistreiche Menschlichkeit aus, die Ihr ganzes Buch durchstrahlt. Unsere Beziehung zur LTI wird naturgemäß durch die Tatsache einer 12-jährigen Emigration von anderen Erlebnismomenten bestimmt, hat aber im Grunde denselben Charakter und kommt, ohne daß wir Philologen sind, zu den gleichen Ergebnissen wie Sie. Um nur ein Beispiel herauszugreifen: Mir persönlich war schon durch die mit entsetzlichen Assoziationen verbundenen Begriffe SS und SA allein der Buchstabe »S« unangenehm und verhaßt, ohne daß ich mir in Moskau ganz darüber klar geworden wäre. Als ich den ersten Tag in Berlin die Stadtbahn benutzen wollte und ich von allen Seiten hörte »S-Bahn« durchzuckte es mich jedesmal voller Abscheu und ich konnte mich durchaus nicht daran gewöhnen. Ich sah immerfort eine Bahn vor mir, in der lauter schwarzgekleidete »S-Leute« fahren. Ich brauchte ein halbes Jahr, ehe ich die Bezeichnung »S-Bahn« ohne Komplex gebrauchen konnte. Den Fremden, der in die so veränderte Heimat zurückkehrt, überfallen naturgemäß die »Errungenschaften« der LTI viel schroffer und man hat nach kurzer Zeit die Gewißheit, tatsächlich eine andere Sprache zu sprechen als die Landsleute. Ich wehre mich bis auf den heutigen Tag noch immer und beharrlich gegen die Anwendung jener Worte, die mir fremd und hier gebräuchlich waren und glaube einigermaßen erfolgreich zu sein – für meinen Mann, der nicht Journalist wie ich sondern Dramatiker ist und daher tatsächlich in einer eigenen Sprachwelt lebt, sind die Dinge weniger kompliziert – und doch habe ich das Gefühl, daß die Reinigung unserer Sprache Jahrzehnte in Anspruch nehmen wird. Es bereitet mir immer wieder körperliche Schmerzen, wenn die Freunde meiner Sache das Wort »ausrichten« gebrauchen gerade im Zusammenhang mit dieser Sache, die alles andere als »Ausrichtung« ist. Zweifellos kennzeichnet sich auch hierin die elende Lieblosigkeit, mit der der Deutsche seine Sprache handhabt – wir kennen die Ursachen: Oberlehrer-Halbbildung und Klassenspaltung, Mangel an philosophischem Sinn im Volk, das sich niemals als »Volk« empfand – aus politischen Gründen –

Es ist dies alles doppelt interessant, wenn man aus einem Lande kommt, in dem jeder Bauer im letzten Dorf imstande ist, über sein eigenes Weltbild, über die Natur, über das Leben mit ganz eigenen, schöpferischen, ja dichterischen Worten zu sprechen. Der Russe kann noch erzählen. Ist Ihnen nicht auch schon längst bewußt geworden, daß der Deutsche überhaupt nicht mehr erzählen kann? Es gibt bei uns keine Kultur der Erzählung mehr, höchstens noch im Dialekt. Das hat natürlich Folgen auch für unsere Literatur, in der ja von Berufs und Berufung wegen erzählt werden soll. Es wird aber zumeist nur noch beschrieben oder berichtet. Erzählung ist das alles nicht mehr. Ich fürchte, Thomas Mann wird der letzte gewesen sein, der es noch konnte. Aber das sind Dinge, über die wir uns brennend gern mit Ihnen einmal persönlich unterhalten würden. In Ihrem ganzen Buch hat mich nur ein einziges Mal ein von Ihnen selbst angewandter Begriff bedenklich gestimmt, das war der Begriff »Kultursprachen«. Ich weiß nicht, ob wir diesen Begriff, der doch aus einer ganz bestimmten Interpretation dessen, was »Kultur« ist, geprägt wurde, anwenden sollen. Wenn wir uns nicht damit einverstanden erklären können, daß der Begriff »Kultur« nur auf europäische Kultur zutrifft, und wir können uns damit nicht einverstanden erklären, da wir wissen, daß es auch andere Stufen der menschlichen und gesellschaftlichen Entwicklung gibt, in denen der Begriff Kultur gerechtfertigt ist, dann sollten wir meiner Meinung nach den von europäischer – Verzeihung – Pseudowissenschaft formulierten Begriff »Kultursprachen« ruhig eines sanftseligen Todes sterben lassen. Er schmeckt nach Ueberheblichkeit und Unwissenheit. Aber ich fürchte, Sie werden mir darauf entgegenhalten, daß, so betrachtet, mindestens die Hälfte aller bisherigen wissenschaftlichen Begriffe als unwissenschaftlich abgelehnt werden müßte und daß die Umwandlung einer Sprache, die auf dem idealistischen, undialektischen Weltbild beruht, in eine Sprache, die in ihren Begriffen die wirklichen Bewegungsgesetze unseres Lebens kennzeichnet, Jahrhunderte braucht. Das ist natürlich richtig und so müssen wir uns noch eine ganze Weile mit einem Verständigungswerkzeug bescheiden, das nicht der Höhe unseres Bewußtseins von den Dingen entspricht. Das sind natürlich Probleme, die erst jenseits des Sumpfes der LTI beginnen.

Ihre Analyse war uns Anregung und Befruchtung für viele Jahre und wir sind Ihnen lieber Herr Professor dankbar, zutiefst dankbar dafür, daß Sie sich doch entschlossen haben, Ihre so wertvollen Notizen sogleich und ohne sie erst in Abhandlungen für das Katheder zu verwandeln, veröffentlicht haben. Wollen wir uns gegenseitig versprechen, wenn Sie nach

Berlin und wir nach Dresden kommen sollten, einander auf-
zusuchen? Es wäre uns eine unendliche Freude.

Nehmen Sie die lebhaftesten Grüße
und meine unbegrenzte Hochachtung entgegen
Ihre
IWangenheim

Otto Klemperer an Victor Klemperer

[vor dem 5. 12. 1947]
Dr. O. Klemperer
70, Syke Ings
Iver Richings Park, Bucks.

Lieber Onkel Victor,

Vielen Dank für Deinen Brief vom 17. August. Es hat mich
sehr interessiert soviel Einzelheiten von Dir zu hören. Die
Hauptsache ist doch die Gesundheit, wie geht es mit Deinem
Herz? Deine Berufung nach Greifswald ist doch sehr ehren-
voll, aber ich nehme an, dass Du Dich inzwischen entschieden hast in Dresden zu bleiben. Ich weiss nicht wie sehr sich
alles in Deutschland verändert hat aber zu meiner Zeit war
Greifswald eine »Doktor Fabrik« in Hinterpommern während
Dresden ein internationales Zentrum von Kunst & Wissenschaft darstellte. Dass Du, Peter und Lotte zur S. E. D. gehört,
findet ganz meine Sympatie. Ich habe meine Stimme hier der
Labour Party gegeben, stimme aber sonst in jeder Hinsicht
dem Rate meines guten Vaters bei (den Du ja auch bekommen hast) die Finger von der Politik zu lassen und sich in die
Wissenschaft zu vergraben. Du fragst nach unserem Leben
hier: Wir leben in der Vorstadt Iver; Richingspark ist der spe-
cielle Teil von Iver in dem unser Haus steht und wir haben
hier einen ziemlich grossen Garten von ⅓ Morgen Grund-

fläche. Mit Hilfe meiner Söhne ziehe ich dort erhebliche Mengen von Obst und Gemüse sogar Honig, ich habe 2 Bienenstöcke, was bei der grossen Knappheit sehr nützlich ist. Wir sind 20 Meilen vom Zentrum London's entfernt und ich fahre jeden Morgen mit der Eisenbahn zur Stadt wo ich dann vom Bahnhof noch ½ Stunde zum Imperial College der Universität zu Fuss zu laufen habe. Unser ältester Sohn Hugh lebt während des Semesters in Oxford, in den Ferien wohnt er hier bei uns. Der zweite Sohn Derek hat im Sommer sein Abitur mit Auszeichnung bestanden und wartet nun auf einen Platz in irgend einer der furchtbar überfüllten Universitäten. Überall sind lange Wartelisten und Ex-Armee Leute sind die Einzigen die zur Zeit Chancen haben. Vielleicht wird Derek auch erst seine 18 Monate zu dienen haben.

Ich habe vor etwa 2 Monaten und wieder letzte Woche je ein Packet mit Tee & Schokolade gesandt davon haben wir hier genug d. h. eine ziemlich grosse Ration alle andern Rationen besonders Brot und Kartoffeln sind sehr knapp für die wachsenden Söhne aber wohl unvergleichlich besser als bei Euch.

Mit herzlichen Grüssen u. besten Wünschen Dir & Tante Eva

von Otto.

9

NOCH IMMER IM AMT UND MEHR ALS JE

1948–1951

Seit dem 7. März 1950 wohnten Klemperers wieder in ihrem Haus in Dölzschen; um seinen Verpflichtungen in Halle und Berlin nachkommen zu können, verfügte Klemperer seit April 1951 über einen Wagen und beschäftigte einen Chauffeur.

Über Stationen in Dresden, Greifswald (1947/48) und Halle (ab 1948) kommt Victor Klemperer 1951 schließlich an die Berliner Humboldt-Universität. Damit hat er in gewisser Hinsicht das Ziel seiner Laufbahn, das Katheder in der Hauptstadt, erreicht. Daneben geht ein zweiter Traum in Erfüllung: Er erhält einen Abgeordnetensitz in der Volkskammer. Doch die Nachkriegsrealität gestaltet sich schwierig, die Zweifel nagen, die Hoffnungen bröckeln.

Klemperer ist berühmt und geehrt. Der Preis dieses Aufstiegs indes macht ihm zunehmend zu schaffen, er schwankt zwischen Opportunismus und Rebellion, stellt den Wert des eigenen Engagements in Frage. »[...] ich selber bin schwer angeschlagenen Herzens, komme mir oft wie ein Gespenst vor, das nur aus Versehen und auf Abruf hier herumläuft«, heißt es Mitte Februar 1949 in einem Brief an Vossler. Und dennoch, er macht weiter, dabei bekommt er schon 1948 Gegenwind zu spüren: Er muss ein angeblich antisemitisches Kapitel aus »LTI« herausstreichen. Er übernimmt weitere Funktionen: 1948 bis 1950 Vorsitzender der Landesleitung des Kulturbundes Sachsen-Anhalt sowie Mitglied des Zentralvorstandes der Gesellschaft für deutschsowjetische Freundschaft, 1951 bis 1953 Mitglied des Zentralvorstandes der Vereinigung der Verfolgten des Naziregimes (VVN). Im Dezember 1950 wird ihm die zweifelhafte Ehre zuteil, für seine Kulturbund-Fraktion das Gesetz zum Schutz des Friedens zu begründen: Es stellt sich als übles Allzweckinstrument der DDR zur Bekämpfung nicht nur von Agententätigkeit und Wirtschaftssabotage, sondern vor allem von politischen Gegnern heraus. Im Hintergrund lastet auf ihm immer die politische Drohung der Unzuverlässigkeit, er fürchtet »Parteiaus-schluß, Licenzentzug!«.

Der kranke Vossler, sein großes Vorbild und verehrter Lehrer, der ihm und seiner Frau in den Tagen der Flucht nach Bayern noch wenig Empathie entgegenbringt, findet zu einem persönlichen Ton seinem ehemaligen Schüler gegenüber, der sich zu dem bewegenden Bekenntnis steigert: »Mein lieber Freund Klemperer, seien Sie versichert, daß unsre Liebe gegenseitig ist.« Im Frühjahr 1949 stirbt er. Klemperer bleibt in dieser Lebensphase eher verschlossen. Etliche seiner Verwandten und ehemaligen Freunde können bei allem Lob dafür, dass er sich so in die »große« Politik wie in die Kultur- und Universitätspolitik stürzt, eine gewisse Enttäuschung nicht verhehlen. Denn während seine Freunde und Bekannten, die in den Ländern ihres Exils geblieben sind, versuchen, sich auf die fremden Lebensbedingungen einzustellen und davon berichten, ist er ganz von seinen kulturpolitischen Aktivitäten absorbiert. Wo er aber in seinem eigentlichen Element ist und auflebt, das ist der direkte Kontakt mit seinen Studenten. Vortrag halten, unterrichten, lehren – da ist er wahrhaftig in seinem Element.

Victor Klemperer an Werner Krauss

Gr[eifswald] 29. I. 48

Lieber Freund –

Deinem Herrn Assistenten beiliegende Notiz.

Dir selbst bestätigte ich die Buchsendung mit herzl. Dank (ich glaube: noch nach Marburg) u. den Aufbau-Verlag wies ich an, Dir meine Lingua Tertii Imperii zu schicken, was hoffentlich inzwischen geschehen ist.

Heute komme ich mit folgender Bitte:

Es wird hier eine Lehrkraft für moderne Geschichte gebraucht. Die Zentralverwaltung legt Wert darauf, daß jemand über die Gegenwart und die jüngste Vergangenheit lese, der wirklicher Sozialist ist und von Wirtschaftsgeschichte etwas versteht.

Nun hat in Leipzig vor ein oder zwei Semestern – durch politische Hemmung in der Nazizeit aufgehalten – unser Genosse Dr. Opitz promoviert, er ist Assistent bei Behrens. Opitz könnte sehr wohl hier sowohl in der phil. wie in der pädagog. Fakultät Verwendung finden. Er könnte sich hier an eine ernstliche Habilitationsschrift machen, er würde von Anfang an durch einen Lehrauftrag wirtschaftlich sichergestellt werden u. hätte Zukunft. Ich kenne ihn persönlich gut, halte viel von ihm u. weiß, daß er sich nach einer solchen Zukunft sehnt. Die phil. Fakultät hat mich beauftragt, ihn anzufragen, wie er sich die Dinge denkt, ihn Arbeiten vorlegen zu lassen u. über ihn Auskunft einzuholen.

Nun liegt aber folgende Schwierigkeit vor. (Ich spreche jetzt natürlich absolut vertraulich.) Der Ordinarius für Geschichte hier – nur für mittelalterliche Geschichte – ist nichts weniger als sozialistisch orientiert u. wußte sofort von einigen jungen Leuten, die »nur leicht belastet sind« u. also in Frage kommen könnten. Über Opitz will er ein Gutachten von Kühn (Johannes) haben. Kühn u. Opitz sind Gegensätze, u. daß ich Kühns Mattsetzung verlangt habe, wird Dir bekannt sein. Es wäre mir deshalb sehr lieb, wenn Du Dich irgendwie in diese Sache einschalten könntest. Ganz abgesehen von der Person des Dr. Opitz: es geht nicht an, daß wir ein solches Katheder in »nur wenig belastete« Hände geben, und es ist durchaus notwendig, daß wir für Nachwuchs sorgen.

Meine Bitte an Dich: 1) ich habe Opitz' Adresse nicht hier, sei doch so gut, Dich mit ihm in Verbindung zu setzen; er soll sogleich an mich schreiben, auch an den Dekan der philos. Fakultät Prof. Jacoby (Philosoph, Diplomat, sehr viel mehr rechts- als linksstehend, während der Hitlerzeit außer Amt, weil mit ein paar Prozent Judenblut behaftet).

2) sieh Dir Opitz an u. hilf ihm, wenn Du kannst. –

Sehe ich Dich auf der SED-Hochschultagung in Berlin am 7. II.?

Daß ich mich hier wohl fühle, kann ich bisher nicht behaupten. Hoffentlich hast Du über Leipzig nicht zu klagen.

Herzliche Grüße
Dein
Victor Klemperer

Victor Klemperer an Werner Krauss

Greifswald, den 15. III. 48

Lieber Freund –

herzl. Dank für frdl. Zeilen. Ich kann Deine tiefe Verstimmung durchaus nachfühlen. Wir werden nun hoffentlich bald in engeren Connex kommen, u. dann wird es wohl möglich sein, daß wir uns gegenseitig unterstützen und die und jene »Löwengrube« bzw. den und jenen Augiasstall ausräumen. Die Berufung auf das Hallenser Ordinariat habe ich bereits in Händen; ich werde in nächster Zeit zu genauer Verhandlung hinüberfahren u. zum WS. dort beginnen. Wie mit Rompe u. Wandel u. den Hallensern selber besprochen, soll nur ein Wochentag des Semesters abgezweigt werden für eine Honorarprofessur (Lehrauftrag für französische Geistesgeschichte, habe ich vorgeschlagen) in der Gesellschaftswiss. Fakultät der Leipziger Universität. Da könnten wir uns aufs schönste zusammentun, ohne uns im geringsten gegenseitig zu beeinträchtigen, u. ich hätte die Hand im sächsischen Hochschulspiel, in dem ich ja überreichlichste Erfahrung habe. Ebenso könnte ich dann dem Kulturbund in Leipzig an den dürren Leib – ich bin ja noch Mitglied der Sächs. Landesleitung, sitze auch im Präsidialrat. Mit Rocholl sprach ich, wie Du ja weißt, neulich eingehend über diese Combination u. habe ihm nun, gleich nach dem Telegramm, das mir die Hallenser Regierung schickte, noch einmal geschrieben. Ich bin am 17/18. als Delegierter in Berlin u. werde dort wohl Regierungsleute aus Dresden u. Halle sprechen können. Vielleicht unterstützt Du die Angelegenheit von Leipzig aus. –

Vom Leipziger Kulturbund erhielt ich keinerlei Aufforderung.

Deine PLN möchte ich ausführlich in »Heute u. Morgen« anzeigen, der sehr passablen Zeitschrift, die der KB. Mecklenburg in Schwerin herausgibt, u. die mich zur Mitarbeit drängt.

Vor Monaten bereits besprach ich mit der sehr vernünftigen neuen Teubner-Leitung den Plan einer Zeitschrift, die den Geisteswissenschaften (Philosophie, alte u. neue Philologie) dienen sollte, gewissermaßen eine erweiterte u. modernisierte Fortsetzung der früheren »Neuen Jahrbücher« Teubners. Wie wäre es, wenn wir da zusammen einstiegen, uns eine Art »Logos des Ostens« aufbauten u. Herrn Wartburg schwimmen ließen? Teubner zweifelte damals, ob wir genügend Mitarbeiter finden würden. Zu zweit sicherlich! Aber das müssen wir mündlich bereden.

Ich wäre sehr, sehr erfreut, wenn mein Leipziger Plan glückte.

Sei recht herzlich gegrüßt von Deinem
Victor Klemperer

Hast Du endlich meine LTI erhalten? Kuriose Coïncidenz die Titelähnlichkeit PLN – LTI, wo einer nichts vom andern wußte. Aber das lag eben in der Luft.

Bitte gib mir möglichst rasch den Namen des jungen Mannes an, den Du im letzten Notfall den Hallensern vorschlagen wolltest. Rompe sagte mir, es handle sich um einen wirtschaftsgeschichtlich Orientierten – stimmt das? Er könnte sehr wohl hier bei meinem Fortgang mit einem Lehrauftrag beginnen. Für Afrz.-Paukerei habe ich einen braven Schulmann aus Schwerin hier.

Victor Klemperer an Werner Krauss

Greifswald, den 20. III. 48

Lieber Freund –

Ich komme heute mit einer besonderen Bitte. Die Kisten, die ich jetzt endlich herbekommen sollte, sind aus einem teuflischen Grund wieder in Dresden stehen geblieben. Da inzwischen meine Berufung nach Halle und Leipzig – Lehrauftrag für französ. Geistesgeschichte in der Gesellschaftswiss. Fakultät – erfolgt ist, werden wir die Sachen wohl unmittelbar nach H[alle] dirigieren. In einer dieser Kisten befindet sich Dein

PLN-Roman, den ich gern eingehend anzeigen möchte. Könntest Du mir für wenige Wochen ein Exemplar leihen. Ich wäre Dir sehr dankbar dafür u. verspreche schonendste Behandlung.

Vom Volkscongreß in Berlin war ich nicht übermäßig entzückt. Man kannte schon allzugenau auswendig, was gesagt wurde. Dagegen war die Demonstration um so bedeutender, als sie sich ja gegen das schlechteste Wetter u. gegen das Concurrenz-Unternehmen der Stadt durchzusetzen hatte.

Sei aufs beste gegrüßt

von Deinem

Victor Klemperer

Hast Du meine LTI endlich bekommen?

Ich bitte Dich nochmals, mir bald Deinen Kandidaten für Greifswald zu nennen.

Karl Vossler an Victor Klemperer

München 8, Maximilianeum

8. 4. 48

Lieber Freund Klemperer,

selbstverständlich können Sie Ihre Handkoffer bei uns einstellen. Schwieriger ist es mit der anderen Bitte, nämlich daß ich Ihnen einen tüchtigen jungen Romanisten empfehlen soll. Da ich seit nunmehr 10 Jahren emeritiert bin, ist mir unser wissenschaftlicher Nachwuchs wenig bekannt. Kollege Rheinfelder, bei dem ich mich hätte erkundigen können, ist leider verreist, zuerst nach Italien und dann für längere Zeit nach Schweden. Ich freue mich sehr, daß jetzt Ihr Buch über die Sprache des dritten Reiches bald herauskommt und daß sich Ihnen in Halle und Leipzig ein so weites Feld der Tätigkeit eröffnet. Schauen Sie nur, daß Sie sich dabei nicht überarbeiten. Grüßen Sie mir auch vielmals meinen lieben Schüler Werner Krauss.

Von mir selbst ist nur zu melden, daß ich immer noch krank liege und meinen Tag mit lesen zubringe. Zu einer wirklichen Arbeit reichen meine Kräfte noch nicht aus. Ich kann das Haus nicht verlassen, weil ich nicht einmal die paar Treppenstufen bewältige. Die Leukämie, an der ich seit beinahe einem Jahr leide, hat mich sehr geschwächt und vielleicht noch mehr die Bestrahlungen, durch die sie bekämpft werden soll. So habe ich denn auch kaum etwas Neues, das Sie interessieren könnte, zu vermelden.

Mit den besten Grüßen und Wünschen von Haus zu Haus
Ihr
Karl Vossler

Ludwig Voß an Victor Klemperer

Dr. L. Voss
Bensberg
Montanusstr. 11

Bensberg. 22. V. 48

Sehr verehrter Herr Professor.

Ich lese soeben in einem mir zugesandten Zeitungsausschnitt, daß Sie nach Greifswald berufen sind, und wünsche Ihnen zu der Berufung als »Ordentlicher« an die Universität herzlichst Glück – und frohe Erfolge in Ihrer schönen Arbeit.

Von meiner Schwägerin habe ich nie mehr etwas gehört, sie ist natürlich »gestorben worden!«. Alle ihre Sachen, die auf meinem Namen an 5 verschiedenen Stellen in Dresden eingelagert waren, sind restlos verbrannt, wie mir von den verschiedenen Lagern aus mitgeteilt wurde. So ist von der Familie

Voss-Dresden nichts mehr übrig geblieben als ihr Andenken und ein Denkmal auf dem kath. Friedhof in der Friedrichstr. Fatum!

Ich hoffe, daß es Ihnen und Ihrer Frau Gemahlin gut geht und sende Ihnen beste Grüße.

Ihr sehr ergebener
Dr Ludw. Voss.

Elisabeth Stühler an Eva und Victor Klemperer

San Francisco 25. Mai 1948
215-7th Avenue
c/o Paul Leeser

Meine Lieben!

Ich warte und warte auf Antwort auf meine beiden Briefe und statt dessen erreichte mich gestern Euer Schreiben an meine Schwester. Wo schwirren meine Briefe?

Erst aber mal waren wir erstaunt dass die Greifswalder Ehe unglücklich geworden ich dachte Du könntest Dich da in aller Ruhe Deinem Werke widmen. Jetzt im Sommer wirds ja ganz schön sein und zum Herbst erwarten Dich ja wieder neue Aemter, neue Pflichten und sicher auch neue Ehren. Wie gehts gesundheitlich, fühlt Ihr Beide Euch wohl? Was wurde aus den Noten von Rendsburg und wer wohnt in Eurem Haus auf dem Kirschberg? Soviele Fragen, ich freue mich schon auf einen langen Brief von Euch.

Nachdem Ihr meinen Reisebericht nicht erhalten habt muss ich mich wiederholen und Euch berichten dass wir am 29. 11. 47 nach 17 tägiger stürmischer Fahrt glücklich hier gelandet sind. Die Bremer Tage waren weniger als angenehm, doch als wir in Bremerhaven die Zigarrenkiste genannt Marin Tiger sahen wurde mir doch ein bissl schwummerig. Alles zusammengenommen fuhren wir 5 Tage länger wie vorgesehen drehten 2 x auf dem Ocean um die eigne Achse sodass Passagiere zu Bett gehen mussten und alles Geschirr von Küche und Kabinen mit lautem Krach zertöpperte. Na schön wir erreichten den ersehnten Hafen und tippelten nach Erledigung aller Formalitäten meinen Freunden zu. 5 Tage verlebten wir herrlich in New York bei Verwandten von Milo und dann begann die 5 tägige Reise hierher. Dieser Trip war herrlich wir fuhren 1. Klasse meine Freunde sandten mir 300 Dollar nach New York sodass es uns an nichts fehlte. Bernard war in seinem Element beide fühlten wir uns von der ersten Stunde an wohl hier und noch nie waren wir von Heimweh befallen. In S. F. erwartete uns mein Freund und nun war die Reise zu Ende und wir fanden eine neue Heimat. Meine Freunde haben ein nettes Damenconfektionsgeschäft in welchem ich nun beschäftigt bin und es ist sehr interessant für mich am Eingang zu stehen und das Leben und Treiben auf der Strasse zu beobachten. Die erste Zeit waren mir die vielen farbigen Menschen so fremd und ein bissl unheimlich, doch nun sind wir schon vertraut und erkennen schon den Unterschied zwischen Japanern und Chinesen. S. F. hat ausser in China die grösste Chinesensiedlung, herrliche Geschäfte mit auserlesenen asiatischen Kunstgegenständen, Restaurants mit chines. Küche der ich ganz besonders zugetan bin. Für Leute wie wir, die aus dem geschlagenen D. kommen, ist es hier wie im Märchen, die Läden zum bersten voll mit Waren gut, besser am besten, je nach dem Geldbeutel ohne den man auch hier nicht leben kann. Die Woche über arbeiten wir tüchtig, doch Sonntags fahren wir in die Umgebung und wir haben schon mehr gesehen wie mancher hier Geborene. Bernard lernt zur Zeit driven und fuhr uns vor 14 Tagen zum ersten mal aus, er geht aufs College und wird Euch selbst berichten. Wir wohnen mit unseren Freunden zusammen, abends fixen wir rasch das Dinner

– wie einfach nach dem bewährten Rezept man nehme – meist sind wir eingeladen oder geben selbst eine Partie, gehen ins Kino doch mein europ. Geschmack lässt mich nicht alles schön finden. Im Kino herrscht Grossbetrieb, Vater Mutter und Kinder selbst das paar Wochen alte Baby ist vertreten da nach einem calif. Gesetz verboten ist, kleine Kinder alleine zuhause zu lassen. Ein Nebenberuf für viele Studenten ist das »Babysitten« man sitzt und bewacht den Schlaf der Kleinen wobei man, wenn diese sich manierlich benehmen sein Pensum erledigen kann. Die Landschaft und Klima ist herrlich hier, wir erlebten einen Frühling von solcher Farbenpracht finden jeden Tag neue Blumen fremde Pflanzen und immer wieder neue Bilder. Montag ist Feiertag und wir fahren über das Weekend nach Santa Cruz ein Badeort mit herrlichem kilometerlangem Strand. Anfang April schon haben wir im Ocean gebadet, der Winter ist hier so mild wie ein schöner warmer Frühling in Deutschland.

Die Stimmung für Deutschland ist nicht gut und es ist besser nicht zu erzählen dass man deutsch ist; das ist bei mir schwierig man hört es schon am Aczent woher ich komme. Bernard spricht schon blendend, hat sage und schreibe 30 ℔ zugenommen und ist ein »Bröckerl« geworden.

Jetzt aber Schluss sonst ist der Brief selbst mit Uebergewicht zu schwer, viel viel liebe Grüsse Euch Beiden von

Eurer Lisl

Für heute schnell viele, viele herzliche Grüße, ich habe soviel Schularbeiten, daß ich nicht weiß wo mir der Kopf steht. Übernächste Woche habe ich ein paar Tage Ferien, und dann werde ich einen ausführlichen Brief über mein Leben hier und die Schule schreiben.

Euer Bernard.

Klaus Morellat an Victor Klemperer

Kiel, den 9. Juli 1948

Sehr verehrter Herr Professor!

Sie werden erstaunt sein, aus dem entfernten Kiel einen Brief von einem Ihnen unbekannten Psychologen (Doktorand) zu erhalten.

Ich hatte gestern beim Besuch meiner Eltern Gelegenheit, Ihr Buch »LTI« zu lesen. Wie mich dieses Buch, Ihr Notizbuch, erschüttert hat im Hinblick auf das, was Sie und Ihre Glaubensmitmenschen, Ihre Frauen und Kinder erleiden mussten und das, was geschah, wird Ihnen verständlich, wenn ich Ihnen schreibe, dass mich der Film »Ehe im Schatten«, das verfilmte Schicksal des Schauspielers Gottschalk und seiner jüdischen Frau, den ich vor einigen Wochen zu sehen Gelegenheit hatte, derart deprimierend beeindruckte, dass ich tagelang keinerlei Ruhe fand. Dieses Gefühl einer ungewissen und eigentlich unberechtigten Selbstschuld verfolgt mich stets beim Hören des Wortes »Jude«. Ich selbst habe die Anfänge, in einer Kleinstadt aufgewachsen, der Versklavung und Entrechtung des Judentums erstmals erlebt als 19jähriger, verwundeter Soldat im Jahre 1941 in Lemberg im Lazarett. 19 Jahre alt, ahnungslos in der Politik damaliger Zeit aufgewachsen, wurde ich Zeuge dieser menschenunwürdigen Behandlungen. Wie froh bin ich heute, dass ich der einen und anderen Jüdin, die uns damals (be=)dienen mussten als Lazarettgehilfinnen, ein Stück Brot, eine Zigarette, einige Zloty zustecken konnte, wenn sie reinmachen mussten, sie, die Medizinstudentin X, die Arztfrau Sarah Y und wie sie nun gerade geheissen haben mögen; wie traurig bin ich darüber, dass erst 1943 in mir der innere und äussere Widerstand gegen das imperium tertium erwachte, sodass ich dann Weihnachten 1943 aus dem NS-Studentenbund ausgeschlossen wurde wegen meiner »zur Schau getragenen Nicht-Nationalsozialistischen-Gesinnung«. Hätte ich der einen oder anderen 1941 helfen können als an das Bett gefesselter Verwundeter?, – ich weiss es nicht.

Ihre »LTI«, in der klaren Sprache des Philologen verfasst, spannend und mitreissend geschildert, wird hoffentlich noch viele Deutsche beeindrucken, viele, die »es nötig haben«.

Gleichzeitig mit Ihrem Buch konnte ich die Kritik einer mir leider unbekannten Zeitung lesen – es war nur der Ausschnitt –, die voll des Lobes war, aber kritisch meinte, Sie hätten das Persönliche zu sehr hervorgehoben; aber, was ist ein Notizbuch, also faktisch eine Biographie, ohne das Persönliche, das, welches das Geschilderte erst glaubhaft macht?

Wenn Sie jetzt inmitten der Wirrnisse heutiger Zeit der lingua tertii imperii nachgegangen sind und daraus ein menschlich-historisches Buch geschaffen haben, so hoffe ich, dass hier in der Westzone nicht ein Buch geschrieben werden muss über das quartum imperium, über ein kapitalistisches, schon jetzt moralloses, morsches Westreich unter Führung engstirniger, feiger Menschen. Wenn Sie, und das berechtigt, sich eingehend mit dem »Heroentum« auseinandersetzten, so wird man vielleicht auch hier bald ein solches finden, hier, im Reiche westlich-(un=)demokratischer Unfreiheit.

Darf ich Ihnen abschliessend nochmals sagen, dass ein Buch mich selten derart gerüttelt hat wie das Ihre. So eigentümlich es klingen mag, eine seelische Belastung, wenn auch unschuldigerweise, bedeutet mir Ihre »LTI«, sodass ich dankbar bin, dieses Buch gelesen zu haben, übte es darüberhinaus einen psychologischen Reiz auf mich aus. Möge Ihr Buch noch vielen zugänglich werden, später dann Bestandteil der eigenen Bibliothek vieler »Westzonler«.

Mit vorzüglicher Hochachtung, vor allem auch vor Ihrer Frau Gemahlin, bin ich, wenn auch unbekannterweise,

Ihr sehr ergebener
Klaus Morellat

Hilde Standfest an Victor Klemperer

Jena, Ernst-Abbe-Bücherei, 12. 7. 1948.

Sehr geehrter Herr Professor!

Mit grossem Interesse habe ich Ihr Buch »LTI« gelesen. Für jeden, der gewöhnt ist, mit Literatur umzugehen und daher eine besondere Beziehung zur Sprache hat, ist es von besonderem Wert.

Mir wurde erst bei der Lektüre dieses Buches so richtig klar, wie sehr man doch, gerade als junger Mensch, der in der von Ihnen geschilderten Zeit seine entscheidendsten Eindrücke erhielt, oft achtlos an all dem vorübergegangen ist, was sich nun beim näheren Hinsehen als lächerlich oder verderblich zeigt.

Als Bibliothekarin und frühere Germanistikstudentin hat mich besonders das Kapitel beeindruckt, in dem Sie von der Literaturgeschichte von Linden sprechen. Man hat es wohl immer selbst gefühlt, dass etwas daran nicht echt ist, aber in vollem Umfang wird es mir erst jetzt bewusst. Umso dankbarer bin ich Ihrem Werk, dass es einen zur Selbstkritik zwingt.

Ich hoffe, Sie nehmen es nicht übel, wenn ich Sie bei dieser Gelegenheit auf einen kleinen Irrtum Ihrerseits aufmerksam mache, der ja aus der Verworrenheit der damaligen Lage leicht zu verstehen ist: Sie schreiben im 34. Kapitel »Die Probe aufs Exempel« von den Sternträgern »... man musste sie unterwegs abtun, denn die Endstationen Theresienstadt und Auschwitz waren längst in Feindeshand.« Ich weiss, dass Theresienstadt bis zum 8. 5. 1945 in deutscher Hand war. An diesem Tage kam eine schwedische Kommission, um die Lage in diesem Konzentrationslager zu überprüfen und am 10. Mai besetzten die Russen das letzte feindfreie Gebiet, in dem auch Theresienstadt lag. Da ich damals in der Nähe von Theresienstadt wohnte und aus Berufsgründen fast täglich an dem Konzentrationslager vorüberfuhr, hatte ich gerade in den Monaten von Februar bis Mai sehr oft Gelegenheit zu sehen, wie unendliche Züge von Häftlingen dort eingeliefert wurden, die man auf der Flucht vor den überall näherrückenden Feinden nur noch nach Theresienstadt bringen konnte.

Es ist also leicht anzunehmen, dass viele Ihrer Dresdner Leidensgefährten doch noch mit dem Leben davongekommen sind, weil es in dem noch übriggebliebenen feindfreien Teil Deutschlands kein anderes Konzentrationslager mehr gab. Und die Befreiung für Theresienstadt kam so schnell, dass die Wachmannschaften keinen Mord mehr in grösserem Ausmasse begehen konnten.

Ich wollte keine Kritik üben an Ihren Behauptungen, bitte glauben Sie mir das, vielleicht ist es Ihnen aber ein Beweis, wie genau und mit welcher Überlegung ich Ihr Buch gelesen habe. Und ich denke mir, dass dies einen Autor immer freuen müsste.

Es grüsst hochachtungsvoll
Hilde Standfest.

Victor Klemperer an Aufbau-Verlag (Erich Wendt)

[Oktober 1948]

Sehr verehrter Genosse Wendt,

auf das freundliche Schreiben vom 29. September ist dies zu erwidern:

1.) sagte ich schon vor einigen Wochen, daß ich die LTI-Correktur nicht durchführen kann, wenn ich nicht eine Vorlage mit meinen Abänderungen innerhalb der Erstausgabe zur Hand habe. Das Exemplar, in das ich für mich diese Abänderungen eingetragen habe, befindet sich nämlich in einer Kiste, die auf dem Wasserweg von Greifswald hierher schwimmt, und wie lange es bis zu deren Ankunft dauert, weiß günstigenfalls Gott.

2.) Im Punkte Herzl bitte ich zu lesen, was auf S. 220 steht. Noch nachdrücklicher kann man die Menschlichkeit des Mannes, und daß ihm alles Morden und Absicht, andere Völker zu unterdrücken, ferngelegen hat, noch nachdrücklicher kann man das nicht betonen. Was ich dann weiter ausführe, trifft den Kern meines Buches, beeinflußt mehrere Capitel, ist 100 % aufs genaueste überlegt. Daran kann ich kein Wort ändern, es handelt sich um absolut unanfechtbare Tatsächlichkeiten. Von irgendwelchem Antisemitismus kann doch bei mir nicht die Rede sein, auch den Ost- oder sonstigen Juden, die in Palästina eine Heimat suchen, trat ich nicht im entferntesten zu nah, aber der jüdische Nationalismus ist mir noch verhaßter als jeder andere Nationalismus, weil die Juden doch wahrhaftig wissen müßten, wohin Nationalismus führt – man hat es ja eben jetzt erst wieder (Bernadotte!) gesehen. Und die geradezu tragikomische Tatsache, daß Hitler von Herzl gelernt hat, ist einfach nicht aus der Welt zu schaffen. Wenn ich noch ein Wort der Eitelkeit hinzufügen darf: gerade diese Zion-Kapitel werden meiner LTI ein Siegel an bleibender Bedeutung geben.

Mit herzlich ergebenem Gruß
Dein
Victor Klemperer

Karl Vossler an Victor Klemperer

München 8, Maximilianeum
8. 10. 48

Lieber verehrter Freund Klemperer,

seit gestern habe ich nun Ihr lange erwartetes Buch in meinen Händen, habe mich sofort in die Lektüre gestürzt und bin noch mitten drinnen. Es ist geradezu spannend und ich folge mit einem Gemisch von Freude an der Kunst des Verfassers und Grauen über Ihre Erlebnisse. Es ist Ihnen vortrefflich gelungen, Erlebnis und Wissenschaft zusammenzufassen, und ich kann mir den großen Erfolg, den Sie ernten, sehr gut erklären. Ich lese vorerst noch mit Hast und Neugier und kann Ihnen kaum mit kritischen Bedenken oder Beiträgen zu Hilfe kommen. Eine Kleinigkeit: Das Haus der deutschen Kunst in München trug über der westlichen Eingangstüre einen Hitlersatz in ehernen Buchstaben: »Die Kunst ist eine erhabene, zum Fanatismus verpflichtende Mission.« Vielleicht können Sie dieses eherne Blech für die Neuauflage brauchen. Im ganzen habe ich diese schrecklichen und öden Jahre mit abgewandtem Gesicht über mich hingehen lassen, und daher ist mir auch die Sprache dieses Reiches fremd und gleichgültig geblieben. Jetzt, in Ihrer Beleuchtung gewinnt sie für mich ein gewisses Ansehen. Bevor ich mit der Lektüre nicht zu ende bin, möchte ich aber noch kein eigenes Urteil wagen. Auch bin ich noch immer durch meine lange Krankheit sehr geschwächt und habe zu eigener Arbeit mich seit vielen Monaten nicht mehr aufschwingen können. Ich bin noch immer in ärztlicher Behandlung und verbringe den größten Teil des Tages im Bett. – Hoffentlich leben Sie sich in Halle gut ein. Die philologische Tradition ist dort wohl immer noch lebendig, und Sie werden gewiß sehr viel zu tun haben. – – – –

Einstweilen verhalte ich mich abwartend in unserer Wissenschaft und offen gestanden nicht sehr hoffnungsvoll. Mit den besten Grüßen und Wünschen von Haus zu Haus

Ihr
Karl Vossler

Julius Bab an Victor Klemperer

33 Villa Str
Roslyn Heights. L. J.
N. Y.
[Oktober 1948]

Lieber Victor Klemperer

von mehreren Seiten hat man mir geschrieben, dass Sie in einem unlaengst edierten Buch meiner gedacht haben; und ein besonders Eifriger hat mir sogar die ganze Stelle (oder zwei sind es, glaube ich) abgeschrieben.

So will auch ich Ihnen einen Gruss senden und sagen, dass ich mich unserer Kindheitsbekanntschaft sehr wohl erinnere. Ich habe Ihren Weg, wo mir Spuren auftauchten, immer mit Anteil verfolgt. Und ich habe erfreut gesehen, dass Sie über-lebt haben, und dass Sie jetzt sogar wieder lehrend in Deutsch-land sind.

Was den Vers angeht, den Sie citieren, so hat er schon oef-ter ernsthafte Leute – aber immer nur einzelne – beschaeftigt. Was Sie aesthetisch zu meinen Gedichten sagen, ist gewiss richtig – mit Ausnahme, dass Sie George unter meinen Ahn-herrn nennen. Er hat mich nie beruehrt. Mein Meister war Dehmel.

Wichtiger ist die Frage: ob ich noch zum Sinn dieser Verse stehe? – Ich sage: Ja – auf nun negative Art! D. h. ich lebe seit 8 Jahren in USA. (voll Bewunderung uebrigens fuer seine in-fantile Groesse) und merke jeden Tag wie unentrinnbar *deutsch* ich bin. Was nichts daran aendert, dass ich (trotz vieler guter Angebote) nicht in das Land zurueck kehren will. Einfach des-halb: man hat gegen hundert nahe Verwandte und Freunde von mir ermordet – und ein paar intellektuelle Urheber sind ge-henkt. Aber die *aktiven* Moerder laufen heute als freundliche Biedermaenner herum, und ich kann mich nicht der Gefahr

414

aussetzen, jemandem die Hand zu schuetteln, der vielleicht die kleinen Kinder meiner Nichte in den Gasofen gestossen hat –

Es ist nicht die deutsche Armut, die mich schreckt, – denn es geht uns auch hier (eben weil ich zwar amerikanischer »Buerger« aber doch nicht cultureller Amerikaner geworden bin) *sehr* bescheiden. – Soviel zur Antwort – und sonst herzlichen Gruss

Ihr

Julius Bab

Aufbau-Verlag (Erich Wendt) an Victor Klemperer

Berlin, den 13. Oktober 1948

Lieber Genosse Klemperer,

vielen Dank für Deinen Brief. Wir werden uns also noch einige Zeit gedulden. Hoffentlich dauert der Wasserweg nicht allzulange.

Auf die Herzl-Angelegenheit machte mich Genosse Merker aufmerksam. Ich werde mich hier mit einigen Freunden beraten, damit wir nicht später auf unerwarteten Einspruch stoßen. Das ganze Kapitel habe ich mir genau durchgelesen und möchte dazu folgendes sagen: sachlich mag alles richtig sein, aber ein Vergleich eines Führers der nationalistisch jüdischen Bewegung mit Hitler nach all dem, was Hitler den Juden getan hat, ist, gleichviel, auf welchem Gebiet dieser Vergleich auch angestellt wird, eine sehr, sehr böse Sache. 6 Millionen gemordete Juden sind eine Greueltat und ein nationales Unglück sondergleichen.

Sie als Jude können sich natürlich in dieser Hinsicht freier fühlen, aber Sie dürfen nicht vergessen, daß das Buch auch von Nichtjuden und von ehemaligen Nazis gelesen wird, und Sie müssen sich immer vorstellen, wie das auf solche Leute wirkt.

Doch das nur als vorläufige Bemerkung. Ich werde mir erlauben, noch einmal darauf zurückzukommen.

Mit herzlichen Grüßen
Ihr
E. Wendt

Karl Vossler an Victor Klemperer

München 8, Maximilianeum
16. 10. 48

Mein lieber Freund Klemperer,

seit einigen Tagen habe ich nun die Lektüre Ihres Werkes beendigt. Jetzt liest es meine Frau. Es ist in der Tat ein ausgezeichnetes und verdienstvolles Werk. Sie haben der deutschen Schmach und Gemeinheit ein dauerndes Denkmal errichtet, wie es sich endlich einmal gehörte. Merkwürdig ist nur, daß Ihr Buch in unserer Gegend u. d. heißt in unseren Zeitungen und Zeitschriften totgeschwiegen wird. Ich bin der Sache jetzt nachgegangen und habe feststellen können, daß die bayerische Staatsbibliothek noch heute kein Exemplar davon besitzt und auf meine Vorwürfe hin wurde mir geantwortet, daß das Buch zwar bestellt, aber vergriffen sei. Unsre Staatsbibliothek ist ein so schläfriger Organismus, daß es mich nicht wundern sollte, wenn sie auch in den nächsten zehn Jahren noch kein Exemplar aufgetrieben haben sollte. Ich werde aber diesen Beamten keine Ruhe lassen. Auch in unseren Buchläden, wird mir versichert, sei das Buch nicht zu sehen. Ich kann das nicht selbst feststellen, weil ich seit vielen Monaten schon an das Bett und an die Stube gefesselt bin. Dadurch ist meine ganze geistige Regsamkeit schwer behindert, und zu eigener Arbeit kann ich mich kaum mehr aufschwingen. Ich frage mich auch: wozu denn in einem solchen Volk. Eigentlich müßte Ihr Buch von einem tüchtigen Romanisten besprochen werden. Bei guter Gesundheit hätte ich das sofort mit dem größten Vergnügen geschrieben. Unter unseren jüngeren Kollegen aber weiß ich keinen, der den Schwung und die Schneid dazu aufbrächte und von den älteren wollen wir lieber garnicht reden. Ich habe von den 5 Monaten meines letzten Rektorates her im Jahre 1945 das politische Benehmen meiner Kollegen noch in so erbärmlicher Erinnerung, daß ich mir nichts Gedeihliches mehr zu versprechen wage. Außerdem bin ich jetzt durch Wohnungssorgen in Anspruch genommen, denn der bajuwarische Landtag hat beschlossen, Studenten und Professoren aus diesem für die Studien gestifteten Gebäude zu verdrängen um seine Josef Filsers hier einzurichten. Dies geschieht mit einem verbrecherischen Luxus und einer Verschwendung, als ob wir den Weltkrieg gewonnen hätten. Als man schüchtern auf das Unrecht aufmerksam machte, das hier begangen wurde, antwortete der christlich-klerikale Vorsitzende des Landtages: »Der Landtag kann kein Unrecht begehen.« Das heißt der Landtag ist ein Tier. Da dieser Mann in stinkenden Ausdrücken und mundartlichen Wendungen zu sprechen pflegt, können Sie seinen Wortschatz nicht einmal für die LTI brauchen. Dies ist so ungefähr das hier herrschende Niveau. – Mit den besten Grüßen und Wünschen

Ihr

Karl Vossler

Emma Vossler an Victor Klemperer

München 8, Maximilianeum
24. 10. 48

Lieber Herr Professor Klemperer,

soeben habe ich LTI fertig gelesen, und so unmaßgeblich meine Meinung auch sein mag, drängt es mich doch, Ihnen meinen Dank und meine Bewunderung auszudrücken. Man möchte all das wie einen bösen Traum vergessen können, aber das ist uns nicht erlaubt: neben der Vergangenheit von Jugendglück und Friedenstagen steht nun für immer die schreckliche Schande und der tiefe Sturz in die Hitlerzeit. Als ich Ihr Buch las, war ich Ihnen die ganze Zeit dankbar dafür, daß Sie nicht bitterer und schlecht geworden sind durch all die unverschuldeten Leiden. War ich doch selbst oft in Versuchung, die Gemeinheiten der Nazileute mit eigenen Gemeinheiten zu vergelten, habe die Versuchung gefühlt, mich aus Hass und Verachtung auf eine tiefere Stufe hinunterziehen zu lassen.

Die LTI lebt leider immer noch, wie man jeden Tag erfahren kann, und vielleicht wird darum die Schreiberei in den Zeitungen und Zeitschriften immer schlechter. Neulich hieß es, das Maximilianeum werde »das schönste Parlament von Europa« (siehe »der größte Feldherr aller Zeiten«). Ein Abgeordneter, dem ich Vorwürfe machte über die mit Marmor eingefassten Tore und die roten Lederbezüge der Sessel sagte: »Wir denken eben nicht nur an die nächsten 14 Tage, wir denken 300 Jahre voraus.« (Die tausend Hitlerjahre klingen einem noch in den Ohren), usw. – Den meisten Menschen in Deutschland ist eben diese Gesinnung gemäß, sonst hätte Hitler nie so mächtig werden können. – Carlo erzählt allen seinen Freunden und Bekannten von Ihrem Buch und gibt keine Ruhe bis die Staatsbibliothek es beschafft. Ich werde Ihre Balancierstange nicht vergessen, und in schweren Tagen soll mir Ihre Gesinnung ein Vorbild sein. Ich danke Ihnen herzlich dafür.

Ihre
Emma Vossler

Julius Bab an Victor Klemperer

33 Villa Str
Rosyn Heights L. J.
22/11 48

Lieber Victor Klemperer

Ihr Brief erfreute mich herzlich! Wieviel besser ist Ihr Gedaechtnis als meines: An die »Edward«-Irene habe ich keinerlei Erinnerung. – Gerauft ist ja wohl oefter worden!

Das Buch, das Sie erinnern, heisst »Fortinbras« (*Anti* Hamlet!) – Ich halte es fuer eines meiner besseren Sachen; aber es ist mausetot, wie meine ganze Production.

Was unsern Streitpunkt angeht, so verstehe ich, dass Sie *bleiben* koennen und wollen – schon weil Sie *da* sind! Zurueckkommen ist eine andere Sache – wenn man bald 70 ist und schliesslich (das scheint mir nicht auf die leichte Achsel zu nehmen) geschworener Buerger des Landes, das mir das Leben gerettet hat. Und fuer das mein Sohn Soldat war.

Ein *sehr* maechtiger Glaube waere noetig, um trotzdem zurueckzukommen. Ich hab ihn nicht – *ausser* jenem *Haupt*hindernis, das ich nannte –: nach allem, was ich von arischen (!) Freunden hoere – ich habe an 100 deutsche Briefe im Monat – waechst und blueht in allen Hoehen und Tiefen Deutschlands der nazistische Antisemitismus – Zoegen die Aussenmaechte je ab, waere in 6 Monaten ein neuer Hitler da – Aber freilich sie *werden* nicht abziehen, und ich sehe nur die Wahl, dass Deutschland russisch *oder* – Schlachtfeld des dritten Weltkriegs wird. Beides scheint mir nicht reizvoll.

Ich finde es fast Unrecht, einem der in Deutschland bleiben will und muss, das zu sagen – aber ich hoffe bestimmt, Sie werden es mir nicht glauben.

Behalten Sie mich trotzdem in freundlichem Gedenken und seien Sie herzlich gegruesst   Ihr

Julius Bab

Victor Klemperer an Inge von Wangenheim

Halle, 28. 11. 48.

Sehr verehrte gnädige Frau –

endlich hatte ich, durch den 48er Film, Gelegenheit, Sie wenigstens auf der Leinwand persönlich kennnen zu lernen. (Ich habe kein Glück: es hat mir bisher auch die Möglichkeit gefehlt, mit meinem Musikvetter Otto Kl. zusammenzutreffen.) Wie sehr mich Ihr Spiel als künstlerische und menschliche Leistung angefasst hat, möchte ich Ihnen nicht auseinandersetzen, weil ich ja doch einen prinzipiellen Krieg gegen den Superlativ führe.

Aber das Stück als Ganzes. Das ist, literarisch gesehen, ein grossartiges Novum, das erste wirklich Neue unserer Epoche. Sehen Sie, die anderen Zeitstücke, gute wie weniger gute, deutsche wie russische, Mamlock, Illegale, Kusmin usw. usw.: formal setzen sie doch durchaus die Reihe früherer Zeit- und Tendenzdramen fort. Dieser Film aber findet eine absolut neue Form, ist eine Schöpfung, in der, was früher als historische und Zeitdichtung getrennt lebte, zu einer neuen Einheit verschmolzen und aufwärts entwickelt ist. Ich könnte stundenlang im einzelnen darüber reden. Und ebenso neu und grossartig ist diese Schöpfung, wenn man sie unter dem Gesichtspunkt der verschmolzenen Film- und Theaterkunst betrachtet und nun zu der Frage vordringt, ob etwas, und was jetzt dem Theater als eigene Domäne verbleibe. (Ich glaube: nur das Zurück oder Vorwärts zu der absolut geistigen, der ganz entkörperten französischen Klassik des 17. Jahrhunderts; denn die famosen »Einheiten« der Zeit und des Ortes bedeuten in Wahrheit nichts anderes, als Raum- und Zeitlosigkeit, als völliges Abstrahieren von allem Körperlichen – Raum ist hier die Seele des Menschen, Zeit: der Ablauf der seelischen Entwicklung. Aber das »steht noch nicht im Meyer und auch im Brockhaus nicht«, ich predige es nur immer meinen Studenten.)

Wie mag es um die beabsichtigte Wirkung dieses wirklich grossen Kunstwerks stehen? Wir, meine Frau und ich, werden es uns bestimmt noch zweimal ansehen, so reich und schön (und auch als schauspielerische Leistung fast durchweg bedeutend) finden wir es. Nur verfolgt mich dabei ein Dictum meines LTI-Helden Adolf Hitler: »Wenn mir ein Professor sagt, meine Rede habe ihm gefallen, so weiss ich, sie war schlecht.«

Wirklich, das verfolgt mich. Denn ich weiss ja, der Film will sich garnicht an die Masse des Volkes, sondern durchaus an die Intellektuellen, speziell auch an die Studierenden wenden. Und ich frage mich mit einiger Selbstquälerei, ob er nicht auch für diese Schicht nicht allzu hoch sei. Wieso das Selbstquälerei ist? Weil ich jetzt in noch viel weiterem Ausmass als vorher selber an der kulturpolitischen Erziehung der Studenten beteiligt bin. In Greifswald war ich nur ein Semester tätig; jetzt habe ich das Hallenser Ordinariat meines Faches inne und bin gleichzeitig ständiger Gastprofessor in Leipzig, wo ich wöchentlich vier Stunden vergleichende Literaturgeschichte lese. Dazu kommt meine ständige Berührung mit der akademischen Jugend durch den Kulturbund: man hat mich hier gleich in den engeren Landesvorstand gesetzt, und ich halte im ganzen Lande Sachsen-Anhalt Vortrag über Vortrag mit anschliessenden Diskussionen. Da ist es denn eigentlich immer und überall dasselbe: man muss sich zum Optimismus zwingen und ist oft am Verzweifeln. Der Schluss aller Überlegungen heisst bei mir immer: keine Zeit mit Zweifeln und Verzweifeln vergeuden, und weiterarbeiten, als ob man des endlichen Nutzens wirklich gewiss wäre. Und ich bilde mir ein, dies dürfte auch die Seelenverfassung und der Entschluss aller derer sein, die diesen wunderschönen Film geschaffen haben. –

Ich habe in letzter Zeit noch einen anderen, einen mich unmittelbar angehenden Anlass gehabt, mir die Frage nach der Möglichkeit des Wirkens und der Berechnung des Wirkens vorzulegen. Es geht meine arme LTI an und ist eine tragikomische Angelegenheit. Die LTI soll judenfeindlich sein! Die zweite Auflage, das 11–20 Tausend liegt gedruckt da, und es ist fraglich, wie sie, und ob sie überhaupt erscheint. Der Vergleich zwischen Herzl und Hitler, das Kapitel Zion – nebenbei bemerkt: philologisch so ziemlich das Wertvollste an der ganzen Sache und in den tatsächlichen Ergebnissen unantastbar richtig – soll eine »Diffamierung« der Juden bedeuten, obwohl ich doch aufs allergenauste erklärt habe, dass Herzl *kein* Hitler ist. Mein Verleger Wendt und ebenso Abusch stellen sich auf den Standpunkt, es komme nicht darauf an, wieweit ich Richtiges aussage, und wieweit ich Herzl von Hitler distanziere; es komme nur darauf an, dass der Vergleich von feindseliger Seite gegen die Juden ausgenutzt werden könne. Ergo müsse das Kapitel geändert oder gestrichen werden. Aber selbst wenn ich den politischen Einwand als berechtigt anerkennen würde – könnte ein Ändern oder Streichen nicht viel eher Schaden als Nutzen bringen? Das Buch ist in 10 000 Ex. verkauft und sicher von 100 000 Menschen gelesen worden. Wird nicht die Änderung gerade das zur Folge haben, was vermieden werden soll? Wird nicht böswillig erklärt werden, ich wollte jetzt etwas verbergen, was mir zuerst sozusagen versehentlich »durchgerutscht« wäre? Was alles aus einem Menschen werden kann! Zur Zeit also bin ich ein Antisemit und habe ein antisemitisches Buch geschrieben. – –

Noch erlaube ich mir, Ihnen eine Rede zu schicken, die ich in feierlichem Ornat vor Professorenschaft und Studenten der Greifswalder Universität hielt, und die in einer winzigen Auflage für die Mecklenburgische Studentenschaft gedruckt wurde. Auch da habe ich mich gefragt, ob wirklicher Erfolg des Bemühens möglich oder wahrscheinlich sei. –

Hoffentlich gelingt es mir, gnädige Frau, bei irgendeiner Berlinfahrt (zum Präsidialrat des Kulturbundes oder zum Verleger) doch noch einmal, Sie persönlich kennen zu lernen.

Seien Sie inzwischen aufs wärmste gegrüsst von Ihrem ergebenen

Albert Hirsch an Victor Klemperer

109 Cayugastreet
Storm Lake, Iowa
1. Januar 1949.

Lieber Freund,

das neue Jahr will ich damit beginnen, Ihnen eine längst fällige Antwort auf Ihren Brief zu schreiben: es hat mich und meine Frau so sehr gefreut, unmittelbar von Ihnen zu hören – als Sie noch in Dresden waren, berichtete mir der gute Dr. Reiher mitunter. Aber nun haben wir von Ihnen selbst gehört, was Sie für einen »stürmischen Lebensabend« haben, wie Sie es nannten. Wer so lebendig und tätig ist, sollte nicht vom Lebens*abend* sprechen, es scheint eher eine »Vita nuova« zu sein. Wir waren doppelt dankbar, daß Sie uns noch schrieben, da Sie doch auf gepackten Koffern saßen, bereit nach dem Kiefernweg in Halle umzusiedeln. Was für Erinnerungen weckten Sie damit: Voretzsch und gar noch sein Vorgänger Suchier wären etwas erstaunt: ich glaube nicht, daß Sie es über sich bringen werden, die Geschichte der französischen Sprache für 2 Semester anzukündigen wie Suchier es tat. Dafür werden Moderne Franz. Prosa und die Literaturgeschichte wieder zum Leben kommen, und Teubner bewirbt sich um den Neudruck, der Ihnen seinerzeit so »freundschaftlich« riet, den letzten Band des 19. Jhd. gleich in Frankreich drucken zu lassen. Bitte schreiben Sie mir, wann die Ausgaben herauskommen, vielleicht gibt sich doch eine Möglichkeit, daß eine Buchhandlung sie hier besorgen kann.

Sie fragen Näheres über unser Leben und unsere Pläne: fast möchte ich wünschen, wir würden diese kleine Stadt und das kleine College als unsern Hafen ansehen. Wie Sie ja wissen, ist ein amerikanisches College ein Zwischending zwischen höherer Schule (im deutschen Sinn) und Universität: es sind die Vorsemester der Mediziner, Juristen und der wenigen Philologen. Mit uns Neusprachlern hat es eine besondere Bewandtnis, da ja in den höheren Schulen nicht viel Fremdsprachen getrieben werden. So ist meine Tätigkeit meist die eines Sprachlektors, der die elementare Sprache an Erwachsene lehrt – die Studenten sind 18–25 Jahre, sehr zutraulich, willig zu lernen, aber in philologicis ohne jede Vorkenntnis. Wenn ich einige höheren Semester behalte, so gebe ich ihnen gern von dem, was ich an Literaturgeschichte und -erkenntnis selbst besitze. Leider ist die Bibliothek nicht gut ausgestattet und meine eignen Bücher in die vier Winde Deutschlands zerstreut, wohin sie Konfiscation und Versteigerung geblasen haben. Wenn so die geistigen Anforderungen an mich nicht allzu hoch sind, so erfreut – nach vielen Jahren Internatsleben – nun wieder ein eignes Privatleben in einem kleinen Kreis guter Menschen; das Städtchen (8500 Einwohner) aufblühend, weitschichtig angelegt, mit einem hübschen See wäre für behagliches Leben sehr geeignet. Da es hier keine Dauerstellungen gibt, besonders nicht bei einem 60 jährigen Neuankömmling, so ist meine Stellung hier nicht so gesichert; doch glaube ich, für die nächste Zeit werden wir hier bleiben. – Ein Nachteil ist, daß unsere Kinder nicht bei uns sind, sie zogen die Großstadt Chicago vor, und für junge Menschen ist das wohl das Richtigere. Beide sind beschäftigt, das schrieb ich wohl schon, und Rudi, 20 Jahre alt, hat jetzt sogar ein paar Kurse an einer Universität belegt, allerdings mehr, um einen degree zu erwerben als aus wissenschaftlichem Ehrgeiz. Reisen auf große Entfernungen ist ja hier kein so großer Entschluß, so fahren wir von Zeit zu Zeit nach Chicago, sie zu sehen.

Soweit von uns. Für heute nehmen Sie unsere herzlichsten Wünsche für ein gutes neues Jahr, voll von neuen Aufgaben, für eine gute Gesundheit.

Mit herzlichen Grüßen Ihnen beiden

von uns zweien

stets Ihr

Albert Hirsch

Karl Vossler an Victor Klemperer

München 8, Maximilianeum

2. 2. 49

Mein lieber Freund Klemperer,

für die neue dritte Bearbeitung Ihres Buches über die moderne französische Prosa meinen herzlichsten Dank und Glückwunsch! Ihr Verleger hat mir ein schönes Exemplar zugehen lassen, und ich möchte Ihnen sehr gerne durch eine entsprechende Sendung meinerseits meine Dankbarkeit dartun. Die Buchhändler behaupten, daß Bücher von einigem Gewicht aus unserer Zone zu Ihnen nicht abgeschickt werden dürfen. Ich bedaure gar sehr diese Erschwerung des wissenschaftlichen und menschlichen Gedankenaustausches. Darunter leidet ja auch besonders schwer Ihr Buch über die L. T. I., das hier noch immer unbekannt ist. – Ich sehe, daß Sie trotz solcher Hindernisse eifrig fortfahren in Ihrer Forschung und wünsche Ihrer Tätigkeit von ganzem Herzen den besten Erfolg in allen Zonen unserer blödsinnigen Welt. – Ihre Neuauflage der modernen französischen Prosa hat, wie ich mit Freuden sehe keinen sachlichen Schaden erlitten. Leider bin ich noch immer durch meine Krankheit schwer behindert und bringe nur mit größter Mühe eine Kleinigkeit hervor. Jetzt eben bin ich mit einer Neuauflage meiner Poesie der Einsamkeit in Spanien beschäftigt. Im März soll eine große Feier stattfinden: der 80. Geburtstag des trefflichen Menéndez Pidal. Es ist staunenswert, wie dieser Mann sich seine geistigen Kräfte erhält und immer noch erneuert und bereichert. Welches Jammerbild stellt uns dagegen Thomas Mann mit seiner fortwährenden Selbstbespiegelung dar! Aber er findet bei uns und in Amerika noch immer Dumme genug, die seinen Exhibitionismus bestaunen. Genug davon. Lassen Sie uns wieder einmal etwas über Ihr Wohlergehen hören und grüßen Sie von Herzen Ihre verehrte Frau Gemahlin, wie auch meine Frau aufs Beste grüßen läßt.

Ihr alter
Karl Vossler

Victor Klemperer an Karl Vossler

Romanisches Seminar der Universität
Halle (Saale)
19a Halle, Kiefernweg 10
11. II 49

Hochverehrter Freund

(Wissen Sie, daß mir die Anrede Schwierigkeiten macht? »Geheimrat« geht mir nicht mehr aus der Feder, und »Freund« scheint mir immer noch zu respektlos. Aber da ich nun über die 67 hinausbin, und die meisten meiner Generation sind dank dem Führer verschwunden, und ich selber bin schwer angeschlagenen Herzens, komme mir oft wie ein Gespenst vor, das nur aus Versehen und auf Abruf hier herumläuft. – So darf ich es wohl mit der respektlosen Anrede wagen.) Zuerst also herzlichen Dank für die freundl. Zeilen, und besonders erfreulich an ihnen ist mir, daß Sie doch wieder von einiger Arbeitsfähigkeit berichten.

Ich habe heute von zwei Sünden oder Eigenmächtigkeiten zu berichten. 1) Teubner druckt jetzt meine Moderne französische Lyrik von 1929; ihr habe ich eine Studie beigegeben »Nachtrag 1948«, die sich mit der Entwicklung der surrealistischen Lyrik beschäftigt. Da ich dabei von ein paar prophetischen Zeilen in Frankreichs Kultur und Sprache, den dunklen Stil betreffend, ausgehe, habe ich diesen Anhang, ohne Sie erst um Erlaubnis zu fragen, Ihnen in alter Verehrung gewidmet. Und 2) Da ich, wo ich stehe, gern sozusagen meine Fahne vor mir aufrichte, habe ich bei der hiesigen Philos. Fakultät den Dr h. c. für Sie gefordert. Der Antrag wurde einstimmig angenommen. Dann kamen ein paar ganz Verknöcherte und kopfwackelten, es sei unzulässig, einen Dr phil zum Dr phil h. c. zu machen, ich sollte den Dr. theol. oder paed. für Sie beantragen. Es gab eine leidenschaftliche Debatte – auf den Einwand, ich wollte etwas »noch nicht Dagewesenes«, antwortete ich, es gehöre m. E. nicht zum Wesen des Universitätsmannes, sich durchaus auf das Dagewesene zu beschränken. Schließlich erhielt der Beschluß den Zusatz: »sofern keine juristischen Bedenken bestehen«. Ich verrate Ihnen damit ein Fakultätsgeheimnis – ich denke, Sie werden es nicht ausplaudern. –

Teubner ist volkseigener Betrieb geworden, ein Altphilologe Marx, der (wie ich) der SED angehört, sitzt in der Leitung. Die Umwandlung soll gefeiert werden; ich werde bei dieser Gelegenheit über den Bedeutungswandel des Wortes »Humanismus« reden. Es gibt darüber schon eine Broschüre von Deiters, der ja auch seine Sainte-Beuve-Monographie »S.-B., Kritiker u. Humanist« betitelt hat. Aber er ist dem entscheidenden Faktum nicht gerecht geworden. Ich habe das in einer DLZ-Recension (meiner ersten seit 1933!) anskizziert u. will es nun ausführen. Sonst kann ich nur von reichlich vielen Vorträgen u. Vorlesungen berichten, die mich nicht genug zur eigentlichen Arbeit kommen lassen. Auch meine Frau ist arg fleißig, sie übersetzt jetzt einen sehr interessanten Aragon (les beaux quartiers); leider läßt auch ihr Herz viel zu wünschen übrig. – –

Nun seien Sie u. Ihre verehrte Gattin von uns beiden sehr herzlich gegrüßt. Alles Gute für Ihre Gesundheit!

Ihr getreulich ergebener
VKlemperer

Von LTI erscheint im Mai die 2. Aufl, 11–20 T, leider mutilée. Es gab schmerzliche Discussionen über das Capitel »Zion«. Es heißt, ich fiele damit den schwer kämpfenden Juden in den Rücken. Ändern wollte ich nichts. So habe ich für *diese neue* Auflage das Capitel gestrichen. Nach Beruhigung der Lage in Palästina soll es wieder aufgenommen werden. Ist es nicht tragikomisch, daß man mir u. diesem, *diesem* Buch Antisemitismus nachgesagt hat?

Victor Klemperer an Stephan Hermlin

27. III. 49

Sehr geehrter Herr Hermlin –

Sie sind ein Dichter, einer der lebensvollsten und sprachmächtigsten, die die deutsche Lyrik heute besitzt, und haben eine Pause in der Ausübung Ihres eigentlichen Berufes dazu benutzt, meine Moderne französische Prosa mit einer höflich bedauernden Verbeugung vor dem wohlmeinenden, nur leider verkalkt in der Weimarer Aera stecken gebliebenen Autor in jugendlichem Elan, wie man zu sagen pflegt, in der Luft zu zerreissen. Sie sind ein Dichter und brauchen sich deshalb

428

nicht um etliche Einzelheiten der Literaturwissenschaft und der Pädagogik zu kümmern, die den Studierenden dieser Fächer in frühen Semestern bekannt sein müssen, und die man freilich als Kritiker eines einschlägigen Buches in Betracht ziehen sollte.

Zuerst also pflegt der Historiker den Ausdruck »modern« auf einen wesentlich weiteren Zeitraum anzuwenden als nur auf die jüngste Gegenwart. Modern ist ihm, was noch im lebendigen Zusammenhang mit der Gegenwart steht. In diesem Sinn ist sprachlich wie inhaltlich die gesamte französische Produktion seit dem Beginn der Dritten Republik durchaus modern. Ich habe kein Hehl daraus gemacht, dass ich in dem vorliegenden Band mich etwa auf die Jahre 1870 bis 1920 beschränkt habe. Dass ich nicht gleich auch die folgenden Jahrzehnte einbezog, hat doppelten Grund: einmal war ein völliger Überblick der jüngsten Zeit noch nicht zu erlangen, und zum andern durfte aus wirtschaftlichen Gründen mein Lehrbuch einen gewissen Umfang nicht überschreiten. Sie werden sagen, da hätte ich zugunsten der neuen Modernen die älteren beiseite schaffen und auf den »Misthaufen« der Literaturgeschichte werfen sollen, vor dem die deutsche Jugend zu bewahren sei. Hier kommt Ihr zweiter Irrtum ins Spiel. Die Moderne Prosa ist niemals ein elementares Schulbuch, sondern von Anfang an Lehrbuch für Studierende gewesen; während der Weimarer Zeit ist es in wenigen Fällen auch in den obersten Klassen der sogenannten neusprachlichen Gymnasien verwandt worden – aber es war durchaus auf den Bildungsstand des Fachstudenten zugeschnitten. Der Fachstudent aber wusste oder erfuhr es sofort durch seinen Lehrer, dass meine arme Prosa nicht für sich allein stand. Ihre Texte und Kommentare sowie der »mechanistische Parallelismus« der einleitenden Studie waren nur Erläuterung, Illustration, Zusammenfassung alles dessen, was ich in meiner umfassenden »Geschichte der französischen Literatur im 19. und 20. Jahrhundert« ausgeführt habe. Und weiter war die Prosa ergänzt durch einen entsprechenden Band über die moderne französische Lyrik (der in Kürze ebenfalls neu erscheinen und der seinerseits – hier war das angängig – in einem »Anhang 1948« auf die jüngste Zeit durchgeführt ist). Über dies alles hätte Ihnen jedes Nachschlagewerk Auskunft gegeben.

Eine Eigentümlichkeit der modernen französischen Literatur besteht nun gerade darin, dass sich die vordem so feste Grenze zwischen Prosa und Poesie verwischt hat: ich habe wiederholt darauf hingewiesen, dass die Verteilung des modernen Stoffes auf diese beiden Sparten nur noch eine Hilfskonstruktion bedeutet, und dass man manchen Texten gegenüber in kaum lösbarem Zweifel ist, ob sie mehr in das eine oder das andere Gebiet gehören. Damit bin ich bei der Gruppierung meiner Texte angelangt, die Ihnen »seltsam genug« vorkommt, und die doch nichts weniger als willkürlich und schrullenhaft ist. Der Gang der französischen Literatur seit dem Beginn des 19. Jahrhunderts ist formal der von einer festen klassischen Regelhaftigkeit zu immer stärkerer romantischer Auflösung, und dann zu einer neuen Festigung, der aber alle Errungenschaften der romantischen Phase zugute kommen. Man – ich nicht als erster und nicht als einziger – man hat dieser neuen Festigung den Namen »neue Klassik« gegeben. Inhaltlich, und sie bedingend, entspricht dieser Formentwicklung nach Thematik und Gemütshaltung der Weg zur Philosophie des Positivismus, von da zu Skepsis und Dekadenz, danach zurück zum Kirchenglauben (dem mystischen wie politisch gefärbten Katholizismus), zu Nationalismus und Royalismus. Das alles ist so längst und allgemein bekannt, dass ich mich fast ein bisschen schäme, hier davon zu sprechen. Aber da Ihre Kritik einem Buch dieser Materie gilt, so müssen Sie doch wenigstens hinterher erfahren, wie sich die Dinge verhalten. Es ist näm-

lich dieser wohlbekannte Gang der französischen Geistesgeschichte, der die Ihrer Auffassung nach so überaus »proble-
matische Auswahl« und Anordnung meiner Texte verursacht
hat.

Und hier gewinnt die Richtigstellung Ihrer Irrtümmer eine
allgemeine Bedeutung. Sie entrüsten sich über die Aufnahme
mancher Texte, die Ihnen bald aus aesthetischen, bald aus sittlichen, bald aus spezifisch politischen Gründen auf den Misthaufen der Literaturgeschichte zu gehören scheinen. Was ist
eine Literaturgeschichte? Wenn sie eine wirkliche Geschichte
sein will, so ist sie fraglos mehr oder etwas anderes als nur die
Aufreihung aesthetischer oder ethischer Höchstleistungen.
Nein, sondern sie umfasst alles, worin sich sprachlich der Gei-
stes- und Bildungszustand eines Volkes ausdrückt. Das cha-
rakteristisch Mittelmässige und selbst der charakteristische
Schund darf nicht beiseite gelassen werden, das Reaktionäre
darf nicht unerwähnt bleiben, wo es die Gesinnung grosser
Volksteile darstellt. Geschichte und Literatur eines Volkes stehen in engster Wechselwirkung, Geschichte hilft mir, die Literaturgeschichte, Literaturgeschichte hilft mir, die Geschichte
verstehen. Sie verübeln mir »den jämmerlichen Ernest Psichari«. Das war der Enkel des Freidenkers Renan, er wurde
engherziger Katholik und Chauvinist, er betete für das Seelen-
heil seines ketzerischen Grossvaters, er fiel 1914 als Offizier
mit dem Rosenkranz ums Handgelenk; seine, übrigens sehr
passabel geschriebenen, Romane wurden sehr viel gelesen und
hoch gerühmt: es gibt wenige Autoren und wenige Romane
in der französischen Literatur die repräsentativer wären für den
Wandel der französischen Geistigkeit im ersten Jahrzehnt unseres Jahrhunderts. Sie wollen – ich greife nur die wenigsten
Ihrer Ärgernisse heraus – nichts wissen von dem »Chauvini-
sten Maurice Barrès« und dem »alten Verräter Charles Maurras«.
Aber dieser Chauvinist und dieser Verräter, beides glänzende

Stilisten, und das Formale verfehlt in Frankreich nie seine Wirkung – Barrès und Maurras haben mindestens 75 % ihrer Generation geprägt. Ich bringe das, wie Sie selber sagen, besonders kennzeichnende Stück einer impressionistischen Novelle des Jahres 1905, worin aus der Dekadenzstimmung der damaligen Zeit heraus ein japanischer Offizier als Mann einer aufstrebenden Rasse verherrlicht wird. »Tableau!« schreiben Sie und scheinen also zu glauben, dass ich mich mit den Kriegs- und Rasseideen Paul Adams identifiziere. Sie kommen mir vor wie der Cowboy im Zuschauerraum eines Wildwesttheaters, der in edler Empörung den Darsteller des Bösewichts von der Bühne knallt. Dabei hätten Sie doch meine Ausführungen über Zola und France, über Rolland und Barbusse darüber aufklären können, wem meine eigene Liebe gehört.

Aber nein, hier habe ich es Ihnen wieder nicht recht gemacht. Rolland und Barbusse stehen für Sie an falscher Stelle in meinem Buch. Dessen Schluss bildet nämlich das Kapitel »Der Begriff Europa«. Dorthin hätten Ihrer Meinung nach Rolland und Barbusse gehört, und stattdessen handle ich dort von dem »Rassenschwindler« Gobineau und von etlichen Erzconservativen … Schade, dass Ihnen meine mechanistische Studie am Anfang des Buches wenig gilt. Da heisst es nämlich im stark betonten Schlusssatz des ganzen Essais, der französische Europabegriff am Ausgang des ersten Weltkrieges sei ein allzuenger, »und um seine Sprengung geht das geistige Ringen der folgenden Jahrzehnte«. Erst der Einbruch der sowjetischen Ideen hat das lateinische Europaideal, wie es bei Thibaudet und Valéry zum Ausdruck kommt, entscheidend zum Weltideal erweitert. Der erste und lange Zeit einsame Verkünder dieses Ideals in Frankreich war Henri Barbusse, aber damit war er der Beginner einer neuen Phase innerhalb der literarischen Entwicklung Frankreichs. Weswegen er gerade damit eben an den Anfang eines zweiten Teiles meiner Darstellung gehört, wo denn auch die von Ihnen vermissten neuen Franzosen wie Aragon und Vercors ihren natürlichen Platz haben werden. – – –

Sie sagen, ich hätte mit meinem Bande der deutschen Jugend einen schlechten Dienst erwiesen. Wenn sich das incriminierte Opus wirklich an die Schuljugend wendete, worauf freilich kein mit unseren Schulverhältnissen nur im geringsten Vertrauter verfallen kann, dann wäre Ihr Vorwurf berechtigt, denn man soll Unmündige nicht mit reaktionären Gedanken belasten. Aber leider sieht es fast so aus, als wollten Sie mein Buch auch der studierenden Jugend ferngehalten wissen. Und in diesem Fall muss ich Ihnen den erhobenen Vorwurf mit einer sehr ernsten Variante zurückgeben. Denn so erweisen Sie unserer Wissenschaft und unserm wissenschaftlichen Ansehen einen grundschlechten Dienst. Wobei ich das »unser« hier im eindeutig politischen Sinn des Parteigenossen gebrauche.

Als ich während des ersten Weltkrieges als Reconvalescent in einem stockkatholischen Hospital des schwarzen Paderborn lag, lud mich ein weltgewandter Geistlicher ein, die Bibliothek des erzbischöflichen Seminars zu benutzen. Das werde mir wenig helfen, meinte ich, denn ich sei mit dem Studium der französischen Aufklärung beschäftigt. Ich möge nur kommen, riet er, und wirklich fand ich dort in langen Reihen und besten Ausgaben die ganze antiklerikale Aufklärungsliteratur. Er sah meine Überraschung und sagte lächelnd: »Wir müssen doch unsere Gegner kennen.« Aber das allein ist es nicht. Wie sollen wir die Grösse und die Nöte derer erfassen, die heute um den Fortschritt im französischen Denken ringen, wenn wir nicht wissen, wie es vor ihnen in Frankreich ausgesehen hat, und wie es noch heute in übervielen französischen Köpfen aussieht? Und endlich: Sie wissen, dass man uns immer wieder vorwirft, wissenschaftsfeindlich zu sein. Wenn wir aus Hass gegen die Reaktion die reactionären französischen Stimmen unerwähnt liessen, dann wären wir es wirklich. Dem Einzelnen pflegen Kinderkrankheiten und Rüpeljahre nicht erspart zu bleiben – sind sie auch im Leben einer grossen Partei unvermeidbar? Ich glaube das in unserem Fall um so weniger, als wir ja ein grosses Vorbild an der Sowjetunion haben. Fragen Sie einmal, wie man es dort drüben mit dem Studium der französischen Literatur hält.

Sie sind ein Dichter, Genosse Hermlin, und haben es nicht nötig, die Nase in den Misthaufen der Literatur zu stecken, aus dem ein alter Schulmeister immerhin allerlei Wesentliches herauszufischen vermag. Darf ich Ihnen nach der pedantischen Gewohnheit des Schulmeisters eine Censur schreiben und einen Rat erteilen? Die Censur lautet: Deutsch Ia, Gesinnung Ia, Literaturgeschichte IV–IVb. Und mein Rat, der zugleich einen Lieblingswunsch enthält, ist dieser: Sie haben Eluards Résistancegedichte so wunderschön verdeutscht; statt sich an philologischer Kritik ein wenig die Finger zu verbrennen, übersetzen Sie auch die prachtvollen Verse Aragons! Sie würden damit der Sache des Friedens und des Fortschritts einen unvergleichlich besseren Dienst erweisen.

Ihr ergebener
Victor Klemperer

Volk und Wissen (I. M. Lange) an Victor Klemperer

Berlin C 2
12. April 1949

Lieber Genosse Klemperer!

Anbei einen kleinen Artikel über Burckhardt, der etwas frech ist, aber Dir vielleicht Spaß machen wird.

Den Prosa-Band habe ich mit vieler Freude gleich in der Straßenbahn vorgenommen und arbeite ihn noch in diesen Tagen gründlichst durch. Es war ein großer Genuß, der aber natürlich große und weitgehende Bedenken noch nicht aufwog. Ich glaube, daß man sowohl im Vorwort wie in der Auswahl und den Kommentaren einiges ändern, weglassen und hinzufügen muß. Mit aller Sachlichkeit, mit aller wissenschaftlichen Treue, aber vor allen Dingen so, daß das Buch den Anforderungen unserer neuen demokratischen Schulreform, die ja mutatis mutandis auch für die Universitäten gilt, gerecht wird. Es handelt sich für mich als Verehrer, und ich darf wohl ein wenig sagen, auch als Schüler Deiner Arbeiten darum, daß nicht nur Dein Ruf als international anerkannter Gelehrter gesichert bleibt, sondern daß auch der politische Fortschritt einen Anspruch auf Dich hat: und diesem Anspruch müssen wir eine allen verständliche Handhabe geben.

Ich möchte Dich bitten, daraufhin auch noch einmal die Lyrik, wenn es irgend angängig ist, anzusehen. Ich habe leider das Exemplar nicht mehr hier und kann Dir also keine Konkreta angeben. Es handelt sich hier nicht um die Besprechung von Hermlin, sondern ganz einfach um Wert und Brauchbarkeit Deiner Bücher. Revolutionäre Zeiten müssen mitunter mit starken Verkürzungen arbeiten um die politische Linie stärker hervorzuheben. Und wir sind doch stolz darauf, in einer solchen Zeit leben zu können.

Wegen meiner Promotionssache wird Genosse M. G. Lange wahrscheinlich an Dich herantreten. Ich würde mich aufrichtig freuen, wenn Du dabei mitmachen könntest.

Mit aufrichtigstem Dank für die herzliche Aufnahme, die Ihr mir bereitet habt, bin ich mit den herzlichsten Grüßen und Wünschen an Dich und Deine liebe Frau

Dein

I M Lange

Stephan Hermlin an Victor Klemperer

Berlin-Niederschönhausen,
Bismarckstraße 35 a
21. 4. 49.

Sehr geehrter Herr Professor Klemperer,

Ich kann Ihren Brief nur mit Verspätung bestätigen – ich erhielt ihn von der Redaktion der Täglichen Rundschau erst vor einigen Tagen, nachdem ich aus Prag zurückgekehrt war. Wenn ich recht informiert bin, wünscht die Redaktion keine Diskussion im Anschluss an meinen Artikel, aber zumindest möchte ich Ihnen persönlich antworten.

Zusammenfassend möchte ich Ihnen gestehen, dass mich Ihr Brief nicht überzeugt hat. Sie haben zweifellos recht, wenn Sie darauf hinweisen, dass der Begriff Moderne vom Historiker weiter gefasst wird als es im allgemeinen üblich ist. Ihren weiteren Argumenten vermag ich allerdings nicht zu folgen. Ich kenne leider Ihre Literaturgeschichte nicht; aber ich glaube nicht, dass ich mich mit dieser Literaturgeschichte auseinanderzusetzen habe, bevor ich an die Kritik Ihres Lesebuches gehe – denn es handelt sich, was Sie nicht bestreiten werden, bei dem von mir angegriffenen Buch um ein Lesebuch. Sie bringen im folgenden – besonders auf Seite 3 Ihres Briefes – diese beiden Begriffe Literaturgeschichte und Lesebuch ein wenig durcheinander. Dass in einer Literaturgeschichte auch negative Fakten vermerkt werden müssen, liegt auf der Hand, obwohl auch hier das Entscheidende ist, diese Dinge nicht in falscher »Objektivität«, sondern vom Standpunkt des Fortschritts und der Reaktion in der gesellschaftlichen Entwicklung aus darzustellen. Ganz anders liegen die Aufgaben eines Lesebuchs – es spielt da gar keine Rolle, ob es für höhere Schüler oder für Studenten bestimmt ist. Natürlich hat es unter den französischen Schriftstellern Reaktionäre gegeben wie in jeder

Literatur – ihre Rolle im Vergleich zu den Progressiven war jedenfalls bedeutend geringer als in andern Literaturen. Ihr Lesebuch ist unglücklich zusammengestellt, weil es die Rolle der Reaktionäre überbetont (in Wirklichkeit hätte kein einziger Reaktionär hineingehört – genau so wenig, wie wir in unsere deutschen Lesebücher heute einen Walter Flex oder einen Hans Grimm setzten); es ist besonders unglücklich zusammengestellt, weil es für *deutsche* Studenten bestimmt ist, die im *besten* Fall daraus lernen können, Literatur und Politik »objektiv«, nämlich falsch, zu sehen. Psichari hat uns garnichts zu sagen, auch wenn er einmal viel gelesen war (wer war nicht »viel gelesen« …), erst recht nicht, weil nicht einmal in Frankreich mehr sein Name genannt wird. Das ist nur ein Beispiel für viele.

Da Sie, sehr geehrter Herr Professor, sich in Ihrem Brief als Mitglied unserer Partei vorstellen, möchte ich Ihnen sagen, dass eine Formulierung wie der »Französische Europabegriff«, wozu noch die von mir beanstandete Zusammenstellung kommt, gewiss nicht marxistisch ist. Träger eines »Europabegriffes«, der uns allein zu interessieren hat und der unseren Studenten nahegebracht werden soll, sind – nach Jaurès, der ein grosser Schriftsteller war und bei Ihnen gar nicht vorkommt – Barbusse, Rolland, Bloch, kurz, der ganze Kreis, der sich um »Clarté«, »Commune« und »Europe« sammelte.

Schließlich beweist auch Ihr Beispiel mit dem katholischen Priester nicht viel. Gewiss »müssen wir unsere Gegner kennen«. Aber – quod licet Jovi, non licet bovi. Was ich als Fachgelehrter zur Verbreiterung meines Wissens auf dem Fundament einer gefestigten Weltanschauung lese, muss anders beschaffen sein als der Lesestoff für einen Studenten. Ich kenne die Literatur der Nazis ziemlich gut, würde aber deutschen Studenten nicht ohne weiteres das Studium von »Mein Kampf« oder des »Mythus« empfehlen – den haben sie vor ein paar

Jahren zur Genüge kennengelernt. Wenn sie genug Marx und Lenin und Stalin lesen, dann kennen sie ihre Gegner besser als die sich selber.

Entschuldigen Sie bitte, dass ich nicht gründlicher auf Ihre Argumente eingehen kann, aber ich bin mit Arbeit überhäuft. Noch eins: ich habe zwar keinen akademischen Titel, bin aber nicht so ganz ohne Kenntnisse der Literaturgeschichte, wie Sie vermuten. Ich glaube auch nicht, dass Schriftsteller kein Wort in solchen Fragen mitzureden hätten.

Ihrem Rat, meinen Freund Aragon zu übertragen, werde ich leider nicht folgen können, obwohl wir das bei unserem letzten Treffen vor einem Jahr beredeten. Ich habe meine Übersetzertätigkeit für längere Zeit abgeschlossen.

Mit ergebenen Grüssen
Stephan Hermlin

Emma Vossler an Victor Klemperer

München 8, Maximilianeum
1. Mai 1949

Lieber verehrter Herr Professor Klemperer,

gestern Abend kam das Telegramm mit der Nachricht, daß die philosophische Fakultät der Universität Halle meinen Mann zum Ehrendoktor der Philosophie promoviert hat. Mein Mann denkt in Dankbarkeit an Sie, lieber Herr Klemperer, seinen treuen, verständnisvollen Freund, der auch diese Ehrung beantragt hat. Er ist zu schwach um Ihnen selbst zu schreiben und kann mir auch nicht diktieren, aber er weiß, daß ich seine Gefühle für Sie genau kenne, und daß Ihre gegenseitige Freundschaft mir lieb und teuer ist.

Nun muß ich Ihnen zuerst berichten, daß sich die Krankheit meines Mannes leider sehr verschlimmert hat. Am 31. März hatte er plötzlich einen furchtbaren Blutsturz. Ich ließ ihn sofort in unsre beste Klinik bringen, wo er bis vorgestern gelegen hat. Die Diagnose ist Lebercirrhose mit Varicenblutungen, eine Folge der krankhaften Blutzusammensetzung. Es wurden Blutübertragungen und Kochsalzinfusionen gemacht und die Blutungen so zum Stehen gebracht. Auch das Herz hat sich wieder gekräftigt, doch ist die Schwäche noch groß und die Gefahr der Wiederholung bleibt bestehen. Aber immer dringender und inständiger bat mein Mann, wieder nachhause gebracht zu werden, und so mußten wir schließlich diesen Herzenswunsch erfüllen und haben ihn am Freitag wieder hierher gebracht. Die Pfleger kommen morgens und abends und der Arzt sieht jeden Tag nach.

In diesem Zustand traf ihn Ihre gute Botschaft. Man merkte ihm die Freude an, denn gerade wenn man so krank ist, hat man leicht das Gefühl, von der Mitwelt schon vergessen zu sein. Aber lieber Herr Klemperer, ich bitte Sie sehr, helfen Sie mir bei den Formalitäten, weil ich mich nicht gut auf so etwas verstehe. Ich habe an den Rektor einen möglichst offiziellen Dankbrief geschrieben. Das Telegramm ist mit »Reinhard Vahlen« unterschrieben. Ich weiß aber nicht ob das der Rektor ist oder ein Herr des Volksbildungsministeriums. Falls es auch dort noch eines Dankes bedarf, so lassen Sie mich's bitte wissen oder erklären Sie bitte dort, wie es bei uns steht.

Ihnen aber möchte ich den ersten, wärmsten und inoffiziellsten Dank sagen, dafür daß Sie meinem Mann diese Ehre und Genugtuung verschafft haben. Denn die Liebe und die Anerkennung der Freunde ist sicher eine Förderung der Lebenskraft. Haben Sie Dank und herzlichste Grüße

von Ihrer

E. Vossler

Erich Auerbach an Victor Klemperer

State College, Pa.
P. O. Box 337
7. Mai 1949.

Lieber Herr Klemperer,

Herzlichen Dank für Ihre Zeilen vom Januar, und vor allem
für Ihre Besprechung, die ich schliesslich in der New Yorker
Public Library aufgetrieben habe. Sie haben mir damit eine
grosse Freude gemacht. Nein, gesehen haben wir uns nie, ich
hörte zuerst von Ihnen nach dem ersten Krieg, wo Sie irgendwo in Russland einen Vetter von mir, Friedrich Block, getroffen haben, der mir von Ihnen erzählte. (B. hat sich zu Beginn der Nazizeit das Leben genommen.)

Von mir ist zu berichten, dass wir nach elf, im ganzen sehr
schönen Jahren in der Türkei uns 1947 entschlossen haben
hierher überzusiedeln, weil unser einziger Sohn, der wie alle
Kinder der Kollegen in der Türkei, dort weder bleiben konnte
noch wollte, schon früher hierher gezogen war; und auch weil
ich doch schliesslich Bibliotheken und überhaupt Kontakt mit
einer lebendigeren Welt brauchte. Es war ziemlich riskant; in
diesem Land muss man jung sein, jedenfalls nicht über 50, um
hereinzukommen, und auch kein Deutscher, wenn man Romanist ist. Es wäre auch beinah ziemlich schief gegangen; ich
fand nichts als diese Stelle an einem zwar grossen, aber fast
ausschliesslich landwirtschaftlich und industriell orientierten
Staatscollege, und überdies machte es unüberwindliche
Schwierigkeiten mich fest anzustellen, sodass ich bis vor einigen Wochen in grosser Sorge war; inzwischen ist mir eine Einladung für das nächste Jahr an das Institute for Advanced
Study in Princeton vom Himmel gefallen; sie ist zwar auch nur
für ein Jahr, aber das Institute hat hier ein solches Prestige, dass
ich hoffe auch für später leicht etwas Anständiges zu finden.

Das Land hier ist auf seine Weise grossartig, und es ist für einen Europäer nach den letzten 30 Jahren beinahe erschütternd zu sehen, wie glatt und leicht es sich leben lässt. Das liegt nicht nur am Technischen, sondern auch am Menschlichen: es ist das freundlichste Land das ich kenne. Jedermann ist mit jedermann auf Du und Du, hilfsbereit, zutraulich und unbefangen. Sie bringen mit Unbefangenheit und Optimismus die erstaunlichsten Dinge fertig, obgleich sie längst nicht so tüchtig (efficient) sind wie ich glaubte – in Deutschland war man unvergleichlich tüchtiger. Es ist komisch in meiner Lage immer mehr festzustellen, dass die Deutschen ausser vielleicht den Juden, wirklich das tüchtigste und in der Arbeit zuverlässigste Volk sind. Aber das allein tut es nicht …

Ich würde, wenn Sie einmal Zeit dafür finden, gern noch einiges von Ihnen hören – vor allem wie Sie es geschafft haben das alles in Deutschland zu überleben. Ich weiss nichts davon. Und was haben Sie für Arbeitspläne? Ich habe vorläufig eine Menge von Zufallsarbeit, die mit meinem (dritten oder vierten) Carriere-Start zusammenhängen – Beiträge, Vorträge, Rezensionen. Wenn das geschafft ist, will ich ins frühe Mittelalter und mich dort für den Rest meiner Tage eingraben.

Mit den besten Wünschen und Grüssen

Ihr

Erich Auerbach

Grüssen Sie bitte Krauss wenn Sie ihn sehen (ich schreibe ihm in den nächsten Tagen) – wie geht es ihm gesundheitlich? Auch Ernst Bloch dürfte inzwischen in Leipzig eingetroffen sein.

Auguste Wieghardt an Eva und Victor Klemperer

83, Fordwych Road, London, N. W. 2.
30. Mai [1949]

Liebste Klemperers, es zieht sich zwar alles wie ein Strudelteig, aber ich hoffe doch, dass es endlich wird und ich in absehbarer Zeit auf der neuen Matratze schlafen kann. Es würde zu weit führen, Euch alle Schwierigkeiten und Komplikationen zu erklären, mündlich geht das viel besser, und eigentlich ist es auch nicht sehr interessant, sondern nur lästig. Ich habe Euch von meinem Manuskript noch nichts geschickt, weil ich nur sehr wenige Exemplare besitze und eines davon einem Gast aus Berlin mitgegeben habe, der es, nachdem er es jemand anderem zeigen wollte, an Euch weiterzuschicken versprach. Wie Ihr vielleicht wisst, ist Karl hier, derselbe liebe gute Kerl, der er immer war, aber er ist, um mit dem Archivarius Lindhorst zu reden, unter die Drachen gegangen und hat keine Serpentina, sondern ein prosaisches Bürgermädchen geheiratet, die ihn wohl unweigerlich an das Spiessbürgertum fesselt. Wenn sie wenigstens einen gesunden bürgerlichen Typus repräsentieren würde! Aber nein, sie ist obendrein meschugge, hochgradig hysterisch und macht ihm das Leben selbst auf die Entfernung nach London durch ewiges Lamentieren und Gezeter sauer. Weil ich aber ein neugieriges Geschöpf bin, werde ich mir dieses Musterexemplar von Frau und Mutter in der nächsten Zeit (wenn alles klappt!) in der Nähe betrachten. Damit wäre ich Euch schon ein gutes Stück näher gerückt. Dem Karl kann ich unter den Umständen gar nicht nützen, ihm nur hinderlich sein. Und Judith, für die ich hier als eine Art Sprungbrett fungiert habe, wird mich auch kaum mehr brauchen. Palästina ist vorläufig aufgeschoben, weil sie sich knapp vor der Abreise in einen Engländer verliebt hat, er wohl auch in sie, ich glaube, sie werden heiraten, was ich für sie sehr wünsche. And that's that. Neulich bekam ich von einer Bekannten die so abfällige Kritik von Victors Moderner fr. Prosa geschickt. Hoffentlich habt Ihr Euch nicht zu sehr darüber geärgert. Ich selbst kann vorläufig dazu nicht Stellung nehmen, weil ich keine rechte Vorstellung von dem Buche habe – ich habe es ja wohl in der alten Fassung besessen, aber das ist alles so lange her! Ich weiss gar nicht mehr, nach welchen Gesichtspunkten die verschiedenen Verfasser ausgesucht waren. Aber eines weiss ich – dass ich Gobineau von Herzen verabscheue und für einen schlechten Schriftsteller halte. Jedes Wort, das er über die fr. Revolution gesprochen hat, ist einfach dumm, so dass man sich mit ihm nicht einmal auseinanderzusetzen braucht. Er wird von den französischen Historikern wie Jaurès, Mathiez, aber auch von den reaktionären auch so gut wie gar nicht beachtet. Mit Taine steht es allerdings anders. Er ist ja wohl ein sehr beachtlicher Schriftsteller, aber als Historiker – und ich habe mir die Leute ja nur als Historiker angesehen – geht er bis zur direkten Geschichtsfälschung, um alle Grausigkeiten der »grande peur« und der »terreur« nur noch grausiger zu malen. Jean Jaurès weist ihm einige derartige Dinge nach. Herrgott, wenn wir doch über das alles eingehend miteinander reden könnten! Und wenn ich doch nur die Zeit und die Kraft aufbrächte, um noch einmal die politische Geschichte der Romantik zu schreiben. Und dazwischen viele schöne Kindergeschichten.

Lebt wohl, Ihr Lieben, schreibt mir, wie Euer Sommerprogramm ist. Ob Ihr in Halle oder wo sonst zu finden sein werdet. Bitte, schreibt mir das bald.

Eure
Gusti

Victor Klemperer an Eugen Lerch

4. Juni 1949

Lieber Lerch!

Heute komme ich Ihnen nicht nur als alter Kollege und Freund, sondern auch in meiner offiziellen und kulturpolitischen Eigenschaft als Präsidialratsmitglied und 1. Landesvorsitzender des Kulturbundes in Sachsen-Anhalt.

Sie haben gewiß aus den Zeitungen erfahren, daß wir hier alles daran setzen wollen, die Verbindung mit Westdeutschland und damit das uns allen gleich notwendige einheitliche Deutschland unter Beseitigung der Zonengrenzen zu schaffen.

Die besondere Aufgabe des Kulturbundes besteht hierbei in der Festigung – man könnte schon beinah sagen in der Neuaufnahme der geistigen Beziehungen zwischen den immer mehr auseinanderklaffenden beiden Deutschlandteilen. Sie wissen ja aus eigener Erfahrung, wie schwer es ist, auch nur die Publikationen des Ostens zu Ihnen hinüber und Ihre Publikationen zu uns herüber zu bringen. Was uns am Herzen liegt, ist eine gemeinsame Aussprache über alle Probleme, auf die es jetzt ankommt. Sie ließen sich auf dem Wege einer Korrespondenz, noch besser natürlich in persönlicher Zusammenkunft erreichen.

Wäre es nicht möglich, daß Sie oder Persönlichkeiten Ihres Kreises einmal in unserem Kulturbund sprächen oder daß einer von uns hinüber käme? Ich selber werde im Laufe der nächsten Woche in München sein. Ich überbringe dort Vossler's Witwe das Diplom des hallensischen Ehrendoktorats und würde bei dieser Gelegenheit an verschiedenen Stellen in München zu Worte kommen. Könnten Sie selber einmal zu uns kommen, oder könnten Sie mir eine Einladung nach Mainz verschaffen? Man brauchte durchaus nicht über feuergefährliche Fragen der unmittelbaren Politik zu referieren, sondern könnte sich irgendein Thema – sei es Geistesgeschichte, seien es die gegenwärtigen Schul- und Hochschulzustände – auswählen, oder es ließe sich z. B. über den Begriff Kultur reden oder über den »Europa«-Begriff usw. usw.

Es ist uns hier wirklich und ehrlich daran gelegen, zu hören, wie Sie denken, und Ihnen zu sagen, welches unsere Gedanken sind. Da wir bestimmt in der Zielsetzung »Frieden und deutsche Einheit« übereinstimmen, so müßte sich auf diese Weise ein geistiger Zusammenschluß finden lassen.

Lieber Freund, nehmen Sie diesen Brief als eine Anregung und eine Bitte freundlich auf. Wir sind doch nun seit vollen 35 Jahren miteinander verbunden; könnten wir nicht gemeinsam ein wenig an dieser ungeheuren Aufgabe mitwirken, den drohenden deutschen Auseinanderfall zu verhüten.

Mit herzlichem Gruß Ihr alter

Eugen Lerch an Victor Klemperer

Mainz-Mombach
Wöhlerstraße 3
11. 6. 49

Lieber Klemperer,

Schönsten Dank für Ihren – erst heute eingetroffenen – Brief vom 4.!

Ich möchte mich sehr gern wieder mal mit Ihnen aussprechen, lieber Freund, und um einen Vortrag wollte ich Sie längst bitten; Ihr Brief lässt mich hoffen, dass Sie kommen werden. Nur bitte keinen politischen Vortrag (weder unmittelbare noch mittelbare Politik), sondern einen rein wissenschaftlichen. Wir machen hier nicht so viel Politik, und wenn ich den Vortrag veranstalte, d. h. die Mittel dafür anfordere, kann es nur ein romanistischer sein (so sehr mich z. B. ein Vortrag von Ihnen über »Kultur« interessieren würde). Ich denke an ein Thema wie »Diderot«, bitte aber um Ihre Vorschläge. Leider wird es nicht möglich sein, dass Sie gleich von München aus kommen (denn, wie gesagt, der Vortrag muss erst »bewilligt« werden, und das geht nicht so schnell), aber nach meinen miserablen geographischen Vorstellungen ist es von Halle nach Mainz nicht weiter als von München. Der Vortrag würde am besten an einem Mittwoch, Freitag, auch Montag am Vorm. sein (dann sind die Studenten da und ein Hörsaal frei), oder an den anderen Tagen, auch nachm., aber nicht Freitag nachm. oder Samstag den ganzen Tag. Ich hoffe, ein Honorar von DM 100.– + Reisekosten loseisen zu können. Die Reisekosten würde zwar vielleicht der Kulturbund tragen wollen, aber dafür würde er Sie binden, und das will ich nicht. Könnten Sie mir angeben, wie hoch sie sind?

Ihrer freundlichen Einladung an mich oder Meinesgleichen, im dortigen Kulturbund zu sprechen, wird kaum jemand folgen (vestigia terrent). Leider.

Konnte der dortige Kulturbund nicht die Vertreibung Niemeyers verhindern? (Teubner hatte vielleicht 'was verbrochen – aber N.?) Könnte er nicht erreichen, dass wir die Bücher aus Ihrer Zone (soweit solche noch vorhanden sind oder hergestellt werden) unzerschnitten erhalten? (3 von Frankreich bestellte Exemplare meiner Syntax kamen dort noch kürzlich in 9 Teilen an; das ist keine böswillige Propaganda, sondern Tatsache. Propaganda ist es auch, aber negative – in diesem Fall in Frankreich).

Auf baldiges Wiedersehen also!

Mit herzlichen Grüssen für Sie und Ihre verehrte Gattin

Ihr alter
Lerch

446

Auguste Wieghardt an Eva und Victor Klemperer

[Göttingen,] Stegemühlenweg 61.
19. Juli [1949]

Geliebte Klemperers,

ich bin gar nicht mehr weit von Euch. Bitte lasst mich umgehend Euer Sommerprogramm wissen, wann Ihr zuhause u.
wann sonstwo anzutreffen seid. Ich freue mich wie ein Kind
auf Weihnachten, Euch bald zu sehen.

Eure
Gusti

Eugen Lerch an Victor Klemperer

Mainz-Mombach
Wöhlerstraße 3
28. 7. 49

Lieber Klemperer,

es tut mir so leid, daß es noch ultimo zu einem Zwist zwischen Ihnen und Kühn gekommen ist und daß wir uns infolgedessen gar nicht verabschiedet haben. Wir haben Sie vergeblich gesucht, auch bei Ihrem Wagen, der offenbar schon weg
war. – Kühn ist OdF (wegen seiner jüdischen Frau, die dabei
war, in Köln entlassen); ich dachte, mit ihm würden Sie sich
verstehen. – Ich danke Ihnen nochmals recht sehr, daß Sie gekommen sind, und für den fabelhaften Vortrag. Ich hoffte, einen Zeitungsbericht darüber beilegen zu können – vergebens!

Ich drücke Ihnen den Daumen für den Goethe-Preis (oder
wie er heißt)!

Mit herzlichen Grüßen für Sie und Frau Eva, auch von meiner Frau

Ihr alter
Lerch

Die »Campagne in Frankreich« kostet nur M 1.–; Sie haben also noch M 1.– gut.

Anna Klemperer an Victor Klemperer

A. Klemperer
Berlin-Charlottenburg 5
Dernburgstr. 11
Berlin d. 12. 10. 49

Lieber Victor! Herzlichsten Dank für Deinen lieben, ausführlichen Brief, der sich mit meinem kreuzte! Ich freue mich riesig auf Dein Kommen! Falls es Dir lieber wäre, ich käme zu Dir in die Stadt, um Zeit zu sparen, schreibe es bitte, wenn es auch viel schöner wäre, ich sähe Dich bei mir!! Leider kommt Peter erst am 22. oder 23. 10. zurück, sodass Du ihn wieder nicht sehen wirst, das ist zu schade! – Die elenden Herzbeschwerden allerseits sind wenig erfreulich und ist doch ein Zeichen zum stoppen der Arbeit und Hetze. Auch ich fühle mein Alter und mein Herz. – Im Ost-Sektor könnte ich schon aus geldlichen Gründen nicht wohnen, da mein Einkommen auf ein Sperrkonto käme und ich mit 40.– M Ost Sozialhilfe keine Familie, nicht mal mich selbst ernähren könnte. Die Berliner Verhältnisse sind eben ganz anormal und keiner, der hier nicht grade wohnt, kann die Zustände richtig übersehen, da er die Bestimmungen nicht kennen kann, denen wir unterworfen sind. Wir können jetzt hier unsere Wertpapiere anmelden. Darüber mündlich mehr. Sei mit Eva aufs beste gegrüsst, auf gutes Wiedersehen,

Eure Anny

Otto Klemperer an Victor Klemperer

70, Syke, Ings
Iver Richings Park, Bucks.
26. Nov. 1949.

Lieber Onkel Victor,

auf meine letzten Anfragen habe ich keine Antwort bekommen und fürchte, dass einige Briefe verloren gegangen sind. Ich habe seit über einem Jahr keine Lebenszeichen von Dir erhalten, ausser, dass vor einigen Monaten Dein Name in unseren Zeitungen mit Misbilligung genannt wurde im Zusammenhang damit, dass Du in West-Deutschland öffentlich die Lebensbedingungen der »Zwangsarbeiter« in Auschwitz gepriesen hättest! Wenn Diese Berichte stimmen, so zeigen sie mir wenigstens, dass Du Deine Vitalität und Gesundheit in Dein hohes Alter bewahrt hast und ich hoffe dass es Dir weiter gut geht. Ich habe gerade meinen 50 Geburtstag gefeiert und danach berechne ich, dass Du jetzt 67 sein musst. Ist das richtig? Ich hätte Dich gern mal wieder gesehen und da ich plane im nächsten Sommer nach Deutschland zu reisen möchte ich doch gerne wissen ob es technisch möglich ist nach Ost-Deutschland herein und auch wieder herauszukommen ohne als »Britischer Kapitalist« irgend welchen Unannehmlichkeiten ausgesetzt zu sein. Man kann sich hier keine Informationen über die Zustände bei Euch verschaffen. Musik-Otto, der offenbar jetzt auch jenseits des »eisernen Vorhangs« in Budapest wohnt war hier kürzlich um das Londoner Radio Orchester zu dirigieren, ehe ich Kontakt mit ihm bekommen konnte war er schon wieder abgereist, ich hörte aber seine 9te Beethoven Symphonie im Radio – wieder ganz erstklassig.

Uns allen hier geht es soweit gut. Meine beiden ältesten Söhne Hugh und Derek sind beide auf der Universität. Wir waren diesen Sommer in der Schweiz, es war recht eigenartig mal wieder so viel Leute Deutsch reden zu hören! Doch ich will nicht in Einzelheiten mich ergehen ehe ich nicht weiss ob die Post Dich noch erreicht!

Recht herzliche Grüsse Dir und Tante Eva!

Was man sich in der Jugend wünscht, das hat man im Alter die Fülle; so sagte Goethe, kannst Du von Dir dasselbe behaupten?

Mit besten Grüssen
Otto.

Heinrich Spies an Victor Klemperer

Univ. Professor
Dr. Heinr. Spies
Berlin SW 29
Gneisenaustr. 44 IIIr
28. November 1949

Hochverehrter Herr Kollege,

Es ist ein höchst betrübliches Zeichen der Reaktion in deutschen Westlanden, dass Gelehrte, die vor dem zum Glück restlosen Zusammenbruch ihres verhimmelten Reichs nicht laut genug ins Nazihorn stossen konnten, jetzt wieder in der einen oder anderen Form tätig sind oder sein dürfen.

Zu diesen unerfreulichen Erscheinungen gehören der Amerikanist Friedrich *Schönemann* und der Anglist Karl Heinz (auch das noch!) *Pfeffer*, beide vor 1945 zusammen mit dem auch redivivus Walter *Hübner* aktivistische Schreier in der »Ausland(un)wissenschaftlichen Fakultät« und – alle drei – Propagandaredner im ns. Schulungslager Rankenheim.

Während der einstige Königsberger Transvertit – Oberschulrat *Hübner* Stehaufmännchen in der »FU« geworden ist, beginnt das restliche par ignobile fratrum bereits wieder, im

Westen Vorträge zu halten und in der Zs. »Die lebenden Fremdsprachen« zu publizieren (G. Westermann). So *Schönemann* in Heft 9 ausgerechnet über »Amerika im staatsbürgerlichen Erziehungsplan« und *Pfeffer* in Heft 11 (Nov. 1949) über »Die offenen Fragen des Englischunterrichts«.

Der Pfeffer, der 1943 im »Zentralverlag der NSDAP, Franz Eher Nachf., GmbH München« eine 16 Seiten starke Broschüre veröffentlicht hat mit dem Titel »*Der englische Krieg – auch ein jüdischer Krieg*«, »Herausgeber: Der Beauftragte des Führers für die Überwachung der gesamten geistigen u. weltanschaulichen Schulung u. Erziehung der NSDAP. – Amt Parteiamtliche Lehrmittel.«

Auf dem Umschlag steht:

»Nur für den Dienstgebrauch, Schriftenreihe zur weltanschaulichen Schulungsarbeit der NSDAP, Heft 29.«

Es wäre m. E. Aufgabe des deutschen Judentums oder einer anderen einflussreichen Organisation, diesen *Pfeffer* (der eine englische Frau haben soll) an hervorragender und gehörter wie beachteter Stelle zu decouvrieren. Eventuell bei der britischen Besatzungsbehörde zur Nachprüfung des »Entlausungs«-verfahrens; denn obige Flu*ch*schrift dürfte, weil! »Nur für den Dienstgebrauch« bei diesem vollkommen unbekannt geblieben, bei Fragebogenfälschung unterschlagen worden sein.

Wenn ich, hochverehrter Herr Kollege, diese Zeilen an Sie richte, so geschieht das unter dem dauernden Eindruck Ihres erschütternden Kriegstagebuchs (das mich an meine Kriegserlebnisse mit Frau J. *Jastrow* u. Frau Felix *Liebermann* erinnerte).

Mit kollegialem Gruss.
Ihr ergebenster
Heinr. Spies

Hermann Weidhaas an Victor Klemperer

Dr. Ing. Dr. phil.
Hermann Weidhaas
O. Prof. a. d. Staatl. Hochschule
f. Baukunst u. bildende Künste

Weimar
Lottenstrasse 35
7. 4. 50.

Hochverehrter und lieber Genosse Klemperer,

Hochschätzung und Dankbarkeit gebieten Aufrichtigkeit. Ich hatte mich darauf gefreut, Dich mit meiner Frau bekannt zu machen, aber wir beide waren mit einigen Stücken Deines Weimarer Vortrages so wenig einverstanden, daß diese Begegnung unter einem ungünstigen Schatten gestanden hätte. Mit diesen Zeilen möchte ich diesen Schatten durch das rücksichtslose Licht persönlicher Freundschaft u. wohlmeinenden Dienstes an der Sache ersetzen u. glaube, Deines Verständnisses u., wo nötig, Deiner Nachsicht gewiß sein zu dürfen.

Daß die Sprache nicht nur das Demonstrationsobjekt der Zerreißung, sondern auch ein Werkzeug, die nationale Einigung neu zu verwirklichen, sein kann u. somit uns aufruft zu überlegen, was wir in den letzten 30 Sekunden vor 12 zu tun haben, ist ja ungefähr schon in der Aussprache gesagt worden.

Mit einem Relativsatz hast Du auch die Ereignisse berührt, die dem Jahre 1945 angehörten u. die so viele Deutsche nicht vergessen. Meine Frau hat sich 1945 in Breslau u. seiner Umgebung mehrere Monate in der Gewalt sowjetischer Soldaten befunden. Ich muß vorausschicken, daß sie antifaschistisch gedacht u. gehandelt hat, solange sie selbständig denkt. Wenn ich erwäge, was sie mir – u. außer mir nur ganz wenigen, politisch zuverlässigen Menschen – über ihre Erlebnisse mitgeteilt hat, so muß u. darf ich sagen, ich kenne wenige Leistungen humanitärer Energie, die sich mit der sittlichen Kraft vergleichen lassen, mit der sie das, was ihr widerfahren ist, überwunden u. vergeben u. sich zu der Einsicht durchgerungen hat, daß ihr Platz in der sowjetischen Besatzungszone u. nicht in einer anderen ist, obwohl ihre persönlichen Chancen im Westen am Ende des Jahres 1945, als sie arm u. krank aus Schlesien kam, weit größere waren. Sie stimmt dem durchaus zu, was Herrnstadt in der Broschüre »Die Russen u. wir« sagt u. rechnet auch mit der Entmenschung durch den Krieg. Aber ihre entscheidende Erfahrung ist es, daß die Schlimmsten aus Gegenden stammten, die mit den Deutschen überhaupt keine Kriegsberührung hatten. Ihr scheint hier gerade für den, der sich ernsthaft mit der Frage nach dem Menschen in der sozialistischen Gesellschaft befaßt, ein wichtiges psychologisches Problem vorzuliegen, das der Verfasser der LTI auch am Rande nicht in der Weise abtun darf wie es geschehen ist. Es scheint uns, daß das Geschehene eben deshalb so schwer vergessen wird, weil es auch auf der anderen Seite offenbar noch nie zum vollen kritischen Bewußtsein gebracht worden ist.

Wir finden es ferner bedenklich, unmarxistisch u. an biologische (rassistische) Gedanken erinnernd, wenn Du von psychologischen Konstanzen deutschen Wesens sprichst wie bei Erwähnung der Linie Hegel – Marx – Engels, die nach dem Relais bei Lenin u. Stalin nun als etwas Affines zu uns zurückkehrte. Unzweifelhaft hat der Sowjetmensch uns eine Phase gesellschaftlicher Entwicklung voraus, aber vielleicht dürfen wir Deutschen es – neben den Chinesen – als unsere Sendung betrachten, den so rasch errungenen Rahmen neuer Sozialität mit Inhalten zu erfüllen, die in unserer mächtigeren Tradition bereit liegen. Da wohl in jedem Deutschen etwas von der Ahnung solcher Mission schlummert, ist es u. E. taktisch nicht richtig, von Völkern zu erzählen, die vor 30 Jahren noch auf unerhört niedrigen Kulturstufen standen u. deren Vertreter uns jetzt über Schulwesen usw. belehren.

In den Mittelpunkt Deiner Ausführungen über Dichtung, die aus einer neuen, sprachgestaltenden Begegnung von Intellektuellen u. Arbeitern kommt, hast Du Kubas Stalinkantate gestellt. Wir sind mit vielen Genossen der Meinung, daß diese Dichtung an Qualität sehr vieles vor sich läßt, was in der deutschen Literaturgeschichte ihr an unvergleichbaren Leistungen vorangegangen ist. Sie redet nicht so sehr das Deutsch der Menschen aus der Baubude als das der Funktionäre, die die Schaufel mit dem Füllfederhalter vertauscht haben, u. die Übernahme nihilistischer Atavismen aus der sozialistischen Kampfzeit gegen Wilhelm II. usw. ist kein Dienst am Fortschritt. Wenn Du aber als Angehöriger einer Familie, die berühmte Musiker hervorgebracht hat, nun auch noch ausdrücklich auf die Kantate als kompositorische Leistung anspielst, so ist das ein ausgesprochenes Unglück u. hat auch, des sind wir hinterher Zeugen gewesen, einen die Wirkung des ganzen Vortrags auslöschenden Effekt gehabt. Mit Genossen wie Gerster oder Cilenšek u. vielen anderen halten wir die Musik dieser Cantate für billig, geistlos u. wo sie angeht für einen plagiatorischen Skandal, unwürdig des Mannes, dem sie gewidmet sein möchte. Nachdem das Stück im Dezember hier aufgeführt worden ist, kann man sicher sein, daß es niemanden hier mehr gibt, der eine Wiederholung wagen würde.

Diese harten Worte sollten die dankbare Gesinnung nicht vermindern, von der die Anwesenden beherrscht waren, u. sind darum öffentlich ungesagt geblieben, aber sie sollen auch nicht verschwiegen werden u. dürfen sich hervorwagen, weil sie erwachsen auf einer unwandelbaren Verehrung u. der Bewunderung für die gewaltige Arbeitsleistung, die Du an der Schwelle des Alters u. geschwächt durch die Folgen der Dir angetanen Verbrechen für den Aufbau einer neuen Gesellschaft vollbringst.

Mit herzlichen Ostergrüßen an Dich u. Deine verehrte Gattin, von Haus zu Haus,

Dein ergebenster
Hermann Weidhaas.

Victor Klemperer an [Werner Bruschke]

An den Herrn Ministerpräsidenten
Halle/Saale
Willi-Lohmann-Str. 7

20. April 1950.

Sehr geehrter Herr Ministerpräsident!

Von einem Referat in Zeitz »Über die Kulturverordnung« kommend, worin ich auf alle Weise die Förderung hervorhob, die der schaffenden Intelligenz durch die Deutsche Republik zuteil wird, fand ich um Mitternacht auf der Landstrasse 6 km von Teuchern entfernt die praktische Landärztin Dr. Ilse Giesecke, Teuchern, Bahnstr. 3, in einem geradezu verzweifelten Zustand vor.

Der Wagen der Frau Dr. Giesecke lag seit mehreren Stunden hilflos still. Vorüberfahrende hatten sich um ihre Bitten um Hilfe nicht gekümmert. Grund des Unheils war – wie unser Fahrer als Sachverständiger feststellte – ein nicht zum Wagen passendes Rad. Frau Dr. Giesecke gab an, dass sie sich seit vielen Wochen wegen dieses Wagens um passende Reifen bemühte, dass sie bei ständiger Tätigkeit als Landärztin unbedingt auf ihn angewiesen sei und dass alle ihre Bemühungen bei den zuständigen Stellen vergeblich seien.

Es versteht sich von selber, dass Frau Dr. Giesecke in leidenschaftlicher Erregung und Bitterkeit über diese Nachlässigkeit der Verwaltungsstellen sprach. Ich wusste nicht, was ich der Frau erwidern sollte, und empfand die schöne Rede, die ich eben in Zeitz gehalten hatte, als einen reinen Hohn auf den hier vorliegenden Fall.

Als Landesvorsitzender des Kulturbundes zur demokratischen Erneuerung Deutschlands bitte ich aufs allerdringlichste, diesem Fall nachzugehen. Alle unsere Veranstaltungen helfen nichts, wenn die Wirklichkeit derart aussieht.

Mit vorzüglicher Hochachtung
Prof. Dr. Klemperer
1. Landesvorsitzender

Durchschr.: Landesstelle zur Förderung d. schaffenden Intelligenz

Hermann Weidhaas an Victor Klemperer

Weimar, den 22. April 1950
Lottenstr. 35

Sehr geehrter Genosse Klemperer!

Du hast aus meinem Brief vom 7. IV. den Eindruck entnommen, dass ich Dir gegenüber nicht mehr von der schuldigen Hochachtung erfüllt bin. Wenn es so wäre, wenn Du mir gleichgültig geworden wärest, welches Interesse sollte ich dann haben, Dich, einen mächtigen Mann, der bei meinen Vorgesetzten aus- und eingeht, durch gewollte Missverständnisse und Missdeutungen zu verletzen? Was mich zu meinem Briefe ermutigt hat und weshalb ich einer Unaufrichtigkeit Dir gegenüber auch durch Verschweigen nicht schuldig werden wollte, war gerade die dankbare Erinnerung an das viele, was mir zu einer verehrungsvollen Gesinnung von je Anlass gegeben hat. Diese musste, nicht als ein Übermass von Schmeichelei, sondern deshalb zum Ausdruck kommen, weil ich eine sehr offene Kritik geäußert habe. Ich weiss mich so weit von jeder Absicht, Dich zu verletzen, entfernt, dass ich, da ich von meinem Briefe keine Abschrift habe, mir gar nicht mehr denken kann, welchen Passus Du als beleidigende Anspielung auf Alter oder Krankheit aufgefasst haben könntest. Allerdings darf ich sagen, dass ich, obwohl 22 Jahre jünger, zu der gewaltigen Arbeitsleistung, die Du vollbringst, nicht fähig bin.

Ich habe von der Schuld der Deutschen an den Völkern der UdSSR und der Volksdemokratien, – die ich durchaus als eine kollektive, auch mich und jeden besten Deutschen neben mir betreffende verstehe –, nichts vergessen. Erst vor sechs Wochen habe ich auf einem SED-Dozenten-Lehrgang in Bischofstein im Eichsfeld zu dieser Sache selbst fast die gleichen Worte gebraucht, mit denen Du Deinen Vorhalt formuliert hast und habe hinzugefügt, dass auch abgesehen von den geschehenen Greueln schon die Schuld, die wir im März 1939, am 1. IX. 39 und am 22. VI. 41 auf uns geladen haben, uns jedes politischen Rechtes gegenüber diesen Völkern beraubt hat. In wiederholten Kundgebungen zur Volkskongressbewegung und zur Nationalen Front, die z. T. auch in der mecklenburgischen und in der Kulturbundspresse erschienen sind, habe ich auf die entscheidende Rolle der UdSSR im politischen und ideologischen Aufbau unserer Nation verwiesen.

Es ist mir unfassbar, dass ich in den berührten Zusammenhängen von einer deutschen Mission gesprochen haben sollte. Wohl aber glaube ich an eine deutsche Tradition. Sie ist nicht ganz in den Krematorien der Konzentrationslager verbrannt, sondern von den freilich allzu Wenigen gehütet worden, die zwölf Jahre lang vor diesen Krematorien zu zittern jeden Grund hatten. Zu diesen glaube ich mich rechnen zu dürfen: sofortiger Ausschluss aus dem Beruf 1933, Nötigung zur Flucht ins Ausland, nach 2 Jahren Rückkehr in subalternste

Stellungen, aus denen ich immer wieder aus politischen Gründen fristlos entlassen wurde, seit der Kristallnacht Teilnahme an der Judenfürsorge bis zum Zusammenbruch des Hitlerstaates, nach diesem dreiviertel Jahre ehrenamtlicher Arbeit als Stadtrat von Plauen, Einrichtung des ersten Arbeiter- und Bauernstudiums in der Sowjetischen Besatzungszone noch ohne alle öffentlichen Mittel (sogar die Dienstreisen habe ich aus eigener Tasche bezahlt, während mein Nachfolger, nachdem die Sache eingerichtet war und ich nach Greifswald ging, als Oberstudiendirektor besoldet wurde). Von meinem Kampf mit reaktionären Professoren und einem Agenten westlicher Mächte, der jetzt endlich hinter Schloss und Riegel sitzt, weisst Du aus eigener Einschau. All dies geschah und geschieht auch um der deutschen Tradition willen. Wenn es keine gäbe, könnte ich nicht Denkmalpfleger sein und würden die Ziele der Nationalen Front an Überzeugungskraft verlieren.

Dein Weimarer Vortrag redete eine nicht alltägliche Sprache und hat die Geister erregt. Ohne jemanden um seine Meinung zu befragen, bin ich von vielen angesprochen worden. Ich lasse mich gern über die irrigen Schlussfolgerungen belehren, die ich für unser Verhältnis zu den Völkern der UdSSR aus meinem Begriff von deutscher Tradition gezogen habe. Und das Gleiche wird für die gelten, die wie ich sehr ähnlich denken. Ich halte es darum für nötig, dass man sich mit diesen Sedimenten einer fehlentwickelten Gesinnung auseinandersetzt. Es ist ja der Sinn solcher Vorträge wie des Deinigen, nicht nur die Menschen ideologisch zu kräftigen, die schon ebenso denken wie Du, sondern auch die gänzlich zu gewinnen, welche die andere Hälfte des Publikums solcher Vorträge zu bilden pflegen. Ganz sture Leute gehen dort überhaupt nicht hin. Ist der Vortrag selbst wegen seines anders abzielenden Themas für den angedeuteten Zweck nicht geeignet, so möchte ich Dir vorschlagen, Dich mit den Auffassungen, die ich im Anschluss an Deine Ausführungen angetroffen habe und denen ich selbst erlegen bin, einmal in einem Aufsatz auseinanderzusetzen.

Was mich bei diesem heutigen Briefe gehemmt hat, ist der Gedanke, dass die Sorge um meine wirtschaftliche Existenz den sachlichen Ernst meiner Aussage zweifelhaft machen könnte. Ich darf in dieser Befürchtung aber wohl darauf vertrauen, dass Du mir die gleiche schonungslose Aufrichtigkeit, die meinen letzten Brief bestimmt hat, auch heute glauben wirst. Ich habe der Sache dienen wollen, indem ich Beobachtungen über eine Beeinträchtigung der Wirkung Deines Vortrages mitteilte und, um diese deutlich zu machen, die Bedenken allzu stark apperzipierte, die weitgehend nicht einmal meine eigenen Gedankenprodukte waren. In diesem sachlichen Interesse habe ich das persönliche vernachlässigt. Dies verzeihe mir bitte.

Dein ergebenster
Hermann Weidhaas.

Victor Klemperer an Werner Krauss

Halle, 28. 6. 50

Lieber Freund –

ich komme mit zwei Bitten zu Dir – schriftlich, da wir uns ja in Berlin nie begegnen.

1) nimm Dich bitte des Dir bereits bekannten Überbringers dieser Zeilen an; er ist ein armer Teufel, ein schwerblütiger Mensch – mir seit bald 5 Jahren als ehrlich Bemühter sympathisch. Ich glaube nicht mich in seiner menschlichen Qualität zu täuschen.

2) eine Sache, die mich u. Dich angeht. Es handelt sich um meine unselige »Moderne französische Lyrik«. Wir brauchen

das Buch notwendig, Du hast ihm im Nov. 48 bereits ein sehr freundliches Gutachten für den Kult. Beirat geschrieben, es sollte damals sofort erscheinen. Da griff St. Hermlin meine Mod. frz. Prosa in der Tägl. Rundschau aufs unvernünftigste an, ich konnte nirgends entgegnen, Teubner bekam Angst, u. die Lyrik blieb liegen. – Ich strich den zu den Faschisten über-gegangenen Drieu La Rochelle, schlimmbesserte herum, bis I. M. Lange einverstanden war. Nun soll der Band endlich bei Rütten & Loening erscheinen. Wesentlichste Rolle sowohl in der Studie (im Kapitel Metrik u. im Kapitel Unanimismus) wie in der Anthologie spielt Jules Romains. Es ist unmöglich – Dir brauche ich das nicht zu détaillieren –, absolut unmög-lich, aus der Entwicklungsgeschichte der mod. frz. Lyrik, Romains fortzulassen. Und nun erklärt I. M. Lange in super-lativistischen Tönen – (Parteiausschluß, Licenzentzug!) –, Ro-mains müsse fortbleiben, da er im Congreß der Schriftsteller in Westberlin sitze. Ich habe daraufhin auf den Neudruck mei-ner »Lyrik« verzichten wollen. Das soll ich nun auch nicht tun. Aber irgendjemand muß doch einsehen, daß ich nicht nur *mir*, sondern der Partei u. der DDR einen Bärendienst leiste, wenn ich ein wissenschaftlich unmögliches Buch herausgebe. Wir können nicht immer wieder erklären, daß wir der Wissen-schaft, der Intelligenz, der Kultur dienen, wenn wir gleichzei-tig die ärgsten Verstümmelungen des wissenschaftlich Gege-benen vornehmen. –

Du hast die nötige Position, so bitte ich Dich, mir, vielmehr der Sache, um die es geht, zuhilfe zu kommen.

Mit herzl. Gruß

Dein

Victor Klemperer

[Dresden, 2. Juli 1950]

Lieber Lerch –

Vor Monaten erhielt ich von Ihnen sehr schöne Sonderdrucke – auf dem einen stand: »Herzl. Gruss, Brief folgt«. Dieser angekündigte Brief kam nie. Inzwischen hatte ich längst die Absicht, Ihnen von mir aus zu schreiben, und nur das kaum noch zu bewältigende Übermass an Arbeit liess den Vorsatz immer wieder unausgeführt. Vor allem wollte ich Ihnen dieses ganze (G. s. D. sich dem Ende zuneigende) Semester über für die ganz ausgezeichnete Lessing-Goethe-Schillerstudie danken: ich habe immer wieder von ihr profitiert, und es müssen Ihnen die Ohren geklungen haben, so oft habe ich in Halle und Berlin Sie genannt, da ich eine Seminarübung über die Hamb. Dramaturgie unter romanistischem Gesichtspunkt verzapfe. –

Sie sehen, ich bin noch immer im Amt und mehr als je, da ich neben meinem Hallenser Ordinariat auch Gastvorlesung in Berlin halte. Nehmen Sie hinzu, dass wir seit dem März in unserm alten Dresdener Eigenheim wohnen – es liegt hoch über der zerstörten Stadt im Grünen und Freien, und meine Frau verträgt bei böser Herzerweiterung das Hallesche Klima mit seinen vielen Nebeltagen und dem Kohlenstaub der Industrie durchaus nicht –, nehmen Sie weiter hinzu, dass ich in politischer und kulturpolitischer Hinsicht angespannt tätig bin – ich sitze im Praesidialrat des Kulturbundes und im Zentralrat der Gesellschaft für deutschsowjetische Freundschaft, ich gehöre zum Landesausschuss der nationalen Front und zur Freien deutschen Jugend, natürlich auch zum Landesausschussvorstand der VVN (Ärmster, was haben Sie für einen kompromittlichen Freund!) –, dann können Sie sich vielleicht ganz von ferne und nur sehr approximativ vorstellen, was für ein Leben ich führe: zuhaus hier in Dresden über Wochenend, und von Dienstag bis Sonnabend in Halle, Berlin und sämtlichen Städten der DDR, und im Bett, wenn es hochkommt, fünf, oft aber auch nur vier Stunden, dabei glücklicherweise befähigt, im Wagen in jeder Position und zu jeder Tages- und Nachtzeit zu schlafen. Es sind nicht nur die Vorlesungen und Vorträge: wir haben genau denselben Prüfungsbetrieb wie Sie: das gleiche Examen für die Studienräte mit der häuslichen Dreimonatsarbeit etc., die Doctorpromotion mit der Dissertation, wir haben die wahrhaft gloriose Einrichtung der Aspirantur – zwei Jahre lang (in der Naturwissenschaft drei!) erhält der hierfür zugelassene Habilitandus monatlich 400 M., sodass er sich ganz frei nur und ausschliesslich seiner Habil.-Vorbereitung widmen kann – in alledem habe ich die Hand sehr wesentlich im Spiel. Ich denke und hoffe zuversichtlich, dass aus meinem Hallenser Seminar so etwas wie eine neue Romanistenschule hervorgehen soll, ich arbeite dort mit einem kleinen Kreis bildschön zusammen: Dr. Rita Hetzer-Schober, die in den dreissiger Jahren in Prag mit einer sehr hübschen Arbeit über das Suffix age promovierte, hat von mir das Habil.-Thema »Die politischen Ideen des französischen Naturalismus«, eine andere Aspirantin arbeitet über die französische Theaterkritik im 19. Jh., ein Doktorand über Tainismus und Marxismus etc. Über dem Schreibtisch meines Direktorzimmers hängt pietätvoll das Bild des grossen und gediegenst ledernen Voretzsch – manchmal habe ich ein bisschen Mitleid mit ihm, denn er weiss nicht recht, wohin er den betrübten Blick richten soll: nach unten? da sitze ich an seinem, Seinem Schreibtisch; nach der Seite? da hängt ein Stalin-Bild. (Stalin hat schon 1913 eine für den Philologen höchst interessante Schrift über Nation und Marxismus veröffentlicht, und vor wenigen Wochen hat er einen prachtvoll klaren und nicht im geringsten engen Aufsatz über Fragen der Sprachwissenschaft geschrieben, der deutsch in der Tägl. Rundschau erschien. Mir fiel wieder das entzückende Wort von Barbusse ein: jeder wirkliche Wissenschaftler ist Marxist – er selber weiss es nur manchmal nicht, Stalin weiss es natürlich.)

Mein Herz ist einigermassen zerrissen: auf der einen Seite habe ich eine so tiefe Freude an meinem Hallenser Kreis, dass ich mich von meinem Lehramt nicht zu trennen vermag; auf der andern Seite möchte ich natürlich gar zu gern mein 18ième und verschiedene andere Sachen zuende schreiben und dazu brauche ich Ruhe. Jedenfalls werde ich zum WS. meinen Betrieb einschränken, Berlin wahrscheinlich aufgeben, nur ein bis zwei Tage wöchentlich in Halle sein und Kulturbund und deutsch-sowjetische Gesellschaft etwas sparsamer behandeln. Im Kulturbund bin ich jetzt schon ein wenig entlastet, da man mich zum Ehrenvorsitzenden für Sachsen-Anhalt gemacht und damit von den Geschäften des ersten Landesvorsitzenden, die ich bisher auf mir hatte, freigestellt hat. Meine Regierung lässt mir völlig freie Hand und unterstützt mich auf jede Weise. Ich frage mich nur immer, was wichtiger ist, die vita activa, das Dozieren, oder das Schreiben. Ganz ohne Schreiben geht es jetzt natürlich auch nicht ab, nur die opera de longue haleine müssen warten. Aber ich lege Ihnen meine demnächst erscheinende Molièrestudie bei, und im Lauf des Winters wird ein Band Aufsätze von mir herauskommen, darin eine Untersuchung über »Sprachzerreissung« (Hier spricht man ostdeutsch, hier spricht man westdeutsch) und eine andere über den Humanismusbegriff, die ich zu meinen ernsthaftesten Arbeiten rechne.

Damit bin ich nun bei dem Punkt oder den Punkten, die diesen längst beabsichtigten Brief nun endlich zustande kommen lassen.

Ich bin gewiss auf richtiger Fährte, wenn ich Sie hinter der freundlichen Aufforderung der »Buch«-Redaktion zu einer

Mitarbeit meinerseits vermute. Ich bin für diese Aufforderung sehr dankbar – aber bei der traurigen Deutschlandspaltung scheint mir da gar nichts zu machen. Sie wissen, mit wie grosser Liebe und Verehrung ich an der französ. Literatur hänge. In allernächster Zeit erscheint im »Forum«, dem Studentenblatt unserer DDR, ein für das Französische leidenschaftlich werbender Artikel – Sie werden ihn von mir bekommen. Aber der eigentliche Titel dieses Artikels müsste lauten: Aux écoutes de la France qui vient. Weder die Bücher, über die ich berichten könnte, noch die Gesinnung, aus der heraus ich berichten würde, passen in Ihre Zeitschrift hinein. Die Baudelaire, Mallarmé, Valéry, für die man sich bei Ihnen noch begeistert, haben mir immer ein bisschen nach Verwesung gerochen, und jetzt riechen sie mir nicht einmal mehr, sie sind zu Staub zerfallen. La France qui vient, notre alliée de demain, sieht anders aus. Wiederum, und hier möchte ich nun für mich und für mein Seminar eine Bitte aussprechen oder einen Vorschlag machen, wiederum ist mir, ist uns diese Zeitschrift unendlich wichtig und geradezu unentbehrlich. Ich will meine frz. Litgesch. in einer neuen Ausgabe, die Rütten u. Loening bringen soll, bis 1945 führen, und wir sind hier so abgeschnitten von der Bibliographie und den Neuerscheinungen Frankreichs. Der Währungsunterschied macht uns ein Kaufen oder Abonnieren fast unmöglich. Könnten wir – Sie und ich, Ihr Seminar und meines – nicht einen Tausch arrangieren? Da sind z. B. die wunderschönen Dieterichschen Ausgaben. Mein Molière erscheint dort, und mit meiner Frau zusammen werde ich eine Auswahl aus den Goncourt-Tagebüchern dort veröffentlichen. Dann die dritte Auflage meiner mod frz Prosa, die zweite meiner LTI, die Massacres de Paris von Cassou in der Übersetzung meiner Frau und mit der Communestudie von mir, der Maupassantauswahlband meiner Frau mit der Einleitung von mir … Könnten Sie uns dafür nicht Erscheinungen von drüben schicken? Und ganz besonders: könnten wir nicht laufend, wenn irgendmöglich in zwei Ex. »das Buch« bekommen?

Lassen Sie sich das bitte einmal durch den Kopf gehen und antworten Sie bald. Ich empfinde die Trennung zwischen Ost und West als ein grosses Unglück, und sicherlich sind Sie und ich in dem Wunsche einig, dass sie endlich einmal ein Ende nehme, und dass dieses Ende ohne neue Katastrophe und auf friedliche Weise zustande komme.

Recht herzliche Grüße v. H. z. H. und auch an Schons. Das eine Diderot Ex. ist für Sie, das zweite für Schon, das dritte für Ihr Seminar. Captatio benevolentiae und Souvenir meines Mainzer Gastspiels. Der Gruss der freien deutschen Jugend, deren Nadel ich mit 68 Jahren trage, heisst:

»Freundschaft!«

Ihr Victor Klemperer.

Dresden A. 34
Am Kirschberg 19.

Bitte adressieren Sie alle Post für mich hierhin, alles was mein Seminar angeht, an die Briefkopf-Adresse.

Margaret Gump an Victor Klemperer

Holly Cottage
Peaks Island, Maine, U. S. A.
den 25. August, 1950

Sehr geehrter Herr Professor!

Wenn ich Ihnen erst heute für Ihren Brief vom 19. Mai danke, so heisst das nicht, dass ich mich nicht sehr damit gefreut hätte. Vor allem habe ich mich mit der Nachricht gefreut, dass Sie die schlimme Zeit der Naziherrschaft überlebt haben, zusammen mit Ihrer lieben Frau. – Sie wollen noch mehr vom Schicksal meiner Familie, d. h. Hirschels wissen. Ich fürchte, ich habe Ihnen schon alles, was ich selbst weiss, in meinem letzten Brief mitgeteilt. Sie sind leider damals nicht in das französische Kolonialreich, sondern nach Frankreich selbst ausgewandert, wo sie von den Nazis – wohl unter Mitarbeit der Vichyregierung geschnappt wurden und im August 1942 nach Drancy, dem Sammellager, in der Richtung Auschwitz deportiert wurden. Mein Neffe Herbert, an den Sie sich wohl noch erinnern, war damals 16 Jahre alt. Er hat noch bis Januar 1943 oder Februar im Bergwerk Monowitz gearbeitet. Das habe ich von einem Leidensgenossen, der lebend entkam, erfahren. Derselbe schrieb mir auch, dass eines Abends Herbert nicht von der Arbeit zurückgekommen sei. Das Übrige mag sich Ihre Phantasie so gut wie meine ausmalen. Von den andern dreien weiss ich nicht einmal soviel. Meine Schwester, die nierenleidend war und aus dem Hospitalbett nach Drancy gezerrt wurde, ist wohl schon auf der Fahrt gestorben oder wohl gleich vergast worden – man sträubt sich noch immer, so etwas Grausiges niederzuschreiben – von meiner Nichte Lore, die wie Sie sich vielleicht noch erinnern ein Jahr bei mir in Frankfurt gelebt hatte und mir wie eine Tochter war, weiss ich gar nichts. Mein Schwager scheint weiter nach dem Osten transportiert worden zu sein, wo er dann wie alle andern umkam oder umgebracht wurde. Das liegt jetzt alles schon Jahre zurück, ist mir aber noch immer, als wäre es gestern geschehen.

Alles andere, selbst die Arbeit, scheint dagegen nicht hundertprozentig wichtig. Doch ist es das einzige, an das man sich klammern kann. Ja, ich habe die Arbeit »Rückschau auf das Goethejahr« schlecht und recht fertig gemacht, bis jetzt aber noch keinen Verleger, auch keine Zeitschrift, die es annnehmen wollte, gefunden. Leider hat mir der Thüringer Volksverlag nie etwas geschickt und ich frage heute mit derselben Post an, ob die Broschüre über das Goethejahr nicht erschienen ist, da sie mich noch immer interessieren würde. Vielleicht kam sie später heraus und ich erhalte sie dann noch. Wenn Sie wieder einmal dorthin schreiben, erwähnen Sie es bitte. – Leider habe ich hier – ich meine in Bethlehem – keine Gelegenheit, Ihr Buch LTI, »Das Notizbuch eines Philologen« zu lesen, so sehr es mich interessieren würde, da ich nicht wüsste, wie ich mir ein Exemplar beschaffen könnte. Ich pfusche Ihnen auch schon seit Jahren ins Handwerk, da ich einen sogenannten »Survey course« in französischer Literatur gebe. Ich habe ihn auf zwei Jahre ausgedehnt: Erstes Jahr bis zur französischen Revolution, zweites Jahr etwa bis 1914, obgleich ich selten so weit komme. Sie müssen nicht vergessen, dass das Niveau unserer höheren Schule entspricht, und dass viele auf dem College sehr wenig Französisch können. Ich habe viel dabei gelernt und fülle allmählich meine Lücken in der französischen Literatur – denn eigentlich bin ich ja Germanistin – aus. Im Grunde würde ich mich lieber auf *ein* Gebiet beschränken und wissenschaftlich arbeiten. Aber man muss ja leben und sein Brot verdienen. Der Briefbogen ist zu Ende – ich schreibe dann ein andermal mehr von mir und meinem Leben. Vorher aber hoffe ich, wieder einmal von Ihnen zu hören.

Mit sehr herzlichen Grüßen, auch an Ihre liebe Frau
Ihre Margaret Gump

Meine Adresse ist von Anfang September an wieder: Moravian College for Women, Bethlehem, Pa. U. S. A.

Elsbeth Günzburger an Victor Klemperer

Mount Carmel – Haifa, Elhananstreet 14

21. IX. 50

Sehr geehrter Herr Professor!

Durch Freundeshand wurde mir Ihr Notizbuch eines Philologen hierher gesandt, und ich möchte dieses – schwer auf der Seele lastende – Buch nicht aus der Hand legen, ohne an Sie das Wort gerichtet zu haben.

Vor drei Jahren erfuhr ich bereits durch Edith Aulhorn, dasz Sie die furchtbare Zeit in Deutschland überdauert und überstanden hätten. Damals stand es in meiner Absicht, Ihnen durch ein paar Zeilen meine Freude an Ihrer Rückkehr ins Lehramt zum Ausdruck zu bringen – so wie Frl. Aulhorn es durch einen Besuch bei Ihnen ja wohl getan hat. Der unerwartet plötzliche Tod (in jenem Augenblick unerwartete) der von mir so innig geliebten, nach langer Trennung wiedergefundenen Freundin hatte Dresden, das zerstörte, in meinem Bewusztsein zu einem einzigen teuren Grabe werden lassen. Alles andere war wie verblaszt.

Heute weisz ich mehr von Ihnen: nicht nur *dasz* Sie überstanden – auch wenn ich diese Tatsache in Rilkes voller Bedeutung fasse – auch *wie* Sie es taten. Und ich möchte Ihnen ganz schlicht meine Hochachtung und meine Bewunderung aussprechen: wohl nie hat ein Philologe in einem solchen Ausmasz sein wissenschaftliches Rüstzeug derart verinnerlicht und zur Substanz seiner inneren Existenz gemacht, sein Philologentum gelebt, wie Sie das unablässig in jenen Höllenjahren taten. Wer hat dies je gekannt: sich Trost zu schöpfen durch eine einzige Silbe? Dasz Sie in Ihrer erschreckenden Enge den Sinn für die Weite nicht verloren, ist eines Ihrer schönsten Verdienste. Ich wage nicht zu hoffen, dasz Sie die ausgekosteten Bitterkeiten je verwinden werden können: aber ich wünsche

Ihnen von ganzem Herzen noch viele Jahre befriedigender Lehrtätigkeit in dem Kulturkreis, in den Sie hineingestellt sind.

Von Elsa Glauber-Hirschel, der Nichte Wahles, mit der ich jahrelang bei Walzel zusammentraf, durch Sie zu hören, war ein wehmütiges Begegnen. Hingegen bereitete mir Gertrud von Rüdiger keine Enttäuschung.

Was Sie über Ina Seidel zu berichten haben, würde mich auszerordentlich interessieren; ich habe sie früher sehr geschätzt, verlor sie aber in den letzten 11 Jahren (die ich hier bei meiner Mutter verbringe) ganz aus den Augen.

Darf ich Sie daran erinnern, dasz Spitzer, den Sie S. 40 erwähnen, von Köln aus 1933 auswanderte und nicht von Marburg.

S. 95: die Erzählung von Anatole France heiszt einfach: Putois.

S. 209, 223: stammt »das Gesetz des Handelns« nicht eher von Kant als von Clausewitz? Ich kann es im Augenblick nicht belegen, da ich meine Bibliothek noch zum groszen Teil in Paris stehen habe.

Es war mir furchtbar hart, dasz ich s. Z. von Frankreich aus nichts mehr für Sie tun konnte; ich entsinne mich heute nur, dasz der von Ihnen gewählte Zeitpunkt recht spät fiel. Aber rückblickend erscheint es noch unfaszlicher, dasz Menschen nicht Unterstützung fanden, um vor solchem Grauenhaften geschützt zu werden.

Dasz auch in dem vergangenen Deutschland das Wort »hundertprozentig« (S. 215) eine so auffallende Rolle spielte, mutet mich geradezu grotesk an: ich stolpere hier dauernd über diesen Ausdruck, stosze mich daran u. interpretierte ihn schon als ›rein jüdisch-kommerziell‹. (Wenn zwei dasselbe tun …, nicht wahr, so sagten Sie doch?)

Vielleicht interessiert es Sie, zu hören, dasz ich direkt nach der Befreiung Frankreichs an die Ecole Normale Supérieure zurückgerufen wurde (zweimal); ich hätte das Angebot sehr gerne angenommen, hätten mich nicht menschliche Pflichten – eine nun bald 81 jährige Mutter – hier zurückgehalten. Eine reichhaltige Tätigkeit entschädigt mich für einiges, das ich mir versagte. Ich bereite Studenten aller Fakultäten – vor allem Mediziner – auf ihr Studium im Ausland vor (französische Schweiz, Frankreich), habe viele Kandidaten für das London Matriculation, für Intermediate, für Oxford- und Cambridge-Entrance Examination, habe im letzten Jahr intensiv mit unseren hiesigen zwei Psychiatern gearbeitet, die im Augenblick den Psychiater-Kongresz in Paris mitmachen und ein Referat halten, das ich ihnen übersetzte. Und so ist – angesichts chronischer Arbeitsschwierigkeiten (Mangel an Büchern) – mein Arbeitsprogramm oft schwer zu bewältigen. Ich gebe pro Tag 8–10 Stunden, hauptsächlichst französische, zeitweise deutsche und lateinische. Zur Zeit des Mandats war ich Examinatorin für Französisch am englischen Mädchengymnasium; seit zwei Jahren habe ich nur eine Privattätigkeit.

Die Probleme, die Sie in Ihrem Buch berühren, sind auch die unsrigen, wenn auch unter einem anderen Aspekt. Ich bin der Ueberzeugung, dasz jeder Einzelne – wo immer er auch stehen und leben mag – für sich eine Lösung anstreben musz. Nicht nur weil die nationalsozialistische Lehre unsere Zugehörigkeit zu Volk und Rasse, zur ›Heimat‹ resp. Wahlheimat, zu Europa und zur Menschheit neu aufgerollt oder in Frage gestellt hat: die nationalsozialistische Revolution ist m. E. nur *eine* Phase einer gewaltigen Umwertung aller Werte, und der Nichtjude musz, genau wie der Jude, eine Neuorientierung versuchen: wir alle haben den Boden unter den Füszen verloren und können nur, von innen heraus, wieder zu einiger Sicherheit u. Lebensmöglichkeit gelangen. Die kommende Generation – soweit ich sie von hier aus kenne wird es leichter haben. Damit will ich nicht sagen, dasz sie mir sonderlich liegt, aber man braucht sich nicht um sie zu sorgen.

Indem ich Ihnen noch die Hoffnung ausspreche, dasz sich Ihre erschütterte Gesundheit wieder gefestigt haben möge, grüsze ich Sie, sehr geehrter Herr Professor, in alter Anhänglichkeit und Verehrung.

Ihre

Elsbeth Guenzburger

Hans und Helene Meyerhof an Eva und Victor Klemperer

Palermo, den 25. November 1950

Piazza Alberigo Gentile 2

Liebe Eva, lieber Victor!

Oh, nein, lieber Victor, ich bin kein alter abgeklaerter Mann der auf gekreuzten Beinen sitzend seinen Nabel betrachtet. Erstmal bin ich etwas Ästhet und die betreffende Gegend meines herrlichen Leibes ist durch haessliche Narben verunziert, welche mich immer wieder an die scheusslichen Zeiten des KZ erinnern. Dann aber bin ich viel zu viel beschaeftigt und zwar in meiner Eigenschaft als fremdsprachlicher Korrespondent fuer etwa 7 Firmen, als Uebersetzer technischer Buecher und Artikel ins Italienische aus dem Deutschen, dem Englischen, dem Franzoesischen, Hollaendischen und manchmal auch aus den skandinavischen Sprachen. Es handelt sich meist um den Export von Zitronen, Apfelsinen, Mandarinen, Mandeln, Haselnuessen, Steinsalz und Seesalz, Bimsstein, Schwefel, Sumach (Gerbstoff) Kieselsand zur Glasfabrikation u. a. m. Leider befinden wir uns jedoch hier seit Ende April in einer furchtbaren Krisis, sodass ich nach Aufzehrung meiner Ersparnisse gezwungen bin jedes Odd job anzunehmen, das sich mir bietet. Daher ist bei uns zu Hause Schmalhans Kuechenmeister und was Du als buddhistische Resignation betrachtest ist nur die zur Gewohnheit gewordene Ausuebung des schoenen amerikanischen »keep smiling«. Du brauchst aber nicht zu denken, dass ich mich an Euern Busen ausweinen will, denn in dieser Beziehung bin ich Grossmeister des Ordens auf dessen Fahne geschrieben steht: »Setz' dich ueber alles weg, freu' dich ueber jeden Dreck!« Wir werden jetzt haeufig von maennlichen und weiblichen Missionaren jeder Konfession besucht, die alle meine Seele und die meiner lieben Elena fuer diesen oder jenen sicheren Weg gen Himmel zu gewinnen suchen. Das sind immer heitere Stunden. Zwischendurch lerne ich mancherlei interessante Menschen kennen, auch solche, welche aus den Gebieten jenseits des eisernen Vorhangs gekommen sind und von dort berichten. Darin sind alle mit Dir und mir einig, dass ein zweigeteiltes Deutschland ein politischer Unsinn, wenn nicht gar ein politisches Verbrechen ist. Damit stellen sich auch die meisten nicht auf einen besonders nazionalistischen Standpunkt sondern sind vor allen Dingen fuer den Frieden, und haben auch wie ich alle den Friedensantrag unterzeichnet wiewohl dies, wenigstens fuer uns Fremde, unter dem argwoehnischen Auge von oeffentlichen Sicherheitsorganen geschehen ist. Eben unterbricht mich Elena um Dir folgendes zu sagen. Da sie jetzt fast vollkommen taub ist, ist sie vom lebendigen Wort so ziemlich ausgeschlossen, und befasst sich, soweit der Haushalt das gestattet mit eifriger Lektuere der Literatur. Deutsche Buecher aber von irgendwelchem Wert sind hier kaum zu haben, und wenn ueberhaupt, zu Preisen, welche unsere Mittel uebersteigen. Sie bittet Dich daher, ihr doch Dein »Impero Italiano« zu schicken, und wuerde Dir dagegen aus unserer Buechersammlung eine antike Ausgabe des Montesquieu senden, wenn Dich eine solche interessiert. Wir lesen jetzt hauptsächlich englisch, da Amerikaner und Englaender hier eine grosse Kulturpropaganda machen, sodass diese Buecher, darunter auch reine literarische (mit verstecktem Zweck) hier billig oder gar umsonst zu haben sind, denn es existiert sowohl eine amerikanische, wie eine englische oeffentliche Bibliothek, von denen man Buecher gratis leihen kann. Wir stehen jeden Morgen sehr frueh auf, denn ich sammle Rossaepfel fuer unseren lieben kleinen Garten, der zu einem Dschungel herangewachsen ist. Statt der Tiger leben darin unsere beiden weissen Katzen, welche ebenfalls eine nette Zerstreuung bilden, weil ausgepraegte Individualistinnen. Natuerlich befasse ich mich auch in ganz bescheidenem Kreise mit der Besprechung sozialer Probleme und muss Dir gestehen, dass ich mich in meiner Auffassung wenig geaendert habe seit 1918/19. Die einzige Abgeklaertheit, die ich mir nolens volens gestatte, ist die des »tout comprendre, c'est tout pardonner«. Uebrigens habe ich gelegentlich kurze Korrespondenz mit einem alten Freund Benedetto Croce, natuerlich nicht philosophischer Art, sondern wenn ich seinen geringen Einfluss zum Wohle von Ungluecklichen ausnuetzen moechte. Das ist in ein oder zwei Faellen moeglich gewesen, wenn es sich darum handelte Jugendliche aus der Hoelle der immer noch bestehenden Internierungslager zu befreien. Ausserdem nehme ich lebhaften aeusserlichen Anteil am organisatorischen Wiederaufbau im materiellen Sinne. Ich werde im Maerz das selbe Alter erreichen, dem Du fuer Oktober 1951 entgegen siehst. Das einfache Leben in dieser Provinzstadt welche sich als Hauptstadt der Region Sizilien aufblustert, hat mir ruhige Nerven gegeben, aber zwischen diesen und Abgeklaertheit besteht ein riesiger physischer Unterschied. Jedenfalls bin ich nicht gleichgueltig geworden.

Beide, Elena und ich, leiden natuerlich unter allerhand Alterserscheinungen, die wir mit Humor zu tragen versuchen. Elena fragte mich, ob Eva weiter musiziert oder ob ihre Augen ihr dies nicht mehr gestatten. Wir beide, Elena und ich, sind ja im Schatten der grossen Naturforscher aufgewachsen, und alles was Natur, also z. B. Biologie, biologische Chemie, Geophysik, Anthropologie, Zoologie und Botanik betrifft hat unser Hauptinteresse und bildet sozusagen unsere mehr oder weniger geistige Grundlage. Von diesem Gesichtspunkte aus betrachten wir auch alle menschliche Taetigkeit und sind sorglos bereit unsere Form zu wechseln. Sogar ohne Neugierde! Ich unterbreche jetzt diese Auseinandersetzungen, denn, um Deinen Wunsch nach Positivem zu entsprechen, will Elena positives Material sammeln. Also: Fortsetzung folgt!

31/12/50 Prosit Neujahr. Herzlichst Eure Helene u. Hans.

Max Sebba an Eva und Victor Klemperer

38, Norland Square
London W. II.
31/12. 50

Liebe Klemperers,

endlich fand ich Ihren letzten Brief, der bereits aus Halle kam und den wir samt Greifswaldbrief und Adressen verloren glaubten. Erklärung: wir leben seit 2 Jahren wie Zigeuner und ich finde nur Vertreter- oder Assistentenstellen im Herumziehen. Bei unserem letzten Umzug fand sich plötzlich, sehr an unrechter Stelle, Ihr l. und interessanter Brief vom 9/12. 48!!! So können wir Ihnen endlich herzlich für diesen Brief danken u. Ihnen sagen, wie sehr wir uns freuten, dass Sie nun doch das elende Greifswald aufgeben durften u. zurück nach Sachsen gehen konnten, wenn auch nicht nach Dresden. Wie ich Ihnen wiederholt sagte, war es mir unbegreiflich, dass Sie Haus u. Dresden seinerzeit aufgaben, ohne dass Ihnen Greifswald offensichtlich etwas Verlockendes bieten konnte. Wir gratulieren Ihnen zu diesem Schritt – aus der Vergangenheit her – u. wünschen Ihnen herzlich weiterhin Glück, Gesundheit

u. Erfolge, mehr Schlaf und weniger »rücksichtslose« Arbeits-
u. Kraftverschwendung für das neue Jahr. Auch einer guten
Sache dient man nicht dadurch, dass man den Ast absägt, auf
dem man sitzt! Doppelprofessur, Vortragsreisen, schriftstelle-
rische Tätigkeit, Herumreisen und Sie, l. Frau Eva, Übersee-
zungen aus modernen Sprachen u. Gutachten schreiben – das
geht über Ihre Kraft und – über die *Hutschnur*! (woher mag
dieses komische Bild genommen sein?) Was mag nun nach diesen langen Jahren bei Ihnen vorgegangen sein? Wir haben oft
genug von Ihnen gesprochen und Sie können sich denken, mit
welcher Spannung wir Ihren Bericht erwarten. Ich hoffe sehr,
dass Ihr Herzleiden bei beschränkter Arbeitsenergie und ver-
nünftiger Medication sich wesentlich gebessert hat u. dass Sie
Ihr Werk über »Moderne französische Prosa« beendet haben
u. mit gutem und nicht nur idealem Gewinn veröffentlichen;
schimpfen Sie mich nur nicht gleich: elender Kapitalist, Ma-
terialist, Profitist und einer Liste anderer …listen. Wie schön
ist es, dass Sie wieder ein angenehmes Heim mit Garten
u. schönem Blick haben u. dazu wieder einen Steinwayflügel. –
Wir haben es leider nicht einmal zu einem Heim gebracht.
Seit 1949 (März) sind wir auf Reisen: Nottingham, Bradford
(13 Monate), Bath und drei Vertretungen in London, von wiederholten Bewerbungsfahrten u. Besuchen bei unseren Kindern u. beiden Enkeln abgesehen. Von Vertreterstellen kann
man nicht leben und die öftere erzwungene Arbeitslosigkeit
deprimiert. Zur Zeit habe ich wieder eine Assistentenstelle in
London, hoffentlich für längere Zeit. Wir sind auf diese Weise
unseren Kindern nahe, die in London wohnen, und wir besuchen allwöchig Kammermusikkonzerte, die auf meist hohem
Niveau stehen. Auch mache ich wieder jeden Sonnabend
Kammermusik (Streichquartette, Quintette u. Sextette) mit
guten Wiener Streichern; das ist eine der wenigen Freuden der
Wochenenden. Gesundheitlich geht es uns sehr wechselnd,

meistens *nicht* gut. Meine Frau leidet an starkem Rheumatismus der Wirbelsäule u. der Schultern u. zur Zeit hat sie gerade eine Lungenentzündung – hoffentlich! – hinter sich nach drei Penicillinspritzen. Ich bin im Juli 70 geworden u. mein Herz kommt mit den Sprüngen unseres wechselnden Lebens nicht mehr gut mit; es gibt ausserdem genug Spannungen u. wenig Gelegenheit zur Entspannung, die wir mit 70 Jahren hätten erwarten können. – Sie fragen nach alten Bekannten: die Men ist vor ca. 8 Monaten sanft in St. Franzisko entschlafen, nachdem sie bereits vor etwa zwei Jahren einen Schlaganfall hatte. Toni hat ihren Cellisten aus Dresden geheiratet u. ist nach St. Franzisko gezogen, wo er einen guten Posten im Orchester haben soll. Marion lebt in London u. hat zwei Kinder. Hilla hat einen Schweizer geheiratet u. lebt in Basel. Unsere Kinder haben sie in Basel besucht, als sie 6 Wochen im Schwarzwald wohnten; den Aufenthalt bezahlte Hillas Schwiegervater, der alljährlich als Professor für römisches Recht in Freiburg Gastvorlesungen während des Sommers hält u. sein Honorar nicht nach England transferieren kann. – Mein Bruder Jule hatte vor ca. 2 Jahren eine schwere Gürtelrose am Arm u. kann sich seitdem weder physisch noch psychisch erholen; seine Hand zittert u. behindert ihn auch am Cellospiel. Dazu kommt offenbar eine Depression, seitdem seine Tochter einen englischen Offizier (Nichtjuden) u. Lehrer geheiratet hat u. von Haifa nach London zog. Die Zustände in Israel sind überdies traurig genug u. wir beschränken uns jetzt notgedrungen darauf, Nahrungsmittelpackete nach Haifa zu schicken, zumal meine jetzt 73 Jahre alte Schwester von Montevideo nach Haifa gezogen – besser: weitergewandert ist.

Vergleichen Sie die Weltlage, wie sie augenblicklich ist, mit der vor 1908 und geben Sie sich selbst die Antwort! »παντα ρει«, aber wohin soll das führen! Keine Nation wünscht den Krieg, aber ein blindes, hartnäckiges Schicksal hat dafür gesorgt, dass diese ca. 2 Milliarden alte Erde und der ganze Kosmos nicht zum Dauerfrieden kommt; die Geschichte der »Menschheit« – selbst nur in *einem* Band – spricht Bände.

Möchte Ihnen das kommende Jahr Glück, Gesundheit u. Erfolge und uns allen den Frieden bringen.

Mit herzlichen Grüssen auch von meiner Frau

Ihr

Max Sebba.

[»πάντα ῥεῖ« – panta rhei: alles fließt.]

Eugen Lerch an Eva und Victor Klemperer

immer noch:

Mainz-Mombach

Wöhlerstr. 3

18. 3. 51

Liebe Freunde,

Ihr habt uns so reizend geschrieben zum Rainerle – es ist ein Skandal, daß wir Euch nicht längst gedankt haben, zumal ich Euch seit ewig einen Brief schulde. Bei Ihnen, lieber Klemperer, kann man nicht einmal mit der Entschuldigung der fürchterlich vielen Arbeit kommen. Also: der Schnuckdimuck wächst und gedeiht. Bei der Geburt wog er 8 Pfund und maß 52 cm (Ihr könnt Euch denken, daß er meiner Frau schon etwas zu schaffen gemacht hat) – heute, 9 Wochen später, sind es 12 Pf. und 62 cm. Sonstige Angaben von Elternseite stehen im Geruch des Subjektiven, aber das darf ich vielleicht noch äußern, daß er äußerst lebhaft ist und kräftig (kleiner Preisboxer). Meine Frau hat sich einigermaßen erholt (trotz Kinderschwester nur einigermaßen). So ein kleiner Kerl macht unglaublich viel Arbeit!

Rainerle ist für die Enge unserer Puppenstuben etwas zu lebhaft. Unsere Hoffnung, bald hier herauszukommen in eine Dienstwohnung (Schönborner Hof am Schillerplatz) ist zu Wasser geworden, mindestens vorläufig: der Schönborner Hof, Eigentum der Uni aber gänzlich Ruine, sollte auf Kosten der Éducation Publique wieder in altem Glanz erstehen, aber der Mainzer Stadtrat in seiner polizeiwidrigen Dummheit wollte das Geschenk nicht akzeptieren; er verlangt Zurückverlegung der Front um 20 m (von wegen des Autoverkehrs), und nun ist ein Verwaltungsstreit im Gange, dessen Ausgang ich vermutlich nicht erleben werde. Wir wollen aber unbedingt hier heraus. Das ist nur möglich mit Bauzuschuß, den ich mir leihen müßte. Also muß ich den Journalisten in mir wiederauferwecken. Es war in letzter Zeit viel, allzu viel los: Vortrag über Balzac zur Mainzer Balzacausstellung (vorher hat François Poncet über »Balzac u. Deutschland« gesprochen), 10 jähriger Todestag Bergsons, Tod Gides usw. Über alles das mußte ich reden oder schreiben, nun noch für Hessischen Rundfunk über Balzac, für Südwestfunk über R. Rolland. Außerdem fahre ich in 8 Tagen zum Literarhistorikerkongreß nach Florenz, wo ich über Impressionismus rede. Kommen Sie auch, lieber Klemperer? Die Anschaffung der Visen u. Devisen war schwieriger und zeitraubender als ein langer Aufsatz. – Sie haben's gut: ¾ der westlichen Literatur existieren für Sie nicht mehr (soweit sie nicht die Verderbtheit der Bourgeoisie schildern). – Ich hab noch die Ausarbeitung der neuen Auflage des Rolandliedes vergessen.

Zum Beantworten von Briefen komme ich überhaupt nicht mehr. Nicht einmal dazu, Herrn Rohlfs einen Klaps zu versetzen wegen der unverschämten Schmähung Vosslers (in einer sog. Gedächtnisrede): Vossler sei, als er auf Wunsch der Sieger das Rektorat übernahm, nicht mehr im Vollbesitz seiner körperlichen u. *geistigen* Kräfte gewesen!! (Das hat Rohlfs nicht nur geredet, sondern überdies drucken lassen: bezeichnenderweise in einer Fachzeitschrift, die im Reiche Peróns erscheint). Ich habe Vossler nicht lange vor seinem Tode noch besucht (Sie wohl auch) und nichts davon bemerkt. Er sprach auch über Rohlfs: dieser habe Herrigs Archiv mit seinen Antisemitereien beschmutzt, so daß er sich jetzt geniere; die Jahrgänge aus der großen Zeit seien im Münchener Rom. Seminar nicht ausleihbar, angeblich immer beim Binden.

Es freut mich sehr, lieber Klemperer, daß Sie in Rütten & Loening einen Verleger gefunden haben. Nun beschwöre ich Sie: lassen Sie die Politik und machen Sie Ihr 18ième fertig! Die Politiker, gleichviel welcher couleur, beschäftigen sich doch nur mit Abstraktionen statt mit Menschen: es ist ein inferiorer Schlag. Und die Politik frißt ihre eigenen Kinder (besonders *die* P., die Sie machen). – Wird Rütten & L. auch Ihr »Mittelfranzösisch« wieder auflegen? Jedenfalls ist die Wissenschaft Ihrer Gesundheit zuträglicher als das Herumreisen. Vor allem wünschen wir Ihnen, liebe Frau Eva, recht gute und baldige Besserung. Sie beide haben Ruhe und Unbeschwertheit wahrhaftig verdient!

Herzlich grüßen Sie
Ihre Eugen u. Selma Lerch

Victor Klemperer an Hans und Elena Meyerhof

Prof. Dr. Victor Klemperer
Dresden A 34, Am Kirschberg 19
Sachsen – DDR.
30. März 51.

Lieber Hans und liebes Schatzilein –

endlich habe ich noch ein Exemplar der Erstauflage meiner LTI erwischt und es eingeschrieben an Euch gesandt; bitte bestätigt mir den Empfang, es hat seinen besonderen Wert, da in der 2. Auflage das Kap. Zion fehlt u erst in späteren Zeiten, wenn das Heute Historie geworden ist, wieder erscheinen soll. Das Buch ist der grösste Autorenerfolg meines Lebens, es wird auch dauernde Geltung behalten, weil es Quellenmaterial für den Philologen und den Kulturhistoriker enthält. Das Buch war Dir, l. H., zum 70. Geburtstag zugedacht. Nicht wahr, Du bist doch am 12. III. Siebzig geworden? Oder ist das eine Gedächtnistäuschung von mir? Mir ist, als seist Du mir um ein halbes Jahr voraus gewesen, und ich selber werde am 9. X. so weit sein. Jedenfalls habe ich am 12. März sehr lebhaft Deiner gedacht und Dich schlank, rothaarig und resigniert vor der verschlossenen Eisentür von Loewenstein & Hecht stehen sehn, hinter der ich mir so viel Abenteuerliches erwartete. Das war im vorigen Jahrhundert – was haben wir inzwischen alles an Unerhörtem er- und überlebt! Erst gemeinsam und dann, wohl 30 Jahre lang, getrennt! In meinem Curriculum Vitae, von dem zwei Bände in meinem Schreibtisch liegen, und das noch zwei weitere erhalten soll, wenn mir die Zeit bleibt, spielst Du, und spielen »die Meyerhöfe« eine ganz hervorragende Rolle: Euch alle, Deine Eltern, die Tante Leo, Deine Brüder und Deine arme Schwester –, »wer weiss, wo« in Polen ermordet – jeden einzelnen von Euch sehe ich als den eigentümlichen Vertreter einer Epoche und einer Sozialschicht so deutlich vor mir!

Lieber – also nun vor allem die herzlichsten Wünsche für Euch beide. Und dass es uns vergönnt sei, noch einmal zusammenzusitzen, und uns tausend Geschichten zu erzählen – denn zum Briefschreiben, das an sich schon ein elender Notbehelf ist, fehlt ja doch die Zeit. Übrigens gebe ich die Hoffnung auf solch ein Zusammensein nicht auf; irgendwann wird ja doch Friede werden und die Vernunft siegen. Wir haben ein grenzenloses Zutrauen zu unserm grossen Verbündeten und seiner gloriosen Friedens- und Kulturpolitik, von der wir hier leidenschaftlich und erfolgreich lernen. Sodann recht herzlichen Dank für Euer höchst interessantes Schreiben; erzählt nur häufiger und ausführlicher, wir freuen uns über jede Zeile.

Von uns ist kaum etwas Neues zu sagen. Wäre nicht das Alter und die angeschlagene Gesundheit, so wären wir ganz glücklich. Leider macht mir Eva Sorge; ihr Herz, auf das sie früher so stolz war, ist jetzt in jämmerlichem Zustand. Mit ihrer bösen Herzerweiterung kommt sie – mindestens im Winter – gar nicht aus dem Hause. Wir hoffen auf den Sommer und auf den eigenen Wagen, um den ich seit langem kämpfe, und den ich nun endlich bekommen soll; freilich kann sich dies endlich noch eine Weile hinziehen. Zum Glück oder doch Trost ist unser ausgebautes und renoviertes Eigenheim ein wahres Schmuckkästchen geworden: wir haben jetzt einen richtigen kleinen Wintergarten mit eingebauter Heizung und einen kleinen Steingarten auf der grossen Terrasse über der Garage (die auf ihren Wagen wartet) und einen sehr schönen Garten, und eine brave alte Witwe, die bei uns wohnt und uns bekocht und bewirtschaftet, und wir haben zwei Schreibmaschinen und unendlich viel durchaus erfreuliche Arbeit. Das von E. ausgewählte und übersetzte Maupassantbuch ist schon im 65. Tausend! da können meine wissenschaftlichen Arbeiten an Auflageziffer und Finanzerfolg natürlich nicht mit. Dagegen ist mir ein, genauer: sind mir zwei Jugendträume in Erfüllung gegangen: ich habe jetzt neben meiner ordentlichen Professur an der Universität Halle eine Gastprofessur an der Univ. Berlin und ausserdem einen Abgeordnetensitz in der Volkskammer, wo ich zur Fraktion des Kulturbunds gehöre und zum Ausschuss für Rechtsangelegenheiten, und wo ich sogar schon zweimal im Plenum gesprochen habe. Das alles, wozu noch etliche Ehrenämter kommen, macht natürlich sehr viel Arbeit und erfordert ständiges Herumreisen; su e giù bin ich wesentlich mehr in Halle, Berlin (und etlichen andern Orten der DDR) als in Dresden. Aber mit 70, also noch in diesem Jahr, werde ich wohl mit der Aushäusigkeit Schluss machen und mich ganz aufs Schreiben verlegen.

Und nun, liebe Leute, seid von uns beiden beide aufs allerherzlichste gegrüßt.

Getreulich Eure

Berthold Meyerhof an Victor Klemperer

200 Haven Avenue
New York 33, N. Y.
28. Juli 1951

Lieber Victor!

Soeben erreicht uns die Traueranzeige. Ich bin in Gedanken ganz und gar bei Dir! Wenn je für Einen der gute Kamerad Gestalt angenommen hat, nun Eva war die Gestalt. Und wenn je Einer durch Dick und Dünn mitgegangen ist, – und meistens durch Dick, so war das Eva. – Was für viele Erinnerungen, für mich auch, sind mit ihr verbunden, und zu wieviel Dank fühle ich mich ihr gegenüber verpflichtet, für die vielen Beweise ihrer fast geschwisterlichen Freundschaft! – Und was für vielseitige Begabungen und Interessen wusste sie zu verarbeiten, und welche Energieen wusste sie explodieren zu lassen!

Eine grosse Leere wird Dich nun umgeben, lieber Victor, aber Gedanken und Erinnerungen, und sicher ein grosses geistiges Vermächtnis werden dem einsamen Mann das Gleichgewicht erhalten in Eva's Sinne, im Streben nach dem Guten, Schönen und Wahren!

Phila schliesst sich mir in aller Herzlichkeit an. Wir hoffen, von Dir zu hören, wann immer Dir der Sinn danach steht.

Dein trauriger
Berthold M.

Werner Krauss an Victor Klemperer

4. September 51

Lieber Freund!

Schon lange drängt es mich Dir ein Wort zu schreiben und Dir zu sagen, daß die verschiedentlichen Vorgänge der letzten Zeit in keiner Weise meine immerwährenden Gefühle der Freundschaft verändert haben. Ich hoffe, daß Du mir dies von Herzen glaubst und nicht erst auf die Taten wartest, die diese immerwährende Einstellung beweisen. Von allem abgesehen sind wir nicht häufig genug, um über unsere Verständigung im Grunde hinwegsehen zu können.

Für heute möchte ich Dir einen neuen konkreten Beweis meines immerwährenden Bestrebens geben, die Zusammenarbeit mit Dir aufrecht zu erhalten, wie dies auch in der Vergangenheit vielleicht nicht immer mit Deinem Wissen erfolgte. Ich war zur Erholung ein paar Wochen in Schierke, mit dem traurigen Erfolg eines schweren Rückschlags und einer totalen Störung des Schlafzentrums, was mich natürlich an kontinuierlicher Arbeit hindert. Ich habe mich nunmehr dem ärztlichen Diktum endgültig gebeugt, beim Wiederaufbau meiner Gesundheit keinen neuen Raubbau zu treiben und daher mit einem sucessiven Plan der Wiedereinschaltung meiner Lehrtätigkeit die Frist für eine völlige Gesundung zu gewinnen. Nach ein paar Wochen weiteren Urlaubs werde ich in diesem Semester nur leise treten und seminaristisch ein paar Spezialgebiete ohne jeden Stimmaufwand behandeln. In dieser Lage möchte ich Dich nun fragen, ob Du nicht meinem Wunsch, mir einen alten Freundschaftsbeweis zu geben, durch eine diessemestrige Gastvorlesungstätigkeit in Leipzig entsprechen würdest. Für unsere Studenten gibt es nichts fruchtbareres als den systematischen Austausch der hier wirksamen Kräfte. Das wäre eine große Gelegenheit, die feindliche Verpanzerung zwischen Romanist und Romanist einmal zu sprengen. Rektor und Dekan sind mit diesen Vorschlägen völlig einverstanden, da man allgemein wünscht durch endliche methodische Behandlung meine hier nicht ganz entbehrliche Lehrkraft wieder zu haben.

Ich bin nun sehr erwartungsvoll darauf wie Du diesen Vorschlag aufnehmen wirst, über Tag und Stunde und über das Thema sind wir sozusagen schon einig.

Mit einem herzlichen Gruß bin ich wie stets

Victor Klemperer an Werner Krauss

Berlin NW 7
13. 9. 51

Lieber Freund –

Zuerst herzl. Dank für Dein Schreiben vom 4. Sept. Ich habe nie an Deiner freundschaftlichen Gesinnung gezweifelt, auch nie an Deiner mir oft bewiesenen Hilfsbereitschaft, und ich gebe Dir die Versicherung, daß ich meinerseits Dir allezeit gleich freundschaftliche Gefühle entgegengebracht habe und es auch weiterhin tue. Irgendwelche momentanen Dissonanzen, immer nur auf Mißverständnissen, mangelnder Aussprache und gelegentlicher Nervosität des einen oder des andern oder aller beider beruhend, haben daran in keinem Augenblick das geringste ändern können.

Meinen guten Willen im Punkt der Leipziger Gastvorlesung habe ich Dir (trotz furchtbarer Überlastung) durch Naumann übermitteln lassen. Inzwischen ist dies überholt – Rita Schober hat mir die neue Vereinbarung berichtet. Nichts soll mich mehr freuen, als wenn wir vom übernächsten Semester an gemeinsam in Berlin die Romanistik betreuen.

Damit bin ich denn bei dem eigentlich wichtigen Punkt dieses Briefes angelangt: es ist mir eine wirkliche Erleichterung, daß Du nun endlich zu einer wirklichen Ausspannung u. gründlichen Behandlung kommst. Ich habe von sowjetischen Sanatorien und Verarztungen schon so viel Gutes erzählen gehört, sie sollen wirkliche und dauernde Hilfe leisten.

Also, l. Freund: ich wünsche Dir von Herzen, daß Du in einigen Monaten ganz wiederhergestellt und voller Frische zurückkommen mögest, und daß wir dann hier in bester Kameradschaft zusammenwirken.

In alter Verbundenheit
Dein
Victor Klemperer

Max Förster an Victor Klemperer

eh. Professor Dr. Max Förster
Wasserburg a. Inn
Hochgartenweg 2
Oktober, 29, 1951

Werter Herr Kollege,

zu Ihrem 70. Geburtstag sende ich Ihnen die besten Glückwünsche. – Nach der Zerstörung meines Münchener Heimes (Verlust fast aller Habe, incl. Bücher) sitze ich hier als »Evakuierter« in einem kleinen, bücherlosen Landstädtchen, so dass mir das wissenschaftliche Weiterarbeiten ausserordentlich erschwert ist. Aber die ganze Welt ist »out of joint«!

Mit besten Grüssen
Ihr sehr alter
Max Förster

Fritz Borges an Victor Klemperer

Dresden, Weihnachten 1951

Hochverehrter Professor, Kamerad und Genosse!

Es ist sicher eine seltsame Sache – in der LTI hätte man gesagt: einmalick –, dass ein Autor sein eigenes Werk geschenkt bekommt. Ich bitte Sie tatsächlich, dieses Exemplar von einem Ihnen unbekannten Leser anzunehmen; vielleicht stellen Sie es sogar auf einen besonderen Platz Ihres Bücherbords, wenn Sie den handfesten Umschlag und die Stempel der Leihbücherei betrachtet haben, deren Eigentum es bis vor kurzem war: Habent sua fata libelli …

Nämlich: Ein Teil der Personen, die Sie in Ihrem »Notizbuch« erwähnen, ist mir gut bekannt. Ich war bis 1931 Lehrerstudent an der T. H., kenne Janentzky und das Fräulein von B. sowie auch unseren Genossen Wilbrandt von ihren Vorlesungen her – angenehme Erinnerungen. Als Funktionär der sozialistischen Studentenschaft, der SPD und des Arbeitersports aber habe ich genau so Clemens und Weser kennengelernt. In dem Arbeiterviertel Pieschen war Clemens einer der ersten Nazis. Dort war ich gross geworden, und dort habe ich auch den Terror der braunen Horden erlebt. Bei der dritten Haussuchung – Clemens war sozusagen Stammgast in der Wohnung, die ich mit meinen Eltern teilte – brachte das Schwein einen »Kollegen« mit, einen anderen Kommissar, der Weser hiess. Der stammte sogar aus der sozialistischen Jugendbewegung – ewige Schande! – und kannte meine Frau von daher.

Er nun ist der Grund für diesen merkwürdigen Brief und das beigefügte Geschenk, denn stellen Sie sich vor: Die Inhaberin der Leihbücherei, meine Nachbarin Frau Wodni, ist die Schwester dieses Weser!

Ich glaube, es wird Ihnen eine Freude und Genugtuung sein

486

nach den Leiden, die Sie durch jenen Kerl ausgestanden haben, dass Ihr Werk sogar durch die Hände seiner Verwandten unter unser Volk gelangt, um es über die wahren Zustände unter der Hitlerherrschaft aufzuklären. Das hätten Sie sich einst im Polizeipräsidium auch nicht träumen lassen, dass Sie noch ein Buch über diese Kreaturen schreiben würden und dass deren eigene Angehörige dafür sorgen müssten, es zu verbreiten! Ob es Frau Wodni selbst gelesen hat, weiss ich freilich nicht. Ich habe ihr auch nicht gesagt, warum ich gerade dieses Exemplar haben wollte, als ich ihr eines der zweiten Auflage dafür gebracht habe. Sie ist schliesslich nicht für die Verbrechen ihres Bruders verantwortlich zu machen und bemüht sich, am demokratischen Aufbau teilzunehmen.

Ich hoffe, dass ich Ihnen eine kleine Freude bereitet habe, und wünsche Ihnen – nicht ganz unbekannterweise* – eine frohe Weihnacht!

Ihr
Fritz Borges.

* Ohne Fussnoten geht's bei Philologen nicht ab: 1947 war ich als Redakteur beim ADN auf der Königsbrücker Strasse tätig. Dort hat mich die Genossin Lehmann Ihnen mal vorgestellt, als Sie gelegentlich unseren Fernschreiber benutzten. – Jetzt bin ich Lehrer an der Kreuzschule. F.B.

10

DIESER STRICH ZWISCHEN DEUTSCHLAND UND DEUTSCHLAND

1952–1960

Victor und Hadwig Klemperer mit Inge Klemperer (l.), der Frau seines Neffen Peter, und dem Hausarzt Alfred Schmeiser auf ihrer Terrasse in Dölzschen, Mai 1954, Foto: Peter Klemperer.

Als Eva Klemperer im Juli 1951 stirbt, nachdem sie fünfundvierzig Jahre neben ihrem Mann und für ihn da gewesen ist, absolviert dieser weiterhin seine Pflichten mit mechanischer Präzision, innerlich wie abgestorben. Dennoch dauert es nicht lange, und er geht eine zweite Ehe ein. In der Gemeinschaft mit Hadwig, geb. Kirchner, seiner Studentin, findet er den Gegenpol zu wachsender Enttäuschung über die »Misere Deutschlands«. Die Universität wird ihm durch bürokratische Reglementierung verleidet, die Politik durch Bevormundung, die Forderung nach dem »neuen Menschen« zur Beklemmung.

Klemperer reibt sich auf zwischen seinem Idealismus und der Machbarkeit in Zeiten des Kalten Krieges mit dem Lagerdenken zwischen Ost und West, Freund und Feind. Seine Kräfte lassen nach, dafür verstärken sich die Bedenken, ob das Mühen um die Wiedererlangung der Kulturfähigkeit im geteilten Deutschland nicht ein Hirngespinst sei. Die ihm zuteilwerdenden Ehrungen und Aktivitäten reißen nicht ab und stehen zu seiner inneren Verfassung in deutlich spürbarem Widerspruch: 1952 erhält er den Nationalpreis III. Klasse für Kunst und Literatur, 1953 wird er Mitglied des Komitees der antifaschistischen Widerstandskämpfer sowie Mitglied der Deutschen Akademie der Wissenschaften zu Berlin.

1952 stirbt sein langjähriger Weggefährte, der Romanist Eugen Lerch, 1954 Klemperers letztes Geschwister Marta im fernen Uruguay. Im Frühling 1956 unternimmt er eine Italienreise zum Internationalen Romanistenkongress in Florenz und verbringt anschließend einen mehrmonatigen Studienaufenthalt in Paris. Im selben Jahr wird ihm der Vaterländische Verdienstorden in Silber verliehen. Im Dezember 1957 folgt eine Paris-Reise anlässlich des Europäischen Treffens über die deutsche Frage. Am 28. März 1959 erkrankt er schwer, als er sich, auf dem Weg zum Internationalen Romanistenkongress nach Lissabon, in Brüssel aufhält. Selbst dann ist die Fata Morgana des »Katheders« nicht verblasst: Noch ganz am Ende richtet er sich an der Zusage der Ärzte auf, »nach Pfingsten« könne er es wieder besteigen. Ein Lehrender und Vermittelnder, ein engagierter Zeitgenosse »bis zum letzten«.

Victor Klemperer an Rita Schober

[Stempel]
Prof. Dr. Dr. Victor Klemperer
Dresden A 34
Am Kirschberg 19

Dresden 12. 4. 52

Meine liebe Rita –

noch einmal möchte ich Dir die herzlichsten Ostergrüße und Wünsche für rasche und völlige Wiederherstellung sagen. Ich schreibe Dir, weil ich Dir etwas ausdrücken möchte, was sich unter nüchternen und Pathos-feindlichen Menschen schriftlich besser als mündlich erledigen läßt.

Du sollst meiner dauernden herzlichen Zuneigung, Freundschaft und Dankbarkeit ganz gewiß sein. Wie sehr ich Dich vom ersten Tage unserer Bekanntschaft an geschätzt habe, und wie diese Schätzung immerfort gewachsen ist, mußt Du wissen. Aber es ist wirklich nicht nur Schätzung beruflicher und intellektueller Art, sondern tiefe Verbundenheit.

Jetzt hast Du in meine intimsten Dinge helfend und verständnisvoll eingegriffen. Du könntest mich mit zwei Worten lächerlich und unmöglich machen; stattdessen stehst Du mir bei. Es ist keine senile flüchtige Verliebtheit, die mich treibt; mir ist bei allem Glücksgefühl sehr, sehr schwer ums Herz, ich komme mir immer wieder wie ein Verräter an Eva vor, die ich beinahe fünfzig Jahre lang so sehr geliebt habe. Aber ich war so tödlich einsam, und ich finde bei Hadwig, die mir immer so sehr sympathisch war, eine neue Lebenswärme. Ich weiß in jedem Augenblick, daß sie gewissermaßen mein Enkelkind ist. Aber Du selber hast mir gesagt, wieviel es mich mit ihr verbindet. Du hast Dich in dieser ganzen beinahe komischen, beinahe tragischen und doch wirklich sehr tiefgehenden und sehr glücklichen Angelegenheit mit Deiner ganzen Einsicht als unsere Freundin erwiesen, Du wirst das gewiß auch weiter so halten. Und wenn mir einmal etwas zustößt – Margarete spricht immer von meinem »biblischen Alter« –, dann sollst Du beide Hände über meine geliebte Hadwig halten. Sie hat zwar im Himmel ihren lieben Gott, aber auf Erden möchte ich sie doch gern in Deinem Schutz sehen.

Liebe Rita, das ist ein sehr komischer Brief von Deinem alten Ordinarius. Ich habe das feste Vertrauen, daß Du ihn – den Ordinarius und den Brief – nicht komisch nimmst.

Nochmals: alles, alles Gute für Dich und die Deinen.

In lebenslänglicher Verbundenheit
Dein
VictorKlemperer

Julius und Elise Sebba an Eva und Victor Klemperer

Haifa. Hadar Hacarmel
Arlosoroffser. 89. Israel.
17. Juli 1952.

Lieber Victor, liebe Eva,

Sollte dieser Brief in Eure Hände kommen, so schreibt bitte gleich. Ihr wisst garnicht, wie oft wir von Euch sprechen & gerade letztlich habe ich selbst so besonders viel an Euch gedacht. Da kam vorgestern Frau Kaufmann, die Mutter von Edgar, her & erzählte mir, Ihr seiet wieder in Dresden, da muss ich doch gleich einen Versuch machen, Euch zu erreichen. Als Ihr nach Greifswald ginget, schrieb es uns wohl Toni, da haben wir dann mal dahin geschrieben, aber nie eine Antwort erhalten. Ich weiß nicht wie lange es schon zurück liegt, daß Ihr auch mit Toni nicht mehr in Verbindung wart, ob Ihr wisst, daß unsere gute Men, die doch so sehr an Euch hing, im April vor 2 Jahren von uns gegangen ist. Sie war noch mit Toni & Karl Hesse zusammen nach Berkeley gegangen, & ist, nachdem sie bis in ihr 83. Lebensjahr immer noch so geistig interessiert & rege war, ebenso harmonisch, wie sie gelebt hat, aus dem Leben geschieden, indem sie nach einem Abendbesuch bei Salzburgs schlafen ging & nicht mehr erwachte.

Unser Jule ist dieses Jahr 70 Jahre alt geworden, arbeitet seit der Gründung des Staates Israel als Registrar of Shipping, ist aber nicht mehr so gesund, leider. Seine jüngste Schwester Fanny Israel, früher Breslau, dann Uruguay, lebt bei uns. Unsere Elfriede hat leider ins Ausland geheiratet, sieht Max Sebba & dessen Kinder hin & wieder. Sie hat selbst 2 Kinder, der Mann ist Lehrer. Wir kennen unsere Enkelkinder noch nicht, was bitter ist, aber Jule ist nicht gesund genug & ich kann ihn nicht allein lassen & die ganzen Umstände überhaupt erlauben keine Reise hin und her.

Nun aber zu Euch. Eva, gerade vor wenigen Tagen habe ich noch das schöne Bettjäckchen eingemottet, was Du mir mal gestrickt hast, es lebt noch, wenn es auch schon endlos her war. Kinder, wie schön war es zusammen in Rauschen!

Wo wart Ihr denn nach Greifswald?

Ich hörte hin & wieder, jetzt allerdings schon lange nicht, über die großartige Weiterentwicklung der Deutschen Demokratischen Republik. Ich kann verstehen, welch erhebendes Gefühl [es] ist für Euch, daran mitarbeiten zu können. So geht es uns hier, wir haben wirklich Geschichte gelebt & tun es täglich & sind glücklich am Aufbau unseres Staates mitarbeiten zu können.

Es kommen viel russische Zeitschriften her, die wunderbar ausgestattet sind, lesen können wir sie leider nicht.

Liebe Klemperers, ach, wenn wir doch bald eine Antwort
von Euch bekämen, dann wären [wir] sehr glücklich
Eure Euch herzlich grüßenden
& in Freundschaft verbunden gebliebenen
Jule & Lisel Sebba

Julius und Elise Sebba an Victor Klemperer

4. Oktober 1952

Lieber Victor,

Wenn Du nicht geschrieben hättest, Ihr ginget nach Heringsdorf auf Ferien, so hätte ich *sofort* nach Empfang Deines lieben
ausführlichen Briefes, den ich am 5. August bekam, geantwortet, denn mein Vater sagte immer – mit Recht –, was man nicht
sofort tut, wird später verschoben, und so bist Du sicher ent-
täuscht & denkst, Du kriegst keine Antwort. Und doch ist der
Inhalt Deines Briefes schon an alle unsere gemeinsamen Freunde,
bezw. meine Verwandten, gewandert, & Du hast womöglich von
ihnen eher Post, als von uns. Ich kann nämlich garnicht ausdrücken, was für eine Erregung – teils freudige – teils traurige –
Dein Brief mit sich brachte. Glücklich, daß es uns – nach Jahren – gelang, die Verbindung wieder herzustellen –, hat es uns sehr
erschüttert, zu hören, daß Eva nicht mehr am Leben ist. Sie ist
uns so lebendig in Erinnerung, & ich liebte & schätzte sie ungeheuer in ihrer geraden Art & ihrer Tatkräftigkeit. Ein Glück,
daß sie nicht leiden brauchte & den Ausbau Eures Hauses noch
erlebte. Und wie aufregend für Dich, sie plötzlich so vorzufin-
den. Ich kann es mir denken, wie Dir die treue Lebensgefährtin
fehlte, & wie einsam Du warst. Deshalb ist es ein Glück, daß
Du nun nicht mehr allein bist & wiedergeheiratet hast. *HAD*-
wig oder *HED*wig schließen wir unbekannterweise in unsere
Freundschaft ein. Es ist nach menschlichem Ermessen wohl

nicht anzunehmen, daß man sich für's Erste wiedersieht, da wir keine Reisen unternehmen & umgekehrt wohl auch kaum, aber Freundschaft ist ja durch keine Entfernung & Zeit zu zerstören. Wie herrlich muß es sein mit Jemanden eine so enge Gemeinschaft zu haben, die aus einer Arbeitsgemeinschaft entstand. Wenn Hadwig, (sie soll entschuldigen, daß ich sie gleich so nenne) Deine beste Schülerin war, das Staatsexamen bei Dir machte, so denke ich mir das so ideal, wie es mir selbst einmal vorschwebte, & ich wünsche Euch alles weitere erdenkliche Glück zusammen. Daß Du 70 sein sollst, muss ein ebensolcher Irrtum sein, wie bei Jule, der es im März wurde, & dem man es garnicht ansieht. Du fragst nach seinem nur damals angedeuteten Leiden. Er hatte vor 4 Jahren eine sehr schmerzhafte Gürtelrose im Arm, nach der etwas zurückgeblieben ist, daß er dauernd dort Schmerzen hat, zittert & überhaupt sehr leicht ermüdbar ist. Cello kann er leider nicht mehr spielen, geht hingegen noch zur Arbeit. Ich weiß nicht, ob ich es schon schrieb – seit Staatsgründung »Registrar of Shipping«. – Nun zurück zu Euch. Es ist ja enorm, was Du geschafft hast & noch schaffst. Was VVN ist, weiß ich leider nicht. Wie Du das leisten kannst, dauernd zwischen Dresden, Halle & Berlin unterwegs zu sein, ist bewunderungswürdig. Chauffierst Du selber?* Daß der Wagen aus dem Erlös von Eva's Maupassant-Übersetzungen kam, macht ihn besonders wertvoll. Wie man in der DDR in jeder Beziehung gefördert wird, & wie fabelhaft Arbeitsbedingungen u. a., Bücher, Verlagswesen etc. ist, schrieb mir schon vor langer Zeit Karl Steinhoff, mit dem ich in jahrelanger Freundschaft verbunden bin. Die Freundschaft ist aber – man kann noch nicht einmal sagen – mehr auf dem Papier –, da die Verbindung immer wieder abriss. Ich freue mich nun, daß Du Daisy Steinhoff öfters siehst, daß sie Dir als Lehrbeauftragte zugegeben ist. Grüße sie sehr herzlich, sie spielte in Kbg. Klavier & mit Jule Cellosona-

* Verzeih, eben lese ich, Du hast einen Chauffeur –

ten. Schreib mir bitte genaueres über ihn, ob er gesund ist etc. Er wohnt also scheinbar nicht mehr in Potsdam an den Bergen & ich hätte gern die genaue Adresse & ob er ganz in's Privatleben zurückgekehrt ist. Hoffentlich habt Ihr Euch in Heringsdorf gut erholt. Wir hatten einen übermäßig heißen Sommer, der uns alle ganz marode macht. Daß Elfriede, die, als Du uns in Rauschen besuchtest – ihre ersten Schritte machte, in England verheiratet ist, Wilson heißt & selber schon 2 Mädel von 3½ & ¾ Jahren hat, schrieb ich wohl. Sie ist 4 Jahre älter als Hadwig. Wir leiden sehr unter der Entfernung von ihr, haben aber keine Möglichkeit zu ihr zu fahren, wegen Jule's Gesundheit, & da wir keine Devisen haben, & sie hat auch kein Geld, der Mann ist Lehrer, ein sehr lieber & interessierter Mensch.

Für Dein Werk & nun erstmal für Deine Reise nach Rumänien – schade, daß Du nicht einen Sprung hierher machen kannst – alles Gute. Lasst von Euch hören! Deiner Hadwig herzliche Grüße

Deine Lisel

Jule schreibt umseitig.
Wenden!

Lieber Victor,

Seit Jahren stehen wir nicht mehr in direkter Verbindung, aber Du kannst mir glauben, dass ich oft an Dich und Eva gedacht habe. Sie ist nun dahingegangen, ein Mensch, wie man ihn selten trifft. Ich wünsche Dir in der neuen Ehe von Herzen Glück. Soviel wie man heute erwarten kann. Ich bin sehr abgekämpft und müde, meine Gesundheit ist alles Andere als gut. Es macht mir Schwierigkeiten, mein relativ leichtes Amt zu versehen und ich weiss nicht, wie lange ich es noch schaffen werde. Wo sind die schönen Zeiten hin, als wir beide noch jung und vergnügt waren und bei Dalbelli Chianti tranken.

Die Musik musste ich auch vor einigen Jahren aufgeben. Aber wozu klagen? Ich hoffe und wünsche, dass Du noch lange auf Deinem Wissensgebiet tätig sein wirst.

Viele Grüsse in unveränderter Freundschaft

Dein Jule

Otto Klemperer an Victor Klemperer

Dr. O Klemperer
70, Syke Ings
Iver Richings Park, Bucks.
13. Oct. 1952.

Lieber Onkel Victor,

Heu me miserum! Ich hatte Deinen Geburtstag fast vergessen und das soll man nicht tun, wenn man in Dorfe oder Stadt einen Onkel wohnen hat, der nun schon 71 wird! Aber ein wundervoller warmer Oktober Tag, an dem wir noch draussen im Garten sitzen konnten erinnerte mich wieder an die selten schönen Oktober Tage im Jahre 1917, als ich Dich in vollem Kriegsschmuck in Leipzig besuchte.

Ich erhielt Deine Zeilen letztes Jahr in Antwort auf meinen Brief, Deine Nachricht war kurz, aber ich freute mich doch zu hören, dass Du in guter Gesundheit und in hohen Ehren dem Alter entgegen schreitest! Hoffentlich habe ich diesen Winter wieder gute Nachricht von Dir! Bei uns ist es jetzt einsam geworden weil alle Söhne das Haus verlassen haben. Hugh hat diesen Sommer volle Qualifikation als Arzt erhalten, war eine Weile in der Praxis und hat sich aber jetzt entschieden, eine Stelle als Forschungsarbeiter am Biochemischen Institut der Universität in Sheffield zu nehmen. Derek hat diesen Sommer »summa cum laude« seine Chemie Studien abgeschlossen und ist als Forschungsarbeiter am chemischen Institut in Bristol geblieben. Seine junge Ehe ist offenbar ein grosser Erfolg, die jungen Leute sind sehr glücklich und meine Sorge, dass ihn die Ehe von der Wissenschaft abhalten würde, ist glücklicherweise ganz falsch gewesen! Der Jüngste, Thomas, lebt nach der Landessitte in der Internatsschule und kommt nur in den Ferien nach Haus. Rena ist jetzt Lehrerin für Deutsch an einer Mädchenschule hier in der Nachbarschaft. Diesen Sommer hatten wir viel Besuch von Amerika. Meine Brüder Hans und Georg waren beide mit ihren Frauen je eine Woche bei uns, dann war Friedi's Frau und Tochter hier, Friedi selbst ist jetzt dirigierender Arzt an einem Krankenhaus im Staate New York und konnte nicht abkommen. Schliesslich besuchte uns hier der Vetter Wolfgang (Sohn von Felix) mit seiner Frau, er ist jetzt Gehirnspezialist in Seattle an der Westküste der Vereinigten Staaten, offenbar verdient er sehr gut. Weisst Du, dass er 3 Töchter hat? All diese Verwandten kamen mit Touristenflugzeug mit dem man in einer Nachtreise von New York nach London fliegt.

Viele herzliche Grüsse
Otto.

Untersuchungsausschuss Freiheitlicher Juristen
an Victor Klemperer

Untersuchungsausschuss Freiheitlicher Juristen
der Sowjetzone
Abteil. G. Z. 8098/52/6/Hs/Gü.
BLN-Zehlendorf-West, Limastr. 29,
Sammelnummer 846323, App. 25
14. II [Nov.] 1952

S. g. H. Professor!

Sie werden nicht erwarten, auch von uns einen Glückwunsch für die Verleihung des Titels »Nationalpreisträger

III. Kl.« zu erhalten, denn es wird Ihnen bekannt sein, dass wir derartige »Ehrungen« als Bestechungsaktion auf Kosten der ausgebeuteten Bevölkerung der Sowjetzone ansehen. Dementsprechend sind Sie in unseren Karteien registriert worden.

Wir nehmen jedoch zu Ihren Gunsten an, dass Sie lediglich keine Möglichkeit sahen, die Ihnen zuteil gewordene »Ehrung« auszuschlagen. Indessen sind wir der Meinung, dass Sie Gelegenheit haben, Ihrer tatsächlichen Einstellung zu dem Terrorregime der SED Ausdruck zu geben.

Es dürfte Ihnen bekannt sein, dass es in der Sowjetzone unzählige Menschen gibt, die als Angehörige von Kriegsgefangenen und politischen Häftlingen oder als Hinterbliebene zu Tode gequälter aufrechter Widerstandskämpfer von der Pankower Regierung dem Elend überlassen werden. Hier bietet sich Ihnen die beste Gelegenheit, mit den Ihnen zugeflossenen finanziellen Mitteln oder auch den Zuteilungen an Lebensmitteln diesen Menschen zu helfen. Es dürfte Ihnen keine Schwierigkeiten bereiten, Geld- oder Sachspenden an Ihnen zweifellos bekannte bedürftige Personen mit einem anonymen Absender auf den Weg zu bringen. Wir empfehlen Ihnen, die Postquittungen für derartige Sendungen gut aufzubewahren, damit Sie am Tage der Wiedervereinigung Deutschlands in Freiheit beweisen können, dass Sie mit den Ihnen zugeflossenen Mitteln wenigstens den Versuch unternommen haben, die Auswirkungen des sowjetzonalen Unrechtssystems zu lindern.

Sollten Sie jedoch um entsprechende Anschriften verlegen sein, so wenden Sie sich vertrauensvoll an das

Hilfskomitee für politische Häftlinge,
Berlin-Zehlendorf-West, Lindenthaler Allee 5,
Tel. 846323/24, App. 46 und 48,

wo tausende derartiger Anschriften registriert sind.

Unsere Empfehlung bietet Ihnen die Möglichkeit, gänzlich ungefährdet Ihr Teil dazu beizutragen, die Folgen eines Unrechtsregimes zu lindern, das sich auch Ihrer Fähigkeiten bedient, um sich an der Macht zu halten.

Hochachtungsvoll
I. A. *Hansen*

Victor Klemperer an Inge und Peter Klemperer

Dresden
19. Juli 53

Liebe Inge, l. Peter –

Wir waren 14 Tage in Ahrenshoop, kamen gestern Abend zurück und fanden unter der nicht nachgesandten Post Deinen Brief aus der Klinik. So erklärt sich die Verspätung unserer Gratulation. Am 14. Juli sagten wir uns, heute müsse nach Deiner Voraussage Euer Drittes einpassieren, und da Du, l. I., doch eben Dein Staatsexamen bestanden hattest, waren wir von Deinem ärztlichen Wissen fest überzeugt. Aber wer ist unfehlbar! Mein Bruder Georg, weiland Direktor der vierten Berliner Universitätsklinik, schrieb mir 1945, wenn ich der Politik und dem öffentlichen Reden nicht fernbliebe, sei ich in zwei Jahren ein toter Mann, und inzwischen sind acht Jahre vergangen, und ich habe verschiedenen Kollegen noch immer nicht den Gefallen getan abzukratzen …

Nun also senden wir beide Dir und dem Kindsvater die allerallerherzlichsten Glückwünsche und wünschen zugleich dem kleinen David alles Gute und Schöne und, wenn Ihr wollt, auch noch etliche Schwesterchen zu den vorhandenen Brüderchen hinzu.

Ad vocem David. Was heisst in Deinem Schreiben: »Habt Ihr *auch* soviel dagegen?« Wer ist, oder wer sind die *Auch*? Bist Du selber die Gegnerin, oder ist es Dein Mann, oder dessen Mutter (der wir unsern Glückwunsch zu übermitteln bitten), oder sind es Deine mir leider noch unbekannten Angehörigen? Und weßwegen ist der unbekannte Auch dagegen?

Die Frage hat ihre über das Private hinausgehende Bedeutung.

In der Zeit des Nazismus, aber auch im weimarischen und im kaiserlichen Deutschland galt David für einen betont jüdischen, meist ostjüdischen Vornamen, er wurde in orthodox jüdischen, in zionistischen Kreisen verwendet, er wurde von Antisemiten verhöhnt. Anders in England und Nordamerika. Dort standen und stehen auf puritanischer Basis die spezifisch alttestamentlichen Namen in Literatur und Leben in hohem Ansehen. So David Copperfield, Abraham Lincoln, Benjamin Franklin, etc, etc.

So wäre es mir höchst wertvoll zu erfahren, wer von Euch und aus welchem Grunde dieser Wer darauf verfallen ist, den kleinen (nach nazistischer Rechnung) Fünfundzwanzigprozentigen (»ein Grosselternteil nichtarisch«) mit dem grossen Königsnamen zu belasten und auszuzeichnen.

Ich selber finde den Namen an sich sehr hübsch und will nur hoffen, daß nie mehr eine Zeit komme, in der er seinem Träger Schaden bringen könnte.

Meine eigene Position wird Dir einigermaßen bekannt sein: ich habe einen furchtbaren Hass auf allen Rassenhochmut, ich glaube nicht an das Blut, sondern an den Geist. Ich bin mit meinem ganzen Denken deutsch und kommunistisch; Antisemitismus und Zionismus sind mir gleichermaßen widerwärtig und scheinen mir gleichermaßen vorsintflutlich.

Nun also noch einmal: dem kleinen Davidchen alles Gute!

Wir möchten ihm gern ein kleines Antrittsgeschenk machen. Das suchen aber am besten die Eltern aus. Und da es mit den Schecks meistens nicht klappt, und da ich noch immer nicht Eure Bank-Anschrift habe, so möchte ich besagtes Angebinde persönlich nach Berlin mitbringen. Ihr erseht sicherlich aus der Zeitung die nächste Kammersitzung; da werde ich bestimmt dabei sein; Ihr könnt mich herausrufen lassen oder auch in meinem Institut antelefonieren. Wir möchten auch gern das Jüngste bei Euch beaugenscheinigen.

Seid sehr herzlich von uns beiden gegrüsst.

Eure

H. u. VKl

Wilhelm Wißmann an Victor Klemperer

München 22
Ludwigstr. 17ᵇ
Pension Dresing
den 2. 12. 53

Hochverehrter Herr Klemperer!

Es tut mir sehr leid, daß »Forschungen und Fortschritte«, die auf Ihre Mitarbeit stolz sind, Ihnen wegen Ihres Nachrufes auf Walther Küchler, den wir freudig und dankbar aufgenommen haben, Ärger bereiten. Sie wissen, daß daran nicht die Schriftleitung schuld ist, sondern allein der Umstand, daß in die Redaktionsgeschäfte sämtliche deutsche Akademien hereinreden dürfen. Ich bin nun dreimal bei Wenzl gewesen, der seinerseits noch mit dem Sekretar der Klasse San Nicolò gesprochen hat, und habe trotz aller Bemühungen nur ein Kompromiss erreichen können:

Die bayerische Akademie zieht ihren Einspruch gegen Ihre Kritik an Küchlers Barbusse-Aufsatz zurück, verlangt aber eine Streichung oder starke Milderung des Satzes »Es sind die feinsten Rauschgifte französischer Dekadenz und ästhetenhafter Mystik, denen er sich ausgeliefert hat«. Dieser Satz in einem offiziellen Organ der deutschen Akademien würde in Frankreich Widerspruch hervorrufen und sei geeignet, unsere Beziehungen zur französischen Wissenschaft zu erschweren.

Sie würden nun, hochverehrter Herr Klemperer, der Schriftleitung von FuF einen grossen Dienst leisten, wenn Sie trotz aller Bedenken sich diesem Kompromiss anschlössen. Das Dezemberheft ist fertig; müssten wir auf Ihren Nachruf auf Küchler verzichten, so müßte an seine Stelle ein genau ebenso langer Beitrag treten – wo sollen wir den so schnell hernehmen? Mit herzlichen Empfehlungen

bin ich Ihr sehr ergebener
W. Wißmann.

Neue Deutsche Literatur (Henryk Keisch)
an Victor Klemperer

Redaktion
21. Januar 1954

Verehrter Herr Professor!

Wir danken Ihnen aufrichtig für die Überlassung Ihres Essays über die moderne französische Lyrik, den wir in unserem März- oder im Aprilheft veröffentlichen möchten. Erlauben Sie uns, Ihnen einige kleine Retuschen vorzuschlagen, deren Tenor Sie aus dem beiliegenden Durchschlag leicht ersehen werden: sie zielen vor allem auf eine schärfere Akzentuierung des kritischen Urteils über die Dadaisten und Surrealisten ab. Wir glauben, dass wir uns damit in voller Übereinstimmung mit Ihren Auffassungen befinden und wären Ihnen dankbar, wenn Sie diese Fassung autorisieren wollten. Mit unserem kurzen Vorspann, der die Brücke zu den Problemen der deutschen Lyrik schlagen soll, und mit der Anfügung eines Liedes von Henri Bassis in deutscher Übertragung werden Sie sicherlich ebenfalls einverstanden sein.

In ausgezeichneter Hochachtung
Redaktion »Neue Deutsche Literatur«
Henryk Keisch

Victor Klemperer an Neue Deutsche Literatur
(Henryk Keisch)

Dresden A 34
Am Kirschberg 19
25. 1. 54

Sehr verehrter Kollege Keisch!

Haben Sie besten Dank für Ihre freundliche Zusendung. Mit dem Vorspruch zu meiner Lyrikstudie und mit Ihrer schönen Bassis-Übertragung als Anhang bin ich durchaus einverstanden. Dagegen muß ich Sie bitten, an meiner ursprünglichen Bedingung festzuhalten, daß an dem Text meines Essays keinerlei Änderung vorgenommen werde. Ich vermag diese Arbeit Ihnen nur dann zum Druck zu überlassen, wenn *wirklich buchstabengetreu ohne Abänderung oder Zusatz der Abdruck erfolgt.* Was Sie Retuschen nennen, paßt nicht zur Tonart des Ganzen. Der Aufsatz muß entweder unter dem einfachen Titel, den ich ihm gegeben habe, und mit dem einfachen Schluß, den ich brauche, erscheinen, oder eben, sei es unveröffentlicht bleiben, sei es an anderer Stelle veröffentlicht werden. Halten Sie mich, verehrter Kollege, deshalb nicht für pedantisch. Sie und ich, wir ziehen am gleichen Strang – aber wir tun es jeder auf seine Weise und nach den Pflichten seines Berufes. Ich verlange von meinen Studierenden absolute Exaktheit und warne sie immer wieder vor propagandistischen Schlagworten und lauten Überschriften. Ich bitte Sie also, verehrter Kollege, zwischen folgenden zwei Wegen zu wählen: schicken Sie mir freundlichst entweder zugleich mit der Druckkorrektur das Ihnen von mir übergebene Manuskript, damit ich Wort für Wort den Abdruck kontrollieren kann; oder wenn Ihnen meine Fassung nicht zusagt, geben Sie mir das Manuskript allein zurück.

Noch bitte ich Sie, Ihre Korrespondenz für mich weiterhin nach Dresden zu richten. Ich liege leider nach einem heftigen

Anfall von Lungenentzündung fest, und die Ärzte halten es für ausgeschlossen, daß ich vor Anfang März meine berliner Tätigkeit wieder aufnehmen kann.

Mit freundlicher Empfehlung
VictorKlemperer

Neue Deutsche Literatur (Henryk Keisch)
an Victor Klemperer

Redaktion
Berlin, den 3. Februar 1954

Verehrter Herr Professor Klemperer,

gestatten Sie mir zunächst, Ihnen meine herzlichen Wünsche für baldige Genesung von der Krankheit auszusprechen, die Sie in Ihrem Schreiben vom 25. Januar erwähnen. Es tut mir ausserordentlich leid, dass die von mir vorgeschlagenen kleinen Änderungen an Ihrem Essay nicht Ihre Billigung finden, um so mehr als ich den Vorwurf der Vergröberung oder gar Entstellung, den ich aus Ihrem Schreiben herauslesen muss, nicht verdient zu haben glaube. Schon der Umstand, dass ich Ihnen die Fassung, die wir zum Druck geben möchten, mit der Bitte um Autorisierung vorgelegt habe, zeigt Ihnen sicherlich, dass es uns fernliegt, irgendeine Veränderung ohne Ihre Zustimmung vorzunehmen. Mir schien, dass die Erwägungen, die mich zu meinen Vorschlägen veranlassten, sich von selbst aus der Lektüre ergeben und Sie überzeugen würden. Ich glaubte Ihre Absichten richtig erfasst, sie an einigen Stellen verdeutlicht und an anderen Stellen möglichen Missverständnissen vorgebeugt zu haben. Ich hatte auch keinen Zweifel, dass der in Fragen der Sprache so überaus feinfühlige und anspruchsvolle Verfasser der »LTI« es billigen würde, ja vielleicht sogar von uns erwartete, dass wir ein ursprünglich für den Funk geschriebenes Manuskript für den Druck ausfeilten. Wir möchten Ihre Arbeit sehr gern veröffentlichen, sie wäre ein wertvoller und interessanter Beitrag zu unserem April-Heft, das zu einem erheblichen Teil Fragen der Lyrik gewidmet sein wird. Könnten Sie sich nicht entschliessen, den Gesichtspunkten, die für eine Redaktion bestimmend sein müssen, ein Zugeständnis zu machen? Wenn Sie zum Beispiel an unserer Ihnen vorliegenden Fassung nunmehr Ihrerseits das verbessern oder ändern würden, was Ihnen verbesserungs- oder änderungsbedürftig scheint, oder wovon Sie glauben, dass Sie es nicht mit Ihrem Namen vertreten können – sei es aus Gründen des Inhalts, sei es wegen Verletzung Ihrer berechtigten Forderung nach Exaktheit, sei es wegen propagandistischer Lautheit – so bin ich ganz sicher, dass wir damit sogleich einen endgültigen Text erhalten würden. Meine Kollegen und ich selbst hoffen sehr, dass Ihnen diese Lösung zusagt. Wir bitten Sie auch, uns zu glauben, dass wir bestrebt sind, die »Pflichten unseres Berufes« von denen sie sprechen, in Übereinstimmung zu bringen mit den Verpflichtungen, die wir unseren Autoren gegenüber haben.

Mit ergebenen Grüssen
Redaktion »Neue Deutsche Literatur«
Henryk Keisch

Victor Klemperer an Neue Deutsche Literatur
(Henryk Keisch)

Dresden A 34
Am Kirschberg 19
18. II. 54

Sehr verehrter Kollege –

für Ihr sehr freundliches Schreiben vom 3. II danke ich Ihnen bestens. Es soll Ihnen unbenommen sein, in einem redaktionellen Vorwort oder Nachwort auszudrücken, was Sie formal oder inhaltlich zu beanstanden haben. Aber von mir aus enthält die Studie genau das, was ich für richtig halte, auch für richtiges Deutsch. Ich bitte Sie also noch einmal, mein *ursprüngliches Ms.* an mich zurückzugeben, entweder als Unterlage der Druckkorrektur, da ja ohne mein Imprimatur nichts erscheinen *darf* (sodaß also Ihre neuliche Anfrage nicht eine besondere Vergünstigung, sondern eine Notwendigkeit bedeutete), oder zu meiner anderweitigen Verwendung. –

Wenn Sie mich einmal in meinem Berliner Institut besuchen wollen, wird es mir Freude machen, mich über dies und jenes mit Ihnen zu unterhalten. Zur Zeit – Sie sehen es an meiner Handschrift – muß ich noch liegen, und vor Frühjahr werde ich leider nicht dienstfähig.

Bitte schicken Sie mir die Studie nach Dresden.

Mit frdl. Grüßen

Ihr

VKlemperer

Victor Klemperer an Neue Deutsche Literatur
(Henryk Keisch)

Postkarte/durch Eilboten

Dresden, 27. 2. 54

Verehrter Kollege!

Ihr freundliches Schreiben vom 25. entsetzt mich ein wenig, da ich den Brief vom 3. 2. rasch und ausführlich beantwortet habe. Vielleicht forschen Sie einmal nach, ob er sich nicht doch noch anfindet. Der Inhalt war dieser: ich stelle Ihnen anheim, in einer redaktionellen Notiz alles anzukreiden, was Sie an sachlichen oder sprachlichen Fehlern zu bemängeln haben. Von mir aus bedeutet das Ihnen übergebene Manuskript eine *endgültige Fassung*, und ich bitte Sie nochmals, es mir zu anderweitiger Verwendung zurückzugeben, wenn Sie selber es nicht gebrauchen können. Weiter schrieb ich Ihnen noch, daß ich mich gern mit Ihnen persönlich unterhalten würde, wenn Sie mich einmal in meinem Berliner Institut aufsuchen. Leider ist mein Herz durch die überstandene Krankheit so angegriffen, daß ich in diesem Semester noch nicht wieder aufs Katheder komme. Wenn Sie der Weg inzwischen einmal nach Dresden führt, sind Sie mir jederzeit bestens willkommen.

Ihr

VKlemperer

Neue Deutsche Literatur (Henryk Keisch)
an Victor Klemperer

Redaktion
den 27. März 1954

Verehrter Herr Klemperer!

Ich muß Sie für die Verspätung um Verzeihung bitten, mit der ich infolge Überlastung durch unmittelbar drängende Arbeiten auf Ihr letztes Schreiben antworte. Ich bedaure weiterhin, daß Sie keinerlei Retuschen an Ihrem in jedem Falle wertvollen Aufsatz für annehmbar halten und auch selbst keine vornehmen wollen. Auch nach Erscheinen unseres den Fragen der Lyrik besondere Aufmerksamkeit widmenden April-Heftes behält die Arbeit ihr Interesse für die NDL. Darf ich wenigstens hoffen, daß Sie sich mit der – in allem Wesentlichen wirklich buchstabengetreuen – Fassung einverstanden erklären werden, die ich Ihnen heute zusammen mit Ihrem Original sende. Ich glaube Ihnen darin keinen Anlaß zur Beschwerde zu geben und würde mich freuen, wenn Sie diese Fassung autorisieren wollten. Auch die Formulierung des Titels »Französische Lyrik heute« bitte ich Sie lediglich als einen Vorschlag aufzufassen. Ferner bitte ich Sie zu erwägen, ob Sie die Formulierung auf Seite 3 (6. Zeile von unten) aufrecht erhalten wollen. Sie bezeichnen dort die Lyrik der Dadaisten, von der im vorangehenden Abschnitt die Rede ist, als revolutionär. Verdient sie wirlich dieses Epitheton.

Auf Seite 7 (7. Zeile von oben) sprechen Sie ferner davon, daß sich den »reaktionären und vom amerikanischen Imperialismus abhängigen wechselnden französischen Regierungen« der »immer gewaltigere Block der Kommunistischen Partei« entgegenstemmt. Mir scheint, daß mit dieser Formulierung die antiimperialistischen Kräfte in Frankreich zu sehr auf die Kommunistische Partei beschränkt werden, die zweifellos die Seele des antiimperialistischen Widerstandskampfes ist, deren großes Verdienst aber auch darin besteht, daß sie es verstanden hat, breiteste Volksmassen zum Kampf gegen die neuen Okkupanten zu mobilisieren.

In der Hoffnung recht bald Ihre Antwort und das von Ihnen autorisierte Manuskript zu erhalten (eventuell mit den Änderungen oder auch Wiederherstellungen der genauen ursprünglichen Form, wenn sie solche für notwendig halten sollten) bin ich

Ihr ergebener
Henryk Keisch

Anlage

Victor Klemperer an Neue Deutsche Literatur
(Henryk Keisch)

Dresden 1. 4. 54.
Eingeschrieben

Sehr verehrter Herr Keisch –

besten Dank für Brief u. Sendung vom 27/III.

Anbei das *druckfertige* Ex. zurück. Ihr Einwand gegen die Fassung auf S. 7 ist zweifellos richtig; ich habe den nötigen

Zusatz gemacht. Das Ihnen fragwürdige Epitheton auf S. 3 habe ich einfach gestrichen; Wesen und Wirkung der dadaïstischen Lyrik geht ja klar aus dem voranstehenden Abschnitt hervor. Wenn Ihnen der Titel »Frz Lyrik heute« zeitschriftenmäßiger scheint, ist er mir auch recht.

Somit wäre nun *wohl* gänzliche Eintracht erzielt. (*Mein* eigentliches oder »Urmanuskript« freilich habe ich nicht zurückerhalten.)

Mit frdl Gruß
Ihr
V. Klemperer

Neue Deutsche Literatur (Henryk Keisch)
an Victor Klemperer

Redaktion
den 5. April 1954

Verehrter Herr Prof. Klemperer!

Auch ich freue mich über die Eintracht, die nunmehr zwischen uns erzielt worden ist. Ihr Originalmanuskript war Ihnen aus Versehen nicht mitgeschickt worden. Sie erhalten es anbei.

Mit besten Grüßen!
Ihr ergebener
Henryk Keisch

Anlage

Victor Klemperer an Rita Schober

Dresden 19. 7. 54

L. Rita –

von Frl Limberg hören wir, daß Du frisch vom Sommerurlaub zurückgekehrt bist; möge die Erholung recht gut und lange vorhalten!

Inzwischen kam Dein Sand-Band mit der hübschen Widmung. Recht herzlichen Dank dafür. Den Essai finde ich sehr wohl gelungen. In der Gesamtauffassung gehen wir völlig zusammen; das Politische hast Du weiter ausgeführt als ich, und ich benutze das für die Neuausgabe meines 19ième, petite Fadette etc hätte ich gern schon um unserer »Dorfgeschichten« (Auerbach) willen ein klein wenig ausführlicher behandelt gesehen, aber natürlich mußte in einem Nachwort zum Compagnon das Politische central stehen.

Da bin ich nun bei dem, was mir momentan besonders am Herzen liegt. Ich arbeite ständig am 19ième. Du weißt, es soll in 2 Teilen erscheinen, den ersten bilden die jetzigen Bände 1 u. 2. Davon habe ich Teil 1 eben fertig; das einleitende Napoleoncapitel habe ich ernstlich umgearbeitet. Wenn aus der Frankreichreise, die ja am 1. Aug. beginnen soll, aber bisher rührt sich nichts und ich bin sehr skeptisch – wenn aus ihr nichts wird, liefere ich am 1. Sept. vertragsgemäß den ganzen ersten Band ab, u. er soll möglichst bald herauskommen. Was fehlt, ist Dein Vorwort. Nun hast Du dafür auf alle Fälle Zeit, denn man könnte ja erst meinen Text drucken, auch muß dazu eine Übersetzung der franzöş. Citate geliefert werden. Aber immerhin: der Verlag hofft auf Deine Einleitung, und irgendwann im Spätherbst wäre sie vonnöten.

Bitte äußere Dich doch einmal dazu. In allernächster Zeit schicke ich Dir das kurze Vorwort, in dem ich selber Rechenschaft darüber ablege, was ich, teils streichend, teils hinzufügend, ändere. Ich habe nur eine Schwierigkeit, u. dabei kannst Du mir vielleicht raten. Wenn ich selber »selbstkritisch« erkläre: dies und dies muß ich nach 30 Jahren aus dem u. jenem Grund ändern; anderes muß ich stehen lassen, weil sonst ein ganz neues Buch geschrieben werden müßte, und weil ich an vielem von anno dazumal festhalte (Trägergestalt z. B.) – womit motiviere ich dann die Neuveröffentlichung??

Ich wäre Dir *sehr* dankbar, wenn Du mir darauf antwortetest. Vielleicht auch können wir mündlich darüber sprechen. Aller Wahrscheinlichkeit nach sind wir am Mittwoch 28. 7. in Berlin. Die abscheuliche Ungewißheit über den Termin der Frankreichreise hindert mich am Festlegen des Datums. Ich lasse über Frl Limberg zum x. Mal das Staatssekretariat anfragen.

Noch eines: wem von unsern Leuten könnte man Citatübersetzungen u. Register übertragen? Und könnte das als Teil des Forschungsauftrages angesetzt werden? –

Gestern erledigte ich die Correctur meiner Studie über Rollands Kriegstagebuch für das Universitätsheft. Merkwürdigerweise fragte das Prorektorat an, ob die Arbeit zu einem »Forschungsauftrag« gehört. Ich schrieb zurück: nein – private Studie. Weswegen diese Anfrage?

Soviel von mir aus. Auf der andern Seite will Dir H. noch danken.

Herzlich
Dein
VictorKlemperer

Liebe Rita!

Wie Victor umseitig ankündigt, möchte auch ich Dir für den George-Sand-Band und besonders für die Widmung recht herzlich danken.

Es tut mir leid, daß Du mit Deinem Urlaubswetter solches

Pech hattest. Du solltest Dich vielleicht von dem nun anscheinend beginnenden besseren Wetter dazu verführen lassen,
noch einen kleinen Nachurlaub anzuhängen? Wie geht es denn
Hansel? Hat er seine Krankheit gut überstanden, und haben
ihm seine Eltern als Trostpreis etwas Schönes aus dem Urlaub
mitgebracht?

Viele herzliche Grüße,
Deine Hadwig.

Max Seydewitz an Victor Klemperer

Thomas-Mann-Straße 45
Dresden A 20
am 26. 5. 55

Lieber Genosse!

In der konstituierenden Sitzung der Parteigruppe der Abgeordnetengruppe des Bezirkes Dresden wurde kritisiert, daß
drei Genossen ohne ausreichende Begründung der am 25. Mai
abgehaltenen ersten Tagung der Abgeordnetengruppe fern-
geblieben sind. Genosse *Grotewohl* wies dabei auf die große
Bedeutung der Arbeit der Abgeordnetengruppe für die Demo-
kratisierung hin. Er begründete, daß es gemäß den Beschlüssen
des ZK die Pflicht aller Genossen ist, an den Tagungen der
Abgeordnetengruppe und ihrer Arbeit teilzunehmen. Nur
ganz besondere Gründe, nicht die Teilnahme an irgendeiner
anderen Sitzung oder Besprechung, können das Fernbleiben
von einer Tagung der Abgeordnetengruppe, zu der rechtzeitig
eingeladen wird, entschuldigen.

Auf Vorschlag des Genossen Grotewohl wurde ich von der
Parteigruppe beauftragt, Dir die an Deinem Fernbleiben ge-
übte Kritik mitzuteilen und darauf hinzuweisen, daß die von
Dir angegebene Entschuldigung als nicht ausreichend betrach-

tet wurde. Da ich ferner beauftragt wurde, in der nächsten Zusammenkunft der Parteigruppe über die Angelegenheit zu berichten, bitte ich Dich um eine kurze Stellungnahme.

Mit sozialistischem Gruß

Max Seydewitz

Sekretär der Parteigruppe der Abgeordnetengruppe

NB

Am Sonnabend, den 4. Juni 1955 nachmittags 14 Uhr 30 findet das von der Abgeordnetengruppe beschlossene erste Seminar über das Thema: »Die Bedeutung der Warschauer Konferenz für den nationalen Kampf des deutschen Volkes« statt. Diese Mitteilung gilt zugleich als Einladung.

Victor Klemperer an Max Seydewitz

27. Mai 55

Sehr verehrter Genosse –

auf die mir übermittelte Rüge eines unentschuldigten Fernbleibens habe ich das Folgende zu entgegnen.

I) Am 24. und 25. Mai hatte ich in meiner Eigenschaft als Professor der Humboldtuniversität neunzehn Studierende zu prüfen. Sodann hatte ich am 25. Mai in meiner Eigenschaft als Vorsitzender des Beirats für Romanistik beim Staatssekretariat für das Hochschulwesen eine fachlich und politisch sehr wichtige Sitzung zu leiten. Endlich hatte ich in meiner Eigenschaft als Mitglied der SED am gleichen Tage [bei] einer Parteigruppenbesprechung beim Hochschulsekretariat zugegen zu sein; es wurde dort über unser Verhalten bei der Tagung des deutschen Romanistenverbandes beraten und beschlossen. Diese Tagung findet am I. und II. Juni in München statt, und ich gehöre unserer Delegation als Senior, dazu als einstiger Professor der Universität München an. Es handelte sich also für mich an diesem 25. Mai um drei Angelegenheiten, an denen ich *aktiv* beteiligt war. Demgegenüber stand die eine Dresdener Veranstaltung, deren *passiver* Teilnehmer ich zu sein hatte, und deren Ergebnisse mir sehr wohl hinterher berichtet werden konnten. Ich entschied mich deshalb für den unbequemeren Berliner Arbeitstag.

II) Ich liess mich in Dresden durch den Genossen Völzke, den Sekretär des Kulturbundes, entschuldigen. Vielleicht ist diese Entschuldigung nicht detailliert genug übermittelt worden. Ich ging von der Annahme aus, dass man nach meiner zehnjährigen Tätigkeit für die DDR und unsere Partei an meinem Pflichtbewusstsein nicht zweifeln werde, zumal es ja von Staat und Partei durch die Verleihung des Nationalpreises an mich, durch meine Aufnahme in die deutsche Akademie der Wissenschaften und durch andere Ehrungen wiederholt anerkannt worden ist.

Offenbar habe ich mich in den vorgenannten Erwägungen geirrt. Ich hätte selbstkritisch bedenken sollen, dass mein hohes Alter meine Urteilskraft beeinträchtigen könnte.

Mit sozialistischem Gruss

Victor Klemperer

[Handschriftliche Notiz auf Durchschlag]
Umstehender Brief hat mir den heutigen Tag vergällt u. mich in meiner Vallèsarbeit schwer behindert. Fr. 27. 5.

Victor Klemperer an Anna Klemperer

Frau A. Klemperer	Prof Klemperer
Hôtel Radloff u. Rumland	Warna/
Berlin – W 15	Bulgarien
Kurfürstendamm 226	Hotel Balkantourist
	5. 7. 55

L. Anny –

recht herzliche Grüße von unserm ebenso schönen wie interessanten Ferienaufenthalt, der leider zuende geht. Übermorgen fliegen wir nach Sofia. Dort zwei Tage, dann Weiterflug nach Budapest. Hier anderthalb Tage, u. dann im Schlafwagen nach Dresden. Ankunft am 11 Juli.

Dir u. Deinen Kindern alles Gute für Eure Ferienreise. Am 15 Juli muß ich in Berlin eine Doctorprüfung vornehmen. Vielleicht sehen wir uns einmal?

Herzlich Deine

H. u. V.Kl

Victor Klemperer an Leo Spitzer

Berlin W 8, den 9. Februar 1956

Clara-Zetkin-Strasse 1

Lieber verehrter Kollege Spitzer,

vor dreissig Jahren sprach ich als Gast in Marburg, und wir hatten damals via Vossler und Lerch mancherlei Berührungspunkte, vielleicht erinnern Sie sich auch noch meines Briefes an Sie in der »Modernen französischen Prosa«.

Dies als captatio benevolentiae und nun also meine Bitte an Sie. Ich werde als Leiter einer grösseren Delegation beim Linguistenkongress in Florenz sein. Sie wissen, ich bin kein Sprachwissenschaftler, aber Ihre Themenstellung interessiert mich ungemein, und ich glaube, dahinter das suchen zu müssen, was uns hier prinzipiell so nahe angeht: das Verhältnis von Allgemeinheit und Persönlichkeit. Ich kann mir vorstellen, dass ich in der Diskussion einiges zum Thema sagen könnte. Wäre es Ihnen möglich und recht, mir mit ein paar Zeilen, noch besser natürlich: etwas ausführlicher, anzugeben, in welcher Richtung sich Ihr Votrag bewegen wird?

Ich wäre Ihnen für die Beantwortung meiner Bitte überaus dankbar.

Wenn Sie die Freundlichkeit haben, mich zu informieren, dann benutzen Sie bitte meine Privatadresse:

Dresden A 34, Am Kirschberg 19.

Ich doziere nur noch in Halle und tauche seltener in Berlin auf, wo ich die Institutsleitung abgegeben habe.

Mit kollegialen Grüssen in alter Verbundenheit

Ihr

VictorKlemperer

Leo Spitzer an Victor Klemperer

bis 15. März: 3937 15th Str. NE
Seattle 5, Washington
17. Februar 1956.

Sehr verehrter Herr Klemperer,

Natürlich bedurfte es keiner captatio benevolentiae, um meine Erinnerungen an Sie zu wecken. Wie oft habe ich mit den Vosslers über Sie korrespondiert! und ich wußte, daß Sie die Nazipest heil überstanden haben, auch Ihr Buch über die Sprache dieser Zeit habe ich gelesen. Ich bin meinerseits emeritiert (seit Juli 1954), gastiere aber in verschiedenen Universitäten (letztes Jahr Princeton, dieses im äußersten Nordwesten an der Universität des Staates Washington); Briefe erreichen mich immer via Hopkins. Vergangenes Jahr war ich zum erstenmale seit meiner Auswanderung in Italien (um den Preis Feltrinelli der Acc. dei Lincei zu empfangen). *Wahrscheinlich* werde ich zum Linguistenkongress in Florenz kommen können (sofern die Italiener mir nämlich Reise und Aufenthalt ermöglichen). Den Vortrag werden Sie *vor Ihrer Abreise* gedruckt zugeschickt bekommen, er geht dieser Tage nach Florenz ab. Er ist nicht was ich gewollt hätte: vielleicht sind ein paar Gedanken neu, aber meine eigentliche Stärke ist das Theoretisieren nicht – mir fällt mehr bei dem praktischen Fall (ob Text oder Äußerung) ein. Auch habe ich hier fast keine Bücher, alles habe ich aus dem Kopf geschrieben. Was darin gut ist, sind die Einzelheiten, daher lohnt es sich nicht, Ihnen ein genaues Inhaltsverzeichnis zu schreiben: der allgemeine Inhalt ist Ihnen von vornherein bekannt.

Ich werde mich freuen, Sie wiederzusehen, ebenso meine Frau – wird Ihre Gattin, die ich in guter Gesundheit hoffe, auch mitkommen?

Herzlich ergeben Ihr
Leo Spitzer

Victor Klemperer an Inge und Peter Klemperer

Paris 2. Juli 56

Liebe Inge und Peter –

die Zeit und das Visum laufen ab, ohne daß auch nur ein Bruchteil von dem erledigt ist, was man an Sehen und Arbeit auf dem Programm hatte. Und dabei waren wir in jeder Hinsicht fleißig bis zum Verrecken.

Nun also: wir kommen am Sonnabend Mittag 14. Juli mit dem Flugzeug in Berlin an und wollen dort (bei Frau Erdmann, Linienstr 226, C 2) bis Montag Mittag bleiben.

Doppelte Bitte an Euch 1) Verabredung mit Euch u. Kahanes zu organisieren – vielleicht Sonnabend oder Sonntag Abend? – 2) Verabredung mir Peters Mutter, der ich gleichzeitig schreibe – vielleicht Sonnabend Spätnachmittag, besser Sonntag Nachmittag. – 3) l. Peter, errechne mir bitte meine Schulden; ich habe mein Checkbuch bei mir u. bin gutwilliger und solventer Zahler. Eventuell müßtest Du mir in Berlin noch 100 – 200 Ostmark geben, denn wir dürfen ja zusammen beim Grenzübertritt nur 100 M. bei uns führen u. am Sonnabend Nachm. u. am Sonntag sind alle Banken geschlossen.

Wo wir uns vom 7 – 13. 7. aufenthalten, steht noch immer nicht fest. London lockt unserein, es liegt eine Einladung vom Penclub und eine weitere von Otto Kl., dem Neffen u. Physiker vor; aber bis heute (Montag 2. 7.) steht das beantragte britische Visum aus, u. wenn es in zehn Tagen nicht in unsern Händen ist, kommt es zu spät. Vielleicht trösten wir uns dann in den Pyrenäen. Feu mon père, mein Vater selig, pflegte in solchen Fällen zu sagen: »es soll Dir nichts Schlimmeres passieren!«

Auf gutes Wiedersehen u. recht herzliche Grüße

Eure

H. u. V. Kl

Gebt bitte schriftliche Antwort an Frau Hadwig Klemperer bei Erdmann (wie oben), denn im Roman. Institut ist am Sonnabend Nachm. keine Seele.

[Nachtrag Hadwig KLemperer]

O Ihr! Wenn wir nichts Schriftliches von Euch vorfinden, rufen wir Euch in Berlin dann an!

Allerherzlichst!

Eure Hadwig.

Nochwas! Ein hier gekaufter, abgeknipster und in Berlin-Friedenau entwickelter Farbfilm wird in absehbarer Zeit bei Anni, deren Anschrift ich angegeben habe, eintreffen. Bitte, teilt ihr das mit, damit sie sich nicht über die Sendung wundert! Dankend, Eure Hadwig.

Victor Klemperer an Anna Klemperer

Dresden, 3. 8. 56

L. Anny –

Herzl. Dank für frdl. Schreiben und vor allem: noch einmal herzl. Dank für die nette Aufnahme neulich in Berlin. Es ist schade, daß wir uns so selten sehen, Du solltest wirklich einmal nach Dresden kommen. Sobald Du ein Datum angibst, werde ich alles tun, und aller Wahrscheinlichkeit nach erfolgreich, Dir die Reise zu ermöglichen. Die Überweisung nach Blankenburg geht mit gleicher Post vor sich.

Wir leben uns hier allmählich wieder ein. Natürlich hat sich in der Zeit der Abwesenheit hier mancherlei Arbeit, insbesondere ein Stoß von Druckkorrekturen aufgestaut. Natürlich auch allerhand Nichtklappendes, Versiebtes, Ärgerliches. Aber mit der Zeit kommt schon alles wieder ins übliche Gleis.

Sei von uns beiden herzlich gegrüßt u. grüße bitte auch die aller Versprechungen zuwider schreibfaulen Inge u. Peter von uns.

Getreulich
Deine
Hadwig u. Victor

Lion Feuchtwanger an Victor Klemperer

Post Office Box 325
Pacific Palisades, Calif.
22. Oktober 1956
Lieber Viktor Klemperer,
Ihr Essai »Die Witwe Capet« war mir eine rechte Freude.

Ich bekomme viele Aufsätze über meine Bücher zu lesen, häufig recht schmeichelhafte, aber selten solche, die Verständnis zeigen. Keine Literaturgattung ist wohl so vielen Missverständnissen ausgesetzt wie der historische Roman und das historische Drama. Umso mehr freut es mich, dass Sie so deutlich darlegen, was mich veranlasst haben mag, mich so oft und eingehend mit Marie-Antoinette zu befassen.

Ich hoffe sehr, dass ich einmal Gelegenheit haben werde, mich von Mund zu Mund mit Ihnen über diesen Gegenstand zu unterhalten.

Lassen Sie mich Ihnen bei diesem Anlass aussprechen, mit wieviel Genugtuung ich Bücher und Aufsätze von Ihnen gelesen habe. Ihre »LTI« steht in meiner Handbibliothek, und ich lese immer von neuem darin mit Nutzen und mit Vergnügen.

Alles Herzliche   Ihr
                                          Lion Feuchtwanger

Lion Feuchtwanger an Victor Klemperer

Post Office Box 325
Pacific Palisades, Calif.
8. Januar 1957
Lieber, sehr verehrter Viktor Klemperer,
Ihr Brief war mir eine besondere Freude.

Ich kriege über meine Bücher sehr viel Zustimmendes zu

hören, aber das meiste ist beinahe so töricht wie gut gemeint.
Es ist herzwärmend, wenn ein kundiger Mann, der mit stren-
gem Masse zu messen weiss, die Absichten und Erreichnisse
eines Autors anerkennt.

Ich freue mich darauf, Ihre Studie über meine »Marie-Antoinette« in ihrer endgültigen Form zu lesen.

Ihnen beiden die herzlichsten Wünsche

Ihr

Lion Feuchtwanger

Victor Klemperer an Horst Heintze

Dresden 10/I 57

Lieber Horst –

vielen Dank für frdl Schreiben und beste Erwiderung aller
Grüße etc. von Haus zu Haus.

Sodann das Protokoll. Ich weiß nicht, müssen wir beide es
unterschreiben? Auf alle Fälle gebe ich Dir mein Exemplar unterschrieben zurück. Wenn es mein Privateigentum sein soll
und die Unterschriften unnötig sind, bewahrst Du es mir wohl
in Halle auf; ich finde es sehr sorgfältig und richtig abgefaßt.

Ebenso gut finde ich Deinen Brief an Rheinfelder. Dennoch
ist mir nicht ganz wohl bei der Sache. Gewiß, man kann nicht
taktvoller schreiben, auch hat Niemeyer recht: die Festschrift ist
kein geeigneter Ort für das politisch kitzliche Thema. Nur:
Rheinfelder war schon einmal (oder fühlte sich schon einmal)
von DDR-Seiten sehr beleidigt (als ihm eine Päckchensendung
beschlagnahmt wurde). Damals blies er in seinem Zorn geradezu als Vorsitzender des Verbandes die Verbindung mit uns
ab – Rita mußte ihn erst mühsam beschwichtigen. Wenn er nun
diesmal ähnlich reagiert, seinen Beitrag, den ich sehr schätze,
zurückzieht, womöglich seine westdeutschen Kollegen zu ähn-

lichem Vorgehen veranlaßt? Es wäre sehr, sehr schade. Und weiter: im Punkte Suez kann er einwenden, er blase politisch durchaus in unser DDR-Horn. (Das tut er, tut es nur zustark – den Franzosen *gewohnheitsmäßigen* Vertragsbruch vorzuwerfen, ist ein bisschen starker Tobak); und im Punkte des Gerichtsverfahrens kann er einwenden: wieso fühlt *Ihr* euch getroffen, *Ihr* tut doch so etwas nicht! Und das wäre ein peinlicher Einwand. Politische Prozesse sind immer eine eklige Sache.

(Kurzum: es ist mir wenig wohl bei der ganzen Angelegenheit. Hätte Niemeyer sie nicht aufgegriffen, so wäre aller Wahrscheinlichkeit nach gar nichts erfolgt. Ich habe mit Hadwig hin und her erwogen, ob wir vielleicht Rita zu Rate ziehen, die ja einerseits freundschaftliche Verbindung mit Rheinfelder, andrerseits engeren Connex mit der Partei hat als Du u. ich. Oder ob man sich vielleicht unmittelbar an Hager wenden sollte. Zuletzt aber sagten wir uns: dies gäbe endlosen Aufenthalt, bausche die Affäre auf und führe schließlich auch nicht weiter; denn schließlich bleibt es dabei, daß es sich bei Rheinfelders Briefstellen um ein politisch sehr heißes Eisen handelt, daß eine Festschrift, wie die Dinge liegen, wirklich nicht der rechte Ort dafür ist, und daß durch die Streichung der Artikel als Ganzes nicht leidet. Also hoffen wir, daß Rheinfelder ein Einsehen hat. Dein Brief jedenfalls scheint mir so taktvoll wie nur irgendmöglich.

Herzlich
Dein
Victor Kl.

PS 1) Hier wird erwogen u. vorgeschlagen: mach doch aus »politischen Schwierigkeiten« »*aussen*politische Schwierigkeiten«. Das würde gleichzeitig abmildern und verstärken.

2) Wenn Du Niemeyers siehst, tritt sie doch mal wegen meiner LTI. Erst drängen sie mich wegen des Vorworts, und jetzt höre ich nichts von ihnen.

Dresden 24. I 57

Lieber Horst –

zuerst das »Amtliche« zu Deinem Brief vom 19. I.

1) Die »Entschließung« – beiliegend unterschrieben zurück – ist sehr gut abgefaßt. Und sehr erfreulich ist Deine Absicht, dem Ministerium persönlich auf den Leib zu rücken.

2) Wie ich gleichzeitig an Frau Petzelt schreibe: ich bin *ernstlich gegen* jede Verschiebung des Jubiläums. Damit kühlt man die Leute nur ab, und für jede vermiedene Schwierigkeit ergeben sich drei neue. *Alle* Geladenen kommen nie. Und wenn Rita nicht Vortrag halten kann, dann sprich *Du* an ihrer Stelle. Dein Thema: »Redner der Revolution« wäre höchst geeignet. (Betonung des Formalen, der Herkunft von Kanzelrede, Corneille, Rousseau). Ich selber bin am 14. April zur Stelle. – Rolf Agricola, den ich in der Volkskammer traf – er ist unser diplomat. Vertreter in Helsinki, einem *kapitalistischen* Staat und sucht kulturelle Beziehungen zu verstärken – riet zu Einladung finnischer Romanisten. Die brave Frau Petzelt hat zwei dortige Professoren festgestellt, u. ich lasse sie unsere vorläufige Einladung dorthin schicken.

Nun das Persönliche: ich habe Deinen Geburtstagsartikel mit Rührung u. vieler Freude gelesen. Hab allerherzlichsten Dank. Der Artikel ist wirklich sehr taktvoll und sehr wohlgelungen. Ich muß es nun schon einmal hinnehmen, als Halbstarker – halb Journalist, halb approximativer vir doctissimus – gewertet zu werden. Du machst ein Lob aus dem, was sonst getadelt wurde. Eine Eventualbitte: bist Du *reichlich* mit Sonderabdrucken versehen? Wenn ja, wäre ich für ein paar Exemplare sehr empfänglich. (Eilt aber nicht.) Es renommiert sich so hübsch damit und hilft zum Abtragen von Briefschulden. –

Dir und den Deinen von Hadwig und mir alles Gute und
recht herzliche Grüße!

Dein
VictorKl

Hadwig feixt über Dein Kompliment, *ich* hätte zu Doctor-
arbeiten angeregt!

1 Beilage

Hans Rheinfelder an Victor Klemperer

Prof. Dr. Hans Rheinfelder
Universität München
München, 21. 3. 1957

Hochverehrter Meister!
Lieber Herr Kollege Klemperer!
    Fast gleichzeitig erreichte mich Ihr lieber Brief vom 16. März
und die Sendung mit den köstlichen Gaben. Ganz herzlichen
Dank! Ich bin sehr glücklich, den schönen Band Ihrer »Gesammelten Aufsätze« in Händen zu halten, geliebtes Altes und
geliebtes Neues, und das Ganze der Ausdruck einer heimgesuch-
ten und trotz allem – das zeigt ja der Band! – begnadeten Generation. Ja, herzlichsten Dank, auch für die beiden Romain-Rolland-Berichte. Mit gespannter Freude warte ich nun auf die
Neuauflage Ihres 19. Jahrhunderts. Der eine Band war mir einmal, schon vor Monaten, als Gabe des Verlags angekündigt worden, ist aber leider nie bei mir eingetroffen, mag die Sendung
nun vergessen worden oder auf andere Weise nicht ans Ziel gelangt sein. Eine Gegenüberstellung zur ersten Auflage vorzunehmen, würde mich selber am meisten locken. Und ich will sie vornehmen, falls mir dann – was ich leider nie mehr voraussehen

kann – einige geruhsame Lesetage beschert sein sollten. Sonst aber will ich sehen, daß es vielleicht mein hochbegabter Schüler Noyer-Weidner machen wird, den Sie kennen lernen sollen, wenn Sie, wie ich fest hoffe, nach Mainz zur Romanistentagung kommen werden. Aber darüber sprechen wir zunächst in Halle.

Dort hätte ich mit Ihnen auch über den Plan in der Romain-Rolland-Gesellschaft gesprochen, mündlich gesprochen. Nachdem Sie aber nun doch schon von dem braven Herrn Wenzel unterrichtet worden sind, will ich Ihnen gleich Bescheid geben, Bescheid von einer halb erfreulichen, halb ärgerlichen, also im Grunde ärgerlichen Sache, die zunächst ein Scheitern, aber doch nur einen Aufschub bedeutet. Kurz: In der Jahresversammlung, die ich als einer der vier Vizepräsidenten zu leiten gebeten worden war und bei der auch Herr Wenzel zu unserer Freude das Wort ergriff, wurde der Versammlung die Frage vorgelegt, ob sie einverstanden sei, wenn in das Komitee der Romain-Rolland-Gesellschaft, dem bisher zwölf bis fünfzehn Persönlichkeiten aus dem Westen angehören, ein prominenter Romain-Rolland-Freund aus dem Osten aufgenommen würde, wobei zugleich Sie als einer der frühesten deutschen Romain-Rolland-Studiosen vorgeschlagen wurden. Die Versammlung war einstimmig für den Plan zu haben. Ich erbat mir dann plein pouvoir, Sie aufnehmen zu dürfen, wofern der Präsident (Rudolf Alexander Schröder) und die drei anderen Vizepräsidenten einverstanden seien. Auch dies wurde mir zugestanden. Nun sind wir freilich mit unserem Vorschlag (unserem sage ich, weil sich der Generalsekretär der Gesellschaft, Herr Mauritius Heintz, besonders warm mit mir in die Mühe teilte) nicht bis zum Präsidenten gelangt, weil der Vorschlag bereits in der Schicht der Vizepräsidenten hängen blieb. Es wurden Bedenken geäußert, die der Verwirklichung des Planes – zunächst – einen Riegel vorschoben, wenn wir nicht das ganze Präsidium sprengen wollten. Die Begründung, warum die Verwirklichung

528

des Planes aufgeschoben werden sollte, wird Sie interessieren, denn sie ist ganz typisch für unsere Zeit: man fürchtete die *west*deutsche Presse! Zwar hat der betreffende Herr mehrmals betont, er habe keine Angst, aber er hat eben doch gerade Angst, er könnte dann wenn sein Name mit einem prominenten Namen des Ostens zusammen auftauche, in der Presse herumgezogen werden. Man muß dem Betreffenden zu seiner Entlastung die Tatsache anrechnen, daß er tatsächlich wegen einer – heute schon mutig geltenden! – Unterschrift von der Presse übel hergenommen worden ist. Nun, so warten wir eben noch etwas ab. Tatsächlich hat die Presse ja wohl schon bald nach ihrer Begründung im 17. Jahrhundert zu lügen und zu verleumden begonnen; aber heute werden in dieser Hinsicht wahre Großtaten geleistet. Ich habe erst unlängst wieder mit eigenen Augen gesehen, wie unser lieber, so tapferer Kollege Rauhut wegen eines mutigen Kriegsdienstverweigerer-Vortrags in der amtlichen Korrespondenz der CSU (Christlich-soziale Union) aufs schmählichste Verleumdung und Bosheit erfahren mußte, wobei die Verleumdung heute meistens dadurch bewerkstelligt wird, daß nur Teile berichtet, andere, vielfach sogar die wichtigsten Teile verschwiegen werden. Ich war bei dem Vortrag selbst anwesend gewesen und konnte also mit Entsetzen selber feststellen, mit welch unerhörter Tücke hier betrogen worden ist. Vielleicht ist der schlimmste Terror derjenige, der sich nicht als Terror gibt und von der Mitläufermasse gar nicht als Terror empfunden wird. Aber wenn ein gebildeter und hochachtbarer Mann aus Angst vor der Presse etwas unterläßt oder aufschiebt, was er an sich durchaus als gut anerkannt hat, dann ist dies ein latenter Terror trauriger Art. Auch dieses alles wollen wir in Halle noch besprechen.

Ich schicke Ihnen diesen Brief in den Urlaub. Gleichzeitig als Drucksache meine zwei Sorbonne-Vorträge vom März 1956, deren zweiter der von Ihnen begehrte, sehr anspruchslose Vortrag

über »Machiavelli und den Antimachiavell Friedrichs des Großen« ist. Von der französischen Fassung habe ich leider keine
Separata bekommen. Aber die Universität München hat alle Vorträge der 17 Sorbonne-Besucher auf deutsch drucken lassen. Sollte
die Drucksache nicht ankommen, dann schicke ich Ihnen nach
Halle ein anderes Exemplar; ich habe auf deutsch genug davon.

Ihnen und Ihrer sehr verehrten Gattin recht gute Erholung
und viel liebe Grüße!

Stets Ihr dankbarer Schüler
Hans Rheinfelder.

Victor Klemperer an Hans Rheinfelder

Dresden 19. April 57

Lieber und sehr verehrter Kollege Rheinfelder!

Zuerst noch einmal allerherzlichsten Dank für alle meinem Hallenser Institut und mir persönlich in Halle erwiesene
Freundlichkeit und Freundschaft. Zum Jubilaeum des romanischen Seminars gratulierten Sie dort nicht nur im eigenen
Namen, sondern zugleich auch im Namen der Universität
München und ihrer philosophischen Fakultät. Natürlich wird
der wärmste offizielle Dank dafür ausgesprochen werden. Aber
es wäre mir eine besondere Freude, wenn Sie den Münchener
Kollegen vielleicht in einer Fakultätssitzung sagen könnten,
welche innere Genugtuung gerade dieser Glückwunsch in der
schweren Zeit der deutschen Zerrissenheit mir bereitet hat.
Ich danke meine wissenschaftliche Bildung in oberster Linie
der Universität München, dort bin ich Doctor, Privatdozent
und Professor geworden. – –

In dem Päckchen, dem ich diese Zeilen beilege, finden Sie
drei Dinge, die Ihnen wahrscheinlich noch unbekannt sind:
I) den zu Anfang des Jahres erschienenen Sammelband »Vor

33 – nach 45«, II) die Studie über Romain Rollands Kriegs-
tagebücher und III) den Greifenalmanach 1957, der meinen
Aufsatz »Die Witwe Capet« und einen Geburtstagsartikel für
mich enthält. Die Verfasserin, Dr. Auguste Lazar-Wieghardt,
gelehrte Germanistin, die sich ihren Dr. phil an der Wiener
Universität zu einer Zeit holte, als das Frauenstudium noch
nicht die heutige Selbstverständlichkeit besass, ist mir seit den
zwanziger Jahren befreundet; sie besitzt bei uns einen besonderen Namen als Jugendschriftstellerin.

Den Deutschen Verlag der Wissenschaften in Berlin, der
eben den zweiten Band meiner »Geschichte der franz. Lit. im
19. und 20. Jh.« herausgebracht (aber mir selber noch nicht
zugesandt hat) habe ich noch einmal dringend angewiesen, Ihnen, wie längst verabredet, das gesamte Opus, Bd. I und II
nunmehr umgehend zuzuschicken. Bitte, teilen Sie mir doch
mit einer Zeile mit, wenn die beiden Bände nicht in den al-
lernächsten Tagen in Ihre Hände kommen.

Nun noch eine Bitte. Dass wir, meine Frau und ich, zum
Romanistentreffen nach Mainz kommen, steht jetzt fest. Sie
luden uns auch nach Tübingen ein, und wir möchten an der
Tagung der Dante-Gesellschaft gern teilnehmen. Ich habe dem
Dante-Jahrbuch vor ein paar Jahren einen Beitrag geschrieben,
gehöre aber nicht der Dantegesellschaft an. Da wäre es mir
sehr lieb, wenn ich unserem Hochschul-Staatssekretariat eine
Einladung vorweisen könnte. Macht es Ihnen Mühe, das zu
vermitteln? Mit Kollegen Weinert verbindet mich wesentliches
literarisches Interesse, und die »Stauferland-Excursion« unter
seiner Führung scheint mir besonders verlockend.

Seien Sie von uns beiden recht herzlich gegrüsst.

Ihre

H. u. V. Kl.

Victor Klemperer an Bernt von Kügelgen
(Entwurf)

Dresden 3. Juli 57

Sehr geehrter Genosse Chefredacteur!

Durch eine Reihe wichtiger Arbeiten, dazu durch eine Reise zu zwei Romanistentagungen in Westdeutschland in Anspruch genommen, stiess ich erst jetzt auf einen Artikel im »Sonntag« vom 26. Mai 57, der die Überschrift trägt: »Fiktionen und Realitäten, Bemerkungen zu einem Bericht, der nicht erschien« und unterzeichnet ist mit den Initialen B. K. Ich kenne weder den Schreiber dieses Artikels, noch weiss ich etwas über den Verfasser und den Inhalt des Berichts, dem die Aufnahme verweigert wurde. Aber der Artikel im »Sonntag« enthält eine bösartige Taktlosigkeit und Verzerrung, gegen die ich aufs schärfste protestiere. Ich bitte Sie deshalb, vielmehr ich muss es fordern, dass Sie meinen Brief unverzüglich und unverkürzt als notwendige Berichtigung veröffentlichen.

Es geht um diesen Sachverhalt.

Die Universität Halle feierte am 16. und 17. April dieses Jahres das achtzigjährige Bestehen ihres romanischen Seminars, des ältesten deutschen Instituts dieser Art, aus dem sehr viele Hochschul- und Oberschullehrer hervorgegangen sind, und das immer ein hohes Ansehen besessen hatte. Mit freundlicher Unterstützung des Hochschul-Staatssekretariats konnten wir einige Einladungen nach Westen und Osten verschicken und hatten die Freude, zwei polnische und zwei westdeutsche Fachkollegen bei uns zu haben, die die offiziellen Glückwünsche ihrer Universitäten überbrachten und wertvolle Vorträge hielten.

Herr B. K. beginnt leutselig, man könne von dieser »Veranstaltung voraussetzen, dass sie sicherlich wissenschaftlich bedeutungsvoll, nützlich und begrüßenswert war«. Es heisst in dieser Einleitung weiter, man habe »anschliessend an Dantes

Göttliche Komödie von Liebe und gegenseitigem Verstehen gesprochen: Als bemerkenswertestes Ereignis dieser Tagung galt die Feststellung, dass Ost und West die gleiche Sprache sprechen.« Nun folgt das eigentliche ausgedehnte Mittelstück des Artikels, herausgehoben durch die fettgedruckte, mit fettem Fragezeichen versehene Sonderüberschrift: »Die gleiche Sprache?« Darin wird das Sündenregister der Adenauer-Regierung und der Nato »breit entfaltet«, und es wird dem Leser unweigerlich die Meinung insinuiert, das Bekenntnis zur »gleichen Sprache« sei ein halbes Einverständnis mit dem Adenauer-Deutsch und der Adenauer-Gesinnung, mindestens ein gedankenloses und knieweiches Verwischen der Gegensätze, die unüberbrückbar zwischen unserem Deutsch und dem Bonner Regierungsdeutsch bestehen. »Wer aus falsch verstandener Rücksichtnahme (heisst es mit wegwerfender Belehrung am Schluss) durch schöne Phrasen über Liebe, Verstehen und gemeinsame Sprache unverbindlich einer fiktiven Wiedervereinigung das Wort redet, bringt uns nicht vorwärts.«

Den von Herrn B. K. beanstandeten Dante-Vortrag (der übrigens von Dante und Florenz, und nicht von Adenauer und Bonn handelte) hielt mein herzlich verehrter Freund, der als Gelehrter international geschätzte Münchener Lehrstuhlinhaber Rheinfelder. Es ist allgemein bekannt, dass ein westdeutscher Universitätsprofessor, der öffentlich bei uns in der DDR redet, allein schon durch dieses Faktum einen gewissen Zivilmut beweist und ausser Frage stellt, dass er unter der gleichen Sprache zwischen Ost und West keineswegs das Bonner Adenauer-Deutsch versteht. Rheinfelder, der schon einmal an der Humboldt-Universität unser Gast war, hat ein paar Wochen nach dem Hallenser Jubiläum als Vorsitzender des allgemeindeutschen Romanistenverbandes und der Deutschen Dantegesellschaft die Vertreter unserer DDR-Universitäten in Mainz und Tübingen mit besonderer Freundlichkeit begrüsst. Ich weiss nicht, ob er die gleiche Freundlichkeit aufgebracht hätte, wäre ihm die – sagen wir abschwächend: Anödung des Artikels im »Sonntag« bekannt gewesen. Ich an seiner Stelle hätte das jedenfalls nicht über mich vermocht, aber Rheinfelder hat nun einmal die grössere Güte, und wenn er von »Verstehen« und »Liebe« und ähnlichen guten Dingen spricht, so sind das in seinem Munde keine »Redensarten« und »schöne Phrasen«, wie der taktvolle Herr B. K. annimmt.

Aber vielleicht – er nennt ja keine Namen – gilt sein grollendes Belehren gar nicht in erster Linie dem Dante-Redner, sondern in höherem Maße mir selber, der ich als Direktor des Hallenser romanischen Seminars, als Unterzeichner der Einladungen, als Vorsitzender der ganzen Veranstaltung in gewissem Sinn für ihren Ablauf verantwortlich bin, und der ich auf die Herzlichkeit des Münchener Kollegen und Freundes mit gleicher Herzlichkeit reagiert habe und jederzeit wieder reagieren werde; vielleicht muss ich den Vorwurf der »falsch verstandenen Rücksichtnahme« auf die eigene Person beziehen. In diesem Fall könnte ich die Entgleisung des Herrn B. K. achselzuckend und schweigend hinnehmen, statt sie durch meine Antwort aufzubauschen. Ich könnte das, weil ja mein Hass gegen die Sprache des Nazismus und ihrer Bonner Erben in all meinen Veröffentlichungen überdeutlich am Tage liegt – stünde nur der peinliche Artikel nicht gerade im »Sonntag«, dem offiziellen Organ des Kulturbundes.

Ich gehöre zum Kulturbund fast vom ersten Tage seiner Existenz, ich habe in Sachsen und Sachsen-Anhalt den Ehrenvorsitz der dortigen Gruppe erhalten (und mir durch ungezählte Vorträge in Städten und Nestern verdient), ich sitze seit vielen Jahren im Praesidialrat und seit 1950 in der Volkskammer-Fraktion. Der Kulturbund hatte von Anfang an und hat noch heute innerhalb der nationalen Front neben dem allgemeinen patriotischen Auftrag die Sonderaufgabe, die Intellektuellen jeglicher Herkunft und jeglicher Parteiströmung mit dem Arbeiter- und Bauernstaat immer enger zu verknüpfen. Wie oft habe ich in der Volkskammer in Privatgesprächen mit Genossen, meist gutmütig wohlwollend, manchmal auch leise skeptisch, sagen hören: »Ihr seid die Professorenfraktion.« Ich brauche hier nicht auszuführen, wieweit das eine Übertreibung ist, und wieviel Wahrheit es enthält. Und wie oft auf der andern Seite habe ich Intellektuelle davor gewarnt, ihre doppelte Belastung durch bürgerliche Herkunft und studierten Beruf vertuschen zu wollen, indem sie sich doppelt gesinnungstüchtig gebärden!

Genau das aber tut der in den »Sonntag« verirrte Polemiker B. K. mit seinem Herumtrampeln im Porzellanladen west-östlicher Kulturbeziehungen. Kollegen aus beiden Teilen Deutschlands kommen zu freundschaftlichem Fachberaten zusammen und freuen sich ihrer Gemeinsamkeit – die aus dem Westen, wie noch einmal betont werden muss, nicht ohne persönlichen Mut –, und der »Sonntag« macht diffamierende Begleitmusik dazu, weil es an der Sprache der Gesinnungstüchtigkeit – ich weiss nicht, ob in höherem Maße westlich oder östlich – gefehlt habe.

Ich kann das nicht schweigend hinnehmen; es widerspricht allen meinen Vorstellungen von Anstand, Menschlichkeit und politischer Vernunft. Richtig an diesem Artikel ist nur seine Überschrift: »Fiktionen und Realitäten« – allerdings nicht in dem von seinem Verfasser gewünschten Sinn. Fiktion (um bei dem höflicheren Fremdwort für Täuschung zu bleiben) ist das Umdeuten unserer »gemeinsamen Sprache« in eine Angleichung an die Bonner Regierungssprache, denn davon ist nicht das geringste zu spüren gewesen – die Realität aber besteht in dem durch solches Verhalten nach innen und aussen angerichteten Schaden.

Mit sozialistischem Gruss
Victor Klemperer.

535

Victor Klemperer an Rita Schober

Dresden
26. 7. 57

Liebe Rita –

wir hören von Lilo, daß Du wieder im Lande und in der Arbeit bist. […]

Uns beiden ist viel daran gelegen, wieder einmal ernstlich Gott und die Welt mit Dir zu besprechen. Ich bin mit beiden wenig zufrieden. Hadwig möchte Dich vor der Drucklegung ihrer Arbeit konsultieren, ich meinerseits habe wieder sehr unerfreuliche Sachen mit dem Kulturbund auf dem Herzen. –

Hoffentlich hast Du Freude an Deinem Frankreich-Aufenthalt gehabt […].

Alles andere mündlich. Wir wollen 2 Tage in Berlin sein, da muß sich doch Gelegenheit zu allseitiger Aussprache finden.

Sehr herzlich!
Deine
H. u. V.

Hast Du schon Deine Privatexemplare von meinem 19e Bd II und meiner Mod. frz. Lyrik? Und schon das Greifenbuch Louise Labé – Zech? (Ich weiß nicht, ob ich die Verse oder die unbekleideten Damen der Ausgabe unlabélicher finde.) Was Dir von diesen Angeboten fehlt, bringe ich mit. U. A. w. g.

– Hast Du Deine Ernennung zum Ordinarius erhalten?

Viele herzliche Grüße,
Deine Hadwig.

Post Office Box 325
Pacific Palisades, Calif.
26. August 1957

Lieber, sehr verehrter Viktor Klemperer,

Gerade kommt mir Ihr schöner Aufsatz über die »Centum Opuscula« vor Augen.

Es ist ein merkwürdiges Gefühl, eine Rezension wie die Ihre zu lesen, die gleichzeitig wissenschaftlich, musisch und voll von persönlicher Anteilnahme ist.

Der sehr glückliche Vergleich, mit dem Sie den Aufsatz einleiten, gilt wohl für jede Art ernsthafter Kritik. Vielleicht hat es diese Ihre Einleitung bewirkt, dass mir bei der Lektüre Ihres Aufsatzes war, als sähe ich ein Röntgenbild von mir selber.

Ich schreibe zur Zeit an einem grössern Essai »Das Haus der Desdemona oder Vom Sinn und Unsinn des Historischen Romans«. Diese Arbeit zeigt mir mit doppelter Klarheit, wie gut Ihr Rousseau-Zitat jede literar-kritische Tätigkeit beleuchtet.

Mit herzlichen Grüssen und Wünschen

der Ihre
Lion Feuchtwanger

Lion Feuchtwanger an Victor Klemperer

Post Office Box 325
Pacific Palisades, Calif.
9. Dezember 1957

Lieber, sehr verehrter Victor Klemperer,

»LTI« besitze ich in der Ausgabe von 1949, die ich mir damals, nicht ohne Schwierigkeiten, beschaffte. Das Buch steht in meiner Handbibliothek, und ich nehme es haeufig vor, um darin zu lesen. Ich warte mit Spannung auf die ungekuerzte Ausgabe, die Sie mir ankuendigen.

Bitte, haben Sie die Freundlichkeit, mir noch zwei Exemplare schicken zu lassen. Ich will dann eines meinem amerikanischen Verleger schicken, der ein verstaendiger Mann ist und deutsch liest, wenn auch nicht sehr gut. Freilich fürchte ich, dass das Buch manchmal zu »lokaldeutsch« ist fuer amerikanische Verleger. Andernteils könnte es mit Weglassung des einen oder andern Kapitels und in guter Uebersetzung trotz allem ein amerikanisches Publikum interessieren.

Das zweite Exemplar will ich Freunden schicken mit der Aufforderung, das Buch zu rezensieren.

Ihnen beiden die herzlichsten Gruesse und Wünsche

Ihr

Lion Feuchtwanger

Victor Klemperer an Hans Rheinfelder
(Entwurf)

[Dresden, zwischen 11. 1. und 5. 2. 1958]
Lieber verehrter Kollege u. Freund!

In Ihrem schönen »Brief aus der Bretagne«, den Sie mir vor zwei Jahren zum Geburtstag schrieben erinnern Sie an unsere gemeinsamen Münchener Anfänge in jenem notvollen Zwischensemester (Febr. u. März 1919), Sie zum erstenmal Student, ich zum erstenmal auf dem Katheder. Danach, heißt es weiter, »verloren wir uns aus den Augen«. – Das stimmt u. stimmt auch nicht für ein ganzes Menschenalter; das h. wir kannten uns als Fachkollegen, schickten uns Sonderdrucke, lasen sie wohl auch – Linguisten und Literarhistoriker wissen das nie ganz genau voneinander. Und dann erst in neuen notvollen, ja aufs Ganze gesehen um vieles notvolleren Zeiten, begegneten wir uns persönlich wieder, in Berlin u. Halle, in

München, in Mainz u. Tübingen, in Florenz. Und jetzt erst lernte ich neben dem Wissenschaftler Rheinfelder den Menschen gleichen Namens kennen und jedesmal herzlicher lieben. Nicht wahr, in einem Glückwunschschreiben einer- u. in meinem Alter andrerseits muß es doch stilistisch erlaubt sein, einen solchen affektischen Ausdruck zu gebrauchen?

Glauben Sie ihn mir bitte in seinem vollen Umfang.

Ihr Senior-Gratulant

VKl

Lion Feuchtwanger an Victor Klemperer

520 Pasco Miramar

Pacific Palisades, Calif.

13. Januar 1958

Lieber, sehr verehrter Victor Klemperer,

Ich freue mich darauf, die angekuendigten Rezensions-Exemplare, und vor allem darauf, den Studienband zu erhalten.

Selbstverständlich ist Ihr achtzehntes Jahrhundert wichtiger; aber es wäre herrlich, wenn Sie eine Monographie über meine Bücher schrieben. Es ist viel Zeug über mich zusammengeschrieben worden; auch Rowohlt hat jetzt eine Monographie über mich in Auftrag gegeben, aber sie ist für ein sehr breites Publikum bestimmt und betont also aeusserliches Detail. Das meiste, was ich ueber meine Bücher zu lesen bekomme, ist sehr wohl gemeint, doch ohne alles rechte Verständnis. Es wäre schön, wenn endlich einmal ein gescheites Buch über mich da wäre; viele meiner Leser überall in der Welt verlangen danach.

Ihnen beiden die herzlichsten Grüsse und Wünsche

Ihr

Lion Feuchtwanger

Lion Feuchtwanger an Victor Klemperer

Pacific Palisades, Calif.
Post Office Box 325
9. Februar 1958

Lieber, sehr verehrter Victor Klemperer,

Nur zwei Zeilen, um Ihnen mitzuteilen, dass das angekuen-
digte Exemplar der neuen Ausgabe von LTI nun endlich hier
eingetroffen ist.

Ich habe einem amerikanischen Germanisten von dem Buch
erzaehlt, und er will darueber schreiben. Sowie die beiden Exemplare hier anlangen, die Sie mir schicken wollten, werde ich
ihm eines uebergeben.

Ihnen beiden die herzlichsten Gruesse und Wuensche

wie stets
Ihr
Lion Feuchtwanger

Verlag Rütten & Loening Berlin (Lore Kaim-Kloock)
an Victor Klemperer

Verlag Rütten & Loening Berlin
Berlin W 8, Taubenstrasse 1–2
20. 2. 1958

Sehr verehrter Herr Prof. Klemperer!

Die Arbeiten an dem Voltaire-Manuskript sind nun soweit
gediehen, daß es in kürzester Frist in die Herstellung gehen
kann. Schutzumschlag und Ausstattung liegen im Entwurf vor.
Wir sind sicher, daß beides Ihren Beifall finden wird, und wir
werden uns gestatten, Ihnen die Andrucke zuzusenden, sobald
das möglich ist.

Ich war sehr froh, daß Sie im Dezember vorigen Jahres auf

unsere Änderungsvorschläge – die schließlich zu Kürzungsvorschlägen wurden – so freundlich eingegangen sind. Wissen wir doch zu gut, wie sehr jeder Autor an einem einmal formulierten Gedanken hängt. Nun kommen wir noch einmal mit Wünschen, die wir im Anhang aufgeführt haben. Bevor Sie ärgerlich werden, lassen Sie mich Ihnen dazu folgendes erklären:

Es ergab sich aus Rücksprachen mit der zuständigen Institution, daß durch die Hervorhebung der *positiven* Stellung Voltaires zu Friedrich II., die bei Ihnen eine gewisse Rolle spielt, leicht Mißverständnisse entstehen und unsere Ausgabe mißdeutet werden kann. Unser Argument, daß nicht Friedrich II., sondern Voltaire bei der Herausgabe der »Denkwürdigkeiten« und unserer Vorrede interessiert, konnte nicht überzeugen. Zwar stimmte man uns zu, daß diese Ausgabe keine historischen Kommentare verträgt – wo kämen wir hin, wenn wir es unternehmen wollten, Voltaires Äußerungen historisch richtigzustellen –, wir müssen uns dennoch bemühen, eine dem heutigen Stand der Geschichtswissenschaft entsprechende Einschätzung Friedrichs II. zu geben und dabei in Rechnung ziehen, daß der sehr subjektive Charakter der Memoiren vom Leser nicht immer erkannt wird und auch die Einführung nicht immer im Zusammenhang mit den schon bekannten Darstellungen Friedrichs II. gesehen wird. Unsere Erfahrungen, die wir bisher gemacht haben, bestätigen uns leider diese Befürchtung. Auch zeigt es sich, daß Ihr Vorwort den Leser wahrscheinlich genau so interessieren wird wie die Denkwürdigkeiten selber. Dies verpflichtet uns zu besonderer Sorgsamkeit.

Wir wären Ihnen wirklich dankbar, wenn Sie unseren kleinen Änderungsvorschlägen Wohlwollen entgegenbringen würden. Selbstverständlich bin ich auch gern bereit, noch einmal zu Ihnen zu kommen. Abgesehen von dem Vergnügen, das mir ein Gespräch mit Ihnen bereitet, opfere ich auch gern einen Arbeitstag, um das Buch zu retten.

In der Hoffnung, bei Ihnen Verständnis zu finden, grüße ich Sie herzlich und bitte, auch Ihrer Frau meine besten Grüße zu übermitteln,

Ihre
Lore Kaim

Verlag Rütten & Loening Berlin (Lore Kaim-Kloock)
an Victor Klemperer

Verlag Rütten & Loening Berlin
Berlin W 8 Taubenstrasse 1–2
den 2. 4. 1958
Einschreiben!

Sehr verehrter Herr Prof. Klemperer!

Verzeihen Sie, wenn ich erst heute dazu komme, Ihren Brief vom 22. 2. 58 zu bestätigen. Ich hatte mit der Ablehnung unserer Wünsche im Grunde gerechnet, bedaure trotzdem von ganzem Herzen, daß unsere kurze Zusammenarbeit einen so schlechten Ausgang gefunden hat und hoffe nur, daß Sie Verständnis für unseren Standpunkt aufbringen. Wir legen das Manuskript Ihres Vorwortes diesem Brief bei und versichern Ihnen selbstverständlich gern, daß wir keinerlei Gebrauch von dem Inhalt machen werden, sofern wir das Projekt wieder aufgreifen sollten und ein neues Vorwort dazu schreiben lassen.

Ich verbleibe mit dem Ausdruck aufrichtiger Hochachtung

Ihre
Lore Kaim

520 Pasco Miramar

Pacific Palisades, Calif.

27. April 1958

Lieber, sehr verehrter Victor Klemperer,

Ich schicke Ihnen die erste Reaktion, die ich auf Ihr Buch erhielt. Sie kommt von Stanley R. Townsend, dem Dean des Department of German der University of Southern California.

Ich hoffe, dass Townsend das Buch nicht nur unter seinen Studenten verbreitet, sondern auch darueber schreibt.

Mit herzlichen Gruessen und Wuenschen

Ihr

Lion Feuchtwanger

Anlage

Kopie

Department of German

University of Southern California

Los Angeles 7, Calif.

21. April 1958

Dear Dr. Feuchtwanger,

I must apologize for not having acknowledged sooner *LTI* by Victor Klemperer which you so kindly sent me. When the book came I thought I would read it during the next week-end and thus be able to speak with some familiarity of it when I thanked you for it, but it has turned out that the reading has taken longer than I thought it would: I'm four-fifth through the book and enjoying its every page, however. Klemperer not only writes what seems to me a clean and careful style, he points out with subtle understanding the influence of the Nazis on the language (an exemplary study of such transitory influences) and reveals what to me is an intimate und persuasive account of Life for a ›Sterntraeger‹ in Hitler Germany; by the tragic nature of events, there couldn't be more than a handful of people capable of writing such a book.

It is a valuable book, and I thank you most sincerely for sending it to me.

Very cordially yours,
Stanley R. Townsend

Lion Feuchtwanger an Victor Klemperer

Pacific Palisades, Calif.
Post Office Box 325
17. Mai 1958

Lieber, sehr verehrter Victor Klemperer,

Schoenen Dank fuer Ihren Brief vom 9. Mai.

Die beiden Exemplare von Niemeyer habe ich bekommen, nicht aber den Sammelband Ihrer Aufsätze, den Sie an mich absandten. Nun dauert es nach meinen Erfahrungen gewoehnlich lange, manchmal ueberaus lange, ehe Sendungen aus dem Osten mich hier erreichen.

Mein Unterfangen, eine groessere Auslandsreise zu machen, ist nicht hoffnungslos; doch stehen vorlaeufig noch schwere Hindernisse im Weg. Ich habe aber mehrmals erlebt, dass Umschwünge überraschend schnell erfolgen, und ich bin von Natur zu einem vernünftigen Optimismus geneigt.

Mit Dietz habe ich ähnliche Erfahrungen gemacht wie Sie. Er ist ein temperamentvoller Verleger und kündigt gern an.

Ich lese mit Anteilnahme, dass Sie sich über Ihre nächsten literarischen Pläne so klar sind. Mir geht es anders. Da ich noch vierzehn Pläne habe, von denen ein jeder mich mehr reizt als der andere, habe ich schwere Sorgen.

Natuerlich wäre es mir eine herzliche Freude, wenn ein Mann Ihrer Art sich mit meinem Gesamtwerk auseinandersetzte. Eine doppelte Freude deshalb, weil mein westdeutscher Verleger eine kurze Monographie vorbereitet, die in einer Massenauflage erscheinen soll und also nichts sein wird als ein riesiger Waschzettel und notwendigerweise höchst oberflächlich.

Ihnen beiden die herzlichsten Grüsse

Ihr

Lion Feuchtwanger

Lion Feuchtwanger an Victor Klemperer

Pacific Palisades, Calif.
Post Office Box 325
1. November 1958

Lieber, sehr verehrter Victor Klemperer,

Ich haette Ihnen laengst geschrieben, wenn nicht die Folgen einer sehr ernsthaften Operation mich fuer sechs bis acht Wochen arbeitsunfaehig gemacht haetten. Ich konnte auch kaum lesen, und nun hat sich, jenseits der dringlichsten Arbeit, ein Berg von Buechern und Korrespondenz angehaeuft, und mir graut ein wenig, nun ich mich daran mache, mich durchzufressen.

Ich habe aber Ihre Aufsaetze sogleich hergenommen und darin gelesen. (Uebrigens verdienten die schoenen Essais einen gewichtigeren Titel als den nüchternen, den Sie ihnen gaben.)

Sehr vieles hat mir neue Perspektiven gegeben, anderes hat mich zum Widerspruch gereizt, alles war mir interessant.

Den grossen Molière-Aufsatz habe ich zwei Mal gelesen, und ich habe mit Vergnuegen wahrgenommen, wie wenig an dem Aufsatz »Weltliteratur und Europaeische Literatur« veraltet ist.

Aus den Aufsaetzen, die von Ihrem Leben und Ihren Erfahrungen erzaehlen, habe ich gesehen, wieviel unsere Entwicklung, die Ihre und die meine, gemeinsam hat. (Uebrigens habe
auch ich die letzten beiden Jahre vor dem Ersten Weltkrieg in
Italien verlebt.) Und ganz sicher habe ich mich in den letzten
beiden Jahrzehnten mit den gleichen Problemen herumschla-
gen muessen wie Sie. Es ist mir leid, das ich Ihnen ueber Ihre
erregenden Studien heute nicht ausfuehrlicher schreiben kann.
Aber ich hoffe, dass ich allen Widerstaenden zum Trotz noch
die Freude haben werde, Sie einmal zu sehen.

Mit herzlichen Gruessen und Wuenschen

der Ihre
Lion Feuchtwanger

Neue Deutsche Literatur (Henryk Keisch)
an Victor Klemperer

Redaktion
Berlin W 8, Friedrichstraße 169/170
12. Dez. 1958

Verehrter Herr Professor Klemperer,

Schon seit längerer Zeit suchte ich nach einem geeigneten
Anlaß, Sie wieder einmal für eine Mitarbeit an der NDL zu
interessieren und zu gewinnen. Ich glaube jetzt einen solchen
Anlaß gefunden zu haben. Hätten Sie nicht Lust, einmal in
ein Buch hineinzuschauen, das ich Ihnen mit gleicher Post zu-
sende (»Im Feuer vergangen«, Tagebücher aus dem Ghetto,
Rütten & Loening, Berlin 1958)? Ich würde mich sehr freuen,
wenn Sie sich entschlössen, darüber für die NDL zu schreiben. Es ist weniger eine »Kritik« im geläufigen Sinn, die mir
vorschwebt, als vielmehr eine Art essayistische Würdigung, wie
der Gegenstand sie nahelegt – aber es bliebe natürlich Ihnen

überlassen, die Form und Betrachtungsart zu finden, die Ihnen angemessen scheint. In jedem Falle brächten Sie die persönliche Beziehung zu Ihrem Gegenstand mit, die eine der Voraussetzungen für einen solchen Artikel ist.

Darf ich Sie bitten, mich recht bald wissen zu lassen, ob mein Vorschlag Ihnen zusagt und wann ich gegebenenfalls mit Ihrem Manuskript rechnen kann?

Mit freundlichen Grüßen und besten Wünschen zum Jahreswechsel,

Ihr

Henryk Keisch

Marta Feuchtwanger an Victor Klemperer

Pacific Palisades, Calif.
Post Office Box 325
8. Januar 1959

Sehr verehrter Herr Professor Klemperer,

Wenige Worte haben mich so beruehrt wie die Ihren. Ich kenne Sie schon lange, durch Ihre Briefe und durch die freundschaftliche Zuneigung, die Lion fuer Sie hatte. Nicht zuletzt auch durch die starke Verbundenheit, die er fuer Sie, den Bruder im Geiste, fuehlte. Und ich erinnere mich gut an die Freude und Genugtuung, die er empfand, als er von Ihrem Plan, eine Biographie zu schreiben, erfuhr. Er sagte, er koenne sich keinen bessern Mann denken.

Moege es Ihnen vergoennt sein, Ruhe und Zeit zu finden, das gute Werk zu tun.

Mit allen Wuenschen fuer Ihr Wohlergehen

Ihre

Marta Feuchtwanger

Victor Klemperer an Klara Marie Fassbinder

[16. II. 1959]

Sehr verehrte Kollegin Fassbinder!

Haben Sie herzlichsten Dank für Ihr freundliches Schreiben vom I. II. und für die mir darin erwiesene Ehre, mich in den Ehrenausschuss Ihrer Claudel-Gesellschaft aufnehmen zu wollen. Ich danke auch dem gesamten Vorstand aufs wärmste dafür und nehme hiermit von mir aus die Wahl mit Freuden an. Nur: es sind mir zwei Bedenken gekommen; ich will sie Ihnen und Ihren verehrten Freunden offen aussprechen. Wenn Sie mich dennoch haben wollen, ist es mir wiegesagt sehr recht; wenn Sie zurücktreten, kann ich das ungekränkt begreifen.

Einmal also: Sie kennen wohl meine persönliche und wissenschaftliche Einschätzung Claudels aus der in Ihrem Besitz befindlichen »Modernen französischen Lyrik«. Ich schicke Ihnen heute den entsprechenden Band meiner Literaturgeschichte, darin ist mit Ausführlichkeit von Claudel die Rede. Sie ersehen daraus, dass ich ihn hoch, ungemein hoch stelle, aber doch auch in mancher Hinsicht ablehne. Um es auf eine Formel zu bringen: ich bewundere alles Danteske an ihm und sträube mich gegen alles, was ihn mit D'Annunzio verbindet. Bin ich bei solcher Meinung für den Ehrenausschuss Ihrer Gesellschaft tragbar?

Das zweite Bedenken ist weniger aesthetischer Natur und wiegt sozusagen doppelseitig schwerer. Als ich vor etwa zwei Jahren in das Comité der Rolland-Gesellschaft in München gewählt wurde, gab es darüber einen kleinen Münchner Presse-Skandal, und die Wahl blieb unbestätigt. Wie wird man sich im Fall Claudel verhalten, drüben bei Ihnen und hier bei uns? Claudel ist der katholische Dichter schlechthin – und ich habe acht Jahre lang in der Volkskammer der DDR gesessen und bin Mitglied der SED. Von allen Spannungen zwischen Ost- und Westdeutschland ist mir der Religionszwist das Allerpeinlichste und

548

Betrüblichste. Absolute Trennung von Politik und Glauben und absolute Toleranz in den Dingen des Glaubens halte ich für durchaus notwendig. Es wäre mir ganz besonders unlieb, wenn meine Zuwahl in die Claudel-Gesellschaft den allzuvielen Reibungen in diesem Punkte das Geringste hinzufügen würde.

Wiegesagt, Sie sollten das, wie die Dinge heute liegen, noch einmal erwägen. –

Zu Ihren Fragen.

Ich kam erst 1920 als Professor nach Dresden, vorher war ich Privatdozent in München. Dass von denen, die hier die »Verkündigung« in Hellerau miterlebten, noch jemand in Dresden vorhanden ist, scheint mir recht unwahrscheinlich, ich weiss jedenfalls nichts davon.

Noch wesentlich unwahrscheinlicher, wenn nicht ausgeschlossen, scheint es mir, dass in der DDR von Leuten meines Faches jemand über Claudel arbeitet oder auch nur für ihn interessiert ist. Mein ständiges Betonen, man kenne nicht das ganze Frankreich, wenn man sich nur auf die Humanité, die Lettres Françaises und Europe stütze, hilft wenig. –

Tacke, wohl lange Zeit Studienrat, ist jetzt in der paed. Fakultät der Humboldt-Universität Professor für Methodik des Sprachunterrichts.

Endlich noch eine Bitte. Sie schickten mir vor einiger Zeit einen sehr interessanten Artikel über – ich glaube – Rundfunkvorträge Claudels. Könnte ich wohl dies Buch von Ihnen bekommen?

Bitte, benutzen Sie für alle Correspondenz mit mir meine ständige obige Privatadresse. Ich gebe als Emeritus in Berlin nur noch Gastvorstellungen. Auch in Halle, wo ich noch Institutsdirektor bin, und wo auch meine Frau doziert, sind wir nur jeden Dienstag.

Alle beide grüssen wir Sie aufs herzlichste. Und ich bitte Sie noch einmal, einerseits an die Aufrichtigkeit meiner Freude

über die Wahl wirklich zu glauben und andrerseits meine Bedenken ernstlich zu erwägen.

In Verbundenheit
Ihr ergebener

Victor Klemperer an Karl Dietz

13. 4. 1959

Lieber Freund!

Ich bin bereit, mich mit Dir zu unterhalten, wenn Du mich
in nächster Zeit aufsuchst. Ich liege krank hier in Dresden und
kann vor Pfingsten keinen Dienst tun. Ich mußte meine Reise
als Delegationsführer zum Internationalen Romanistenkon-
greß in Lissabon wegen eines schweren Herzanfalls in Brüssel
unterbrechen und nach einigen Tagen zurückkehren.

Das Schreiben Deines Geschäftsführers empfinde ich nach
allem Vorhergegangenen als schweren Vertrauensbruch. Ich
mußte durchaus der Meinung sein, daß mein Essayband der
Berliner Amtsstelle seit Monaten vorlag, und daß Ihr bemüht
wart, den Druck durchzusetzen. Ich hätte es völlig verstanden,
wenn Ihr mir offen erklärtet, Ihr wagtet das nicht aus irgendwelchen politischen Bedenken. Statt dessen bin ich hingehal-
ten worden, und die Gründe der dann erfolgten Ablehnung
sind derart widerspruchsvoll und derart sinn- und verständ-
nislos, daß das ganze Schriftstück eine schwere Beleidigung
meiner Person und eine bösartige Feindseligkeit des Verfassers
bedeutet. Ich denke nicht daran, auch nur eine Zeile an irgendeinem Aufsatz dieser Sammlung zu ändern; die bloße Zumutung empfinde ich als beleidigend.

Dir selber freundliche Grüße v. H. z. H.
Dein

Victor Klemperer an Inge und Peter Klemperer

18. 4. 1959

Liebe Leute!

Ich habe ein sehr schlechtes Gewissen gegen Euch, daß ich Euch für alle erwiesene Freundlichkeit nicht genügend gedankt habe und Euch die nötigen Ostergrüße noch nicht übermittelt habe. Wir hatten beträchtliches Pech; wir flogen am Sonnabend vor Ostern nach Brüssel und sollten von dort – ich als Delegationsführer – am Ostersonntag nach Lissabon weiterfliegen. Es war geplant, eine reichliche Woche in Portugal zu bleiben, danach als Gruppe für etwa zehn Tage nach Südfrankreich zu gehen und dann mit einem kurzen Aufenthalt in Genf, auf den wir uns ganz besonders freuten, denn ich habe 1902 in Genf studiert, und Hadwig kennt Genf überhaupt nicht – über Zürich und Prag nach Hause zu fliegen. Statt dessen bekam ich völlig unvorhergesehen in der Nacht vom Sonnabend zum Ostersonntag einen sehr bösen Anfall von Herzasthma. Es war scheußlich, für Hadwig noch viel scheußlicher als für mich, denn ich hatte ja nichts anderes zu tun, als abzukratzen. Es gelang Hadwig, in der Nacht einen jungen Arzt heranzubekommen, Assistenten einer Universitätsklinik, und, wie es sich danach erwies, sehr geschickt und tüchtig. Mit allerhand Digitaliseinspritzungen und Ähnlichem brachte er mich einigermaßen zusammen. Immerhin dauerte es vier Tage, bis wir mit der Bahn zurückkonnten. In Berlin erwartete uns Lindner mit dem Wagen, und so landete ich hier, wo ich nun die dritte Woche liege. Das EKG hat ergeben, daß kaum eine zusätzliche Belastung meines Herzens zurückbleiben, und daß ich gleich nach Pfingsten meine Vorlesungen in Halle wiederaufnehmen dürfte. Immerhin, dieses war der zweite Streich. Und ich soll nun nicht mehr fliegen. Das bedeutet, daß ich eine Einladung zu Vorlesungen in der Sowjetunion endgültig absagen muß.

Eine Einladung der tschechischen Akademie der Wissenschaften zu Vorlesungen an den Universitäten Prag, Brünn und Preßburg haben wir auf den Herbst verschoben. Ob sie dann noch zustandekommt, ist natürlich fraglich. Überhaupt, unsere ganzen großen Reisen sind nun wohl endgültig begraben. Es tut mir ungemein leid, daß Hadwig nun im wesentlichen in die Rolle der Krankenpflegerin herabgesunken ist. Ihr Schicksal liegt mir überhaupt einigermaßen auf der Seele, zumal ich seit mehreren Jahren nichts anderes getan habe, als auf meinem Fachgebiet ständig und ergebnislos zu opponieren. Es wäre sehr hübsch, wenn Ihr uns in nächster Zeit einmal besuchen wolltet. Bitte, sagt doch auch Eurer Mutter Anny meine ganz besonders herzlichen Grüße. Hoffentlich geht es ihr zufriedenstellend und können wir in nächster Zeit doch einmal hier oder in Berlin eine Zusammenkunft ermöglichen.

Herzlichst

P. S. Wenn dieser Brief ein bißchen deprimiert klingt, so müßt Ihr es meinem gegenwärtigen Zustand zugute halten. Es hat mich ein bißchen hingehauen.

Victor Klemperer an Anna Klemperer

29. 4. 1959

Liebe Anny!

Hab' recht herzlichen Dank für Deinen freundlichen Brief vom 26. 4. Es geht mir nun insofern schon besser, als ich jetzt täglich zwei Stunden am Schreibtisch sitzen darf. Aber dieser Brief ist noch Hadwig in die Maschine diktiert, weil mir die Hand noch recht sehr zittert. Auch auf den Beinen stehe ich noch nicht allzu fest. Immerhin versichert mein behandelnder Arzt, daß ich nach Pfingsten wieder aufs Katheder kann. Der

Anfall hat mich deshalb böse getroffen, weil ich mich nun nicht mehr dem Flugzeug anvertrauen darf und so einer Reihe von Auslandeinladungen nicht mehr nachkommen kann.

Auf Inges und Peters Besuch freuen wir uns ungemein; es tut uns nur außerordentlich leid, daß Dir die Möglichkeit fehlt, mitzukommen. Dieser Strich zwischen Deutschland und Deutschland liegt mir täglich schwerer auf der Seele, und ich fürchte immer mehr, ein Aufhören der widernatürlichen Trennung nicht mehr zu erleben.

Was hat es mit Deinen Augen auf sich, und was sagen die Ärzte dazu? Wirst Du die nächste Zeit über in Berlin bleiben oder zu Deinen Kindern in die Schweiz gehen? Sehr gerührt bin ich wegen Deiner Nachfrage nach Kaffee und Zigarillos. Mit Rauchen ist es vorderhand nichts, aber Nescafé und beileibe nicht koffeinfreier ist immer hochwillkommen und sogar ärztlich verordnet.

Sobald wir nur irgend nach Berlin dürfen, kommen wir bestimmt zu Dir. In den nächsten Tagen schicke ich Dir eine Arbeit über Feuchtwanger, die Dich gewiß interessieren wird.

Sei von uns beiden aufs herzlichste gegrüßt!

Dein Victor

Liebe Anny! Auch ich danke Dir recht herzlich für Deine lieben Worte. Victor macht sich in allem, was mich betrifft, immer viel zu viel Gedanken und unnötige Sorgen. Ich glaube aber, auch das gehört zu seinem Behagen! Allerbeste Wünsche und herzlichste Grüße!

Deine Hadwig

Neue Deutsche Literatur (Helmut Kaiser)
an Victor Klemperer

Redaktion
Berlin W 8, Friedrichstraße 169/170
20. Mai 1959

Sehr geehrter Herr Professor,

Ihre Bemerkungen zu den Tagebüchern aus dem Ghetto haben wir mit großem Interesse gelesen, und wir wollen Ihre Arbeit bringen. Aber wir wissen nicht, was Sie mit dem Kollegen Keisch vereinbart haben, weil unser Chefredakteur seit Monaten krank ist. Unsere Meinung ist deshalb nur von der Planung für die nächsten Hefte bestimmt.

Danach scheint uns Ihr Aufsatz zu lang zu sein; er sollte tunlichst auf etwa acht Seiten gekürzt werden. Das müßte – weil er Ende August erscheinen soll zum Tag der Opfer des Faschismus Anfang September – bis zum 3. Juli geschehen.

Sind Sie mit diesem Vorschlag einverstanden? Erlaubt es Ihr Terminkalender, die Kürzung selbst vorzunehmen? Oder sollen wir einen Vorschlag bis zum 20. Juni vorlegen?

Wir wären Ihnen dankbar, wenn Sie unsere Fragen recht bald beantworteten.

Mit freundlichen Grüßen
H. Kaiser

Neue Deutsche Literatur (Helmut Kaiser)
an Victor Klemperer

Redaktion
Berlin W 8, Friedrichstraße 169/170
19. Juni 1959

Sehr geehrter Herr Professor!

Vom Urlaub zurück, finde ich Ihr Schreiben vom 23. Mai. Daß Sie unseren Vorschlag überdenken wollen, hat uns sehr erfreut. Deshalb schicke ich Ihnen eine Abschrift des Manuskripts, auf die sich auch meine mißverständliche Seitenangabe (acht) bezieht. Unsere Norm ist die dreißigzeilige Seite, sie wird allen Berechnungen zugrunde gelegt.

Kürzungen könnte ich mir bei der Inhaltsangabe der einzelnen Berichte denken. Doch will ich Ihnen da nicht ins Handwerk pfuschen; auch die Seitenzahl bitte ich nur als Richtzahl aufzufassen, eine Toleranz von etwa einer Seite ist immer möglich. Wenn wir die Endfassung bis zum 30. Juni in Händen hätten, könnten wir sie noch in Heft 8, das kurz vor dem Tag der Opfer des Faschismus erscheint, aufnehmen.

Mit den besten Wünschen für Ihre völlige Genesung verbleibe ich

Ihr ergebener
H. Kaiser

P. S.: Der Kollege Keisch ist aus der Redaktion ausgeschieden. Wenn er auch von einer akuten Erkrankung wiederhergestellt ist, so erlaubt ihm sein Zustand doch nicht mehr, als Chefredakteur tätig zu sein.

Victor Klemperer an Neue Deutsche Literatur
(Helmut Kaiser)

25. 6. 1959

Sehr verehrter Kollege!

Haben Sie besten Dank für Ihre Zusendung. Leider habe ich inzwischen einen schweren Rückfall meines Herzasthmas erlitten. Es ist ausgeschlossen, daß ich Ihnen zur Zeit, wenn überhaupt, die gewünschte Korrektur liefern kann. Nun möchte ich doch es in Ihre Hände legen, den Aufsatz zu verkürzen, und erteile Ihnen Vollmacht dazu. Mein Wunsch und Vorschlag entspricht Ihrem eigenen. Es sind drei Punkte, die ich gern erhalten sähe, ohne daß die Kürzung sie zu schroff hervortreten ließe: 1) die nicht allzu schroffe Kritik an Arnold Zweigs gelinder Geschmacklosigkeit; 2) den Dante-Vergleich; 3) die mir selber wenig sympathische aber ungemein starke national-jüdische Grundgesinnung der Leute. Das trifft auch für die entschieden sozialistische Beiträgerin zu. Es ist vollkommen falsch (wie es leider der »Sonntag« getan hat), diese Menschen als Polen zu deklarieren, selbst wenn sie polnische Staatsbürger sind oder zur Zeit der Niederschrift waren.

Sie können also etwa zwischen Seite 6 und 11 (incl.) die Inhaltsangaben nach Belieben zusammenstreichen. Aber wie gesagt, ich gebe Ihnen Vollmacht.

Dankbar wäre ich Ihnen, wenn Sie die schöne, mir geschickte Abschrift in meinen Händen ließen. Ein alter Literat hofft bis aufs letzte, seine Aufsätze gesammelt herauszubringen, und es steht zur Zeit ziemlich übel um mich. Ich liege zur Zeit ziemlich entkräftet, und meine Frau unterzeichnet den Brief für mich.

In aller Wertschätzung

Victor Klemperer an Rita Schober
(Diktat, von Hadwig Klemperer geschrieben)

z. Zt. Dresden N 23
Industriestr. 40
Krankenhaus.
A I/13
1. 7. 59

Liebe Rita!

Ich vermute Dich jetzt bald von der Reise zurück, hoffentlich recht erholt. Und ich hoffe, daß wir uns bald über alles aussprechen können. Ich danke Dir erstens für die schönen Blumen, die ich »Exoticum Ritensis« getauft habe und die durch ihre dauerhafte Schönheit – sie hielten vier Wochen in voller Frische – ständig meine Freude und die Bewunderung des Krankenhauspersonals waren. Ich danke Dir wesentlich mehr noch für alle Liebe und Treue, deren Du Hadwig und mich versicherst. Es sind mir in den vollen fünf Wochen, die ich nun hier in strenger Strophantinkur verbracht habe, viele Gedanken durch den Kopf gegangen. Wir beide haben doch durch volle elf Jahre unsern Weg gemeinsam gemacht und, von gelegentlichen Reibungen abgesehen, an denen mal der eine mal der andere schuldig war, in treuer und guter Kameradschaft. Daß ich Dir jetzt als ein besonderes Vermächtnis die Hadwig empfohlen habe, die ich als Ehefrau im letzten Dir verdanke, das werte als einen besonderen Ausdruck meiner Gefühle. […] Sehr gern möchte ich mit Dir mündlich unsere politischen Standpunkte besprechen. Du weißt, wie sehr und wie erfolglos wir beide uns um die geistigen Interessen der Universität bemüht haben. Die letzten anderthalb Jahre haben meinen Glauben tief erschüttert, und ich habe mich von allem zurückgezogen. Aber wie gesagt, dies ist ein Thema zu mündlicher Aussprache. Also laß

Dich recht bald hier sehen. Du bist uns jederzeit herzlich willkommen.

Dein alter Victor Kl.

P. S. Ich schicke Dir einen Sonderdruck aus gesunden Tagen mit und mache Dich aufmerksam auf einige Randbemerkungen, die von mir in der Augustnummer der NDL über das Buch aus dem Warschauer Ghetto »Im Feuer vergangen« und über die Verkehrtheit des üblichen Vergleiches zwischen dem Inferno Dantes und der Nazis angestellt werden.

Liebe Rita!

Nun danke ich Dir selber für Deine lieben Extra-Zeilen an mich; mit nur ganz wenig veränderten Vorzeichen könnte ich Dir Deinen frommen Wunsch zurückgeben, soll ich?

Viele herzliche Grüße,
Deine Hadwig.

Victor Klemperer an Horst Kunze

Krankenhaus
14. X 59

Lieber Horst –

zum erstenmal danke ich Dir handschriftlich außerhalb des Bettes an einer Art Schreibtisches – auch das will erst wieder gelernt sein. Meine Handschrift war immer unschön – jetzt ist die Hand sehr unsicher geworden. Ich habe das Bedürfnis auf einige Deiner Fragen genauer einzugehen, am besten natürlich in mündlicher Unterhaltung. Es handelt sich vor allem darum, ob und wieweit ich im Stande sein werde, wirklich, in welchem Umfang und wielange ich wirklich und nicht nur scheinhaft im Amt bleibe. Ich bin wirklich sehr krank gewesen – wie weit werde ich mit meinen 78 Jahren geistig und körperlich zu entschiedener Leistung fähig sein. Ich habe und tue es noch in vielen schlaflosen Nächten über manche Dinge nachgedacht, der mir früher selbstverständliche Wert meiner Leistungen und Auffassungen ist mir schwankend geworden. Die Ärzte sagen, das hinge nur mit der noch vorhandenen Herzschwäche zusammen und der unvermeidlichen Psychose einer so langen völligen Abgeschlossenheit im Krankenhaus. Ich weiß es nicht, ich glaube manchmal, meine Zeit ist abgelaufen, ich werde keine Freude u. keinen Glauben an den Wert meiner Existenz und meines Schaffens mehr zurückgewinnen. Die Ärzte sagen, die Frische werde sich wieder einstellen. Wenn ich jetzt jede Nacht mit einer nervösen Angst vor einem neuen Anfall aufwachte, bei jedem Schritt um das Gleichgewicht zitterte, so sei das nur noch nervös. Ich müsse mich nur vor jeder Aufregung bewahren.

Victor Klemperer an Klara Marie Fassbinder

z. Zt. Dresden N 23
Industriestr. 40
Krankenhaus. A I/13
28. 10. 1959

Sehr verehrte Frau Professor!

Haben Sie von uns beiden herzlichen Dank für Ihre Schreiben vom 22. 10. aus Duisdorf und vom 16. 10. aus Leipzig, dem Ihr Manuskript beigegeben war, das ich in der Eile der Zeit bis zum Besuch Frau Klingners so gut es ging überflogen habe, mit dessen Inhalt ich zum Glück von früher her weitgehend vertraut war. Eine genaue Durchprüfung wäre in der Kürze der mir verbliebenen Zeit auch dann nicht möglich gewesen, wenn es übersichtlicher angeordnet und nicht mit gar so vielen handschriftlichen Notizen und Einschiebseln belastet wäre. Frau Dr. Klingner, die gestern bei mir war und sich in eigener Person und ausdrücklich nicht im Namen Ihres Verlegers mit mir besprechen wollte, ist alles in allem zu keinem anderen Resultat gelangt als ich selber. Ich fürchte, liebe verehrte Fachkollegin, daß Sie, wie die Dinge liegen, bei all Ihrem Wohlwollen und all Ihrem Reichtum an treffenden Bemerkungen und gütig-humanen Anschauungen, in der DDR kaum ein ausreichendes Publikum finden. Vergessen Sie nicht, einmal, daß viele der von Ihnen als bekannt vorausgesetzten und deshalb nur skizzierten Persönlichkeiten heute und hier völlig unbekannt sind; besondere Beispiele dafür sind etwa Duhamel und Fabre-Luce. Vergessen Sie weiter nicht, daß, so stark in der Hauptsache Ihre anti-nazistische Position zweifellos hervortritt, dennoch ein Schatten von Verständnis für den bekämpften Hitler an einigen Stellen vermutet werden könnte, und daß man hiesigerseits unweigerlich alles zurückweist, worauf zu Recht oder zu Unrecht ein solcher Schatten auch nur fallen kann. Ich selber habe einmal formuliert, ich könnte mich mit jeder politischen Stellungnahme auseinandersetzen, der Hiterlerismus aber bedeute für uns keine politische Position, sondern schlechthin ein Verbrechen. Wenn Sie, verehrte Freundin, auch nur den Versuch machen, über Hitler zu diskutieren oder auch nur Menschen zu rechtfertigen, die eine Zeitlang auf Hitler hereinfallen konnten oder die es mit den Blubo-Grundsätzen einmal ernst nahmen, dann scheint mir eine solche Veröffentlichung für hier und heute unmöglich. Ich darf hinzufügen, daß in diesem Punkt meiner und meiner Frau Ansicht nicht ganz übereinstimmen. – Also noch einmal, verehrte Freundin und Fachkollegin, den Wert Ihrer Arbeit für Menschen, die Sie und die behandelten Personen kennen, halte ich für unbestreitbar.

Seien Sie sehr herzlich von mir gegrüßt, und die Hoffnung, mit Ihnen noch einmal zusammenzutreffen, sei es in unserem

Dresdener Heim, sei es bei Ihnen, brauche ich nach Meinung der Ärzte und nach meinem eigenen subjektiven Befinden nicht aufzugeben.

In alter herzlicher Verbundenheit

Victor Klemperer an Rita Schober

20. 12. 59.

Liebe Rita!

herzl Dank von uns beiden für Deine Grüße von unterwegs und ebensolch gute Wünsche für 1960. Zum erstenmal schreibe ich von zuhause, und von Februar an soll ich auch wieder einigermaßen aktiv werden. Ich danke dies nicht mehr Erhoffte nach ärztlicher Meinung vor allem neben meiner guten Natur und der ärztlichen Behandlung Hadwigs täglicher und nächtlicher Sonderpflege, die die ganzen sechs Monate das Krankenhaus mit mir geteilt hat. Daß wir wieder Hoffnung haben, geht aus der Anschaffung des großen Wolga-Fünfsitzers hervor. Ich hoffe mit Hadwigs Hilfe die Herausgabe meiner früheren Opera beenden zu können und vielleicht sogar noch zu einer wirklich aktiven neuen Tätigkeit für ein paar Jahre zu kommen.

Herzlichst in alter Verbundenheit
Dein
VictorKlemperer.

Liebe Rita! Dir und allen Deinen Lieben wünsche ich ein recht gutes Weihnachtsfest und friedliches Neues Jahr!

Herzlichst
Deine Hadwig

Otto Klemperer an Victor Klemperer

70, Syke Ings
Iver, Bucks.
England
31. Dez. 59.

Lieber Onkel Victor,

wir alle wünschen Dir und Hadwig ein gutes Neues Jahr!
Leider hörte ich in einem Weihnachtsbrief von Peter & Inge,
dass es Dir im Augenblick nicht so gut geht, dass das Herz
Schwierigkeiten macht, und dass Du Ärger hast weil einige
von Deinen Publikationen nicht angenommen wurden. Du
bist ja auch nicht mehr ganz jung; da Du mir 17 Jahre voraus
bist rechne ich, dass Du Deinen 77ten Geburtstag hinter Dir
hast und da muss man dankbar sein, dass Du immer noch so
rüstig bist. Schreibst Du noch über die Romanische Literatur?
Ich habe dieses Jahr mein drittes Buch herausgebracht, ein Stu-
dentenlehrbuch über Elektronen Physik in englischer Sprache,
und der Absatz ist soweit überraschend gut.

Wir hatten nette Weihnachten, unser jüngster Sohn Thomas, der jetzt in Cambrigde Ökonomie studiert war hier bei
uns, wir sind auch mit dem Wagen zu unserem ältesten Sohn
Hugh hinübergefahren der kürzlich sein drittes Kind gekriegt
hat. Im übrigen sind wir jetzt 5½ fache Grosseltern No 4 & 5
sind in Australien, Dereks Kinder, dort ist ein weiteres Enkelkind (5½) unterwegs. Thomas plant einen Teil seiner Ferien
im Sommer in Ostdeutschland zu reisen und wird Euch dann
auch besuchen falls etwas aus seinen Plänen wird!

Viele herzliche Grüsse Dir und Hadwig
Euer Otto.

Herzliche Grüsse auch von mir!
Rena.

Marta Feuchtwanger an Victor Klemperer

Pacific Palisades am 27. Januar 1960

Sehr verehrter Herr Professor Klemperer,

mit großer Betrübnis habe ich von Herrn Dietz erfahren, daß Sie so schwer krank waren und lange Zeit im Krankenhaus liegen mußten. Ich hoffe sehr, daß Ihre Rückkehr nachhause ein gutes Zeichen ist. Carl Dietz sagt, daß Sie immer noch zu leiden hätten, doch ist er voll Zuversicht für Ihre vollständige Gesundung.

Wenn gute Wünsche Wirkung haben, und ich weiß, ich bin nicht allein mit meinen Wünschen, dann hoffe ich bald erfreuliche Nachricht von Herrn Dietz zu bekommen.

Mit freundlichen Grüßen
Ihre Marta Feuchtwanger

Victor Klemperer stirbt am 11. Februar 1960 in Dresden. Zu Lebzeiten bewundert für seine »LTI«, gelangt er postum zu Weltruhm mit einem Werk, von dem in diesen Briefen kaum die Rede ist: den Tagebüchern aus den Jahren 1933 bis 1945. Denn während die überlieferten Briefe 1941 abreißen, führt Klemperer tagtäglich Tagebuch, trotz Todesdrohung, Zwangsarbeit und entwürdigender Existenz in den verordneten Unterkünften. In seinen schriftlichen Äußerungen ist immer seine Haltung, sein Wollen erkennbar. Und immer wieder gibt es auch Hinweise darauf, dass ihm eine imaginierte Öffentlichkeit vor Augen stand, eine spätere Leserschaft: »Und ich möchte auch gar zu gern der Kulturgeschichtsschreiber der gegenwärtigen Katastrophe werden. Beobachten bis zum letzten, notieren, ohne zu fragen, ob die Ausnutzung der Notizen noch einmal glückt.« Auch die Briefe sind ein Beitrag dazu. Im Hintergrund steht die Gewissheit, dass Schreiben bewahrt, ihn persönlich als selbstbestimmtes Individuum und, systemisch, die entscheidenden Elemente einer aufgeklärten Gesellschaft: Schreiben gilt ihm als Zeugnis, als Widerstand, als Hoffnung. Und es erweist sich gerade an ihm, wie wichtig sein Wirken nicht nur für ihn persönlich war, sondern für das Überleben einer humanen Gesellschaft durch unmenschliche Zeiten hindurch. Ja, es stellt sich als ein gesellschaftliches Instrument der Demokratie heraus, das bis heute nötig ist.

Victor Klemperer wird neben Eva Klemperer in Dölzschen beigesetzt. Auf den gemeinsamen Grabstein hatte er für Eva schreiben lassen: »Du bist mir immer gegangen voran, o Herz, bei Tag und Nacht.«

ANHANG

Eva und Victor Klemperer vor ihrem Haus in Dölzschen, Am Kirschberg 19, Foto um 1936.

VERZEICHNIS DER BRIEFPARTNER

Auerbach, Erich (1892–1957), Romanist, 1930–1935 Professor in Marburg, aufgrund seiner jüdischen Herkunft entlassen; 1936–1947 Professor in Istanbul, danach am Pennsylvania State College, später an der Yale University, New Haven (Conn.).

Bab, Julius (1880–1955), Dramatiker und Theaterkritiker, Dramaturg an Max Reinhardts Schauspielhaus, führender Kopf des »Jüdischen Kulturbundes«, emigrierte 1933 nach Frankreich, 1939 in die USA.

Bachrach, Felix, Bankier in London, die Korrespondenz mit VK vermittelte Hans Gerstle, Fabrikdirektor und Schwiegersohn von Jenny Schaps.

Blumenfeld, Grete (1882–1945?), Ehefrau von Walter B.

Blumenfeld, Walter (1882–1967), Psychologe, 1924–1935 Professor am Pädagogischen Institut der TH Dresden, emigrierte 1935 mit seiner Frau Grete nach Lima (Peru).

Borges, Fritz, bis 1931 Lehrerstudent an der TH Dresden und Funktionär der Sozialistischen Studentenschaft, später Lehrer an der Kreuzschule in Dresden.

Bruschke, Werner (1898–1995), SPD-Funktionär, nach 1933 im Widerstand, 1939 Anklage wegen Hoch- und Landesverrats, KZ; 1948/49 mit Bernhard Koenen paritätischer Vorsitzender des SED-Landesvorstandes Sachsen-Anhalt, 1946–1948 Finanzminister, 1949–1952 Ministerpräsident von Sachsen-Anhalt, 1952–1955 Vorsitzender des Rates des Bezirks Halle.

Delekat, Friedrich (1892–1970), Theologe und Erziehungswissenschaftler, ab 1929 Professor an der TH Dresden, 1936 amtsenthoben; engagierte sich in der Bekennenden Kirche.

Dietz, Karl (1890–1964), seit 1919 Geschäftsführer, später Mitgesellschafter, nach 1945 Inhaber des Greifenverlages Rudolstadt.

Ebner-Eschenbach, Marie von (1830–1916), österr. Schriftstellerin.

Ehlers, Hans (1894–1980), zunächst Lektor, 1921 Prokurist, später Direktor des bis 1945 größten deutschen Schulbuchverlages B. G. Teubner, Leipzig u. Berlin.

Fassbinder, Klara Marie (1890–1974), von den Nazis aus dem Schuldienst entlassen, 1946 Professorin an der Pädagogischen Akademie

Bonn; Vorkämpferin der Verständigung mit Frankreich u. Mitbegründerin der westdt. Friedensbewegung.

Feuchtwanger, Lion (1884–1958), Romancier, Dramatiker und Essayist, emigrierte 1933 nach Frankreich, 1940 in die USA.

Feuchtwanger, Marta (1891–1987), seit 1912 Ehefrau von Lion F.

Flamensbeck, Jakob, Landwirt, vor 1945 Ortsbauernführer und Zweiter Bürgermeister in Unterbernbach; auf seinem Hof wurden Victor und Eva Kl. im April 1945 verköstigt, sie begegneten hier einer bemerkenswerten Hilfsbereitschaft und Fürsorge.

Förster, Max (1869–1954), Anglist, 1897 Professor in Bonn, 1898 in Würzburg, ab 1910 in Leipzig, 1925–1934 in München.

Franzos, Ottilie (1856–1932), Ehefrau des österr. Romanciers, Novellisten und Publizisten Karl Emil Franzos.

Gump, Margaret(e), Studienrätin, konnte Deutschland vor Kriegsbeginn verlassen. Im Exil »part-time professor of German« am Moravian College for Women in Bethlehem, PA, USA.

Günzburger, Elsbeth (1899–?), Romanistin, 1918–1921 Hospitantin an der TH Dresden; 1932 Promotion in Bonn, 1933–1935 Lektorin in Nancy, bis 1939 Lektorin an der École normale in Sèvres; ging 1939 nach Palästina. Bemühte sich mehrfach um eine Anstellung VKs im Ausland.

Hansen, Mitarbeiter des »Untersuchungsausschusses Freiheitlicher Juristen«, eines im Oktober 1949 in West-Berlin gegründeten und von der CIA finanzierten und gesteuerten Vereins, der rechtsstaatswidrige Verhältnisse in der DDR aufdecken sollte.

Hermlin, Stephan (1915–1997), Lyriker, Erzähler, Essayist, Nachdichter; 1936 Emigration u. a. nach England, Frankreich und die Schweiz, 1945 Rundfunkredakteur in Frankfurt a.M., ab 1947 in Berlin.

Heintze, Horst (geb. 1923), Romanist, Italianist (Dante-Spezialist); 1954 Dozent in Halle, 1963 in Berlin; 1965 Habilitation bei Rita Schober, 1975–1988 Professor an der Humboldt-Universität zu Berlin. Gab gemeinsam mit Erwin Silzer 1958 in Halle »Im Dienste der Sprache. Festschrift für Victor Klemperer zum 75. Geburtstag am 9. Oktober 1956« heraus; 2011 erschienen seine »Erinnerungen an einen homme de lettres namens Victor Klemperer« (Madison, Glienicke).

Hirche, Frau, 1920–1928 mit ihrem Mann Emil und Sohn Hans-Joachim Wohnungsnachbarn der Klemperers im Mietshaus Holbeinstraße 131[III] in Dresden-Striesen.

Hirche, Hans-Joachim (1913–?), Sohn von Emil Hirche, trat 1932, u. a. dank der Fürsprache und Unterstützung VKs, als Offiziersanwärter in die Reichswehr ein, später in der Wehrmacht; bei Kriegsende 1945 Major im Generalstab.

Hirsch, Albert, Kommilitone VKs aus seiner Münchener Studienzeit nach 1912; Lehrer am Goethe-Gymnasium Frankfurt a. M., nach seiner 1933 erfolgten Entlassung Direktor am dortigen Philanthropin; 1938 KZ-Haft, danach gelang ihm die Emigration.

Hirschel, Kurt (1892–1944?), Kaufmann, 1925 bis zur »Arisierung« Prokurist der Firma Hirsch & Co., Kaufhaus für Modewaren, Konfektion und Pelze, Dresden; 1939–1943 ehrenamtlicher Vorsteher der Dresdener »Jüdischen Gemeinde«, einer von den Nazis gegründeten jüdischen Organisation; als diese ihre Aufgabe bei der »Endlösung« erfüllt hatte, wurde sie unter Konfiszierung des Vermögens aufgelöst; Hirschel, seine Frau Elsa (geb. 1898) und ihre beiden Söhne Alfred (geb. 1931) und Wolfgang (geb. 1935) wurden 1943 nach Theresienstadt und im Oktober 1944 nach Auschwitz deportiert, wo sie ermordet wurden.

Howard, Katy (1907–1950), geb. Käthe Sußmann, Nichte VKs, Tochter seiner Schwester Valeska (Wally) und ihres Mannes Martin Sußmann; lebte mit ihrem Mann John W. Howard in den USA.

Hueber, Max, seit 1911 Inhaber der Universitätsbuchhandlung in München, gründete 1921 den Max Hueber Verlag.

Isakowitz, Erich, Zahnarzt der Klemperers in Dresden, emigrierte im Frühsommer 1936 mit seiner Familie nach England.

Jelski, Charlotte Elisabeth (Lilo; 1907–?), Frau von Walter J.

Jelski, Julius (1867–1953), mit VKs Schwester Marta verheiratet, Prediger der Jüdischen Reformgemeinde zu Berlin.

Jelski, Marta (1873–1954), VKs Schwester, emigrierte mit ihrem Mann Julius Jelski nach Uruguay, wo die Tochter Lilli nach ihrer Heirat mit dem angehenden Pianisten Raúl Victor Gandolfo (1902–1977) in dessen Heimat lebte.

Jelski, Walter (1904–1958), Neffe VKs, Sohn seiner Schwester Marta; emigrierte Ende 1933 nach Palästina, ging 1957 in die USA.

Jelski, Wilhelm (Willi, Willy; 1912–1994), Neffe VKs, Sohn seiner Schwester Marta; Oboist, ging 1935 nach Prag; 1938 Emigration nach Peru, später in die USA, wo er ein Reisebüro betrieb.

Johnson, Alexis, gemeint ist wohl Alvin Johnson (1874–1971), US-amerikanischer Wirtschaftswissenschaftler und Initiator sowie Gründungspräsident der University in Exile an der New School in New York.

Kaim-Kloock, Lore (1916–1965), Germanistin, 1955 Promotion an der Humboldt-Universität zu Berlin, Cheflektorin im Verlag Rütten & Loening, Berlin.

Kaiser, Helmut (um 1925–1961), Literaturwissenschaftler, ab 1958 Redakteur bei der »Neuen Deutschen Literatur« (NDL).

Keisch, Henryk (1913–1986), Schriftsteller, Drehbuchautor und Übersetzer aus dem Französischen; 1933 Emigration nach Frankreich,
Mitglied der Résistance, 1953–1986 Redakteur der NDL.

Klemperer, Anna (Anny, Änny; 1885–1963), geb. Schott, nichtjüdische
Ehefrau von VKs Bruder Berthold, seit 1931 Witwe, lebte in Berlin,
Mutter von Georg Wilhelm und Peter Klemperer.

Klemperer, Elisabeth (Betty; 1881–1971), geb. Goldschmidt, Witwe
von VKs Bruder Felix; emigrierte im Frühjahr 1936 zu ihrem jüngeren Sohn Wolfgang (Wolf) in die USA (Cleveland, Ohio).

Klemperer, Eva (1882–1951), geb. Schlemmer, aus Königsberg stam-
mende Pianistin, seit 1906 mit VK verheiratet.

Klemperer, Felix (1866–1932), VKs Bruder, Internist, ab 1921 Professor in Berlin, Direktor des Krankenhauses in Berlin-Reinickendorf;
veröffentlichte 1920 sein Hauptwerk »Die Lungentuberkulose«.

Klemperer, Georg (1865–1946), ältester Bruder VKs, Internist, 1905
a.o. Professor in Berlin, 1906 Direktor der Inneren Abteilung des
Städtischen Krankenhauses Moabit; am 4. 5. 1933 zwangsemeritiert;
emigrierte um die Jahreswende 1935/36 mit seiner Frau Maria in die
USA; Vater von Otto (1899–1987), Physiker; Hans Walter (1904 bis
1974), Ingenieur; Friedrich (1909–2002), Arzt; Georg (Gog, George;
1911–1965), Betriebswirt, später Farmer.

Klemperer, Georg Wilhelm (1918–2000), ältester Sohn von Anna und
Berthold Kl., Ingenieur; lebte später in der Schweiz.

Klemperer, Hadwig (1926–2010), ab 1952 VKs zweite Frau, nach dem
Studium der Germanistik und Romanistik Aspirantur am Germanis-
tischen Institut der Humboldt-Universität zu Berlin, nach der Promotion Lehrauftrag an der Universität Halle.

Klemperer, Inge (1927–2011), Frau von VKs Neffen Peter Kl., Ärztin.

Klemperer, Margarethe (Grete), s. Riesenfeld, Margarethe (Grete).

Klemperer, Marta, s. Jelski, Marta.

Klemperer, Otto (1899–1987), ältester Sohn von VKs Bruder Georg
und Maria, geb. Umber, Physiker, Privatdozent in Kiel, emigrierte
1933 nach England und lebte mit seiner Familie in Iver bei London.

Klemperer, Peter (geb. 1928), jüngerer Sohn von VKs Bruder Berthold
und Anna (Anny), Facharzt für Neurologie und Psychiatrie.

Knobelsdorff, A. v., Mitarbeiter des Continentalen Presse-Dienstes.

Krauss, Werner (1900–1976), Romanist, 1929 Promotion bei Karl
Vossler; als Widerstandskämpfer gegen die Nazis 1942 verhaftet und
1943 zum Tode verurteilt, Vollstreckung konnte mit Hilfe einfluss-
reicher Freunde abgewendet werden; trat im Sommer 1945 dem Kulturbund zur demokratischen Erneuerung Deutschlands bei, 1946
Eintritt in die KPD; Professur in Marburg, dann Leipzig; Mitglied

des Parteivorstandes der SED. Später Leiter von Forschungseinrichtungen der Deutschen Akademie der Wissenschaften (Ost-Berlin).

Kügelgen, Bernt von (1914–2002), Journalist, geriet im Juli 1942 als einer der ersten deutschen Offiziere in sowjetische Kriegsgefangenschaft; gehörte zu den Gründern des Nationalkomitees Freies Deutschland (Juli 1943) und des Bundes Deutscher Offiziere (September 1943); ab 1945 Redakteur der »Berliner Zeitung«; 1948 Stellvertretender Chefredakteur, ab 1950 Chefredakteur der »Neuen Berliner Illustrierten«, danach Chefredakteur der im Aufbau-Verlag erscheinenden kulturpolitischen Wochenzeitung »Sonntag«; 1957 bis 1975 gehörte er dem Präsidialrat des Kulturbundes der DDR an.

Kunze, Horst (1909–2000), Germanist und Bibliothekswissenschaftler, 1947–1950 Direktor der Universitätsbibliothek Halle, 1950 bis 1976 Generaldirektor der Deutschen Staatsbibliothek Berlin/Ost, ab 1953 Professor für Bibliothekswissenschaften an der Humboldt-Universität zu Berlin.

Landsberg, Fritz, Eisenbahnrat, von den Nazis »mit vollem Gehalt abgebaut«, wie VK am 10. Oktober 1936 in seinem Tagebuch vermerkte.

Landsberg, Idy-Bussi, Frau von Fritz L.

Lange, I. M., eigtl. Johann (Hans) Friedrich Lange (1891–1972), Publizist, Literaturkritiker, Herausgeber, 1946–1958 Cheflektor des Verlages Volk und Wissen, Berlin.

Lerch, Eugen (1888–1952), Romanist, 1920 a. o. Professor in München, 1930–1935 und 1946 Ordinarius in Münster, ab Ende 1946 in Mainz; seit den Münchner Universitätsjahren mit VK bekannt, wie dieser ein Schüler Karl Vosslers; in den zwanziger Jahren gaben er und VK im Münchner Verlag Max Hueber drei Folgen des »Jahrbuchs für Philologie« heraus.

Livingstone, Laura, engl. Mitarbeiterin im »Büro Heinrich Spiero« in Berlin.

Luthe, Walter, VKs Fahrlehrer in Dresden.

Meyerhof, Berthold (1892–1954), jüngster Bruder von VKs Jugendfreund Hans M.; emigrierte 1938 mit seiner Frau Phila in die USA.

Meyerhof, Caroline Cora (Lissy; 1887–1942?), Krankenschwester, später Schulpflegerin in Berlin; Schwester von Hans M., wurde am 25. Januar 1942 in das Rigaer Ghetto deportiert.

Meyerhof, Elena (Helene), eigentl. Elena Marwerth, Lebensgefährtin von VKs langjährigem Freund Hans M.

Meyerhof, Hans (1881–1951), VKs Freund seit ihrer gemeinsamen Lehrzeit bei der Berliner Exportfirma Löwenstein & Hecht 1897–1899.

Morellat, Klaus,1948 Doktorand der Psychologie in Kiel.

Necker, Moritz (1857–1915), Literaturhistoriker und Kritiker.

Petzal, Lore, geb. Isakowitz, Tochter von VKs Zahnarzt Erich Isakowitz.

Prauser, Hellmut, 1928–1931 Student bei VK an der TH Dresden.

Razovsky, Cecilia, Mitarbeiterin des 1934 gegründeten National Coordinating Committee for Aid to Refugees (NCC), einer Dachorgani-
sation zur Unterstützung der Juden, die aus Nazideutschland fliehen
mussten.

Rheinfelder, Hans (1898–1971), Romanist, ab 1931 a.o. Professor in
München; die NS-Führung der Universität blockierte seine Ernen-
nung zum Ordinarius, die erst 1946 erfolgte; ab 1949 Präsident der
Deutschen Dante-Gesellschaft, 1955 Mitbegründer des Deutschen
Romanistenverbandes.

Richter, Martin (1886–1954), in der NS-Zeit Leiter der Bekennenden
Kirche in Dresden; 1945 Mitbegründer der CDU in Sachsen, 1945 bis
1949 Bürgermeister in Dresden, bis 1950 Vorsitzender der Volksso-
lidarität in Sachsen.

Riesenfeld, Margarethe (Grete; 1868–1942), VKs Schwester, verwitwet
seit 1907; ihr Mann, der Arzt Eduard Riesenfeld, praktizierte in Zabrze,
Oberschlesien.

Schaps, Jenny (1867–1950), Witwe des Reichsgerichtsrats und See-
rechtsexperten Georg Schaps, seit 1921 über ihren Schwiegersohn Julius Sebba mit den Klemperers befreundet.

Schmitt, Carl (1888–1985), Staats- und Völkerrechtler, ab 1922 Professor in Bonn, ab 1933 in Berlin, 1933 Mitglied der NSDAP, vertrat
die »völkische Rechtserneuerung« und ihren Kampf »wider den jüdischen Geist« und rechtfertigte die Morde vom 30. 6. 1934 (»Röhm-
putsch«).

Schober, Rita (1918–2012), seit 1946 Hochschullehrerin, ab 1954 Professorin für Romanistik an der Humboldt-Universität zu Berlin,
Freundin von Hadwig und VK.

Sebba, Elise (Liesel; 1894–1960), geb. Schaps, Frau von Julius S.

Sebba, Julius (Jule; 1882–1959), Rechtsanwalt und Dozent an der Handelshochschule Königsberg, Seerechtsexperte; seit VKs Berliner Jour-
nalistenzeit (ab 1906) enger Freund des Ehepaars; emigrierte 1933
mit seiner Familie nach Palästina.

Sebba, Max (Sebi; 1880–1959), Bruder von Julius S., Arzt und Kie-
ferchirurg in Danzig; emigrierte Ende 1938 oder Anfang 1939 nach
England, blieb nach Kriegsende im englischen Exil.

Seydewitz, Max (1892–1987), ab 1910 Mitglied der SPD, 1924 Mitglied des Reichstags; 1931 Mitbegründer der links von der SPD ste-

henden Sozialistischen Arbeiterpartei Deutschlands (SAPD); 1933 Emigration; 1947–1952 Ministerpräsident von Sachsen; 1955–1967 Generaldirektor der Staatlichen Kunstsammlungen Dresden.

Spiero, Heinrich (1876–1947), Literaturhistoriker, Schriftsteller und Kritiker, gründete 1933 für verfolgte Juden christlichen Bekenntnisses den »Reichsverband christlich-deutscher Staatsbürger nichtarischer oder nicht rein arischer Abstammung e. V.«, 1936 umbenannt in »Paulusbund. Vereinigung nichtarischer Christen e. V.«, im März 1937 unter Druck aufgespalten in eine »Vereinigung 1937« (für die sogenannten »Mischlinge«; 1939 liquidiert) und ein »Büro Heinrich Spiero« (für die sogenannten »Volljuden«; wenig später dem »Büro Heinrich Grüber« angeschlossen, 1941 aufgelöst). 1935 wurde Spiero vom »Reichskulturwalter« Hans Hinkel zum Leiter der Kulturellen Vereinigung von Nichtariern christlicher Konfession bestimmt.

Spies, Heinrich (1873–1962), Anglist, Professor in Greifswald, 1926 bis 1945 an der Handelshochschule Berlin.

Spitzer, Leo (1887–1960), Romanist, 1921 Professor in Marburg, 1930 in Köln; emigrierte 1933 nach Istanbul, 1936 in die USA, wo er bis 1956 eine Professur an der John Hopkins University in Baltimore innehatte.

Standfest, Hilde, Bibliothekarin in Jena.

Stühler, Bernhard (geb. 1930), Sohn von Elisabeth St.; die Familie wohnte in Dresden zusammen mit den Klemperers im »Judenhaus«, Zeughausstraße 1; von Ende Dezember 1943 bis Februar 1945 gab VK dem Jungen Unterricht.

Stühler, Elisabeth (Lisl; 1898–?), verheiratet mit dem jüdischen Handelsvertreter Moritz Stühler, der am 1. 12. 1944 an septischer Angina starb.

Sulzbach, Herbert (1894–1985), Autor und Diplomat, emigrierte 1933 nach England; Dolmetscher u. Erziehungsoffizier in einem Kriegsgefangenen-Offizierslager an der schottischen Grenze; machte sich um die Aussöhnung zwischen Großbritannien und Deutschland verdient, erhielt den »Order of the British Empire« (OBE); seine Frau Beate war die älteste Tochter von Gertrud (Trude) Scherk (1872/73–1943), einer in Berlin lebenden Cousine von VK väterlicherseits, die deportiert und ermordet wurde.

Sußmann, Martin (1869–1944), Arzt, VKs Schwager, Ehemann von dessen jüngster Schwester Valeska (Wally; 1877–1936), verließ 1939 Berlin und siedelte zu seiner Tochter Hilde, verh. Jonson, nach Stockholm über.

Thiele, Fritz (1879–1946), Leipziger Fabrikant, 1923 aufgrund einer Dotation zum Ehrensenator der TH Dresden ernannt.

Voß, Ludwig, Bruder von Heinrich Voß, dem verstorbenen Ehemann von Käthe Voß (»Kätchen Sara«), einer Mitbewohnerin des »Judenhauses« Caspar-David-Friedrich-Straße 15b in Dresden.

Vossler, Emma (1887–1968), geb. Thiersch, verw. Zeller, ab 1923 in zweiter Ehe mit Karl Vossler verheiratet.

Vossler, Karl (1872–1949), Romanist, 1902 Professor in Heidelberg, 1909 in Würzburg, ab 1911 in München, 1938 aus politischen Gründen vorzeitig emeritiert; 1945 Rektor der Universität München. VK studierte ab 1912 bei ihm in München und empfing von ihm entscheidende Impulse, Literatur- und Sprachgeschichte in Wechselwirkung mit der allgemeinen Kulturgeschichte zu untersuchen.

Vossler, Otto (1902–1987), Sohn von Karl V., Historiker, 1930 a. o. Professor für westeuropäische und amerikanische Geschichte, 1938 Ordinarius für neuere Geschichte in Leipzig, 1946–1967 für mittlere und neuere Geschichte in Frankfurt a. M.

Wangenheim, Inge von (1912–1993), Schriftstellerin, 1933 ging sie ins Moskauer Exil.

Weidhaas, Hermann (1903–1978), Architekt und Kunsthistoriker, Ende 1946 Dozent, 1948 Professor und Leiter des Instituts für Kunstgeschichte in Greifswald, 1949–1968 Professor an der Hochschule für Baukunst und bildende Künste bzw. für Architektur und Bauwesen Weimar.

Weiskopf, F. C. (1900–1955), Prager deutschsprachiger Erzähler, Publizist und Nachdichter, 1939 Emigration in die USA; nach 1945 im diplomatischen Dienst der ČSR, 1953 Übersiedlung in die DDR, mit Willi Bredel Gründer und erster Chefredakteur der Zeitschrift NDL.

Wendt, Erich (1902–1965), Verleger und Kulturpolitiker, seit 1921 in kommunist. Verlagen tätig, 1931–1947 in der UdSSR (Verlagsgenossenschaft Ausländischer Arbeiter), 1947–1952 Leiter des Berliner Aufbau-Verlages, Bundessekretär des Kulturbunds; ab 1957 stellv. Kulturminister bzw. Staatssekretär.

Wengler, Heinrich (1889–1946), Französisch-Lektor an der Universität Leipzig, später Gymnasiallehrer in Dresden und Lektor an der TH.

Wenzel, Emma, Haushälterin und Lebensgefährtin von Hans Moral, einem jüd. Amtsgerichtsrat, den VK bei Jenny Schaps kennengelernt hatte.

Wieghardt, Auguste (Gusti; 1887–1970), als Schriftstellerin meist unter ihrem Geburtsnamen Lazar bekannt, übersiedelte 1920 mit ihrem Mann von Wien nach Dresden; nach seinem Tod 1924 blieb sie zunächst in Deutschland und unterstützte den antifaschistischen Widerstand; 1939 musste sie nach England emigrieren, wo sie u. a. als Köchin arbeitete; 1949 Rückkehr nach Dresden; seit Mitte der zwanziger Jahre enge Freundin der Klemperers.

Wieghardt, Karl E. G. (1913–1996), Stiefsohn von Auguste Wieghardt; Physikstudium, 1955–1982 Professor in Hamburg.

Wilbrandt, Robert (1875–1945), Nationalökonom, Sohn des Dramatikers Adolf Wilbrandt (1837–1911); 1918 Professor in Tübingen, ab 1929 an der TH Dresden; wurde aus politischen Gründen entlassen.

Wilhelm, Kurt (1912–?), Verlagsbuchhändler, gemeinsam mit Heinz Willmann, Klaus Gysi und dem Verlagskaufmann Otto Schiele Gründer des Aufbau-Verlages Berlin und bis zu seinem Weggang im April 1947 dessen Leiter.

Wißmann, Wilhelm (1899–1966), Sprachwissenschaftler, 1942 Professor in Königsberg, 1947 an der Humboldt-Universität zu Berlin, ab 1953 in München.

CHRONIK

1881
Victor Klemperer wird am 9. Oktober als neuntes Kind des Rabbiners Dr. Wilhelm Klemperer und seiner Ehefrau Henriette, geb. Frankel, in Landsberg an der Warthe (heute Gorzów Wielkopolski) geboren.

1885
Die Familie zieht nach Bromberg (heute Bydgoszcz).

1891
Die Familie übersiedelt nach Berlin, Albrechtstraße 20. Der Vater wird 2. Prediger der Berliner Reformgemeinde.

1893
Besuch des Französischen Gymnasiums in Berlin.

1896
Wechsel zum Friedrichswerderschen Gymnasium. Umzug der Familie in die Winterfeldtstraße 26[1].

1897
Kaufmannslehre bei der Exportfirma Löwenstein & Hecht, Galanterie- und Kurzwaren, Alexandrinenstraße 2. Umzug der Familie in die Gossowstraße am Nollendorfplatz.

1900–1902
Besuch des Königlichen Gymnasiums in Landsberg an der Warthe, in Pensionat bei Emma Scholz, Abitur.

1902
Beginn des Studiums der Germanistik und Romanistik (bei Franz Muncker, Erich Schmidt, Richard M. Meyer und Adolf Tobler in München, Genf, Paris und Berlin).

1903
Übertritt zur evangelischen Kirche unter familiärem Druck, Taufe, damit Klemperer als Soldat auch Reserveoffizier werden konnte.

1905
Studienaufenthalt in Rom. Abbruch des Studiums, wird freier Publizist und Schriftsteller in Berlin.

1906
Heirat mit der Pianistin Eva Schlemmer. Wohnung in der Dennewitzstraße, Sommerwohnung in Oranienburg bei Berlin. Umzug nach Berlin-Wilmersdorf, Weimarische Straße 6a.
Glück (Eine Erzählung); *Schwesterchen* (Ein Bilderbuch); *Talmud-Sprüche* (Eine Kulturskizze).

1907
Paul Heyse (Monographie); *Adolph Wilbrandt* (Eine Studie über seine Werke).

1909
Übersiedlung nach Oranienburg.
Paul Lindau (Monographie).

1910
Aus härtern und weichern Tagen (Geschichten und Phantasien); *Berliner Gelehrtenköpfe; Deutsche Zeitdichtung von den Freiheitskriegen bis zur Reichsgründung* (Teil 1: Literaturgeschichtlicher Überblick, Teil 2: Gedichtsammlung).

1911
Übersiedlung nach Berlin-Wilmersdorf, Holsteinische Straße.

1912
Nochmalige Taufe. Übersiedlung nach München, Römerstraße. Wiederaufnahme des Studiums.

1913
Promotion bei Franz Muncker und Hermann Paul: *Die Zeitromane Friedrich Spielhagens und ihre Wurzeln.* Zweiter Frankreichaufenthalt in Paris und Bordeaux: Montesquieu-Studien für die Habilitationsschrift.

1914

Habilitation bei Karl Vossler, *Montesquieu*, erscheint in dem Heidelberger Verlag C. Winter. Lektor an der Universität Neapel (bis 1915).

1915

Privatdozent an der Universität München. Als Kriegsfreiwilliger an der Westfront (November 1915 – März 1916).

1916

Lazarettaufenthalt in Paderborn. Königlich Bayerisches Militär-Verdienstkreuz 3. Klasse mit Schwertern. Zensor im Buchprüfungsamt der Presse-Abteilung des Militärgouvernements Litauen in Kowno (heute Kaunas) und Leipzig (Ober Ost).

1918

Im November Rückkehr nach Leipzig, Reichelstraße 16.

1919

Übersiedlung nach München, Pension Michel, Bayerstraße 57. Umzug in die Pension Berg, Schellingstraße 1[I]. Privatdozent an der Universität München. Unter dem Pseudonym A. B.-Mitarbeiter (= »Antibavaricus«) Münchner Korrespondent für die »Leipziger Neuesten Nachrichten«, Berichterstattung über die revolutionären Ereignisse. Ernennung zum a. o. Professor.

1920

Ordentlicher Professor an der Technischen Hochschule Dresden (bis 1935). Übersiedlung nach Dresden, zunächst in die Pension Blancke, Bendemannstraße 3, danach Holbeinstraße 131[III].

1921

Einführung in das Mittelfranzösische (Texte und Erläuterungen für die Zeit vom 13. bis zum 17. Jahrhundert); *Idealistische Neuphilologie* (Festschrift für Karl Vossler zum 6. September 1922), hrsg. von Victor Klemperer und Eugen Lerch.

1923

Die moderne französische Prosa 1870–1920 (Studie und erläuterte Texte).

1924

Victor Klemperer/Helmut Hatzfeld/Fritz Neubert: *Die romanischen Literaturen von der Renaissance bis zur Französischen Revolution* (Handbuch der Literaturwissenschaft, hrsg. von Oskar Walzel).

1925–1931
Die moderne französische Literatur und die deutsche Schule (Drei Vorträge);
Jahrbuch für Philologie, hrsg. von Victor Klemperer und Eugen Lerch
(3 Folgen: 1925, 1927, 1927/28); *Die französische Literatur von Napoleon
bis zur Gegenwart* (1925–1931; Neuauflage 1956 u.d.T. *Geschichte der
französischen Literatur im 19. und 20. Jahrhundert*).

1926
Studienreise nach Spanien (13. 3.–4. 6.).
Romanische Sonderart (Geistesgeschichtliche Studien); *Stücke und Stu-
dien zur modernen französischen Prosa.*

1928
Umzug in die Hohe Straße 8[1].
Romanische Literaturen. In: *Reallexikon der deutschen Literaturgeschichte,*
Band 3, hrsg. von Paul Merker und Wolfgang Stammler.

1929
Idealistische Literaturgeschichte (Grundsätzliche und anwendende Studien); *Die moderne französische Lyrik von 1870 bis zur Gegenwart* (Studie. Erläuterte Texte).

1933
Pierre Corneille.

1934
Einzug in das eigene Haus in Dölzschen, Am Kirschberg 19.

1935
Zwangsweise Versetzung in den Ruhestand aufgrund des Gesetzes zur
»Wiederherstellung des Berufsbeamtentums«.

1936
Erfolgreiche Führerscheinprüfung am 23. 1. Das Betreten von Lesesälen
öffentlicher Bibliotheken ist Juden verboten, das Ausleihen von Büchern
ist noch erlaubt.

1938
Endgültiges Bibliotheksverbot und Autofahrverbot für Juden.

1940
Vertreibung aus dem Haus in Dölzschen. Zwangseinweisung des Ehepaars Klemperer in das »Judenhaus« Caspar-David-Friedrich-Straße 15b.

Bibliotheksverbot für Juden wird auf privat betriebene Leihbibliotheken ausgeweitet.

1941
Zwangsverkauf des Autos. 8-tägige Haftstrafe wegen Nichtverdunklung eines Fensters. Das Tragen des Judensterns wird angeordnet.

1942
Zwangsumsiedlung in das »Judenhaus« Dresden-Blasewitz, Lothringer Weg 2.

1943
Zwangsarbeit für die Firmen Willy Schlüter, Wormser Straße 30c, Adolf Bauer, Kartonagenfabrik, Neue Gasse, und Thiemig & Möbius, Papierverarbeitung, Jagdweg 10. Erneute Zwangsumsiedlung in das »Judenhaus« Zeughausstraße 1^{III}.

1945
Nach dem Luftangriff auf Dresden am 13. Februar Flucht nach Piskowitz zu Agnes Scholze, geb. Zschornack, die von Februar 1925 bis April 1929 Hausangestellte bei Klemperers war, weiter über Pirna, Falkenstein/V., München und Unterbernbach. Rückkehr nach Dresden am 10. 6. Austritt aus der evangelischen Kirche. Zum 1. November Wiedereinsetzung als ordentlicher Professor an der Technischen Hochschule Dresden (bis 1947). Eintritt in die KPD am 23. November. 1. Dezember: Leiter der Volkshochschule Dresden.

1946
Mitglied der Landesleitung des Kulturbundes Sachsen.

1947
Mitglied des Präsidialrates des Kulturbundes zur demokratischen Erneuerung Deutschlands (bis 1960). Ordentlicher Professor an der Universität Greifswald (bis 1948), Wohnung: Pommerndamm 8.
LTI (Notizbuch eines Philologen).

1948
Ordentlicher Professor an der Universität Halle (bis 1960), Wohnung: Kiefernweg 10 (bis 1950). Vorsitzender der Landesleitung des Kulturbundes Sachsen-Anhalt und Mitglied des Zentralvorstandes der Gesellschaft für Deutsch-Sowjetische Freundschaft (bis 1950).
Kultur (Erwägungen nach dem Zusammenbruch des Nazismus); *Die moderne französische Prosa* (3., erneuerte Auflage).

1950
Rückkehr nach Dölzschen, Am Kirschberg 19. Abgeordneter der Volkskammer für die Fraktion des Kulturbundes zur demokratischen Erneuerung Deutschlands.

1951
Am 8. Juli stirbt Eva Klemperer.
Dr. h. c. paed. der Technischen Hochschule Dresden, Mitglied des Zentralvorstandes der Vereinigung der Verfolgten des Naziregimes (bis
1953), o. Professor an der Humboldt-Universität zu Berlin (bis 1955).

1952
Heirat mit Hadwig Kirchner; Nationalpreis III. Klasse für Kunst und
Literatur.

1953
Mitglied des Komitees der antifaschistischen Widerstandskämpfer. Mitglied der Deutschen Akademie der Wissenschaften zu Berlin.
Zur gegenwärtigen Sprachsituation in Deutschland (Vortrag); *Der alte und
der neue Humanismus* (Vortrag).

1954
Geschichte der französischen Literatur im 18. Jahrhundert (Band 1: Das
Jahrhundert Voltaires).

1956
Teilnahme am Internationalen Romanistenkongress in Florenz (3.–8. 4.),
Studienaufenthalt in Paris (17. 4.–17. 7.). Vaterländischer Verdienstorden in Silber.
vor 33 ... nach 45 (Gesammelte Aufsätze).

1957
Paris-Reise anlässlich des Europäischen Treffens über die deutsche Frage
(14.–20. 12.).
Moderne französische Lyrik (Dekadenz – Symbolismus – Neuromantik)
(Studie und kommentierte Texte, Neuausgabe mit einem Anhang: Vom
Surrealismus zur Résistance).

1959
Schwerer Herzanfall in Brüssel (28. 3.), muss seine Reise zum Internationalen Romanistenkongress in Lissabon abbrechen.

1960
Victor Klemperer stirbt am 11. Februar in Dresden.
F.-C.-Weiskopf-Preis der Akademie der Künste zu Berlin.

1966
Geschichte der französischen Literatur im 18. Jahrhundert (Band 2: Das Jahrhundert Rousseaus).

1989
Curriculum vitae (Erinnerungen 1881–1918).

1995
Ich will Zeugnis ablegen bis zum letzten (Tagebücher 1933–1945). Geschwister-Scholl-Preis der Stadt München.

1996
Leben sammeln, nicht fragen wozu und warum (Tagebücher 1918–1932); *Und so ist alles schwankend* (Tagebücher Juni – Dezember 1945).

1999
So sitze ich denn zwischen allen Stühlen (Tagebücher 1945–1959).

2015
Man möchte immer weinen und lachen in einem (Revolutionstagebuch 1919).

ANMERKUNGEN

Erläutert werden (nicht allgemein bekannte) fremdsprachliche Redewendungen, Personen und Bezugnahmen. Weitere Angaben, besonders zu Personen sowie Klemperers Werken, finden sich im Verzeichnis der Briefpartner (S. 567), in der Chronik (S. 575) sowie im Personenregister (S. 631). Auf alles, was darüber hinaus in gängigen (Online-)Nachschlagewerken ermittelt werden kann, musste aus Umfangsgründen verzichtet werden.

7 *»Geschichte der französischen Literatur im 18. Jahrhundert«* – VK: Geschichte der französischen Literatur des 18. Jahrhunderts, Deutscher Verlag der Wissenschaften, Berlin 1954–1966.
»Curriculum vitae« – VK: Curriculum vitae, Erinnerungen eines Philologen 1881–1918, 2 Bde., hrsg. von Walter Nowojski, Verlag Rütten & Loening, Berlin 1989.
»LTI« – VK: LTI, Notizbuch eines Philologen, Aufbau-Verlag, Berlin 1947.

9 *Vanitas vanitatum* – Vanitas vanitatum et omnia vanitas (lat.) Eitelkeit der Eitelkeiten und alles ist eitel.
»Ich hätte Outsider …« – Vgl. VKs Tagebucheintrag vom 16. 12. 1947.

10 *»Lügen sind Trumps System«* – Adrian Daub: Lügen sind Trumps System, Unwahrheiten heißen jetzt »alternative Fakten«, ZEITonline, 25. Januar 2017.

13 *nie erreichen würde* – »Film- oder Novellenidee. Früher hätte ich sie ausgeführt, später vielleicht tue ich es auch einmal. Jetzt aber: Ich weiß, in wievielen Stilen u. Möglichkeiten man es ausführen könnte. Und daß ich's in keinem Stil originell täte. Ergo: Literarhistorie!« (Tagebucheintrag 28. 7. 1925.)
»halben Beruf« – Das fünfte Kapitel von »Curriculum vitae« heißt »Der halbe Beruf«.

14 *Monographien über Paul Heyse und Adolf Wilbrandt* – VK: Adolf Wilbrandt, Eine Studie über seine Werke, J. G. Cotta, Stuttgart und Berlin 1907; VK: Paul Heyse, Pan-Verlag, Berlin 1907.

15 *Buch über Spielhagen* – VK: Die Zeitromane Friedrich Spielhagens und ihre Wurzeln, Duncker, Weimar 1913.
in Westermanns Monatsheften – Kulturzeitschrift »für das gesamte geistige Leben der Gegenwart« (1856–1987) mit Sitz in Braunschweig.
Bühne u. Welt – »Zeitschrift für Theaterwesen, Literatur und Musik«, in der VK zwischen 1906 und 1912 wiederholt publizierte.
Gegenwart – »Wochenschrift für Literatur, Kunst und öffentliches Leben« (1872–1931) mit Sitz in Berlin.
Allg. Ztg. des Judentums – »Ein unpartheiisches Organ für alles jüdische Interesse in Betreff von Politik, Religion, Literatur, Geschichte, Sprachkunde und Belletristik (Mit Königl. Sächsischer allergnädigster Concession)«, 1903–1922, mit Sitz in Leipzig, später Berlin.
»Wahrheitssuchers« – Roman (1893) von Karl Emil Franzos.
»Spielhagen-Album« – Spielhagen Album: Friedrich Spielhagen, dem Meister des deutschen Romans zu seinem 70. Geburtstage von Freunden und Jüngern gewidmet, Staackmann, Leipzig 1899.

16 *»Problematischen Naturen«* – Roman (1861) von Friedrich Spielhagen.
Dr. Anton Bettelheim – Österr. Literaturwissenschaftler, Übersetzer und Schriftsteller (1851–1930).

17 *persönlich gegenübersitzen* – VK besuchte die 80-jährige Dichterin 1910.
meiner Studie – VK: Marie von Ebner-Eschenbach, in: Jahrbuch der Grillparzer-Gesellschaft 19 (1910), S. 183–234.

18 *es ist ein allzu »weites Feld«* – Wendung aus Fontanes Roman »Effi Briest« (1894/95).
K. Glossy – Karl Glossy (1848–1937), österr. Literaturhistoriker, Kurator der Städtischen Sammlungen Wiens und Direktor der Stadtbibliothek.

18 »*Grenzboten*« – »Zeitschrift für Politik, Literatur und Kunst«, nationalliberale Zeitschrift (1841–1922).

»*Deutsche Arbeit*« – »Zeitschrift des Volksbundes für das Deutschtum im Ausland« (1901–1961).

Prager jüdischen Centralvereins – 1893 gegründeter Verein deutscher Staatsbürger jüdischen Glaubens, wurde im November 1938 verboten.

23 »*Glaubst du, es macht mir Vergnügen* ...« – VK: Curriculum vitae, Bd. 1, Aufbau Verlag, Berlin 1999, S. 598.

»*Wir möchten viel lieber einen Professor* ...« – Ebd., S. 599.

25 *über Montesquieu* – VK betrieb in Paris Studien für seine Habilitationsschrift.

den Bodinschen »*Staat*« – Jean Bodin (1530–1596), frz. Rechtsgelehrter; Begründer der Lehre von der königlichen Souveränität sowie erster Theoretiker der absoluten Monarchie.

aus den Brouillons zum Esprit d. L. – Aus den Entwürfen zu Montesquieus Hauptwerk »De l'Esprit de lois« (1748, dt. »Vom Geist der Gesetze«).

Barckhausens – Henri Auguste Barckhausen (1834–1914), Doktor der Rechtswissenschaft, Herausgeber von Werken Montaignes, Montesquieus sowie der Publikation des Archives municipales de Bordeaux »Livres des coutumes« (1890).

Gébelin – François Gébelin (1884–1972).

26 *Lettres Persanes* ... *Considération* – Montesquieus »Persische Briefe« (1721) und »Betrachtungen über die Ursache der Größe der Römer und deren Verfall« (1734).

Troglodytenutopie – In Montesquieus »Persischen Briefen« findet sich die Parabel der Troglodyten, die das Gegenteil des negativen Menschenbildes eines subjektiven Naturrechts (Hobbes) postuliert und ein glückliches Land schildert, in dem es keine Begehrlichkeit gibt und das Volk der Troglodyten sich als eine einzige Familie betrachtet.

28 *Bédier* – Joseph Bédier (1864–1938), frz. Literaturhistoriker.

29 *Professor Manacorda* – Guido Manacorda (1879–1965), ital. Germanist, Schriftsteller u. Übersetzer, 1914/15 VKs Kollege an der Universität Neapel.

30 *Für Ihr frdl. Anerbieten* – Vossler hatte VK vorgeschlagen, für zwei Semester als Lektor an die Universität Neapel zu gehen.

31 *Croce* – Benedetto Croce (1866–1952), ital. Philosoph, Historiker, Literaturwissenschaftler u. Politiker; VK traf ihn 1914 in Neapel. 1925 stellte sich Croce mit einem vielbeachteten Manifest gegen den Faschismus, 1943–1947 Vorsitzender der von ihm neugegründeten Liberalen Partei.

Promessi Sposi – (ital.) Brautleute, Verlobte; historischer Roman (1827/1840–1842) des italienischen Autors Alessandro Manzoni.

31 *Laterza-Katalog* – Jubiläumskatalog des italienischen Verlages Laterza für die Leipziger Buchausstellung 1914, dessen Einleitung VK übersetzte.

der Literaturgeschichte De Sanctis' – Francesco De Sanctis (1817 bis 1883), ital. Literaturhistoriker u. Politiker, Begründer der modernen Literaturgeschichtsschreibung in Italien.

33 *Marzocco-Brief* – »Il Marzocco«, von jüdischen Schriftstellern herausgegebene literarische Zeitschrift, erschien 1896–1932 in Florenz.

34 *Ihre Vorträge über die italien. Literatur* – Karl Vossler: Italienische Literatur der Gegenwart, Von der Romantik zum Futurismus, Winter, Heidelberg 1914.

Fogazzaro – Antonio Fogazzaro (1842–1911), ital. Romancier.

D'Annunzio – Gabriele D'Annunzio (1863–1938), ital. Schriftsteller u. Politiker.

Ada Negri – Ital. Lyrikerin u. Erzählerin (1870–1945); aus einer Arbeiterfamilie stammend, zeugen ihre Verse von der Solidarität mit den Ausgebeuteten.

Belli – Guiseppe Gioacchino Belli (1791–1863), ital. Volksdichter.

35 *Herbert Eulenberg* – Schriftsteller (1876–1949), vor 1933 einer der meistgespielten Autoren auf dt. Bühnen; 1936 Schreib-, Rede- und Aufführungsverbot.

Neumann-Hofer – Adolf Neumann-Hofer (1867–1925), Zeitungsverleger und Politiker.

37 *Ella* – Ella Doehring, Bekannte von VK aus Genf (1904).

38 *[…]* – Brief unvollständig überliefert.

furchtbare Sache mit der Frau Dr. Lerch – Eugen Lerchs erste Frau Sonja, geb. Rabinowitz (1882–1918), wurde mit Kurt Eisner im Januar 1918 in München wegen »Rädelsführerschaft« beim Munitionsarbeiterstreik verhaftet und des Landesverrats beschuldigt, zur gleichen Zeit wurde ihre Ehe geschieden; sie beging im Untersuchungsgefängnis Selbstmord.

41 *Geheinrat von Dyck* – Walther von Dyck (1856–1934), Mathematiker, Professor am Münchner Polytechnikum, der späteren TH München, 1919/20 deren Rektor.

Becker – Philipp August Becker (1862–1947), Romanist, Professor in Leipzig.

einen neuen Provenzalen von Ihnen – Karl Vossler: Der Minnesang des Bernhard von Ventadorn, in: Sitzungsberichte der Bayerischen Akademie der Wiss. München, 1918, Phil.-hist. Kl., 2. Abh., 146 S.

42 *Astrée-Studie* – »L'Astrée« (1607/27), Schäferroman von Honoré d'Urfé.

45 *als A.B.-Mitarbeiter »Antibavaricus«* – Vgl. VK: Man möchte immer weinen und lachen in einem. Revolutionstagebuch 1919. Aufbau Verlag, Berlin 2015.

47 *Wetsch* – Spediteur in München.

48 *das selige Tschecherl* – (österr.) kleines, einfaches Gast- bzw. Kaffeehaus.
Scherners – Der Apotheker Johannes (Hans) Scherner (1880–1947) und seine Frau Gertrud (Trude), seit Mai 1918 Leipziger Freunde der Klemperers.
tuerkischer Saustall – Klemperers bewohnten damals »Zimmerchen recht klein u. unsäglich schäbig« (Tgb. 10. 2. 1920) in der Münchner Türkenstraße 28^{III}.

49 *Teubner* – Verlag B. G. Teubner, Leipzig, der in den 1920er Jahren die meisten literarhistorischen Buchpublikationen VKs herausgab.
Heiß – Hanns Heiß (1877–1935), Romanist, 1914–1919 Professor an der TH Dresden, ab 1919 in Freiburg i. Br.

50 *Lerchs Altfrz. Anthologie* – Eugen Lerch: Einführung in das Altfranzösische, Texte mit Übersetzungen und Erläuterungen, Reihe »Teubners philologische Studienbücher«, Leipzig u. Berlin 1921.
das Walzel'sche Unternehmen – Oskar Walzel (1864–1944), Literarhistoriker; ab 1923 erschien sein »Handbuch der Literaturwissenschaft« in der Akademischen Verlagsgesellschaft Athenaion, Potsdam.
französischer Literaturgeschichte – VK: Die französische Literatur von Napoleon bis zur Gegenwart, Teubner, Berlin u. Leipzig 1925–1931.
Meine Antrittsrede … an Küchler geben – VK: Gang und Wesen der französischen Literatur, in: Die Neueren Sprachen, 29. Jg., 1921, S. 396–409; Walther Küchler, Romanist (1877–1953), war 1915 bis 1922 Mitherausgeber der Zeitschrift.

51 *Un guaio* – (ital.) Unglück, Widrigkeit.
schönen italienischen Aufsatz – Karl Vossler: Sistemi chiusi e sistemi aperti (Geschlossene und offene Systeme), in: Rivista di Cultura, Anno I, Vol. 1, S. 193–200, Maglione e Stini, Rom 1920.

52 *meiner Studie* – VK: Die Literatur der Romania, in: Vom Altertum zur Gegenwart. Die Kulturzusammenhänge in ihren Hauptepochen, 2., verm. Aufl., Teubner, Leipzig, Berlin 1921, S. 200–224.
Von Halle angeregt – Hier fand vom 4. bis 6. Oktober 1920 der Allgemeine Deutsche Neuphilologentag statt, den VK besuchte.
»Die Entwicklung der Neuphilologie« – In: Internationale Monatsschrift für Wissenschaft, Kunst und Technik, 15. Jg., 1921, Sp. 289–302.
Querelle des Anciens et des Modernes – (frz.) Streit der Alten und der Neuen; um 1675 Debatte um die Frage der Antike als Vorbild für zeitgenössische Literatur und Kunst.
Gröber – Gustav Gröber (1844–1911), Romanist, ab 1880 Professor in Straßburg.
Tobler – Adolf Tobler (1835–1910), Schweizer Romanist, ab 1867 Professor in Berlin.

52 *Schultz-Gora* – Oskar Schultz-Gora (1860–1942), Romanist, 1919–1928 Ordinarius in Jena.

über Spitzers arg verfehlten Barbusse – VKs Besprechung von Leo Spitzers »Studien zu Henri Barbusse« (Bonn 1920) erschien im Juli 1921 in der Zeitschrift »Archiv zum Studium der neueren Sprachen und Literaturen«, Bd. 142 (N. S., Bd. 42), 1921, S. 155.

53 *mittelfranz. Anthologie* – VK: Einführung in das Mittelfranzösische, Texte und Erläuterungen für die Zeit vom 13. bis zum 17. Jahrhundert, Teubner, Leipzig u. Berlin 1921.

Machault – Guillaume de Machault (1300/05–1377), frz. Dichter und Komponist.

Deschamps – Eustache Deschamps (um 1346–um 1407), frz. Dichter.

den Papageienritter – »Le Chevalier du Papegau«, volkstümlicher altfrz. Roman des 13. oder 14. Jh.s aus dem Sagenkreis um König Artus.

Joinville – Frz. Geschichtsschreiber (1225–1317), verfasste mit dem »Buch der heiligen Sprüche und der guten Taten unseres heiligen Königs Ludwig« (1309) einen der ersten bedeutenden Prosatexte der französischen Literatur.

Bühler – Karl Bühler (1879–1963), Psychologe; ab 1918 an der TH Dresden, ab 1922 in Wien, später Emigration in die USA.

54 *Teubners große Gemeinheit* – Der Verlag B. G. Teubner hatte VK am 23.5.1920 (irrtümlich) äußerst günstige Vertragskonditionen für die große, auf 5 Bände angelegte Geschichte der frz. Literatur eingeräumt (250 M./Bogen und 1000er Auflage). Teubner focht den Vertrag an (250 M./Bogen und Gesamtauflage); es kam zu einem Prozess, der 1922 mit einem Vergleich endete (Teubner kam VK mit der Verlängerung der Termine entgegen, VK dem Verlag in puncto Honorar).

Kuhn'sche Buch – Joachim Kuhn (Hrsg.): Der Nationalismus im Leben der Dritten Republik, Paetel, Berlin 1920.

Neumanns Literaturblatt – Der Romanist Fritz Neumann (1854 bis 1934) leitete (mit dem Germanisten Otto Behagel) das 1880 gegr. »Literaturblatt für germanische und romanische Philologie«.

Neubert u. Gelzer – Die Romanisten Fritz Neubert (1886–1970) und Heinrich Gelzer (1883–1945).

für die «Internationale …« von Cornicelius – Max Cornicelius (1860–1925), Historiker, Herausgeber der »Internationalen Monatsschrift für Wissenschaft, Kunst und Technik«.

55 *[…]* – Ausgelassen wurden VKs Detailfragen.

Franz aus Gießen – Arthur Franz (1881–1963), Romanist, 1922 o. Professor in Würzburg, später in Königsberg und Jena.

Behrens' – Dietrich Behrens (1859–1929), Romanist.

55 *Kollege Brotanek* – Rudolf Brotanek (1870–1944), Anglist.

Rickerts »Philosophie des Lebens« – Heinrich Rickert (1863–1936), Philosoph, und sein Werk »Die Philosophie des Lebens, Darstellung und Kritik der philosophischen Modeströmungen unserer Zeit« (Mohr, Tübingen 1920).

56 *meine »moderne französ. Prosa«* – VK: Moderne französische Prosa, Studie und erläuterte Texte, Teubner, Leipzig u. Berlin 1923.

G. Lerch – Gertraud Lerch, promovierte Gymnasiallehrerin.

57 *Ihre Kritik* – Kritik an VKs »Moderner frz. Prosa«: »Brief u. Schreibmaschinencopie einer M. P.-Kritik von Voßler. Das Giftigste des Giftigen. Und durchaus u. objektiv falsch. Ich muß den Kampf aufnehmen u. stehe nun ganz allein.« (Tagebucheintrag 28.7.1923.) Vosslers Besprechung erschien in: Deutsche Literaturzeitung, 45. Jg., 1924, Sp. 125–127. Darin bezeichnet er das Buch als ein »Zwittergebilde aus einem Vademecum für sehr vorsichtige, aber gebildete und feine Diplomaten und einem halben Beitrag zur Literaturgeschichte«.

58 *Winkler* – Emil Winkler (1891–1942), österr. Romanist, seit 1921 a. o. Professor, 1925 o. Professor in Innsbruck, später Wien, Heidelberg und Berlin.

Friedmann – Wilhelm Friedmann (1884–1942), österr.-dt. Romanist, ab 1910 Privatdozent in Leipzig, ab 1931 bis zu seiner Entlassung 1933 a. o. Professor.

Hatzfeld – Helmut Hatzfeld (1892–1979), Romanist, 1929 Professor in Frankfurt/M., 1932 in Heidelberg; 1935 entlassen; emigrierte 1938 in die USA.

GRM – Germanisch-Romanische Monatsschrift, gegr. 1909.

im Barrès … bei Curtius – Ernst Robert Curtius: Maurice Barrès und die geistigen Grundlagen des französischen Nationalismus. Bonn 1921. – Maurice Barrès (1862–1923), frz. Romancier und Essayist; geistiger Führer der Rechtsopposition und der antisemitischen Kräfte im Kampf um den Dreyfus-Prozess; ab 1906 Mitglied der nationalistischen Action française.

Hettner – Hermann Hettner (1821–1882), Kunst- und Literarhistoriker; seine 3-bändige »Literaturgeschichte des 18. Jahrhunderts« (1856/70), hrsg. von Heinrich Morf, Braunschweig 1894, gilt als Standardwerk.

Morf – Heinrich Morf (1854–1921), Romanist, seit 1910 Professor in Berlin, seine Hauptwerke sind »Geschichte der französischen Literatur im Zeitalter der Renaissance« (1898) und »Geschichte der romanischen Literaturen« (1908).

Lanson – Gustave Lanson (1857–1934), frz. Literarhistoriker; seine »Histoire de la littérature française« (1894) sowie die Bibliographie

»Manuel bibliographique de la littérature française moderne«
(1909/12) wurden zu Standardwerken.

59 *Psichari* – Ernest Psichari (1883–1914), frz. Schriftsteller, im Ersten Weltkrieg gefallen.

den Politiker France – Anatole France (1844–1924), frz. Romancier, Novellist und Literaturkritiker, erhielt 1921 den Literaturnobelpreis.

Lasserre – Pierre Lasserre (1867–1931), frz. Literaturkritiker und Essayist.

in litteris – (lat.) in der Literatur.

60 *offene Brief* – Erschienen mit Datum 29. Februar 1924 unter dem Titel »Positivismus und Idealismus des Literarhistorikers. Offener Brief an Karl Voßler«, in: Jahrbuch für Philologie, hrsg. von Victor Klemperer und Eugen Lerch, 1. Folge, Max Hueber Verlag, München 1925, S. 245–268.

Hueber – Max Hueber Verlag, München.

Ernst Krieck – Volksschullehrer und Erziehungswissenschaftler (1882–1947); 1933 Rektor der Pädagogischen Akademie Frankfurt a. M., 1934 Professor in Heidelberg, Begründer der nationalsozialistischen Erziehungslehre, sein Werk »Nationalpolitische Erziehung« (1932) erlebte bis 1939 23 Auflagen; 1945 von der US-Armee im Lager Moosburg/Isar interniert.

im Punkt D. Klein – Vossler wollte versuchen, die Münchener Studentin Daisy Klein, die VK verehrte, in Italien als Sekretärin der »Cultura« unterzubringen; da sich ihr Gesundheitszustand verschlechterte, trat sie die Stelle nicht an; sie starb im April oder Mai 1926 an Lungentuberkulose.

keine schwerere Kränkung – Im Tagebucheintrag von 10. 3. 1924 zitiert VK aus zwei Briefen Vosslers: »unser Jahrbuch solle das ›Jahrbuch für Sprachkritik‹ heißen, in sie gehe richtig verstandene Literaturgeschichte mit ein, meine ›Seelenriecherei‹ möge ich anderweitig betreiben«. VK betrachtet im Gegensatz dazu Literaturgeschichte als »eine autonome Wissenschaft«. Man einigte sich auf »Jahrbuch für Philologie«, später wurde es in »Idealistische Philologie« umbenannt. Kern dieser Zeitschrift war die offene Austragung des Methodenstreits Positivismus vs. Idealismus.

62 *Winter* – Verlag Carl Winter, Heidelberg.

64 *Ihre Studie in der Zeitwende* – Karl Vossler: Die romanischen Kulturen und der deutsche Geist, in: Zeitwende, 1. Jg., 1925, S. 501 bis 527.

»Die französische Literatur und die deutsche Schule« … zwei weitere Vorträge – VK: Die moderne französische Literatur und die deutsche Schule. Drei Vorträge, Leipzig, Berlin 1925, 97 S.; der Band

enthält »Die Behandlung des deutschen Elementes in der modernen französischen Literatur« (Berlin, 2.10.1924), »Romanische
Kulturkunde im französischen Unterricht« (Magdeburg, 31.3.1925)
sowie »Die neueste französische Literatur und die deutsche Schule«
(Berlin, 14.5.1925).

64 *Studie über die Gestalt der Jeanne d'Arc* – VK: Jeanne d'Arc als dich-
terische Gestalt, in: Die Ernte. Abhandlungen zur Literaturwissenschaft, Franz Muncker zu seinem 70. Geburtstage überreicht, hrsg.
von Fritz Strich und Hans Heinrich Borcherdt, M. Niemeyer, Halle
an der Saale 1926.

65 *der erste Band des Schmerzenskind »Jahrbuch«* – »Jahrbuch für Philologie«, hrsg. von Victor Klemperer und Eugen Lerch, 1. Folge,
Max Hueber Verlag, München 1925.
Für Kroners Logos – Die Zeitschrift »Logos«, gegr. 1910, ab Band 3
(1912) von Richard Kroner und Georg Mehlis, ab Band 13 (1922)
von Richard Kroner allein (bis 1933) herausgegeben.

66 *das mir freundlich zugedachte Taine-Buch* – Otto Engel: Der Einfluß Hegels auf die Bildung der Gedankenwelt Hippolyte Taines,
Stuttgart 1920.

67 *Ihre Reden »Politik u. Geistesleben«* – Karl Vossler: Politik und Geistesleben, Reihe »Münchener Universitätsreden« Nr. 8, Max Hueber Verlag, München 1927.

68 *die Infamie Jordans* – Der Romanist und Honorarprofessor der TH
München Leo Jordan (1874–1940) polemisierte in einer Besprechung der Folge 1 des »Jahrbuchs für Philologie« gegen Vosslers
Aufsatz »Die Nationalsprachen als Stile« und VKs Beitrag »Positivismus und Idealismus des Literarhistorikers (Offener Brief an Karl
Voßler)«. VK schrieb einen »Gegenangriff« unter dem Titel »Spiel«
(in: Idealistische Philologie. Jahrbuch für Philologie, 3. Folge,
München 1927/28, S. 71–77); negativ über VKs Polemik äußerte
sich Vosslers Lehrer Fritz Neumann (1854–1934) und sah Vossler
durch VK abermals kompromittiert.
in Ihrem zweiten Dante – Karl Vossler: Dante als religiöser Dichter, Bern 1921.
Ihrem Racine – Karl Vosslers »Jean Racine« erschien als Nummer III/2 der Reihe »Epochen der französischen Literatur«, Max
Hueber Verlag, München 1926.
einen Essai von mir über die franz. Neuromantik – VK: Entstehung
und Eigenart der französischen Neuromantik, in: Jahrbuch für Philologie, 2. Folge, Max Hueber Verlag, München 1927, S. 143–172.
neue Studie über modernes französ. Denken – VK: Deutsches Wesen
in der französischen Auffassung des 19. und 20. Jahrhunderts, in:
Zeitschrift für Deutschkunde, 41. Jg., 1927, S. 178–201.

69 *nach dem harten Jahr* – Anfang 1926 bis Anfang 1927 war Karl
Vossler Rektor der Universität München.

70 *den Paedagogen Kerschensteiner* – Georg Kerschensteiner (1854–1932).
meine wiederholten Angriffe auf Wechssler – Besprechungen VKs
von Eduard Wechsslers Buch »Esprit und Geist. Versuch einer We-
senskunde des Deutschen und des Franzosen« (Velhagen & Kla-
sing, Bielefeld u. Leipzig 1927), das eine Überlegenheit »deutschen
Wesens« nachzuweisen versuchte.
in der Hinneberg-Recension – In: Deutsche Literaturzeitung, 48. Jg.,
1927, Sp. 2244–2250.
bei Neumann – In der von Fritz Neumann hrsg. Zeitschrift »Literaturblatt für germanische und romanische Philologie« (49. Jg.,
1928, Sp. 89–98) folgte eine zweite, ausführlichere Rezension.

71 *humainement parlé* – (frz.) menschlich gesprochen.

73 *in meinem Marburger Vortrag* – VK: Immer wieder »Kulturkunde«,
Vortrag vor der »Philologischen Fachrichtung der Universität Marburg«, gehalten am 15. Februar 1928, in: Neue Jahrbücher für Wissenschaft und Jugendbildung, 4. Jg., 1928, S. 264–280.

74 *Ihre Handbuch-Studie* – Eugen Lerch: Handbuch der Frankreich-
kunde, Diesterweg, Frankfurt a. M. 1928.
Weimarer Vortrag – Karl Vossler: Goethe und das romanische Form-
gefühl, Festvortrag, gehalten in Weimar am 2. Juni 1928, in: Jahrbuch der Goethe-Gesellschaft, 14, S. 263–281.
Über Pillets Tod – Der Romanist Alfred Pillet, geb. 1875, zuletzt
Professor in Königsberg, starb am 27.10.1928.

75 *d'outre tombe* – (franz.) von jenseits des Grabes (nach dem Titel der
Chateaubriand'schen Memoiren).
»Weltliteratur u. Europäische Literatur« – VK: Weltliteratur und europäische Literatur, in: Logos, Internationale Zeitschrift für Philosophie der Kultur, 18. Jg., 1929, S. 362–418.

76 *Grete* – VKs Schwester Margarethe, verw. Riesenfeld.
Dein frdl Gedenken zum 10. V! – 66. Geburtstag von VKs Bruder
Georg.
die Sorge um Beo – VKs Bruder Berthold.
Ipse gravitatem morti non cognoscit – (lat.) Aber die Schwere des To-
des kennt er nicht.

78 *Angelegenheit … wie damals im Kriege* – Es ging u. a. um Bertholds
finanzielle Unterstützung für ihn und seine Frau Eva während VKs
Soldatenzeit ab 1915.

79 *Aenni* – Anna (Änny/Anny) Klemperer, Frau von VKs Bruder Berthold.

82 *[…]* – Brief unvollständig überliefert.

87 *Vater … Mutter* – Wilhelm Klemperer (1839–1912) und Henriette (1841–1919), geb. Frankel.

87 *Großeltern [väterlicherseits]* – Abaraham Nehemias Klemperer (1809–1887) und seine Ehefrau Rachel (Resi), geb. Leipen (1814 bis 1858).

88 *2 Söhnen (Hans u Friedrich) u. ihren Frauen* – Hans Walter (1904 bis 1974), Ingenieur, heiratete im Sommer 1931 die Berlinerin Ilse Elisabeth Dohrmann (1906–1988); Friedrich (Friedi, Frederick) Wilhelm (1909–2002), Arzt, heiratete 1933 in Berlin Ingeborg Frieda Edith Klink (1910–1998).

Otto … seine Frau – Der älteste Sohn von VKs Bruder Georg heiratete 1927 die Hamburger Lehrerin Regina Luise Johanna (»Rena«) Regula (1905–1986).

Gog – Georg jr. (George; 1911–1965), Sohn von VKs Bruder Georg Klemperer.

91 *Napoleon-Gedicht von Victor Hugo … »Das Morgen Sire, gehört dem Herrn.*« – In Victor Hugos Gedicht »Napoléon II« aus der Sammlung »Les chants du crépuscule« (1835, Die Gesänge der Frühe), heißt es in der 2. Strophe: »Non, l'avenir n'est à personne! / Sire! l'avenir est à Dieu!« (Nein, die Zukunft gehört niemandem! / Sire! die Zukunft liegt bei Gott!)

94 *Buch Hermann Hettners* – Hermann Hettner: Literaturgeschichte des 18. Jahrhunderts (3 Teile, 1856/70).

95 *Evolution et structure de la langue française* – Walther von Wartburgs Buch »Entwicklung und Struktur der französischen Sprache« (1934).

96 *Heitz in Straßburg* – Der Verlag Heitz in Strasbourg.

97 *Julius Schlosser* – Julius von Schlosser (1866–1938), österr. Kunsthistoriker, übersetzte für den Amalthea-Verlag Arbeiten von Benedetto Croce ins Deutsche.

Moritz Diesterweg – Gründer des Verlages Moritz Diesterweg in Frankfurt a. M.

Georg Brandes – Georg Brandes (1842–1927), dän. Schriftsteller und Literaturhistoriker.

Paul Sakmann … einen Voltaire bei Frommann – Paul Sakmann: Voltaires Geistesart und Gedankenwelt, Fr. Frommanns Verlag (E. Hauff), Stuttgart 1910.

104 *labor omnia vincit* – (lat.) Arbeit besiegt alles.

Maria – Ehefrau von Georg Klemperer.

105 *beim staff von Mc. Kinsey & Co* – Mitarbeiter der Beratungsfirma McKinsey & Company, gegr. 1926.

113 *ganz unzuträglichen Klima* – In Lima, Peru.

115 *Mechaniker und Fahrer* – Michael.

wo du hinfährst, da will ich auch hinfahren! – »Wo du hingehst, da will ich auch hingehen.« (Ruth 1,16.)

117 *expendit mihi apud collem* – (lat.) in etwa: es hängt mir zum Halse heraus.

119 *zu den anständigen Köhlers* – Die »jungen« Köhlers, der Studienassessor Johannes Köhler, Geschichts- und Religionslehrer in Dresden, und seine Frau Ellen, gehörten seit 1928 zum Freundeskreis der Klemperers; weil sie verheiratet waren, wurden sie zur Unterscheidung von Annemarie Köhler, die mit dem Arzt Friedrich Dreßel zusammenlebte, von VK als die »anständigen« Köhlers bezeichnet.
Mal Dirsch – (ugs.) Mal es dir.

120 *Annelies Lehmann* – Tochter der Haushälterin, Frau Lehmann.
Kowalewskis – Gerhard Kowalewski (1876–1950), Mathematiker, Professor an der TH Dresden, 1935 trotz geringer Stimmenzahl zum Rektor ernannt.
Dresdener N. N. – Dresdner Neueste Nachrichten.
für Karl – Stiefsohn von Auguste Wieghardt.

122 *sub specie* – (lat.) unter dem Gesichtspunkt.

123 *Stefl* – Max Stefl (1888–1973), Germanist und Bibliothekar, 1934 aus politischen Gründen aus dem Bibliotheksdienst entlassen, 1943 zeitweilig in Haft; 1947–1950 wieder im Bibliotheksdienst.
Johanna Krüger – Gymnasiallehrerin, Kommilitonin VKs während seiner Münchner Studienzeit 1912.
Leopold Weber – Leopold Weber (1866–1944), Schriftsteller, Kommilitone von Hirsch und VK in München.
Seebass – Friedrich Seebass (1887–1963), Herausgeber und Essayist, gehörte seit 1912/13 zum Münchner Freundeskreis der Klemperers.

126 *Viribus unitis* – (lat.) Mit vereinten Kräften, Wahlspruch Kaiser Franz Josephs I.

128 *Lüttis* – Judith Strindberg, geb. 1924, Tochter von Maria Lazar.
Deine Schwester – Maria Lazar (1895–1948), verh. Strindberg, österr. Schriftstellerin, lebte in Wien, 1933 emigrierte sie nach Dänemark, wo sie mit der Familie Brecht/Weigel bei der Schriftstellerin Karin Michaelis auf der Insel Thurø lebte; floh noch vor Kriegsausbruch 1939 nach Schweden.
Agnes Dembers – Ehefrau von Harry Dember (1882–1943), Physiker, 1923 o. Professor an der TH Dresden, 1933 in den Ruhestand versetzt; bereits im Oktober 1933 trat Harry Dember eine Professur an der Universität Istanbul an.
Kussys – Fritz Viktor Kussi (1897–1945), Direktor der Dresdner Firma Edmund Kussi & Sohn, und sein jüngerer Bruder, der Elektroingenieur Frank Werner Kussi (später Kussy; 1910–2010), beide wurden mit ihrer Mutter Olga K. 1942 in Holland verhaftet und in das KZ Westerbork verschleppt, 1943 nach Theresienstadt und 1944 nach Auschwitz. Nur Frank Werner Kussi überlebte.

129 *ad oculos* – (lat.) vor Augen (führen).

130 *Hatvany* – Lajos Hatvany (1880–1961), ungar. Schriftsteller.
Natscheff – Jordan Natscheff (1889–1983), bulg. Ingenieur; Buchhändler und Inhaber einer Leihbücherei.

131 *Demberin* – Agnes Dember.
Zu Jungs – VKs Nachbar Erwin Jung.
Lactantius – lac (lat.) Milch; hier scherzhaft für Milchmann; Lac-
tantius (um 250 – um 320), lateinischer Rhetoriklehrer, der zu den
Kirchenvätern gezählt wird.
Berger – Kurt Berger, Kaufmann, Hermann-Göring-Straße.
Forbrig … Sohn Frank – Robert Forbrig und sein Sohn Frank (etwa
Jg. 1920), Am Kirschberg 22.

132 *Kaufmann Majores* – Wilhelm Majores, Am Kirschberg 24.
Drewag – Dresdner Stadtwerke (Gas, Wasser und Strom).
aequanimitas – (lat.) Gleichmut.
the best of men and wisest of rulers – (engl.) der beste unter den Männern, der klügste unter den Herrschern.

134 *horror rebus sic stantibus correspondendi* – Anspielung auf VKs Abneigung gegen das Briefeschreiben; rebus sic stantibus (lat.) unter
den gegebenen Umständen.
Spiegelberg – Friedrich (Frederic) Spiegelberg (1897–1994), Indo-
loge und Religionshistoriker; 1927–1936 Dozent mit Lehrauftrag
und Lektor an der TH Dresden; emigrierte in die USA.
Gerstle-Schaps – Ehepaar Toni Gerstle, Tochter von Jenny Schaps,
und Hans Gerstle.

135 *Satz, in dem siebenmal mies vorkommt* – »Mir ist mies am Montag,
mies am Dienstag, mies am Mittwoch …«

137 *wie die Lilien auf dem Felde* – »Und warum sorget ihr für die Kleidung? Schaut die Lilien auf dem Felde, wie sie wachsen: sie arbeiten nicht, auch spinnen sie nicht« (Matthäus, 6,28).

138 *Si vis bellum, para pacem* – (lat.) Wenn du den Frieden willst, bereite den Krieg vor.
die verlorene Wette – Keine Erwähnung im Tagebuch.

139 *Ortega y Gasset* – José Ortega y Gasset (1883–1955), span. Philosoph, Soziologe und Essayist.
Chef des Hauses – Theodor Marcus, Inhaber des Verlages M. & H.
Marcus, Breslau.
»als wenn kein Strumpfwirker in Apolda hungerte« – Goethe in einem
Brief an Charlotte von Stein vom 6. 3. 1779: das Drama »Iphigenie
auf Tauris« wolle gar nicht fort, »es ist verflucht, der König von Tauris soll reden, als wenn kein Strumpfwirker in Apolda hungerte«.

141 *»wer mit euch wanderte, mit euch schiffte!«* – Friedrich Schiller: Maria Stuart, III/1.

142 *Willy … Lilli* – Die Kinder von VKs Schwester Marta Jelski; Lilli (1909–2007), verheiratet mit dem Pianisten Raúl Victor Gandolfo, besuchte Klemperers am 17. und 24. September 1936 auf der Reise zu und von ihrem Bruder Willy Jelski in Prag.

143 *Überseefreundschaft* – Lilli Gandolfo, geb. Jelski, emigrierte mit ihrem uruguayischen Ehemann in dessen Heimat.

Erichs – Erich Meyerhof, Bruder von Hans M., Kaufmann, emigrierte nach 1933 (ohne seine Frau und die beiden Söhne) nach England, war nach Kriegsbeginn in Australien interniert, wo er 1942 starb.

144 *Was treibt Berthold?* – Berthold Meyerhof lebte seinerzeit in New York, arbeitete als Bierfahrer, seine Frau als Hausschneiderin.

Alberts Familie – Albert Meyerhofs Familie lebte inzwischen ebenfalls in Südafrika.

ob Hans noch am Leben ist – Hans Meyerhof befand sich (zeitweilig) in einem Internierungslager, s. seinen Brief vom 3. 1. 1941.

Schicksale seines Sohnes – Gustav Heinrich (Gussy, auch Heinz) Meyerhof.

146 *Come mai un guaio? Che cosa dobbiamo dir noi?* – (ital.) in etwa: Wie bizarr! Was soll uns das sagen?

147 *Caroli* – Caroline Hirschberg, geb. Stern, Cousine von Hans Meyerhof.

Ferdi – Ferdinand Stern, Cousin von Hans Meyerhof.

on verra – (frz.) man wird sehen.

148 *Sebi* – Max Sebba.

149 *in der Sprache seiner Väter* – Jiddisch.

Dawkenacitin – dafke (jidd.) jetzt erst recht.

151 *waren schon 1929 soweit* – VK und Eva Klemperer heirateten 1906; sie feierten aber den 29. Juni 1904 als ihren Hochzeitstag, den Tag, an dem sie zusammenkamen.

152 *mit Sterns* – Hanna (später verh. Cristiani), Caroline (später verh. Hirschberg) und Ferdinand Stern, Cousinen und Cousin von Hans Meyerhof.

zur Beerdigung – Schwester Wally (Valeska) Sußmann starb am 14. Oktober 1936 mit 59 Jahren, die Einäscherung fand drei Tage später statt.

153 *it's a pity* – (engl.) es ist schade.

But what is to be done! – (engl.) in etwa: Was ist da zu tun.

154 *Consolatio philosophiae* – (lat.) Der Trost der Philosophie, Hauptwerk des spätantiken römischen Philosophen Boethius (480/85 bis 524/26).

De remediis utriusque fortunae – »Von der Artzney bayder Glück«, eines der Hauptwerke des italienischen Humanisten Francesco Petrarca (1304–1374).

De contemptu mundi – »Von der Geringschätzung der Welt«, Hauptwerk des Benediktinermönchs Bernhard von Cluny aus der ersten Hälfte des 12. Jh.s.

154 *Povera e nuda vai o Philosophia!* – (ital.) Arm und nackt gehst du
einher, o Philosophie; Zitat aus dem »Canzoniere« (I,7,10) von
Francesco Petrarca.

157 *Frau Lehmann* – Haushälterin der Klemperers.
faded and gone – (engl) verblasst und vergangen.
que vent emporte – (frz.) die der Wind davonträgt; Vers aus Rutebeufs »Complainte« aus dem 13. Jh.

160 *Breits Begräbnis* – James Breit (1872–1936), Rechtsanwalt, ab 1926
Honorarprofessor an der TH Dresden.

162 *Indelebili* – (lat.) Unausweichlich.
Toni Gerstle – Tochter von Jenny Schaps, Frau von Hans Gerstle.

163 *Wolfs Grüsse* – VKs Neffe, Sohn seines verstorbenen Bruders Felix
und dessen Frau Elisabeth.

164 *dolcissimo padre!* – (ital.) süßer Vater!
Sarrasani-Elephant – Sarrasani: bekannter Zirkus mit festem Haus
in Dresden, gegr. 1912, Neugründung 1956 in Mannheim.

165 *»was mein Herze kränkt«* – Nach dem Lied »Befiehl du deine Wege«
von Paul Gerhardt: Befiehl du deine Wege / Und was dein Herze
kränkt / Der allertreusten Pflege / Des, der den Himmel lenkt!

166 *Miss Lores* – Lore Isakowitz, später verh. Petzal.

167 *ignis* – (lat.) Feuer.
medicamentis oder dem ferro – (lat.) Drogen oder (ital.) Eisen.
cf. Carlos, A5, Sc.3 – Anspielung auf den systematischen Bruch des
Briefgeheimnisses unter Philipp II. bei Sendungen in die Niederlande.

170 *Fahrt nach Landsberg* – Unternommen wurde die Fahrt über Berlin und Strausberg (ab hier mit VKs Schwester Grete Riesenfeld)
nach Landsberg a. d. Warthe vom 17. bis 20. Mai 1937.

171 *Lotte* – Lotte Sußmann (1902–1974), Tochter von VKs Schwester
Wally.
Käthe – Käthe Sußmann (1907–1950), verh. Katy Howard, Toch-
ter von VKs Schwester Wally.
der Verlobte Hildes – Hildegard Sußmann (1911–1994), Tochter
von VKs Schwester Wally, heiratete den Kaufmann Nils Edvard
Jonson (1899–1951), mit dem sie in Schweden lebte.
Frau Erna (Georg) Klemperer aus Breslau – Georg Klemperer aus
Breslau, Cousin VKs (väterlicherseits), Bruder von Gertrud (Trude)
Scherk; seine Witwe emigrierte 1936 nach Frankreich.

177 *Deus sive natura* – (lat.) Gott oder auch Natur; der Satz enthält den
Kern von Spinozas Pantheismus: die Immanenz Gottes in der Natur.
Tout est possible, même Dieu – (frz.) Alles ist möglich, selbst Gott.
Coué-Gymnastik – Émile Coué (1857–1926), franz. Apotheker,
Autor und Begründer der bewussten Autosuggestion zur positiven
Selbstbeeinflussung.

178 *über die Sprachstudie* – »LTI« (Aufbau-Verlag, Berlin 1947).
In lingua veritas – (lat.) In der Sprache liegt Wahrheit.

181 *Kemleins* – Frau Kemlein, Wirtin von VKs Schwester Grete in Strausberg.
Euer Brief zum 12. – Eva Klemperers 55. Geburtstag.

182 *Emita … Alexis* – Emma (Emita; 1911–?) Dember und Alexis Dember (1912–2002), Kinder von Harry Dember (1882–1943), Professor an der TH Dresden, und seiner Frau Agnes.
Liesel und Elfriedchen – Elise (Lisl) Sebba, geb. Schaps, Frau von Julius Sebba, und ihre Tochter Elfriede, später verh. Wilson (geb. 1922).

187 *C'est bien peu pour un sergent* – (franz.) Das ist ziemlich wenig für einen Unteroffizier.

188 *An dem schweren dreifachen Verlust* – Maria Klemperer, geb. Umber, war zwei Monate zuvor, am 18. 10. 1937 in Meran, Italien, gestorben; Mutter von Otto und Schwieger- bzw. Großmutter seiner Frau bzw. Kinder.

190 *den schönen Platz* – Hirsch war am Philanthropin, einer jüdischen Schule in Frankfurt a. M., untergekommen. Am 1. Oktober 1938 jedoch entzog das Reichsministerium für Wissenschaft, Erziehung und Volksbildung der Einrichtung den Status einer öffentlichen Schule; zahlreiche Lehrer, darunter Hirsch, wurden verhaftet.

191 *unsere letzten Bekannten* – Ende 1937/Anfang 1938 emigrierten die Familien Hans Gerstle und Friedrich Salzburg (Dresden) zusammen mit Jenny Schaps über die Schweiz nach England.
unsere letzten Freunde – Aus Berlin ging Berthold Meyerhof mit Ehefrau Phila Anfang 1938 in die USA.
»Des Ends erwarten« – Zitat aus Ulrich von Huttens »Ein neu Lied« (1521), in dem es heißt: »So ist mir leid, / Hiemit ich scheid, / Will mengen baß die Karten; / Bin unverzagt, / Ich hab's gewagt / Und will des Ends erwarten.«
»Acharnement« – (frz.) Erbitterung, Zähigkeit, Ausdauer.
der Graf Caylus – Anne Claude Philippe de Caylus (1692–1765) und das Werk »Des Herrn Grafen von Caylus Abhandlungen zur Geschichte und zur Kunst« (2 Bde.), aus dem Französischen von J. G. Meusel nebst einer Vorrede von Herrn Klotz, Richterische Buchhandlung, Altenburg 1768/69.

192 *Gessner* – Salomon Geßner (1730–1788), schweizer. Schriftsteller, Maler und Zeichner.

193 *Frl. Krüger* – Johanna Krüger.
Wer über gewissen Dingen nicht … – Zitat aus Lessings »Emilia Galotti« (IV, 7).

199 *Schnorrer bei Rothschild* – Jüdische Schnorrerwitze um die Bankiersfamilie Rothschild, den Inbegriff jüdischen Aufstiegs. Einer davon

lautet: »Ein Schnorrer kommt und klagt Rothschild sein bitteres Leid. Er sei krank und könne nicht arbeiten. Seine Frau könne kaum die Kinder ernähren, der Wirt wolle ihm wegen der Mietrückstände die Wohnung kündigen … Rothschild ruft seinen Sekretär: ›Der Mann bricht mir das Herz. Schmeißen Sie ihn raus.‹« (Josef Joffe: Mach dich nicht so klein, du bist nicht so groß. Der jüdische Humor als Weisheit, Witz und Waffe, Siedler, München 2015.)

201 *in Zürich bei Spoerri* – Theophil Spoerri (1890–1974), Schweizer Romanist, 1922–1956 o. Professor an der Universität Zürich.

202 *Olschki* – Leonardo Olschki (1885–1961), Romanist, ab 1918 a. o., ab 1924 o. Professor in Heidelberg, 1933 Entlassung; emigrierte 1939 in die USA.

Gutkind – Curt Sigmar Gutkind (1896–1940), Romanist, 1923 bis 1928 Professor in Florenz, ab 1930 bis zu seiner Entlassung 1935 Dozent am Dolmetscher-Institut bzw. an der Handelshochschule in Mannheim; emigrierte nach Frankreich, 1936 nach England; 1940 interniert; gehörte zu den Opfern der Torpedierung der »Arandora Star« durch ein deutsches U-Boot am 2. 7. 1940.

Rheinfelder – Hans Rheinfelder (1898–1971), Romanist, 1921 bis 1929 Lektor an der Universität in Rom; ab 1931 a. o. Professor in München; die NS-Führung der Universität blockierte seine Ernennung zum Ordinarius, die erst 1946 erfolgte; ab 1949 Präsident der Deutschen Dante-Gesellschaft, 1955 Mitbegründer des Deutschen Romanistenverbandes.

Rauhut – Franz Rauhut (1898–1988), Romanist, 1937–1967 Professor in Würzburg.

203 *Gelzer* – Heinrich Gelzer (1883–1945), Romanist, 1918 a. o. Professor, 1928 Ordinarius in Jena; starb am 9. 2. 1945 bei einem Luftangriff auf Jena.

Eduard von Jan – Eduard von Jan (1885–1971), Romanist, 1929 Professor in Greifswald, ab 1932 in Leipzig.

von Wartburg – Walther von Wartburg (1888–1971), Schweizer Romanist, seit 1929 Professor in Leipzig, später in Basel; sein Lebenswerk ist das 1922 begonnene »Französische Etymologische Wörterbuch. Eine Darstellung des galloromanischen Sprachschatzes«, das 25 Bände umfasst und 2002 abgeschlossen wurde.

Schürr – Friedrich Schürr (1888–1980), österr. Romanist, seit 1936 Professor in Marburg.

Franz – Arthur Franz (1881–1963), Romanist, 1929–1945 Professor in Königsberg.

205 *einer alten Freundin* – Gertrude (Trude) Öhlmann, Mitarbeiterin der Deutschen Bücherei, Freundin der Klemperers aus ihren Leipziger Jahren 1916–1918.

206 *Willy J.* – Willy Jelski.

drüben bei seiner Schwester – Bei Lilli Gandolfo, geb. Jelski, in Uruguay.

207 *keine Krösa … Krëusa* – Eigtl. kein Krösus sein, kein Geld zu verschenken haben; Krëusa: in der griechischen Mythologie eine Tochter des trojanischen Königs Priamos, die während des Trojanischen Krieges von den Griechen gefangen genommen, aber von Aphrodite gerettet wird.

208 *Waln: China* – In dem Berliner Verlag Krüger waren zwei neue China-Reportagen der amerik. Schriftstellerin Nora Waln (1895 bis 1964) erschienen: »Süße Frucht, bittre Frucht, China« (1935) und »Sommer in der Mongolei« (1936).

209 *Rahel-Citat* – Gilt gemeinhin als Lieblingssatz von Fromet Mendelssohn, geb. Guggenheim, Frau des Philosophen Moses Mendelssohn: »Wie mies ist mir vor tout l'univers!« (vgl. Franz Kafka, Tagebucheintrag 1.11.1911).

211 *von W.s traurigem Zustand* – Krankheit von Klemperers Schwester Wally Sußmann.

Etre suprême – (franz.) höchstes Wesen.

214 *Ihr schönes, sehr schönes Buch* – Dritter Teil von Vosslers »Poesie der Einsamkeit in Spanien«, Bayerische Akademie der Wissenschaften, München 1938.

215 *Ein anderes, nur halb romanistisches Thema* – VKs Beschäftigung mit der Sprache des Dritten Reiches.

216 *die einzige Annemarie Köhler* – Annemarie Köhler (1892–1948), Chirurgin am Johanniter-Krankenhaus in Heidenau, führte ab 1937 gemeinsam mit Friedrich Dreßel eine Privatklinik in Pirna; treue Freundin der Klemperers.

217 *die Schildwach im Grabe* – »So will ich liegen und horchen still, / Wie eine Schildwach', im Grabe, / Bis einst ich höre Kanonengebrüll / Und wiehernder Rosse Getrabe« (Heinrich Heine, »Die Grenadiere«, in: Buch der Lieder, Junge Leiden, Romanzen, 6).

220 *Salzburgs* – Friedrich Salzburg, Rechtsanwalt und Notar; mit den Klemperers aus dem Kreis um Jenny Schaps bekannt; seine Frau Emilie Grete war die Schwester von Schaps' Schwiegersohn Hans Gerstle.

221 *nordische Mazze* – Ungesäuerter Brotfladen aus der jüdischen Küche.

223 *von Is. schreiben* – Familie Isakowitz.

226 *Demuth* – Fritz Demuth (1876–1965), Jurist; emigrierte 1933 in die Schweiz.

227 *Post equitem sedet atra cura* – (lat.) Hinter dem Reiter sitzt die schwarze Sorge (Horaz, Oden III,1,40).

230 *die Wohnfrage* – 1939 wurden immer mehr Juden gezwungen, ihren Grundbesitz zu verkaufen, gleichzeitig entzog man ihnen per

Gesetz vom 30. 4. 1939 die Mietrechte, und sie wurden nach und nach in sogenannte »Judenhäuser« eingewiesen.

231 *et tu; Brute* – (lat.) Auch du, Brutus; der Überlieferung nach Cäsars letzte Worte bei seiner Ermordung durch seinen Ziehsohn Brutus.

10. November – Nach den Novemberpogromen in der Nacht vom 9. auf den 10. November 1938.

»greift fröhlich dann zum Wanderstabe« – »Einen Blick / Nach dem Grabe / Seiner Habe / Sendet noch der Mensch zurück – / Greift fröhlich dann zum Wanderstabe. / Was Feuers Wut ihm auch geraubt, / Ein süßer Trost ist ihm geblieben, / Er zählt die Häupter seiner Lieben, / Und sieh! ihm fehlt kein teures Haupt« (Friedrich Schiller, Das Lied von der Glocke).

232 *Doch wieweit herabgestimmt ...* – Aus Fontanes Gedicht »Ja, das möcht ich noch erleben« (1891): »Doch wie tief herabgestimmt / Auch das Wünschen Abschied nimmt, / Immer klingt es noch daneben: / Ja, das möcht ich noch erleben.«

233 *von befreundeter Seite* – Edith Aulhorn (1889–1947), Germanistin; Assistentin am Deutschen Seminar der TH Dresden; unterstützte nach 1933 mittels ihrer britischen Verbindungen Juden bei der Emigration.

238 *Café Europe* – Vgl. LTI, Kapitel XXIV: »Café Europe«.

240 *Committee for Displaced German Scholars* – Das »Emergency Committee in Aid of Displaced German Scholars« wurde 1933 in New York City mit dem Ziel gegründet, geflüchtete Akademiker, meist jüdische Exilanten aus Nazi-Deutschland, an amerikanische Institutionen zu vermitteln.

241 *Ellen* – Ellen Elizabeth Bartel (1912–1995), ab 1938 verh. Klemperer, Ehefrau von Georg (Gog) Klemperer.

242 *How about speaking ...* – (engl.) Georg ermuntert VK nachdrücklich, Englisch zu lernen – dass sei das Wichtigste, ihm selbst falle es in seinem hohen Alter schwer, aber VKs Zukunft hänge davon ab: »Hoffentlich bist Du ein cleverer Student.«

243 *sheets of particulars* – (engl.) Angaben zur Person.

mit der »Notgemeinschaft« (Demuth) – Fritz Demuth gründete im April 1933 in Zürich die »Notgemeinschaft deutscher Wissenschaftler im Ausland«, die es sich zur Aufgabe machte, Forschungs- und Lehraufträge ausländischer Institute und Hochschulen zu vermitteln; wirkte ab Januar 1936 von London aus.

245 *promises, agrees and guarantees* – (engl.) verspricht, zustimmt und garantiert.

livelihood – (engl.) Lebensunterhalt.

246 *As for English learning ...* – (engl.) VK berichtet, dass er seine Tage damit beginne, engl. Grammatik zu pauken, und mit der

Lektüre engl. Zeitungen beschließe – und trotzdem nur mäßige Fortschritte erziele: »Ich bin mir sicher, Du entdeckst sonderbare Fehler.«

246 *applications* – (engl.) Bewerbungen.

s. c. l. – summa cum laude (lat.) mit höchstem Lob.

dem Philosophen – Clemens Baeumker (1853–1924), Philosoph, ab 1912 Professor in München.

248 *jetzt an der Columbia University* – Friedrich (Frederic) Spiegelberg war 1941–1962 Professor an der Stanford University, Kalifornien.

von Loeben – Max Georg von Loeben (1879–1958), Verwaltungsjurist; Regierungsrat (bis 1933) in Dresden; führendes Mitglied der Bekennenden Kirche.

250 *von Ihrem verstorbenen Freund* – Hans Moral, jüd. Amtsgerichtsrat in Dresden, 1933 amtsenthoben, nahm sich am 1. 10. 1939 das Leben, da er sich aufgrund neuer Verfügungen von seiner Haushaltshilfe, die seine Lebensgefährtin war, hätte trennen müssen. VK hatte Hans Moral bei Jenny Schaps kennengelernt.

251 *in L.* – London.

beiliegende zwei Blätter – Blatt 1: Berufungsbitte an das Committee for Displaced German Scholars (datiert vom »12/I 39.«) sowie ein ähnliches Schreiben an die International Hebrew Christian Alliance/ Newington Green; zu Blatt 2 vgl. Brief an Cecilia Razovsky, S. 252 ff.

excalculated! – (engl.) ausgerechnet!

254 *a più non posso* – (ital.) bis zum äußersten.

255 *Deinen Rat* – Walter Jelski hatte VK darauf aufmerksam gemacht, dass Emigranten in England sofort von der Warteliste genommen würden, sobald ein amerikan. Affidavit vorliege.

Beziehungen zur Church of England – Walter Jelski hatte angekündigt, mit einer Freundin der Sekretärin des anglikanischen Bischofs zu sprechen.

Christian window – (engl.) christliches Fenster.

256 *ray of grace* – (engl.) Strahl der göttlichen Gnade.

257 *My dearest aunty …* – (engl.) VK kommt der Aufforderung Lissy Meyerhofs nach und antwortet ihr in der »Sprache des Exils«, auch wenn das, was er zu berichten hat, wenig ermutigend ist: Er schreibt von den zahllosen Hürden einer möglichen Ausreise – und mit launiger Selbstironie von den Rätseln, die ihm vor allem die engl. Grammatik aufgabe.

258 *Montevideo* – Marta Jelski emigrierte im April 1939 mit ihrem Mann Julius Jelski nach Uruguay.

259 *Seid geduldig …* – »Seid fröhlich in Hoffnung, geduldig in Trübsal, beharrlich im Gebet.« (Römer 12,12.)

260 *wie Julius* – Julius Jelski.

261 *Grabrede für Levin* – Julius Jelski: Aus großer Zeit. Predigten, 1. Band, Lamm, Berlin 1915 / 2. Band, Philo-Verlag, Berlin 1930.
Martin S. – Martin Sußmann.

262 *für Heinz* – Heinz Machol (1892–1943), Sohn von VKs Schwester Hedwig; wurde 1943 mit seiner zweiten Frau Lilly (geb. 1903) und den beiden Söhnen Gert und Peter (geb. 1928 bzw. 1930) nach Auschwitz deportiert und dort ermordet.
Vita Nova – (lat.) Neues Leben.

265 *nerfs du dernier quart d'heure* – (frz.) die Nerven der letzten Viertelstunde.
Wilbrandts Arria und Messalina – Adolf von Wilbrandts »Trauerspiel in fünf Aufzügen« (1874).
Adele Sandrock – Adèle Caroline Sandrock (1863–1937), niederländ.-dt. Schauspielerin.

266 *Loewenstein und Hecht* – Von 1897 bis 1899 war VK kaufmännischer Lehrling in der Firma Löwenstein & Hecht, Kurz- und Galanteriewaren Export, in Berlin SW, Alexandrinenstraße 2.

269 *Aus einer guten Leihbibliothek* – VK nutzte von 1934 bis Ende 1942 die Leihbibliothek von Jordan Natscheff (1889–1983).

270 *Euer Neffe Jelski* – Willy Jelski.
Prof. Bond – Donald Frederic Bond (1898–1987).

271 *Patroklus* – VK notierte am 21.1.1922 die Verse »Auch Patroklus« in seinem Tagebuch: »Sind doch alle den Weg gegangen – / Warum erfüllt er mich mit Bangen? / Vater und Mutter liegen begraben – / warum wollt' ich es besser haben? / Jüngres, bessres, heißres Begehren / Mußte verstummen – wozu mich wehren? / Auch Patroklus … nun ja, verblich – / Sind aber doch alle nicht ich, nicht ich!« Bezieht sich auf Patroklos, einen der griechischen Kämpfer vor Troja in Homers »Ilias«.

272 *unsere Besprechung Mitte August* – Besuch im Dresdener Büro der »Bekenntnischristen«.

273 *Büro Pfarrer Grüber* – Heinrich Grüber (1891–1975), ev. Theologe, nach 1933 Mitglied der Bekennenden Kirche; gründete 1937 in seinem Pfarramt in Berlin-Kaulsdorf eine staatlich zugelassene »Hilfsstelle für christliche Juden«.

277 *»Neue Zwangsmaßregel in judaeos …«* – Vgl. VKs Tagebucheintrag vom 21.10.1940.

278 *»Nachmittagspost aus Berlin«* – Vgl. VKs Tagebucheintrag vom 14.8.1942 (abends).
»Früher hätte ich gesagt …« – Vgl. VKs Tagebucheintrag vom 16. April 1941.

279 *Caspar-David-Friedrichstr.* – Im Mai 1940 wurden Klemperers in das erste von insgesamt drei »Judenhäusern« zwangsumgesiedelt.

280 *Constantin Brunner* – Constantin Brunner, eigtl. Leo Wertheimer (1862–1937), Philosoph und Kritiker, emigrierte 1933 mit seiner Familie nach Den Haag.

in meinem Curriculum – Vgl. Curriculum vitae, Bd. 1, S. 172–197.

Stieftochter – Lotte Brunner (1883–1943), Autorin und Übersetzerin, wurde im Vernichtungslager Sobibor ermordet.

der Tanzstunde – VKs Tanzstunde begann 1898.

»Von den Geistigen und vom Volke« – Constantin Brunner: Die Lehre von den Geistigen und vom Volke, Schnabel, Berlin 1908.

281 *Siamo Meridionali* – (ital.) Wir sind Südländer.

282 *Seit ihrem Zusammenbruch … Trude Scherk* – VKs Schwester Grete befand sich ab Mitte Mai »in einer Irrenanstalt in Bernau. Verfolgungswahn durch Gehirnsklerose«, notierte VK am 26. Mai 1940 im Tagebuch, nachdem er einen Brief von Gertrud (Trude) Scherk (1872–1943), seiner Cousine väterlicherseits, erhalten hatte, die wie Grete in Berlin lebte.

284 *Deiner Jüngsten und dem Herrn Enkel* – Hildegard (Hilde) Sußmann, verh. Jonson (1911–1994), und ihr Sohn Edvard Bertil Jonson (geb. 1939).

285 *vieillard* – (frz.) alter Mann, Greis.

287 *tant bien que mal* – (frz.) mehr schlecht als recht.

288 *die Dardanellenaktion* – Die Angriffe britisch-französischer Seestreitkräfte auf die z. T. veralteten Befestigungen der Dardanellen vom 9. bis 25. 2. 1915 wurden von der türkischen Armee mit deutscher Unterstützung abgewehrt.

290 *an seinen Vetter* – Erreichte die Klemperers über Lissy Meyerhof, vgl. S. 296.

291 *Brown Boveri* – Brown, Boveri & Cie. war ein Schweizer Elektrotechnikkonzern mit Sitz in Baden.

292 *eines ungeborenen Werkes, das wahrscheinlich nie zur Welt kommen wird* – Es erschien 1947 als »LTI« im Berliner Aufbau-Verlag.

293 *disiectis membris* – disiecta membra (lat.) versprengte Glieder; Bezeichnung für die aus ihrer ursprünglichen Ordnung gerissenen Teile eines Ganzen; Reminiszenz an Horaz (Satiren 1,4,62).

296 *die Beilage von H.* – Kopie des Briefes von Hans Meyerhof aus einem ital. Internierungslager vom 3. 1. 1941 (vgl. S. 290 f.).

297 *Memoirenwerk des Grafen Joinville* – »Le livre des saintes paroles et des bons faits de notre saint roi Louis« (1309; Das Buch der heiligen Sprüche und der guten Taten unseres heiligen Königs Ludwig).

298 *mutatis mutandis* – (lat.) nach Änderung des zu Ändernden, d. h. nach den notwendigen Abänderungen bei angestellten Vergleichen.

zum bestandenen Diplomexamen – Der älteste Sohn Georg Wilhelm hatte seine Diplomprüfung bestanden.

299 *Georgs Befinden* – VKs Bruder Georg.

300 *im Januar in Kraft getretenen Bestimmungen* – Ab 1.1.1941 war die Steuer auf Einkommen für Juden in Deutschland auf 15 Prozent erhöht worden; die monatlich verfügbare Summe reduzierte sich für VK von 400 auf 340 M.

301 *junger Assistent Sauerbruchs* – Leo Ritter (1890–1979), Chirurg; Ferdinand Sauerbruch (1875–1951), seinerzeit Professor in München.

Friedi K's Schwiegermutter … von ihrer Tochter – Friedrich Wilhelm (Friedi) heiratete 1933 Ingeborg Frieda Edith Klink (1910–1998).

302 *cura posterior* – (lat.) spätere Sorge.

303 *»interessanten Grübeleien«* – Seine Sprachanalyse »LTI«.

das Dictionnaire philosophique – Werk Voltaires (1764), auch bekannt unter dem Titel »Die Vernunft nach dem Alphabet«.

304 *Operndirigent sei in einer Irrenanstalt in Los Angeles* – Otto Klemperer, wegen seiner jüdischen Herkunft 1933 von Deutschland nach Kalifornien geflohen, erkrankte an einem Hirntumor; 1939 Operation, in deren Folge er vorübergehend unter teilweiser Lähmung und depressiven Schüben litt.

Gobineau – Joseph Arthur Comte de Gobineau (1816–1882), frz. Historiker und Schriftsteller, gilt aufgrund seines Werkes »Versuch über die Ungleichheit der Menschenrassen« (1853/55) als Begründer der Rassentheorie.

305 *resurrectio* – (lat.) Auferstehung.

Witwe eines hiesigen Kollegen – Rosa Alice Breit, geb. Eckstein (1883–?), Ehefrau von James Breit.

309 *mit dieser »schwedischen Bibel«* – Am 11.5.1941 erschienene 15-Kronen-Sondermarke zum 400-jährigen Jubiläum des Erstdrucks der Bibel in schwedischer Sprache.

312 *B. K.* – Bekennende Kirche.

315 *»KPD u. Intelligenz u. Bourgeoisie«* – Vgl. VKs Tagebucheintrag vom 1.1.1946.

»das kleinste Übel« – Vgl. VKs Tagebucheintrag vom 20.11.1945.

317 *die freundschaftliche Aufnahme* – Nach der Flucht aus dem brennenden Dresden suchten Klemperers nach Aufenthalten in Piskowitz bei Kamenz und in Falkenstein/V. am 8. April 1945 Karl Vossler in München auf, der sie empfing und bewirtete, ihnen aber keine Unterkunft vermitteln konnte; daraufhin verbrachten sie die Nacht auf dem bloßen Boden im Münchner Bahnhofsbunker.

oberbayrischen Dorf – Unterbernbach, Bayern.

318 *in einen Stadtspeicher* – Dresdner Transport- und Lagerhaus-Aktiengesellschaft vorm. G. Thamm, Ludendorffufer, heute Terrassenufer, unweit des Stadtzentrums; VK erwähnt im Tagebuch, dass er

von der Brühlschen Terrasse aus sehen konnte, wie das Viertel um den Speicher in hellen Flammen stand.

318 *ein parteitüchtiger Krämer* – Kurt Berger; der Dölzschener Lebensmittelhändler war nach der Vertreibung der Klemperers im Juni 1940 von den örtlichen NS-Behörden (offenkundig auf sein Betreiben) als Mieter eingesetzt worden.

Mss, die in einer Pirnaer Klinik – Bei Annemarie Köhler.

319 *ouvrir un large bec* – (frz.) den Schnabel weit aufmachen, den Mund vollnehmen.

Lässt man Rohlfs im Amt – Gerhard Rohlfs (1892–1986), Romanist, habilitierte sich 1922 bei Eduard Wechssler, 1938 bis zur Emeritierung 1957 Professor in München; während der NS-Zeit übernahm er u.a. die Leitung der neu gegründeten Abteilung für dt.-roman. Beziehungen, eine Schaltstelle der offiziellen dt. Kulturpropaganda; nachdem er 1944 Zweifel am »Endsieg« geäußert hatte, wurde er für ein Jahr vom Dienst suspendiert.

Werden Sie selber noch einmal aufs Katheder gehen? – Karl Vossler, 1938 aus politischen Gründen vorzeitig emeritiert, 1945 reaktiviert, 1945–1947 Rektor der Universität München.

320 *Existiert Neubert noch* – Fritz Neubert (1886–1970) wurde im Herbst 1943 an die Universität Berlin berufen und am 29.1.1946 dort im Amt bestätigt; ging im Oktober 1949 an die FU Berlin, 1956 emeritiert.

comme si de rien n'était – (frz.) als sei nichts gewesen.

faux amis – (frz.) falsche Freunde; VK wandelt den Vers aus Rutebeufs »Complainte« ab und machte die Freunde, die der Wind davonträgt, zu falschen Freunden.

321 *Pg* – Parteigenosse, Mitglied der NSDAP.

323 *Hugo Friedrich* – Hugo Friedrich (1904–1978), Romanist, 1934 Professor in Köln, ab 1937 bis zu seiner Emeritierung in Freiburg/Br.

Harri Meier – Romanist (1905–1990), 1941 a. o. Professor, 1943 o. Professor in Leipzig, 1943–1950 Gastprofessor in Lissabon, 1950–1954 Professor in Heidelberg, ab 1954 in Bonn.

324 *This is the first news I got from you …* – (engl.) Der erste Briefkontakt der Brüder nach dem Ende des Krieges, der einzige erhaltene Brief, den Georg vollständig auf Englisch schreibt; lange wusste er nicht, ob sein Bruder den Terror des NS-Regimes überlebt hat; nun erzählt er von der Erleichterung, die die ganze Familie empfindet, und bittet ihn, auf seine Gesundheit zu achten und sich nicht zu übernehmen: »Qui va piano, va sano« – in der Ruhe liegt die Kraft.

per tot discrimina rerum – (lat.) durch so viele Gefahren; Wahlspruch von Maximilian I.

325 *vita activa atque contemplativa* – (lat.) aktives und kontemplatives Leben.

326 *von meinem ältesten Sohn Walter* – Walter Vossler blieb vermisst.

328 *sollten am 16. II abtransportiert werden* – Für den 16.2.1945 war, verschleiert als »Arbeitseinsatz außerhalb Dresdens«, die Deportation eines Großteils der bislang durch »Mischehe« geschützten Dresdner Jüdinnen und Juden nach Theresienstadt geplant.

da riß ich den Judenstern herunter – Im Tagebucheintrag vom 22. bis 24.2.1945 notierte VK: »Darauf riß Eva mit einem Taschenmesserchen die Stella von meinem Mantel.«

330 *neulich die Einweihungsrede* – Eröffnung der neu gegründeten Volkshochschule Dresden am 28. April 1946, VK als ihr wissenschaftlicher Leiter hielt die Antrittsrede.

Herbert Gute – Kunsterzieher, Schriftsteller (1905–1975); 1945 bis 1948 Ministerialdirektor (Leiter der Abt. Kunst und Literatur) bzw. Staatssekretär in der Landesverwaltung Sachsen, später Oberbürgermeister von Dresden.

331 *im 4. Heft des »Aufbau«* – Vgl. Aufbau, Heft 4/1946, S. 438–439.

333 *z. E.* – zum Exempel.

334 *Kollegen Spamer* – Adolf Spamer (1883–1953), Germanist und Volkskundler, 1926 und wieder ab 1947 Professor an der TH Dresden, 1936–1945 an der Friedrich-Wilhelms-Universität zu Berlin.

zu den Rosenbergleuten – Alfred Rosenberg (1893–1946), führender Ideologe der NSDAP, 1934 »Beauftragter des Führers für die Überwachung der gesamten geistigen und weltanschaulichen Schulung und Erziehung der NSDAP«, 1941 »Reichsminister für die besetzten Ostgebiete«.

337 *Göttinger Rektorenkonferenz* – Die 4. Hochschulkonferenz fand am 28./29.5.1946 in Göttingen statt.

das Literaturblatt – »Literaturblatt für germanische und romanische Philologie«, gegr. 1880.

von Schalk herausgeg. Rom. Forschungen – Fritz Schalk (1902–1980), in Wien geborener dt. Romanist, 1933 Professor in Rostock, 1936 in Köln; seit den dreißiger Jahren Herausgeber der Zeitschrift »Romanische Forschungen«.

338 *Dr Mannhart* – Hans Mannhart, Studienrat in Hamburg-Fuhlsbüttel.

Studie Barbusse – Plievier im »Aufbau« – VK: Barbusse und Plievier, in: Aufbau, Heft 6/1946, S. 635–645.

Ihren Aufsatz über die Sprache des 3. Reichs – VK: Aus dem Notizbuch eines Philologen, in: Tägliche Rundschau, Nr. 144 vom 25.6.1946.

Mönch – Walter Mönch (1905), Romanist.

Gottschalk – Walter Gottschalk (1894–1969), Romanist.

Hämel – Adalbert Hämel (1885–1952), Romanist.

338 *Kellermann* – Wilhelm Kellermann (1907–1980), Romanist.

Gamillscheg – Ernst Gamillscheg (1887–1971), Romanist.

A. Franz (Königsberg) – Arthur Franz (1881–1963), Romanist; 1920 Professor in Gießen, 1922 in Würzburg, 1929–1945 in Königsberg; ab 1949 Lehrauftrag in Jena, 1951–1954 dort o. Professor.

Wo Olschki und Hatzfeld stecken – Olschki wurde 1933 in Heidelberg in den Ruhestand versetzt, bis 1938 Gastprofessur in Rom, März 1939 Emigration in die USA, ab 1944 in Berkeley, Kal. – Helmut Hatzfeld wurde 1935 entlassen, emigrierte 1938 in die USA, ab 1942 Professor an der Catholic University of America in Washington.

Petriconi – Hellmuth Petriconi (1895–1965), Romanist, 1946 bis 1963 in Hamburg.

Großmann – Rudolf Großmann (1892–1980), Romanist.

Krüger – Fritz Krüger (1889–1974), Romanist.

Heinermann – Theodor Heinermann (1890–1946), Romanist.

Gerh. Hess – Gerhard Hess (1907–1983), Romanist.

Jul. Wilhelm – Julius Wilhelm (1896–1983), Romanist.

Hugo Friedrich – Hugo Friedrich (1904–1978), Romanist, 1937 bis zu seiner Emeritierung 1970 Professor in Freiburg/Br.

E. Glässer – Edgar Glässer (1910–1970), Romanist.

341 *Discite moniti* – (lat.) Lernt, die ihr gewarnt seid.

ihre Tochter Ilse – Ilse Student (1907–1986), Tochter von Felix Klemperer und seiner Frau Elisabeth (Betty), seit 1937 in zweiter Ehe mit dem Kaufmann Erich Student (1897–1980) verheiratet; die Familie emigrierte um 1936 nach Brasilien, im April 1937 in die USA.

16j. Sohn – Ihr Sohn aus erster Ehe nahm in der Emigration (zunächst Brasilien, dann USA) den Namen seines Stiefvaters an und hieß fortan Kurt Robert Student (geb. 1929).

Sohn Kurt – Kurt Klemperer (1908–1974), der ältere Sohn von Felix Klemperer, Jurist, emigrierte im Jahr 1934 nach Brasilien; er betrieb eine Firma zur Herstellung von Fotoapparaten und war später Generalvertreter der Firma Pouva. Die Ehe mit seiner Frau Elfriede (Elfi; 1910–1992) blieb kinderlos; sie adoptierten ein deutsches Kind, Jochen Siegfried (Jonny) Klemperer (geb.1942).

mit liebenswürdiger Amerikanerin verlobt – Janet F. Klemperer.

Hilde … hat 2 Kinder – Edvard Bertil Jonson (geb. 1939) und Gunilla Sophia Jonson (1942–2002).

343 *Bechers »Deutschem Bekenntnis«* – Johannes R. Becher: Deutsches Bekenntnis, Drei Reden zu Deutschlands Erneuerung, Aufbau-Verlag, Berlin 1945 (1946 u. 1947 in jeweils erweiterter Auflage).

344 *die verunglückte Ansprache* – VK: Die Rolle der Intellektuellen in der Gesellschaft, in: Aufbau, Heft 7/1946, S. 682–686.

346 *Herrn Willmann* – Heinz Willmann (1906–1991); 1945 Mitbegründer des Kulturbundes und des Aufbau-Verlages, 1945–1950 Bundessekretär des Kulturbunds, später Generalsekretär des Friedensrats der DDR.

347 *mit ihrer Mutter* – Betty Herz, geb. Progel.

das höchst merkwürdige Buch – Werner Krauss: PLN, Die Passionen der halykonischen Seele, Vittorio Klostermann, Frankfurt a. M. 1946 (Lizenzausgabe Rütten & Loening, Potsdam 1948); PLN = Postleitnummer.

des Rektors Ihrer Hochschule – Enno Heidebroek (1876–1955), 1931–1951 Professor an der TH Dresden (Lehrstuhl für Allgemeine Maschinenkunde); Juni 1945–1947 Rektor der TH Dresden.

348 *CARE* – »Cooperative for Assistance and Relief Everywhere«, Ende 1945 gegründete private Hilfsorganisation mit Sitz in Genf, bekannt durch die in der Nachkriegszeit versandten CARE-Pakete.

349 *quidquid agis prudenter agas et respice finem!* – (lat.) Was auch immer du tust, handle klug und bedenke das Ende.

Denke an Rathenau – Walther Rathenau (1867–1922), Industrieller und Politiker, ab Februar 1922 Reichsaußenminister, wurde am 24.6.1922 von Offizieren der rechtsextremen Organisation Consul ermordet.

octogenarius – (lat.) Achtzigjähriger, Mann in den Achtzigern.

352 *ein Schreiben Ihrer Frau Mutter* – Vgl. VKs Antwort an Fr. Hirche vom 11.11.1945.

354 *»jeder Weg führte nach Moabit«* – Justizvollzugsanstalt Moabit im Berliner Ortsteil Moabit; während der Zeit des Nationalsozialismus waren hier viele Regimegegner inhaftiert.

vor dem 20. Juli – Vor dem gescheiterten Attentat auf Hitler am 20. Juli 1944.

357 *eine Corneille-Studie* – Werner Krauss: Corneille als politischer Dichter, Verlag von Adolf Ebel, Marburg a. d. Lahn 1936, in: Marburger Beiträge zur Romanischen Philologie, hrsg. von Werner Krauss, Heft 18.

Kannten Sie mein Corneillebuch – Unter dem Titel »Pierre Corneille« im Max Hueber Verlag, München 1933, erschienen. Krauss hatte die Arbeit sogar rezensiert (in: »A Bibliography of the Survival of the Classics«, Vol. II, The Publications of 1932–1933, The Warburg Institute, London 1938). Krauss würdigte sie als eine »beachtliche Gesamtdarstellung«, um dann hervorzuheben, was ihm für seine eigene Arbeit wichtig war: »Am nützlichsten sind die Betrachtungen zu den Alterswerken […].«

ein Opus über die 12 Jahre – Werner Krauss' Roman »PLN«.

357 *Phila* – Ehefrau von Berthold Meyerhof.
360 *G.s* – Blumenfelds Frau Grete.
     Kafkas – Gustav Kafka (1883–1953), Philosoph, 1915 Professor in München, 1923 an der TH Dresden, 1935 zwangsemeritiert, 1946 wieder an der TH Dresden, seit 1947 in Würzburg.
361 *Ahasver* – Nach der Figur aus dem »Volksbuch vom Ewigen Juden« (1602).
362 *Und wenn ich mit Menschen- und mit Engel-Zungen redete* – Hohelied der Liebe (1. Korinther 13).
363 *giudeo* – (ital.) Jude.
     am 13/6 – Im Juni 1943.
364 *M.P.* – Militärpolizei.
     Agrumen – Agrumi (ital.) Zitrusfrüchte.
     selig wer sich vor der Welt … – Vorletzte Strophe von Goethes Gedicht »An den Mond«.
365 *Berthold … noch boese* – Hans Meyerhof ließ bei seinem Weggang aus Deutschland seine zwei Kinder zurück; als deren Mutter starb, kümmerten sich seine Geschwister um die beiden.
366 *[…]* – Gekürzt wurde Vosslers detaillierter Überblick über die neu erschienenen romanistischen Publikationen während der NS-Zeit.
     Huldigung für Vossler – VK: Huldigung für Karl Voßler, Zur Neueröffnung der Technischen Hochschule in Dresden, in: Aufbau, Heft 10/1946, S. 1036–1041.
367 *Schramm* – Edmund Schramm (1902–1975), Romanist, ab 1938 Professor in Greifswald, ab 1946 in Mainz.
     ein Buch über … Cortés – Edmund Schramm: Donoso Cortés. Leben und Werk eines spanischen Antiliberalen, Ibero-amerik. Inst., Hamburg 1935.
     Carl Schmitt (Dorotitz) – Carl Schmitt, zeitweise Carl Schmitt-Dorotič (1888–1985), Staats- und Völkerrechtler.
368 *von Ihrem »Mittelfrz.«* – VK: Einführung in das Mittelfranzösische, Texte und Erläuterungen für die Zeit vom 13. bis zum 17. Jahrhundert, Leipzig/Berlin 1921.
     infolge Einführung des Franc d'occupation – Mainz war französische Besatzungszone.
     von Friedmanns freiw. Tod – Wilhelm Friedmann (1884–1942), a. o. Professor in Leipzig, verließ Deutschland im Jahr seiner Zwangsentlassung 1933, geriet 1942 in Südfrankreich in die Hände der Gestapo und beging in der Nacht zum 11.12.1942 während des Polizeiverhörs in Bedous Selbstmord.
     von dem H. Schöffler – Herbert Schöffler (1888–1946), Professor der Anglistik, beging am 18.4.1946 Selbstmord.
     Kurt Wais – Romanist, Germanist und Komparatist (1907–1995).

369 *Span. Sprichwörter* – Werner Krauss: Die Welt im spanischen Sprichwort, Limes Verlag, Wiesbaden 1946.

die Rousseau- u. die Prévost-Arbeit – Martin Hellweg: Der Begriff des Gewissens bei Jean-Jacques Rousseau. Beitrag zu einer Kritik der politischen Demokratie, Verlag Adolf Ebel, Marburg a. d. Lahn 1936 (Marburger Beiträge zur Romanischen Philologie 20); Franz Walter Müller: Die Grundbegriffe der gesellschaftlichen Welt in den Werken des Abbé Prévost, Verlag Adolf Ebel, Marburg a. d. Lahn 1938 (Marburger Beiträge zur Romanischen Philologie, 19a).

die Affäre von Jan – VK hielt Eduard v. Jan, Professor in Leipzig, aufgrund von Zugeständnissen, die dieser während der NS-Zeit gemacht hatte, für nicht tragbar, zudem strebte er selbst das Leipziger Ordinariat an; 1947 ging von Jan nach Jena, sein Nachfolger wurde Werner Krauss, nicht VK.

meine »Lit. Gesch. d. 19. u. 20. Jh's« – VK: Geschichte der französischen Literatur im 19. und 20. Jahrhundert. 1800–1925, 2 Bde., Deutscher Verlag der Wissenschaften, Berlin 1956.

mein Dixhuitième – VK, Geschichte der französischen Literatur im 18. Jahrhundert, Bd. 1: Das Jahrhunderts Voltaires, Deutscher Verlag der Wissenschaften, Berlin 1956, Bd. 2: Das Jahrhundert Rousseaus, Max Niemeyer Verlag, Halle 1966.

Das Ms. … hat meine Frau gerettet – Eva Klemperer brachte die Tagebücher sowie die Manuskripte der Autobiographie u. der frz. Literaturgeschichte des 18. Jh.s zu der befreundeten Ärztin Dr. Annemarie Köhler in Pirna.

meine Moderne franz. Prosa – VK: Die moderne französische Prosa. Studie und erläuterte Texte, 1. Aufl. 1923, 2., durchges. u. stark vermehrte Aufl. 1926, B. G. Teubner, Leipzig u. Berlin (Teubners philologische Studienbücher); 3., erneuerte Auflage, Teubner, Leipzig 1948.

370 *von der Gründung der VVN gehört* – »Vereinigung der Verfolgten des Naziregimes«, überparteilicher Zusammenschluss von antifaschistischen Widerstandskämpfern u. Opfern des NS-Terrors, wurde am 22./23. 2. 1947 in Berlin gegründet (Vorsitz Ottomar Geschke u. Probst Heinrich Grüber); an ihre Stelle trat 1953 in der DDR das Komitee der Antifaschistischen Widerstandskämpfer.

meinen Artikel darüber (im »Sonntag«) – VK: Die VVN, in: Sonntag, Eine Wochenzeitung für Kulturpolitik, Kunst und Unterhaltung, 2. Jg., Nr. 13, 30. 3. 1947, S. 6.

Wegen Deines Double – Bezieht sich auf Krauss' Roman »PLN«, Double hinsichtlich der Titelähnlichkeit mit VKs »LTI«; VK veröffentlichte zwei Rezensionen zu »PLN« in »Heute und Morgen« (1948) und »Forum« (1950).

372 *Zu Deiner Berufung* – Krauss übernahm im Herbst 1947 das romanistische Ordinariat in Leipzig, wohin er von Marburg übersiedelte.
eines Historikers – Johannes Kühn (1887–1973), 1928–1946 Professor an der TH Dresden, 1947 in Leipzig, 1949 in Heidelberg.
daß Auerbach nach Marburg zurückkehrt – Aus Marburg erhielt Erich Auerbach nach 1945 keine offizielle Rückberufung. Er blieb in den USA.
Ich will ausführlich darüber schreiben – VK: Philologie im Exil (Rez. zu Erich Auerbach: Mimesis, Dargestellte Wirklichkeit in der abendländischen Literatur, Francke, Bern 1946), in: Aufbau, Heft 10/1948, S. 863–868.

374 *meine Braut* – Ellen Maria Gottlieb (1917–1984).

375 *Rede über die Aufgaben der Volkshochschule* – VK: Über die Aufgaben der Volkshochschule. Rede zur Eröffnung der Dresdener Volkshochschule am 28. 4. 1946, in: Pädagogik, 2. Jg., 1947, Heft 1, S. 10–22.
Ihr letzter Besuch in München – VK war vom 15. bis 19. Mai 1947 in München anlässlich einer ersten VVN-Tagung (17./18. 5. 1947), bei der Vertreter aus den Westzonen und der Ostzone zusammentrafen, und besuchte auch Karl Vossler.
Gründer des Auroraverlags – Der Exilverlag Aurora wurde (als Nachfolger des Malik-Verlags) im April 1944 in New York von Wieland Herzfelde gegründet; mit dem Verlag verbunden waren die Autoren Ernst Bloch, Bertolt Brecht, Ferdinand Bruckner, Alfred Döblin, Lion Feuchtwanger, Oskar Maria Graf, Heinrich Mann, Berthold Viertel, Ernst Waldinger und F. C. Weiskopf.

376 *Kurt Pinthus* – Schriftsteller und Journalist (1886–1975).
Unter fremden Himmeln – F. C. Weiskopf: Unter fremden Himmeln. Ein Abriß der deutschen Literatur im Exil 1933–1947, Karl Dietz Verlag, Berlin 1948.
von Herrn Steininger – Karl Steininger (1876–1949), ehemals Bankkaufmann; in der NS-Zeit aus politischen Gründen zu Gefängnishaft verurteilt und von der Dresdner Bank entlassen.

377 *in der Münchner Neuen Zeitung* – Die Neue Zeitung, ein seit dem 17. 10. 1945 in der Britischen Besatzungszone zunächst zweimal, später sechsmal wöchentlich erscheinendes Blatt.
an Frankes – Elsa, Olga, Adele und Walter Franke, Cousinen und Cousin VKs mütterlicherseits.

378 *Josef und seine Brueder* – Thomas Manns Tetralogie »Joseph und seine Brüder« erschien zwischen 1933 und 1943.

380 *Amateurgardener* – (engl.) Amateurgärtner.
Karl Mannheim – Soziologe und Philosoph österr.-ungar. Herkunft und jüdischer Religion, deutscher und britischer Staatsbürger (1893–1947).

380 »*Heidelberger Kreis*« – Karl Mannheim war 1926–1930 Privatdozent in Heidelberg.

382 »*Kultur*« – VK: Kultur, Erwägungen nach dem Zusammenbruch
des Nazismus, Verlag Neues Leben, Berlin 1948.

383 *überzeugtester Anhänger der SED* – Vgl. VKs Äußerung über den
Eintritt in die KPD als das »kleinste Übel«, S. 315 und Anm.

386 *Frau Freund-Hoppe* – Martha Hoppe-Freund (gest. 1951), VKs Sekretärin an der Volkshochschule Dresden.

Dear uncle Victor… – (engl.) VKs Nichte Katy (Käthe Sußmann) bietet ihre herzliche Unterstützung an: Sie arbeite als Schneiderin und
könne Kleidung und Lebensmittel schicken; außerdem erkundigt sie
sich nach ihrer Schwester Lotte, die sie in der Nähe der Klemperers
wähnt.

387 *In Sachen Rendsburg* – Gegen Rendsburg hatte VK 1947 Anzeige
wegen Unterschlagung erstattet, da er ihn mitverantwortlich für
den Verlust der im Juni 1945 in München deponierten Kompositionen von Eva Klemperer machte.

388 *B.* – Elisabeth (Lisl) Stühlers Sohn Bernhard.

meinen Vater – Herr Burkhardt, Schweitenkirchen.

390 *Ihr Vetter uns in Moskau* – Der Dirigent Otto Klemperer; von Wangenheim ging 1933 ins Exil und verbrachte die ersten Jahre in Moskau, Otto Klemperer absolvierte 1936 zwei Europa-Tourneen mit
Konzerten in Strasbourg, Wien und Moskau.

391 *im Zusammenhang mit dieser Sache* – Gemeint ist die Sache des Sozialismus.

393 *Peter und Lotte* – Peter Klemperer und Lotte Sußmann.

394 *Sohn Hugh* – Hugh George (Uwe) Klemperer (1928–1985), später Arzt.

Sohn Derek – Derek Frederick (Dieter Friedrich) Klemperer (geb.
1929), später Chemiker.

399 *Die Zentralverwaltung* – Deutsche Zentralverwaltung für Volksbil-
dung, gegründet am 12.9.1945; Vorläufer des Ministeriums für
Volksbildung der DDR; innerhalb der Zentralverwaltung für
Volksbildung gab es eine Abt. Hoch- und Fachschulen.

Genosse Dr. Opitz – Alfred Opitz war Schüler des Historikers Otto
Vossler, des Sohns von Karl Vossler, Professsor in Leipzig.

bei Behrens – Fritz (Friedrich) Behrens (1909–1980), politischer
Ökonom.

Der Ordinarius für Geschichte – Adolf Hofmeister (1883–1956),
Historiker, ab 1921 o. Professor in Greifswald, Direktor des Historischen Seminars.

400 *Kühn (Johannes)* – Historiker (1928–1946), ab 1928 Professor an
der TH Dresden, ab 1947 in Leipzig; 1943 Mitgl. der Sächs. Akademie der Wissenschaften, zu VKs Einschätzung von Kühns Pu-

blikationen während der NS-Zeit vgl. seine Tagebucheinträge vom 16.8.1936, 16.7. und 17.9.1941.

400 *Prof. Jacoby* – Günther Jacoby (1881–1969), Philosoph, ab 1919 Professor in Greifswald, 1937 zwangspensioniert, 1945 wiedereingesetzt, 1946–1948 Dekan.

SED-Hochschultagung – 4. Tagung des Zentralen Hochschulausschusses der SED am 7./8.2.1948.

401 *Rompe* – Robert Rompe (1905–1993), Physiker, 1945–1949 Leiter der Hauptabteilung Wissenschaft u. Hochschulen in der Deutschen Zentralverwaltung für Volksbildung, 1946–1950 Mitglied des Parteivorstandes der SED.

Wandel – Paul Wandel (1905–1995), Präsident der am 11.9.1945 für die Sowjetische Zone gebildeten Deutschen Zentralverwaltung für Volksbildung, 1949–1952 Minister für Volksbildung.

mit Rocholl – Theodor Rocholl, Oberregierungsrat im Ministerium für Volksbildung des Landes Sachsen.

am 17/18. als Delegierter in Berlin – Der Zweite Deutsche Volkskongress tagte am 17./18. März 1948.

in »Heute u. Morgen« – VK: PLN, Eine chiffrierte Zeitgeschichte, in: Heute und Morgen, 1948, Heft 5, S. 367 f.

KB. – Kulturbund.

402 *Herrn Wartburg* – Walther von Wartburg (1888–1971), Schweizer Romanist, war als Hrsg. für die Wiederaufnahme der »Zeitschrift für Romanische Philologie« vorgesehen; Werner Krauss schlug VK als zweiten Hrsg. vor, Wartburg lehnte das ab, weil er Krauss bevorzugte; das Vorhaben zerschlug sich.

einen braven Schulmann – Der Lektor Karl-August Hohmann.

404 *meiner Schwägerin* – Käthe Voß, eine Mitbewohnerin des »Judenhauses« Caspar-David-Friedrich-Straße 15b in Dresden; sie wurde am 2./3.3.1943 nach Auschwitz-Birkenau deportiert.

405 *Noten von Rendsburg* – Bezieht sich auf den Verlust der im Juni 1945 in München deponierten Kompositionen von Eva Klemperer; vgl. Anm. zu S. 387.

wer wohnt in Eurem Haus auf dem Kirschberg – VKs Kollege Prof. Rudolf Schottlaender.

408 *der Film »Ehe im Schatten«* – Regie Kurt Maetzig, DEFA 1947.

Schauspielers Gottschalk und seiner jüdischen Frau – Joachim Gottschalk (1904–1941) und Meta Wolff (1902–1941) begingen 1941 angesichts ihrer ausweglosen Situation Selbstmord.

409 *quartum imperium* – (lat.) Viertes Reich.

410 *Literaturgeschichte von Linden* – Walther Linden: Geschichte der deutschen Literatur, Von den Anfängen bis zur Gegenwart, Reclam, Leipzig 1937.

412 *Im Punkte Herzl* – Theodor Herzl (1860–1904).

Bernadotte! – Graf Folke Bernadotte (1895–1948), Leiter des schwedischen Hilfswerks im Zweiten Weltkrieg, verhandelte 1945 mit Himmler über die Rettung der skandinav. KZ-Gefangenen und die kampflose Räumung Norwegens und Dänemarks; 1946 Präsident des Schwedischen Roten Kreuzes, übernahm im Mai 1948 im Auftrage der UN die Vermittlung im Palästina-Konflikt, wurde am 17. 9. 1949 von Mitgliedern einer israelischen Untergrundorganisation in Jerusalem ermordet.

414 *meiner gedacht* – Vgl. LTI, Kap. XXIX (»Zion«), dort zitiert VK Verse von Julius Bab aus den Gedichten »Deutschland« (1914/19): »Und liebst du Deutschland? – Frage ohne Sinn! / Kann ich mein Haar, mein Blut, mich selber lieben? / Ist Liebe nicht noch Wagnis und Gewinn?! / Viel wahllos tiefer bin ich mir verschrieben / und diesem Land, das ich, ich selber bin.«

George – Stefan George.

415 *Genosse Merker* – Paul Merker (1894–1963), 1946–1950 Mitglied des Parteivorstandes der SED.

417 *seine Josef Filsers* – Anspielung auf Ludwig Thomas (1867–1921) Satiren »Briefwechsel des bayrischen Landtagsabgeordneten Jozef Filser« und »Jozef Filsers Briefwexel« (1909/12).

Vorsitzende des Landtages – Präsident des bayerischen Landtags war von 1946 bis 1950 Michael Horlacher (1888–1957).

418 *siehe »der größte Feldherr aller Zeiten«* – Vgl. LTI, Kapitel XXX: »Der Fluch des Superlativs«.

Carlo – Karl Vossler.

Ihre Balancierstange – Vgl. LTI, Kapitel I: »Mein Tagebuch war in diesen Jahren immer wieder meine Balancierstange, ohne die ich hundertmal abgestürzt wäre.«

419 *»Edward«-Irene* – In der Jugend lud Julius Bab regelmäßig eine »Herde Jungen« zu sich nach Hause ein, es wurde gerauft, und er trug »mit dem gleichen Kraftüberschuß« Gedichte vor, mehrfach die schottische Ballade »Edward« aus Johann Gottfried Herders Sammlung »Stimmen der Völker in Liedern« (Curriculum vitae, Bd. 1, S. 95 f.).

»Fortinbras« (Anti Hamlet!) – Julius Bab: Fortinbras oder der Kampf des 19. Jahrhunderts mit dem Geiste der Romantik, Sechs Reden, Bondi, Berlin 1914; Fortinbras ist eine Figur in Shakespeares »Hamlet«.

mein Sohn – Björn Bab.

420 *den 48er Film* – »Und wieder 48« (Regie und Drehbuch Gustav von Wangenheim, DEFA 1948), in der Hauptrolle Inge von Wangenheim als Else Weber.

Mamlock – »Professor Mamlock« (1933), Schauspiel von Friedrich Wolf.

420 *Illegale* – »Die Illegalen«, Drama (1946) von Günther Weisenborn (1902–1969), der, 1942 wegen Hochverrats zum Tode verurteilt, bis 1945 im Zuchthaus Luckau inhaftiert war.

Kusmin – »Oberst Kusmin« (»Gubernator prowinzii«, 1947), Stück der Brüder Tur: Leonid D. Tubelski (1905–1961) und Pjotr L. Ryshej (1908–1978), russ.-sowjet. Dramatiker; Mitautor war der Jurist Lew R. Schejnin (1906–1967).

422 *und ebenso Abusch* – Alexander Abusch (1902–1982), Publizist, Kulturpolitiker, 1946–1953 Bundessekretär des Kulturbundes.

eine Rede … vor Professorenschaft und Studenten der Greifswalder Universität – VK: Arbeiterblut, Studentenblut, Rede am Dies Academicus der Universität Greifswald, den 19. 4. 1948, zur 100-Jahrfeier der Märzrevolution; Privatdruck der Universität Greifswald (1948).

423 *der gute Dr. Reiher* – Johannes Reiher (1893–1981), Gymnasiallehrer in Döbeln und Dresden, Übersetzer und Herausgeber, ab 1945 freiberuflich u. a. an der Sächsischen Landesbibliothek tätig.

»Vita nuova« – (lat.) Neues Leben; Titel eines Werkes (1295) von Dante Alighieri.

Voretzsch – Karl Voretzschs (1867–1947) Arbeiten zur altfrz. Sprache und Literatur (1901 bzw. 1905) wurden zu Standardwerken.

Suchier – Hermann Suchier (1846–1914), Romanist.

424 *in philologicis* – (lat.) in sprachlichen Dingen; im Sprachlichen.

degree – (engl.) Grad; hier ein Abschluss.

425 *die neue dritte Bearbeitung* – Die 3., erweiterte Auflage erschien 1948 bei B. G. Teubner in Leipzig.

426 *Menéndez Pidal* – Ramón Menéndez Pidal (1869–1968), span. Philologe und Historiker.

427 *meine Moderne französische Lyrik* – Die Neuausgabe »Moderne französische Lyrik (Dekadenz – Symbolismus – Neuromantik)« erschien 1957 mit dem Anhang »Vom Surrealismus zur Résistance« im Deutschen Verlag der Wissenschaften, Berlin.

ein Altphilologe Marx – Rudolf Marx, Leiter der Dieterich'schen Verlagsbuchhandlung Leipzig.

über den Bedeutungswandel des Wortes »Humanismus« – Später hielt VK vor dem Kulturbund Dresden erneut einen Vortrag zu diesem Thema, der 1953 im Berliner Aufbau-Verlag unter dem Titel »Der alte und der neue Humanismus« erschien.

eine Broschüre von Deiters – Der Beitrag des Erziehungswissenschaftlers Heinrich Deiters (1887–1966) trägt den Titel »Der reale Humanismus« (Aufbau-Verlag, Berlin 1947).

in einer DLZ-Recension – Erschienen in: Deutsche Literaturzeitung, 70/1949, Sp. 206–210.

428 *Aragon (les beaux quartiers)* – Der Roman »Les beaux quartiers« erschien 1952 als Bd. 2 der Tetralogie »Die wirkliche Welt« unter
dem Titel »Die Viertel der Reichen« im Verlag Volk und Welt, Berlin, in der Übersetzung von Stephan Hermlin.
mutilée – (frz.) verstümmelt.
in der Luft zu zerreissen – Stephan Hermlin: Ein schlechter Dienst
an der deutschen Jugend (Victor Klemperer, Die moderne französische Prosa), in: Tägliche Rundschau, Nr. 71, 25.3.1949. Hermlin kritisierte in seiner Rezension die gegenüber der Ausgabe von
1926 unveränderte Auswahl und die Aufnahme von Texten obsku-
rer, konservativer Autoren (»inzwischen auf den Misthaufen der Literaturgeschichte gewandert«), während einige demokratische und
Résistance-Schriftsteller keine Berücksichtigung gefunden hätten.

432 *»Tableau!«* – (frz.) Gemälde; hier: Bild.

433 *in einem stockkatholischen Hospital* – Im Frühjahr 1916 lag VK im
katholischen St.-Vinzenz-Krankenhaus in Paderborn und benutzte
die Bibliothek des erzbischöflichen Seminars.

434 *Eluards Résistancegedichte* – Paul Éluards Gedichtband »Poésie et
vérité« (1942) wurde von Stephan Hermlin ins Deutsche übertragen.
Artikel über Burckhardt – Jacob Burckhardt.

435 *Wegen meiner Promotionssache* – Lange promovierte 60-jährig mit
einer Arbeit über die gesellschaftlichen Beziehungen in Fontanes
Romanen; 1970 wurde er zum Professor ernannt.
M. G. Lange – Max Gustav Lange (1899–1963), Erziehungswissenschaftler; 1946–1950 Chefredakteur der Zeitschrift »Pädagogik«, 1947 Professor für Soziologie in Halle, ging 1951 in die Bun-
desrepublik Deutschland.

436 *von der Redaktion der Täglichen Rundschau* – Hier war Hermlins
Rezension über VKs »Moderne französische Prosa« erschienen
(Tägliche Rundschau, Nr. 71, 25.3.1949).

437 *Walter Flex* – Lyriker, Erzähler und Dramatiker (1887–1917), sti-
lisierte den Krieg zum heroischen Gemeinschaftserlebnis.
Hans Grimm – Schriftsteller (1875–1959), wurde mit seinen Romanen, Aufsätzen und Reden zum literarischen Exponenten des
deutschen Expansionismus.
Jaurès – Jean Jaurès (1859–1914), ab 1893 linksrepublikanischer
Abgeordneter der Nationalversammlung; als Pazifist Befürworter
einer politischen Verständigung mit Deutschland; am 31.7.1914,
unmittelbar vor Ausbruch des Ersten Weltkrieges, von dem frz. Na-
tionalisten Raoul Villain ermordet.
Barbusse, Rolland, Bloch … »Clarté« … und »Europe« – Jean-Ri-
chard Bloch (1884–1947) engagierte sich in der von Henri Barbusse (1873–1935) geführten »Clarté«-Bewegung, einer Friedens-

bewegung demokratischer Intellektueller; gemeinsam mit Romain Rolland (1866–1944) Begründer der Pariser Zeitschrift »Europe«, einer literarischen Monatszeitschrift.

437 *»Commune«* – Pariser Kommune, revolutionärer Pariser Stadtrat zwischen März und Mai 1871 als Versuch, die Stadt nach sozialistischen Vorstellungen zu regieren.

quod licet Jovi, non licet bovi – (lat.) Was Jupiter erlaubt ist, ist dem Ochsen nicht erlaubt.

»Mythus« – Alfred Rosenberg: Der Mythus des 20. Jahrhunderts, Eine Wertung der seelisch-geistigen Gestaltenkämpfe unserer Zeit, Hoheneichen-Verlag, München 1930.

439 *an den Rektor* – Rektor der Universität Halle war 1948–1951 der Historiker Eduard Winter (1896–1982).

»Reinhard Vahlen« – Vahlen war ab 1948 als Oberregierungsrat zuständig für Hochschulen und Wissenschaft im Ministerium für Volksbildung, Kunst und Wissenschaft der Landesregierung von Sachsen-Anhalt.

440 *für Ihre Besprechung* – VK hatte unter dem Titel »Philologie im Exil« Erich Auerbachs Werk »Mimesis. Dargestellte Wirklichkeit in der abendländischen Literatur« (Francke, Bern 1946) besprochen, in: Aufbau, Heft 10/1948, S. 863–868.

441 *Ernst Bloch* – Ernst Bloch (1885–1977), Philosoph, 1933 Emigration (Zürich, Wien, Paris, ab 1938 USA), ab 1948 Professor in Leipzig.

442 *von meinem Manuskript* – Auguste Lazar: Jan auf der Zille, Sachsenverlag, Dresden 1950.

Archivarius Lindhorst … Serpentina – Figuren aus E. T. A. Hoffmanns Novelle »Der goldne Topf« (1814/19).

Judith – Judith (Lütti) Strindberg, geb. 1924, Tochter von Maria Lazar.

And that's that – (engl.) Und damit hat sich's.

443 *Mathiez* – Albert Mathiez (1874–1932), frz. Historiker, eine der zentralen Gestalten der französischen Revolutionsgeschichtsschreibung.

Taine – Hippolyte Taine (1828–1893), frz. Philosoph, Historiker und Literaturkritiker.

»grand peur« – (frz.) Große Furcht, führte zu Beginn der Französischen Revolution zu den gewalttätigen Bauernaufständen.

»terreur« – (frz.) Schrecken.

446 *vestigia terrent* – (lat.) Die Spuren schrecken (mich) ab.

die Vertreibung Niemeyers – Der Verleger Hermann Niemeyer (1883 bis 1964), Sohn und Nachfolger des Verlagsgründers Max Niemeyer, ging 1949 von Halle nach Tübingen und führte den Verlag ab 1950 parallel zum VEB Max Niemeyer Verlag, Halle, dort weiter.

447 *OdF* – Opfer des Faschismus.

447 *für den fabelhaften Vortrag* – VK hatte am 21.7.1949 in Mainz vor einem kleinen, von dem AStA Mainz geladenen studentischen Publikum über die Notwendigkeit gesprochen, das deutsch-deutsche Gespräch auf möglichst vielen Ebenen aufzunehmen.

für den Goethe-Preis (oder wie er heißt) – Nationalpreis, der das erste Mal im Goethejahr 1949 vergeben wurde.

449 *Dein Name in unseren Zeitungen mit Mißbilligung genannt wurde* – VK sprach am 9.6.1949 vor kleinem Publikum in München, am 12.6. vor Lehrern in Nürnberg; hierüber erschienen offenbar entstellende, tendenziöse Berichte in der westdt. Presse; besonders übel nahm man VK, dass er sowj. Panzer als »Friedenstauben« bezeichnet hatte.

Musik-Otto – Otto Klemperer (1885–1973), Cousin VKs (die Väter waren Brüder), einer der namhaftesten deutschen Dirigenten des 20. Jahrhunderts, weltweite Engagements; zu dieser Zeit Chef der Budapester Oper.

450 *Was man sich in der Jugend wünscht* – Goethe: Aus meinem Leben, Dichtung und Wahrheit, 2. Teil, 1811/12, Motto zum 6. Buch.

Karl Heinz … Pfeffer – Anglist und Soziologe (1906–1971).

redivivus – (lat.) Wiedererstandener.

Walter Hübner – Anglist (1884–1970), ab 1930 Honorarprofessor in Berlin.

par ignobile fratrum – (lat.) unedles Bruderpaar; in Anlehnung an par nobile fratrum (lat.) ein edles Bruderpaar (ironisch), Zitat aus Horaz' Satiren.

451 *in der Zs. »Die lebenden Fremdsprachen«* – »Zeitschrift für Neusprachler«, geg. 1949.

Frau Felix Liebermann – Frau des Historikers Felix Liebermann (1851–1925).

452 *Weimarer Vortrages* – VK sprach am 5. April 1950 in der Aula der Musikhochschule Weimar vor mehr als 100 Hörern zum Thema »Nation und Sprache«.

453 *Herrnstadt in der Broschüre »Die Russen u. wir«* – Rudolf Herrnstadt (1903–1966), Publizist, 1945–1949 Chefredakteur der »Berliner Zeitung«, seine Sammlung »›Die Russen‹ und wir …, Beiträge zur Frage der Herstellung eines Freundschaftsverhältnisses zur Sowjetunion, dem Lande des Sozialismus« erschien 1949 im Sachsenverlag, Dresden.

454 *Kubas Stalinkantate* – »Kantate auf Stalin« (1949) von Kuba (eigtl. Kurt Barthel; 1914–1967), Lyriker und Dramatiker, Nationalpreisträger, zum 70. Geburtstag Stalins, vertont von Jean Kurt Forest (1909–1975).

Genossen wie Gerster oder Cilenšek – Ottmar Gerster (1897–1969), Komponist, 1947–1951 Professor an der Hochschule für Musik in

Weimar; Johann Cilenšek (1913–1998), Komponist und Musik-
pädagoge, 1947–1978 an der Hochschule für Musik Weimar, lange
Jahre deren Rektor.

455 »*Über die Kulturverordnung*« – Die im März 1950 von der DDR-
Regierung beschlossene »Kulturverordnung« sah eine bessere ma-
terielle und finanzielle Ausstattung von Universitäten, Hoch- und
Fachschulen sowie die Neugründung einer Anzahl entsprechender
Einrichtungen vor.

460 *ein sehr freundliches Gutachten* – Krauss' Gutachten ist vom November 1948: »Das Buch gehört unbedingt in die Hand unserer
romanistischen Studenten.«

Kult. Beirat – »Kultureller Beirat für das Verlagswesen bei der Deutschen Verwaltung für Volksbildung«; auf Veranlassung der Sowjetischen Militäradministration gebildete Zensurbehörde.

Drieu La Rochelle – Pierre Drieu La Rochelle (1893–1945), frz.
Schriftsteller, wurde 1940 zum Wortführer der Kollaboration mit
Hitlerdeutschland.

bei Rütten & Loening erscheinen – Die geplante Neuausgabe erschien
erst 1957 im Deutschen Verlag der Wissenschaften, Berlin.

Unanimismus – Poetologisch-philosophisches Programm, das sich
die Überwindung menschlicher Isolierung durch das Aufgehen der
Seele in einer mystisch inspirierten Gruppenseele zum Ziel setzte;
der Gedichtband »La vie unanime« (1908; Das einmütige Leben)
von Jules Romains gab der Richtung den Namen.

Jules Romains – Jules Romains (1885–1972), frz. Romancier, Lyriker, Dramatiker und Essayist, führender Vertreter der Konzep-
tion des Unanimismus.

Congreß der Schriftsteller in Westberlin – Vom 26. bis 29.6.1950
tagte der vom amerikan. Publizisten Melvin J. Lasky organisierte
internationale »Kongress für kulturelle Freiheit«.

Du hast die nötige Position – Krauss war zu diesem Zeitpunkt Mitglied des Zentralkomitees der SED.

461 *Lessing-Goethe-Schillerstudie* – Eugen Lerch: Lessing, Goethe, Schiller und die französische Klassik, Kupferberg, Mainz 1948.

die Hamb. Dramaturgie – »Hamburgische Dramaturgie«, theater-
praktisch und gattungstheoretisch folgenreiches Werk (1767/69)
von Gotthold Ephraim Lessing.

Gastvorlesung in Berlin – »Ich werde an einem Tage wöchentlich
4 Stunden lesen: Romanische Einflüsse auf Deutschland u. Hamburg. Dramaturgie genau wie in Halle. Am Di. in Berlin, am Mi.
u. Do. in Halle«, so der Tagebucheintrag vom 11.3.1950.

462 *das Suffix age* – Rita Schober, damals noch Rita Hetzer, promovierte im März 1945 in Prag.

462 *eine andere Aspirantin* – Katharina Scheinfuß.

ein Doktorand – Horst Heintze.

Tainismus – Nach Hippolyte Adolphe Taine (1828–1893), dem frz. Philosophen, Literaturkritiker und Historiker. Taine übertrug die rational-wissenschaftliche Methode des Positivismus auf Geschichte, Literatur- und Kunstwissenschaft (»Milieutheorie«).

Voretzsch – Karl Voretzsch war bis 1935 Direktor des Romanischen Seminars in Halle.

Stalin hat schon 1913 – J. W. Stalin: Marxismus und nationale Frage, in: Werke, Bd. 2, Karl Dietz Verlag, Berlin 1950, S. 266–333.

Aufsatz über Fragen der Sprachwissenschaft – J. W. Stalin: Der Marxismus und die Fragen der Sprachwissenschaft, Karl Dietz Verlag, Berlin 1951.

463 *opera de longue haleine* – (lat./frz.) Werke, für die ein langer Atem vonnöten ist.

meine demnächst erscheinende Molièrestudie – VK hatte sich bereit erklärt, den Molière-Band »Komödien« (Leipzig 1950) in der Sammlung Dieterich (Bd. 122) mit einer einleitenden Studie zu versehen.

eine Untersuchung über »Sprachzerreissung« – VK: Zur gegenwärtigen Sprachsituation in Deutschland, Vortrag, gehalten im Klub der Kulturschaffenden, Berlin, Reihe »Vorträge zur Verbreitung wissenschaftlicher Kenntnisse«, Heft 17, Aufbau-Verlag, Berlin 1953.

eine andere über den Humanismusbegriff – VK: Der alte und der neue Humanismus, Vortrag, gehalten im Kulturbund Dresden, Reihe »Vorträge zur Verbreitung wissenschaftlicher Kenntnisse«, Heft 48, Aufbau-Verlag, Berlin 1953.

Aufforderung der »Buch«-Redaktion – Das Buch, Zeitschrift für Literatur, Kultur und Wissenschaft aus Frankreich, hrsg. von der Direction Générale des Affaires Culturelles, Mainz.

464 *erscheint im »Forum«* – VKs Beitrag über die »Abdrosselung des französischen Unterrichts« ist nicht erschienen.

Aux écoutes de la France qui vient – Werk (1913) des frz. Schriftstellers Gaston Riou (1883–1958).

La France qui vient, notre alliée de demain – (frz.) Das Frankreich, das kommt, unser Verbündeter von morgen.

eine Auswahl aus den Goncourt-Tagebüchern – Die Ausgabe kam nicht zustande.

die Massacres de Paris von Cassou … mit der Communestudie – Jean Cassou: Massaker von Paris, übersetzt von Eva Klemperer, mit einem Nachwort von Victor Klemperer, Verlag Volk und Welt, Berlin 1948.

464 *der Maupassantauswahlband meiner Frau* – Guy de Maupassant: Novellen, für die Büchergilde Gutenberg hrsg., neu übersetzt und

mit einem Vorwort versehen von Eva und Victor Klemperer, Berlin 1950.

465 *auch an Schons* – Peter M. Schon (1912–1985), Romanist.

Das eine Diderot Ex. – Denis Diderot: Erzählungen und Gespräche, Deutsch von Katharina Scheinfuß, mit einer Einführung von Victor Klemperer, Dieterich, Leipzig 1953 (Bd. 138).

Captatio benevolentiae – (lat.) Trachten nach Wohlwollen.

466 *vom Schicksal meiner Familie, d. h. Hirschels* – Durch die Heirat ihrer Schwester Minette Irene Helene Hirschel, geb. Gump (1898 bis1942).

Neffe Herbert – Herbert Leo Hirschel (1926–1942), emigrierte mit den Eltern 1939 nach Frankreich, am 31. 8. 1942 in Auschwitz ermordet.

Nichte Lore – Lore Hirschel, Tochter von Minette Hirschel.

Mein Schwager – Waldemar Hirschel, Ehemann von Minette H.

467 *»Survey course«* – (engl.) Einführungskurs.

468 *durch Edith Aulhorn* – Edith Aulhorn (1889–1947), Germanistin; Assistentin am Deutschen Seminar der TH Dresden.

in Rilkes voller Bedeutung – »Wer spricht von Siegen? Überstehn ist alles«, Schlussvers von Rilkes Requiem »Für Wolf Graf von Kalckreuth« (1908).

469 *Von Elsa Glauber-Hirschel* – Elsa Hirschel, geb. Glauber (1898), ihr Mann Kurt Hirschel (1892–?) sowie die beiden Söhne Alfred (geb. 1931) und Wolfgang (geb. 1935) wurden am 21. 6. 1943 nach Theresienstadt und im Oktober 1944 nach Auschwitz deportiert und dort ermordet.

Wahles – Julius Wahle (1861–1940), österr.-dt. Literaturwissenschaftler.

Gertrud von Rüdiger – Assistentin am Deutschen Seminar der TH Dresden, Mitarbeiterin des Literarhistorikers Oskar Walzel. Zu ihrer Haltung gegenüber dem NS-Regime vgl. LTI, Kap. XVIII (»Ich glaube an ihn«). VK nennt sie hier Paula von B.

Ina Seidel – Schriftstellerin (1885–1974), im Tagebuch hatte sich VK am 28. 6. 1944 über ihr Werk »Das Wunschkind« geäußert, das ihm als »reine Unterhaltungsware« galt.

Putois – (frz.) Iltis.

»das Gesetz des Handelns« – VK vermutet als Urheber der Wendung Clausewitz; vgl. LTI, Kapitel XXVIII (»Die Sprache des Siegers«).

471 *Odd job* – (engl.) Gelegenheitsarbeit.

473 *»tout comprendre, c'est tout pardonner«* – (frz.) Alles verstehen heißt alles verzeihen.

476 *die Men* – Jenny Schaps (1867–1950), Mutter von Elise Sebba, Schwiegermutter von Julius Sebba und gute Freundin der Klemperers seit etwa 1922.

476 *Toni* – Toni Hesse, verw. Gerstle, geb. Schaps.

ihren Cellisten aus Dresden – Karl Hesse (1897–1978), Cellist, ab 1926 Solo-Cellist der Staatskapelle Dresden; nach dem Zweiten Weltkrieg Orchestermusiker in San Francisco.

seine Tochter einen englischen Offizier – Elfriede Sebba heiratete in England einen Lehrer namens Wilson und bekam zwei Töchter.

478 *François Poncet* – André François-Poncet (1887–1978), frz. Germanist und Politiker, Botschafter in Nazi-Deutschland; 1949–1953 Hoher Kommissar in Deutschland.

10 jähriger Todestag Bergsons – Henri Bergson (1859–1941), frz. Philosoph, erhielt 1927 den Nobelpreis für Literatur.

Tod Gides – Der frz. Schriftsteller André Gide (geb. 1869) starb am 19. 2. 1951 in Paris.

der neuen Auflage des Rolandliedes – Das altfranzösische Rolandslied, Abdruck der Oxforder Handschrift in lesbarer Gestalt nebst den wichtigsten Besserungsvorschlägen der bisherigen Herausgeber, besorgt von Eugen Lerch, 2., vermehrte Auflage, Verlag für Kunst und Wissenschaft, Baden-Baden 1952.

wegen der unverschämten Schmähung Vosslers – Gerhard Rohlfs: Recuerdo de Karl Vossler, in: Filologia, 2. Jg., Buenos Aires 1950, S. 217–224.

479 *im Reiche Peróns* – Argentinien.

Herrigs Archiv – Ludwig Herrig (1816–1889) gründete 1857 zusammen mit Heinrich Viehoff die Zeitschrift »Archiv für das Studium der neueren Sprachen und Literaturen«.

die Politik frißt ihre eigenen Kinder – Eigtl. die Revolution frisst ihre eigenen Kinder, geht auf eine Textstelle in Georg Büchners Drama »Dantons Tod« zurück.

480 *die Tante Leo* – Leonie Meyerhof (1858–1933), Pseudonym: Leo Hildeck; Schriftstellerin, Literaturkritikerin, Bühnenautorin und Frauenrechtlerin.

481 *eine brave alte Witwe* – Martha Richter, seit 1947 Hausangestellte der Klemperers.

su e giù – (ital.) kreuz und quer, auf und ab.

483 *die verschiedentlichen Vorgänge der letzten Zeit* – VK und Werner Krauss vertraten unterschiedliche Auffassungen hinsichtlich der örtlichen Schwerpunkte der romanist. Ausbildung (Univ. Leipzig – HU Berlin – Akademie der Wissenschaften).

eine diessemestrige Gastvorlesungstätigkeit in Leipzig – Aufgrund einer Erkrankung von Werner Krauss sagte VK zu, für ein Semester 4 Stunden pro Woche in Leipzig zu übernehmen.

484 *durch Naumann* – Manfred Naumann (1925–2014), Romanist, Schüler von Werner Krauss.

484 *die neue Vereinbarung* – »Neuordnung: Der gesamte Leipziger Romanistenbetrieb wird nach Berlin überführt, wir hier sind Schwerpunkt u. Centrum. Sollte Krauss geheilt aus der SU zurückkommen, so wird er neben mir als Ordinarius in Berlin wirken, wir sind dann gleichberechtigt«, notierte VK am 13.9.1951 im Tagebuch.

485 *von sowjetischen Sanatorien* – Der um die Gesundheit von Krauss besorgte Dekan der Philosophischen Fakultät der Humboldt-Universität zu Berlin, Wolfgang Steinitz, hatte in einem Brief an das Zentralkomitee der SED vom 20.7.1951 darum gebeten, Krauss möge schnellstens in einem sowjet. Sanatorium behandelt werden, was nicht zustande kam.

»out of joint« – (engl.) aus den Fugen.

486 *Habent sua fata libelli* – (lat.) Bücher haben ihr eigenes Schicksal.

Janentzky – Christian Janentzky (1886–1968), Germanist, 1922 bis 1952 Professor an der TH Dresden; VK kannte ihn bereits aus seiner Münchener Zeit 1919/20.

Fräulein von B. – Assistentin des Germanischen Seminars Gertrud von Rüdiger. In »LTI« hat VK ihren Namen in Paula von B. geändert.

unseren Genossen Wilbrandt – Robert Wilbrandt (1875–1945), Nationalökonom, ab 1929 an der TH Dresden, Sohn des Schriftstellers Adolf Wilbrandt.

Clemens … Weser – SS-Sturmbannführer Johannes Clemens, der »Schläger«, und Gestapokommissar Arno Weser, der »Spucker«, terrorisierten die Dresdener Juden vor allem bei überraschenden Haussuchungen; vgl. LTI, Kap. I.

494 *Margarete* – Margarete Steinhoff, Romanistin.

Frau Kaufmann – Else Kaufmann, Ehefrau von Karl Kaufmann, einem Dresdner Schuhfabrikanten, Bücher- und Kunstliebhaber; die Klemperers pflegten seit Anfang der zwanziger Jahre freundschaftlichen Kontakt mit dem Ehepaar.

495 *Registrar* – (engl.) Registrator.

Unsere Elfriede – Elfriede Wilson, geb. Sebba, Tochter von Jule und Lisl Sebba.

zusammen in Rauschen – Die Klemperers und Sebbas hielten sich im Sommer 1923 zusammen in dem ostpreußischen Ostseebad Rauschen, heute Swetlogorsk, auf.

Karl Steinhoff – Jurist (1892–1981), ab 1922 im Staatsdienst, 1933 Berufsverbot, 1945 Präsident der Provinzialverwaltung, 1946 Ministerpräsident des Landes Brandenburg, 1949 DDR-Innenminister, 1952 entlassen, 1949–1953 Professor für Verwaltungsrecht an der Humboldt-Universität zu Berlin.

497 *Daisy Steinhoff* – Margarete Steinhoff.

498 *Reise nach Rumänien* – Vom 4. bis 17.12.1952, zu Gast an den Universitäten in Bukarest und Cluj und Teilnahme an der Schlusssitzung des nationalen Kongresses zur Verteidigung des Friedens (5.–7.12.1952 in Bukarest).

bei Dalbelli – Das italienische Restaurant von Carlo Dalbelli in der Potsdamer Str. 13, nahe Potsdamer Brücke, in den Jahren vor 1914.

499 *Heu me miserum!* – (lat.) Ich Unglücklicher!

502 *dem kleinen David* – David Peter Klemperer (geb. 1953), jüngster Sohn von Peter Klemperer und seiner Frau Ingeburg (Inge); Sozialmediziner, Professor an der Ostbayer. TH Regensburg.

Ad vocem – (lat.) Zum Stichwort.

504 *»Forschungen und Fortschritte«* – »Forschungen und Fortschritte, Nachrichtenblatt der deutschen Wissenschaft und Technik«, hrsg. im Auftrag der Akademien der Wissenschaften zu Berlin, Göttingen, Heidelberg, Leipzig, München und Wien, Akademie-Verlag Berlin (1925–1967).

wegen Ihres Nachrufes auf Walther Küchler – Der Nachruf erschien in: Forschungen und Fortschritte, Jg. 27, Heft 6/1953, S. 190.

bei Wenzl – Vermutl. Aloys Wenzl (1887–1967), Professor der Philosophie, Dekan und 1947/48 Rektor der Ludwig-Maximilians-Universität München.

Klasse San Nicolò – Mariano San Nicolò (1887–1955), dt.-ital. Rechtshistoriker; 1942–1945 und seit 1951 Sekretar der Philosoph.-Histor. Klasse der Bayer. Akademie der Wissenschaften.

Ihre Kritik an Küchlers Barbusse-Aufsatz – Vgl. VKs Tagebucheintrag vom 13.12.1953: »›Utopie‹ – zur Realität auf einem Sechstel der Erde geworden«; Klemperer beantwortete Wißmanns Brief und hatte am Ende Erfolg, sein Nachruf konnte erscheinen in: Forschungen und Fortschritte, 27. Jg., Heft 6/1953.

505 *Neue Deutsche Literatur* – Neue Deutsche Literatur (NDL), erstmals im November 1952 (mit einem Sonderheft) erschienene Monatszeitschrift, gegründet von Willi Bredel und F. C. Weiskopf, hrsg. vom Deutschen Schriftstellerverband.

Henri Bassis – Frz. Dichter, Sänger und Pädagoge (1916–1992).

509 *mein ursprüngliches Ms.* – Bemerkung des Chefredakteurs F. C. Weiskopf am Ende der Briefseite: »Bin dafür in ursprünglicher Fassung zu drucken. F. C. W.«

512 *Auch ich freue mich über die Eintracht* – VK: Französische Lyrik heute, in: Neue Deutsche Literatur (NDL), 2. Jg., Heft 10/1954, S. 105–111.

513 *von Frl Limberg* – Lieselotte Limberg, Sekretärin des Romanischen Instituts in Berlin.

513 *Sand-Band* – Unter dem Titel »Gefährten von der Frankreichwan-
derschaft« gab Rita Schober 1954 »Le compagnon du tour de
France« (1840) von George Sand mit einem Essay heraus; George
Sand (1804–1876), frz. Schriftstellerin und Publizistin, behandelte
in diesem Roman soziale Fragen.

für die Neuausgabe des 19ième – VK: Geschichte der französischen
Literatur des 19. und 20. Jahrhunderts, Bd. 1, Deutscher Verlag
der Wissenschaft, Berlin 1956.

petite Fadette – »La petite Fadette« (frz.) »Die kleine Fadette«, Erzählung von George Sand (1848).

»Dorfgeschichten« (Auerbach) – Berthold Auerbach (1812–1882),
Novellist, Romancier u. Publizist; seine »Schwarzwälder Dorfgeschichten« (1843–1854) machten ihn populär.

Was fehlt, ist Dein Vorwort – Für die Neuausgabe seiner »Geschichte
der französischen Literatur des 19. und 20. Jahrhunderts« hatte VK
Rita Schober um ein Nachwort gebeten; die Ausgabe erschien 1956
ohne eine Einführung von ihr.

514 *die Correktur meiner Studie über Rollands Kriegstagebuch* – »Romain
Rollands Kriegstagebuch 1914–1919« erschien zuerst in der Wissenschaftlichen Zeitschrift der Humboldt-Universität zu Berlin, Ge-
sellschafts- u. sprachwissenschaftliche Reihe, Jg. IV, 1954/55, Nr. 1.
Später in: Neue Deutsche Literatur, 3. Jg., Heft 9/1955, S. 98–106.

515 *Hansel* – Hans-Robert Schober (geb. 1951), Sohn von Rita Schober.

Genosse Grotewohl – Otto Grotewohl (1894–1964), Politiker, 1945
Vorsitzender des Zentralausschusses der SPD für die Sowjetische
Zone, betrieb maßgeblich den auf dem sog. Einigungsparteitag am
20./21. 4. 1946 vollzogenen Zusammenschluss von SPD und KPD
zur SED; 1946–1954 gemeinsam mit Wilhelm Pieck deren Vorsitzender, ab 1949 DDR-Ministerpräsident.

518 *Linguistenkongress in Florenz* – Der VIII. Internationale Romanistenkongress in Florenz (3.–8. April 1956).

520 *Hopkins* – John Hopkins University, Baltimore.

den Preis Feltrinelli der Acc. dei Lincei – Antonio-Feltrinelli-Preis
für Geisteswissenschaften international (1955) der L'Accademia
Nazionale dei Lincei.

521 *Kahanes* – Max Kahane (1910–2004), Journalist, und seine Frau
Doris, geb. Machol (1920–1976), Grafikerin und Großnichte VKs.

522 *nach Blankenburg* – An Änny Hoffmann in Blankenburg/Thür.,
eine Freundin von Anny Klemperer, der über diesen Umweg eine
Unterstützung aus Westberlin zuteilwurde.

523 *»Die Witwe Capet«* – »Die Witwe Capet«, Hörspiel von Lion
Feuchtwanger (1955; produziert vom Rundfunk der DDR; Regie
Günther Rücker).

624

523 *Marie-Antoinette* – Marie Antoinette (1755–1793), Gemahlin des französischen Königs Ludwig XVI.; 1793 hingerichtet; Heldin von Lion Feuchtwangers Stück »Die Witwe Capet« sowie Figur in seinem Roman »Die Füchse im Weinberg«.

524 *in ihrer endgültigen Form* – VK: Die Witwe Capet, in: Greifen-Almanach auf das Jahr 1957, Greifenverlag, Rudolstadt 1956, S. 28 bis 38; auch enthalten in: Victor Klemperer zum Gedenken, zusammengestellt von Fritz Zschech, Greifenverlag, Rudolstadt 1961, S. 126–142.

Rheinfelder war schon einmal … sehr beleidigt – Hans Rheinfelder reagierte empfindlich auf die Beschlagnahme dreier Paketsendungen, die er durch eine Firma an Freunde in der DDR hatte senden lassen.

als Vorsitzender des Verbandes – Rheinfelder war 1955 Mitbegründer des Deutschen Romanistenverbandes.

525 *im Punkte Suez* – Sog. Suezkrise um den Suezkanal, der große Bedeutung für die Erdölversorgung Großbritanniens hatte: Als Reaktion auf die Verstaatlichung der Suezkanal-Gesellschaft durch Ägypten erfolgten anglo-frz. Bombardierungen von Städten und Stellungen am Suezkanal und Luftlandeunternehmen bei Port Said und Port Fuad am 5. 11. 1956; in Moskau wurde ein militärisches Eingreifen zur Unterstützung des verbündeten Ägypten erwogen.

an Hager wenden – Kurt Hager (1912–1998), 1949 Professor für Philosophie an der Humboldt-Universität zu Berlin, 1951 Leiter der Abteilung Wissenschaft und Hochschulen im Zentralkomitee der SED, 1955 deren Sekretär (verantwortlich für Wissenschaft, Volksbildung und Kultur). 1959 Kandidat, 1963 Mitglied des Politbüros des Zentralkomitees der SED und Leiter der Ideologischen Kommission.

526 *Frau Petzelt* – Sekretärin des Romanischen und des Anglistischen Seminars in Halle.

gegen jede Verschiebung des Jubiläums – 80. Jahrestag der Gründung des Hallenser Romanischen Seminars am 16./17. 4. 1957.

Rolf Agricola – Nationalökonom (1900–1984), Abteilungsleiter an der Deutschen Akademie der Wissenschaften (Ostberlin).

Deinen Geburtstagsartikel – Horst Heintze: Victor Klemperer und das Hallenser Romanische Seminar, in: Wissenschaftliche Zeitschrift der Universität Halle-Wittenberg, Gesellschafts- und sprachwissenschaftliche Reihe, 6. Jg. 1956/57, Heft 1, S. 1–3. Der Beitrag erschien anlässlich des 75. Geburtstages von VK.

vir doctissimus – (lat.) hochgelehrter Mann.

527 *den schönen Band Ihrer »Gesammelten Aufsätze«* – VK: vor 33 … nach 45, Gesammelte Aufsätze, Akademie-Verlag, Berlin 1956.

527 *die beiden Romain-Rolland-Berichte* – VK: Romain Rollands Kriegstagebuch (1914–1919), in: Wissenschaftliche Zeitschrift der Humboldt-Universität Berlin, Gesellschafts- und sprachwissenschaftliche
Reihe, 4. Jg. 1954/55, Heft 1; VK: Romain Rollands Kriegstagebuch 1914–1919, in: NDL, 3. Jg., Heft 9/1955, S. 98–106.

528 *mein hochbegabter Schüler Noyer-Weidner* – Alfred Noyer-Weidner
(1921–2001), Romanist, ab 1964 Professor in München.
nach Mainz zur Romanistentagung – 11./12. Juni 1957.
zunächst in Halle – Hans Rheinfelder hatte zugesagt, an den Veranstaltungen zum 80. Jahrestag der Gründung des Hallenser Romanischen Seminars Mitte April 1957 teilzunehmen.
den Plan in der Romain-Rolland-Gesellschaft – Der Plan Rheinfelders war die Wahl VKs ins Komitee der Romain-Rolland-Gesellschaft, womit er jedoch auf Widerstand stieß; die Münchener
»Abendzeitung« hatte in ihrem Bericht über die Tagung am
29.1.1957 Klemperer als »eines der kulturellen Paradepferde« der
DDR und »›Bestman‹ des Regimes« bezeichnet.
von dem braven Herrn Wenzel – Georg Wenzel (geb. 1928), Germanist, 1952 Lehrer, 1960–1976 Mitarbeiter der Deutschen Akademie der Wissenschaften (Ostberlin), 1966 Leiter des Thomas-
Mann-Archivs; bis 1993 Professor an der Universität Greifswald.
einer der vier Vizepräsidenten – 1957 waren das Albrecht Goes
(Schriftsteller), Romano Guardini und Hans Rheinfelder (beide
Universität München) sowie Carlo Schmid (Bundestagsvizepräsi-
dent).
plein pouvoir – (frz.) Vollmacht, freie Hand.
Rudolf Alexander Schröder – (1878–1962), Lyriker, Essayist und
Übersetzer.

530 *den Antimachiavell Friedrichs des Großen* – Das Werk entstand
1736–1740 aus dem Briefwechsel zwischen Friedrich II. und Voltaire. Hans Rheinfelder: Machiavelli und der »Anti-Machiavell«
Friedrichs des Großen, in: Wissenschaftliche Vorlesungen, 1956,
S. 15–26.

531 *Greifenalmanach 1957* – »Der Greifenalmanach auf das Jahr 1957«,
hrsg. von Karl Dietz, gewidmet u.a. VKs 75. Geburtstag.
dem Dante-Jahrbuch … einen Beitrag geschrieben – VK: Karl Voß-
lers Verhältnis zu Dante in: Deutsches Dante-Jahrbuch, Bd. 29/30
(N. F. Bd. 20/21), Weimar 1951, S. 1–18.
mit Kollegen Weinert – Hermann Weinert.

532 *mit den Initialen B. K.* – B. K.: Fiktionen und Realitäten, Bemerkungen zu einem Bericht, der nicht erschien, in: Sonntag, 26. Mai
1957 (B. K.=Bernt von Kügelgen).

536 *Lilo* – Lieselotte Limberg.

536 *[...]* – Brief unvollständig überliefert.

vor der Drucklegung ihrer Arbeit – Hadwig Kirchner-Klemperer: Heinrich Manns Roman »Die Jugend und die Vollendung des Königs Henri Quatre« im Verhältnis zu seinen Quellen und Vorlagen, Ein Beitrag zum Thema »Historischer Roman«, Diss., Berlin 1957.

das Greifenbuch Louise Labé – Zech – Die Liebesgedichte einer schönen Lyoneser Seilerin namens Louize Labé, nachgedichtet von Paul Zech, mit einem Nachwort von Victor Klemperer, Greifenverlag, Rudolstadt 1956.

Deine Ernennung zum Ordinarius – Schober hatte ab 1957 den Lehrstuhl für Romanistik an der Humboldt-Universität zu Berlin inne; später wurde sie VKs Nachfolgerin.

537 *Aufsatz über die »Centum Opuscula«* – VK: Kunst und »Nur-Kunst«, in: NDL, 7 (1957), S. 138–145, über Lion Feuchtwangers »Centum Opuscula«, zusammengestellt und hrsg. von Wolfgang Berndt, Greifenverlag, Rudolstadt 1956.

Essai »Das Haus der Desdemona ...« – Lion Feuchtwanger: Das Haus der Desdemona oder Größe und Grenzen der historischen Dichtung, Aus dem Nachlass mit Unterstützung von Marta Feuchtwanger und Hilde Waldo hrsg. von Fritz Zschech, Greifenverlag, Rudolstadt 1961.

Ihr Rousseau-Zitat – »Die japanischen Gaukler sollen ein Kind vor den Augen der Zuschauer zerstückeln; dann werfen sie alle seine Glieder nacheinander in die Luft, und das Kind fällt lebendig und heil wieder herab. Das sind ungefähr die Taschenspielerkunststücke unserer Staatsrechtler; nachdem sie den Staatskörper wie ein Jahrmarktkünstler zerlegt haben, setzen sie die einzelnen Stücke auf unerklärliche Weise wieder zusammen.« – VK kommentiert: »Was Rousseau hier als satirischen Vergleich gegen Montesquieus liberale Verfassungslehre richtet, bezeichnet, ernsthaft genommen, auf literarischem Gebiet die eigentliche Aufgabe des Kritikers.«

in der Ausgabe von 1949 – In der 2. Auflage von »LTI«, in der das »Zion«-Kapitel aus politischen Gründen gestrichen wurde.

538 *»Brief aus der Bretagne«* – Für die Festschrift zum 75. Geburtstag von VK (»Im Dienste der Sprache«, hrsg. von Horst Heintze u. Erwin Silzer) schrieb Hans Rheinfelder den Beitrag »Brief aus der Bretagne« (S. 336–349).

539 *die angekuendigten Rezensions-Exemplare* – Bezieht sich auf die 3. Auflage von: LTI, Aus dem Notizbuch eines Philologen, VEB Max Niemeyer Verlag, Halle 1957.

Studienband – VKs Aufsätze unter dem Titel »vor 33 ... nach 45«, Akademie-Verlag, Berlin 1956.

540 *an dem Voltaire-Manuskript* – Die Ausgabe kam nicht zustande. Im selben Jahr (1958) erschienen die »Denkwürdigkeiten aus dem Le-

ben des Herrn de Voltaire, aufgezeichnet von ihm selbst« im Verlag Neues Leben, Berlin, ohne Einführung.

541 *mit der zuständigen Institution* – Die Hauptverwaltung Verlagswesen im Ministerium für Kultur der DDR (Zensurbehörde).

544 *Mit Dietz* – Karl Dietz (1890–1964), nach 1945 Inhaber des Greifenverlages Rudolstadt.

545 *mein westdeutscher Verleger* – Feuchtwangers Bücher wurden im Aufbau-Verlag, Berlin, verlegt und seit Mitte der fünfziger Jahre zudem im Rowohlt Verlag, Reinbek b. Hamburg, wo 1984 Reinhold Jaretzkys Monographie »Lion Feuchtwanger mit Selbstzeugnissen und Bilddokumenten« erschien.

Operation – 1957 hatte man bei Feuchtwanger Magenkrebs diagnostiziert.

Ihre Aufsaetze – VK: vor 33 … nach 45, Gesammelte Aufsätze, Akademie-Verlag, Berlin 1956.

547 *Wenige Worte haben mich so beruehrt* – Im Tagebuch notierte VK am 26.12.1958: »F.s Tod geht mir sehr menschlich u. sehr egoïstisch nahe. Ich liebe ihn wirklich (u. neidisch) […].«

549 *Claudel-Gesellschaft* – Paul Claudel (1868–1955), frz. Dramatiker, Lyriker u. Essayist; 1921–1935 Botschafter in Tokio, Washington u. Brüssel; die Paul-Claudel-Gesellschaft wurde im Januar 1959 gegründet.

die »Verkündigung« in Hellerau – Zur deutschen Erstaufführung von Paul Claudels »Mariä Verkündigung« 1913 im Festspielhaus Dresden-Hellerau fanden sich u.a. Gerhart Hauptmann, Oskar Kokoschka, Rainer Maria Rilke, Franz Werfel, George Bernard Shaw ein.

Humanité – 1904 als sozialistische Tageszeitung von Jean Jaurès gegründet, seit 1921 Zentralorgan der frz. KP in Paris.

Lettres Françaises – 1942 während der Résistance gegründete kulturpolitische Wochenschrift; seit 1953 von Louis Aragon geleitet; 1972 wegen finanzieller Schwierigkeiten eingestellt.

550 *Deines Geschäftsführers* – Ernst Karl Wenig, Lektor im Greifenverlag.

mein Essayband – VKs im Greifenverlag geplanter Band »Essays aus 50 Jahren« kam nicht zustande.

der Berliner Amtsstelle – Die Hauptverwaltung Verlagswesen im Ministerium für Kultur der DDR (Zensurbehörde).

551 *Lindner mit dem Wagen* – Hans Lindner, VKs Chauffeur.

553 *eine Arbeit über Feuchtwanger* – VK: Der gläubige Skeptiker, Lion Feuchtwangers zentraler Roman, in: NDL, 7. Jg., H. 2/1959, S. 5–17.

554 *Ihre Bemerkungen zu den Tagebüchern aus dem Ghetto* – VKs ausführliche Besprechung der Publikation »Im Feuer vergangen. Tage-

bücher aus dem Ghetto« (hrsg. von Maria Hochberg-Mariańska, aus dem Polnischen von Viktor Mika, mit einem Vorwort von Arnold Zweig, Rütten & Loening, Berlin 1958), erschien unter dem Titel »Inferno und Nazihölle« in: NDL, 7. Jg., Heft 9–10/1959, S. 245–252.

557 *[…]* – Brief unvollständig überliefert.

559 *Ihr Manuskript* – Klara Marie Fassbinder: Begegnungen und Entscheidungen, Blätter aus einem Lebensbuch, Progreß Verlag, Darmstadt 1961.
Besuch Frau Klingners – Frau Dr. Klingner, Leipziger Verlagslektorin.

560 *Duhamel* – Georges Duhamel (1884–1966), frz. Schriftsteller.
Fabre-Luce – Alfred Fabre-Luce (1899–1983); frz. Schriftsteller.

562 *Publikationen nicht angenommen* – Darunter VKs im Greifenverlag geplanter Band »Essays aus 50 Jahren«.
Thomas – VKs Großneffe Thomas George David Klemperer (1938–2016), Sohn von Bruder Georgs Sohn Otto.
Rena – Regina Luise Johanna (Rena) Klemperer, geb. Regula (1905–1996), seit 1927 verheiratet mit VKs Neffen Otto, Mutter von Thomas Klemperer.

564 *Tagebüchern aus den Jahren 1933 bis 1945* – VK: Ich will Zeugnis ablegen bis zum letzten, Tagebücher 1933–1945, hrsg. von Walter Nowojski unter Mitarbeit von Hadwig Klemperer, überarbeitete Neuausgabe auf Grundlage der Erstausgabe von 1995, Durchsicht von Text, Anmerkungen und Personenregister Christian Löser, Aufbau Verlag, Berlin 2015.
»Und ich möchte auch gar zu gern …« – Vgl. VKs Tagebucheintrag vom 17. 1. 1942.
»Du bist mir immer gegangen voran …« – Nach der Ballade »Das Herz von Douglas« von Moritz Graf Strachwitz.

EDITORISCHE NOTIZ

Die vorliegende Erstausgabe erschließt erstmals die überlieferte Korrespondenz Victor Klemperers (VKs), die im Wesentlichen in der *Sächsischen Landes- und Universitätsbibliothek (SLUB) Dresden* aufbewahrt wird. Weitere Archive sind: *Archiv Aufbau Verlag, Berlin* (Verlagskorrespondenz mit dem Aufbau-Verlag); *Archiv Neue Deutsche Literatur (NDL)* (Geschäftskorrespondenz 1954 und 1958/59); *Bayerische Staatsbibliothek München* (Briefe VKs an Karl Vossler); *Berlin-Brandenburgische Akademie der Wissenschaften* (Korrespondenz zwischen VK und Werner Krauss); *Düsseldorfer Hauptstaatsarchiv* (Brief VKs an Carl Schmitt); *Universitäts- und Landesbibliothek Bonn* (Brief VKs an Erich Rothacker); *Wiener Stadt- und Landesbibliothek* (Briefe VKs an Ottilie Franzos, Marie von Ebner-Eschenbach und Moritz Necker).

Besonderer Dank gilt Heinz Böhm (Dresden), Horst Heintze (Schnepfenthal) und Peter Klemperer (Hildesheim) sowie den inzwischen verstorbenen Förderern dieses Bandes Hadwig Klemperer, Rita Schober und Walter Nowojski, die Briefe aus ihren Privatarchiven zur Verfügung stellten.

Die Briefe werden hier größtenteils erstmals veröffentlicht. Ausnahmen sind VKs Korrespondenz mit dem Aufbau-Verlag (in: *Allein mit Lebensmittelkarten ist es nicht auszuhalten …, Autoren- und Verlegerbriefe 1945–1949, hrsg. von Elmar Faber und Carsten Wurm, Aufbau Taschenbuch Verlag GmbH, Berlin 1991*) und sein Briefwechsel mit Werner Krauss (in: *lendemains, 21. Jg., Heft 82/83, Berlin 1996*); VKs Briefe an Walter Luthe (23. 1. 1936) und Hans-Joachim Hirche (6. 1. 1947) sowie das an ihn gerichtete Schreiben des Untersuchungsausschusses Freiheitlicher Juristen (14. 11. 1952) wurden im Zusammenhang mit den Tagebüchern abgedruckt, VKs Brief an Stephan Hermlin (27. 3. 1949) gekürzt in: *Briefe an Hermlin 1946–1984, hrsg. von Silvia Schlenstedt, Aufbau-Verlag Berlin und Weimar 1985.*

Die Wiedergabe der Texte folgt den Originalbriefen. Auf Vereinheitlichungen wurde weitgehend verzichtet, lediglich das Datum wurde stets vorangestellt. Orthographie und Interpunktion entsprechen der Schreibweise des jeweiligen Verfassers. Offensichtliche Irrtümer, falsche oder unterschiedliche Schreibweisen (insbesondere von Namen wie »Theophil Spörri« bzw. »Theophil Spoerri«) wurden stillschweigend korrigiert, um Missverständnissen vorzubeugen. Hervorgehobene Textstellen sind kursiv wiedergegeben, doppelt hervorgehobene Textstellen kursiv und unterstrichen. Hervorhebungen durch Versalien wurden beibehalten, wo es sich um eine spezielle Form der Verdeutlichung handelt.

Die wenigen Textauslassungen sind durch eckige Klammern gekennzeichnet und in den Anmerkungen erläutert, zumeist handelt es sich um unvollständig überlieferte Passagen.

Der Abdruck der Abbildungen erfolgt mit freundlicher Genehmigung von *SLUB Dresden/Handschriftenabteilung* (S. 2, 196, 276), *Landesarchiv Berlin/Foto: Waldemar Titzenthaler* (S. 12), *Peter Klemperer, Hildesheim* (S. 22, 490), *Monika Scholze, Piskowitz* (S. 44), und *Familie Schmaus, Unterbernbach* (S. 314). Die übrigen Abbildungen stammen aus dem Archiv des Aufbau Verlags.

Der Abdruck der Briefe an Victor Klemperer erfolgt, wo erforderlich, mit freundlicher Genehmigung der Rechteinhaber. Besonderer Dank gilt Sabine Fügner, Horst Heintze, David Klemperer, Peter Klemperer und Dorothea Thünken-Klemperer.

PERSONENREGISTER